有色金属行业
职业技能标准汇编

有色金属行业职业技能鉴定指导中心　编

北　京
冶　金　工　业　出　版　社
2014

内 容 简 介

本书按照职业编码顺序，系统汇编了近年来我国已陆续颁布的有色金属行业职业技能标准，主要包括：有色金属采矿、选矿相关职业技能标准，有色金属冶炼相关职业技能标准，半导体生产相关职业技能标准，有色金属加工相关职业技能标准，铝电解用炭素生产相关职业技能标准，硬质合金生产相关职业技能标准，有色金属行业生产相关职业技能标准。

本书是有色金属行业从业人员的必备读物，可供职业教育、职业培训和职业技能鉴定人员以及其他有关行业人员使用，同时可作为大专院校相关专业师生的参考书。

图书在版编目(CIP)数据

有色金属行业职业技能标准汇编/有色金属行业职业技能鉴定指导中心编.—北京：冶金工业出版社，2014.5

ISBN 978-7-5024-5915-4

Ⅰ.①有… Ⅱ.①有… Ⅲ.①有色金属冶金—冶金工业—技术等级标准—汇编—中国 Ⅳ.①F426.32-65

中国版本图书馆 CIP 数据核字(2014)第 073707 号

出 版 人 谭学余
地　　址 北京北河沿大街嵩祝院北巷 39 号，邮编 100009
电　　话 (010)64027926 电子信箱 yjcbs@cnmip.com.cn
责任编辑 张登科 美术编辑 杨 帆 版式设计 孙跃红
责任校对 李 娜 责任印制 李玉山
ISBN 978-7-5024-5915-4
冶金工业出版社出版发行；各地新华书店经销；北京慧美印刷有限公司印刷
2014 年 5 月第 1 版，2014 年 5 月第 1 次印刷
169mm×239mm；43.5 印张；844 千字；678 页
198.00 元

冶金工业出版社投稿电话：(010)64027932 投稿信箱：tougao@cnmip.com.cn
冶金工业出版社发行部 电话：(010)64044283 传真：(010)64027893
冶金书店 地址：北京东四西大街 46 号(100010) 电话：(010)65289081(兼传真)
(本书如有印装质量问题，本社发行部负责退换)

《有色金属行业职业技能标准汇编》

编辑委员会

汪汉臣　陕西有色金属控股集团有限责任公司总经理、党委副书记

周启发　西部矿业股份有限公司副总裁

岳旭光　中国铝业公司人力资源部副总经理

贾振宏　中国有色矿业集团有限公司人事部主任

郭庆山　中国铝业股份有限公司山西分公司副总经理

黄卫平　中国铝业股份有限公司青海分公司总经理

谢承杰　有色金属工业人才中心副总经理、有色金属行业职业技能鉴定指导中心副主任

雷思维　白银有色集团股份有限公司党委常委、副总经理、总工程师

鲍京跃　金川集团股份有限公司纪委书记

黎　勇　西南铝业(集团)有限责任公司副总经理

委　　员：(按姓氏笔画排序)

于建国　包铝集团党校(职工培训中心)

毛旭生　山西华泽铝电有限公司

王　静　中国铝业股份有限公司兰州分公司

王化琳　中电投宁夏青铜峡能源铝业集团有限公司

王光辉　中国铝业股份有限公司青海分公司

王军强　宝钛集团有限公司
王建斌　中条山有色金属集团有限公司
王武俊　西部矿业股份有限公司
王普公　白银有色集团股份有限公司
刘志忠　内蒙古霍林河露天煤业股份有限公司
吕达余　铜陵有色金属集团控股有限公司
何明聪　峨嵋半导体材料研究所
吴忠晓　中色(宁夏)东方集团有限公司
张　玲　贵州遵钛(集团)有限责任公司
张平彦　中国铝业郑州研究院
张永武　金川集团股份有限公司
张宏宇　吉林吉恩镍业股份有限公司
张俊涛　四川启明星铝业有限责任公司
张茗程　河南省有色金属行业协会
李文升　湖南水口山有色金属集团有限公司
李旭光　桂林理工大学南宁分校
李志平　西北铝加工厂
李虎军　青海桥头铝电股份有限公司
李联荣　北京有色金属研究总院
杨文杰　上海有色金属行业协会
杨俊宝　中铝洛阳铜业有限公司
沈桂华　自贡硬质合金有限责任公司
陆　芸　江苏常铝铝业股份有限公司

陈仕武　中铝瑞闽铝板带有限公司

罗会能　江西铜业股份有限公司

祝全祥　中国有色集团抚顺红透山矿业有限公司

胡　旭　西南铝业(集团)有限责任公司

赵　军　中国长城铝业公司

赵　霞　洛阳单晶硅有限责任公司

赵艳秋　中色奥博特铜铝业有限公司

郝　雷　山东铝业职业学院

郝向东　中国铝业股份有限公司山西分公司

饶文天　新疆有色金属工业(集团)有限责任公司

唐志刚　株洲硬质合金集团有限公司

唐志波　株洲冶炼集团股份有限公司

唐献民　广西有色金属工业协会

徐长山　抚顺铝业有限公司

袁晓东　山东南山科学技术研究所

部春雪　华北铝业有限公司

曹世洲　抚顺钛业有限公司

梁山峤　中国铝业股份有限公司连城分公司

梁家宏　中国铝业股份有限公司广西分公司

黄　力　陕西有色金属控股集团有限责任公司

黄　伟　黄河鑫业有限公司

黄振熊　广西华锡集团股份有限公司

龚　斌　中铝上海铜业有限公司

彭　涛　中国铝业股份有限公司贵州分公司

彭静辉　东北轻合金有限责任公司

程　勇　中国铝业股份有限公司重庆分公司

董金芳　福建省南平铝业有限公司

谢光彩　湖南有色金属职业技术学院

翟　晶　中国铝业股份有限公司中州分公司

潘振宏　中色十二冶金建设有限公司

编辑人员： 王　南　连仁杰　杜光宝　邹爱平　郑　伟

陈博宇　张　铮　李　力　张　艳

参与标准开发单位

（按单位拼音排序）

1 白银有色集团股份有限公司

2 包头铝业(集团)有限责任公司

3 宝钛集团有限公司

4 大冶有色金属有限公司

5 东北轻合金有限责任公司

6 东方电气集团峨嵋半导体材料有限公司

7 福建省南平铝业有限公司

8 高新张铜股份有限公司

9 广西华锡集团股份有限公司

10 贵州铝厂

11 贵州遵钛(集团)有限责任公司

12 海亮集团有限公司

13 河南神火碳素制品有限公司

14 河南省三门峡冶金工业学校

15 湖南水口山有色金属集团有限公司

16 葫芦岛锌厂

17 华北铝业有限公司

18 吉林吉恩镍业股份有限公司
19 江苏常铝铝业股份有限公司
20 江苏中能硅业科技发展有限公司
21 江西铜业股份有限公司
22 金川集团股份有限公司
23 昆明冶金高等专科学校
24 乐山职业技术学院
25 辽宁地质工程职业学院
26 辽宁忠旺铝型材有限公司
27 洛阳单晶硅有限责任公司
28 洛阳中硅高科技有限公司
29 平果铝业公司
30 山东铝业公司
31 山西华泽铝电有限公司
32 山西铝厂
33 陕西天宏硅材料有限责任公司
34 陕西有色金属控股集团有限责任公司
35 四川启明星铝业有限责任公司
36 四川新光硅业科技有限公司
37 四川永祥多晶硅有限公司
38 铜陵有色金属集团控股有限公司
39 西部矿业股份有限公司

40　西南铝业(集团)有限责任公司
41　厦门虹鹭钨钼工业有限公司
42　新疆有色金属工业(集团)有限责任公司
43　有研半导体材料股份有限公司
44　云南铜业(集团)有限公司
45　云南锡业股份有限公司
46　云南冶金集团股份有限公司
47　中国长城铝业公司
48　中国铝业公司
49　中国铝业股份有限公司
50　中国铝业股份有限公司广西分公司
51　中国铝业股份有限公司贵州分公司
52　中国铝业股份有限公司河南分公司
53　中国铝业股份有限公司兰州分公司
54　中国铝业股份有限公司连城分公司
55　中国铝业股份有限公司青海分公司
56　中国铝业股份有限公司山东分公司
57　中国铝业股份有限公司山西分公司
58　中国铝业股份有限公司西北铝加工分公司
59　中国铝业股份有限公司中州分公司
60　中国有色集团抚顺红透山矿业有限公司
61　中国有色矿业集团有限公司

62　中铝洛阳铜业有限公司
63　中铝瑞闽铝板带有限公司
64　中条山有色金属集团有限公司
65　株洲冶炼集团股份有限公司
66　株洲硬质合金集团有限公司
67　自贡硬质合金有限责任公司
68　遵义钛业股份有限公司

序　　言

有色金属工业是国民经济重要的基础原材料产业，也是技术进步的先导产业。改革开放以来，我国的有色金属工业取得蓬勃发展，十种常用有色金属产销量连续多年位居世界第一，已经成为名副其实的有色金属大国。

当前，我国正处于由有色金属大国向强国转变的重要时期。金融危机以来，各国之间以经济为基础、科技为先导、人才为焦点的综合国力竞争日益激烈，我国有色金属工业传统竞争优势削弱，新的竞争优势有待形成，必须坚定不移地走自主创新道路。自主创新，人才是关键，技师技工队伍是创新型人才不可或缺的组成部分。习近平总书记指出："工业强国都是技师技工的大国，我们要有很强的技术工人队伍。"建设有色金属工业强国，迫切需要建立一支规模宏大、门类齐全、素质优良、技艺精湛的技能人才队伍。职业技能鉴定是评价、选拔技能人才的重要手段之一，对于建立技能人才成长通道，引导职业教育方向，推动技能人才素质提升具有重要的意义。

有色金属行业职业技能鉴定工作，本着服务劳动者、服务用人单位、服务行业发展的宗旨，坚持质量第一，社会效益第一的原则，组织开展高级技师、技师、高级工、中级工、初级工职业技能鉴定工作。自 2002 年至今，对行业特有工种鉴定合格者累计 14 万余人，有效激励了行业广大技能劳动者学技术、钻业务、练技能的热情，为建立健全一支适应有色金属行业发展的技能人才队伍发挥了重要作用。

职业技能标准是开展职业技能鉴定工作的基础。中国有色金属工业协会所属有色金属职业技能鉴定指导中心（与有色金属工业人才中心合署办公），精心组织行业专家，积极推进职业技能标准开发，已颁布的职业技能标准基本覆盖了有色金属采矿、选矿、冶炼、加工等生产主体领域。

《有色金属行业职业技能标准汇编》汇总了已颁布的43个有色金属生产主体职业的技能标准，方便企业人力资源管理人员、质量督导人员、考评人员、技能人才、职业院校师生查阅，是一本不可多得的有色金属行业职业技能鉴定实用工具书，将对行业技能人才队伍建设、建设有色金属技工大国、建设有色金属工业强国，起到积极促进作用。

中国有色金属工业协会会长 陈全训

2014年3月

前　　言

职业技能标准属于工作标准，是在职业分类的基础上，根据职业的活动内容，对从业人员工作能力水平的规范性要求，是从业人员从事职业活动、接受职业教育培训和鉴定以及用人单位录用、使用人员的基本依据。

本书为了方便有色金属行业企事业单位开展鉴定、培训工作，在各个职业（工种）技能标准相继出版发行的基础上，汇集了43个与有色金属生产主体职业（工种）相关的技能标准，其中包括18个国家职业技能标准、25个行业职业（工种）技能标准。

中国有色金属工业协会组织人事部对标准的编制工作给予了悉心指导，白银有色集团股份有限公司等60余家行业企事业单位为标准的编写和审定工作付出了辛勤劳动。

本书在编写和出版过程中，有色金属行业职业技能鉴定指导中心工作人员精心收集、分类、整理各个职业（工种）技能标准，同时得到了中国有色矿业集团有限公司的大力支持，在此向给予帮助和支持的单位及个人一并致以诚挚的谢意。

作为行业职业技能鉴定工作十余年的发展成果之一，本书可以说是有色金属行业职业（工种）技能标准的荟萃。由于内容涉及面广，时间有限，难免有疏漏之处，使用中如发现有不准确之处，请及时反馈意见，以便修正。

有色金属行业职业技能鉴定指导中心

2014年4月

目　录

有色金属采矿、选矿相关职业技能标准

钻孔机司机…………………………………………………………………… 3
凿岩工 ………………………………………………………………………… 15
矿井开掘工 …………………………………………………………………… 28
矿井机车运输工 ……………………………………………………………… 39
铲运机操作工 ………………………………………………………………… 50
内燃装卸机械修理工 ………………………………………………………… 62
筛选破碎工 …………………………………………………………………… 75
浮选工 ………………………………………………………………………… 88
选矿脱水工…………………………………………………………………… 101
磨矿工………………………………………………………………………… 118

有色金属冶炼相关职业技能标准

重冶备料工…………………………………………………………………… 133
焙烧工………………………………………………………………………… 146
火法冶炼工…………………………………………………………………… 158
湿法冶炼工…………………………………………………………………… 171
电解精炼工…………………………………………………………………… 187
烟气制酸工…………………………………………………………………… 199
氧化铝制取工………………………………………………………………… 212
铝电解工……………………………………………………………………… 242
钛冶炼工……………………………………………………………………… 270

半导体生产相关职业技能标准

半导体原料制备工…………………………………………………………… 291
多晶制取工…………………………………………………………………… 300
单晶硅制取备料工…………………………………………………………… 314
单晶硅制取工………………………………………………………………… 327
单晶片加工工………………………………………………………………… 340

电子用水制备工 …… 354

有色金属加工相关职业技能标准

轧制原料工 …… 367
金属轧制工 …… 380
酸洗工 …… 399
金属材涂层工 …… 411
精整工 …… 434
金属材丝拉拔工 …… 469
金属挤压工 …… 479
铸轧工 …… 492
金属热处理工 …… 508

铝电解用炭素生产相关职业技能标准

炭素煅烧工 …… 525
炭素成型工 …… 541
炭素焙烧工 …… 557

硬质合金生产相关职业技能标准

硬质合金混合料制备工 …… 577
硬质合金成型工 …… 589
硬质合金烧结工 …… 601
硬质合金精加工工 …… 615

有色金属行业生产相关职业技能标准

化学检验工 …… 631
压缩机工 …… 653

附 录

附录 1 有色金属行业职业技能鉴定指导中心简介 …… 673
附录 2 关于同意成立有色金属行业职业技能鉴定指导中心和印发《有色金属行业特有工种职业技能鉴定实施办法（试行）》的函 …… 675
附录 3 关于成立“有色金属行业职业技能鉴定指导中心”的通知 …… 677

有色金属采矿、选矿

相关职业技能标准

有色金属行业职业技能标准

钻孔机司机

广西华锡集团股份有限公司起草

说　　明

根据《中华人民共和国劳动法》的有关规定，为了进一步完善国家职业技能标准体系，为职业教育、职业培训和职业技能鉴定提供科学、规范的依据，中国有色金属工业协会委托有色金属行业职业技能鉴定指导中心组织有关专家，制定了《钻孔机司机》职业技能标准（以下简称《标准》）。

一、本《标准》以《中华人民共和国职业分类大典》为依据，以客观反映现阶段本职业的水平和对从业人员的要求为目标，在充分考虑经济发展、科技进步和产业结构变化对本职业影响的基础上，对职业的活动范围、工作内容、技能要求和知识水平作了明确规定。

二、本《标准》的制定遵循了《国家职业技能标准编制技术规程》的要求，既保证了《标准》体例的规范化，又体现了以职业活动为导向、以职业技能为核心的特点，同时也使其具有根据科技发展进行调整的灵活性和实用性，符合培训、鉴定和就业工作的需要。

三、本《标准》依据有关规定将本职业分为五个等级，包括职业概况、基本要求、工作要求和比重表四个方面的内容。

四、本《标准》是在有色金属行业职业技能鉴定指导中心的具体组织下，在各有关专家和实际工作者的共同努力下完成的。参加编写的主要人员有：吴伯增、刘裕华、罗先伟、黎国炎、李松、陈茂、谭永善、曾强、蒋云雁、兰献辉、唐敏。参加审定的人员有：彭俊兴、朱志华、杨建荣、王洪刚、贺小平、刘俊、徐日斌、郑飞、韩建、谢承杰、连仁杰、杜光宝、邹爱平。本《标准》由广西华锡集团股份有限公司负责起草，在制定过程中，得到了湖南水口山有色金属集团有限公司、陕西有色金属控股集团有限责任公司、新疆有色金属工业集团有限责任公司、吉林吉恩镍业股份有限公司、中国有色集团抚顺红透山矿业有限公司等有关单位的大力支持，在此一并致谢。

五、本《标准》经中国有色金属工业协会批准，自 2012 年 12 月 13 日起施行。

钻孔机司机

1. 职业概况

1.1 职业编码

6-01-03-02。

1.2 职业名称

钻孔机司机。

1.3 职业定义

操作钻孔设备，按指定的孔位、孔深、孔距，对矿岩钻孔及清理孔渣的人员。

1.4 职业等级

本职业技能等级共分为五级，由低到高分别为：五级/初级技能、四级/中级技能、三级/高级技能、二级/技师、一级/高级技师。

1.5 职业环境

地表或井下，常温，潮湿，噪声，粉尘，有毒有害。

1.6 职业能力特征

具有一定的学习、观察和判断能力，手臂灵活，动作协调性好。

1.7 基本文化程度

初中毕业（或相当文化程度）。

1.8 职业培训要求

1.8.1 晋级培训期限

全日制职业学校教育，根据其培养目标和教学计划确定。晋级培训期限：初级技能、中级技能、高级技能均不少于150标准学时；技师和高级技师均不少于120标准学时。

1.8.2 培训教师

——理论知识培训教师要求

培训五级/初级技能、四级/中级技能的教师应具有本职业三级/高级及以上职业资格证书或相关专业中级及以上专业技术职务任职资格；培训三级/高级技能的教师应具有本职业二级/技师及以上职业资格证书或相关专业高级及以上专业技术职务任职资格；培训二级/技师的教师应具有本职业一级/高级技师职业资格证书或相关专业高级专业技术职务任职资格；培训一级/高级技师的教师应具有本职业一级/高级技师职业资格证书2年以上或相关专业高级专业技术职务任职资格。

——操作技能培训教师要求

培训五级/初级技能、四级/中级技能、三级/高级技能操作的教师应具有本职业二级/技师职业资格证书2年以上；培训二级/技师操作技能的教师应具有本职业一级/高级技师职业资格证书3年以上。

1.8.3 培训场所设备

理论知识培训场地应为标准教室。

技能培训应在具备相应钻孔机设备设施的生产现场或模拟现场进行。

1.9 职业技能鉴定要求

1.9.1 适用对象

从事或准备从事本职业工种的人员。

1.9.2 申报条件

——五级/初级技能(具备以下条件之一者)

（1）经本职业五级/初级技能正规培训达规定标准学时数，并取得结业证书。

（2）在本职业连续见习工作1年以上。

（3）本职业学徒期满。

——四级/中级技能(具备以下条件之一者)

（1）取得本职业五级/初级技能职业资格证书后，连续从事本职业工作3年以上，经本职业四级/中级技能正规培训达规定标准学时数，并取得结业证书。

（2）取得本职业五级/初级技能职业资格证书后，连续从事本职业工作4年以上。

（3）连续从事本职业工作6年以上。

（4）取得技工学校毕业证书；或取得经人力资源社会保障行政部门审核认定、以四级/中级技能为培养目标的中等及以上职业学校本专业毕业证书（含尚未取得毕业证书的在校应届毕业生）。

——三级/高级技能(具备以下条件之一者)

（1）取得本职业四级/中级技能职业资格证书后，连续从事本职业工作4年以上，经本职业三级/高级技能正规培训达规定标准学时数，并取得结业证书。

（2）取得本职业四级/中级技能职业资格证书后，连续从事本职业工作5年以上。

（3）取得四级/中级技能职业资格证书，并具有高级技工学校、技师学院毕业证书；或取得四级/中级技能职业资格证书，并经人力资源社会保障行政部门审核认定、以三级/高级技能为培养目标、具有高等职业学校本专业毕业证书(含尚未取得毕业证书的在校应届毕业生)。

(4) 具有大专及以上本专业或相关专业毕业证书，并取得本职业四级/中级技能职业资格证书，连续从事本职业工作2年以上。

——二级/技师(具备以下条件之一者)

(1) 取得本职业三级/高级技能职业资格证书后，连续从事本职业工作3年以上，经本职业二级/技师正规培训达到规定标准学时数，并取得结业证书。

(2) 取得本职业三级/高级技能职业资格证书后，连续从事本职业工作4年以上。

(3) 取得本职业三级/高级技能职业资格证书的高级技工学校、技师学院本专业毕业生，连续从事本职业工作3年以上；取得预备技师证书的技师学院毕业生连续从事本职业工作2年以上。

(4) 取得本职业三级/高级技能职业资格证书的大专及以上本专业或相关专业毕业生，连续从事本职业工作4年以上。

(5) 取得相关专业初级专业技术职务任职资格后，在生产一线从事相关职业（工种）工作3年以上或经本职业技师正规培训达到规定标准学时数取得结业证书且在生产一线从事相关职业（工种）工作2年以上。

(6) 取得本专业或相关专业中级专业技术职务任职资格，在生产一线工作。

——一级/高级技师(具备以下条件之一者)

(1) 取得本职业二级/技师职业资格证书后，连续从事本职业工作3年以上，经本职业一级/高级技师正规培训达到规定标准学时数，并取得结业证书。

(2) 取得本职业二级/技师职业资格证书后，连续从事本职业工作5年以上。

(3) 取得本专业或相关专业中级专业技术职务任职资格后，在生产一线从事相关职业（工种）工作5年以上或经本职业高级技师正规培训达到规定标准学时数取得结业证书且在生产一线从事相关职业（工种）工作3年以上。

(4) 取得本专业或相关专业高级专业技术职务任职资格，在生产一线从事相关职业（工种）工作。

1.9.3 鉴定方式

分为理论知识考试和技能操作考核。理论知识考试采用闭卷笔试方式，技能操作考核采用生产现场实际操作或模拟操作方式。理论知识考试和技能操作考核均实行百分制，成绩皆达60分以上者为合格。二级/技师、一级/高级技师还须进行综合评审。

1.9.4 考评人员和考生配比

理论知识考试考评人员与考生配比为1∶20，每个标准教室不少于2名考评人员；技能操作考核考评员与考生配比为1∶5，且不少于3名考评员；综合评审委员不少于5人。

1.9.5 鉴定时间

理论知识考试时间不少于90min；技能操作考核时间不少于40min；综合评审时间不少于20min。

1.9.6 鉴定场所设备

理论知识考试在标准教室进行。操作技能考核在具有相应钻孔机设备的生产现场或模拟生产现场进行。

2. 基 本 要 求

2.1 职业道德

2.1.1 职业道德基本知识

2.1.2 职业守则

（1）爱国爱党，爱厂爱岗，勤奋敬业，尽职尽责。

（2）勤于学习，勇于创新，精通业务，提高效率。

（3）安全第一，科学管理，遵纪守法，团结协作。

（4）文明生产，精心操作，崇尚先进，求实进取。

2.2 基础知识

2.2.1 基本常识

（1）识图知识。

（2）常用量具、工具的使用常识。

（3）岩（矿）石基本常识。

（4）机电常识。

2.2.2 钻孔作业基础知识

（1）常用设备知识（分类、用途、基本结构和安全操作知识）。

（2）配套设备基础知识（分类、用途、基本结构和安全操作知识）。

（3）设备维护、保养知识。

（4）气动和液压知识。

（5）钻孔作业流程。

（6）钻具使用知识。

（7）机械传动知识。

2.2.3 质量管理知识

（1）全面质量管理基础知识。

（2）质量管理体系基础知识。

2.2.4 安全文明生产与环境保护知识

（1）安全生产基础知识。

（2）6S 管理基础知识。

（3）消防器材的使用知识。

（4）劳动保护与卫生基础知识。

（5）环境保护基础知识。

（6）职业健康与安全管理体系基础知识。

2.2.5 相关法律法规

（1）《中华人民共和国劳动法》的相关知识。

（2）《中华人民共和国劳动合同法》的相关知识。

（3）《中华人民共和国产品质量法》的相关知识。

（4）《中华人民共和国环境保护法》的相关知识。

（5）《中华人民共和国安全生产法》的相关知识。

3. 工作要求

本标准对本职业五级/初级技能、四级/中级技能、三级/高级技能、二级/技师、一级/高级技师要求依次递进，高级别涵盖低级别的要求。

3.1 五级/初级技能

职业功能	工作内容	技能要求	相关知识要求
1. 工作准备	1.1 工作交接	1.1.1 能按要求穿戴劳保用品 1.1.2 能对作业现场进行安全确认 1.1.3 能填写生产原始记录 1.1.4 能整理作业现场	1.1.1 劳保用品穿戴知识 1.1.2 现场安全确认知识，安全操作规程 1.1.3 原始记录填写要求 1.1.4 现场文明卫生要求
	1.2 开机前检查	1.2.1 能正确识别和加注各种油料 1.2.2 能检查钻具与钻孔参数是否相符	1.2.1 常用油料及加注知识 1.2.2 钻具选择知识
	1.3 开机后检查	1.3.1 能正确启动台车 1.3.2 能检查风、水、电、液压等系统是否正常 1.3.3 能检查制动与转向性能是否正常	1.3.1 台车启动知识，设备操作规程 1.3.2 风、水、电、液压系统知识 1.3.3 钻孔机制动与转向知识

续表

职业功能	工作内容	技能要求	相关知识要求
2. 作业过程	2.1 钻孔机移动	2.1.1 能在正常作业条件下将钻孔机移动到指定位置 2.1.2 能完成钻孔机定位、支撑作业	2.1.1 钻孔机移动操作方法 2.1.2 钻孔机定位、支撑操作方法
	2.2 钻孔机定位与钻孔	2.2.1 能使用量具确定开孔的方位、角度 2.2.2 能加、卸钻杆、更换钻头 2.2.3 能完成钻孔作业	2.2.1 常用量具的使用方法 2.2.2 钻具更换方法 2.2.3 钻孔作业知识，技术操作规程
	2.3 故障判断与排除	2.3.1 能发现作业过程中的异常现象	2.3.1 钻孔机常见故障知识
	2.4 终孔停机	2.4.1 能完成停机、复位操作	2.4.1 钻孔机停机、复位操作方法
3. 质量管理	3.1 质量判断	3.1.1 能判断钻孔质量是否合格	3.1.1 钻孔质量要求
	3.2 质量控制	3.2.1 能读懂钻孔的方位、倾角等参数	3.2.1 钻孔参数知识
4. 设备维护	4.1 设备点检	4.1.1 能对设备做日常的点检并做记录	4.1.1 设备日常点检知识
	4.2 设备维护	4.2.1 能按要求对钻孔机进行清洁、润滑、紧固	4.2.1 钻孔机日常维护保养知识

3.2 四级/中级技能

职业功能	工作内容	技能要求	相关知识要求
1. 工作准备	1.1 工作交接	1.1.1 能处理作业现场发现的安全隐患 1.1.2 能根据原始记录判断作业是否正常	1.1.1 现场安全隐患处理知识 1.1.2 本工序中各控制点的要求
	1.2 开机前检查	1.2.1 能检查设备的结构件有无裂变、紧固件及各种管、线接头是否松动、轮胎气压是否正常	1.2.1 钻孔机结构及维护保养知识
	1.3 开机后检查	1.3.1 能判断钻孔机工作是否正常 1.3.2 能根据异常的震动和响声判断出钻孔机有隐患的部位	1.3.1 钻孔机正常运转知识 1.3.2 钻孔机工作异常状态的判断知识

续表

职业功能	工作内容	技能要求	相关知识要求
2. 作业过程	2.1 钻孔机移动	2.1.1 能在较复杂的作业环境条件下移动钻孔机 2.1.2 能完成钻孔机各种管路的连接	2.1.1 复杂条件下钻孔机移动操作方法 2.1.2 气控、液压等管线的连接知识
	2.2 钻孔机定位与钻孔	2.2.1 能对钻孔进行二次测量、校正 2.2.2 能在复杂条件下完成开孔作业	2.2.1 钻孔校正知识 2.2.2 复杂条件下的开孔知识
	2.3 故障判断与排除	2.3.1 能处理钻孔机各系统的常见故障 2.3.2 能判断钻孔内的常见故障	2.3.1 气控、液压等系统常见故障处理知识 2.3.2 钻孔内的常见故障判断知识
	2.4 终孔停机	2.4.1 能清洁钻孔	2.4.1 清洁钻孔方法
3. 质量管理	3.1 质量判断	3.1.1 能根据钻孔机工况、钻进参数判断钻孔质量	3.1.1 钻进参数对钻孔质量的影响因素
	3.2 质量控制	3.2.1 能读懂钻孔作业图表 3.2.2 能分析不合格钻孔产生的原因	3.2.1 识图知识 3.2.2 影响钻孔质量的因素
4. 设备维护	4.1 设备点检	4.1.1 能根据钻孔机的日常点检记录判断设备运行情况	4.1.1 设备运行的主要参数
	4.2 设备维护	4.2.1 能检查、更换钻孔机一般磨损机件	4.2.1 钻孔机磨损机件装配知识

3.3 三级/高级技能

职业功能	工作内容	技能要求	相关知识要求
1. 工作准备	1.1 工作交接	1.1.1 能组织安全检查活动	1.1.1 安全管理知识
	1.2 开机后检查	1.2.1 能根据检查情况，判断设备系统运行是否正常	1.2.1 钻孔机设备系统检查方法
2. 作业过程	2.1 钻孔机定位与钻孔	2.1.1 能够在复杂作业条件下，开钻出合格钻孔 2.1.2 能正确调整钻孔机运行参数	2.1.1 复杂条件下钻进方法 2.1.2 钻孔机参数调整知识
	2.2 故障判断与排除	2.2.1 能处理各系统较复杂的故障 2.2.2 能处理钻孔内常见故障	2.2.1 复杂故障的处理方法 2.2.2 常见故障处理方法

续表

职业功能	工作内容	技能要求	相关知识要求
3. 质量管理	3.1 质量控制	3.1.1 能根据钻孔质量波动的原因采取纠正措施	3.1.1 控制产品质量波动的知识
4. 设备维护	4.1 设备点检	4.1.1 能提出设备检修、更换建议	4.1.1 钻孔机等设备日常维护保养知识
	4.2 设备维护保养	4.2.1 能调整液压、气控系统及制动装置	4.2.1 钻孔机液压、气控系统及制动装置调整的知识

3.4 二级/技师

职业功能	工作内容	技能要求	相关知识要求
1. 作业过程	1.1 钻孔机定位与钻孔	1.1.1 能根据生产需要制订钻孔作业方案	1.1.1 工程施工方案制订知识
	1.2 故障判断与排除	1.2.1 能处理钻孔内出现的复杂故障 1.2.2 能处理常见电气故障	1.2.1 钻孔内复杂故障处理方法 1.2.2 钻孔机常见电气故障处理知识
2. 成本核算	2.1 成本预算	2.1.1 能读懂钻孔作业成本报表	2.1.1 钻孔作业成本报表知识
	2.2 成本控制	2.2.1 能分析钻孔成本超支的原因	2.2.1 钻孔作业成本核算基本知识
3. 质量管理	3.1 质量控制	3.1.1 能分析钻孔质量产生异常波动的原因，并制定钻孔质量管理方案	3.1.1 钻孔质量影响因素，质量管理方案制定知识
4. 设备调整与检验	4.1 制订方案	4.1.1 能制订设备维护和保养计划 4.1.2 能制定钻孔机中修方案	4.1.1 设备维护保养知识 4.1.2 制定钻孔机中修方案知识
	4.2 工艺改进调整	4.2.1 能提出钻孔机革新及改进性能建议 4.2.2 能按要求把新工艺、新设备、新材料应用于生产实际 4.2.3 能检验与调整钻孔机的各种参数，使设备维持最佳状态	4.2.1 钻孔机基本参数，钻孔机总体结构知识 4.2.2 钻孔新工艺、新设备、新材料 4.2.3 钻孔机液压系统压力检测和调整的知识
5. 培训与指导	5.1 指导	5.1.1 能撰写钻孔作业方面的实践经验总结，指导初、中、高级钻孔司机进行实际操作	5.1.1 技术总结写作知识
	5.2 培训	5.2.1 能向初、中、高级钻孔司机讲授本职业的理论知识和指导操作技能训练	5.2.1 理论教学和操作技能训练方法

3.5 一级/高级技师

职业功能	工作内容	技能要求	相关知识要求
1. 作业过程	1.1 作业调整	1.1.1 能制订复杂作业条件下的钻孔作业方案	1.1.1 复杂条件钻孔施工方法
	1.2 故障判断与排除	1.2.1 能在钻孔机故障发生后提出生产运行的应对方案 1.2.2 能处理钻孔机复杂电气故障	1.2.1 生产方案制定知识 1.2.2 钻孔机复杂电气故障处理知识
2. 成本核算	2.1 成本预算	2.1.1 能制定钻孔施工成本预算方案	2.1.1 成本预算知识
	2.2 成本控制	2.2.1 能制定、实施钻孔机节能降耗方案 2.2.2 能提出提高钻孔机效率的技术措施	2.2.1 钻孔机成本管理的知识 2.2.2 提高钻孔机效率的方法
3. 质量管理	3.1 质量控制	3.1.1 能对钻孔作业进行质量评估 3.1.2 能组织钻孔作业的质量攻关	3.1.1 钻孔质量评估知识 3.1.2 提高钻孔质量的方法
4. 设备管理与工艺改进	4.1 技术管理	4.1.1 能优化钻孔机的工艺技术参数 4.1.2 能拟订钻孔机技术操作规程 4.1.3 能制定钻孔机大修方案 4.1.4 能建立健全钻孔机运行维修档案	4.1.1 技术管理的知识 4.1.2 制定技术操作规程相关知识 4.1.3 制定钻孔机大修方案知识 4.1.4 技术档案编写知识
	4.2 工艺改进	4.2.1 能针对钻孔机技术及生产难题开展技术改造 4.2.2 能学习借鉴国内外钻孔机先进经验、技术，提出工艺革新建议	4.2.1 技术改造相关知识 4.2.2 国内外钻孔机技术发展动态
5. 培训与指导	5.1 培训	5.1.1 能撰写钻孔机作业的专题技术论文 5.1.2 能编写培训讲义	5.1.1 技术论文的撰写知识 5.1.2 培训讲义的编写方法
	5.2 指导	5.2.1 能编写培训讲义	5.2.1 培训讲义的编写方法

4　比 重 表

4.1　理论知识

项　目 \ 技能等级		初级技能/%	中级技能/%	高级技能/%	技师/%	高级技师/%
基本要求	职业道德	3	3	3	3	3
	工作交接	5	5	5	—	—
	基础知识	40	30	30	20	20
相关知识要求	工作准备	10	15	7	—	—
	作业过程	22	25	30	30	15
	质量管理	5	7	10	15	15
	设备维护	15	15	15	—	—
	成本核算	—	—	—	5	5
	设备调整与检验	—	—	—	15	20
	设备管理与工艺改进	—	—	—	2	7
	培训与指导	—	—	—	10	15
合　计		100	100	100	100	100

4.2　操作技能

<table>
<tr><th colspan="3">项　目 \ 技能等级</th><th>初级技能/%</th><th>中级技能/%</th><th>高级技能/%</th><th>技师/%</th><th>高级技师/%</th></tr>
<tr><td rowspan="12">技能要求</td><td>工作准备</td><td>工作交接与设备检查</td><td>15</td><td>10</td><td>10</td><td rowspan="4">35</td><td rowspan="4">20</td></tr>
<tr><td rowspan="4">作业过程</td><td>移　动</td><td>10</td><td>15</td><td>5</td></tr>
<tr><td>定　位</td><td>10</td><td>15</td><td>10</td></tr>
<tr><td>钻　孔</td><td>30</td><td>35</td><td>40</td></tr>
<tr><td>故障判断</td><td>5</td><td>5</td><td>10</td><td>25</td><td>30</td></tr>
<tr><td colspan="2">质量管理</td><td>5</td><td>5</td><td>10</td><td>10</td><td>10</td></tr>
<tr><td colspan="2">设备维护</td><td>25</td><td>15</td><td>15</td><td>—</td><td>—</td></tr>
<tr><td colspan="2">成本核算</td><td>—</td><td>—</td><td>—</td><td>5</td><td>10</td></tr>
<tr><td colspan="2">设备调整与检验</td><td>—</td><td>—</td><td>—</td><td>20</td><td>5</td></tr>
<tr><td colspan="2">设备管理与工艺改进</td><td>—</td><td>—</td><td>—</td><td>5</td><td>10</td></tr>
<tr><td colspan="2">培训与指导</td><td>—</td><td>—</td><td>—</td><td>10</td><td>15</td></tr>
<tr><td colspan="3">合　计</td><td>100</td><td>100</td><td>100</td><td>100</td><td>100</td></tr>
</table>

有色金属行业职业技能标准

凿岩工

金川集团股份有限公司起草

说　明

根据《中华人民共和国劳动法》的有关规定，为了进一步完善国家职业标准体系，为职业教育、职业培训和职业技能鉴定提供科学、规范的依据，中国有色金属工业协会、有色金属行业职业技能鉴定指导中心联合组织金川集团股份有限公司的有关专家，制定了《凿岩工》（井下采矿方向）职业技能鉴定标准（以下简称《标准》）。

一、本《标准》以《中华人民共和国职业分类大典》为依据，以客观反映现阶段本职业的水平和对从业人员的要求为目标，在充分考虑经济发展、科技进步和产业结构变化对本职业影响的基础上，对职业的活动范围、工作内容、技能要求和知识水平作了明确规定。

二、本《标准》的制定遵循了《国家职业标准制定技术规程》的要求，既保证了《标准》体例的规范化，又体现了以职业活动为导向、以职业技能为核心的特点，同时也使其具有根据科技发展进行调整的灵活性和实用性，符合培训、鉴定和就业工作的需要。

三、本《标准》依据有关规定将本职业分为五个等级，包括职业概况、基本要求、工作要求和比重表四个方面的内容。

四、本《标准》是在有色金属行业职业技能鉴定指导中心的具体组织下，在各有关专家和实际工作者的共同努力下完成的。参加编写的主要人员有：张永武、王崇庆、杨长祥、康汝信、杨斌强、李向荣、马成文、高彦、周培生、潘芳成、朱安红、刘洁、尹夏、于延和、康文宝、佘琳、郭秀芳。参加审定的主要人员有：王志敏、郝志贤、杨启臣、黎国炎、林友、年兴忠、强小平、王晓辉、王志敏、徐日斌、张杰、谢承杰、连仁杰、杜光宝、邹爱平。本《标准》由金川集团股份有限公司负责起草，在制定过程中，得到了中条山有色金属集团有限公司、辽宁地质工程职业学院、中国有色集团红透山矿业有限公司、广西华锡集团股份有限公司、云南冶金集团股份有限公司、中国铝业股份有限公司山西分公司、西部矿业股份有限公司、中条山有色金属集团有限公司、吉林吉恩镍业股份有限公司、河南省三门峡冶金工业学校等有关单位的大力支持，在此一并致谢。

五、本《标准》业经中国有色金属工业协会批准，自 2012 年 7 月 17 日起施行。

凿 岩 工

1. 职 业 概 况

1.1　职业名称

凿岩工。

1.2　职业定义

使用专用机具，开凿岩石的人员。

1.3　职业等级

本职业共设五个等级，分别为：初级工（国家职业资格五级）、中级工（国家职业资格四级）、高级工（国家职业资格三级）、技师（国家职业资格二级）、高级技师（国家职业资格一级）。

1.4　职业环境

室外或井下，常温，潮湿，噪声，振动，粉尘，有毒有害。

1.5　职业能力特征

具有一定的学习和理解能力；四肢灵活，动作准确协调；视力良好、听力良好。

1.6　基本文化程度

初中毕业。

1.7　培训要求

1.7.1　培训期限

全日制职业学校教育，根据其培养目标和教学计划确定。晋级培训期限：初级、中级、高级工不少于160标准学时；技师、高级技师不少于120标准学时。

1.7.2　培训教师

培训初级工、中级工和高级工的教师应具有本职业技师及以上职业资格或本专业中级及以上专业技术职务任职资格；培训技师的教师应具有本职业高级技师职业资格或本专业中级及以上专业技术职务任职资格；培训高级技师的教师应具有本职业高级技师职业资格证书2年以上或本专业高级专业技术职务任职资格。

1.7.3　培训场地设备

标准教室及具备必要工具、设备、设施的生产现场或模拟生产现场。

1.8 鉴定要求

1.8.1 适用对象

从事或准备从事本职业的人员。

1.8.2 申报条件

——初级工(具备以下条件之一者)

(1) 经本职业初级工正规培训达规定标准学时数，并取得毕（结）业证书。

(2) 在本职业连续工作1年以上。

(3) 本职业学徒期满。

——中级工(具备以下条件之一者)

(1) 取得本职业初级工职业资格证书后，连续从事本职业工作2年以上，经本职业中级工正规培训达规定标准学时数，并取得结业证书。

(2) 取得本职业初级工职业资格证书后，连续从事本职业工作3年以上。

(3) 连续从事本职业工作5年以上。

(4) 取得经国家人力资源和社会保障部审核认定的、以中级工技能为培养目标的中等以上职业学校本职业（专业）毕业证书。

——高级工(具备以下条件之一者)

(1) 取得本职业中级工职业资格证书后，连续从事本职业工作3年以上，经本职业高级工正规培训达规定标准学时数，并取得结业证书。

(2) 取得本职业中级工职业资格证书后，连续从事本职业工作4年以上。

(3) 取得经国家人力资源和社会保障部审核认定的、以高级工技能为培养目标的高级技工学校或高等职业学校本职业（专业）毕业证书。

(4) 取得本职业中级工职业资格证书的大专以上本专业或相关专业毕业生，连续从事本职业工作1年以上。

——技师(具备以下条件之一者)

(1) 取得本职业高级工职业资格证书后，连续从事本职业工作4年以上，经本职业技师正规培训达规定标准学时数，并取得结业证书。

(2) 取得本职业高级工职业资格证书后，连续从事本职业工作6年以上。

(3) 取得本职业高级工职业资格证书的高级技工学校本职业（专业）毕业生，连续从事本职业工作5年以上。

(4) 取得本职业高级工职业资格证书的大专及以上本专业或相关专业毕业生，连续从事本职业工作4年以上。

(5) 取得本专业初级专业技术职务任职资格后，在生产一线从事相关职业（工种）工作3年以上或经本职业技师正规培训达到规定标准学时数取得结业证书且在生产一线从事相关职业（工种）工作2年以上。

(6) 取得本专业中级专业技术职务任职资格，在生产一线从事相关职业

（工种）工作。

——高级技师（具备以下条件之一者）

（1）取得本职业技师职业资格证书后，连续从事本职业工作3年以上，经本职业高级技师正规培训达规定标准学时数，并取得结业证书。

（2）取得本职业技师职业资格证书后，连续从事本职业工作5年以上。

（3）取得本专业或相关专业中级专业技术职务任职资格后，在生产一线从事相关职业（工种）工作5年以上或经本职业高级技师正规培训达到规定标准学时数取得结业证书且在生产一线从事相关职业（工种）工作3年以上。

（4）取得本专业或相关专业高级专业技术职务任职资格，在生产一线从事相关职业（工种）工作。

1.8.3 鉴定方式

分为理论知识考试和技能操作考核。理论知识考试采用闭卷笔试方式，技能操作考核采用生产现场实际操作或模拟操作方式。理论知识考试和技能操作考核均实行百分制，成绩皆达60分以上者为合格。技师、高级技师还须进行综合评审。

1.8.4 考评人员和考生配比

理论知识考试考评人员与考生配比为1∶20，每个标准教室不少于两名考评人员；技能操作考核考评员与考生配比为1∶5，且不少于3名考评员；综合评审委员不少于5人。

1.8.5 鉴定时间

理论知识考试时间不少于120min；技能操作考核时间根据实际情况而定，一般不少于60min；综合评审时间不少于20min。

1.8.6 鉴定场所设备

理论知识考试在标准教室进行。技能操作考核在生产现场或模拟生产现场进行。综合评审在会议室进行。

2. 基 本 要 求

2.1 职业道德

2.1.1 职业道德基本知识

2.1.2 职业守则

（1）爱国爱党，爱厂爱岗，勤奋敬业，尽职尽责。

（2）勤于学习，勇于创新，精通业务，提高效率。

（3）安全第一，科学管理，遵纪守法，团结协作。

（4）文明生产，精心操作，崇尚先进，求实进取。

2.2 基础知识

2.2.1 机械基础知识

（1）识图知识。

（2）常用量具的使用方法。

（3）机械传动基础知识。

（4）液压传动基础知识。

（5）电气基础知识。

2.2.2 凿岩台车总体结构

（1）凿岩台车性能参数。

（2）工作臂工作原理及结构。

2.2.3 柴油发动机

（1）柴油机工作原理。

（2）机体组件。

（3）曲柄连杆机构。

（4）配气机构与进排气系统。

（5）燃料供给系统。

（6）润滑系统。

（7）启动系统。

2.2.4 液力传动系统

（1）概述。

（2）液力变矩器。

（3）动力换挡变速箱。

（4）万向传动装置。

（5）驱动桥。

（6）轮胎。

（7）凿岩台车液力传动系统原理分析。

2.2.5 液压传动基础知识

（1）液压元件。

（2）液压基本回路。

（3）凿岩台车液压系统原理分析。

2.2.6 液压凿岩机

（1）液压凿岩机结构。

（2）液压凿岩机工作原理。

（3）液压凿岩机维护保养。

2.2.7 制动系统

（1）制动系统的功用及组成。

（2）典型制动器的构造及工作原理。

2.2.8 转向系统

（1）铰接式转向系统组成、原理。

（2）铰接式转向系统结构、特点。

（3）转向液压系统原理分析。

2.2.9 凿岩台车常见故障排除

（1）柴油发动机常见故障及排除。

（2）液力—机械传动系统常见故障及排除。

（3）制动系统常见故障及排除。

（4）液压系统常见故障及排除。

2.2.10 凿岩爆破相关知识

（1）凿岩爆破基础知识。

（2）矿山地质和岩石力学相关知识。

（3）巷道掘进及采矿相关知识。

（4）爆破安全技术。

2.2.11 安全文明生产与环境保护知识

（1）现场文明生产要求。

（2）安全操作与劳动保护知识。

（3）环境保护知识。

（4）现场危险源辨识与风险评价知识。

（5）矿山安全技术操作规程知识。

（6）矿山爆破规程知识。

（7）职业卫生防护知识。

（8）OHSAS18001 职业安全健康管理体系基础知识。

（9）ISO14001 环境质量管理体系基础知识。

2.2.12 质量管理知识

（1）质量管理基础知识。

（2）6S 管理基础知识。

（3）ISO9002 质量管理体系基础知识。

2.2.13 相关法律法规

（1）《中华人民共和国劳动法》的相关知识。

（2）《中华人民共和国劳动合同法》的相关知识。

（3）《中华人民共和国安全生产法》的相关知识。

(4)《中华人民共和国环境保护法》的相关知识。
(5)《中华人民共和国矿山安全法》的相关知识。
(6)《中华人民共和国职业病防治法》的相关知识。

3. 工 作 要 求

本标准对本职业初级工、中级工、高级工、技师、高级技师要求依次递进，高级别涵盖低级别的要求。

3.1 初级工

职业功能	工作内容	技能要求	相关知识
一、工作准备	（一）劳保用品穿戴	能正确穿戴本岗位规定穿戴的劳保用品	1. 本岗位存在的危险源及所需采取的防护措施 2. 劳保用品穿戴要求
	（二）启动前检查	1. 能正确识别、检查并加注各种油料 2. 能正确检查设备结构件的裂变和紧固件的松动 3. 能对各种销轴进行润滑 4. 能正确检查轮胎气压 5. 能正确检查使用消防器材	1. 凿岩台车基本参数及性能 2. 凿岩台车维护保养规程 3. 凿岩台车安全操作规程
	（三）启动后检查	1. 能正确检查发动机工况 2. 能正确检查灯光、喇叭 3. 能正确检查仪表数据 4. 能正确检查制动与转向性能 5. 能正确检查液压系统压力 6. 能正确检查有无泄漏	1. 凿岩台车总体结构 2. 凿岩台车使用说明书
二、台车驾驶与凿岩作业	（一）启动车辆	1. 能检查机油、液压油、传动油、钎尾润滑油等各种油料及车辆外观情况 2. 能按启动要求启动车辆	1. 启动凿岩台车的方法 2. 凿岩台车仪表、指示灯、警示灯的识别知识
	（二）驾驶车辆	1. 能在正常现场道路、环境条件下顺利起步 2. 能在正常现场道路、环境条件下正确驾驶车辆 3. 能够正确停放车辆 4. 能够按正确程序检查车辆	1. 正常现场道路、环境条件下凿岩台车平稳起步行驶的知识 2. 车辆停放的知识

续表

职业功能	工作内容	技能要求	相关知识
二、台车驾驶与凿岩作业	（三）台车定位与凿岩	1. 能按照正确的操作方法完成定位作业 2. 能按照正确的操作方法完成凿岩作业	1. 相关车型的操作手册 2. 转向液压系统基本常识 3. 岩石结构及力学的相关知识 4. 采矿方法相关知识 5. 台车定位相关知识 6. 矿石技术经济指标 7. 矿石的物理性能相关知识 8. 凿岩爆破知识
三、维护保养与调整	维护与保养	1. 能进行凿岩台车日常维护保养 2. 能正确进行柴油发动机的维护保养	1. 清洁车辆相关知识 2. 补给作业相关知识 3. 润滑相关知识 4. 操作手册中关于维护保养的相关知识

3.2 中级工

职业功能	工作内容	技能要求	相关知识
一、工作准备	（一）工作交接	1. 能识别原始记录中的记录错误 2. 能根据原始记录判断设备是否正常	1. 交接班的规定 2. 交接班记录填写要求
	（二）凿岩台车检查	能根据检查情况判断设备是否正常	1. 机械常识 2. 车辆性能状态的判断知识
二、台车驾驶与凿岩作业	（一）驾驶车辆	1. 能驾驶台车顺利通过较复杂的路段 2. 能在驾驶时依据行驶速度自如、适度的收放电缆	1. 综合驾驶知识 2. 电缆卷收放应用知识
	（二）台车定位与凿岩	1. 能在规定的时间内顺利的完成相应的凿岩作业，并且能保证质量 2. 能根据矿物化学分析报告判断矿物质量 3. 能目测判断矿物层的渐变关系	矿物物理化学性质
三、维护保养与调整	维护与保养	1. 能够正确进行液力传动系统的维护保养 2. 能够正确进行液压系统的维护保养	1. 液压系统相关知识 2. 液力传动系统相关知识

续表

职业功能	工作内容	技能要求	相关知识
四、台车故障判断与处理	（一）发动机和底盘故障	能够判断发动机和底盘简单的故障	1. 发动机常见故障的原因和排除方法 2. 凿岩台车底盘常见故障的判断和排除方法
	（二）液压系统故障	能够判断液压系统简单的故障	液压系统常见故障的判断和排除方法

3.3 高级工

职业功能	工作内容	技能要求	相关知识
一、工作准备	检查	能检查判断凿岩台车状况	凿岩台车性能测试等相关知识
二、台车驾驶与凿岩作业	（一）驾驶车辆	1. 能驾驶台车顺利通过特殊的路段 2. 能在限制高度、宽度或弯度的巷道内平稳、自如的驾驶	1. 巷道掘进及采矿相关知识 2. 特殊环境条件下台车驾驶技术
	（二）台车定位与凿岩	1. 能在不同条件的作业面开钻出布局、角度、深度合理的爆破孔 2. 能自如地单人同时操作双臂进行作业，能够高效、高质量地完成相应的工作量	1. 转向液压系统相关知识 2. 凿岩爆破的相关知识 3. 采矿方法相关知识
三、维护保养与调整	维护与保养	1. 能独立地完成二级维护作业 2. 能正确进行柴油发动机的维护保养	1. 二级维护作业规范和技术条件 2. 凿岩台车发动机的基本结构 3. 凿岩台车制动性能测试相关知识
四、台车故障判断与处理	（一）发动机和底盘故障	能处理发动机和底盘简单的故障	1. 凿岩台车发动机各种故障的原因和排除方法 2. 凿岩台车底盘各种故障的判断和排除方法
	（二）液压系统故障	能够处理液压系统较简单的故障	1. 凿岩台车液压系统各种故障的判断和排除方法 2. 凿岩台车液压系统工作原理

3.4 技师

职业功能	工作内容	技能要求	相关知识
一、台车驾驶	台车定位与凿岩	能完成各种特殊环境条件下的定位和凿岩作业	特殊环境条件下定位和凿岩作业知识
二、维护保养与调整	维护保养与调整	1. 能够制定科学、合理的维护和保养计划 2. 能够检验与调整凿岩台车液压系统的各种压力	1. 设备维护和保养方面的综合知识 2. 凿岩台车性能参数 3. 凿岩台车液压系统压力检测和调整的方法 4. 凿岩台车总体结构
三、台车故障判断与处理	（一）发动机和底盘故障	能够判断并处理发动机和底盘常见的故障	1. 柴油发动机 2. 底盘结构及原理
	（二）液压系统故障	能判断并处理液压系统常见的故障	凿岩台车液压系统常见的故障处理方法
	（三）液力传动系统故障	能判断并处理液力传动系统常见的故障	液力传动系统常见故障及处理方法
	（四）电气系统故障	能判断并处理电气系统简单故障	1. 电气基础知识 2. 凿岩台车电气工作原理
四、培训与指导	（一）指导	1. 能指导初级工、中级工和高级工正确驾驶与操作凿岩台车 2. 能指导初级工、中级工和高级工正确判断和处理相关的故障 3. 能够对凿岩台车的维护和保养工作进行全面的指导 4. 能够指导高级工及以下台车司机完成二级维护作业	1. 凿岩台车驾驶的相关知识 2. 凿岩台车故障判断和处理的相关知识
	（二）培训	1. 能讲授台车的构造 2. 能讲授台车的故障排除方法 3. 能讲授台车驾驶与定位凿岩技术 4. 能讲授一般的机械常识 5. 能编写培训教案	1. 教学方法和组织教学的知识 2. 教案编写知识 3. 凿岩台车总体结构 4. 机械常识

3.5　高级技师

职业功能	工作内容	技能要求	相关知识
一、台车驾驶与凿岩作业	台车驾驶、定位与凿岩	能够根据作业条件的变化进行工艺和技术创新	1. 凿岩台车发动机和底盘的相关知识 2. 关于凿岩台车方面的新工艺和新技术
二、维护保养与调整	（一）调整	能调整底盘和发动机的各种技术参数	1. 凿岩台车液压系统压力调整方法 2. 凿岩台车底盘和发动机技术参数调整方法
	（二）检验	1. 能完成发动机的竣工验收 2. 能完成台车制动性能的验收 3. 能完成台车液压系统的验收	1. 判断发动机工况的方法 2. 发动机的验收条件 3. 制动性能的检验方法和标准 4. 液压系统的检验方法和标准 5. 凿岩台车总体结构
三、台车故障判断与处理	（一）发动机和底盘故障	能排除发动机和底盘的较复杂故障	1. 发动机各种故障的原因和排除方法 2. 凿岩台车底盘各种故障的判断和排除方法
	（二）液压系统故障	能排除液压系统的较复杂故障	1. 液压系统各种故障的判断和排除方法 2. 凿岩台车液压系统工作原理
	（三）液力传动系统故障	能判断并处理液力传动系统较复杂的故障	1. 液力传动系统各种故障的判断和排除方法 2. 液力传动系统原理
	（四）电气系统故障	能处理电路系统较复杂故障	凿岩台车电气主要总成的结构和基本使用知识
四、设备管理与创新	设备管理与创新	1. 能编制台车的车辆技术档案 2. 能协助本单位制定和完成技术经济指标 3. 能配合推广国内外先进技术与设备的工业应用	1. 技术管理的知识 2. 设备管理的相关知识 3. 国内外凿岩技术及设备发展方向
五、培训与指导	（一）指导	1. 能指导技师及以下人员正确驾驶与操作凿岩台车 2. 能指导技师及以下人员正确判断和处理相关的故障 3. 能指导技师及以下人员定位凿岩	培训教学基本方法
	（二）培训	能对技师及以下人员讲授国内、外先进采矿设备与技术	国内、外采矿设备与技术发展与现状

4. 比 重 表

4.1　理论知识

项　目		初级工/%	中级工/%	高级工/%	技师/%	高级技师/%
基本要求	职业道德	5	5	5	5	5
	基础知识	50	45	45	40	40
相关知识	工作准备	10	10	10	—	—
	台车驾驶与凿岩作业	20	20	15	15	10
	维护保养与调整	15	15	15	15	10
	台车故障判断与处理	—	5	10	20	20
	设备管理与创新	—	—	—	—	5
	培训与指导	—	—	—	5	10
合　计		100	100	100	100	100

4.2　技能操作

项　目		初级工/%	中级工/%	高级工/%	技师/%	高级技师/%
技能要求	工作准备	20	15	10	—	—
	台车驾驶与凿岩作业	70	60	60	50	40
	维护保养与调整	10	15	20	20	20
	台车故障判断与处理	—	10	10	20	20
	设备管理与创新	—	—	—	—	10
	培训与指导	—	—	—	10	10
合　计		100	100	100	100	100

有色金属行业职业技能标准

矿 井 开 掘 工

广西华锡集团股份有限公司起草

说　明

根据《中华人民共和国劳动法》的有关规定，为了进一步完善国家职业技能标准体系，为职业教育、职业培训和职业技能鉴定提供科学、规范的依据，中国有色金属工业协会委托有色金属行业职业技能鉴定指导中心组织有关专家，制定了《矿井开掘工》职业技能标准（以下简称《标准》)。

一、本《标准》以《中华人民共和国职业分类大典》为依据，以客观反映现阶段本职业的水平和对从业人员的要求为目标，在充分考虑经济发展、科技进步和产业结构变化对本职业影响的基础上，对职业的活动范围、工作内容、技能要求和知识水平作了明确规定。

二、本《标准》的制定遵循了《国家职业技能标准编制技术规程》的要求，既保证了《标准》体例的规范化，又体现了以职业活动为导向、以职业技能为核心的特点，同时也使其具有根据科技发展进行调整的灵活性和实用性，符合培训、鉴定和就业工作的需要。

三、本《标准》依据有关规定将本职业分为五个等级，包括职业概况、基本要求、工作要求和比重表四个方面的内容。

四、本《标准》是在有色金属行业职业技能鉴定指导中心的具体组织下，在各有关专家和实际工作者的共同努力下完成的。参加编写的主要人员有：吴伯增、刘裕华、罗先伟、韦建宏、陈茂、周祥云、韦忠厚、何晓武、吴强、陈远才、韦广宁。参加审定的主要人员有：尹新才、彭联合、腾高礼、郝志贤、马忠生、罗武、徐日斌、郑飞、许大鹏、谢承杰、连仁杰、杜光宝、邹爱平。本《标准》由广西华锡集团股份有限公司负责起草，在制定过程中，得到了湖南水口山有色金属集团有限公司、云南冶金集团股份有限公司、辽宁地质工程职业学院、新疆有色金属工业集团有限责任公司、吉林吉恩镍业股份有限公司、中国有色集团抚顺红透山矿业有限公司等有关单位的大力支持，在此一并致谢。

五、本《标准》经有色金属工业协会批准，自2012年12月13日起施行。

矿 井 开 掘 工

1. 职 业 概 况

1.1 职业编码

6-01-03-04。

1.2 职业名称

矿井开掘工。

1.3 职业定义

运用爆破或机械钻进方法，进行矿井井筒、巷道、硐室、天井等开拓、掘砌与维修的人员。

1.4 职业技能等级

本职业共设五个等级，由低到高分别为：五级/初级技能、四级/中级技能、三级/高级技能、二级/技师、一级/高级技师。

1.5 职业环境

室外（或井下），常温，潮湿，粉尘，噪声，有毒有害。

1.6 职业能力倾向

有一定计算能力、表达能力，动作协调能力，手臂、手指灵活，色觉、空间感好。

1.7 普通受教育程度

初中毕业（或相当文化程度）。

1.8 职业培训要求

1.8.1 晋级培训期限

晋级培训期限：初级技能、中级技能、高级技能均不少于 150 标准学时；技师、高级技师均不少于 120 标准学时。

1.8.2 培训教师

——理论知识培训教师

培训初级技能、中级技能、高级技能的教师应具有本专业中级及以上专业技术职务任职资格 1 年以上；培训技师和高级技师的教师应具有本职业高级专业技术职务任职资格 1 年以上。

——操作技能培训教师

培训初级技能、中级技能、高级技能的教师应具有本职业高级职业资格证书

1 年以上，培训技师和高级技师的教师应具有本职业高级技师职业资格证书 2 年以上。

1.8.3 培训场所设备

理论知识培训具有满足教学需要的标准教室和必备的教学仪器设备。

操作技能培训具有矿井开掘设备和具备安全设施的生产现场或具备必备设施的模拟生产现场。

1.9 职业技能鉴定要求

1.9.1 申报条件

——*五级/初级技能*(具备以下条件之一者)

(1) 经本职业五级/初级技能正规培训达到规定标准学时数，并取得结业证书。

(2) 连续从事本职业工作 1 年以上。

(3) 本职业学徒期满。

——*四级/中级技能*(具备以下条件之一者)

(1) 取得本职业五级/初级技能职业资格证书后，连续从事本职业工作 3 年以上，经本职业四级/中级技能正规培训达到规定标准学时数，并取得结业证书。

(2) 取得本职业五级/初级技能职业资格证书后，连续从事本职业工作 4 年以上。

(3) 连续从事本职业工作 6 年以上。

(4) 取得技工学校毕业证书；或取得经人力资源社会保障行政部门审核认定、以中级技能为培养目标的中等及以上职业学校本专业毕业证书（含尚未取得毕业证书的在校应届毕业生）。

——*三级/高级技能*(具备以下条件之一者)

(1) 取得本职业四级/中级技能职业资格证书后，连续从事本职业工作 4 年以上，经本职业三级/高级技能正规培训达到规定标准学时数，并取得结业证书。

(2) 取得本职业四级/中级技能职业资格证书后，连续从事本职业工作 5 年以上。

(3) 取得四级/中级技能职业资格证书，并具有高级技工学校、技师学院毕业证书；或取得四级/中级技能职业资格证书，并经人力资源社会保障行政部门审核认定、以高级技能为培养目标、具有高等职业学校本专业毕业证书（含尚未取得毕业证书的在校应届毕业生）。

(4) 具有大专及以上本专业或相关专业毕业证书，并取得本职业四级/中级技能职业资格证书，连续从事本职业工作 2 年以上。

——*二级/技师*(具备以下条件之一者)

(1) 取得本职业三级/高级技能职业资格证书后，连续从事本职业工作 3 年以上，经本职业二级/技师正规培训达到规定标准学时数，并取得结业证书。

（2）取得本职业三级/高级技能职业资格证书后，连续从事本职业工作 4 年以上。

（3）取得本职业三级/高级技能职业资格证书的高级技工学校、技师学院本专业毕业生，连续从事本职业工作 3 年以上；取得预备技师证书的技师学院毕业生连续从事本职业工作 2 年以上。

（4）取得本职业三级/高级技能职业资格证书的大专及以上本专业或相关专业毕业生，连续从事本职业工作 4 年以上。

（5）取得相关专业初级专业技术职务任职资格后，在生产一线从事相关职业（工种）工作 3 年以上或经本职业技师正规培训达到规定标准学时数取得结业证书且在生产一线从事相关职业（工种）工作 2 年以上。

（6）取得本专业或相关专业中级专业技术职务任职资格，在生产一线工作。

——**一级/高级技师**（具备以下条件之一者）

（1）取得本职业二级/技师职业资格证书后，连续从事本职业工作 3 年以上，经本职业一级/高级技师正规培训达到规定标准学时数，并取得结业证书。

（2）取得本职业二级/技师职业资格证书后，连续从事本职业工作 5 年以上。

（3）取得本专业或相关专业中级专业技术职务任职资格后，在生产一线从事相关职业（工种）工作 5 年以上或经本职业高级技师正规培训达到规定标准学时数取得结业证书且在生产一线从事相关职业（工种）工作 3 年以上。

（4）取得本专业或相关专业高级专业技术职务任职资格，在生产一线从事相关职业（工种）工作。

1.9.2 鉴定方式

分为理论知识考试和技能操作考核。理论知识考试采用闭卷笔试方式，技能操作考核采用生产现场实际（或模拟）操作方式。理论知识考试和技能操作考核均实行百分制，成绩皆达 60 分以上者为合格。技师和高级技师须进行综合评审。

1.9.3 监考及考评人员与考生配比

理论知识考试中的监考人员与考生配比为 1∶30，每个标准教室不少于 2 名监考人员；操作技能考核中的考评人员与考生配比为 1∶10，且不少于 3 名考评人员；综合评审委员不少于 5 人。

1.9.4 鉴定时间

理论知识考试时间不少于 90min，技能操作考核时间不少于 30min，综合评审时间不少于 20min。

1.9.5 鉴定场所设备

理论知识考试在标准教室和具有必备的仪器设备的场所进行。

操作技能考核在具有符合考核要求的生产现场或模拟生产现场进行。

2. 基本要求

2.1 职业道德

2.1.1 职业道德基本知识

2.1.2 职业守则

（1）爱国爱党，爱厂爱岗，勤奋敬业，尽职尽责。

（2）勤于学习，勇于创新，精通业务，提高效率。

（3）安全第一，科学管理，遵章守纪，团结协作。

（4）文明生产，精心操作，崇尚先进，求实进取。

2.2 基础知识

2.2.1 基础理论知识

（1）识图知识。

（2）统计基础知识。

（3）常用工具、器具及仪器、仪表基本知识。

（4）矿山地质基础知识。

（5）矿山机械、电器设备基础知识。

2.2.2 矿山开采基础知识

（1）矿山生产流程基础知识。

（2）矿山井巷工程基础知识。

（3）采矿方法基本知识。

（4）凿岩、爆破、通风基础知识。

2.2.3 安全文明生产与职业健康知识

（1）安全生产基础知识。

（2）现场文明生产安全标准化要求。

（3）安全操作与劳动保护知识。

（4）职业安全健康管理体系基础知识。

（5）劳动保护与卫生基础知识。

（6）环境保护基础知识。

（7）常用消防及安全应急、救护知识。

（8）环境质量管理体系基础知识。

2.2.4 质量管理知识

（1）全面质量管理基础知识。

（2）ISO9001 质量管理体系基础知识。

2.2.5 相关法律、法规知识

（1）劳动法的相关知识。
（2）劳动合同法的相关知识。
（3）安全生产法的相关知识。
（4）环境保护法的相关知识。
（5）矿山安全法的相关知识。
（6）职业病防治法的相关知识。
（7）民用爆炸物品安全管理条例的相关知识。

3. 工 作 要 求

本标准对本职业五级/初级技能、四级/中级技能、三级/高级技能、二级/技师、一级/高级技师要求依次递进，高级别涵盖低级别的要求。

3.1 五级/初级技能

职业功能	工作内容	技能要求	相关知识要求
1. 作业准备	1.1 劳保用品穿戴	1.1.1 能正确穿戴劳动保护用品	1.1.1 劳动保护用品穿戴知识
	1.2 交接班	1.2.1 能看懂、填写交班记录，懂得本班工作指令 1.2.2 能根据当班工作需要，备齐工器具等	1.2.1 交、接班相关知识 1.2.2 工器具使用知识
	1.3 安全确认	1.3.1 能确认现场安全工作情况	1.3.1 现场安全知识，安全操作规程
2. 作业过程	2.1 设备设施检查	2.1.1 能检查设备及设施性能状况	2.1.1 设备检查知识
	2.2 运行操作	2.2.1 能看懂施工工艺图 2.2.2 能独立进行设备开动、停止运行操作	2.2.1 施工工艺图知识 2.2.2 设备操作规程知识
	2.3 故障处理	2.3.1 能发现作业过程中的异常现象	2.3.1 异常现象处理知识
3. 质量管理	3.1 质量判断	3.1.1 能判断开掘作业质量是否合格	3.1.1 开掘作业质量知识
	3.2 质量控制	3.2.1 能按设计参数施工	3.2.1 矿井井巷施工知识
4. 设备与设施维护	4.1 设备维护与保养	4.1.1 能进行设备日常点检维护与保养	4.1.1 设备维护知识
	4.2 井巷维护	4.2.1 能对矿井井巷进行日常检查维护	4.2.1 矿井井巷维护知识

3.2 四级/中级技能

职业功能	工作内容	技能要求	相关知识要求
1. 作业准备	1.1 交接班	1.1.1 能根据交接班记录判断设备及作业情况	1.1.1 交接班、设备运行状况判断知识
	1.2 安全确认	1.2.1 能及时、正确处理安全隐患	1.2.1 安全隐患处理知识
2. 作业过程	2.1 运行操作	2.1.1 能进行钻进、出碴、支护等操作 2.1.2 能独立操作开掘设备 2.1.3 能进行常规测量	2.1.1 井巷作业知识 2.1.2 设备操作知识 2.1.3 测量知识
	2.2 故障处理	2.2.1 能处理作业过程中常见故障或问题	2.2.1 故障及排除方法
3. 质量管理	3.1 质量判断	3.1.1 能根据施工参数等情况初步判断施工质量是否合格	3.1.1 施工、设备参数对作业质量的影响
	3.2 质量控制	3.2.1 能分析作业质量不合格的原因	3.2.1 影响作业质量的因素
4. 设备与设施维护	4.1 设备维修	4.1.1 能根据设备检查表进行检查和维护	4.1.1 设备维修知识
	4.2 井巷维修	4.2.1 能运用常用的井巷维修方法进行维修	4.2.1 矿井井巷维修知识

3.3 三级/高级技能

职业功能	工作内容	技能要求	相关知识要求
1. 作业准备	1.1 交接班	1.1.1 能对交、接班遗留问题提出处理建议	1.1.1 施工状况相关知识
2. 作业过程	2.1 设备检查	2.1.1 能根据设备运行状况判断并排除隐患	2.1.1 设备隐患知识
	2.2 操作运行	2.2.1 能根据井巷施工图施工 2.2.2 能根据现场施工条件提出合理施工方法	2.2.1 识图知识 2.2.2 井巷开掘施工方法知识
	2.3 处理故障	2.3.1 能处理工作过程中的复杂故障	2.3.1 复杂故障处理知识
3. 质量管理	3.1 质量判断	3.1.1 能根据施工工艺判断施工质量是否合格	3.1.1 施工工艺知识
	3.2 质量控制	3.2.1 能正确分析工程质量不合格的原因并制定防范方法	3.2.1 影响工程质量的因素及预防知识

续表

职业功能	工作内容	技能要求	相关知识要求
4. 设备与设施维护	4.1 设备维护与维修	4.1.1 能对设备、设施较复杂的故障进行排除 4.1.2 能制定设备、设施的日常检查制度	4.1.1 设备维修知识 4.1.2 井巷维修要求
	4.2 井巷维修	4.2.1 能根据井巷损坏情况提出合适的刚性或柔性支护维修方法	4.2.1 井巷工程知识

3.4 二级/技师

职业功能	工作内容	技能要求	相关知识要求
1. 作业过程	1.1 工艺控制	1.1.1 能分析当前工序对下道工序的影响	1.1.1 工程施工工艺知识
	1.2 故障处理	1.2.1 能处理井巷作业中的复杂故障和疑难问题	1.2.1 井巷作业复杂故障和疑难问题处理方法
	1.3 成本核算	1.3.1 能分析、计算井巷作业成本	1.3.1 井巷作业成本核算知识
2. 质量管理	2.1 质量控制	2.1.1 能对井巷作业的质量缺陷进行分析，并提出补救和改进措施 2.1.2 能计算各工序的技术指标	2.1.1 井巷作业质量规范 2.1.2 数据统计知识，生产技术指标
	2.2 质量管理	2.2.1 能组织开展QC活动 2.2.2 能按质量管理体系要求指导生产	2.2.1 质量管理知识 2.2.2 质量管理体系运行要求
3. 设备及设施维护	3.1 设备维护与维修	3.1.1 能制定矿井开掘设备维护和检修方案	3.1.1 维护和检修方案的知识
	3.2 井巷维修	3.2.1 能根据地质条件选择井巷维修方法	3.2.1 矿山地质知识
4. 技术管理与创新	4.1 工艺参数调整	4.1.1 能根据生产现场条件变化情况，调整施工参数	4.1.1 矿山井巷作业施工工艺知识
	4.2 技术改进与创新	4.2.1 能针对井巷作业中存在的问题提出改进方案，并组织实施 4.2.2 能参与新工艺、新设备的应用、试验	4.2.1 矿井开掘知识 4.2.2 矿井开掘新工艺、新设备的应用知识

续表

职业功能	工作内容	技能要求	相关知识要求
5. 培训与指导	5.1 理论培训	5.1.1 能对初级、中级、高级技能人员进行专业理论知识培训	5.1.1 理论知识培训方法
	5.2 操作指导	5.2.1 能对初级、中级、高级技能人员进行操作技术培训	5.2.1 实际操作技巧培训方法

3.5 一级/高级技师

职业功能	工作内容	技能要求	相关知识要求
1. 作业过程	1.1 工艺控制	1.1.1 能判断井巷作业过程中操作工艺是否规范 1.1.2 能通过数据分析，提出工艺改进意见	1.1.1 规范作业知识 1.1.2 作业工艺知识
2. 质量管理	2.1 质量控制	2.1.1 能制定井巷作业质量的控制与检测方法	2.1.1 质量管理知识
	2.2 质量管理	2.2.1 能组织质量攻关	2.2.1 全面质量管理知识
3. 设备与设施维护	3.1 设备维护与维修	3.1.1 能制定设备中修、大修方案，能对检修质量进行跟踪检查、评价	3.1.1 制定设备中修、大修方案知识
	3.2 井巷维修	3.2.1 能制定井巷维修方案	3.2.1 岩石力学知识
4. 技术管理与创新	4.1 技术管理	4.1.1 能优化井巷作业工艺参数 4.1.2 能参与矿井开掘的技术交流	4.1.1 井巷作业工艺参数知识 4.1.2 国内外先进矿井开掘技术知识
	4.2 技术创新	4.2.1 能参与井巷作业技术攻关，并撰写技术总结、论文	4.2.1 技术总结、论文的写作方法
5. 培训与指导	5.1 理论培训	5.1.1 能对初级、中级、高级技能人员和技师进行专业理论知识培训	5.1.1 培训教学的方法
	5.2 操作指导	5.2.1 能对初级、中级、高级技能人员和技师进行操作技术指导	5.2.1 操作技术培训教学的方法

4. 比 重 表

4.1 理论知识

项目 \ 技能等级		初级技能/%	中级技能/%	高级技能/%	技师/%	高级技师/%
基本要求	职业道德	5	5	5	5	5
	基础知识	30	30	25	20	20
相关知识要求	作业准备	10	10	10	—	—
	作业过程	35	35	40	30	25
	质量管理	5	10	10	15	15
	设备与设施维护	15	10	10	10	10
	技术管理与创新	—	—	—	10	10
	培训与指导	—	—	—	10	15
合 计		100	100	100	100	100

4.2 操作技能

项目 \ 技能等级		初级技能/%	中级技能/%	高级技能/%	技师/%	高级技师/%
技能要求	工作准备	15	10	10	—	—
	作业过程	50	55	50	35	30
	质量管理	10	15	20	25	25
	设备与设施维护	25	20	20	10	10
	技术管理与创新	—	—	—	15	20
	培训与指导	—	—	—	15	15
合 计		100	100	100	100	100

有色金属行业职业技能标准

矿井机车运输工

广西华锡集团股份有限公司起草

说　　明

根据《中华人民共和国劳动法》的有关规定，为了进一步完善国家职业技能标准体系，为职业教育、职业培训和职业技能鉴定提供科学、规范的依据，中国有色金属工业协会委托有色金属行业职业技能鉴定指导中心组织广西华锡集团股份有限公司的有关专家，制定了《矿井机车运输工》职业技能标准（以下简称《标准》）。

一、本《标准》以《中华人民共和国职业分类大典》为依据，以客观反映现阶段本职业的水平和对从业人员的要求为目标，在充分考虑经济发展、科技进步和产业结构变化对本职业影响的基础上，对职业的活动范围、工作内容、技能要求和知识水平作了明确规定。

二、本《标准》的制定遵循了《国家职业技能标准编制技术规程》的要求，既保证了《标准》体例的规范化，又体现了以职业活动为导向、以职业技能为核心的特点，同时也使其具有根据科技发展进行调整的灵活性和实用性，符合培训、鉴定和就业工作的需要。

三、本《标准》依据有关规定将本职业分为五个等级，包括职业概况、基本要求、工作要求和比重表四个方面的内容。

四、本《标准》是在有色金属行业职业技能鉴定指导中心的具体组织下，在各有关专家和实际工作者的共同努力下完成的。参加编写的主要人员有：吴伯增、刘裕华、陈茂、罗先伟、李铁汉、张方泽、韦德海、曾晓溪、梁勇强、兰克飞。参加审定的人员有：尹国生、唐春雨、刘获、成勇、徐日斌、郑飞、许大鹏、谢承杰、连仁杰、杜光宝、邹爱平。本《标准》由广西华锡集团股份有限公司负责起草，在制定过程中，得到了湖南水口山有色金属集团有限公司、新疆有色金属工业集团有限责任公司、吉林吉恩镍业股份有限公司、中国有色集团抚顺红透山矿业有限公司等有关单位的大力支持，在此一并致谢。

五、本《标准》经中国有色金属工业协会批准，自 2012 年 12 月 13 日起施行。

矿井机车运输工

1. 职 业 概 况

1.1 职业编码

6-01-03-08。

1.2 职业名称

矿井机车运输工。

1.3 职业定义

操作矿井运输机车，进行矿物、材料、运输的人员。

1.4 职业等级

本职业技能等级共分为五级，由低到高分别为：五级/初级技能、四级/中级技能、三级/高级技能、二级/技师、一级/高级技师。

1.5 职业环境

室外（井下），潮湿，粉尘，噪声，有毒有害。

1.6 职业能力特征

具有一定的学习、判断能力，视觉、听觉、嗅觉正常，肢体动作协调性较好。

1.7 基本文化程度

初中毕业（或相当文化程度）。

1.8 晋级培训要求

1.8.1 晋级培训期限

全日制职业学校教育，根据其培养目标和教学计划确定。晋级培训期限：初级技能、中级技能、高级技能均不少于150标准学时；技师和高级技师均不少于120标准学时。

1.8.2 培训教师

培训初级技能、中级技能的教师应具有本职业高级及以上职业资格证书或本专业（或相关专业）中级及以上专业技术职务任职资格；培训高级技能的教师应具有本职业技师以上职业资格证书或本专业（或相关专业）中级及以上专业技术职务任职资格；培训技师的教师应具有本职业高级技师职业资格证书2年以上或本专业（或相关专业）高级专业技术职务任职资格；培训高级技师的教师应具有本职业高级技师职业资格证书2年以上或本专业（或相关专业）高级专业技术职务任职资格。

1.8.3 培训场所设备

满足教学需要的标准教室和具有相应的机车及安全设施的生产现场或模拟生产现场。

1.9 鉴定要求

1.9.1 适用对象

从事或准备从事本职业的人员。

1.9.2 申报条件

——**五级/初级技能**(具备以下条件之一者)

(1) 经本职业五级/初级技能正规培训达到规定标准学时数，并取得结业证书。

(2) 连续从事本专业工作1年以上。

(3) 本职业学徒期满。

——**四级/中级技能**(具备以下条件之一者)

(1) 取得本职业五级/初级技能职业资格证书后，连续从事本职业工作3年以上，经本职业四级/中级技能正规培训达到规定标准学时数，并取得结业证书。

(2) 取得本职业初级职业资格证书后，连续从事本职业工作4年以上。

(3) 连续从事本职业工作6年以上。

(4) 取得技工学校毕业证书；或取得经人力资源社会保障行政部门审核认定、以中级技能为培养目标的中等及以上职业学校本专业毕业证书（含尚未取得毕业证书的在校应届毕业生)。

——**三级/高级技能**(具备以下条件之一者)

(1) 取得本职业四级/中级技能职业资格证书后，连续从事本职业工作4年以上，经本职业三级/高级技能正规培训达到规定标准学时数，并取得结业证书。

(2) 取得本职业四级/中级技能职业资格证书后，连续从事本职业工作5年以上。

(3) 取得四级/中级技能职业资格证书，并具有高级技工学校、技师学院毕业证书；或取得四级/中级技能职业资格证书，并经人力资源社会保障行政部门审核认定、以高级技能为培养目标、具有高等职业学校本专业毕业证书（含尚未取得毕业证书的在校应届毕业生)。

(4) 具有大专及以上本专业或相关专业毕业证书，并取得本职业四级/中级技能职业资格证书，连续从事本职业工作2年以上。

——**二级/技师**(具备以下条件之一者)

(1) 取得本职业三级/高级技能职业资格证书后，连续从事本职业工作3年

以上，经本职业二级/技师正规培训达到规定标准学时数，并取得结业证书。

（2）取得本职业三级/高级技能职业资格证书后，连续从事本职业工作4年以上。

（3）取得本职业三级/高级技能职业资格证书的高级技工学校、技师学院本专业毕业生，连续从事本职业工作3年以上；取得预备技师证书的技师学院毕业生连续从事本职业工作2年以上。

（4）取得本职业三级/高级技能职业资格证书的大专及以上本专业或相关专业毕业生，连续从事本职业工作4年以上。

（5）取得相关专业初级专业技术职务任职资格后，在生产一线从事相关职业（工种）工作3年以上或经本职业技师正规培训达到规定标准学时数取得结业证书且在生产一线从事相关职业（工种）工作2年以上。

（6）取得本专业或相关专业中级专业技术职务任职资格，在生产一线工作。

——一级/高级技师(具备以下条件之一者)

（1）取得本职业二级/技师职业资格证书后，连续从事本职业工作3年以上，经本职业一级/高级技师正规培训达到规定标准学时数，并取得结业证书。

（2）取得本职业二级/技师职业资格证书后，连续从事本职业工作5年以上。

（3）取得本专业或相关专业中级专业技术职务任职资格后，在生产一线从事相关职业（工种）工作5年以上或经本职业高级技师正规培训达到规定标准学时数取得结业证书且在生产一线从事相关职业（工种）工作3年以上。

（4）取得本专业或相关专业高级专业技术职务任职资格，在生产一线从事相关职业（工种）工作。

1.9.3 鉴定方式

分为理论知识考试和技能操作考核。理论知识考试采用闭卷笔试方式，技能操作考核采用生产现场实际（或模拟）操作方式。理论知识考试和技能操作考核均实行百分制，成绩皆达60分以上者为合格。技师和高级技师还须进行综合评审。

1.9.4 考评人员与考生配比

理论知识考试考评人员与考生配比为1∶20，每个标准教室不少于2名考评人员；技能操作考核考评员与考生配比为1∶10，且不少于3名考评员；综合评审委员不少于5人。

1.9.5 鉴定时间

理论知识考试时间不少于90min；技能操作考核时间不少于30min；综合评审时间不少于20min。

1.9.6 鉴定场所设备

理论知识考生在标准教室进行。技能操作考核在具备矿用机车、矿用机车运行的必须设施，以及安全设施齐全的生产现场或模拟生产现场进行，或模拟实际操作；设备的安全性能和运转状况等条件必须符合考核要求，并在考核过程中采取必要的安全生产防护措施。

2. 基 本 要 求

2.1 职业道德

2.1.1 职业道德基本知识

2.1.2 职业守则

（1）爱国爱党，爱厂爱岗，勤奋敬业，尽职尽责。

（2）勤于学习，勇于创新，精通业务，提高效率。

（3）安全第一，科学管理，遵章守纪，团结协作。

（4）文明生产，精心操作，崇尚先进，求真务实。

2.2 基础知识

2.2.1 基础理论知识

（1）识图常识。

（2）机械常识。

（3）电气常识。

2.2.2 矿井机车运输基础知识

（1）有轨运输知识。

（2）常用矿井机车知识（分类、构造、工作原理等）。

（3）机电设备维护基础知识。

（4）安全用电知识。

2.2.3 安全文明生产与职业健康知识

（1）安全生产基础知识。

（2）劳动保护与职业卫生基础知识。

（3）职业安全健康管理体系基础知识。

（4）设备维护基础知识。

（5）环境质量管理体系基础知识。

（6）事故应急处置、紧急救援知识。

2.2.4 质量管理知识

（1）全面质量管理基础知识。

（2）ISO9001 质量管理体系基础知识。

2.2.5 相关法律、法规知识

（1）劳动法的相关知识。

（2）劳动合同法的相关知识。
（3）职业病防治法的相关知识。
（4）安全生产法相关知识。
（5）矿山安全法相关知识。
（6）环境保护法相关知识。
（7）产品质量法相关知识。

3. 工 作 要 求

本标准对本职业五级/初级技能、四级/中级技能、三级/高级技能、二级/技师、一级/高级技师要求依次递进，高级别涵盖低级别的要求。

3.1 五级/初级技能

职业功能	工作内容	技能要求	相关知识要求
1. 作业准备	1.1 交接班	1.1.1 能正确穿戴劳动保护用品 1.1.2 能填写交接班记录	1.1.1 劳动保护用品使用知识 1.1.2 交接班记录填写知识，交接班制度
	1.2 安全确认	1.2.1 能识别作业环境危险有害因素	1.2.1 现场安全确认知识，安全操作规程
	1.3 设备检查	1.3.1 能检查、确认矿井机车及附属设施是否正常	1.3.1 矿井机车及其附属设施相关知识，设备操作规程，技术操作规程
2. 作业过程	2.1 运行操作	2.1.1 能进行启动、行驶、停车操作 2.1.2 能进行装载、卸载、运输、调车操作	2.1.1 机车操作知识 2.1.2 机车使用知识
	2.2 挂钩操作	2.2.1 能进行摘、挂钩操作	2.2.1 摘、挂钩知识
3. 设备维护	3.1 清洁紧固	3.1.1 能进行清洁操作 3.1.2 能进行紧固操作	3.1.1 机车清洁知识 3.1.2 机车紧固知识
	3.2 润滑	3.2.1 能进行润滑操作	3.2.1 机车润滑知识
	3.3 刹车间隙调整	3.3.1 能调整刹车间隙	3.3.1 刹车间隙调整知识
4. 安全生产	4.1 安全操作	4.1.1 能发现运行中的异常情况	4.1.1 运行中常见的异常现象
	4.2 应急处理	4.2.1 能处理运行中的意外情况	4.2.1 运行意外情况处理知识

3.2 四级/中级技能

职业功能	工作内容	技能要求	相关知识要求
1. 作业准备	1.1 安全确认	1.1.1 能识别和排除矿井机车及附属设施的安全隐患	1.1.1 矿井机车及附属设施的隐患判断与排除知识
2. 作业过程	2.1 运行操作	2.1.1 能根据轨道和负荷状况进行操作 2.1.2 能正确使用机械制动、电气制动	2.1.1 不同轨道及负荷下操作知识 2.1.2 制动知识
	2.2 跳轨处理	2.2.1 能处理运输过程中的跳轨故障	2.2.1 跳轨处理知识
3. 设备维护	3.1 电器除尘	3.1.1 能对电机、控制器、电阻器等电器进行除尘	3.1.1 常用电器除尘知识
	3.2 蓄电池维护	3.2.1 能对蓄电池进行充放电、添加蒸馏水	3.2.1 蓄电池维护知识
	3.3 易损件更换	3.3.1 能更换易损机械零件	3.3.1 易损件机械零件更换知识
4. 故障处理	4.1 故障判断	4.1.1 能根据运行状态判断设备常见故障	4.1.1 常见故障产生原因
	4.2 故障处理	4.2.1 能配合专职维修工处理故障	4.2.1 维修知识
5. 安全管理	5.1 安全检查	5.1.1 能发现运输作业过程中存在的安全隐患	5.1.1 安全隐患识别
	5.2 隐患排除	5.2.1 能排除运输作业过程中的安全隐患	5.2.1 运输隐患排除知识
	5.3 应急处理	5.3.1 能处置运输作业中的突发事件	5.3.1 运输作业中的突发事件处置方法

3.3 三级/高级技能

职业功能	工作内容	技能要求	相关知识要求
1. 作业过程	1.1 参数调整	1.1.1 能根据运行状况调整参数	1.1.1 运行参数调整方法

续表

职业功能	工作内容	技能要求	相关知识要求
2. 设备维护	2.1 电控维护	2.1.1 能维护控制器、电阻器 2.1.2 能更换易损电气元件	2.1.1 电控原理 2.1.2 电控元件更换知识
	2.2 机械维护	2.2.1 能更换传动齿轮、车轴等	2.2.1 传动基本知识
	2.3 设施安装维护	2.3.1 能铺设、拆移、维护轨道 2.3.2 能架设、拆移、维护架空线路 2.3.3 能安装、调试、维护轨道沿线信集闭系统	2.3.1 轨道安装、维护知识 2.3.2 架空线路电气原理、安装、维护知识 2.3.3 轨道沿线信号信集闭系统安装、调试、维护知识
3. 故障处理	3.1 故障处理	3.1.1 能处理常见故障	3.1.1 常见故障的排除方法
4. 安全管理	4.1 应急处理	4.1.1 运输作业中的突发事件制定应急预案	4.1.1 运输作业中突发事件应急预案编制方法

3.4 二级/技师

职业功能	工作内容	技能要求	相关知识要求
1. 作业过程	1.1 运行管理	1.1.1 能组织调度运行 1.1.2 能监控运行状况	1.1.1 调度知识 1.1.2 监控管理知识
	1.2 性能测试	1.2.1 能进行矿井机综合性能的测试	1.2.1 综合性能测试方法
2. 故障处理	2.1 故障处理	2.1.1 能处理运行中发生的较复杂故障	2.1.1 较复杂故障处理方法
	2.2 机车大修理	2.2.1 能制定大修理方案并组织实施	2.2.1 大修知识，设备大修方案制定知识
3. 技术管理与创新	3.1 工艺改进	3.1.1 能完善运行技术规程 3.1.2 能运用新技术、新设备 3.1.3 能改进运输生产工艺	3.1.1 技术规程修订知识 3.1.2 新技术知识 3.1.3 运输生产工艺
	3.2 技术总结	3.2.1 能撰写技术总结	3.2.1 技术总结的写作知识
4. 培训与指导	4.1 培训	4.1.1 能向初、中、高级技能人员讲授本专业理论知识	4.1.1 培训教学的基本知识
	4.2 指导	4.2.1 能指导初、中、高级技能人员进行实际操作	4.2.1 实际操作技能培训方法

3.5 一级/高级技师

职业功能	工作内容	技能要求	相关知识要求
1. 作业过程	1.1 运行管理	1.1.1 能提出提高运输效率的技术措施	1.1.1 提高运输效率的方法
	1.2 成本控制	1.2.1 能提出控制运输成本的措施	1.2.1 运输成本控制方法及相关知识
2. 故障处理	2.1 故障处理	2.1.1 能判断和处理作业中出现的疑难问题与复杂故障	2.1.1 疑难问题与复杂故障处理方法
3. 技术管理与创新	3.1 技术管理	3.1.1 能建立健全运行、检修技术档案 3.1.2 能制订提高检修质量的措施	3.1.1 检修技术档案管理知识 3.1.2 检修质量管理方法
	3.2 技术创新	3.2.1 能参与重大问题的技术攻关 3.2.2 能学习借鉴国内外机车运输先进技术，提出创新建议	3.2.1 技术攻关方法及相关知识 3.2.2 国内外技术发展动态
	3.3 论文撰写	3.3.1 能撰写运输的专题论文	3.3.1 论文的撰写知识
4. 培训与指导	4.1 实际操作指导	4.1.1 能对初级、中级、高级技能人员及技师进行实际操作指导	4.1.1 理论培训与实际操作指导方法
	4.2 理论培训	4.2.1 能对初、中、高级技能人员及技师进行理论知识培训 4.2.2 能编写培训讲义	4.2.1 运输知识 4.2.2 培训讲义的编写知识

4. 比 重 表

4.1 理论知识

项目 \ 技能等级		初级技能/%	中级技能/%	高级技能/%	技师/%	高级技师/%
基本要求	职业道德	5	5	5	5	5
	基础知识	35	30	25	20	10

续表

项目 \ 技能等级		初级技能/%	中级技能/%	高级技能/%	技师/%	高级技师/%
相关知识要求	作业准备	10	10	5	—	—
	作业过程	25	25	30	10	10
	设备维护	5	10	15	20	20
	故障处理	—	5	10	15	20
	安全生产	20	15	5	—	—
	技术管理与创新	—	—	—	20	20
	培训与指导	—	—	5	10	15
合计		100	100	100	100	100

4.2 操作技能

项目 \ 技能等级		初级技能/%	中级技能/%	高级技能/%	技师/%	高级技师/%
技能要求	作业准备	20	10	10	—	—
	作业过程	40	45	40	25	20
	设备维护	10	15	25	25	20
	故障处理	—	10	15	25	20
	安全生产	30	20	10	—	—
	技术管理与创新	—	—	—	15	25
	培训与指导	—	—	—	10	15
合计		100	100	100	100	100

有色金属行业职业技能标准

铲运机操作工

金川集团股份有限公司起草

说　　明

根据《中华人民共和国劳动法》的有关规定，为了进一步完善国家职业标准体系，为职业教育、职业培训和职业技能鉴定提供科学、规范的依据，中国有色金属工业协会、有色金属行业职业技能鉴定指导中心联合组织金川集团股份有限公司的有关专家，制定了《铲运机操作工》（井下采矿方向）职业技能鉴定标准（以下简称"《标准》"）。

一、本《标准》以《中华人民共和国职业分类大典》为依据，以客观反映现阶段本职业的水平和对从业人员的要求为目标，在充分考虑经济发展、科技进步和产业结构变化对本职业影响的基础上，对职业的活动范围、工作内容、技能要求和知识水平作了明确规定。

二、本《标准》的制定遵循了《国家职业标准编写技术规程》的要求，既保证了《标准》体例的规范化，又体现了以职业活动为导向、以职业技能为核心的特点，同时也使其具有根据科技发展进行调整的灵活性和实用性，符合培训、鉴定和就业工作的需要。

三、本《标准》依据有关规定将本职业分为五个等级，包括职业概况、基本要求、工作要求和比重表四个方面的内容。

四、本《标准》是在有色金属行业职业技能鉴定指导中心的具体组织下，在各有关专家和实际工作者的共同努力下完成的。参加编写的主要人员有：张永武、王崇庆、杨长祥、马成文、康汝信、杨斌强、李向荣、董红、李金利、周培生、潘芳成、朱安红、刘洁、于天柱、袁庚远、佘琳、郭秀芳。参加审定人员主要有：高德成、强小平、郝志贤、李天培、邱建华、田贵友、王晓辉、徐日斌、张杰、王志敏、林耀章、谢承杰、连仁杰、杜光宝、邹爱平。本《标准》由金川集团股份有限公司负责起草，在制定过程中还得到了中国有色集团红透山矿业有限公司、中国铝业股份有限公司山西分公司、辽宁地质工程职业学院、昆明冶金高等专科学校、云南冶金集团股份有限公司、西部矿业股份有限公司、吉林吉恩镍业股份有限公司、河南省三门峡冶金工业学院、中条山有色集团有限公司、广西华锡集团股份有限公司等单位的大力支持，在此一并致谢。

五、本《标准》业经中国有色金属工业协会批准，自2012年7月17日起施行。

铲运机操作工

1. 职 业 概 况

1.1 职业名称

铲运机操作工。

1.2 职业定义

驾驶铲运机，按照施工规范和规程，实施铲、运、卸作业的人员。

1.3 职业等级

本职业共设五个等级，分别为：初级工（国家职业资格五级）、中级工（国家职业资格四级）、高级工（国家职业资格三级）、技师（国家职业资格二级）、高级技师（国家职业资格一级）。

1.4 职业环境

室外或井下，常温，潮湿，噪声，粉尘，有毒有害。

1.5 职业能力特征

具有一定的学习和理解能力；肢体灵活、动作协调、听力和视力良好。

1.6 基本文化程度

初中毕业。

1.7 培训要求

1.7.1 培训期限

全日制职业学校教育，根据其培养目标和教学计划确定。晋级培训期限：初级工、中级工、高级工均不少于160标准学时；技师、高级技师均不少于120标准学时。

1.7.2 培训教师

培训初级工、中级工和高级工的教师应具有本职业技师及以上职业资格证书或本专业中级及以上专业技术职务任职资格；培训技师的教师应具有本职业高级技师职业资格证书或本专业中级及以上专业技术职务任职资格；培训高级技师的教师应具有本职业高级技师职业资格证书2年以上或本专业高级专业技术职务任职资格。

1.7.3 培训场地设备

标准教室及具备必要工具、设备、设施的生产现场或模拟生产现场。

1.8 鉴定要求

1.8.1 适用对象

从事或准备从事本职业工种的人员。

1.8.2 申报条件

——初级工(具备以下条件之一者)

(1) 经本职业初级工正规培训达规定标准学时数，并取得毕（结）业证书。

(2) 在本职业连续工作 1 年以上。

(3) 本职业学徒期满。

——中级工(具备以下条件之一者)

(1) 取得本职业初级工职业资格证书后，连续从事本职业工作 2 年以上，经本职业中级工正规培训达规定标准学时数，并取得结业证书。

(2) 取得本职业初级工职业资格证书后，连续从事本职业工作 3 年以上。

(3) 连续从事本职业工作 5 年以上。

(4) 取得经国家人力资源和社会保障部审核认定的、以中级工技能为培养目标的中等以上职业学校本职业（专业）毕业证书。

——高级工(具备以下条件之一者)

(1) 取得本职业中级工职业资格证书后，连续从事本职业工作 3 年以上，经本职业高级工正规培训达规定标准学时数，并取得结业证书。

(2) 取得本职业中级工职业资格证书后，连续从事本职业工作 4 年以上。

(3) 取得高级技工学校或经国家人力资源和社会保障部审核认定的、以高级工技能为培养目标的高等职业学校本职业（专业）毕业证书。

(4) 取得本职业中级工职业资格证书的大专以上本专业或相关专业毕业生，连续从事本职业工作 1 年以上。

——技师(具备以下条件之一者)

(1) 取得本职业高级工职业资格证书后，连续从事本职业工作 4 年以上，经本职业技师正规培训达规定标准学时数，并取得结业证书。

(2) 取得本职业高级工职业资格证书后，连续从事本职业工作 6 年以上。

(3) 取得本职业高级工职业资格证书的高级技工学校本职业（专业）毕业生，连续从事本职业工作 5 年以上。

(4) 取得本职业高级工职业资格证书的大专及以上本专业或相关专业毕业生，连续从事本职业工作 4 年以上。

(5) 取得相关专业初级专业技术职务任职资格后，在生产一线从事相关职业（工种）工作 3 年以上或经本职业技师正规培训达到规定标准学时数取得结业证书且在生产一线从事相关职业（工种）工作 2 年以上。

（6）取得本专业或相关专业中级专业技术职务任职资格，在生产一线工作。

——高级技师(具备以下条件之一者)

（1）取得本职业技师职业资格证书后，连续从事本职业工作3年以上，经本职业高级技师正规培训达规定标准学时数，并取得结业证书。

（2）取得本职业技师职业资格证书后，连续从事本职业工作5年以上。

（3）取得本专业或相关专业中级专业技术职务任职资格后，在生产一线从事相关职业（工种）工作5年以上或经本职业高级技师正规培训达到规定标准学时数取得结业证书且在生产一线从事相关职业（工种）工作3年以上。

（4）取得本专业或相关专业高级专业技术职务任职资格，在生产一线从事相关职业（工种）工作。

1.8.3 鉴定方式

分为理论知识考试和技能操作考核。理论知识考试采用闭卷笔试方式，技能操作考核采用生产现场实际操作或模拟生产操作方式。理论知识考试和技能操作考核均实行百分制，成绩皆达60分以上者为合格。技师、高级技师还须进行综合评审。

1.8.4 考评人员和考生配比

理论知识考试考评人员与考生配比为1∶20，每个标准教室不少于两名考评员；技能操作考核考评员与考生配比为1∶5，且不少于3名考评员；综合评审委员不少于5人。

1.8.5 鉴定时间

理论知识考试时间不少于120min；技能操作考核时间不少于60min；综合评审时间不少于20min。

1.8.6 鉴定场所设备

理论知识考试在标准教室进行。技能操作考核在生产现场或模拟生产现场进行。综合评审在会议室进行。

2. 基本要求

2.1 职业道德

2.1.1 职业道德基本知识

2.1.2 职业守则

（1）爱国爱党，爱厂爱岗，勤奋敬业，尽职尽责。

（2）勤于学习，勇于创新，精通业务，提高效率。

(3) 安全第一，科学管理，遵纪守法，团结协作。

(4) 文明生产，精心操作，崇尚先进，求实进取。

2.2 基础知识

2.2.1 机械基础知识

(1) 识图基础知识。

(2) 常用量具和工器具的正确使用知识。

(3) 机械、液压传动基础知识。

(4) 电工、电子基础知识。

(5) 机械装配基础知识。

(6) 设备管理基础知识。

2.2.2 铲运机总体结构

(1) 铲运机性能参数。

(2) 铲运机结构原理。

2.2.3 柴油发动机

(1) 柴油机工作原理。

(2) 机体组件。

(3) 曲柄连杆机构。

(4) 配气机构与进排气系统。

(5) 燃料供给系统。

(6) 润滑冷却系统。

(7) 启动系统。

2.2.4 液力传动系统

(1) 概述。

(2) 液力变矩器。

(3) 动力换挡变速箱。

(4) 万向传动装置。

(5) 驱动桥。

(6) 轮胎。

(7) 液力传动系统原理分析。

2.2.5 制动系统

(1) 制动系统的功用及组成。

(2) 典型制动器的构造及工作原理。

2.2.6 转向系统

(1) 铰接式转向系统组成和原理。

（2）铰接式转向系统结构和特点。

（3）转向液压系统原理分析。

2.2.7 液压传动基础知识

（1）液压元件。

（2）液压基本回路。

（3）铲运机工作机构液压系统分析。

2.2.8 铲运机常见故障排除

（1）柴油发动机常见故障及排除。

（2）液力—机械传动系统常见故障及排除。

（3）制动系统常见故障及排除。

（4）液压系统常见故障及排除。

2.2.9 安全文明生产与环境保护知识

（1）现场文明生产知识。

（2）安全操作与劳动保护知识。

（3）环境保护知识。

（4）采矿方法相关知识。

（5）金属非金属矿山安全规程。

（6）OHSAS18001 职业安全健康管理体系基础知识。

（7）ISO14001 环境质量管理体系基础知识。

2.2.10 质量管理知识

（1）质量管理基础知识。

（2）6S 管理基础知识。

（3）ISO9002 质量管理体系基础知识。

2.2.11 相关法律法规

（1）《中华人民共和国劳动法》的相关知识。

（2）《中华人民共和国劳动合同法》的相关知识。

（3）《中华人民共和国安全生产法》的相关知识。

（4）《中华人民共和国环境保护法》的相关知识。

（5）《中华人民共和国矿山安全法》的相关知识。

3. 工 作 要 求

本标准对本职业初级工、中级工、高级工、技师和高级技师的技能要求，遵循依次递进，高级别涵盖低级别的原则。

3.1 初级工

职业功能	工作内容	技能要求	相关知识
一、工作准备	（一）劳保用品穿戴	能正确穿戴本岗位规定穿戴的劳动保护用品	1. 本岗位存在的危险源及防护措施 2. 劳保用品穿戴要求
	（二）工作交接	1. 能按规定检查确认作业现场 2. 能正确填写现场交接班记录	1. 交接班的规定 2. 交接班记录填写要求
	（三）启动前检查	1. 能正确识别和检查加注各种油料 2. 能正确检查设备结构件的裂变和紧固件的松动 3. 能正确对各种润滑部位进行润滑 4. 能正确检查轮胎气压 5. 能正确检查使用消防器材	1. 铲运机基本参数及性能 2. 铲运机维护保养规程 3. 铲运机安全操作规程 4. 应急避险知识
	（四）启动后检查	1. 能正确检查发动机工况 2. 能正确检查灯光、喇叭 3. 能正确检查仪表数据 4. 能正确检查制动与转向性能 5. 能正确检查液压系统压力 6. 能正确检查有无泄漏	1. 铲运机总体结构 2. 设备基本参数 3. 铲运机使用说明书
二、铲运机操作	（一）行驶操作	能进行铲运机正常路面的行驶和停车	1. 铲运机技术操作规程 2. 铲运机运行与停车相关知识
	（二）铲运操作	能驾驶铲运机进行基本的铲矿、运矿、卸矿操作	1. 铲运机铲矿、运矿、卸矿相关知识 2. 矿物化学分析报告知识
三、铲运机维护与保养	维护与保养	能够进行铲运机日常维护保养	1. 铲运机结构原理 2. 电工基础知识 3. 机械和液压传动基础知识 4. 铲运机维护保养规程

3.2 中级工

职业功能	工作内容	技能要求	相关知识
一、工作准备	（一）工作交接	1. 能识别原始记录中的记录错误 2. 能根据原始记录判断设备是否正常	原始记录相关知识
	（二）铲运机检查	能根据检查情况判断设备是否正常	
二、铲运机操作	（一）行驶操作	能进行铲运机的弯道行驶及坡道行驶作业	1. 矿山安全生产相关知识 2. 环境保护相关知识
	（二）铲运操作	1. 能驾驶铲运机在平巷进行装矿、运矿、卸矿操作 2. 能够驾驶铲运机在下坡道进行铲矿作业 3. 能根据本单位矿物化学分析报告判断矿物质量	1. 铲运机在下坡道进行铲矿作业相关知识 2. 矿物化学性能相关知识
三、铲运机维护与保养	维护与保养	能进行铲运机定期维护保养	1. 铲运机点检规程 2. 铲运机定期维护保养相关要求
四、故障判断与处理	故障判断与处理	1. 能判断铲运机液压系统简单故障 2. 能判断柴油发动机简单故障 3. 能判断铲运机传动系统简单故障 4. 能判断铲运机制动系统简单故障	1. 液压传动基础知识 2. 柴油发动机基础知识 3. 电工基础知识 4. 铲运机制动系统基础知识 5. 铲运机常见故障排除

3.3 高级工

职业功能	工作内容	技能要求	相关知识
一、工作准备	铲运机检查	能检查判断铲运机的工作状况	1. 设备制动性能测试 2. 铲运机检查相关知识
二、铲运机操作	（一）行驶操作	1. 能驾驶铲运机在弯道行驶及坡道行驶 2. 能够进行铲运机牵引作业	1. 铲运机在弯道行驶及坡道行驶相关知识 2. 铲运机牵引技术相关知识
	（二）铲运操作	1. 能驾驶铲运机在上、下坡道上进行铲矿作业 2. 能目测判断矿物的渐变关系	1. 铲运机坡道作业相关知识 2. 矿物物理性能相关知识

续表

职业功能	工作内容	技能要求	相关知识
三、铲运机维护与保养	维护与保养	能提出铲运机维护保养建议	铲运机维护保养知识
四、故障判断与处理	故障判断与处理	1. 能处理发动机简单故障 2. 能处理液压系统简单故障 3. 能处理液力传动系统简单故障 4. 能处理制动系统简单故障	1. 电工、电子基础知识 2. 发动机基础知识 3. 铲运机常见故障判断与排除 4. 液压基本回路知识 5. 液压基本元件知识

3.4 技师

职业功能	工作内容	技能要求	相关知识
一、铲运机操作	（一）行驶操作	1. 能在特殊条件下驾驶各种型号的铲运机 2. 能拖动其它车辆上下斜坡道以及进行特殊作业环境下的操作	1. 各种型号的铲运机相关知识 2. 拖动牵引其它车辆知识
	（二）铲运操作	能进行铲运机弯道铲矿	铲运机结构原理
二、铲运机维护与保养	维护与保养	能编制铲运机维护保养计划	铲运机维护保养计划编写方法
三、故障判断与处理	故障判断与处理	1. 能判断及处理铲运机常见故障 2. 能判断及处理电气系统简单故障	铲运机检修规程
四、培训与指导	（一）培训	1. 能讲授铲运机安全操作规程课程 2. 能讲授铲运机检查、保养和运行项目的标准要求	培训教学的基本方法
	（二）指导	1 能指导初级工、中级工、高级工操作人员实际操作铲运机 2. 能指导初级工、中级工、高级工操作人员进行维护保养	实训指导的相关知识

3.5 高级技师

职业功能	工作内容	技能要求	相关知识
一、铲运机操作	（一）行驶操作	能在极其特殊和危险的状况下抢运或施救其它处于危险状况下的铲运机	危险状况下铲运作业应急预案相关知识
	（二）铲、运、卸操作	1. 能在各种复杂路况下进行铲矿、运矿、卸矿的技术操作 2. 能探索新的作业方法	国内外采矿作业新技术
二、故障判断与处理	故障判断与处理	1. 能判断及处理铲运机各种较复杂故障 2. 能判断及处理电气系统一般故障 3. 能编写故障分析报告	1. 铲运机故障诊断技术相关知识 2. 铲运机电气的基本知识 3. 故障分析报告编写知识
三、设备管理	设备管理	1. 能编制铲运机技术档案 2. 能撰写设备操作技术论文 3. 能够组织生产和编制生产计划	1. 设备管理基础知识 2. 论文的撰写方法 3. 生产计划编写知识
四、技术创新	技术创新	能组织实施技术改造和技术革新	国内外同类技术、设备的发展趋势
五、培训与指导	（一）培训	1. 能讲授铲运机的结构原理 2. 能讲授铲运机行驶与操作技术 3. 能讲授铲运机常见的运行故障及排除方法 4. 能讲授一般机械基础知识	1. 培训教学的基本方法 2. 培训讲义的编写方法
	（二）指导	能指导技师及以下人员在复杂环境下进行铲运机实际操作	实训指导的相关知识

4. 比 重 表

4.1 理论知识

项目		初级工/%	中级工/%	高级工/%	技师/%	高级技师/%
基本要求	职业道德	5	5	5	5	5
	基础知识	50	50	45	45	45
相关知识	工作准备	10	5	5	—	—
	铲运机操作	25	20	20	20	15
	设备维护与保养	10	10	10	5	—
	故障判断与处理	—	10	15	15	10
	设备管理	—	—	—	—	10
	技术创新	—	—	—	—	5
	培训与指导	—	—	—	10	10
合计		100	100	100	100	100

4.2 技能操作

项目		初级工/%	中级工/%	高级工/%	技师/%	高级技师/%
技能要求	工作准备	20	15	10	—	—
	铲运机操作	70	60	60	50	40
	设备维护与保养	10	10	10	10	—
	故障判断与处理	—	15	20	30	30
	设备管理	—	—	—	—	10
	技术创新	—	—	—	—	10
	培训与指导	—	—	—	10	10
合计		100	100	100	100	100

有色金属行业职业技能标准

内燃装卸机械修理工

金川集团股份有限公司起草

说　明

根据《中华人民共和国劳动法》的有关规定，为了进一步完善国家职业标准体系，为职业教育、职业培训和职业技能鉴定提供科学、规范的依据，中国有色金属工业协会、有色金属行业职业技能鉴定指导中心联合组织金川集团股份有限公司的有关专家，制定了《内燃装卸机械修理工》（井下采矿方向）职业技能鉴定标准（以下简称“《标准》”）。

一、本《标准》以《中华人民共和国职业分类大典》为依据，以客观反映现阶段本职业的水平和对从业人员的要求为目标，在充分考虑经济发展、科技进步和产业结构变化对本职业影响的基础上，对职业的活动范围、工作内容、技能要求和知识水平作了明确规定。

二、本《标准》的制定遵循了《国家职业标准制定技术规程》的要求，既保证了《标准》体例的规范化，又体现了以职业活动为导向、以职业技能为核心的特点，同时也使其具有根据科技发展进行调整的灵活性和实用性，符合培训、鉴定和就业工作的需要。

三、本《标准》依据有关规定将本职业分为五个等级，包括职业概况、基本要求、工作要求和比重表四个方面的内容。

四、本《标准》是在有色金属行业职业技能鉴定指导中心的具体组织下，在各有关专家和实际工作者的共同努力下完成的。参加编写的主要人员有：张永武、王崇庆、杨长祥、朱文纲、康汝信、杨斌强、李向荣、李金利、周培生、潘芳成、朱安红、佘琳、郭秀芳、高文琦、于延和、许刚、高彦、刘洁、吴映庆、王国祯。参加审定的主要人员有：高德成、强小平、郝志贤、田贵友、王晓辉、徐日斌、曾华林、张杰、杨燕怀、谢承杰、连仁杰、杜光宝、邹爱平。本《标准》由金川集团股份有限公司负责起草，在制定过程中，得到了中国有色集团抚顺红透山矿业公司、中国铝业股份有限公司山西分公司、辽宁地质工程职业学院、西部矿业股份有限公司、吉林吉恩镍业股份有限公司、昆明冶金高等专科学校、河南三门峡冶金工业学校、广西华锡集团股份有限公司等有关单位的大力支持，在此一并致谢。

五、本《标准》业经中国有色金属工业协会批准，自 2012 年 7 月 17 日起施行。

内燃装卸机械修理工

1. 职 业 概 况

1.1 职业名称

内燃装卸机械修理工。

1.2 职业定义

从事以内燃机为动力的各类装卸机械设备修理作业的人员。

1.3 职业等级

本职业共设五个等级，分别为：初级工（国家职业资格五级）、中级工（国家职业资格四级）、高级工（国家职业资格三级）、技师（国家职业资格二级）、高级技师（国家职业资格一级）。

1.4 职业环境

室内、外（井下），常温，潮湿，噪声，粉尘，有毒有害气体。

1.5 职业能力特征

具有一定的学习和理解能力；有一定的计算能力；有较强的判断能力；手指灵活、手臂灵活且动作准确协调；视觉良好。

1.6 基本文化程度

初中毕业。

1.7 培训要求

1.7.1 培训期限

全日制职业学校教育，根据其培养目标和教学计划确定。晋级培训期限：初级工、中级工、高级工均不少于160标准学时；技师、高级技师均不少于120标准学时。

1.7.2 培训教师

培训初级工、中级工和高级工的教师应具有本职业技师及以上职业资格证书或本专业中级及以上专业技术职务任职资格；培训技师的教师应具有本职业高级技师职业资格证书或本专业中级及以上专业技术职务任职资格；培训高级技师的教师应具有本职业高级技师职业资格证书2年以上或本专业高级专业技术职务任职资格。

1.7.3 培训场地设备

标准教室及具备必要工具、设备、设施的生产现场或模拟生产现场。

1.8 鉴定要求

1.8.1 适用对象

从事或准备从事本职业的人员。

1.8.2 申报条件

——初级工(具备以下条件之一者)

(1) 经本职业初级工正规培训达规定标准学时数，并取得毕（结）业证书。

(2) 在本职业连续工作1年以上。

(3) 本职业学徒期满。

——中级工(具备以下条件之一者)

(1) 取得本职业初级工职业资格证书后，连续从事本职业工作2年以上，经本职业中级工正规培训达规定标准学时数，并取得结业证书。

(2) 取得本职业初级工职业资格证书后，连续从事本职业工作3年以上。

(3) 连续从事本职业工作5年以上。

(4) 取得经国家人力资源和社会保障部审核认定的、以中级工技能为培养目标的中等以上职业学校本职业（专业）毕业证书。

——高级工(具备以下条件之一者)

(1) 取得本职业中级工职业资格证书后，连续从事本职业工作3年以上，经本职业高级工正规培训达规定标准学时数，并取得结业证书。

(2) 取得本职业中级工职业资格证书后，连续从事本职业工作4年以上。

(3) 取得高级技工学校或经国家人力资源和社会保障部审核认定的、以高级工技能为培养目标的高等职业学校本职业（专业）毕业证书。

(4) 取得本职业中级工职业资格证书的大专以上本专业或相关专业毕业生，连续从事本职业工作1年以上。

——技师(具备以下条件之一者)

(1) 取得本职业高级工职业资格证书后，连续从事本职业工作4年以上，经本职业技师正规培训达规定标准学时数，并取得结业证书。

(2) 取得本职业高级工职业资格证书后，连续从事本职业工作6年以上。

(3) 取得本职业高级工职业资格证书的高级技工学校本职业（专业）毕业生，连续从事本职业工作5年以上。

(4) 取得本职业高级工职业资格证书的大专及以上本专业或相关专业毕业牛，连续从事本职业工作4年以上。

(5) 取得相关专业初级专业技术职务任职资格后，在生产一线从事相关职业（工种）工作3年以上或经本职业技师正规培训达到规定标准学时数取得结业证书且在生产一线从事相关职业（工种）工作2年以上。

(6) 取得本专业或相关专业中级专业技术职务任职资格，在生产一线工作。

——高级技师(具备以下条件之一者)

(1) 取得本职业技师职业资格证书后，连续从事本职业工作3年以上，经本职业高级技师正规培训达规定标准学时数，并取得结业证书。

(2) 取得本职业技师职业资格证书后，连续从事本职业工作5年以上。

(3) 取得本专业或相关专业中级专业技术职务任职资格后，在生产一线从事相关职业（工种）工作5年以上或经本职业高级技师正规培训达到规定标准学时数取得结业证书且在生产一线从事相关职业（工种）工作3年以上。

(4) 取得本专业或相关专业高级专业技术职务任职资格，在生产一线从事相关职业（工种）工作。

1.8.3 鉴定方式

分为理论知识考试和技能操作考核。理论知识考试采用闭卷笔试方式，技能操作考核采用生产现场实际操作或模拟操作方式。理论知识考试和技能操作考核均实行百分制，成绩皆达60分以上者为合格。技师、高级技师还须进行综合评审。

1.8.4 考评人员和考生配比

理论知识考试考评人员与考生配比为1∶20，每个标准教室不少于两名考评员；技能操作考核考评员与考生配比为1∶10，且不少于3名考评员；综合评审委员不少于5人。

1.8.5 鉴定时间

理论知识考试时间大于或等于120min；技能操作考核时间不少于30min；综合评审时间不少于20min。

1.8.6 鉴定场所设备

理论知识考试在标准教室进行；技能操作考核在生产现场或模拟生产现场进行；综合评审在会议室进行。

2. 基 本 要 求

2.1 职业道德

2.1.1 职业道德基本知识

2.1.2 职业守则

(1) 爱国爱党，爱厂爱岗，勤奋敬业，尽职尽责。

(2) 勤于学习，勇于创新，精通业务，提高效率。

(3) 安全第一，科学管理，遵纪守法，团结协作。

(4) 文明生产，精心操作，崇尚先进，求实进取。

2.2 基础知识

2.2.1 基础理论知识

（1）识图与测绘基本知识。

（2）公差与配合知识。

（3）螺纹的基础知识。

（4）常用量具及各种单位换算。

（5）机械装配与修理基础知识。

（6）液压基础知识。

（7）金属材料与热处理。

（8）起重机械的安全使用。

（9）安全用电基本知识。

（10）计算机办公软件的应用。

2.2.2 专业理论知识

2.2.2.1 内燃装卸机械的结构

2.2.2.2 内燃装卸机械主要参数

2.2.2.3 柴油发动机

（1）柴油机工作原理。

（2）机体组件。

（3）曲柄连杆机构。

（4）配气机构与进排气系统。

（5）燃料供给系统。

（6）润滑系统。

（7）启动系统。

（8）冷却系统。

2.2.2.4 液力传动系统

（1）液力变矩器。

（2）动力换挡变速箱。

（3）万向传动装置。

2.2.2.5 驱动桥

（1）主减速器。

（2）差速器。

（3）半轴。

（4）轮边减速器。

（5）轮胎。

2.2.2.6　制动系统

（1）内燃装卸机械制动系统元件。

（2）典型制动液压系统。

2.2.2.7　工作及转向系统

（1）内燃装卸机械铰接式工作及转向机构。

（2）典型工作及转向液压系统。

2.2.2.8　内燃装卸机械的电气设备

（1）安全用电常识。

（2）蓄电池。

（3）启动机。

（4）发电机。

（5）内燃装卸机械照明及灯光信号设备。

2.2.3　内燃装卸机械设备管理常识

（1）设备管理基本内容。

（2）设备润滑。

（3）成本管理知识。

（4）设备定额管理。

2.2.4　安全生产与环境保护知识

（1）安全生产基础知识。

（2）劳动保护与卫生基础知识。

（3）环境保护基础知识。

（4）OHSAS18001 职业安全健康管理体系基础知识。

（5）ISO14001 环境质量管理体系基础知识。

2.2.5　质量管理知识

（1）质量管理基础知识。

（2）6S 管理基础知识。

（3）ISO9002 质量管理体系基础知识。

2.2.6　相关法律、法规知识

（1）《中华人民共和国劳动法》的相关知识。

（2）《中华人民共和国劳动合同法》的相关知识。

（3）《中华人民共和国安全生产法》的相关知识。

（4）《中华人民共和国产品质量法》的相关知识。

（5）《中华人民共和国环境保护法》的相关知识。

（6）《中华人民共和国矿山安全法》的相关知识。

3. 工 作 要 求

本标准对初级工、中级工、高级工、技师和高级技师的技能要求依次递进，高级别涵盖低级别的要求。

3.1 初级工

职业功能	工作内容	技能要求	相关知识
一、工作准备	（一）劳保用品穿戴	1. 能正确穿戴本岗位规定穿戴的劳保用品 2. 能根据不同的工作环境按规定穿戴劳保用品	1. 本岗位存在的危险源及所需采取的防护措施 2. 劳保用品穿戴要求 3. 劳动保护用品的选用知识
	（二）工作记录	1. 能按规定整理作业现场 2. 能查看原始工作记录 3. 能填写原始工作记录	原始记录填写要求
二、内燃装卸机械保养	保养内容	1. 能对发动机、变矩器、变速箱、驱动桥等总成件的日常保养 2. 能按车型要求完成润滑作业 3. 能按车型要求完成紧固作业 4. 能按车型规定完成各种油品的更换及补给作业 5. 能按车型规定完成各种滤清器维护作业	1. 内燃装卸机械的结构 2. 液压传动知识 3. 内燃装卸机械主要参数 4. 安全用电常识 5. 起重机械的安全使用 6. 相关工作安全操作规程 7. 应急避险知识 8. 灭火器的使用知识 9. 相关工作的技术操作规程 10. 润滑作业相关知识
三、故障判断与排除	（一）发动机简单故障排除	1. 能排除燃油供给系低压油路简单故障 2. 能排除润滑系统简单故障	1. 发动机燃料供给系统的结构与工作原理 2. 发动机润滑系统的结构与工作原理 3. 常用量具使用方法及单位换算
	（二）底盘简单故障排除	1. 能检查排除管路泄漏 2. 能检查排除紧固件松动 3. 能判断各项仪表数值是否正常 4. 能检查各系统的油位及缺油造成的故障 5. 能检查各机构回转部位的磨损及润滑情况	1. 液压基础知识 2. 机械装配与修理基础知识 3. 相关仪表正常数值范围

3.2 中级工

职业功能	工作内容	技能要求	相关知识
一、工作准备	工具准备	能按要求准备工具	修理工具、设备相关知识
二、内燃装卸机械修理	（一）内燃装卸机械总成件修理	1. 能进行发动机分解与装配 2. 能进行变矩器分解与装配 3. 能进行变速箱分解与装配 4. 能进行驱动桥分解与装配 5. 能更换、装配易损件	1. 公差与配合知识 2. 螺纹的基础知识 3. 识图与测绘基本知识 4. 柴油机结构与工作原理 5. 变矩器结构与工作原理 6. 变速箱结构与工作原理 7. 驱动桥结构与工作原理 8. 零部件的性能和作用
	（二）内燃装卸机械部分项目调整	1. 能独立进行发动机气门间隙调整 2. 能进行驱动桥主减速器轴承间隙及齿轮啮合的检查调整	1. 机械装配与修理基础知识 2. 发动机配气机构的结构与工作原理
三、故障判断与排除	（一）发动机常见故障排除	1. 能排除发动机燃油供给系统综合故障 2. 能排除发动机润滑系统常见故障 3. 能排除发动机冷却系统常见故障	1. 影响发动机燃油供给系统故障的主要因素及排除方法 2. 影响发动机润滑系统故障的主要因素及排除方法 3. 发动机冷却系统的结构与工作原理 4. 影响发动机冷却系统故障的主要因素及排除方法
	（二）底盘常见故障排除	1. 能够根据各项仪表的数值判断各系统的工作情况 2. 能判断并排除液力传动系统常见故障 3. 能判断并排除驱动桥常见故障 4. 能判断并排除液压系统常见故障	1. 仪器仪表相关知识 2. 液力变矩器结构与工作原理 3. 动力换挡变速箱结构与工作原理

3.3 高级工

职业功能	工作内容	技能要求	相关知识
一、内燃装卸机械修理	（一）总成件大修	1. 能够进行发动机的大修 2. 能够进行变矩器的大修 3. 能够进行变速箱的大修 4. 能够进行驱动桥的大修 5. 能按图纸要求，组织内燃装卸机械各部件的组装和总装	1. 螺纹的基础知识 2. 设备大修规程及相关知识

续表

职业功能	工作内容	技能要求	相关知识
一、内燃装卸机械修理	（二）总成件基础检测	1. 能检测气缸体 2. 能检测变矩器壳体 3. 能检测变速箱壳体 4. 能检测驱动桥壳体 5. 能判断各种内燃装卸机械非正常损坏的主要原因，并进行排除	1. 发动机机体组件 2. 金属材料与热处理
二、故障判断与排除	（一）发动机复杂故障排除	1. 能判断并排除发动机的异响 2. 能判断并排除发动机燃料供给系和配气机构的综合故障 3. 能判断并排除发动机启动困难或无法启动的故障 4. 能判断并排除发动机排烟异常	1. 机体组件知识 2. 曲柄连杆机构知识 3. 配气机构与进排气系统知识 4. 燃料供给系统知识 5. 润滑系统知识 6. 启动系统知识 7. 冷却系统知识
	（二）底盘复杂故障排除	1. 能判断并处理液压系统复杂故障 2. 能判断并处理液力传动系统复杂故障 3. 能判断并处理制动系统复杂故障 4. 能判断并排除底盘的异响	1. 液力传动系统知识 2. 制动系统知识 3. 工作及转向系统知识

3.4 技师

职业功能	工作内容	技能要求	相关知识
一、内燃装卸机械修理	（一）内燃装卸机械大修	1. 能编制主要总成件及内燃装卸机械大修修理工艺 2. 能进行内燃装卸机械进厂检验及竣工验收 3. 能进行内燃装卸机械大修过程检验	1. 安全生产法律法规 2. 内燃装卸机械大修的修理工艺编制方法 3. 内燃装卸机械检验及竣工验收相关知识
	（二）液压精密元件修理	1. 能修理易发生故障的各种液压精密元件的结构部位 2. 能判断液压精密元件的故障现象	1. 装配基本知识 2. 易发生故障的各种液压精密元件结构的部位相关知识
二、故障判断与排除	内燃装卸机械疑难故障诊断与排除	1. 能根据发动机温度、压力、声音、烟色等异常，判断并排除发动机疑难故障 2. 能判断及处理底盘疑难故障 3. 能判断及处理常见的电器故障 4. 能按要求对设备进行性能试验，能鉴定修理质量	1. 发动机的结构及工作原理 2. 内燃装卸机械电器系统知识 3. 内燃装卸机械底盘系统

续表

职业功能	工作内容	技能要求	相关知识
三、设备管理	（一）设备管理	能进行设备日常管理	设备管理知识
	（二）修理成本管理	能进行内燃装卸机械修理成本核算	成本管理知识
	（三）修理定额管理	能进行内燃装卸机械修理工时定额计算	定额管理知识
	（四）修理计划	1. 能参与编制内燃机的检修计划和所需要的备件计划 2. 能提出预修计划	1. 检修计划编制知识 2. 备件计划编制知识 3. 预修计划编制知识
四、培训与指导	（一）理论培训	1. 能编写初级工、中级工、高级工的培训计划和培训教案 2. 能对初级工、中级工、高级工进行理论培训	1. 培训计划和培训教案的编写方法 2. 计算机办公软件的应用
	（二）操作指导	能指导初级工、中级工、高级工进行实际操作	

3.5 高级技师

职业功能	工作内容	技能要求	相关知识
一、内燃装卸机械修理	（一）编制修理技术文件	能按要求编制内燃装卸机械各项修理程序及工艺技术文件	机械修理方案编制知识
	（二）解决维修技术难题	1. 能解决维修过程中，发动机、底盘、电器等部件出现的复杂技术难题 2. 能依据技术要求指导维修，监督维修质量	质量管理知识
二、故障判断与排除	（一）发动机疑难故障分析与排除	能分析并排除发动机在使用和维修过程中出现的疑难故障	发动机故障分析与排除知识
	（二）底盘疑难故障分析与排除	能分析并排除底盘机械传动系统在使用和维修过程中出现的疑难故障	底盘故障分析与排除知识
三、设备管理	计划编制	能编制内燃机的检修计划和所需要的备件计划	备件计划、检修计划、预修计划编制知识

续表

职业功能	工作内容	技能要求	相关知识
四、技术创新	技术创新	1. 能参与引进、推广、使用新设备、新技术、新工艺 2. 能根据工作任务和修理要求，改进、改制工具、机具和设备 3. 能参与设备选型与车辆改造 4. 能根据生产实际对修理工艺与设备提出改进建议、并组织实施	1. 国内外内燃装卸机械及修理技术发展状况 2. 国内外内燃装卸机械及修理技术应用知识
五、培训与指导	（一）理论培训	1. 能对初级工、中级工、高级工和技师进行本职业基础理论知识培训 2. 能进行新知识、新技术、新工艺的专题讲座	1. 培训教学的基本方法 2. 培训讲义的编写方法
	（二）技能培训	能系统指导初级工、中级工、高级工和技师进行实际操作	

4. 比 重 表

4.1 理论知识

项 目		初级工/%	中级工/%	高级工/%	技师/%	高级技师/%
基本要求	职业道德	5	5	5	5	5
	基础知识	50	50	50	40	35
相关知识	工作准备	5	5	—	—	—
	内燃装卸机械保养	25	—	—	—	—
	内燃装卸机械修理	—	25	25	20	15
	故障判断与排除	15	15	20	20	20
	设备管理	—	—	—	5	10
	技术创新	—	—	—	—	5
	培训与指导	—	—	—	10	10
合 计		100	100	100	100	100

4.2　技能操作

项　目		初级工/%	中级工/%	高级工/%	技师/%	高级技师/%
技能要求	工作准备	20	15	—	—	—
	内燃装卸机械的保养	50	—	—	—	—
	内燃装卸机械修理	—	50	60	55	40
	故障判断与排除	30	35	40	35	35
	设备管理	—	—	—	5	10
	技术创新	—	—	—	—	10
	培训与指导	—	—	—	5	5
合　计		100	100	100	100	100

有色金属行业职业技能标准

筛 选 破 碎 工

西部矿业股份有限公司编写

说　明

根据《中华人民共和国劳动法》的有关规定，为了进一步完善职业技能标准体系，为职业教育、职业培训和职业技能鉴定提供科学、规范的依据，中国有色金属工业协会、有色金属行业职业技能鉴定指导中心联合组织西部矿业股份有限公司有关专家，制定了《筛选破碎工》有色金属行业职业技能鉴定标准（以下简称《标准》）。

一、本《标准》以《中华人民共和国职业分类大典》为依据，以客观反映现阶段本职业的水平和对从业人员的要求为目标，在充分考虑经济发展、科技进步和产业结构变化对本职业影响的基础上，对职业的活动范围、工作内容、技能要求和知识水平作了明确规定。

二、本《标准》的制定遵循了《国家职业技能标准编制技术规程》的要求，既保证了《标准》体例的规范化，又体现了以职业活动为导向、以职业技能为核心的特点，同时也使其具有根据科技发展进行调整的灵活性和实用性，符合培训、鉴定和就业工作的需要。

三、本《标准》依据有关规定将本职业分为五个等级，包括职业概况、基本要求、工作要求和比重表四个方面内容。

四、本《标准》是在有色金属行业职业技能鉴定指导中心的具体组织下，在各有关专家和实际工作者的共同努力下完成的。参加编写的主要人员有：肖云、侯玉梅、马红勇、张广亮、徐江琳、汪晓华、张静。参加审定的人员有：崔学茹、高雪婷、原双全、耿隽松、韩卫江、聂正才、潘仁邱、夏成国、王万忠、徐长鑫、王积武、张迎棋、赵春艳、高联启、谢承杰、连仁杰、杜光宝、邹爱平。本《标准》由西部矿业股份有限公司负责起草，在制定过程中，得到了广西华锡集团股份有限公司、湖南水口山有色金属集团有限公司、吉林吉恩镍业股份有限公司、金川集团股份有限公司、辽宁地质工程职业学院、陕西有色金属控股集团有限责任公司、新疆有色金属工业集团有限责任公司、云南冶金集团股份有限公司、中国有色集团抚顺红透山矿业有限公司等有关单位的大力支持，在此一并致谢。

五、本《标准》经中国有色金属工业协会批准，自 2013 年 4 月 24 日起施行。

筛选破碎工

1. 职业概况

1.1 职业代码

6-01-04-01。

1.2 职业名称

筛选破碎工。

1.3 职业定义

操作破碎机等设备，进行矿物破碎、筛分的人员。

1.4 职业技能等级

本职业共设五个等级，分别为：五级/初级技能、四级/中级技能、三级/高级技能、二级/技师、一级/高级技师。

1.5 职业环境

室内、外，常温，噪声，粉尘。

1.6 职业能力特征

具有一定的学习、理解、语言表达与计算能力；听觉、视觉、嗅觉正常，手指、手臂灵活，动作协调。

1.7 基本文化程度要求

初中毕业（或同等学历）。

1.8 培训要求

1.8.1 培训期限

全日制职业学校教育，根据其培养目标与教学计划确定。晋级培训期限：初级技能、中级技能、高级技能均不少于150标准学时；技师、高级技师均不少于120标准学时。

1.8.2 培训教师

培训初级技能、中级技能和高级技能的教师应具有本职业技师及以上职业资格或本专业中级及以上专业技术职务任职资格满2年；培训技师的教师应具有本职业高级技师职业资格或本专业高级专业技术职务任职资格满2年；培训高级技师的教师应具有本职业高级技师职业资格证书3年以上或本专业高级专业技术职务任职资格满2年。

1.8.3 培训场所设备

标准教室及具备必要的工具、设备、设施的生产现场或模拟生产现场。

1.9 鉴定要求

1.9.1 适用对象

从事或准备从事本职业的人员。

1.9.2 申报条件

——*五级/初级技能*(具备以下条件之一者)

(1) 经本职业五级/初级技能正规培训达规定标准学时数，并取得结业证书。

(2) 在本职业连续见习工作1年以上。

(3) 本职业学徒期满。

——*四级/中级技能*(具备以下条件之一者)

(1) 取得本职业五级/初级技能职业资格证书后，连续从事本职业工作3年以上，经本职业四级/中级技能正规培训达规定标准学时数，并取得结业证书。

(2) 取得本职业五级/初级技能职业资格证书后，连续从事本职业工作4年以上。

(3) 连续从事本职业工作6年以上。

(4) 取得技工学校毕业证书；或取得经人力资源社会保障行政部门审核认定、以四级/中级技能为培养目标的中等及以上职业学校本专业毕业证书（含尚未取得毕业证书的在校应届毕业生)。

——*三级/高级技能*(具备以下条件之一者)

(1) 取得本职业四级/中级技能职业资格证书后，连续从事本职业工作4年以上，经本职业三级/高级技能正规培训达规定标准学时数，并取得结业证书。

(2) 取得本职业四级/中级技能职业资格证书后，连续从事本职业工作5年以上。

(3) 取得四级/中级技能职业资格证书，并具有高级技工学校、技师学院毕业证书；或取得四级/中级技能职业资格证书，并经人力资源社会保障行政部门审核认定、以三级/高级技能为培养目标、具有高等职业学校本专业毕业证书(含尚未取得毕业证书的在校应届毕业生)。

(4) 具有大专及以上本专业或相关专业毕业证书，并取得本职业四级/中级技能职业资格证书，连续从事本职业工作2年以上。

——*技师*(具备以下条件之一者)

(1) 取得本职业三级/高级技能职业资格证书后，连续从事本职业工作3年以上，经本职业二级/技师正规培训达到规定标准学时数，并取得结业证书。

(2) 取得本职业三级/高级技能职业资格证书后，连续从事本职业工作4年以上。

(3) 取得本职业三级/高级技能职业资格证书的高级技工学校、技师学院本专业毕业生，连续从事本职业工作3年以上；取得预备技师证书的技师学院毕业生连续从事本职业工作2年以上。

(4) 取得本职业三级/高级技能职业资格证书的大专及以上本专业或相关专业毕业生，连续从事本职业工作4年以上。

(5) 取得相关专业初级专业技术职务任职资格后，在生产一线从事相关职业（工种）工作3年以上或经本职业技师正规培训达到规定标准学时数取得结业证书且在生产一线从事相关职业（工种）工作2年以上。

(6) 取得本专业或相关专业中级专业技术职务任职资格，在生产一线工作。

——**高级技师**(具备以下条件之一者)

(1) 取得本职业二级/技师职业资格证书后，连续从事本职业工作3年以上，经本职业一级/高级技师正规培训达到规定标准学时数，并取得结业证书。

(2) 取得本职业二级/技师职业资格证书后，连续从事本职业工作5年以上。

(3) 取得本专业或相关专业中级专业技术职务任职资格后，在生产一线从事相关职业（工种）工作5年以上或经本职业高级技师正规培训达到规定标准学时数取得结业证书且在生产一线从事相关职业（工种）工作3年以上。

(4) 取得本专业或相关专业高级专业技术职务任职资格，在生产一线从事相关职业（工种）工作。

1.9.3 鉴定方式

分为理论知识考试和技能操作考核。理论知识考试采用闭卷笔试方式，技能操作考核采用生产现场实际操作或模拟操作方式。理论知识考试和技能操作考核均实行百分制，成绩皆达60分及以上者为合格。技师、高级技师还须进行综合评审。

1.9.4 考评人员和考生配比

理论知识考试考评人员与考生配比为1∶20，每个标准教室不少于2名考评员；技能操作考核考评员与考生配比为1∶10，且不少于3名考评员；综合评审委员不少于5人。

1.9.5 鉴定时间

理论知识考试时间不少于120min；技能操作考核时间60min；综合评审时间不少于20min。

1.9.6 鉴定场所设备

理论知识考试在标准教室进行。技能操作考核在生产现场或具备必备工具与设施的模拟生产现场进行。综合评审在标准教室或会议室进行。

2. 基 本 要 求

2.1 职业道德

2.1.1 职业道德基本知识

2.1.2 职业守则

（1）爱国爱党，爱厂爱岗，勤奋敬业，尽职尽责。

（2）勤于学习，勇于创新，精通业务，提高效率。

（3）安全第一，科学管理，遵纪守法，团结协作。

（4）文明生产，精心操作，崇尚先进，求实进取。

2.2 基础知识

2.2.1 选矿基础知识

（1）筛选破碎的基本理论及工艺知识。

（2）所选矿石的结构特性和矿物的结晶形态。

2.2.2 筛选破碎原理基础知识

（1）筛选破碎原理基础知识。

（2）所选矿石的性质。

（3）除铁、降尘基础知识。

（4）筛选破碎流程。

（5）影响筛选破碎的因素。

2.2.3 筛选破碎设备、设施工作原理、维护基础知识

（1）筛选破碎设备的分类和基本原理。

（2）颚式破碎机工作原理。

（3）圆锥破碎机工作原理。

（4）对辊破碎机工作原理。

（5）反击式破碎机工作原理。

（6）国产大型破碎机工作原理。

（7）固定筛工作原理。

（8）振动筛工作原理。

（9）自定中心振动筛工作原理。

（10）筛选破碎设备的使用维护和常见故障及处理方法。

（11）国内外筛选破碎设备发展趋势。

2.2.4 安全与卫生知识

（1）安全生产基础知识。

（2）6S 管理基础知识。

(3) 消防器材的使用知识。

(4) 劳动保护与卫生基础知识。

(5) 环境保护基础知识。

(6) ISO14001、OHSAS18001 职业健康与安全管理体系基础知识。

2.2.5 质量管理基础知识

(1) 全面质量管理基础知识。

(2) ISO9001 质量管理体系基础知识。

2.2.6 相关法律、法规知识

(1)《中华人民共和国劳动法》的相关知识。

(2)《中华人民共和国劳动合同法》的相关知识。

(3)《中华人民共和国产品质量法》的相关知识。

(4)《中华人民共和国环境保护法》的相关知识。

(5)《中华人民共和国安全生产法》的相关知识。

3. 工作要求

本标准对本职业五级/初级技能、四级/中级技能、三级/高级技能、二级/技师和一级/高级技师的技能要求依次递进，高级别涵盖低级别的要求。

3.1 五级/初级技能

职业功能	工作内容	技能要求	相关知识要求
1. 工作准备	1.1 劳保用品穿戴	1.1.1 能正确穿戴本岗位规定穿戴的劳保用品	1.1.1 劳保用品穿戴要求
	1.2 交接班	1.2.1 能检查设备运行状况并查看和填写生产原始记录，正确交接班 1.2.2 能按规定整理作业现场	1.2.1 交接班的规定 1.2.2 质量管理基础知识
2. 开车	2.1 开车	2.1.1 能按照开车要求做好各项检查准备工作 2.1.2 能按照开车顺序进行开车作业	2.1.1 开车注意事项 2.1.2 设备操作规程
	2.2 检查设备工艺参数	2.2.1 能按照要求检查设备及其辅助设施的仪表参数	2.2.1 技术操作规程
	2.3 试生产	2.3.1 能按照开车方案进行试生产作业 2.3.2 能填写各类生产原始记录和设备运行记录	2.3.1 试生产注意事项 2.3.2 原始记录及设备运行记录管理规定

续表

职业功能	工作内容	技能要求	相关知识要求
3. 破碎筛选作业	3.1 给矿作业	3.1.1 能做好给矿前的准备 3.1.2 能判断是否具备给矿条件	3.1.1 给矿准备知识 3.1.2 给矿条件，选矿基础知识
	3.2 筛分作业	3.2.1 能读懂筛分及其辅助设备的仪表 3.2.2 能按生产操作规程开启筛分及其辅助设备	3.2.1 筛分设备基础知识 3.2.2 筛分操作规程
	3.3 破碎操作	3.3.1 能读懂各类设备仪表 3.3.2 能按生产操作规程开启破碎及其辅助设备	3.3.1 破碎设备基础知识 3.3.2 破碎操作规程
4. 安全操作	4.1 安全防护	4.1.1 能正确使用消防器材	4.1.1 消防器材知识
	4.2 安全操作	4.2.1 能按安全操作规程操作	4.2.1 岗位安全操作规程
5. 设备维护与保养	5.1 设备维护	5.1.1 能按照要求对设备设施进行润滑、清扫	5.1.1 设备维护规程，识图知识
	5.2 设备点检	5.2.1 能按照要求对设备进行点检并做好记录	5.2.1 设备点检管理制度

3.2 四级/中级技能

职业功能	工作内容	技能要求	相关知识要求
1. 工作准备	1.1 开车准备	1.1.1 能联系系统各岗位，确认是否具备开车状态	1.1.1 工艺技术操作规程
2. 开车	2.1 开车	2.1.1 能根据生产工序原始记录判断操作是否正确 2.1.2 能联系上下工序，确认开车状态	2.1.1 岗位技术操作规程 2.1.2 本工艺流程中各工序控制要求
3. 破碎筛选作业	3.1 筛分操作	3.1.1 能按照岗位技术操作规程进行操作 3.1.2 能判断筛分设备运转是否正常 3.1.3 能判断产品粒度是否合格 3.1.4 能判断与处理简单的设备和工艺故障	3.1.1 岗位技术操作规程 3.1.2 岗位设备操作规程 3.1.3 产品粒度要求 3.1.4 筛选设备、设施工作原理，生产技术指标

续表

职业功能	工作内容	技能要求	相关知识要求
3. 破碎筛选作业	3.2 破碎作业	3.2.1 能按照岗位技术操作规程进行操作 3.2.2 能判断破碎设备运转是否正常 3.2.3 能判断产品粒度大小与设备排矿口间隙大小 3.2.4 能根据生产需要调整设备排矿口间隙大小 3.2.5 能判断与处理简单的设备和工艺故障	3.2.1 岗位技术操作规程 3.2.2 岗位设备操作规程 3.2.3 产品粒度质量要求 3.2.4 设备间隙技术参数规定范围 3.2.5 破碎设备、设施工作原理，生产技术指标
4. 安全操作	4.1 安全技术	4.1.1 能判定作业现场是否处于安全状态 4.1.2 能识别生产现场危险源	4.1.1 岗位安全确认标准 4.1.2 生产现场危险源识别知识
	4.2 安全保护及环保	4.2.1 能使用相关设备、设施降低与控制粉尘浓度	4.2.1 安全相关设备及其设施使用知识
5. 设备维护与保养	5.1 设备维护	5.1.1 能按照要求对设备设施进行紧固	5.1.1 设备紧固知识
6. 故障判断及处理	6.1 工艺故障处理	6.1.1 能判断出设备及其辅助设施是否正常 6.1.2 能判断产品粒度明显变化	6.1.1 常见工艺故障处理程序 6.1.2 岗位技术操作规程
	6.2 设备故障处理	6.2.1 能判断设备运行状况是否正常	6.2.1 常见设备故障处理程序
7. 停车检修	7.1 停车	7.1.1 能按照停车要求做好各项准备工作 7.1.2 能按照停车顺序进行停车作业	7.1.1 停车相关要求 7.1.2 设备操作规程
	7.2 维护和保养	7.2.1 能按照要求对设备设施进行停车后的检查、调整、维护和保养	7.2.1 设备检查、调整、维护知识

3.3 三级/高级技能

职业功能	工作内容	技能要求	相关知识要求
1. 破碎筛选作业	1.1 筛分作业	1.1.1 能判断影响产品粒度因素 1.1.2 能判断产品粒度明显变化，并调整操作	1.1.1 产品粒度影响因素 1.1.2 根据产品粒度调整操作知识

续表

职业功能	工作内容	技能要求	相关知识要求
1. 破碎筛选作业	1.2　破碎作业	1.2.1　能判断产品粒度影响因素 1.2.2　能判断产品粒度大小与设备间隙大小 1.2.3　能根据生产需要调整设备间隙大小	1.2.1　产品粒度质量影响 1.2.2　产品粒度大小与设备间隙大小 1.2.3　设备间隙大小调整知识
2. 安全操作	2.1　安全技术操作	2.1.1　能配合进行安全事故调查	2.1.1　安全事故案例分析
	2.2　安全保护及环保	2.2.1　能使用相关设备设施控制粉尘、噪声、有害气体等污染	2.2.1　粉尘、噪声、有害气体污染标准
3. 设备维护与保养	3.1　设备维护	3.1.1　能按照要求对设备设施进行调整、防腐	3.1.1　设备设施进行调整、防腐知识
4. 故障判断及处理	4.1　工艺故障处理	4.1.1　能判断一般的设备和工艺故障 4.1.2　能处理一般工艺故障	4.1.1　产品粒度调整知识
	4.2　设备故障处理	4.2.1　能判断处理设备运行状况对产品粒度影响 4.2.2　能判断设备及其辅助设施运行是否异常，并进行相应处理 4.2.3　能处理一般的设备故障	4.2.1　判断处理设备运行状况产品粒度影响 4.2.2　设备运行状况判断 4.2.3　常见设备故障处理程序
5. 停车检修	5.1　停车	5.1.1　能实现稳定停车	5.1.1　稳定停车知识
	5.2　检修	5.2.1　能够根据设备设施各部件结构，配合进行停车后检修	5.2.1　设备检修知识

3.4　二级/技师

职业功能	工作内容	技能要求	相关知识要求
1. 开车	1.1　试生产	1.1.1　能对开车方案的合理性提出建议及修改方案	1.1.1　试生产方案编制知识
2. 破碎筛选作业	2.1　筛分作业	2.1.1　能够操作筛分主要设备、辅助设施 2.1.2　能根据生产指标预见筛分过程中出现的问题，并提出处理意见	2.1.1　设备及其辅助设施操作规程及其工作原理 2.1.2　生产技术指标及控制知识

续表

职业功能	工作内容	技能要求	相关知识要求
2. 破碎筛选作业	2.2 破碎作业	2.2.1 能够操作主要设备、辅助设施 2.2.2 能根据生产技术指标预见破碎过程中出现的问题，并提出处理意见	2.2.1 设备及其辅助设施操作规程及其工作原理 2.2.2 生产技术指标及控制知识
3. 安全操作	3.1 安全技术操作	3.1.1 能开展系统的岗位安全教育 3.1.2 能配合安全事故调查	3.1.1 岗位安全教育知识，岗位安全操作规程 3.1.2 安全事故调查知识，安全管理规章制度
4. 故障判断及处理	4.1 工艺故障处理	4.1.1 能判断与处理较复杂的工艺故障	4.1.1 较复杂的工艺故障判断处理知识
	4.2 设备故障处理	4.2.1 能判断与处理较复杂的设备故障 4.2.2 能判断设备及其辅助设施传动、间隙等是否正常并进行相应处理	4.2.1 较复杂的设备故障判断处理知识 4.2.2 设备及辅助设施传动、间隙调整知识
	4.3 事故分析	4.3.1 能组织生产事故分析 4.3.2 能撰写事故分析报告	4.3.1 生产事故分析 4.3.2 事故分析报告撰写知识
5. 停车检修	5.1 停车检修	5.1.1 能懂设备及其辅助设施各部件结构和功能 5.1.2 能编写设备检修计划	5.1.1 设备及其辅助设施各部件结构和功能 5.1.2 设备检修计划编写知识
6. 生产管理	6.1 质量管理	6.1.1 能组织质量管理	6.1.1 QC质量管理知识
	6.2 生产过程管理	6.2.1 能进行破碎筛分生产过程管理 6.2.2 能提出改进破碎筛分生产过程管理的方法	6.2.1 生产管理基础知识 6.2.2 技术管理基础知识
7. 工艺改进及创新	7.1 工艺改进	7.1.1 能学习借鉴国内外的破碎筛分设备及其辅助设施先进经验	7.1.1 破碎筛分设备及辅助设施构造与工作原理，机械制图知识，技术文献检索知识
8. 培训与指导	8.1 理论培训	8.1.1 能对初级、中级、高级技能人员进行本专业知识培训	8.1.1 破碎筛分知识，培训讲义的编写方法，培训教学的基本方法
	8.2 指导操作	8.2.1 能指导破碎筛分实操	8.2.1 实际技能操作指导方法基础

3.5 一级/高级技师

职业功能	工作内容	技能要求	相关知识
1. 破碎筛选作业	1.1 筛分操作	1.1.1 能在生产过程中应用推广新工艺、新材料、新设备	1.1.1 国内外同类工艺设备发展趋势
	1.2 破碎操作	1.2.1 能在生产过程中应用推广新工艺、新材料、新设备	1.2.1 国内外同类工艺设备发展趋势
2. 生产管理	2.1 质量管理	2.1.1 能进行质量评估 2.1.2 能组织质量攻关	2.1.1 质量评估的标准 2.1.2 质量攻关计划方案编制要求
	2.2 生产过程管理	2.2.1 能改进生产过程管理方法	2.2.1 技术规程编写方法
3. 工艺改进及创新	3.1 工艺技术改进	3.1.1 能编写工艺技术改进方案	3.1.1 技术改造方案编制
4. 培训与指导	4.1 理论培训	4.1.1 能对本专业初级、中级、高级技能人员和技师进行理论知识培训 4.1.2 撰写操作经验和技术总结	4.1.1 理论知识培训方法 4.1.2 培训讲义的编写方法
	4.2 指导操作	4.2.1 能指导、示范初级技能、中级技能、高级技能和技师进行实际操作	4.2.1 实际技能操作指导方法

4. 比 重 表

4.1 理论知识

项目＼技能等级		初级技能/%	中级技能/%	高级技能/%	技师/%	高级技师/%
基本要求	职业道德	5	5	5	5	5
	基础知识	40	30	30	25	25

续表

项目		初级技能/%	中级技能/%	高级技能/%	技师/%	高级技师/%
相关知识要求	工作准备	5	5	—	—	—
	开　车	10	5	—	5	—
	破碎筛选作业	25	25	25	20	20
	安全操作	10	10	10	5	—
	设备维护与保养	5	10	10	—	—
	故障判断及处理	—	5	10	15	—
	停车检修	—	5	10	5	—
	生产管理	—	—	—	5	15
	工艺改进及创新	—	—	—	5	20
	培训与指导	—	—	—	10	15
合　计		100	100	100	100	100

4.2　操作技能

项目		初级技能/%	中级技能/%	高级技能/%	技师/%	高级技师/%
技能要求	工作准备	10	10	—	—	—
	开　车	15	10	—	5	—
	破碎筛选作业	50	40	40	25	25
	安全操作	15	10	10	10	—
	设备维护与保养	10	10	15	—	—
	故障判断及处理	—	10	20	20	—
	停车检修	—	10	15	10	—
	生产管理	—	—	—	15	30
	工艺改进及创新	—	—	—	5	25
	培训与指导	—	—	—	10	20
合　计		100	100	100	100	100

有色金属行业职业技能标准

浮　选　工

金川集团股份有限公司起草

说　明

根据《中华人民共和国劳动法》的有关规定，为了进一步完善国家职业标准体系，为职业教育、职业培训和职业技能鉴定提供科学、规范的依据，中国有色金属工业协会、有色金属行业职业技能鉴定指导中心联合组织有关专家，制定了《浮选工》职业技能鉴定标准（以下简称“《标准》”）。

一、本《标准》以《中华人民共和国职业分类大典》为依据，以客观反映现阶段本职业的水平和对从业人员的要求为目标，在充分考虑经济发展、科技进步和产业结构变化对本职业影响的基础上，对职业的活动范围、工作内容、技能要求和知识水平作了明确规定。

二、本《标准》的制定遵循了《国家职业标准制定技术规程》的要求，既保证了《标准》体例的规范化，又体现了以职业活动为导向、以职业技能为核心的特点，同时也使其具有根据科技发展进行调整的灵活性和实用性，符合培训、鉴定和就业工作的需要。

三、本《标准》依据有关规定将本职业分为五个等级，包括职业概况、基本要求、工作要求和比重表四个方面的内容。

四、本《标准》是在有色金属行业职业技能鉴定指导中心的具体组织下，在各有关专家和实际工作者的共同努力下完成的。参加编写的主要人员有：王玛斗、陈杰、崔忠远、康汝信、张永武、杨斌强、王崇庆、王会安、李芳、高宏伟、张国红、李金利、周培生、潘芳成、佘琳、郭秀芳。参加审定的人员：王万忠、魏盛甲、崔学茹、郜翠鸽、耿隽嵩、黄英明、肖云、尹友云、彭芬兰、赵春艳、强小平，谢承杰、连仁杰、杜光宝、邹爱平。本《标准》由金川集团股份有限公司负责起草，在制定过程中，得到了广西华锡集团股份有限公司、西部矿业股份有限公司、辽宁地质工程职业学院、河南省三门峡冶金工业学院、吉林吉恩镍业股份有限公司、中条山有色金属集团公司、云南冶金集团股份有限公司、昆明冶金高等专科学校、中国有色集团红透山矿业有限公司、中国铝业股份有限公司山西分公司等有关单位的大力支持，在此一并致谢。

五、本《标准》业经中国有色金属工业协会批准，自2012年7月17日起施行。

浮　选　工

1. 职 业 概 况

1.1　职业名称

浮选工。

1.2　职业定义

操作浮选设备，利用矿物表面物理化学性质的差异，分选细粒有价矿物的人员。

1.3　职业等级

本职业共设五个等级，分别为：初级工（国家职业资格五级）、中级工（国家职业资格四级）、高级工（国家职业资格三级）、技师（国家职业资格二级）、高级技师（国家职业资格一级）。

1.4　职业环境

室内、外，常温，潮湿，噪声，粉尘，有毒有害，腐蚀。

1.5　职业能力特征

具有一定的学习、理解和计算能力；有较强的判断能力；动作准确协调；视觉、色觉良好。

1.6　基本文化程度

初中毕业。

1.7　培训要求

1.7.1　培训期限

全日制职业学校教育，根据其培养目标与教学计划确定。晋级培训期限：初级工、中级工、高级工均不少于150标准学时；技师、高级技师均不少于120标准学时。

1.7.2　培训教师

培训初级工、中级工、高级工的教师应具有本职业技师及以上职业资格证书或本专业中级及以上专业技术职务任职资格；培训技师的教师应具有本职业高级技师职业资格证书或本专业高级专业技术职务任职资格；培训高级技师的教师应具有本职业高级技师职业资格证书2年以上或本专业高级专业技术职务任职资格。

1.7.3　培训场地设备

标准教室及选矿生产现场或模拟生产现场。

1.8 鉴定要求

1.8.1 适用对象

从事或准备从事本职业的人员。

1.8.2 申报条件

——**初级工**(具备以下条件之一者)

(1) 经本职业初级工正规培训达规定标准学时数，并取得毕（结）业证书。

(2) 在本职业连续工作1年以上。

(3) 本职业学徒期满。

——**中级工**(具备以下条件之一者)

(1) 取得本职业初级工职业资格证书后，连续从事本职业工作2年以上，经本职业中级工正规培训达规定标准学时数，并取得结业证书。

(2) 取得本职业初级工职业资格证书后，连续从事本职业工作3年以上。

(3) 连续从事本职业工作5年以上。

(4) 取得经国家人力资源和社会保障部审核认定的、以中级工技能为培养目标的中等以上职业学校本职业（专业）毕业证书。

——**高级工**(具备以下条件之一者)

(1) 取得本职业中级工职业资格证书后，连续从事本职业工作3年以上，经本职业高级工正规培训达规定标准学时数，并取得结业证书。

(2) 取得本职业中级工职业资格证书后，连续从事本职业工作4年以上。

(3) 取得高级技工学校或经国家人力资源和社会保障部审核认定的、以高级工技能为培养目标的高等职业学校本职业（专业）毕业证书。

(4) 取得本职业中级工职业资格证书的大专以上本专业或相关专业毕业生，连续从事本职业工作1年以上。

——**技师**(具备以下条件之一者)

(1) 取得本职业高级工职业资格证书后，连续从事本职业工作4年以上，经本职业技师正规培训达规定标准学时数，并取得结业证书。

(2) 取得本职业高级工职业资格证书后，连续从事本职业工作6年以上。

(3) 取得本职业高级工职业资格证书的高级技工学校本职业（专业）毕业生，连续从事本职业工作5年以上。

(4) 取得本职业高级工职业资格证书的大专及以上本专业或相关专业毕业生，连续从事本职业工作4年以上。

(5) 取得相关专业初级专业技术职务任职资格后，在生产一线从事相关职业（工种）工作3年以上或经本职业技师正规培训达到规定标准学时数取得结业证书且在生产一线从事相关职业（工种）工作2年以上。

（6）取得本专业或相关专业中级专业技术职务任职资格，在生产一线工作。

——**高级技师**（具备以下条件之一者）

（1）取得本职业技师职业资格证书后，连续从事本职业工作 3 年以上，经本职业高级技师正规培训达规定标准学时数，并取得结业证书。

（2）取得本职业技师职业资格证书后，连续从事本职业工作 5 年以上。

（3）取得本专业或相关专业中级专业技术职务任职资格后，在生产一线从事相关职业（工种）工作 5 年以上或经本职业高级技师正规培训达到规定标准学时数取得结业证书且在生产一线从事相关职业（工种）工作 3 年以上。

（4）取得本专业或相关专业高级专业技术职务任职资格，在生产一线从事相关职业（工种）工作。

1.8.3　鉴定方式

分为理论知识考试和技能操作考核。理论知识考试采用闭卷笔试方式，技能操作考核采用生产现场实际操作或模拟现场操作方式。理论知识考试和技能操作考核均实行百分制，成绩皆达 60 分及以上者为合格。技师、高级技师还须进行综合评审。

1.8.4　考评人员与考生配比

理论知识考试考评人员与考生配比为 1∶20，每个标准教室不少于 2 名考评人员；技能操作考核考评人员与考生配比为 1∶5，且不少于 3 名考评人员；综合评审委员不少于 5 人。

1.8.5　鉴定时间

理论知识考试时间不少于 120min；技能操作考核时间不少于 180min；综合评审时间不少于 30min。

1.8.6　鉴定场所设备

理论知识考试在标准教室进行。技能操作考核在生产现场或模拟现场进行。综合评审在标准教室或会议室进行。

2. 基 本 要 求

2.1　职业道德

2.1.1　职业道德基本知识

2.1.2　职业守则

（1）爱国爱党，爱厂爱岗，勤奋敬业，尽职尽责。

（2）勤于学习，勇于创新，精通业务，提高效率。

（3）安全第一，科学管理，遵章守纪，团结协作。

（4）文明生产，精心操作，崇尚先进，求实进取。

2.2　基础知识

2.2.1　选矿基础知识

（1）工艺矿物学基础知识。

（2）矿石可选性基础知识。

（3）主要选矿方法。

2.2.2　浮选基础知识

（1）浮选原理。

（2）常见矿物的可浮特性。

（3）浮选药剂。

（4）浮选工艺。

（5）影响浮选作业的主要因素和技术操作。

2.2.3　浮选设备、设施工作原理、维护基础知识

（1）浮选设备的分类和基本原理。

（2）主要浮选机工作原理。

（3）浮选设备的使用维护和常见故障及处理方法。

（4）国内外选矿设备发展趋势。

2.2.4　设备常识

（1）识图知识。

（2）机械常识。

（3）电气常识。

（4）设备维护基础知识。

2.2.5　职业安全健康与环境知识

（1）安全生产基础知识。

（2）劳动保护与卫生基础知识。

（3）环境保护基础知识。

（4）OHSAS18001 职业安全健康管理体系基础知识。

（5）ISO14001 环境质量管理体系基础知识。

2.2.6　质量管理知识

（1）质量管理基础知识。

（2）6S 管理基础知识。

（3）ISO9002 质量管理体系基础知识。

2.2.7　相关法律、法规知识

（1）《中华人民共和国劳动法》的相关知识。

（2）《中华人民共和国劳动合同法》的相关知识。

（3）《中华人民共和国安全生产法》的相关知识。

(4)《中华人民共和国产品质量法》的相关知识。
(5)《中华人民共和国环境保护法》的相关知识。
(6)《中华人民共和国矿山安全法》的相关知识。
(7)《中华人民共和国职业病防治法》的相关知识。

3. 工 作 要 求

本标准对初级工、中级工、高级工、技师和高级技师的技能要求依次递进，高级别涵盖低级别的要求。

3.1 初级工

职业功能	工作内容	技能要求	相关知识
一、工作准备	（一）劳保用品穿戴	能正确穿戴本岗位规定穿戴的劳保用品	1. 本岗位存在的危险源及所需采取的防护措施 2. 劳保用品穿戴要求
	（二）交接班	1. 能检查设备运行状况并查看生产原始记录，正确交接班 2. 能按规定整理作业现场 3. 能填写原始生产记录	1. 交接班的规定 2. 原始记录填写要求
二、开车	（一）开车	1. 能按照开车要求做好各项检查准备工作 2. 能按照开车顺序进行开车作业	1. 开车注意事项 2. 岗位技术操作规程 3. 岗位安全操作规程 4. 设备操作规程
	（二）试生产	能按照开车方案进行试生产工作	
三、浮选作业	（一）给矿	1. 能做好给矿前的准备 2. 能判断是否具备给矿条件	1. 记录填写规范及要求 2. 浮选药剂的相关知识 3. 仪器仪表的相关知识 4. 浓度相关知识
	（二）加药	1. 能做好加药前的准备 2. 能读取加药设备的仪表数据	
	（三）浮选操作	1. 能按照岗位技术操作规程进行操作 2. 能读取设备仪表的数据 3. 能填写设备运行记录 4. 能使用测量装置测量浮选浓度	

续表

职业功能	工作内容	技能要求	相关知识
四、安全生产	安全防护	1. 能按安全生产操作规程进行操作 2. 能对生产现场常见的安全事故采取防范及应急措施 3. 能使用现场消防器材进行灭火	1. 安全管理规章制度 2. 应急避险知识 3. 常用消防器材选用及使用方法
五、设备维护与保养	（一）设备维护	能按要求对设备设施进行润滑、清扫、防腐和紧固	1. 设备维护相关知识 2. 设备巡检管理制度
	（二）设备巡检	能按照要求对设备进行巡检并做好记录	

3.2 中级工

职业功能	工作内容	技能要求	相关知识
一、工作准备	交接班	1. 能判断上班次交接原始记录是否完整 2. 能判断上班次交接原始记录是否正确 3. 能根据上班次原始记录判断生产状况、设备状况是否正常	浮选相关知识
二、开车	检查设备工艺参数	能按照要求检查设备工艺参数	浮选设备相关知识
三、浮选作业	（一）加药	能够按照工艺技术要求加药	常用选矿药剂的性能与用途
	（二）浮选操作	1. 能判断设备仪表是否正常 2. 能判断设备工艺参数是否正常 3. 能判断设备是否具备开、停车作业条件 4. 能读懂生产（指标）日报，检查各类生产原始记录是否规范 5. 能分配浮选各段作业产率 6. 能使用测量装置测量矿浆 pH 值	1. 设备操作相关知识 2. 浮选工艺相关知识 3. pH 值相关知识 4 测量装置的相关知识

续表

职业功能	工作内容	技能要求	相关知识
四、安全生产	安全防护及环保	1. 能判定作业现场是否处于安全状态 2. 能根据现场条件选择劳动保护用品 3. 能使用相关设备设施控制粉尘、噪声、毒物、有害气体等污染	1. 岗位安全知识 2. 安全状态的确认方法 3. 劳动保护用品的选用知识 4. 粉尘、噪声、毒物、有害气体污染相关规定
五、设备维护与保养	（一）设备维护	能对本岗位关键设备进行维护保养	设备点检管理制度
	（二）设备点检	能定期对关键设备进行点检	
六、故障的判断及处理	（一）工艺故障处理	1. 能判断出浮选现象是否正常 2. 能发现矿石性质明显变化	1. 常见工艺故障处理程序 2. 常见设备故障处理程序
	（二）设备故障处理	1. 能判断设备运行状况是否正常 2. 能发现设备的常见故障	
七、停车检修	（一）停车	1. 能按照停车要求做好各项准备工作 2. 能按照停车顺序进行停车作业	停车操作规程
	（二）维护和保养	能按照要求对设备设施进行停车后的常规检查、调整、维护和保养	设备操作规程

3.3 高级工

职业功能	工作内容	技能要求	相关知识
一、浮选作业	（一）加药	1. 能检测药剂浓度是否达标 2. 能根据浮选现象的变化调整药剂	1. 影响浮选的主要因素 2. 矿石的物理化学性质 3. 浮选工艺流程及相关知识
	（二）浮选操作	1. 能按照指标体系要求进行操作 2. 能使用测量装置和设备对浮选参数进行测量 3. 能目测判断矿石大致品位 4. 能目测发现矿石性质变化并找出影响因素 5. 能进行班组内异常技术指标分析 6. 能配合工艺事故分析和调查	

续表

职业功能	工作内容	技能要求	相关知识
二、安全生产	安全防护及环保	1. 能配合进行安全事故调查 2. 能发现系统的安全隐患并提出整改意见 3. 能配合编制安全保护及环境保护应急预案	1. 安全事故分析方法 2. 应急预案制定相关知识
三、设备维护与保养	（一）设备维护	能配合进行设备易损件的更换	设备易损件的更换相关规定
	（二）设备点检	能根据设备点检结果提出设备检修更换建议	
四、故障判断及处理	（一）工艺故障处理	能判断设备运行状况对浮选工艺技术指标的影响	1. 浮选工艺技术指标及影响因素 2. 设备常见故障排除方法
	（二）设备故障处理	1. 能判断设备传动、充气供风、风阀门、水阀、液位仪、叶轮间隙，给矿中间箱等是否正常，并进行相应处理 2. 能排除设备的常见事故	
五、停车检修	（一）停车	能实现稳定停车，减少停车过程中指标大幅波动	停车对指标的影响因素
	（二）检修	能根据设备设施各部件结构，按照要求对设备设施进行停车后的检查、调整、易损件更换、维护和保养	设备设施各部件结构

3.4 技师

职业功能	工作内容	技能要求	相关知识
一、浮选作业	（一）加药	能判断药剂质量异常变化	1. 采样相关知识 2. 药剂稀释、制备相关知识 3. 技术报告的撰写要求
	（二）浮选操作	1. 能根据矿石性质变化判断影响因素，并能及时调整浮选药剂 2. 能分配浮选各段作业产率，优化浮选作业 3. 能组织、分析异常技术指标并撰写报告 4. 能配合进行工艺事故的分析和调查 5. 能配合进行工业试验并提出建议	

续表

职业功能	工作内容	技能要求	相关知识
二、设备维护与保养	设备更新	能配合有关人员对需要更新的设备进行选型	1. 设备调试方法 2. 设备检修相关知识
三、故障判断及处理	（一）工艺故障处理	能区分生产运行中的工艺问题和设备故障，并判断出故障的大致部位	常见工艺问题解决方法
	（二）设备故障处理	能处理设备故障	
四、停车检修	停车检修	1. 能按检修方案指导本工序的检修 2. 能对复杂设备进行调试	设备设施各部件结构和功能
五、生产管理	（一）质量管理	1. 能按照要求控制精矿品位等级 2. 能控制杂质含量不超标	1. 精矿质量相关知识 2. 精矿杂质对冶炼的影响 3. 生产过程管理相关知识
	（二）生产过程管理	1. 能进行浮选生产过程管理 2. 能提出改进生产过程管理的方法	
六、培训与指导	（一）理论培训	1. 能编写初级工、中级工、高级工培训计划和培训教案 2. 能对初级工、中级工、高级工进行理论知识培训	1. 培训计划和培训教案的编写方法 2. 教学方法的相关知识
	（二）操作指导	能指导初级工、中级工、高级工进行浮选实际操作	

3.5 高级技师

职业功能	工作内容	技能要求	相关知识
一、浮选作业	（一）加药	能提出改进药剂制度的建议	1. 矿石的物理化学性质 2. 技术报告的撰写要求 3. 工艺流程的相关知识
	（二）浮选操作	1. 能汇总生产（指标）日报 2. 能进行工艺流程分析，并提出调整建议 3. 能精确目测判断矿石品位 4. 能组织一般工艺事故分析和调查，并撰写报告 5. 能组织工业试验，并提出试验建议	

续表

职业功能	工作内容	技能要求	相关知识
二、设备维护与保养	设备更新	1. 能根据设备配置和运行中存在的问题提出改进的合理化建议 2. 能对更新设备提出设计条件	浮选工艺技术条件
三、故障判断及处理	（一）工艺故障处理	能配合编制工艺事故分析报告	1. 事故应急预案编制方法 2. 工艺事故分析报告编制方法
	（二）设备故障处理	1. 能配合编制设备事故分析报告 2. 能编制设备故障应急预案	
四、停车检修	停车检修	能根据生产情况编制本工序设备检修计划	设备检修计划编制方法
五、生产管理	（一）质量管理	1. 能对本工序质量问题进行分析，找出原因，提出解决方法，撰写分析报告 2. 能组织本工序生产过程管理	1. 精矿杂质对冶炼的影响 2. 质量管理体系知识
	（二）生产过程管理	能进行浮选生产过程管理能改进生产过程方法	
	（三）技术管理	1. 能检索技术文献，获取技术最新行业技术信息 2. 能对本岗位各工序技术经济技术指标进行分析，并提出技术攻关建议，配合编制技术攻关方案 3. 能根据生产实践经验撰写操作经验和技术总结	1. 文献检索知识 2. 质量分析方法
六、培训与指导	（一）理论培训	1. 能对初级、中级、高级工、技师进行理论知识培训 2. 能编写本专业技术讲义 3. 能编写培训教学计划 4. 能编写与本岗位相关的安全培训讲义 5. 能进行新知识、新技术、新工艺的专题讲座	1. 编写培训讲义有关知识 2. 编写培训教学计划有关知识 3. 选矿工艺和设备相关知识 4. 系统化的安全知识
	（二）实操指导操作	能指导初级工、中级工、高级工和技师进行实际操作	
七、工艺改进及创新	（一）工艺改进	能根据生产实际提出工艺改进建议、并组织实施	1. 浮选设备及相关辅助设备原理、构造 2. 浮选工艺的影响因素
	（二）工艺创新	能借鉴国内外的浮选先进经验，进行工艺创新	国内外浮选技术发展概况

4. 比 重 表

4.1 理论知识

项 目		初级工/%	中级工/%	高级工/%	技师/%	高级技师/%
基本要求	职业道德	5	5	5	5	5
	基础知识	30	25	25	20	20
相关知识	工作准备	10	5	—	—	—
	开 车	10	10	—	—	—
	浮选作业	35	30	30	20	15
	安全生产	5	10	10	10	10
	设备维护与保养	5	5	10	5	5
	故障判断及处理	—	5	10	10	10
	停车检修	—	5	10	10	10
	生产管理	—	—	—	10	10
	培训与指导	—	—	—	10	10
	工艺改进及创新	—	—	—	—	5
合 计		100	100	100	100	100

4.2 技能操作

项 目		初级工/%	中级工/%	高级工/%	技师/%	高级技师/%
技能要求	生产准备	5	5	—	—	—
	开 车	25	15	—	—	—
	浮选作业	50	45	45	35	25
	安全生产	15	15	15	10	10
	设备维护与保养	5	5	15	10	5
	故障判断及处理	—	5	10	15	20
	停车检修	—	10	15	10	5
	生产管理	—	—	—	10	15
	培训与指导	—	—	—	10	15
	工艺改进及创新	—	—	—	—	5
合 计		100	100	100	100	100

有色金属行业职业技能标准

选 矿 脱 水 工

西部矿业股份有限公司编写

说　明

根据《中华人民共和国劳动法》的有关规定，为了进一步完善职业技能标准体系，为职业教育、职业培训和职业技能鉴定提供科学、规范的依据，中国有色金属工业协会、有色金属行业职业技能鉴定指导中心联合组织西部矿业股份有限公司的有关专家，制定了《选矿脱水工》职业技能鉴定标准（以下简称《标准》）。

一、本《标准》以《中华人民共和国职业分类大典》为依据，以客观反映现阶段本职业的水平和对从业人员的要求为目标，在充分考虑经济发展、科技进步和产业结构变化对本职业影响的基础上，对职业的活动范围、工作内容、技能要求和知识水平作了明确规定。

二、本《标准》的制定遵循了《国家职业技能标准编制技术规程》的要求，既保证了《标准》体例的规范化，又体现了以职业活动为导向、以职业技能为核心的特点，同时也使其具有根据科技发展进行调整的灵活性和实用性，符合培训、鉴定和就业工作的需要。

三、本《标准》依据有关规定将本职业分为五个等级，包括职业概况、基本要求、工作要求和比重表四个方面的内容。

四、本《标准》是在有色金属行业职业技能鉴定指导中心的具体组织下，在各有关专家和实际工作者的共同努力下完成的。参加编写的主要人员有：魏盛甲、王武俊、汪晓华、彭再华、杨作军、马有保。参加审定的人员：耿隽松、伊新辉、鲍炳宇、崔学茹、纪国平、李智广、马海峰、聂世华、赵春艳、姚爱君、黄闰芝、洪养军、高联启、谢承杰、连仁杰、杜光宝、邹爱平。本《标准》由西部矿业股份有限公司起草，在制定过程中，得到了广西华锡集团股份有限公司、湖南水口山有色金属集团有限公司、吉林吉恩镍业股份有限公司、金川集团股份有限公司、辽宁地质工程职业学院、陕西有色金属控股集团有限责任公司、新疆有色金属工业集团有限责任公司、云南冶金集团股份有限公司、中国有色集团抚顺红透山矿业有限公司等有关单位的大力支持，在此一并致谢。

五、本《标准》经中国有色金属工业协会批准，自 2013 年 4 月 24 日起施行。

选矿脱水工

1. 职业概况

1.1 职业编码

6-01-04-05。

1.2 职业名称

选矿脱水工。

1.3 职业定义

操作浓缩机、过滤机、干燥机及辅助设备，进行矿物脱水处理的人员。

1.4 职业等级

本职业共设五个等级，分别为：五级/初级技能、四级/中级技能、三级/高级技能、二级/技师、一级/高级技师。

1.5 职业环境

室内（外），常温，潮湿，噪声，粉尘。

1.6 职业能力特征

动作协调，手指与手臂灵活，具有一定的学习、理解、判断和计算能力。

1.7 基本文化程度

初中毕业（或相当文化程度）。

1.8 培训要求

1.8.1 培训期限

全日制职业学校教育，根据其培养目标与教学计划确定。晋级培训期限：五级/初级技、四级/中级技能、三级/高级技能均不少于150标准学时；二级/技师、一级/高级技师均不少于120标准学时。

1.8.2 培训教师

培训五级/初级技能、四级/中级技能、三级/高级技能的教师应具有本职业技师及以上职业资格证书或本专业中级及以上专业技术职务任职资格；培训二级/技师的教师应具有相关职业一级/高级技师职业资格证书2年以上或本专业中级及以上专业技术职务任职资格；培训一级/高级技师的教师应具有本专业高级专业技术职务任职资格。

1.8.3 培训场地设备

标准教室及具备必备工、器具及设备设施的生产现场或模拟现场生产现场。

1.9 鉴定要求

1.9.1 适用对象

从事或准备从事本职业的人员。

1.9.2 申报条件

——**五级/初级技能**(具备以下条件之一者)

(1) 经本职业五级/初级技能正规培训达规定标准学时数，并取得毕（结）业证书。

(2) 在本职业连续工作1年以上。

(3) 本单位规定学徒期满，经考核合格后。

——**四级/中级技能**(具备以下条件之一者)

(1) 取得本职业五级/初级技能职业资格证书后，连续从事本职业工作3年以上，经本职业四级/中级技能正规培训达规定标准学时数，并取得毕（结）业证书。

(2) 取得本职业五级/初级技能职业资格证书后，连续从事本职业工作4年以上。

(3) 连续从事本职业工作6年以上。

(4) 取得技工学校毕业证书；或取得人力资源社会保障行政部门审核认定、以四级/中级技能为培养目标的中等及以上职业学校本专业毕业证书（含尚未取得毕业证书的在校应届毕业生）。

——**三级/高级技能**(具备以下条件之一者)

(1) 取得本职业四级/中级技能职业资格证书后，连续从事本职业工作4年以上，经本职业三级/高级技能正规培训达规定标准学时数，并取得毕（结）业证书。

(2) 取得本职业四级/中级技能职业资格证书后，连续从事本职业工作5年以上。

(3) 取得四级/中级技能职业资格证书，并具有高级技工学校、技师学院毕业证书；或取得四级/中级技能职业资格证书，并经人力资源社会保障行政部门审核认定、以三级/高级技能为培养目标、具有高等职业学校本专业毕业证书(含尚未取得毕业证书的在校应届毕业生)。

(4) 具有大专及以上本专业或相关专业毕业证书，并取得本职业四级/中级技能职业资格证书，连续从事本职业工作2年以上。

——**二级/技师**(具备以下条件之一者)

(1) 取得本职业三级/高级技能职业资格证书后，连续从事本职业工作3年以上，经本职业二级/技师正规培训达规定标准学时数，并取得毕（结）业证书。

(2) 取得本职业三级/高级技能职业资格证书后，连续从事本职业工作4年

以上。

（3）取得本职业高级工职业资格证书的高级技工学校、技师学院本专业毕业生，连续从事本职业工作3年以上；取得预备技师证书的技师学院毕业生，连续从事本职业工作2年以上。

（4）取得本职业三级/高级技能职业资格证书的大专及以上本专业或相关专业毕业生，连续从事本职业工作4年以上。

（5）取得相关专业初级专业技术职务任职资格后，在生产一线从事相关职业（工种）工作3年以上或经本职业技师正规培训达到规定标准学时数取得结业证书且在生产一线从事相关职业（工种）工作2年以上。

（6）取得本专业或相关专业中级专业技术职务任职资格，在生产一线工作。

——*一级/高级技师*（具备以下条件之一者）

（1）取得本职业二级/技师职业资格证书后，连续从事本职业工作3年以上，经本职业一级/高级技师正规培训达规定标准学时数，并取得毕（结）业证书。

（2）取得本职业二级/技师职业资格证书后，连续从事本职业工作5年以上。

（3）取得本专业或相关专业中级专业技术职务任职资格后，在生产一线从事相关职业（工种）工作5年以上或经本职业高级技师正规培训达到规定标准学时数取得结业证书且在生产一线从事相关职业（工种）工作3年以上。

（4）取得本专业或相关专业高级专业技术职务任职资格，在生产一线从事相关职业（工种）工作。

1.9.3 鉴定方式

分为理论知识考试和技能操作考核。理论知识考试采用闭卷笔试方式，主要考核从业人员从事本职业应掌握的基本要求和相关知识要求；技能操作考核采用生产现场实际操作或模拟操作方式，主要考核从业人员从事本职业应具备的职业能力水平。理论知识考试和技能操作考核均实行百分制，成绩皆达60分及以上者为合格。二级/技师和一级/高级技师除理论和技能考试外，还需进行综合评审。

1.9.4 考评人员和考生配比

理论知识考试考评人员与考生配比为1∶20，每个标准教室不少于2名考评员；技能操作考核考评员与考生配比为1∶5，且不少于3名考评员；综合评审委员不少于5人。

1.9.5 鉴定时间

理论知识考试时间不少于120min；技能操作考核时间不少于60min；综合评审时间不少于20min。

1.9.6 鉴定场所设备

理论知识考试在标准教室进行。技能操作考核在具备必备工具，设备设施的生产现场或模拟现场进行。综合评审在标准教室或会议室进行。

2. 基 本 要 求

2.1 职业道德

2.1.1 职业道德基本知识

2.1.2 职业守则

（1）爱国爱党，爱厂爱岗，勤奋敬业，尽职尽责。

（2）勤于学习，勇于创新，精通业务，提高效率。

（3）安全第一，科学管理，遵纪守法，团结协作。

（4）文明生产，精心操作，崇尚先进，求实进取。

2.2 基础知识

2.2.1 物料脱水基础知识

2.2.1.1 选矿专业基础知识

（1）工艺矿物学基础知识。

（2）物料脱水工艺要求。

（3）选矿产品的基本概念及物理特征。

（4）选矿产品处理的几个阶段分工（浓缩、过滤、干燥）及基本概念。

2.2.1.2 岗位工作描述

（1）操作浓缩设备及其辅助设施，脱去物料的水分。

（2）操作过滤设备及其辅助设施，脱去物料的水分，更换滤布或陶瓷片(包括清洗陶瓷片时间控制、清洗液浓度掌控)。

（3）操作干燥设备及其辅助设施，对物料进行加热、水分蒸发、控制干燥过程。

（4）记录生产数据，协调上下工序操作。

（5）处理运行中故障，维护保养设备。

2.2.1.3 物料脱水流程的分类及选择

（1）精矿脱水。

（2）尾矿脱水。

（3）中矿脱水。

（4）分级脱泥。

2.2.2 物料脱水理论知识

2.2.2.1 浓缩的基本原理及方法分类

（1）重力沉降浓缩、离心沉降浓缩、磁力浓缩。

（2）浓缩介质：水、絮凝剂、聚凝剂。

（3）影响浓缩过程因素（矿粒性质、矿浆黏度、矿浆质量分数）。

2.2.2.2 过滤的基本原理及分类

（1）重力过滤、真空过滤、加压过滤、离心过滤。

（2）过滤介质：粒状介质、织物介质（或称滤布介质）、多孔陶瓷或塑料介质。

（3）改善过滤效果的途径（使用助滤剂、选择适宜的滤布、加强设备维护，进行合理操作）。

2.2.2.3 干燥的基本原理及方法分类

（1）滚筒式。

（2）管式。

（3）井筒式。

（4）沸腾床层式。

（5）螺旋式。

2.2.3 脱水设备、设施工作原理及维护基础知识

2.2.3.1 浓缩设备及其辅助设施的基本原理、操作要点、日常维护及常见故障处理

（1）普通浓缩机。

（2）倾斜板浓缩机。

（3）高效浓缩机。

（4）磁力脱水槽。

2.2.3.2 过滤设备及其辅助设施的基本原理、操作要点、日常维护及常见故障处理

（1）真空过滤机。

（2）压滤机。

（3）磁性过滤机。

（4）离心过滤机。

2.2.3.3 干燥设备及其辅助设施的基本原理、操作要点、日常维护及常见故障处理

（1）回转式干燥机。

（2）沸腾干燥机。

（3）气流干燥机（器）。

（4）带式干燥机。

（5）膛式干燥机。

（6）电磁螺旋干燥机。

2.2.3.4 国外脱水设备及其辅助设施的基本原理、操作要点、日常维护及常见故障处理

2.2.3.5 国内外浓缩与过滤设备发展趋势和方向

2.2.4 安全生产与环境保护知识

（1）安全生产基础知识。

（2）劳动保护与卫生基础知识。

（3）环境保护基础知识。

（4）职业安全健康管理体系基础知识。

（5）环境质量管理体系基础知识。

2.2.5 质量管理知识

（1）质量管理基础知识。

（2）质量管理体系基础知识。

2.2.6 相关法律、法规知识

（1）《中华人民共和国劳动法》的相关知识。

（2）《中华人民共和国劳动合同法》的相关知识。

（3）《中华人民共和国安全生产法》的相关知识。

（4）《中华人民共和国产品质量法》的相关知识。

（5）《中华人民共和国矿山安全法》的相关知识。

（6）《中华人民共和国职业病防治法》的相关知识。

3. 工 作 要 求

本标准对五级/初级技能、四级/中级技能、三级/高级技能、二级/技师、一级/高级技师的技能要求依次递进，高级别涵盖低级别的要求。

3.1 五级/初级技能

职业功能	工作内容	技能要求	相关知识要求
1. 工作准备	1.1 劳保用品穿戴	1.1.1 能正确穿戴劳保用品	1.1.1 劳保用品穿戴要求
	1.2 工作交接	1.2.1 能读懂原始生产记录，准确交接班 1.2.2 能按规定整理作业现场	1.2.1 交接班要求 1.2.2 原始记录填写要求，生产作业现场要求
2. 开车	2.1 开车	2.1.1 能按照开车要求做好各项检查准备工作 2.1.2 能按照开车顺序进行开车作业	2.1.1 岗位安全操作规程，设备操作规程 2.1.2 开车顺序
3. 脱水作业	3.1 物料浓缩	3.1.1 能读懂浓密机及其辅助设备的操作规程和仪表参数 3.1.2 能按生产工艺流程开启浓密机及其辅助设备	3.1.1 岗位技术操作规程，设备仪表参数 3.1.2 工艺技术操作规程，浓密机基础知识，生产工艺流程图

续表

职业功能	工作内容	技能要求	相关知识要求
3. 脱水作业	3.2 物料过滤	3.2.1 能读懂过滤机及其辅助设备的操作规程和仪表参数 3.2.2 能按生产工艺流程开启过滤机及其辅助设备	3.2.1 岗位技术操作规程，设备仪表参数知识 3.2.2 工艺技术操作规程，过滤机基础知识，生产工艺流程图
	3.3 物料干燥	3.3.1 能读懂干燥炉及其辅助设备的技术操作规程和仪表参数 3.3.2 能按生产工艺流程开启干燥炉及其辅助设备	3.3.1 岗位技术操作规程，设备仪表参数知识 3.3.2 工艺技术操作规程，干燥炉基础知识，生产工艺流程图
4. 安全管理	4.1 安全防护	4.1.1 能识别岗位危险源	4.1.1 安全防护知识
	4.2 安全管理	4.2.1 能看懂安全管理台账	4.2.1 安全台账管理知识
5. 设备维护与保养	5.1 设备点检	5.1.1 能进行设备点检	5.1.1 设备点检知识
6. 停车检修	6.1 停车	6.1.1 能进行停车前准备工作	6.1.1 停车顺序注意事项
	6.2 设备检查	6.2.1 能进行设备及其设施停车后的检查工作	6.2.1 设备维护与保养相关知识

3.2 四级/中级技能

职业功能	工作内容	技能要求	相关知识要求
1. 工作准备	1.1 工作交接	1.1.1 能检查设备运行状况，查看生产原始记录，准确完成交接班	1.1.1 交接班管理制度，现场生产管理制度
2. 开车	2.1 检查设备工艺参数	2.1.1 能检查、判断设备及其辅助设施的仪表参数是否正常	2.1.1 设备运行管理制度，电子仪器仪表知识
	2.2 试生产	2.2.1 能进行试生产作业 2.2.2 能填写、检查设备运行记录	2.2.1 试生产管理制度 2.2.2 设备运行台账管理制度
3. 脱水作业	3.1 物料浓缩	3.1.1 能判断浓缩机底流浓度是否达到放矿要求 3.1.2 能判断浓缩机溢流水含固量是否达到排放标准	3.1.1 浓密机低流浓度、溢流水含固量检测知识 3.1.2 浓密机底流浓度、溢流水含固量指标

续表

职业功能	工作内容	技能要求	相关知识要求
3. 脱水作业	3.2 物料过滤	3.2.1 能判断过滤滤饼水分是否达到产品规定要求 3.2.2 能判断过滤介质清洗或更换时间	3.2.1 滤饼水分控制指标 3.2.2 过滤介质清洗或更换周期判断
	3.3 物料干燥	3.3.1 能判断干燥产品水分是否达到产品规定要求 3.3.2 能判断干燥炉膛耐火砖等易损件是否达到更换时间	3.3.1 物料含水量控制指标 3.3.2 干燥炉膛耐火砖等易损件寿命
4. 安全管理	4.1 安全防护	4.1.1 能对现用劳动防护用品提出改进及更换建议 4.1.2 能使用相关设备及其设施控制粉尘、噪声、毒物、有害气体等污染	4.1.1 安全防护用品使用与改进知识 4.1.2 粉尘、噪声、毒物、有害气体等污染防护与控制知识
	4.2 安全操作	4.2.1 能判断作业现场是否处于安全状态	4.2.1 安全状态确认相关知识
5. 设备维护与保养	5.1 设备维护	5.1.1 能对设备设施进行调整、紧固、润滑、清洁和防腐	5.1.1 设备调整、紧固、润滑、清洁和防腐知识
	5.2 设备点检	5.2.1 能对设备设施进行点检并做好记录	5.2.1 设备点检知识
6. 停车检修	6.1 停车	6.1.1 能按停车要求进行各项检查，并按停车顺序进行停车作业	6.1.1 停车操作规程
	6.2 检查和润滑	6.2.1 能按照要求对设备设施进行停车后的检查、润滑和保养	6.2.1 设备停车检修知识

3.3 三级/高级技能

职业功能	工作内容	技能要求	相关知识要求
1. 脱水作业	1.1 物料浓缩	1.1.1 能判断浓密机及其辅助设备运行状态、工艺参数是否正常 1.1.2 能判断设备是否具备开停车条件 1.1.3 能检查、调整浓密机底流浓度和溢流水含固量并按时放矿 1.1.4 能对异常情况进行调整，使产品质量符合要求	1.1.1 工艺技术操作规程，工艺参数 1.1.2 开停车影响因素 1.1.3 浓密机底流浓度、溢流水含固量调整知识 1.1.4 异常情况调整知识

续表

职业功能	工作内容	技能要求	相关知识要求
1. 脱水作业	1.2 物料过滤	1.2.1 能判断过滤机及其辅助设备运行状态、工艺参数是否正常 1.2.2 能判断设备是否具备开停车条件 1.2.3 能检查、调整滤饼水分、按时清洗（或更换）过滤介质及其他零部件 1.2.4 能对异常情况进行调整，使产品质量符合要求	1.2.1 工艺技术操作规程，工艺参数 1.2.2 开停车影响因素 1.2.3 滤饼水分调整知识，过滤介质清洗与更换知识 1.2.4 异常情况调整知识
	1.3 物料干燥	1.3.1 能判断干燥设备运行状态、工艺参数是否正常 1.3.2 能够判断设备是否具备开停车条件 1.3.3 能检查、调整干燥物料含水量、更换干燥炉膛耐火砖等易损件 1.3.4 能对异常情况进行调整，使产品质量符合要求	1.3.1 工艺技术操作规程，工艺参数 1.3.2 开停车影响因素 1.3.3 调整干燥物料含水量、更换干燥炉膛耐火砖等易损件 1.3.4 异常情况处理知识
2. 安全管理	2.1 安全防护	2.1.1 能对安全事故进行应急处理 2.1.2 能运用安全环保设施进行安全防护	2.1.1 安全事故应急处理知识 2.1.2 环境安全保护知识
	2.2 安全操作	2.2.1 能判定作业现场是否处于安全状态 2.2.2 能对新员工进行岗位安全教育 2.2.3 能配合进行安全事故调查	2.2.1 岗位安全确认标准 2.2.2 岗位三级安全教育知识 2.2.3 安全事故调查知识
3. 设备维护与保养	3.1 设备维护	3.1.1 能对设备及其设施维护与保养内容和范围提出改进建议	3.1.1 设备维护与保养管理制度
	3.2 设备点检	3.2.1 能对现有设备点检制度提出改进建议	3.2.1 设备点检管理制度
4. 常见故障判断及处理	4.1 工艺事故处理	4.1.1 能判断出由于物料性质变化导致的工艺技术参数紊乱，并提出整改建议	4.1.1 工艺事故处理程序
	4.2 设备故障处理	4.2.1 能判断出设备及其辅助设施是否正常，提出整改建议	4.2.1 设备故障处理程序

续表

职业功能	工作内容	技能要求	相关知识要求
5. 停车检修	5.1 停车	5.1.1 能判断出设备及其设施运行状况是否正常 5.1.2 能判断出现异常情况的原因，并进行停车处理	5.1.1 设备及其设施运行状态检查、监督知识 5.1.2 设备及其设施异常状况处理知识
	5.2 检修	5.2.1 能按要求进行停车后的检查、调整、维护和保养	5.2.1 设备及其设施结构与工作原理；设备维护与保养知识
6. 生产管理	6.1 质量管理	6.1.1 能判断滤饼水分、溢流水含固量等指标是否正常 6.1.2 能进行质量统计的基本计算	6.1.1 产品质量管理 6.1.2 质量统计基础知识
	6.2 生产过程管理	6.2.1 能进行物料脱水生产过程管理	6.2.1 产品生产过程管理条例；成本预算相关知识

3.4 二级/技师

职业功能	工作内容	技能要求	相关知识要求
1. 脱水作业	1.1 物料浓缩	1.1.1 能对现有物料浓缩生产工艺及技术操作规程不合理之处，提出整改方案 1.1.2 能组织分析、调查物料浓缩过程中影响产品质量的原因，并总结经验，撰写分析报告	1.1.1 设备及其设施工作原理，工艺技术操作规程 1.1.2 产品质量管理知识，经验总结与分析报告撰写方法
	1.2 物料过滤	1.2.1 能对现有物料过滤生产工艺及技术操作规程不合理之处提出整改方案 1.2.2 能组织分析、调查物料过滤过程中影响产品质量的原因，并总结经验，撰写分析报告	1.2.1 设备及其设施工作原理；生产工艺及技术操作规程 1.2.2 产品质量管理知识，经验总结与分析报告撰写方法
	1.3 物料干燥	1.3.1 能对现有物料干燥生产工艺及技术操作规程不合理之处提出整改方案 1.3.2 能组织分析和调查物料干燥过程中影响产品质量的原因，并总结经验，撰写分析报告	1.3.1 设备及其设施工作原理；生产工艺及技术操作规程 1.3.2 产品质量管理知识，经验总结与分析报告撰写方法

续表

职业功能	工作内容	技能要求	相关知识要求
2. 安全管理	2.1 安全防护	2.1.1 能展开安全检查活动 2.1.2 能制定本岗位安全防护方案	2.1.1 安全检查管理条例 2.1.2 岗位安全防护方案编写办法
	2.2 安全操作	2.2.1 能准确判断生产现场出现的不安全隐患 2.2.2 能针对现场在生产管理和设备及其设施操作过程中存在的不安全隐患，提出整改意见	2.2.1 安全事故隐患判断知识 2.2.2 生产及设备安全隐患处理知识
3. 常见故障判断及处理	3.1 工艺事故处理	3.1.1 能分析、处理常见工艺事故，提出整改措施	3.1.1 常见工艺事故分析及处理知识
	3.2 设备故障处理	3.2.1 能分析、处理设备故障	3.2.1 常见设备故障分析处理知识
4. 停车检修	4.1 停车	4.1.1 能准确判断设备及其设施出现异常原因并实现平稳停车，减少停车过程中产品损失	4.1.1 设备及其设施运行、监督管理制度，设备及设施异常处理
	4.2 检修	4.2.1 能判断本岗位设备及其设施现状和运行周期，根据运行状况提出小修计划	4.2.1 停车检修管理制度，设备检修、更新计划实施管理条例
5. 生产管理	5.1 质量管理	5.1.1 能判断滤饼水分、产品水分、溢流水含固量等指标是否达到产品要求及排放标准 5.1.2 能组织QC小组开展活动 5.1.3 能按质量管理体系要求指导生产	5.1.1 企业产品质量标准，产品质量管理制度 5.1.2 QC质量管理知识 5.1.3 质量管理体系运行要求
	5.2 生产过程管理	5.2.1 能进行物料脱水生产过程管理；并对现有物料脱水生产过程中存在的问题进行整改 5.2.2 能撰写生产技术总结报告	5.2.1 生产过程管理制度；成本核算相关知识 5.2.2 技术报告的撰写方法

续表

职业功能	工作内容	技能要求	相关知识要求
6. 设备改造和技术创新	6.1　设备改进	6.1.1　能对现有设备及其辅助设施运行过程中存在的问题提出改进建议	6.1.1　设备运行现状调查及判断知识
	6.2　技术创新	6.2.1　能学习借鉴国内外矿山企业运用新材料，新装备、新工艺的先进经验 6.2.2　能提出技术改造建议 6.2.3　能参与实施技术改造和创新	6.2.1　国内外物料脱水新材料，新装备、新工艺 6.2.2　技术改造知识 6.2.3　技术管理基础知识
7. 培训与指导	7.1　理论培训	7.1.1　能对高级技能及以下人员进行理论知识培训 7.1.2　能编写本职业培训讲义	7.1.1　脱水专业理论知识 7.1.2　编写培训讲义相关知识
	7.2　指导操作	7.2.1　能对高级技能及以下人员实际操作进行技巧指导、示范	7.2.1　实际技能操作指导方法

3.5　一级/高级技师

职业功能	工作内容	技能要求	相关知识要求
1. 脱水作业	1.1　物料浓缩	1.1.1　能发现物料浓缩过程中粒度变化，选取有效介质调整物料沉降速度，排除影响浓缩过程因素 1.1.2　能进行设备、工艺改进 1.1.3　能组织生产工艺事故分析和调查，并撰写分析报告	1.1.1　常见工艺故障处理方法，物料浓缩影响因素 1.1.2　设备及工艺流程技改相关知识 1.1.3　撰写分析报告相关知识
	1.2　物料过滤	1.2.1　能发现物料过滤过程中粒度变化，采取相应措施改变过滤设备及辅助设施参数，排除影响过滤过程因素 1.2.2　能对阻碍生产的设备或操作工艺进行有效改进 1.2.3　能撰写工艺事故分析报告	1.2.1　常见工艺故障处理方法，物料过滤影响因素 1.2.2　设备及工艺流程技改相关知识 1.2.3　撰写分析报告相关知识

续表

职业功能	工作内容	技能要求	相关知识要求
1. 脱水作业	1.3　物料干燥	1.3.1　能发现温度变化对物料干燥的影响，并调整操作 1.3.2　能够对阻碍生产的设备或操作工艺进行有效改进 1.3.3　能撰写工艺事故分析报告	1.3.1　常见工艺故障处理方法，物料干燥影响因素 1.3.2　设备及工艺流程技改知识 1.3.3　工艺事故分析报告撰写知识
2. 安全管理	2.1　安全防护	2.1.1　能根据现场安检活动经验，制定并改进本岗位安全防护管理制度	2.1.1　安全检查知识，环境安全防护管理知识
	2.2　安全操作	2.2.1　能制定岗位安全应急救援预案 2.2.2　能编制本岗位安全技术操作规程	2.2.1　安全事故应急预案制定知识 2.2.2　安全技术操作规程编写知识
3. 常见故障判断及处理	3.1　工艺事故处理	3.1.1　能判断生产现场工艺事故的原因 3.1.2　能制定工艺事故应急预案	3.1.1　工艺事故分析 3.1.2　工艺事故应急预案
	3.2　设备故障处理	3.2.1　能判断设备及其辅助设施发生故障原因 3.2.2　能制定设备及其设施故障应急预案	3.2.1　设备及其辅助设施故障原因分析知识 3.2.2　设备故障处理应急预案知识
4. 停车检修	4.1　停车	4.1.1　能提出停车检修方案，减少金属流失	4.1.1　停车检修方案
	4.2　检修	4.2.1　能根据设备及其辅助设施各部件结构和运行周期提出设备中修计划	4.2.1　设备检修、更新计划编写知识
5. 生产管理	5.1　质量管理	5.1.1　能根据滤饼水分、产品水分、溢流水含固量等指标变化及时组织调整设备及其设施运行参数，杜绝出现不合格产品 5.1.2　能进行质量评估 5.1.3　能组织质量攻关	5.1.1　选矿产品质量标准；质量管理体系及认证标准相关知识 5.1.2　产品质量评估相关知识 5.1.3　质量攻关计划方案编制要求
	5.2　生产过程管理	5.2.1　能根据生产过程中出现的问题提出并制定生产过程管理办法	5.2.1　国内外矿山企业生产过程管理方法，制定设备、生产、技术等管理制度知识，成本核算管理

续表

职业功能	工作内容	技能要求	相关知识要求
5. 生产管理	5.3 技术管理	5.3.1 能检索技术文献 5.3.2 能撰写操作经验、技术总结或生产技术论文 5.3.3 能分析和解决脱水工艺对选矿金属平衡的影响	5.3.1 科技文献检索知识 5.3.2 技术总结编写知识 5.3.3 金属平衡管理条例及办法
6. 设备改造和技术创新	6.1 设备改进	6.1.1 能组织实施设备及其辅助设施改进 6.1.2 能提出试验方案并根据试验结果提出改造方案	6.1.1 行业内脱水作业装备发展方向 6.1.2 国内外物料脱水新工艺试验知识
	6.2 技术创新	6.2.1 能借鉴应用国内外矿山企业新材料、新装备、新工艺 6.2.2 能提创新改进方案并组织实施技术改造和技术公关	6.2.1 其他企业先进经验相关知识；国内外同类工艺设备发展趋势 6.2.2 技术改造、革新、发明、创造相关知识
7. 培训与指导	7.1 理论培训	7.1.1 能对技师及以下职业技能进行理论知识培训 7.1.2 能编写培训教学计划	7.1.1 脱水专业理论教学及职业培训相关知识 7.1.2 编写培训教学计划有关知识
	7.2 操作指导	7.2.1 能指导、示范技师及以下职业进行实际操作	7.2.1 脱水实际操作

4. 比 重 表

4.1 理论知识

项目 \ 技能等级		初级技能/%	中级技能/%	高级技能/%	技师/%	高级技师/%
基本要求	职业道德	5	5	5	5	5
	基础知识	40	35	30	30	25
相关知识要求	工作准备	5	5	—	—	—
	开　车	10	10	—	—	—
	脱水作业	25	25	25	20	10
	安全管理	5	5	5	5	5
	设备维护与保养	5	10	10	—	—

续表

项目 \ 技能等级		初级技能/%	中级技能/%	高级技能/%	技师/%	高级技师/%
相关知识要求	常见故障判断及处理	—	—	10	10	15
	停车检修	5	5	10	10	10
	生产管理	—	—	5	10	10
	设备改造和技术创新	—	—	—	5	10
	培训与指导	—	—	—	5	10
合计		100	100	100	100	100

4.2 操作技能

项目 \ 技能等级		初级技能/%	中级技能/%	高级技能/%	技师/%	高级技师/%
技能要求	工作准备	5	5	—	—	—
	开车	10	10	—	—	—
	脱水作业	50	50	45	30	25
	安全管理	15	15	15	10	5
	设备维护保养	10	10	10	—	—
	常见故障判断及处理	—	—	10	15	20
	停车检修	10	10	15	15	10
	生产管理	—	—	5	10	10
	设备改造和技术创新	—	—	—	10	15
	培训与指导	—	—	—	10	15
合计		100	100	100	100	100

有色金属行业职业技能标准

磨　矿　工

广西华锡集团股份有限公司起草

说 明

根据《中华人民共和国劳动法》的有关规定，为了进一步完善国家职业技能标准体系，为职业教育、职业培训和职业技能鉴定提供科学、规范的依据，中国有色金属工业协会委托有色金属行业职业技能鉴定指导中心组织广西华锡集团股份有限公司的专家，制定了《磨矿工》职业技能标准（以下简称《标准》）。

一、本《标准》以《中华人民共和国职业分类大典》为依据，以客观反映现阶段本职业的水平和对从业人员的要求为目标，在充分考虑经济发展、科技进步和产业结构变化对本职业影响的基础上，对职业的活动范围、工作内容、技能要求和知识水平作了明确规定。

二、本《标准》的制定遵循了《国家职业技能标准编制技术规程》的要求，既保证了《标准》体例的规范化，又体现了以职业活动为导向、以职业技能为核心的特点，同时也使其具有根据科技发展进行调整的灵活性和实用性，符合培训、鉴定和就业工作的需要。

三、本《标准》依据有关规定将本职业分为五个等级，包括职业概况、基本要求、工作要求和比重表四个方面内容。

四、本《标准》是在有色金属行业职业技能鉴定指导中心的具体组织下，在各有关专家和实际工作者的共同努力下完成的。参加编写的主要人员有：吴伯增、刘裕华、王万忠、陈茂、兰正伟、陆红叶、韦社涛、李连平、李又平、吴世发、邱振忠。参加审定的人员：李基仁、丁良忠、欧也斐、唐能斌、秦华江、郑青山、崔学茹、董力、杨磊、耿隽松、赵春艳、赵许昌、魏盛甲、谢承杰、连仁杰、杜光宝、邹爱平。本《标准》由广西华锡集团股份有限公司负责起草，在制定过程中，得到了金川集团股份有限公司、湖南水口山有色金属集团有限公司、陕西有色金属控股集团有限责任公司、辽宁地质工程职业学院、新疆有色金属工业集团有限责任公司、吉林吉恩镍业股份有限公司、中国有色集团抚顺红透山矿业有限公司、西部矿业股份有限公司等有关单位的大力支持，在此一并致谢。

五、本《标准》经中国有色金属工业协会批准，自 2012 年 12 月 13 日起施行。

磨　矿　工

1. 职 业 概 况

1.1　职业编码

6-01-04-07。

1.2　职业名称

磨矿工。

1.3　职业定义

磨矿工是从事矿物磨矿、分级的人员。

1.4　职业技能等级

本职业技能等级共分为五级，由低到高分别为：五级/初级技能、四级/中级技能、三级/高级技能、二级/技师、一级/高级技师。

1.5　职业环境条件

室内、常温、噪声、粉尘、潮湿。

1.6　职业能力倾向

有一定的观察、判断、计算能力，视觉、听觉正常，手指、手臂灵活，肢体动作协调。

1.7　普通受教育程度

初中毕业（或相当文化程度）。

1.8　职业培训要求

1.8.1　晋级培训期限

全日制职业学校教育，根据其培养目标和教学计划确定。晋级培训期限：初级技能、中级技能、高级技能均不少于 150 标准学时；技师和高级技师均不少于 120 标准学时。

1.8.2　培训教师

——理论知识培训教师

培训初级技能、中级技能、高级技能的教师应具有本专业中级及以上专业技术职务任职资格；培训技师、高级技师的教师应具有本专业高级及以上专业技术职务任职资格。

——操作技能培训教师

培训初级技能、中级技能、高级技能的教师应具有本职业技师职业资格证书

1年以上或具有本专业中级专业技术职务任职资格；培训技师、高级技师的教师应具有本职业高级技师职业资格证书2年以上或具有本专业高级专业技术职务任职资格3年以上。

1.8.3　培训场所设备

标准教室及符合必备工具、设备设施的生产现场或模拟生产现场。

1.9　职业技能鉴定要求

1.9.1　申报条件

——**五级/初级技能**(具备以下条件之一者)

(1) 经本职业五级/初级技能正规培训达到标准学时数，并取得结业证书。

(2) 连续从事本职业工作1年以上。

(3) 本职业学徒期满。

——**四级/中级技能**(具备以下条件之一者)

(1) 取得本职业五级/初级技能职业资格证书后，连续从事本职业工作3年以上，经本职业四级/中级技能正规培训达到规定标准学时数，并取得结业证书。

(2) 取得本职业五级/初级技能职业资格证书后，连续从事本职业工作4年以上。

(3) 连续从事本职业工作6年以上。

(4) 取得技工学校毕业证书；或取得经人力资源社会保障行政部门审核认定、以中级技能为培养目标的中等及以上职业学校本专业毕业证书（含尚未取得毕业证书的在校应届毕业生）。

——**三级/高级技能**(具备以下条件之一者)

(1) 取得本职业四级/中级技能职业资格证书后，连续从事本职业工作4年以上，经本职业三级/高级技能正规培训达到规定标准学时数，并取得结业证书。

(2) 取得本职业四级/中级技能职业资格证书后，连续从事本职业工作5年以上。

(3) 取得四级/中级技能职业资格证书，并具有高级技工学校、技师学院毕业证书；或取得四级/中级技能职业资格证书，并经人力资源社会保障行政部门审核认定、以高级技能为培养目标、具有高等职业学校本专业毕业证书（含尚未取得毕业证书的在校应届毕业生）。

(4) 具有大专及以上本专业或相关专业毕业证书，并取得本职业四级/中级技能职业资格证书，连续从事本职业工作2年以上。

——**二级/技师**(具备以下条件之一者)

(1) 取得本职业三级/高级技能职业资格证书后，连续从事本职业工作3年以上，经本职业二级/技师正规培训达到规定标准学时数，并取得结业证书。

(2) 取得本职业三级/高级技能职业资格证书后，连续从事本职业工作4年

以上。

（3）取得本职业三级/高级技能职业资格证书的高级技工学校、技师学院本专业毕业生，连续从事本职业工作3年以上；取得预备技师证书的技师学院毕业生连续从事本职业工作2年以上。

（4）取得本职业三级/高级技能职业资格证书的大专及以上本专业或相关专业毕业生，连续从事本职业工作4年以上。

（5）取得相关专业初级专业技术职务任职资格后，在生产一线从事相关职业（工种）工作3年以上或经本职业技师正规培训达到规定标准学时数取得结业证书且在生产一线从事相关职业（工种）工作2年以上。

（6）取得本专业或相关专业中级专业技术职务任职资格，在生产一线工作。

——**一级/高级技师**(具备以下条件之一者)

（1）取得本职业二级/技师职业资格证书后，连续从事本职业工作3年以上，经本职业一级/高级技师正规培训达到规定标准学时数，并取得结业证书。

（2）取得本职业二级/技师职业资格证书后，连续从事本职业工作5年以上。

（3）取得本专业或相关专业中级专业技术职务任职资格后，在生产一线从事相关职业（工种）工作5年以上或经本职业高级技师正规培训达到规定标准学时数取得结业证书且在生产一线从事相关职业（工种）工作3年以上。

（4）取得本专业或相关专业高级专业技术职务任职资格，在生产一线从事相关职业（工种）工作。

1.9.2 鉴定方式

职业技能鉴定方式分为理论知识考试和技能操作考核。理论知识考试采用闭卷笔试方式，技能操作考核采用生产现场实际（模拟）操作方式。理论知识考试和技能操作考核均实行百分制，成绩皆达60分及以上者为合格。技师、高级技师还须进行综合评审。

1.9.3 监考及考评人员与考生配比

理论知识考试考评人员与考生配比为1∶20，每个标准教室不少于2名考评员；技能操作考核考评员与考生配比为1∶10，且不少于3名考评员；综合评审委员不少于5人。

1.9.4 鉴定时间

理论知识考试时间不少于90min；技能操作考核时间不少于30min；综合评审时间不少于20min。

1.9.5 鉴定场所设备

理论知识考试在标准教室进行。操作技能考核在具备必备工具、设备设施的生产现场或模拟生产现场进行。综合评审在标准教室或会议室进行。

2. 基 本 要 求

2.1 职业道德

2.1.1 职业道德基本知识

2.1.2 职业守则

(1) 爱国爱党，爱厂爱岗，勤奋敬业，尽职尽责。

(2) 勤于学习，勇于创新，精通业务，提高效率。

(3) 安全第一，科学管理，遵章守纪，团结协作。

(4) 文明生产，精心操作，崇尚先进，求实进取。

2.2 基础知识

2.2.1 机电常识

(1) 识图知识。

(2) 机械常识。

(3) 用电常识。

2.2.2 磨矿基础知识

(1) 矿石破碎与磨矿的基础知识。

(2) 矿石基础知识。

(3) 磨矿、分级、筛分的基本原理等。

(4) 磨矿流程。

2.2.3 磨矿-分级设备基础知识

(1) 常用磨矿设备知识（构造、原理等）。

(2) 常用磨矿介质知识。

(3) 磨矿设备维护保养知识。

(4) 常用分级设备（螺旋分级/水力旋流器/高频筛等）知识（不同型号的分级设备构造、原理、特点）。

(5) 分级设备的维护保养知识。

(6) 影响分级设备工作效果的因素。

2.2.4 安全文明生产与环境保护知识

(1) 安全生产基础知识。

(2) 6S 管理基础知识。

(3) 消防器材的使用知识。

(4) 劳动保护与卫生基础知识。

(5) 环境保护基础知识。

(6) 职业健康与安全管理体系基础知识。

2.2.5 质量管理知识

（1）全面质量管理基础知识。

（2）质量管理体系基础知识。

2.2.6 相关法律、法规知识

（1）《中华人民共和国劳动法》的相关知识。

（2）《中华人民共和国劳动合同法》的相关知识。

（3）《中华人民共和国产品质量法》的相关知识。

（4）《中华人民共和国环境保护法》的相关知识。

（5）《中华人民共和国安全生产法》的相关知识。

3. 工 作 要 求

本标准对本职业五级/初级技能、四级/中级技能、三级/高级技能、二级/技师、一级/高级技师要求依次递进，高级别涵盖低级别的要求。

3.1 五级/初级技能

职业功能	工作内容	技能要求	相关知识要求
1. 工作准备	1.1 工作交接	1.1.1 能按要求穿戴劳保用品 1.1.2 能读懂生产记录，能做生产记录 1.1.3 能按要求进行交接班	1.1.1 劳保品穿戴知识 1.1.2 生产记录知识 1.1.3 交接班制度
	1.2 开机	1.2.1 能按要求做好开机前的各项检查工作 1.2.2 能对设备进行基本操作 1.2.3 能按开机顺序开机	1.2.1 开机前的准备规定，安全操作规程 1.2.2 设备操作规程及相关知识 1.2.3 开机顺序知识
2. 磨矿作业	2.1 磨矿操作	2.1.1 能按技术操作规程进行操作 2.1.2 能均衡投料 2.1.3 能读懂仪表数据 2.1.4 能懂得本岗位磨矿工艺流程	2.1.1 岗位技术操作规程 2.1.2 投料知识 2.1.3 机电基础知识 2.1.4 岗位工艺流程
	2.2 介质添加	2.2.1 能按要求添加磨矿介质	2.2.1 磨矿介质相关知识
	2.3 生产异常处理	2.3.1 能发现生产过程中的异常现象 2.3.2 能正确进行停机操作	2.3.1 常见磨矿生产异常现象 2.3.2 停机操作规程

续表

职业功能	工作内容	技能要求	相关知识要求
3. 质量管理	3.1　质量检测	3.1.1　能测定磨矿浓、细度	3.1.1　磨矿浓、细度检测知识
	3.2　质量判断	3.2.1　能初步判断磨矿产品质量	3.2.1　磨矿产品质量知识
4. 维护与保养	4.1　设备点检	4.1.1　能检查设备工作状况	4.1.1　设备点检知识
	4.2　设备维护	4.2.1　能进行设备日常维护、保养	4.2.1　设备维护、保养知识
5. 安全管理	5.1　安全防护	5.1.1　能初步识别岗位危险源	5.1.1　危险源识别知识
	5.2　消防安全	5.2.1　能正确使用消防器材	5.2.1　消防器材使用知识

3.2　四级/中级技能

职业功能	工作内容	技能要求	相关知识要求
1. 工作准备	1.1　工作交接	1.1.1　能根据交接班记录判断生产及设备情况	1.1.1　设备运行要求
2. 磨矿作业	2.1　磨矿操作	2.1.1　能根据仪表数据判断设备运转情况 2.1.2　能掌握与本岗位相关的上、下工序流程 2.1.3　能读懂简单的磨矿流程图 2.1.4　能调整本岗位的工艺技术参数	2.1.1　仪表数据与设备运转情况的关系 2.1.2　本岗位及其上下岗位流程知识 2.1.3　磨矿流程知识 2.1.4　岗位工艺技术参数要求
	2.2　介质添加	2.2.1　能根据不同矿石性质及磨矿产品要求合理添加磨矿介质	2.2.1　磨矿介质添加知识
	2.3　生产异常处理	2.3.1　能独立处理一般性生产异常情况	2.3.1　常见异常处理方法
3. 质量管理	3.1　质量控制	3.1.1　能分析磨矿产品不合格的原因	3.1.1　影响磨矿产品质量的因素

续表

职业功能	工作内容	技能要求	相关知识要求
4. 维护与保养	4.1 设备检查	4.1.1 能读懂设备配置图或示意图 4.1.2 能运用工具检查设备运行状况 4.1.3 能根据设备点、巡检记录判断设备运行状况	4.1.1 识图知识 4.1.2 设备点、巡检制度 4.1.3 设备的主要运行参数
	4.2 设备故障处理	4.2.1 能处理设备的常见故障	4.2.1 设备常见故障处理方法
5. 安全管理	5.1 安全管理	5.1.1 能判断本岗位的安全状态，并采取相应的安全防护措施 5.1.2 能对事故中受伤人员进行紧急救护	5.1.1 安全检查及安全技术基础知识 5.1.2 急救知识

3.3 三级/高级技能

职业功能	工作内容	技能要求	相关知识要求
1. 磨矿作业	1.1 磨矿操作	1.1.1 能判断上一工序对磨矿质量的影响 1.1.2 能判断磨矿质量对下一工序的影响 1.1.3 能均衡、稳定地进行磨矿操作 1.1.4 能读懂较复杂的磨矿流程图 1.1.5 能绘制简单的磨矿流程图	1.1.1 上工序对磨矿产品质量影响因素 1.1.2 磨矿产品质量对下工序的影响 1.1.3 磨矿均衡生产知识 1.1.4 磨矿流程知识 1.1.5 绘图知识
	1.2 指标分析	1.2.1 能对主要磨矿技术指标进行分析	1.2.1 磨矿技术指标的计算方法
	1.3 磨矿介质	1.3.1 能计算介质配比及充填率 1.3.2 能按介质配比及充填率进行操作	1.3.1 相关计算方法 1.3.2 磨矿介质工作原理
	1.4 生产异常处理	1.4.1 能独立处理较复杂的生产异常情况	1.4.1 复杂异常处理方法
2. 质量管理	2.1 质量控制	2.1.1 能根据不同的给矿性质，控制磨矿产品质量	2.1.1 磨矿产品质量要求，质量控制方法
3. 维护与保养	3.1 设备管理	3.1.1 能建立本岗位设备维护与保养台账 3.1.2 能提出本岗位设备小修计划	3.1.1 设备台账管理知识 3.1.2 设备小修要求

续表

职业功能	工作内容	技能要求	相关知识要求
4. 安全生产	4.1　安全检查	4.1.1　能检查发现本岗位的安全隐患 4.1.2　能填写安全检查表	4.1.1　安全管理知识
	4.2　安全防护	4.2.1　能对安全事故进行应急响应处理 4.2.2　能运用安全环保设施进行安全防护 4.2.3　能对危险源提出相应控制方案	4.2.1　应急事故处理知识 4.2.2　安全防护知识 4.2.3　危险源控制知识

3.4　二级/技师

职业功能	工作内容	技能要求	相关知识要求
1. 磨矿作业	1.1　磨矿操作	1.1.1　能独立进行不同性质矿石的磨矿作业 1.1.2　能分析磨矿工艺流程 1.1.3　能绘制较复杂的磨矿流程图 1.1.4　能进行简单的磨矿试验 1.1.5　能够进行返砂比的计算	1.1.1　矿石性质对磨矿的影响 1.1.2　磨矿工艺流程知识 1.1.3　磨矿方法 1.1.4　磨矿试验知识 1.1.5　返砂比的计算
	1.2　分级操作	1.2.1　能够进行分级操作	1.2.1　设备结构、原理，分级效果影响因素
	1.3　磨矿介质	1.3.1　能制定磨矿介质添加方案	1.3.1　磨矿介质对磨矿效果的影响
	1.4　分析数据	1.4.1　能分析磨矿流程 1.4.2　能计算各种指标	1.4.1　工艺计算及分析知识 1.4.2　数据统计基础知识
	1.5　成本核算	1.5.1　能读懂本工序生产成本报表 1.5.2　能分析成本超支的原因	1.5.1　成本核算基础知识 1.5.2　成本影响因素
2. 质量管理	2.1　质量管理	2.1.1　能制定本岗位质量管理方案	2.1.1　质量管理知识
3. 安全生产	3.1　安全管理	3.1.1　能开展安全检查活动	3.1.1　安全检查知识
	3.2　安全防护	3.2.1　能编制安全防护方案	3.2.1　安全防护知识

续表

职业功能	工作内容	技能要求	相关知识要求
4. 维护与保养	4.1 设备管理	4.1.1 能提出中修计划	4.1.1 设备中修要求
5. 管理与创新	5.1 指标管理	5.1.1 能根据全流程指标要求，提出磨矿岗位技术指标方案	5.1.1 影响磨矿技术指标因素
	5.2 工艺改进	5.2.1 能提出磨矿流程技术改造建议 5.2.2 能提出改进磨矿不均衡的方案	5.2.1 磨矿流程技术改造及相关知识 5.2.2 磨矿不均衡的影响因素
	5.3 技术总结	5.3.1 能撰写磨矿技术总结、技术报告	5.3.1 技术总结的写作方法
6. 培训与指导	6.1 指导	6.1.1 能指导初、中、高级技能人员进行磨矿实际操作	6.1.1 实际操作培训的基础方法
	6.2 培训	6.2.1 能向初、中、高级技能人员讲授磨矿理论知识	6.2.1 理论知识培训的基础方法

3.5 一级/高级技师

职业功能	工作内容	技能要求	相关知识要求
1. 磨矿作业	1.1 磨矿操作	1.1.1 能解决磨矿生产中出现的疑难问题 1.1.2 能进行复杂的磨矿试验	1.1.1 磨矿疑难问题解决方法 1.1.2 磨矿试验知识
	1.2 分级操作	1.2.1 能针对不同性质矿料、调整操作方法 1.2.2 能操作不同结构的分级设备	1.2.1 不同性质矿料分级操作方法 1.2.2 分级设备的知识和原理
	1.3 成本核算	1.3.1 能提出控制生产成本的措施	1.3.1 成本管理知识
2. 质量管理	2.1 质量改进	2.1.1 能组织开展质量改进活动	2.1.1 质量管理知识
3. 维护与保养	3.1 设备维护	3.1.1 能提出本岗位大修计划	3.1.1 设备大修要求
4. 安全生产	4.1 安全生产	4.1.1 能编制本岗位安全操作规程 4.1.2 能制定安全应急预案 4.1.3 能分析岗位安全事故原因 4.1.4 能根据岗位特点设计简单的安全设施	4.1.1 安全操作规程编写要求 4.1.2 安全应急预案知识 4.1.3 事故分析方法 4.1.4 安全防护设施设计知识

续表

职业功能	工作内容	技能要求	相关知识要求
5. 管理与创新	5.1　技术管理	5.1.1　能优化本岗位工艺技术参数 5.1.2　能制定磨矿技术操作规程	5.1.1　工艺技术参数对本岗位的影响 5.1.2　操作规程编写方法
	5.2　工艺创新	5.2.1　能针对本岗位技术难题开展技术攻关 5.2.2　能借鉴国内外先进的磨矿工艺技术资料，提出工艺革新建议 5.2.3　能参与磨矿流程设计	5.2.1　选矿基础知识 5.2.2　情报检索知识 5.2.3　流程设计知识
	5.3　撰写论文	5.3.1　能撰写磨矿方面的专题论文	5.3.1　论文的写作知识
6. 培训与指导	6.1　指导	6.1.1　能指导初级工、中级工、高级工人及技师进行磨矿岗位实际操作	6.1.1　磨矿岗位实际操作培训的基础方法
	6.2　培训	6.2.1　能编写磨矿培训讲义	6.2.1　培训讲义的编写知识

4. 比 重 表

4.1　理论知识

项　目 \ 技能等级		初级技能 /%	中级技能 /%	高级技能 /%	技师/%	高级技师 /%
基本要求	职业道德	5	5	5	5	5
	基础知识	35	30	25	20	15
相关知识要求	工作准备	10	10	10	5	5
	磨矿作业	30	30	30	20	15
	质量管理	10	10	10	10	10
	维护与保养	5	10	10	15	15
	安全生产	5	5	5	5	5
	管理与创新	—	—	—	10	15
	培训与指导	—	—	5	10	15
合　计		100	100	100	100	100

4.2 操作技能

项目 \ 技能等级		初级技能/%	中级技能/%	高级技能/%	技师/%	高级技师/%
技能要求	工作准备	20	20	15	15	10
	磨矿作业	50	45	45	35	30
	质量管理	10	10	10	10	10
	维护与保养	10	15	15	15	15
	安全生产	10	10	10	10	10
	管理与创新	—	—	—	10	15
	培训与指导	—	—	5	5	10
合计		100	100	100	100	100

有色金属冶炼

相关职业技能标准

国家职业标准

重冶备料工

中华人民共和国劳动和社会保障部制定

说　明

根据《中华人民共和国劳动法》的有关规定，为了进一步完善国家职业标准体系，为职业教育、职业培训和职业技能鉴定提供科学、规范的依据，劳动和社会保障部组织有关专家，制定了《重冶备料工国家职业标准》（以下简称《标准》）。

一、本《标准》以《中华人民共和国职业分类大典》为依据，以客观反映现阶段本职业的水平和对从业人员的要求为目标，在充分考虑经济发展、科技进步和产业结构变化对本职业影响的基础上，对职业的活动范围、工作内容、技能要求和知识水平作了明确规定。

二、本《标准》的制定遵循了有关技术规程的要求，既保证了《标准》体例的规范化，又体现了以职业活动为导向、以职业技能为核心的特点，同时也使其具有根据科技发展进行调整的灵活性和实用性，符合培训、鉴定和就业工作的需要。

三、本《标准》依据有关规定将本职业分为五个等级，包括职业概况、基本要求、工作要求和比重表四个方面的内容。

四、本《标准》是在有色金属行业职业技能鉴定指导中心的具体组织下，在各有关专家和实际工作者的共同努力下完成的。参加编写的主要人员有：强娟茹、杨植、张鸿烈、余旦新、张康龙，参加审定的主要人员有：何幕高、黄志刚、李建斌、郑维亚、丁跃华、丁学全、谢承杰、陈蕾、高德芳。本《标准》由白银有色金属公司负责起草，在制定过程中，得到了葫芦岛锌厂、金川集团有限公司、江西铜业集团公司、株洲冶炼集团有限责任公司等有关单位的大力支持，在此一并致谢。

五、本《标准》业经劳动和社会保障部批准，自 2004 年 2 月 6 日起施行。

重冶备料工国家职业标准

1. 职 业 概 况

1.1 职业名称

重冶备料工。

1.2 职业定义

操作破碎、干燥、制团、制粒等设备，制备入炉冶炼的原料、燃料、熔剂的人员。

1.3 职业等级

本职业共设五个等级，分别为：初级（国家职业资格五级）、中级（国家职业资格四级）、高级（国家职业资格三级）、技师（国家职业资格二级）、高级技师（国家职业资格一级）。

1.4 职业环境

室内，常温或高温，粉尘。

1.5 职业能力特征

具有一定的学习理解能力、语言表达能力、观察判断能力和计算能力，听觉、视觉（矫正视力≥5.0）、嗅觉正常，手指、手臂灵活，动作协调。

1.6 基本文化程度

初中毕业。

1.7 培训要求

1.7.1 培训期限

全日制职业学校教育，根据其培养目标和教学计划确定。晋级培训期限：初级、中级、高级均不少于 120 标准学时；技师、高级技师均不少于 100 标准学时。

1.7.2 培训教师

培训初级、中级、高级的教师应具有本职业技师及以上职业资格证书或相关专业中级及以上专业技术职务任职资格；培训技师的教师应具有本职业高级技师职业资格证书或相关专业中级及以上专业技术职务任职资格；培训高级技师的教师应具有本职业高级技师职业资格证书 2 年以上或相关专业高级专业技术职务任职资格。

1.7.3 培训场地设备

满足教学需要的标准教室和具备必要的工具、设备及安全设施的实际场地或模拟操作场所。

1.8 鉴定要求

1.8.1 适用对象

从事或准备从事本职业的人员。

1.8.2 申报条件

——**初级**(具备以下条件之一者)

(1) 经本职业初级正规培训达规定标准学时数，并取得结业证书。

(2) 在本职业连续见习工作1年以上。

——**中级**(具备以下条件之一者)

(1) 取得本职业初级职业资格证书后，连续从事本职业工作2年以上，经本职业中级正规培训达规定标准学时数，并取得结业证书。

(2) 取得本职业初级职业资格证书后，连续从事本职业工作3年以上。

(3) 连续从事本职业工作5年以上。

(4) 取得经劳动保障行政部门审核认定的、以中级技能为培养目标的中等以上职业学校本职业（专业）毕业证书。

——**高级**(具备以下条件之一者)

(1) 取得本职业中级职业资格证书后，连续从事本职业工作3年以上，经本职业高级正规培训达规定标准学时数，并取得结业证书。

(2) 取得本职业中级职业资格证书后，连续从事本职业工作4年以上。

(3) 连续工作10年以上。

(4) 取得本职业中级职业资格证书的中专以上本专业或相关专业毕业生，连续从事本职业工作3年以上。

(5) 取得本职业中级职业资格证书的大专以上本专业或相关专业毕业生，连续从事本职业工作2年以上。

——**技师**(具备以下条件之一者)

(1) 取得本职业高级职业资格证书后，连续从事本职业工作4年以上，经本职业技师正规培训达规定标准学时数，并取得结业证书。

(2) 取得本职业高级职业资格证书后，连续从事本职业工作6年以上。

(3) 取得本职业高级职业资格证书的大专以上本专业或相关专业毕业生，从事本职业工作2年以上。

——**高级技师**(具备以下条件之一者)

(1) 取得本职业技师职业资格证书后，连续从事本职业工作3年以上，经本职业高级技师正规培训达规定标准学时数，并取得结业证书。

(2) 取得本职业技师职业资格证书后，连续从事本职业工作5年以上。

1.8.3 鉴定方式

分为理论知识考试和技能操作考核。理论知识考试采用闭卷笔试方式；技能操作考核采用现场实际操作或模拟操作方式。理论知识考试和技能操作考核均实行百分制，成绩皆达60分及以上者为合格。技师、高级技师还须进行综合评审。

1.8.4 考评人员和考生配比

理论知识考试考评人员与考生配比为1∶20，每个标准教室不少于2名考评人员；技能操作考核考评员与考生配比为1∶10，且不少于3名考评员；综合评审委员不少于5人。

1.8.5 鉴定时间

理论知识考试时间为90～120min；技能操作考核时间为30～120min；综合评审时间不少于20min。

1.8.6 鉴定场所设备

理论知识考试在标准教室进行。技能操作考核在满足本职业考核所必备的设备、工具和安全设施的实际场地或模拟操作场所进行。

2. 基 本 要 求

2.1 职业道德

2.1.1 职业道德基本知识

2.1.2 职业守则

（1）敬业爱岗，忠于职守。

（2）遵规守纪，按章操作。

（3）努力学习，不断进取。

（4）认真负责，确保安全。

（5）厉行节约，降本增效。

2.2 基础知识

2.2.1 重金属冶金基础知识

（1）重金属及其化合物的物理及化学性质。

（2）冶金过程对物料的要求。

2.2.2 备料基础知识

（1）备料流程简介。

（2）简单备料方法和原理。

（3）常用备料设备简介。

2.2.3　机电设备知识

（1）识图知识。

（2）机械常识。

（3）用电常识。

（4）设备维护基础知识。

2.2.4　安全与卫生知识

（1）安全生产知识。

（2）职业病预防知识。

2.2.5　质量管理基础知识

（1）质量管理基本概念。

（2）质量管理体系认证基础知识。

2.2.6　相关法律、法规知识

（1）劳动法的相关知识。

（2）合同法的相关知识。

（3）安全生产法的相关知识。

3. 工 作 要 求

本标准对初级、中级、高级、技师和高级技师的技能要求依次递进，高级别涵盖低级别的要求。

3.1　初级

职业功能	工作内容	技能要求	相关知识
一、工作准备	（一）交接班	1. 能按要求填写交接班记录 2. 能查验物料状况，验证物料化学成分 3. 能填写进仓登记表	1. 交接班的要求 2. 物料交接的有关规定
	（二）技术准备	1. 能读懂物料制备标准 2. 能读懂简单的物料制备工艺流程或工艺装置示意图	1. 物料制备标准 2. 简单的物料制备原理 3. 工艺流程图或工艺装置示意图
	（三）设备准备	能检查并判断本岗位设备、设施是否处于正常状态	1. 各岗位工序的关系和相互影响 2. 设备操作规程

续表

职业功能	工作内容	技能要求	相关知识
二、物料制备（工作内容三至五为可选）	（一）配料	1. 能使用配料设备进行配料 2. 能根据配料比例调整给料量 3. 能发现配料过程中出现的生产问题	1. 物料的名称、性质、外观特点及化学成分 2. 岗位技术操作规程
	（二）输送	1. 能进行上、下道工序岗位的工作联系 2. 能判断和调整物料的输送量 3. 能调整输送带的松紧和跑偏，并发现输送过程中的生产问题	1. 输送设备的操作规程 2. 输送物料的性质和要求 3. 输送过程中常见的生产问题
	（三）破碎	1. 能使用破碎设备进行破碎工作 2. 能识读仪表（压力、电流强度等）并填写记录 3. 能发现破碎过程中的生产问题	1. 破碎设备的操作规程 2. 破碎指标要求 3. 破碎过程中常见的生产问题
	（四）制粒、制团	1. 能使用制粒、制团设备进行本工序操作 2. 能判断混合物料中含有的水分和强度 3. 能发现制粒、制团过程中的生产问题	1. 设备操作规程 2. 工艺对混合粒度的要求及波动范围 3. 制粒、制团过程中常见的生产问题
	（五）干燥	1. 能使用干燥设备进行物料干燥操作 2. 能判断物料中水分的多少 3. 能发现干燥过程中的生产问题	1. 干燥设备的性能和操作规程 2. 干燥技术指标要求 3. 燃料性质及输送要求 4. 防火、防爆安全知识 5. 干燥过程中常见的生产问题
三、制备后工作	（一）制备结果的识别	能判断制备的物料是否合格	物料的物理、化学指标要求
	（二）不合格品的处理	能对配料过程中产生的不合格品进行处理	不合格品处理方法
四、设备维护	（一）维护保养	能对所用设备进行日常维护、保养	1. 设备日常维护、保养知识 2. 润滑油使用方法
	（二）排除故障	能发现设备的常见故障	设备常见故障
五、安全操作	安全生产	能执行岗位安全技术操作规程	岗位安全技术操作规程

3.2 中级

职业功能	工作内容	技能要求	相关知识
一、工作准备	（一）交接班	1. 能根据物料化验结果对物料分类 2. 能对物料库存提出合理化建议	重冶一般专业知识
	（二）技术准备	1. 能绘制简单的物料制备工艺流程或工艺装备示意图 2. 能进行用料量的计算	1. 各种物料的主要化学成分对工艺的影响 2. 本工序的工序特点、作用及主要技术经济指标 3. 配料计算方法
	（三）设备准备	能检查并判断辅助设施是否处于正常状态	1. 水、电、风、汽、气的运送方法，管线走向及泄露处理的一般知识 2. 各岗位工序的关系和相互影响 3. 辅助设施的作用
二、物料制备（工作内容三至五为可选）	（一）配料	1. 能按配料单调整配料比例 2. 能按处理量调整配料设备的运转速度 3. 能分析和调整配料过程中出现的偏差	调整配料比例的方法
	（二）输送	能处理运输过程中出现的常见故障	1. 运输设备的机电基本知识 2. 运输设备的构造原理 3. 常见故障处理方法
	（三）破碎	能按工艺要求调整破碎粒度	1. 岗位技术操作规程 2. 破碎设备的结构及工作原理
	（四）制粒、制团	能根据物料的粒度和强度对有关参数进行调整	制粒机的构造及工作原理
	（五）干燥	1. 能根据物料中水分的多少进行干燥操作 2. 能判断并处理常见生产故障 3. 能进行干燥生产工艺的简单计算	1. 常用干燥设备的构造及原理 2. 常见生产故障及处理方法 3. 干燥生产工艺计算方法
三、制备后工作	不合格品的处理	能分析不合格品出现的原因，并提出改进措施	不合格品的分析方法

续表

职业功能	工作内容	技能要求	相关知识
四、设备维护	（一）维护保养	能够更换易损备品、备件	备件更换方法
	（二）排除故障	1. 能分析常见故障产生的原因，并提出处理意见 2. 能够排除设备的常见故障	常见故障分析及排除方法
五、安全操作	事故处理	能对突发的安全事故采取果断措施进行处理	安全事故的处理方法和急救知识

3.3 高级

职业功能	工作内容	技能要求	相关知识
一、工作准备	（一）掌握物料信息	1. 能掌握物料供应点信息，及时调整物料制备方案 2. 能对物料制备提出合理化建议	主要物料的性能及特点
	（二）技术准备	1. 能绘制较复杂的物料制备工艺流程或工艺装置示意图 2. 能进行物料、熔剂的配料计算 3. 能对物料制备标准和操作规范提出合理化修改建议	1. 制图方法 2. 配料计算方法
二、物料制备（工作内容三至五为可选）	（一）配料	1. 能按配料量和配料比的要求设定操作参数 2. 能预见配料过程中可能出现的问题，并提出处理意见	配料装置的结构和工作原理
	（二）输送	1. 能根据生产要求设定输送量和运转速度 2. 能预见输送过程中可能出现的问题，并提出处理意见	运输能力的计算方法
	（三）破碎	1. 能根据分析结果对不同破碎设备的开、停进行选择 2. 能预见破碎过程中可能出现的问题，并提出处理意见	破碎设备的性能及配置原理
	（四）制粒、制团	1. 能针对不同物料选择合适的添加剂并确定其用量 2. 能预见制粒、制团过程中可能出现的问题，并提出处理意见	1. 添加剂性质及作用 2. 故障多发部位
	（五）干燥	1. 能进行干燥生产工艺指标的计算 2. 燃料的燃烧计算 3. 能预见干燥过程中可能出现的问题，并提出处理意见	1. 干燥生产工艺指标计算方法 2. 燃料的性质及燃烧计算方法

续表

职业功能	工作内容	技能要求	相关知识
三、制备后工作	生产分析	1. 能对本系统生产指标进行分析，并提出改进建议 2. 能对物料制备系统操作难点进行分析并改进	1. 生产指标的计算方法 2. 物料制备系统的工作原理
四、设备维护	（一）排除故障	观察设备的运行状态，能发现设备的异常情况	常用工艺设备的机械原理
	（二）试车	能在技师的指导下，对检修后的设备或新装设备进行试车	设备的验收标准和方法
五、安全操作	事故预防	1. 能对安全操作规范提出修改建议 2. 能发现生产过程中的安全隐患，并提出预防措施	常见安全事故案例的分析方法

3.4 技师

职业功能	工作内容	技能要求	相关知识
一、工作准备	技术准备	1. 能根据原料变化调整物料制备方案，提出工艺控制范围及要求 2. 能检查系统启动前全流程是否处于正常状态 3. 能处理系统启动准备中出现的问题	1. 相应物料的性能和检测方法 2. 系统生产要求 3. 常见问题的处理方法
二、物料制备	（一）解决问题	1. 能对工艺参数的合理性及技术操作规程提出修改建议 2. 能指导全流程中各种难点的操作 3. 能解决运行中各种故障和异常情况	1. 物料制备工艺原理 2. 产品质量标准及影响质量的主要因素 3. 同类设备的特点及本行业新技术发展知识
	（二）开展新项目	能开展新产品、新项目的物料制备	
三、制备后工作	不合格品的处理	能根据物料情况和下道工序的要求提出不合格品的处理方案	不合格品的纠正和预防知识
四、设备维护	（一）排除故障	1. 能区分生产运行中的工艺问题和设备故障，并判断出故障的大致部位 2. 能处理工艺设备故障	1. 检修计划的编制要求 2. 同类工艺、设备的现状及发展趋势
	（二）试车	1. 能组织、指导高级工进行系统试运转工作 2. 能编制工艺设备检修计划	

续表

职业功能	工作内容	技能要求	相关知识
五、管理	（一）生产管理	1. 能组织指导班组进行经济核算和经济活动分析 2. 能运用统计技术对生产工况进行分析	1. 生产管理规定 2. 统计技术基本知识 3. 经济活动分析方法
	（二）技术管理	1. 能绘制技术改进简图 2. 能撰写生产技术总结 3. 能实施技术改造方案	1. 设计基本知识 2. 技术总结撰写方法 3. 国内同类企业技术应用信息
六、培训与指导	（一）操作指导	能指导初级、中级、高级工进行实际操作	培训教学的基本知识和方法
	（二）理论培训	能讲授本专业的技术理论知识	

3.5 高级技师

职业功能	工作内容	技能要求	相关知识
一、工作准备	工作准备	1. 能制定物料制备校准方案 2. 能指导新建装置、设备的启动准备 3. 能处理系统启动准备中的疑难问题	1. 本系统工艺设备基本知识 2. 疑难问题的处理方法
二、物料制备	（一）解决问题	1. 能编制优化操作方案并组织实施 2. 能解决同类装置的技术或工艺难题 3. 能制定技术改进方案，并组织实施	1. 装置设备的有关设计资料 2. 同类装置的工艺控制技术
	（二）应用新技术	能在生产过程中应用推广新工艺、新材料、新设备	国内外新工艺、新材料、新设备的发展动向及应用
三、制备后工作	制备后工作	能组织技术攻关，提高产品的合格率	提高产品合格率的方法
四、设备维护	（一）事故处理	1. 能分析同类设备事故的原因，并编制事故应急预案 2. 能拟定事故的调查处理方案	1. 同类装置、设备的结构、性能及工作原理 2. 事故应急预案编制方法
	（二）试运转	1. 能对安装后的关键设备进行调试，达到工艺要求 2. 能编制试运转方案	1. 设备调试知识 2. 试运转方案的编制方法

续表

职业功能	工作内容	技能要求	相关知识
五、管理	（一）生产管理	1. 能组织实施节能降耗措施 2. 能对影响技术经济指标的因素进行分析	有色冶金原理
	（二）技术管理	1. 能起草工艺技术规程 2. 能撰写技术论文 3. 能制订生产组织方案，组织技术改造和技术革新	1. 技术规程编写方法 2. 技术论文撰写方法
	（三）质量管理	1. 能组织 QC（质量管理）小组开展活动 2. 能按质量管理体系的要求指导生产	质量管理知识
六、培训与指导	（一）操作指导	1. 能指导初级、中级、高级工和技师进行实际操作 2. 能传授操作经验和工作技巧	培训讲义的编制方法
	（二）理论培训	能对初级、中级、高级工和技师进行本专业技术理论培训	

4. 比 重 表

4.1 理论知识

项 目		初级/%	中级/%	高级/%	技师/%	高级技师/%
基本要求	职业道德	5	5	5	5	5
	基础知识	40	35	30	15	15
相关知识	工作准备	5	10	15	10	10
	物料制备	30	30	30	20	20
	制备后工作	5	5	5	5	5
	设备维护	10	10	10	20	20
	安全操作	5	5	5	—	—
	管 理	—	—	—	15	15
	培训与指导	—	—	—	10	10
总 计		100	100	100	100	100

4.2 技能操作

项目		初级/%	中级/%	高级/%	技师/%	高级技师/%
技能要求	工作准备	10	10	10	10	10
	物料制备	35	35	35	25	20
	制备后工作	15	15	15	15	15
	设备维护	20	25	25	15	15
	安全操作	20	15	15	—	—
	管理	—	—	—	15	20
	培训与指导	—	—	—	20	20
总计		100	100	100	100	100

国家职业标准

焙 烧 工

中华人民共和国劳动和社会保障部制定

说 明

根据《中华人民共和国劳动法》的有关规定，为了进一步完善国家职业标准体系，为职业教育、职业培训和职业技能鉴定提供科学、规范的依据，劳动和社会保障部组织有关专家，制定了《焙烧工国家职业标准》（以下简称《标准》）。

一、本《标准》以《中华人民共和国职业分类大典》为依据，以客观反映现阶段本职业的水平和对从业人员的要求为目标，在充分考虑经济发展、科技进步和产业结构变化对本职业影响的基础上，对职业的活动范围、工作内容、技能要求和知识水平作了明确规定。

二、本《标准》的制定遵循了有关技术规程的要求，既保证了《标准》体例的规范化，又体现了以职业活动为导向、以职业技能为核心的特点，同时也使其具有根据科技发展进行调整的灵活性和实用性，符合培训、鉴定和就业工作的需要。

三、本《标准》依据有关规定将本职业分为五个等级，包括职业概况、基本要求、工作要求和比重表四个方面的内容。

四、本《标准》是在有色金属行业职业技能鉴定指导中心的具体组织下，在各有关专家和实际工作者的共同努力下完成的。参加编写的主要人员有：黄京丰、李胜春、梁仁峰、李仕庆、廖春图、周荣、刘裕华、黄蔚毅、苏杰光、陈茂，参加审定的主要人员有：涂梦光、黄志刚、梁福华、李建斌、李吉忠、张康龙、郑维亚、谢承杰、丁学全、丁跃华、陈蕾、高德芳。本《标准》由柳州华锡集团有限责任公司负责起草，在制定过程中，得到了白银有色金属公司、葫芦岛锌厂、金川集团有限公司、云南锡业股份有限公司、株洲冶炼集团有限责任公司等有关单位的大力支持，在此一并致谢。

五、本《标准》业经劳动和社会保障部批准，自2004年2月6日起施行。

焙烧工国家职业标准

1. 职 业 概 况

1.1 职业名称

焙烧工。

1.2 职业定义

操作、控制、调节焙烧炉、煅烧炉、烧结机及附属设备等，制备熔炼炉原料的人员。

1.3 职业等级

本职业共设五个等级，分别为：初级（国家职业资格五级）、中级（国家职业资格四级）、高级（国家职业资格三级）、技师（国家职业资格二级）、高级技师（国家职业资格一级）。

1.4 职业环境

室内、外，有粉尘、噪声，有毒有害，高温。

1.5 职业能力特征

有一定的观察、判断和计算能力，动作协调性较好，具有从事一定劳动强度工作的能力。

1.6 基本文化程度

初中毕业。

1.7 培训要求

1.7.1 培训期限

全日制职业学校教育，根据其培养目标和教学计划确定。晋级培训期限：初级、中级、高级均不少于 120 标准学时；技师和高级技师均不少于 100 标准学时。

1.7.2 培训教师

培训初级、中级工的教师应具有本职业高级及以上职业资格证书或相关专业初级及以上专业技术职务任职资格；培训高级工的教师应具有本职业技师以上职业资格证书或相关专业中级及以上专业技术职务任职资格；培训技师的教师应具有本职业高级技师职业资格证书或相关专业高级专业技术职务任职资格；培训高级技师的教师应具有本职业高级技师职业资格证书 2 年以上或相关专业高级专业技术职务任职资格。

1.7.3 培训场地设备

满足教学需要的标准教室及具有焙烧设备及安全设施的生产现场或模拟生产现场。

1.8 鉴定要求

1.8.1 适用对象

从事或准备从事本职业的人员。

1.8.2 申报条件

——**初级**(具备以下条件之一者)

(1) 经本职业初级正规培训达规定标准学时数，并取得结业证书。

(2) 在本职业连续见习工作1年以上。

(3) 本职业学徒期满。

——**中级**(具备以下条件之一者)

(1) 取得本职业初级职业资格证书后，连续从事本职业工作2年以上，经本职业中级正规培训达规定标准学时数，并取得结业证书。

(2) 取得本职业初级职业资格证书后，连续从事本职业工作3年以上。

(3) 连续从事本职业工作5年以上。

(4) 取得经劳动保障行政部门审核认定的、以中级技能为培养目标的中等职业学校本职业（专业）毕业证书。

——**高级**(具备以下条件之一者)

(1) 取得本职业中级职业资格证书后，连续从事本职业工作3年以上，经本职业高级正规培训达规定标准学时数，并取得结业证书。

(2) 取得本职业中级职业资格证书后，连续从事本职业工作4年以上。

(3) 连续从事本职业工作10年以上。

(4) 取得高级技工学校或经劳动保障行政部门审核认定的、以高级技能为培养目标的高等职业学校本职业（专业）毕业证书。

(5) 取得本职业中级职业资格证书的大专以上本专业或相关专业毕业生，连续从事本职业工作2年以上。

——**技师**(具备以下条件之一者)

(1) 取得本职业高级职业资格证书后，连续从事本职业工作4年以上，经本职业技师正规培训达规定标准学时数，并取得结业证书。

(2) 取得本职业高级职业资格证书后，连续从事本职业工作6年以上。

(3) 取得本职业高级职业资格证书的高级技工学校本职业（专业）毕业生，连续从事本职业工作2年以上。

——**高级技师**(具备以下条件之一者)

(1) 取得本职业技师职业资格证书后，连续从事本职业工作2年以上，经本

职业高级技师正规培训达规定标准学时数，并取得结业证书。

（2）取得本职业技师职业资格证书后，连续从事本职业工作 5 年以上。

1.8.3　鉴定方式

分为理论知识考试和技能操作考核。理论知识考试采用闭卷笔试方式，技能操作考核采用生产现场实际（或模拟）操作方式。理论知识考试和技能操作考核均实行百分制，成绩皆达 60 分及以上者为合格。技师和高级技师还须进行综合评审。

1.8.4　考评人员与考生配比

理论知识考试考评人员与考生配比为 1∶20，每个标准教室不少于 2 名考评人员；技能操作考核考评员与考生配比为 1∶10，且不少于 3 名考评员；综合评审委员不少于 5 人。

1.8.5　鉴定时间

理论知识考试时间不少于 90min；技能操作考核时间不少于 30min；综合评审时间不少于 20min。

1.8.6　鉴定场所设备

理论知识考试在标准教室进行。技能操作考核在具备相应焙烧设备且操作工具齐全的生产现场进行，或模拟实际操作；设备的安全性能和运转状况等条件必须符合考核要求，并在考核过程中采取必要的安全生产防护措施。

2. 基本要求

2.1　职业道德

2.1.1　职业道德基本知识

2.1.2　职业守则

（1）爱岗敬业，具有高度的责任心。

（2）遵守法律法规和有关规定。

（3）严格执行工作程序、工作规范、工艺文件和安全操作规程。

（4）团结协作。

2.2　基础知识

2.2.1　焙烧基本知识

（1）金属及其主要化合物的物理、化学性质。

（2）焙烧基本知识。

（3）焙烧工艺流程简介。

2.2.2　焙烧炉基础知识

（1）焙烧炉简介。

（2）常用耐火材料知识。

2.2.3 机电设备常识

（1）识图知识。

（2）机械常识。

（3）用电常识。

（4）设备维护基础知识。

2.2.4 热工仪表使用基础知识

（1）常用测温仪表与工具使用基础知识。

（2）常用测压仪表与工具使用基础知识。

2.2.5 安全与卫生知识

（1）安全生产管理。

（2）职业病的预防。

（3）消防器材的使用。

2.2.6 全面质量管理基础知识

（1）质量管理基本概念。

（2）现场质量管理。

（3）质量管理认证体系。

2.2.7 相关法律、法规知识

（1）劳动法的相关知识。

（2）安全生产法的相关知识。

（3）环境保护法的相关知识。

3. 工 作 要 求

本标准对初级、中级、高级、技师和高级技师的技能要求依次递进，高级别涵盖低级别的要求。焙烧如设专职备料工，备料可不作为焙烧工的工作内容。

3.1 初级

职业功能	工作内容	技能要求	相关知识
一、开炉准备	（一）备料（可选）	能识别各种入炉物料	入炉物料的种类和主要成分
	（二）烘炉	1. 能读懂烘炉升温曲线图 2. 能使用加热、预热装置进行烘炉操作	烘炉操作规程
	（三）开炉	1. 能按开炉要求检查冶金炉窑及辅助设备 2. 能按规定程序布料或加料 3. 能根据监测数据判断开炉状况	开炉操作规程

续表

职业功能	工作内容	技能要求	相关知识
二、作业过程	（一）填写记录	能按要求填写各种生产原始记录	原始记录填写要求
	（二）控制运行参数	能根据技术操作规程控制运行参数	技术操作规程
	（三）处理故障	能发现作业过程中的异常现象	作业过程中的异常现象
	（四）交接班	能按规定交接班	交接班规定
三、质量管理	（一）质量判断	能判断产品质量是否合格	焙烧产品质量要求
	（二）质量控制	能按要求进行质量管理	质量管理的要求
四、设备维护	（一）设备检查	能按要求进行设备日常检查	设备检查内容及要求
	（二）设备维护	1. 能按要求进行设备日常维护 2. 能发现设备常见故障	1. 设备维护要求 2. 设备常见故障
五、安全与环保	（一）安全生产	1. 能按照安全操作规程进行操作 2. 能按规定使用消防器材	1. 安全操作规程 2. 消防器材使用知识
	（二）环境保护	能操作本炉窑环保设备	1. 污染物对环境和人体危害知识 2. 环保设备的操作知识

3.2 中级

职业功能	工作内容	技能要求	相关知识
一、开炉准备	（一）备料（可选）	能按配料要求进行操作	配料操作要求
	（二）烘炉	1. 能按升温曲线要求进行操作 2. 能处理烘炉中出现的常见故障	1. 烘炉作业控制要求 2. 烘炉的常见故障及处理方法
	（三）开炉	1. 能按开炉方案进行开炉操作 2. 能处理开炉过程中的常见故障	1. 开炉作业控制要求 2. 开炉的常见故障及处理方法

续表

职业功能	工作内容	技能要求	相关知识
二、作业过程	（一）分析记录	能根据生产记录判断焙烧作业过程是否正常	焙烧的基本原理
	（二）控制运行参数	能根据炉窑内物料焙烧状况调整运行参数	运行参数对焙烧作业的影响
	（三）处理故障及停炉	1. 能处理运行中的常见故障 2. 能进行正常停炉操作	1. 常见故障及处理方法 2. 停炉操作规程
三、质量管理	（一）质量判断	能根据运行参数初步判断焙烧产品质量	工艺参数对产品质量的影响
	（二）质量控制	能分析产生不合格品的原因	影响产品质量的因素
四、设备维护	（一）设备检查	能根据设备点、巡检记录判断设备运行状况	1. 设备点检和巡检的方法 2. 设备的主要运行参数
	（二）设备维护	1. 能读懂设备配置示意图 2. 能分析一般设备故障产生的原因	一般设备故障产生的原因
五、安全与环保	（一）安全防护	1. 能确认作业场所的安全状态，并采取相应的安全防护措施 2. 能对突发事故中受伤人员进行现场急救	1. 安全技术基本知识 2. 现场急救知识
	（二）环境保护	1. 能按要求对本炉窑污染物排放进行控制 2. 能提出改善作业环境的建议	1. 焙烧过程污染物对环境的影响及控制方法 2. 工业卫生基本知识

3.3 高级

职业功能	工作内容	技能要求	相关知识
一、开炉准备	（一）备料（可选）	能按配料要求计算入炉物料量	配料的计算知识
	（二）烘炉	1. 能拟订烘炉操作方案 2. 能判断烘炉效果	1. 拟订烘炉操作方案的知识 2. 烘炉效果的判断知识
	（三）开炉	1. 能拟订开炉操作方案 2. 能发现和处理开炉中出现的异常故障	1. 拟订开炉操作方案的方法 2. 开炉异常故障的主要现象和处理方法

续表

职业功能	工作内容	技能要求	相关知识
二、作业过程	（一）分析指标	能对主要生产技术指标进行分析，为生产提供调整依据	主要生产技术指标的计算方法
	（二）控制运行参数	1. 能预见工艺参数偏离对生产的影响 2. 能按要求调整工艺参数	1. 原料、设备等条件变化对焙烧工艺控制的影响 2. 调整工艺参数的方法
	（三）处理故障及停炉	1. 能处理运行中的异常故障 2. 能进行异常情况的停炉操作	1. 异常故障的处理方法 2. 异常情况的停炉方法
三、质量管理	质量控制	能根据质量波动的原因采取纠正措施	纠正产品质量波动的措施
四、设备维护	设备维护	能处理一般的设备故障	一般设备故障的处理方法
五、安全与环保	（一）安全检查	能对生产中出现的安全隐患提出整改意见	安全检查知识
	（二）环境保护	能提出减少污染物排放的合理化建议	污染物的处理方法
六、培训与指导	指导	能指导初级、中级工进行实际操作	指导操作的方法

3.4　技师

职业功能	工作内容	技能要求	相关知识
一、作业过程	（一）工艺控制	1. 能分析本工序对相关工序的影响 2. 能判断作业过程中工艺操作是否规范	重金属冶炼知识
	（二）分析数据	1. 能计算炉窑的各种技术指标 2. 能进行数据分析，并提出改进生产工艺的建议	数据统计和分析知识
	（三）检修炉窑	1. 能判断炉窑是否需要检修 2. 能拟订炉窑小修方案 3. 能判断炉窑检修质量	1. 拟订炉窑小修方案的方法 2. 炉窑检修竣工验收的基本知识
	（四）成本核算	1. 能读懂本工序生产加工成本报表 2. 能分析成本超支的原因	成本核算基本知识

续表

职业功能	工作内容	技能要求	相关知识
二、质量管理	质量控制	能根据炉窑运行情况判断造成产品质量异常波动的原因，并采取预防措施	产品质量异常波动的预防措施
三、技术管理与创新	（一）制订方案	1. 能制订新修砌炉窑的烘炉方案 2. 能根据生产要求制订开炉方案	1. 烘炉效果对炉窑使用寿命的影响 2. 烘炉、开炉方案的制定方法
	（二）工艺改进	1. 能提出改进焙烧炉窑设计的建议 2. 能按要求把新工艺、新设备、新材料应用于生产实际	焙烧炉窑设计基本知识
	（三）技术总结	能撰写焙烧作业方面的实践经验总结	技术总结的写作方法
四、培训与指导	（一）指导	能指导初级、中级、高级工进行实际操作	培训教学的基本方法
	（二）培训	能向初级、中级、高级工讲授本专业理论知识	

3.5 高级技师

职业功能	工作内容	技能要求	相关知识
一、作业过程	（一）工艺控制	能预见并处理焙烧作业中出现的技术疑难问题	焙烧技术疑难问题案例
	（二）检修炉窑	1. 能拟订炉窑中、大修方案 2. 能按检修方案指导炉窑检修	1. 拟订炉窑中、大修方案的方法 2. 冶金炉窑施工管理知识
	（三）成本核算	能提出降低生产加工成本的措施	成本管理的知识
二、质量管理	（一）质量改进	能按要求开展质量改进活动并提出提高产品质量的建议	开展质量改进活动的要求
	（二）质量管理	能发现质量管理体系运行中出现的问题，并提出纠正和预防措施	质量管理体系运行的知识

续表

职业功能	工作内容	技能要求	相关知识
三、技术管理与创新	（一）技术管理	1. 能优化本炉窑工艺技术参数 2. 能拟定本炉窑技术操作规程	火法冶炼知识
	（二）技术创新	1. 能针对本炉窑技术难题开展技术攻关 2. 能收集国、内外焙烧工艺技术发展资料，并提出工艺革新建议	焙烧技术发展动态
	（三）撰写论文	能撰写焙烧的专题论文	论文的写作方法
四、培训与指导	（一）指导	能指导初级、中级、高级工解决生产疑难问题	培训讲义的编写方法
	（二）培训	能编写培训讲义	

4. 比重表

4.1　理论知识

项　目		初级/%	中级/%	高级/%	技师/%	高级技师/%
基本要求	职业道德	5	5	5	5	5
	基础知识	35	30	25	20	20
相关知识	开炉准备	10	10	5	—	—
	作业过程	25	25	30	30	25
	质量管理	5	10	10	15	15
	设备维护	10	10	10	—	—
	安全与环保	10	10	10	—	—
	技术管理与创新	—	—	—	20	20
	培训与指导	—	—	5	10	15
总　计		100	100	100	100	100

4.2　技能操作

项　目		初级/%	中级/%	高级/%	技师/%	高级技师/%
技能要求	开炉准备	15	10	10	—	—
	作业过程	40	45	40	35	30
	安全与环保	15	10	10	—	—
	设备维护	20	20	15	—	—
	质量管理	10	15	20	25	25
	技术管理与创新	—	—	—	30	35
	培训与指导	—	—	5	10	10
总　计		100	100	100	100	100

国家职业标准

火法冶炼工

中华人民共和国劳动和社会保障部制定

说　明

根据《中华人民共和国劳动法》的有关规定，为了进一步完善国家职业标准体系，为职业教育、职业培训和职业技能鉴定提供科学、规范的依据，劳动和社会保障部组织有关专家，制定了《火法冶炼工国家职业标准》（以下简称《标准》）。

一、本《标准》以《中华人民共和国职业分类大典》为依据，以客观反映现阶段本职业的水平和对从业人员的要求为目标，在充分考虑经济发展、科技进步和产业结构变化对本职业影响的基础上，对职业的活动范围、工作内容、技能要求和知识水平作了明确规定。

二、本《标准》的制定遵循了有关技术规程的要求，既保证了《标准》体例的规范化，又体现了以职业活动为导向、以职业技能为核心的特点，同时也使其具有根据科技发展进行调整的灵活性和实用性，符合培训、鉴定和就业工作的需要。

三、本《标准》依据有关规定将本职业分为五个等级，包括职业概况、基本要求、工作要求和比重表四个方面的内容。

四、本《标准》是在有色金属行业职业技能鉴定指导中心的具体组织下，在各有关专家和实际工作者的共同努力下完成的。参加编写的主要人员有：乐国斌、李建斌、陈胜利、李吉忠，参加审定的主要人员有：刘桂甫、刘洪涛、王彦坤、张邦其、郑维亚、丁学全、丁跃华、谢承杰、陈蕾、高德芳。本《标准》由金川集团有限公司负责起草，在制定过程中，得到了白银有色金属公司、葫芦岛锌厂、江西铜业集团公司、云南铜业（集团）有限公司、云南锡业股份有限公司等有关单位的大力支持，在此一并致谢。

五、本《标准》业经劳动和社会保障部批准，自2004年2月6日起施行。

火法冶炼工国家职业标准

1. 职 业 概 况

1.1　职业名称

火法冶炼工。

1.2　职业定义

操作冶金炉及辅助设备，将金属炉料通过高温熔炼，使金属与脉石分开，或将粗金属除去杂质提纯的人员。

1.3　职业等级

本职业共设五个等级，分别为：初级（国家职业资格五级）、中级（国家职业资格四级）、高级（国家职业资格三级）、技师（国家职业资格二级）、高级技师（国家职业资格一级）。

1.4　职业环境

室内外，高温，噪声，有毒有害，粉尘。

1.5　职业能力特征

有一定的观察、判断和计算能力，动作协调性较好。

1.6　基本文化程度

初中毕业。

1.7　培训要求

1.7.1　培训期限

全日制职业学校教育，根据其培养目标与教学计划确定。晋级培训期限：初级、中级、高级均不少于80标准学时；技师、高级技师均不少于120标准学时。

1.7.2　培训教师

培训初级、中级、高级的教师应具有本职业技师及以上职业资格证书或本专业初级及以上专业技术职务任职资格；培训技师的教师应具有本职业高级技师职业资格证书或本专业中级及以上专业技术职务任职资格；培训高级技师的教师应具有本职业高级技师职业资格证书2年以上或本专业中级及以上专业技术职务任职资格。

1.7.3　培训场地设备

标准教室及具备必要的工具、设备设施的生产现场。

1.8 鉴定要求

1.8.1 适用对象

从事或准备从事本职业的人员。

1.8.2 申报条件

——初级(具备以下条件之一者)

(1) 经本职业初级正规培训达规定标准学时数，并取得结业证书。

(2) 在本职业连续见习工作1年以上。

(3) 本职业学徒期满。

——中级(具备以下条件之一者)

(1) 取得本职业初级职业资格证书后，连续从事本职业工作2年以上，经本职业中级正规培训达规定标准学时数，并取得结业证书。

(2) 取得本职业初级职业资格证书后，连续从事本职业工作3年以上。

(3) 连续从事本职业工作5年以上。

(4) 取得经劳动保障行政部门审核认定的、以中级技能为培养目标的中等以上职业学校本职业（专业）毕业证书。

——高级(具备以下条件之一者)

(1) 取得本职业中级职业资格证书后，连续从事本职业工作3年以上，经本职业高级正规培训达规定标准学时数，并取得结业证书。

(2) 取得本职业中级职业资格证书后，连续从事本职业工作4年以上。

(3) 取得经劳动保障行政部门审核认定的、以高级技能为培养目标的高等职业学校本职业（专业）毕业证书。

(4) 取得本职业中级职业资格证书的大专以上本专业或相关专业毕业生，连续从事本职业工作2年以上。

——技师(具备以下条件之一者)

(1) 取得本职业高级职业资格证书后，连续从事本职业工作4年以上，经本职业技师正规培训达规定标准学时数，并取得结业证书。

(2) 取得本职业高级职业资格证书后，连续从事本职业工作6年以上。

(3) 取得本职业高级职业资格证书的高级技工学校本职业（专业）毕业生，连续从事本职业工作3年以上。

(4) 取得本职业高级职业资格证书的大专以上本专业或相关专业毕业生，连续从事本职业工作3年以上。

——高级技师(具备以下条件之一者)

(1) 取得本职业技师职业资格证书后，连续从事本职业工作5年以上，经本职业高级技师正规培训达规定标准学时数，并取得结业证书。

(2) 取得本职业技师职业资格证书后，连续从事本职业工作7年以上。

1.8.3 鉴定方式

分为理论知识考试和技能操作考核。理论知识考试采用闭卷笔试方式，技能操作考核采用生产现场实际操作或模拟操作方式。理论知识考试和技能操作考核均实行百分制，成绩皆达 60 分以上者为合格。技师、高级技师还须进行综合评审。

1.8.4 考评人员和考生配比

理论知识考试考评人员与考生配比为 1∶20，每个标准教室不少于 2 名考评人员；技能操作考核考评员与考生配比为 1∶10，且不少于 3 名考评人员；综合评审委员不少于 5 人。

1.8.5 鉴定时间

理论知识考试时间不少于 60min；技能操作考核时间不少于 30min；综合评审时间不少于 45min。

1.8.6 鉴定场所设备

理论知识考试在标准教室进行。技能操作考核在生产现场进行。综合评审在标准教室或会议室进行。

2. 基本要求

2.1 职业道德

2.1.1 职业道德基本知识

2.1.2 职业守则

（1）爱国爱党，爱厂爱岗，勤奋敬业，尽职尽责。

（2）勤于学习，勇于创新，精通业务，效率优先。

（3）安全至上，科学管理，遵章守纪，廉洁自律。

（4）文明礼貌，优质服务，崇尚先进，团结进取。

2.2 基础知识

2.2.1 重有色金属基础知识

（1）几种主要金属的性质。

（2）几种主要金属的主要化合物的性质。

（3）几种主要金属的用途及产销状况。

（4）几种主要金属的矿物、矿石及精矿的组成和分类。

（5）几种主要金属的冶炼方法。

2.2.2 重有色金属冶金原理基础知识

（1）冶金炉渣基础知识。

（2）化合物的离解——生成反应基础知识。

（3）氧化物的还原反应基础知识。
（4）硫化矿的火法冶金基础知识。
（5）粗金属的火法精炼基础知识。

2.2.3 设备、设施维护基础知识

（1）冶金炉窑及设施维护基础知识。
（2）机电设备维护基础知识。
（3）耐火材料基础知识。

2.2.4 安全与卫生知识

（1）安全生产基础知识。
（2）劳动保护与卫生基础知识。
（3）环境保护基础知识。

2.2.5 质量管理知识

（1）全面质量管理基础知识。
（2）ISO9000质量管理体系基础知识。

2.2.6 相关法律、法规知识

（1）劳动法的相关知识。
（2）产品质量法的相关知识。
（3）环境保护法的相关知识。
（4）安全生产法的相关知识。

3. 工作要求

本标准对初级、中级、高级、技师和高级技师的技能要求依次递进，高级别涵盖低级别的要求。

3.1 初级

职业功能	工作内容	技能要求	相关知识
一、开炉	（一）开炉准备	1. 能按要求准备好开炉所需材料 2. 能按开炉要求进行系统试运行	1. 开炉、试生产注意事项 2. 试运行安全技术操作规程
	（二）烘炉	能按开炉方案进行烘炉操作	
	（三）试生产	能按开炉方案进行试生产操作	

续表

职业功能	工作内容	技能要求	相关知识
二、火法冶炼	（一）进料	1. 能做好进料前的准备工作 2. 能按有关采样规程采集原料、辅料样品	1. 安全技术操作规程 2. 设备技术操作规程 3. 记录填写规范及要求 4. 采样技术规程 5. 安全管理规章制度
	（二）冶炼	1. 能按安全技术操作规程进行作业 2. 能读懂各种仪表显示数据 3. 能填写各种生产原始记录 4. 能正确进行设备的开、停机作业 5. 能填写设备运行记录 6. 能正确使用生产现场安全消防及环保等设备设施	
	（三）产出	1. 能按技术操作规程进行产品放出作业 2. 能按有关采样规程采集产出样品	
三、设备维护及保养	（一）设备维护	能按要求对设备进行清扫、润滑、紧固等作业	1. 设备维护规程 2. 设备点检管理制度
	（二）设备点检	能按要求进行设备点检并做好记录	

3.2　中级

职业功能	工作内容	技能要求	相关知识
一、开炉	（一）开炉准备	能按开炉要求组织进行系统试运行	开炉、试生产技术要点
	（二）烘炉	1. 能按开炉方案组织进行烘炉操作 2. 能读懂开炉方案和升温曲线	
	（三）试生产	能按开炉方案组织进行试生产操作	

续表

职业功能	工作内容	技能要求	相关知识
二、火法冶炼	（一）进料	1. 能组织做好进料前的准备工作 2. 能判定是否具备进料条件 3. 能按要求配料	1. 冶金炉窑运行状况的判定 2. 产品的质量要求及标准 3. 设备状态判定标准 4. 原料、辅料的化学成分、性质及用途
	（二）冶炼	1. 能判定各种运行参数是否正常，并及时调整 2. 能判定设备是否具备开、停机作业条件 3. 能使用计量设备对物料进行计量 4. 能读懂化验分析单	
	（三）产出	能按技术操作规程组织进行产品放出作业	
三、停炉检修	（一）停炉作业	1. 能按停炉方案做好各项准备工作 2. 能按停炉方案进行停炉作业	1. 停炉及炉体拆除注意事项 2. 冶金炉窑及设施检修操作规程
	（二）检修	1. 能进行炉体拆除 2. 能配合进行筑炉及相关设施的检修	
四、安全操作	（一）安全技术操作	1. 能判定作业现场是否处于安全状态 2. 能组织开展岗位安全教育 3. 能配合进行安全事故分析和事故调查	安全状态判定标准
	（二）安全保护及环保	1. 能根据工作环境准备所需的劳动保护用品 2. 能使用相关设备设施控制烟气、粉尘、噪声等污染	
五、设备维护及保养	（一）设备维护	1. 能对本岗位关键设备进行维护保养 2. 能根据设备润滑图、表对设备进行润滑	设备润滑图、表的有关知识
	（二）设备点检	能定期对关键设备进行点检	
六、常见故障的判断及处理	（一）工艺故障处理	能判断水冷件是否漏水、炉况是否正常等，并进行相应处理	1. 常见工艺故障处理程序 2. 常见设备故障处理程序
	（二）设备故障处理	能判断设备运行状况是否正常	

3.3 高级

职业功能	工作内容	技能要求	相关知识
一、开炉	（一）烘炉	1. 能判定各系统试运行是否正常 2. 能判定是否具备烘炉条件 3. 能检查、监督正常进行烘炉操作 4. 能指导进行开炉作业	1. 烘炉条件判定标准 2. 试生产条件判定标准
	（二）试生产	1. 能判定是否具备试生产条件 2. 能检查、监督正常进行试生产操作 3. 能指导进行试生产作业	
二、火法冶炼	（一）进料	1. 能组织进行配料、进料作业 2. 能判定配料、进料计量设施是否计量准确 3. 能根据原料、辅料变化情况调整物料配比 4. 能判定原料成分是否符合要求	1. 计量设施使用规程 2. 配料计算公式 3. 原料、辅料化学成分及性质的判定标准
	（二）冶炼	1. 能协调各岗位的生产作业 2. 能根据生产情况变化调整工艺参数	
	（三）产出	能初步判定产品是否合格	
三、停炉检修	（一）停炉作业	1. 能按停炉方案组织做好各项准备工作 2. 能按停炉方案组织进行停炉作业	停炉及炉体拆除作业的技术要点
	（二）检修	能组织炉体拆除	
四、安全操作	（一）安全技术操作	1. 能组织对本岗位进行安全检查，并根据存在的隐患提出整改意见 2. 能组织对一般的安全事故进行分析，并制定预防措施	安全事故分析程序
	（二）安全保护及环保	能判断安全环保设施的运行状况，并提出整改意见	

续表

职业功能	工作内容	技能要求	相关知识
五、设备维护及保养	(一) 设备维护	能读懂岗位设备结构图，并指导有关人员进行设备维护	设备结构图的有关知识
	(二) 设备点检	能根据设备点检结果提出设备检修、更换计划的建议	
六、常见故障的判断及处理	(一) 工艺故障	能组织进行工艺故障的处理	1. 工艺故障处理程序 2. 水压试验法
	(二) 设备故障	能判断常见设备故障，并提出处理建议	

3.4 技师

职业功能	工作内容	技能要求	相关知识
一、开炉	(一) 烘炉	能制定开炉、烘炉方案	开炉方案编制要求
	(二) 试生产	能制定试生产方案	
二、火法冶炼	(一) 进料	能根据原料及产品要求制定入炉物料配料单	1. 上、下道工序生产基本知识 2. 技术操作规程编制要求 3. 排列图、因果图等统计方法的基本知识
	(二) 冶炼	1. 能结合生产实际，对岗位技术操作规程和工艺技术参数提出改进意见 2. 能协调上、下道工序的工作 3. 能运用排列图、因果图等简单的统计方法进行初步的数据分析，并提出改进措施	
三、停炉检修	(一) 停炉作业	能审核停炉方案	停炉方案编制要求
	(二) 检修	1. 能判定冶金炉窑及其附属设施需检修的部位 2. 能初步鉴定冶金炉窑及其附属设施检修的质量	冶金炉窑检修的质量标准
四、安全操作	(一) 安全技术操作	能组织对系统进行安全检查，并根据存在的隐患提出整改意见	与冶炼有关的安全环保标准
	(二) 安全保护及环保	能根据安全生产及环保现状提出改进措施及建议	

续表

职业功能	工作内容	技能要求	相关知识
五、生产管理	（一）质量管理	能组织分析产生不合格品的原因，并提出纠正、预防措施	1. 质量分析方法 2. 技术月报、工艺技术台账填写规范 3. 技术经济指标分析方法
	（二）生产过程管理	1. 能进行本炉窑生产过程管理 2. 能改进生产过程管理方法	
	（三）技术管理	1. 能填写技术月报、工艺技术统计台账 2. 能对技术经济指标进行分析，并提出改进建议	
六、培训与指导	（一）理论培训	能对初级、中级、高级工进行本专业知识培训	生产实习教学法的有关知识
	（二）指导操作	能系统地指导、示范本炉窑操作技巧	

3.5　高级技师

职业功能	工作内容	技能要求	相关知识
一、开炉	（一）烘炉	能审核开炉、烘炉方案	冶金热工仪表基本知识
	（二）试生产	能审核试生产方案	
二、火法冶炼	（一）进料	能审核入炉物料配料单	1. 上、下道工序基本工艺原理 2. 工业试验方案编制要求 3. 炉渣渣型控制及选择原则
	（二）冶炼	1. 能审核岗位技术操作规程 2. 能审核工艺技术参数 3. 能审核简单工业试验方案，并指导工业试验	
三、安全操作	（一）安全技术操作	能审核岗位安全技术操作规程	安全技术操作规程编制要求
	（二）安全保护及环保	能审核安全环保管理制度	
四、生产管理	（一）生产过程管理	1. 能组织进行本炉窑生产过程管理 2. 能审核生产过程管理制度	1. 文献检索常用方法 2. 计算机应用知识 3. 技术报告和技术总结写作方法
	（二）技术管理	1. 能检索技术文献，获得最新技术信息 2. 能根据生产实践经验撰写技术总结	

续表

职业功能	工作内容	技能要求	相关知识
五、培训与指导	(一) 理论培训	1. 能编写本专业的培训讲义 2. 能编制技术培训的教学计划	1. 编写培训讲义的有关知识 2. 编制培训教学计划的有关知识
	(二) 指导操作	能指导初级、中级、高级工和技师进行实际操作	
六、工艺改进及创新	(一) 工艺改进	能根据生产实际提出工艺改进建议，并组织实施	1. 冶金炉窑的构造 2. 冶金计算方法 3. 机械制图的有关知识
	(二) 工艺创新	能借鉴国内外火法冶炼先进经验，进行工艺创新	

4. 比 重 表

4.1 理论知识

项　目		初级/%	中级/%	高级/%	技师/%	高级技师/%
基本要求	职业道德	5	5	5	5	5
	基础知识	35	25	20	15	15
相关知识	开　炉	10	10	10	5	5
	火法冶炼	45	30	25	25	25
	停炉检修	—	10	10	10	—
	安全操作	—	10	10	10	10
	设备维护及保养	5	5	5	—	—
	常见故障的判断及处理	—	5	15	—	—
	生产管理	—	—	—	20	25
	培训与指导	—	—	—	10	10
	工艺改进及创新	—	—	—	—	5
总　计		100	100	100	100	100

4.2　技能操作

项　目		初级/%	中级/%	高级/%	技师/%	高级技师/%
技能要求	开　炉	20	10	5	5	5
	火法冶炼	70	55	50	45	45
	停炉检修	—	10	10	5	—
	安全操作	—	10	10	10	10
	设备维护及保养	10	5	5	—	—
	常见故障的判断及处理	—	10	20	—	—
	生产管理	—	—	—	25	25
	培训与指导	—	—	—	10	10
	工艺改进及创新	—	—	—	—	5
总　计		100	100	100	100	100

国家职业标准

湿法冶炼工

中华人民共和国劳动和社会保障部制定

说　　明

根据《中华人民共和国劳动法》的有关规定，为了进一步完善国家职业标准体系，为职业教育、职业培训和职业技能鉴定提供科学、规范的依据，劳动和社会保障部组织有关专家，制定了《湿法冶炼工国家职业标准》（以下简称《标准》）。

一、本《标准》以《中华人民共和国职业分类大典》为依据，以客观反映现阶段本职业的水平和对从业人员的要求为目标，在充分考虑经济发展、科技进步和产业结构变化对本职业影响的基础上，对职业的活动范围、工作内容、技能要求和知识水平都作了明确规定。

二、本《标准》的制定遵循了有关技术规程的要求，既保证了《标准》体例的规范化，又体现了以职业活动为导向、以职业技能为核心的特点，同时也使其具有根据科技发展进行调整的灵活性和实用性，符合培训、鉴定和就业工作的需要。

三、本《标准》依据有关规定将本职业分为 5 个等级，包括职业概况、基本要求、工作要求和比重表四个方面的内容。

四、本《标准》是在有色金属行业职业技能鉴定指导中心的具体组织下，在各有关专家和实际工作者的共同努力下完成的。参加编写的主要人员有：王树琪、常晋元、许新强、刘媛媛、黄瑞强、申元红、张军壮、何俭。参加审定的主要人员有：陈胜利、李胜春、张娟茹、王勇、张世东、朱北平、郑维亚、丁学全、谢承杰、丁跃华、陈蕾、高德芳。本《标准》由山西中条山有色金属集团有限公司负责起草，在制定过程中，得到了白银有色金属公司、葫芦岛锌厂、金川集团有限公司、柳州华锡集团有限责任公司、株洲冶炼集团有限责任公司等有关单位的大力支持，在此一并致谢。

五、本《标准》业经劳动和社会保障部批准，自 2004 年 6 月 15 日起施行。

湿法冶炼工国家职业标准

1. 职 业 概 况

1.1 职业名称

湿法冶炼工。

1.2 职业定义

操作湿法冶金设备，将原料中有价金属及金属化合物从溶液中分离，提取金属的人员。

1.3 职业等级

本职业共设五个等级，分别为：初级（国家职业资格五级）、中级（国家职业资格四级）、高级（国家职业资格三级）、技师（国家职业资格二级）、高级技师（国家职业资格一级）。

1.4 职业环境

室内、室外、井下，常温、高温或高寒，潮湿、噪声、粉尘，有毒、有害。

1.5 职业能力特征

有一定的观察、判断、分析和计算能力，手指、手臂灵活，动作协调，对工作环境无过敏反应。

1.6 基本文化程度

初中毕业。

1.7 培训要求

1.7.1 培训期限

全日制职业学校教育，根据其培养目标和教学计划确定。晋级培训期限：初级、中级、高级均不少于 150 标准学时；技师、高级技师均不少于 120 标准学时。

1.7.2 培训教师

培训初级、中级、高级工的教师应具有本职业技师及以上职业资格证书或本专业中级及以上专业技术职务任职资格；培训技师的教师应具有本职业高级技师职业资格证书或本专业中级及以上专业技术职务任职资格；培训高级技师的教师应具有本职业高级技师职业资格证书 2 年以上或本专业高级专业技术职务任职资格。

1.7.3 培训场地设备

标准教室及装备必需的湿法冶金设备、设施的试验室、模拟生产现场或生产现场。

1.8 鉴定要求

1.8.1 适用对象

从事或准备从事本职业的人员。

1.8.2 申报条件

——初级(具备以下条件之一者)

(1) 经本职业初级正规培训达规定标准学时数，并取得结业证书。

(2) 在本职业连续见习工作 1 年以上。

(3) 本职业学徒期满。

——中级(具备以下条件之一者)

(1) 取得本职业初级职业资格证书后，连续从事本职业工作 2 年以上，经本职业中级正规培训达规定标准学时数，并取得结业证书。

(2) 取得本职业初级职业资格证书后，连续从事本职业工作 3 年以上。

(3) 连续从事本职业工作 5 年以上。

(4) 取得经劳动保障行政部门审核认定的、以中级技能为培养目标的中等以上职业学校本职业（专业）毕业证书。

——高级(具备以下条件之一者)

(1) 取得本职业中级职业资格证书后，连续从事本职业工作 3 年以上，经本职业高级正规培训达规定标准学时数，并取得结业证书。

(2) 取得本职业中级职业资格证书后，连续从事本职业工作 4 年以上。

(3) 连续从事本职业工作 10 年以上。

(4) 取得高级技工学校或经劳动保障行政部门审核认定的、以高级技能为培养目标的高等以上职业学校本职业（专业）毕业证书。

(5) 取得本职业中级职业资格证书的大专以上本专业或相关专业毕业生，连续从事本职业工作 2 年以上。

——技师(具备以下条件之一者)

(1) 取得本职业高级职业资格证书后，连续从事本职业工作 4 年以上，经本职业技师正规培训达规定标准学时数，并取得结业证书。

(2) 取得本职业高级职业资格证书后，连续从事本职业工作 6 年以上。

(3) 取得本职业高级职业资格证书的高级技工学校本职业（专业）毕业生和大专以上本专业或相关专业毕业生，连续从事本职业工作 2 年以上。

——高级技师(具备以下条件之一者)

(1) 取得本职业技师职业资格证书后，连续从事本职业工作 3 年以上，经本职业高级技师正规培训达规定标准学时数，并取得结业证书。

(2) 取得本职业技师职业资格证书后，连续从事本职业工作 5 年以上。

1.8.3 鉴定方式

分为理论知识考试和技能操作考核。理论知识考试采用闭卷笔试方式，技能操作考核采用现场实际操作（可加口试）或其他适宜方式。理论知识考试和技能操作考核均实行百分制，成绩皆达60分及以上者为合格。技师、高级技师鉴定还须进行综合评审。

1.8.4 考评人员与考生配比

理论知识考试考评人员与考生配比为1∶20，每个标准教室不少于2名考评人员；技能操作考核考评人员与考生配比为1∶10，且不少于3名考评人员；综合评审委员不少于5人。

1.8.5 鉴定时间

理论知识考试时间为90～120min；技能操作考核时间为90～240min；综合评审时间不少于30min。

1.8.6 鉴定场所设备

理论知识考试在标准教室进行；技能操作考核在装备必需的湿法冶金仪器仪表、设备和设施的实验室或生产现场进行。实验室或现场的环境条件、仪器仪表、设备、设施、试剂、物料、工具、器具应满足鉴定项目需求，各种仪表、计量器具必须检定合格，且在检定有效期内。

2. 基本要求

2.1 职业道德

2.1.1 职业道德基本知识

2.1.2 职业守则

（1）爱岗敬业，文明礼貌，工作热情主动。

（2）认真负责，实事求是，办事坚持原则。

（3）遵纪守法，克己奉公，从业不谋私利。

（4）努力学习，勇于创新，提高技术水平。

（5）遵守规程，精心操作，确保安全生产。

（6）尊重科学，提高质量，降低生产成本。

（7）团结协作，尊师爱徒，共建企业未来。

2.2 基础知识

2.2.1 化学基础知识

（1）无机化学基础知识。

（2）有机化学基础知识。

（3）电化学基础知识。

2.2.2 湿法冶金基础知识

（1）矿物基础知识。

（2）浸出基础知识。

（3）富集净化基础知识。

（4）金属提取基础知识。

2.2.3 设备常识

（1）机械常识。

（2）电气常识。

2.2.4 安全防护和环境保护知识

（1）劳动保护知识。

（2）安全操作知识。

（3）消防基础知识。

（4）环保基础知识。

（5）现场文明生产要求。

2.2.5 质量管理基础知识

（1）质量管理基本概念。

（2）岗位质量要求。

（3）质量保证体系相关知识。

2.2.6 相关法律、法规知识

（1）劳动法的相关知识。

（2）安全生产法的相关知识。

（3）消防法的相关知识。

（4）环境保护法的相关知识。

3. 工 作 要 求

本标准对初级、中级、高级、技师和高级技师技能要求依次递进，高级别涵盖低级别的要求。

3.1 初级（职业功能一至五为可选项，从中任选一项）

职业功能	工作内容	技能要求	相关知识
一、浸出金属	（一）工艺准备	1. 能按规定程序交接设备、设施、工具、器具 2. 能看懂岗位操作方案及工作指令 3. 能按工艺要求准备原、辅材料 4. 能填写交接记录	1. 交接班制度 2. 本岗位工艺流程 3. 本岗位工艺生产原、辅材料的品种、规格、质量标准和用途

续表

职业功能	工作内容	技能要求	相关知识
一、浸出金属	（二）工艺操作	1. 能操作物料输送设备、设施，完成物料输送任务 2. 能根据监测仪表，判断岗位设备、设施运行工况 3. 能在正常操作条件下调控岗位工艺运行参数 4. 能填写原始工作记录	1. 设备操作规程 2. 工艺操作规程 3. 原始工作记录填写要求
二、液固分离	（一）工艺准备	1. 能按规定程序交接设备、设施、工具、器具 2. 能看懂岗位操作方案及工作指令 3. 能按工艺要求准备原、辅材料 4. 能填写交接记录	1. 交接班制度 2. 本岗位工艺流程 3. 本岗位工艺生产原、辅材料的品种、规格、质量标准和用途
	（二）工艺操作	1. 能操作本岗位液固分离设备，完成液固分离任务 2. 能根据监测仪表，判断岗位设备、设施运行工况 3. 能在正常操作条件下调控岗位工艺运行参数 4. 能填写原始工作记录	1. 设备操作规程 2. 工艺操作规程 3. 原始工作记录填写要求
三、净化金属溶液	（一）工艺准备	1. 能按规定程序交接设备、设施、工具、器具 2. 能看懂岗位操作方案及工作指令 3. 能按工艺要求准备原、辅材料 4. 能填写交接记录	1. 交接班制度 2. 本岗位工艺流程 3. 本岗位工艺生产原、辅材料的品种、规格、质量标准和用途
	（二）工艺操作	1. 能操作物料输送设备、设施，完成原液和净化后溶液的输送任务 2. 能根据监测仪表，判断岗位设备、设施运行工况 3. 能根据生产要求调控岗位工艺参数 4. 能填写原始工作记录	1. 设备操作规程 2. 工艺操作规程 3. 原始工作记录填写要求

续表

职业功能	工作内容	技能要求	相关知识
四、富集金属溶液	（一）工艺准备	1. 能按规定程序交接设备、设施、工具、器具 2. 能看懂岗位操作方案及工作指令 3. 能按工艺要求准备原、辅材料 4. 能填写交接记录	1. 交接班制度 2. 本岗位工艺流程 3. 本岗位工艺生产原、辅材料的品种、规格、质量标准和用途
	（二）工艺操作	1. 能操作物料输送设备、设施，完成金属稀溶液输入、富集溶液输出工作 2. 能根据监测仪表判断岗位设备、设施运行工况 3. 能在正常操作条件下调控岗位工艺运行参数 4. 能填写原始工作记录	1. 设备操作规程 2. 工艺操作规程 3. 原始工作记录填写要求
五、提取金属产品	（一）工艺准备	1. 能按规定程序交接设备、设施、工具、器具 2. 能看懂岗位操作方案及工作指令 3. 能按工艺要求准备原、辅材料 4. 能填写交接记录	1. 交接班制度 2. 本岗位工艺流程 3. 本岗位工艺生产原、辅材料的品种、规格、质量标准和用途
	（二）工艺操作	1. 能操作相关设备、设施，完成本岗位工作 2. 能调控流量、温度等主要技术参数，生产出合格产品 3. 能填写原始工作记录	1. 设备操作规程 2. 工艺操作规程 3. 原始工作记录填写要求
六、检修与维护设备	（一）检修工艺设备	能处理本岗位设备、设施运行中出现的零件松动、管路脱节等简单故障	岗位设备、设施的基本结构和简单故障判断处理方法
	（二）维护设备设施	1. 能按规定进行岗位设备、设施和工具、器具的清洁卫生、加油润滑工作 2. 能填写设备维护工作记录	岗位设备、设施的维护和保养知识

续表

职业功能	工作内容	技能要求	相关知识
七、安全防护与环境保护	（一）安全防护	1. 能识别各种危险化学品 2. 能使用专用劳动保护用品 3. 能使用车间配置的消防器材	1. 本岗位安全操作规章制度 2. 本岗位所使用危险化学品简易鉴别方法
	（二）环境保护	1. 能处理本岗位有毒、有害及腐蚀性物质的轻微泄漏故障 2. 能搞好岗位环境通风、防尘、文明卫生工作	1. 有毒、有害、腐蚀性物质轻微泄漏处理知识 2. 通风防尘、文明卫生要求

3.2 中级（职业功能一至五为可选项，从中任选一项）

职业功能	工作内容	技能要求	相关知识
一、浸出金属	（一）工艺准备	1. 能与交接班人员交流岗位工作信息 2. 能检查判断本岗位各种仪表、设备、设施、各种通用和专用工具完好状况 3. 能按工艺要求组织备料	1. 本岗位仪器、设备、设施的性能 2. 本岗位工艺设备、设施运行前准备工作内容和方法
	（二）工艺操作	1. 能按工作指令配液、制浆 2. 能操作浸出设备、设施，生产合格浸出液 3. 能根据生产要求调控本岗位运行参数 4. 能处理浸出岗位常见生产工艺问题 5. 能判定工序产品质量	1. 浸出反应的基本原理 2. 浸出岗位日常生产工艺问题及其原因和处理办法 3. 工序产品质量判定方法
二、液固分离	（一）工艺准备	1. 能与交接班人员交流岗位工作信息 2. 能检查判断本岗位各种仪表、设备、设施、各种通用和专用工具完好状况 3. 能按工艺要求组织备料	1. 本岗位仪器、设备、设施的性能 2. 岗位工艺设备、设施运行前准备工作内容和方法

续表

职业功能	工作内容	技能要求	相关知识
二、液固分离	（二）工艺操作	1. 能按工作指令配制和使用添加剂 2. 能根据浆、液性质调控本岗位运行参数，生产符合工艺要求的液固产品 3. 能解决本岗位的常见生产问题 4. 能判定工序产品质量	1. 液固分离的基本原理 2. 液固分离岗位日常生产工艺问题及其原因和处理办法 3. 工序产品质量标准
三、净化金属溶液	（一）工艺准备	1. 能与交接班人员交流岗位工作信息 2. 能检查判断本岗位各种仪表、设备、设施、各种通用和专用工具完好状况 3. 能按工艺要求组织备料	1. 本岗位仪器、设备、设施的性能 2. 岗位工艺设备、设施运行前准备工作内容和方法
	（二）工艺操作	1. 能操作净化工艺设备、设施和配套仪表、工具、器具，完成从金属溶液中排除杂质或回收有用产品的工作 2. 能按工作指令配制、添加净化除杂添加剂 3. 能在正常操作条件下调控本岗位工艺运行参数 4. 能解决净化过程中出现的常见生产问题 5. 能判定工序产品质量	1. 净化工艺基本原理 2. 净化岗位常见生产问题及其原因和处理办法 3. 本岗位添加剂性质和用法 4. 工序产品质量标准及判定方法
四、富集金属溶液	（一）工艺准备	1. 能与交接班人员交流岗位工作信息 2. 能判断本岗位各种仪表、设备、设施、各种通用和专用工具完好状况 3. 能按工艺要求组织备料	1. 本岗位仪器、设备、设施的性能 2. 岗位工艺设备、设施运行前准备工作内容和方法
	（二）工艺操作	1. 能操作本岗位设备、设施及配套仪表、工具、器具，完成溶液中金属离子富集工作 2. 能根据工作指令配制、添加富集介质 3. 能在正常操作条件下调控岗位工艺运行参数 4. 能解决富集过程中常见生产问题 5. 能判定工序产品质量	1. 富集工艺基本原理 2 富集工序常见生产问题种类、原因及处理办法 3. 富集介质性质和用法 4. 工序产品质量标准及判定方法

续表

职业功能	工作内容	技能要求	相关知识
五、提取金属产品	（一）工艺准备	1. 能与交接班人员交流岗位工作信息 2. 能判断本岗位各种仪表、设备、设施、各种通用和专用工具完好状况 3. 能按工艺要求组织备料	1. 本岗位仪器、设备、设施的性能 2. 岗位工艺设备、设施运行前准备工作内容和方法
	（二）工艺操作	1. 能操作提取金属工序设备、设施及配套仪表、工具、器具，完成从金属溶液中提取金属产品工作 2. 能在正常操作条件下调控岗位工艺运行参数 3. 能根据工作指令配制、添加各类添加剂 4. 能解决提取金属过程中常见生产问题 5. 能判定工序产品质量	1. 提取金属工艺基本原理 2. 提取金属工序常见生产问题及其原因和处理办法 3. 添加剂性质和用法 4. 工序产品质量标准及判定方法
六、检修与维护设备	（一）检修工艺设备	1. 能处理本岗位设备、设施的一般故障 2. 能发现不明故障并及时汇报或应急处理	一般设备故障判断和处理方法
	（二）维护设备设施	能按规定完成本岗位设备、设施维护、保养工作	
七、安全防护与环境保护	（一）安全防护	1. 能对岗位主要设备、设施及配套工具、器具进行安全确认 2. 能针对常见隐患提出岗位安全操作防护措施	常见安全隐患及防护措施
	（二）环境保护	1. 能定期检查有毒、有害及腐蚀性物质是否存在泄漏隐患 2. 能处理本岗位有毒、有害及腐蚀性物质的跑、冒、滴、漏事故	1. 设备无泄漏管理知识 2. 处理设备、设施一般性泄漏方法

3.3　高级（职业功能一至五为可选项，从中任选一项）

职业功能	工作内容	技能要求	相关知识
一、浸出金属	（一）工艺准备	1. 能解答工作交接中提出的问题 2. 能组织工序试车	开车过程中的常见问题及处理方法
	（二）工艺操作	1. 能按工艺要求计算浸出剂和氧化剂配比 2. 能组织浸出工序各岗位设备、设施的联动运行 3. 能根据工艺条件的变化调整浸出工序工艺运行参数 4. 能组织分析和处理浸出工序生产工艺中的常见问题 5. 能处理浸出工序常见产品质量问题	1. 浸出过程配比计算方法 2. 工艺运行参数对浸出过程的影响机理 3. 常见工艺问题和产品质量问题的解决方法
二、液固分离	（一）工艺准备	1. 能解答工作交接中提出的问题 2. 能组织工序试车	开车过程中的常见问题及处理方法
	（二）工艺操作	1. 能按工艺要求计算浆、液和添加剂配比 2. 能组织液固分离工序各岗位设备、设施的联动运行 3. 能分析、解决本工序常见生产问题 4. 能处理本工序产品质量问题 5. 能测定料液液固比	1. 液固分离过程配比计算方法 2. 工艺运行参数对液固分离过程的影响机理 3. 常见工艺问题和产品质量问题解决方法 4. 液固比测定方法
三、净化金属溶液	（一）工艺准备	1. 能解答工作交接中提出的问题 2. 能组织工序试车	开车过程中的常见问题及处理方法
	（二）工艺操作	1. 能根据配比计算除杂添加药剂用量 2. 能组织净化工序各岗位设备、设施的联动运行 3. 能分析、解决净化工序常见生产问题 4. 能处理本工序产品质量问题	1. 除杂添加剂、工艺溶液用量、配比计算方法 2. 净化工艺参数与其影响因素的关系及控制方法 3. 常见工艺问题和产品质量问题解决方法

续表

职业功能	工作内容	技能要求	相关知识
四、富集金属溶液	（一）工艺准备	1. 能解答工作交接中提出的问题 2. 能组织工序试车	开车过程中的常见问题及处理方法
	（二）工艺操作	1. 能根据配比计算富集介质用量 2. 能组织本工序各岗位设备、设施的联动运行 3. 能分析、解决富集工序常见生产问题 4. 能处理工序产品质量问题	1. 富集介质配比、用量计算方法 2. 富集工艺参数与其影响因素的关系及控制方法 3. 常见工艺问题和产品质量问题的解决方法
五、提取金属产品	（一）工艺准备	1. 能解答工作交接中提出的问题 2. 能组织工序试车	开车过程中的常见问题及处理方法
	（二）工艺操作	1. 能根据生产工艺条件变化调整各类添加剂使用量 2. 能组织本工序各岗位设备、设施的联动运行 3. 能分析、解决提取金属过程中常见生产问题 4. 能处理工序产品质量问题	1. 添加剂用量计算方法 2. 提取金属工艺参数与其影响因素的关系及控制方法 3. 常见工艺问题和产品质量问题解决方法
六、检修与维护设备	（一）检修工艺设备	1. 能对本工序工艺设备、设施故障提出处理建议 2. 能组织更换易损部件	工序工艺设备、设施运行故障判断、处理方法
	（二）维护设备设施	1. 能提出工序设备、设施运行故障的预防措施 2. 能主持本工序设备、设施的日常维护工作	1. 工序设备、设施故障预防办法 2. 工序设备、设施维护管理基本知识
七、安全防护与环境保护	（一）安全防护	1. 能组织本工序安全检查，并对查出隐患提出整改意见 2. 能组织本工序轻微安全事故的分析，并制订预防措施	1. 有毒有害物质泄漏防治知识 2. “三废”排放标准
	（二）环境保护	1. 能提出工序有毒有害物质泄漏防治办法 2. 能使用环保设施	

续表

职业功能	工作内容	技能要求	相关知识
八、工艺管理与技术革新	（一）提合理化建议	能组织实施小型合理化建议项目	技术革新的基本理论和方法
	（二）技术革新	1. 能改进操作技术，提高产品质量或工作效率 2. 能主持设备设施的小型技术改造、修旧利废，节约能源、降低成本	
九、培训与指导	（一）技能培训	能对初级、中级工进行岗位培训	技术培训一般知识
	（二）操作指导	能指导初级、中级工完成岗位操作	

3.4 技师

职业功能	工作内容	技能要求	相关知识
一、湿法冶炼	（一）工艺准备	1. 能编制或修改工序工艺操作方案 2. 能下达工序操作指令	工艺操作方案的制订方法
	（二）工艺操作	1. 能组织至少 2 个工序设备、设施的联动运行 2. 能解决至少一个工序工艺操作过程中复杂的非常规性技术难题 3. 能主持优化工序工艺操作条件，稳定工序产品质量、产量 4. 能进行岗位主要工艺参数的计算 5. 能对岗位工艺产品较大质量事故进行分析总结，并提出对策	1. 技术难题处理有关知识 2. 主要工艺参数计算方法 3. 工艺操作条件优化知识 4. 工艺产品质量事故分析处理方法
二、检修与维护设备	（一）检修工艺设备	1. 能主持重要工艺设备的试车工作 2. 能编制工序设备、设施小修计划	1. 工序设备、设施的工作原理、结构及试车方法 2. 编制检修计划的有关知识
	（二）维护设备设施	1. 能编制工序设备、设施维护方案 2. 能发现、分析和组织排除工序工艺设备、设施运行中较复杂故障	1. 编制设备维护管理制度的有关知识 2. 设备故障分析和处理方法

续表

职业功能	工作内容	技能要求	相关知识
三、工艺管理与技术革新	（一）推广应用新技术	能主持中小型技术革新项目	湿法冶炼新技术
	（二）生产与质量管理	1. 能组织 QC 小组开展质量攻关活动 2. 能进行工序经济核算	1. 数理统计初步知识 2. 全面质量管理方法 3. 成本管理知识
	（三）编写技术文件	1. 能编写或修订岗位操作规程 2. 能撰写技术总结	1. 操作规程编写方法 2. 技术总结编写方法
四、培训与指导	（一）理论培训	能向初级、中级、高级工传授与其工作内容相关的专业知识	工艺的重点、难点和操作要点
	（二）操作指导	能传授本工序操作技能	

3.5 高级技师

职业功能	工作内容	技能要求	相关知识
一、湿法冶炼	（一）工艺准备	能审核生产操作方案	1. 本流程高难度技术问题解决办法 2. 工艺曲线、图表、金属平衡、参数优化知识
	（二）工艺操作	1. 能组织处理生产过程中复杂的、高难度工艺技术问题 2. 能提出并实施生产线工艺参数优化方案 3. 能进行工序金属平衡工作 4. 能应用工艺曲线、图表指导生产 5. 能组织现场工业试验	
二、检修与维护设备	（一）检修工艺设备	能编制工艺设备中修计划	设备维修管理知识
	（二）维护设备设施	能审核工序设备、设施维护方案	
三、工艺管理与技术革新	（一）推广应用新技术	1. 能主持新工艺、新技术、新材料的推广应用 2. 能参加企业重大技术改造方案的制定	国内外湿法冶炼技术发展动态
	（二）生产与质量管理	1. 能对生产指标进行分析 2. 能提出产品质量改进方案并组织实施	1. 技术经济指标分析方法 2. 全面质量管理知识
	（三）编写技术文件	能撰写技术论文	技术论文撰写方法

续表

职业功能	工作内容	技能要求	相关知识
四、培训与指导	（一）理论培训	1. 能讲授湿法冶炼基本知识 2. 能制定培训计划	培训计划编写方法
	（二）操作指导	能指导初级、中级、高级工和技师的实际技能操作	

4. 比 重 表

4.1 理论知识

项　目			初级/%	中级/%	高级/%	技师/%	高级技师/%
基本要求	职业道德		5	5	5	5	5
	基础知识		35	35	20	15	15
相关知识	任选一项	浸出金属	40	40	40	—	—
		液固分离					
		净化金属溶液					
		富集金属溶液					
		提取金属产品					
	湿法冶炼		—	—	—	45	45
	检修与维护设备		10	10	15	15	15
	安全防护与环境保护		10	10	10	—	—
	工艺管理与技术革新		—	—	5	10	10
	培训与指导		—	—	5	10	10
合　计			100	100	100	100	100

4.2 技能操作

项　目			初级/%	中级/%	高级/%	技师/%	高级技师/%
技能要求	任选一项	浸出金属	70	70	60	—	—
		液固分离					
		净化金属溶液					
		富集金属溶液					
		提取金属产品					
	湿法冶炼		—	—	—	60	55
	检修与维护设备		15	20	15	15	15
	安全防护与环境保护		15	10	10	—	—
	工艺管理与技术革新		—	—	10	15	20
	培训与指导		—	—	5	10	10
合　计			100	100	100	100	100

国家职业标准

电解精炼工

中华人民共和国劳动和社会保障部制定

说　明

根据《中华人民共和国劳动法》的有关规定，为了进一步完善国家职业标准体系，为职业教育、职业培训和职业技能鉴定提供科学、规范的依据，劳动和社会保障部组织有关专家，制定了《电解精炼工国家职业标准》（以下简称《标准》）。

一、本《标准》以《中华人民共和国职业分类大典》为依据，以客观反映现阶段本职业的水平和对从业人员的要求为目标，在充分考虑经济发展、科技进步和产业结构变化对本职业影响的基础上，对职业的活动范围、工作内容、技能要求和知识水平作了明确规定。

二、本《标准》的制定遵循了有关技术规程的要求，既保证了《标准》体例的规范化，又体现了以职业活动为导向、以职业技能为核心的特点，同时也使其具有根据科技发展进行调整的灵活性和实用性，符合培训、鉴定和就业工作的需要。

三、本《标准》依据有关规定将本职业分为五个等级，包括职业概况、基本要求、工作要求和比重表四个方面的内容。

四、本《标准》是在有色金属行业职业技能鉴定指导中心的具体组织下，在各有关专家和实际工作者的共同努力下完成的。参加编写的主要人员有：曹修远、邓灿烂、熊智、楚北平、卿华、王烈威、唐小军、姚昌洪、夏中卫、王毅、欧捍东。参加审定的主要人员有：陈胜利、程彤、卢义强、朱北平、郑维亚、丁跃华、谢承杰、丁学全、陈蕾、高德芳。本《标准》由株洲冶炼集团有限责任负责起草，在制定过程中，得到了白银有色金属公司、大冶有色金属公司、金川集团有限公司、江西铜业集团公司、云南铜业（集团）有限公司等有关单位的大力支持，在此一并致谢。

五、本《标准》业经劳动和社会保障部批准，自 2004 年 2 月 6 日起施行。

电解精炼工国家职业标准

1. 职 业 概 况

1.1 职业名称

电解精炼工。

1.2 职业定义

操作电解设备，在粗金属电解质溶液中，通过电化学反应过程分离杂质，制取金属产品的人员。

1.3 职业等级

本职业共设五个等级，分别为：初级（国家职业资格五级）、中级（国家职业资格四级）、高级（国家职业资格三级）、技师（国家职业资格二级）、高级技师（国家职业资格一级）。

1.4 职业环境

室内、高温、潮湿、微酸性环境，有毒有害。

1.5 职业能力特征

有一定观察、判断和计算能力；动作协调性较好，具有从事一定劳动强度工作的能力。

1.6 基本文化程度

初中毕业。

1.7 培训要求

1.7.1 培训期限

全日制职业学校教育，根据其培养目标和教学计划确定。晋级培训期限：初级、中级、高级均不少于160标准学时；技师和高级技师均不少于150标准学时。

1.7.2 培训教师

培训初级工、中级工、高级工的教师应具有本职业技师及以上职业资格证书或相关专业中级及以上专业技术职务任职资格；培训技师的教师应具有本职业高级技师职业资格证书或相关专业中级及以上专业技术职务任职资格；培训高级技师的教师应具有本职业高级技师职业资格证书2年以上或相关专业高级专业技术职务任职资格。

1.7.3 培训场地设备

标准教室及具有必要电解精炼设备的试验室或生产现场。

1.8　鉴定要求

1.8.1　适用对象

从事或准备从事本职业的人员。

1.8.2　申报条件

——初级（具备以下条件之一者）

（1）经本职业初级正规培训达规定标准学时数，并取得结业证书。

（2）在本职业连续见习工作1年以上。

（3）本职业学徒期满。

——中级（具备以下条件之一者）

（1）取得本职业初级职业资格证书后，连续从事本职业工作2年以上，经本职业中级正规培训达规定标准学时数，并取得结业证书。

（2）取得本职业初级职业资格证书后，连续从事本职业工作3年以上。

（3）连续从事本职业工作5年以上。

（4）取得经劳动保障行政部门审核认定的、以中级技能为培养目标的中等以上职业学校本职业（专业）毕业证书。

——高级（具备以下条件之一者）

（1）取得本职业中级职业资格证书后，连续从事本职业工作3年以上，经本职业高级正规培训达规定标准学时数，并取得结业证书。

（2）取得本职业中级职业资格证书后，连续从事本职业工作4年以上。

（3）连续从事本职业工作10年以上。

（4）取得高级技工学校或经劳动保障行政部门审核认定的、以高级技能为培养目标的高等职业学校本职业（专业）毕业证书。

（5）取得本职业中级职业资格证书的大专以上本专业或相关专业毕业生，连续从事本职业工作2年以上。

——技师（具备以下条件之一者）

（1）取得本职业高级职业资格证书后，连续从事本职业工作4年以上，经本职业技师正规培训达规定标准学时数，并取得结业证书。

（2）取得本职业高级职业资格证书后，连续从事本职业工作6年以上。

（3）取得本职业高级职业资格证书的高级技工学校本职业（专业）毕业生，连续从事本职业工作2年以上。

——高级技师（具备以下条件之一者）

（1）取得本职业技师职业资格证书后，连续从事本职业工作3年以上，经本职业高级技师正规培训达规定标准学时数，并取得结业证书。

（2）取得本职业技师职业资格证书后，连续从事本职业工作5年以上。

1.8.3 鉴定方式

分为理论知识考试和技能操作考核。理论知识考试采用闭卷笔试方式，技能操作考核采用现场实际操作方式或模拟操作方式。理论知识考试和技能操作考核均实行百分制，成绩皆达60分及以上者为合格。技师和高级技师还须进行综合评审。

1.8.4 考评人员与考生配比

理论知识考试考评人员与考生配比为1∶20，每个标准教室不少于2名考评人员；技能操作考核考评员与考生配比为1∶10，且不少于3名考评员；综合评审委员不少于5人。

1.8.5 鉴定时间

理论知识考试时间为90～120min；技能操作考核时间为90～240min；综合评审时间不少于20min。

1.8.6 鉴定场地设备

理论知识考试在标准教室进行。技能操作考核在生产现场或者具备必要电解精炼设备的实验室进行。

2. 基 本 要 求

2.1 职业道德

2.1.1 职业道德基本知识

2.1.2 职业守则

（1）爱岗敬业，工作热情主动。

（2）认真负责，实事求是，坚持原则。

（3）遵纪守法，不谋私利，不徇私情。

（4）努力学习，不断提高基础理论水平和操作技能。

（5）遵守劳动纪律。

（6）遵守安全操作规程，注意安全。

（7）具有较强的团队合作精神。

2.2 基础知识

2.2.1 化学基础知识

（1）重金属及其化合物的物理化学性质。

（2）溶液基本概念。

2.2.2 电解基础知识

（1）电解基本原理。

（2）电解工艺流程。

2.2.3　机电常识

（1）通用设备种类及用途。

（2）电路基本概念。

2.2.4　安全文明生产与环境保护知识

（1）现场文明生产要求。

（2）安全操作与劳动保护知识。

（3）环境保护知识。

2.2.5　质量管理基础知识

（1）质量管理基本概念。

（2）产品质量要求。

（3）ISO9000 族质量管理体系基础知识。

2.2.6　相关法律、法规知识

（1）劳动法的相关知识。

（2）安全生产法的相关知识。

（3）环境保护法的相关知识。

3. 工 作 要 求

本标准对初级、中级、高级、技师和高级技师的技能要求依次递进，高级别涵盖低级别的要求。

3.1　初级

职业功能	工作内容	技能要求	相关知识
一、工作准备	（一）工作交接	1. 能按规定整理作业现场 2. 能填写生产原始记录	1. 交接班的规定 2. 原始记录填写要求
	（二）开车准备	能准备本岗位所需要的材料和工具、器具	相关材料的性质及用途
二、生产操作（根据申报情况任选其一）	（一）阳极制作	1. 能按标记、表面特征识别原料 2. 能按工艺要求制作阳极	1. 原料的成分、性质及作用 2. 阳极加工工艺 3. 本岗位的操作规程
	（二）阴极制作	1. 能按要求选用所需的物料 2. 能进行钉耳、平直等操作	1. 各种原料、辅料的性能 2. 本岗位的操作规程
	（三）电解液循环	1. 能操作酸泵输送电解液 2. 能按要求抽出溶液，补加新酸、洗液和添加剂，控制电解液成分	1. 电解液的组成及质量要求 2. 电解液循环的方法 3. 电解添加剂的名称、性能、作用和添加方法 4. 本岗位的操作规程

续表

职业功能	工作内容	技能要求	相关知识
二、生产操作（根据申报情况任选其一）	（四）电解液净化	1. 能识别所需的物料 2. 能使用物料进行净化操作	1. 物料的性能 2. 电解液净化的方法 3. 净化后液的质量标准 4. 本岗位的操作规程
	（五）出装槽操作	1. 能指挥吊车吊运物品 2. 能按要求对阴极析出物、阳极（或残极）进行处理 3. 能清理电解槽、导电母线和溜槽	1. 电解精炼的过程及结果 2. 阴极、阳极外观、规格和化学成分 3. 电解槽及供电线路的配置 4. 本岗位的操作规程
	（六）槽面操作	1. 能判断和处理短路及断路 2. 能测定电解液温度、流量和槽电压等参数	1. 电解精炼的过程及结果 2. 阴极、阳极外观、规格和化学成分 3. 电解槽及供电线路的配置 4. 本岗位的操作规程
	（七）熔铸	1. 能识别原料 2. 能完成熔化、浇铸、出模等操作 3. 能鉴别产品的外观质量	1. 熔铸的方法 2. 产品的分类牌号、质量标准 3. 原料的种类、名称及用途 4. 本岗位的操作规程
三、设备维护及保养	（一）设备点检	能按要求进行设备点检并做记录	1. 设备维护规程 2. 设备点检制度
	（二）设备维护	能按要求对设备进行清扫、润滑、紧固	

3.2 中级

职业功能	工作内容	技能要求	相关知识
一、工作准备	（一）工作交接	1. 能识别原始记录中的错误 2. 能根据原始记录判断作业过程是否正常	1. 本工序工艺流程中各控制点的要求 2. 上下工序的相互关系
	（二）开车准备	能联系上下工序，确认开车状态	
二、生产操作（根据申报情况任选其一）	（一）阳极制作	1. 能根据原料标准判断原料的质量 2. 能按工艺和质量要求判断阳极的质量	1. 原料标准 2. 阳极质量对电解精炼过程的影响 3. 阳极的质量要求

续表

职业功能	工作内容	技能要求	相关知识
二、生产操作（根据申报情况任选其一）	（二）阴极制作	能按工艺和质量要求判断阴极质量	1. 阴极的质量要求 2. 阴极外观质量对电解的影响 3. 阴极制作工艺的基本原理和工艺过程
	（三）电解液循环	1. 能控制电解液的流量及温度等参数 2. 能进行开、停循环操作 3. 能判断电解液的质量	1. 电解液的质量标准及控制方法 2. 体积平衡和浓度平衡的意义及稳定平衡的措施 3. 各种电解添加剂的作用及原理
	（四）电解液净化	1. 能根据电解液成分确定电解液的净化量 2. 能根据净液方法选择各种试剂、设备和工具	1. 净化的基本原理及工艺流程 2. 电解液浓度平衡知识
	（五）出装槽操作	1. 能进行电解槽的局部修补 2. 能按计划进行抽液、掏槽 3. 能按要求对阴极、阳极进行校正	1. 电解技术经济指标 2. 常用防腐材料的性能及使用方法
	（六）槽面操作	1. 能控制电解槽内液面高度、电解液温度及循环量 2. 能判断阴极析出物的外观质量，并能采取处理措施	1. 电解技术经济指标 2. 电解槽内液面高度、电解液温度及循环量的控制方法 3. 电解添加剂的作用机理 4. 电解液组成变化的主要原因，调整电解液成分的方法及其原理
	（七）熔铸	1. 能控制各作业期的温度 2. 能进行取样操作，并根据目测或分析结果调整试剂加入量 3. 能根据浇铸温度调节冷却水流量，控制浇铸速度	1. 各种杂质对产品性能的影响 2. 熔铸的基本原理 3. 各种添加试剂的作用
三、设备维护及保养	（一）设备点检	能定期对关键设备进行点检	设备润滑图表的有关知识
	（二）设备维护	1. 能对本岗位关键设备进行维护保养 2. 能根据设备润滑图表对设备进行润滑	

续表

职业功能	工作内容	技能要求	相关知识
四、故障判断与处理	（一）工艺故障处理	能发现和判断本工序的常见故障，并进行相应处理	常见的工艺故障及处理程序
	（二）设备故障处理	能判断设备运行状况是否正常	

3.3 高级

职业功能	工作内容	技能要求	相关知识
一、生产操作（根据申报情况任选其一）	（一）阴极、阳极制作	1. 能分析阴极、阳极外观不合格的原因，并采取处理措施 2. 能分析阳极化学成分不合格的原因，并进行调整	1. 阴极、阳极制作生产技术条件的控制原理 2. 影响阴极、阳极外观质量的因素 3. 提高阴极、阳极质量的方法
	（二）电解液循环	1. 能调整电解液的成分 2. 能根据析出金属结晶的状况调整添加剂用量	1. 电解主要技术条件的控制原理及相互间的关系 2. 电解过程中各种杂质的行为及其对产品质量和技术经济指标的影响 3. 阴极析出物异常结晶形成的原因及预防和处理措施
	（三）电解液净化	1. 能按生产要求，选择净液方法 2. 能分析净液效果并采取改进措施	
	（四）电解操作	1. 能进行电解通电开槽和计划停电作业 2. 能根据生产条件的变化调整电解操作 3. 能根据析出金属结晶状况判断质量是否符合要求，并采取预防措施 4. 能分析技术经济指标，并能采取措施加以改进或提高	
	（五）熔铸	1. 能根据分析结果采取预防措施 2. 能判断铸锭的表面缺陷，并及时处理	1. 影响产品质量的因素及预防措施 2. 影响熔铸炉寿命的主要因素

续表

职业功能	工作内容	技能要求	相关知识
二、设备维护及保养	（一）设备点检	能根据设备点检结果提出设备检修、更换建议	设备结构图的有关知识
	（二）设备维护	能进行设备易损件的更换	
三、故障判断与处理	（一）工艺故障处理	能进行较复杂的工艺故障的处理	1. 较复杂的工艺故障及处理程序 2. 常见设备故障
	（二）设备故障处理	能判断常见设备故障，并提出处理建议	

3.4 技师

职业功能	工作内容	技能要求	相关知识
一、生产操作	（一）工艺操作	1. 能解决本工序中的技术难题 2. 能分析本工序对相关工序的影响，并提出相应对策 3. 能判断工艺操作是否合理并予以纠正 4. 能提出降低成本、提高技术经济指标的合理化建议	1. 金属冶炼知识 2. 影响技术经济指标的各种因素及其相互间的关系 3. 新产品开发的工作程序
	（二）新产品开发	能进行新产品的试制	
二、设备维护及保养	设备维护	1. 能根据生产需要对设备进行调试 2. 能按检修方案指导本工序的检修 3. 能根据设备配置和运行中存在的问题，提出设备整改的合理化建议	1. 设备的调试方法 2. 设备检修的有关知识
三、故障的判断与处理	（一）工艺故障处理	能分析工艺故障发生的原因，并采取纠正和预防措施	1. 工艺故障的应急处理预案 2. 设备故障的应急处理预案
	（二）设备故障处理	1. 能决定设备故障的处理方法 2. 能在设备故障发生后提出生产运行上的应对方案	

续表

职业功能	工作内容	技能要求	相关知识
四、技术管理与创新	（一）质量管理	1. 能组织QC小组开展活动 2. 能按质量管理体系要求指导生产 3. 能进行质量统计的基本计算	1. 全面质量管理知识 2. 质量管理体系运行要求 3. 质量统计知识
	（二）编写技术文件	能撰写生产技术总结	技术总结撰写方法
	（三）技术改进	能提出选用新工艺、新设备的建议	电解精炼的发展动态
五、培训与指导	（一）指导	能指导初级、中级、高级工进行实际操作	培训教学的基本方法
	（二）培训	能对初级、中级、高级工进行本职业基础理论知识培训	

3.5 高级技师

职业功能	工作内容	技能要求	相关知识
一、生产操作	（一）工艺操作	1. 能解决电解精炼过程中的技术难题 2. 能提出节能降耗的措施，并组织实施 3. 能进行物料平衡和能量平衡计算	1. 国内、外新产品动态 2. 有色冶金设计基本知识 3. 冶金计算方法
	（二）新产品开发	能组织开发新产品	
二、故障判断与处理	（一）工艺故障处理	能发现工艺运行中的隐患，并采取预防措施	事故分析案例
	（二）设备故障处理	能发现设备运行中的隐患，并采取预防措施	
三、技术管理与创新	（一）质量管理	1. 能进行质量评估 2. 能组织质量攻关	质量评估的标准
	（二）编写技术文件	能撰写生产技术论文	论文的撰写方法
	（三）技术改进	1. 能应用新工艺、新材料、新设备 2. 能组织实施技术改造和技术革新	国内、外同类工艺、设备的发展趋势
四、培训与指导	（一）指导	能系统指导技师进行实际操作	培训讲义的编写方法
	（二）培训	能对技师进行本职业理论知识培训	

4. 比 重 表

4.1 理论知识

项 目		初级/%	中级/%	高级/%	技师/%	高级技师/%
基本要求	职业道德	5	5	5	5	5
	基础知识	45	35	20	15	10
相关知识	工作准备	5	5	—	—	—
	生产操作	35	35	50	35	35
	设备维护与保养	10	10	10	15	—
	故障判断与处理	—	10	15	20	30
	技术管理与创新	—	—	—	5	10
	培训与指导	—	—	—	5	10
合 计		100	100	100	100	100

4.2 技能操作

项 目		初级/%	中级/%	高级/%	技师/%	高级技师/%
技能要求	工作准备	10	5	—	—	—
	生产操作	80	75	60	45	40
	设备维护及保养	10	10	20	20	-
	故障判断与处理	—	10	20	25	40
	技术管理与创新	—	—	—	5	10
	培训与指导	—	—	—	5	10
合 计		100	100	100	100	100

国家职业标准

烟气制酸工

中华人民共和国劳动和社会保障部制定

说　明

根据《中华人民共和国劳动法》的有关规定，为了进一步完善国家职业标准体系，为职业教育、职业培训和职业技能鉴定提供科学、规范的依据，劳动和社会保障部组织有关专家，制定了《烟气制酸工国家职业标准》（以下简称《标准》）。

一、本《标准》以《中华人民共和国职业分类大典》为依据，以客观反映现阶段本职业的水平和对从业人员的要求为目标，在充分考虑经济发展、科技进步和产业结构变化对本职业影响的基础上，对职业的活动范围、工作内容、技能要求和知识水平都作了明确规定。

二、本《标准》的制定遵循了有关技术规程的要求，既保证了《标准》体例的规范化，又体现了以职业活动为导向、以职业技能为核心的特点，同时也使其具有根据科技发展进行调整的灵活性和实用性，符合培训、鉴定和就业工作的需要。

三、本《标准》依据有关规定将本职业分为 5 个等级，包括职业概况、基本要求、工作要求和比重表四个方面的内容。

四、本《标准》是在有色金属行业职业技能鉴定指导中心的具体组织下，在各有关专家和实际工作者的共同努力下完成的。参加编写的主要人员有：鲁性祥、周淑珍、王希林、曾庆坚，参加审定的主要人员有：黄志刚、蒋锡善、徐光泽、徐建华、郑维亚、丁跃华、谢承杰、丁学全、陈蕾、高德芳。本《标准》由江西铜业集团公司负责起草，在制定过程中，得到白银有色金属公司、葫芦岛锌厂、金川集团有限公司、柳州华锡集团有限责任公司、铜陵有色金属（集团）公司等有关单位的大力支持，在此一并致谢。

五、本《标准》业经劳动和社会保障部批准，自 2004 年 6 月 15 日起施行。

烟气制酸工国家职业标准

1. 职 业 概 况

1.1 职业名称

烟气制酸工。

1.2 职业定义

操作制酸设备，将冶炼烟气中的二氧化硫制成硫酸的人员。

1.3 职业等级

本职业共设五个等级，分别为：初级（国家职业资格五级）、中级（国家职业资格四级）、高级（国家职业资格三级）、技师（国家职业资格二级）、高级技师（国家职业资格一级）。

1.4 职业环境

室内外，常温，噪声，短时接触有毒有害物质。

1.5 职业能力特征

具有一定的学习理解能力、语言表达能力、观察判断能力，听觉、色觉、嗅觉正常，手脚灵活。

1.6 基本文化程度

高中毕业（或同等学历）。

1.7 培训要求

1.7.1 培训期限

全日制职业学校教育，根据其培养目标和教学计划确定。晋级培训期限：初级、中级、高级均不少于80标准学时；技师和高级技师均不少于120标准学时。

1.7.2 培训教师

培训初级、中级、高级的教师应具备本职业技师及以上职业资格证书或相关专业中级及以上专业技术职务任职资格；培训技师的教师应具有本职业高级技师职业资格证书或相关专业中级及以上专业技术职务任职资格；培训高级技师的教师应具有本职业高级技师职业资格证书2年以上或相关专业高级专业技术职务任职资格。

1.7.3 培训场地设备

理论知识培训场地为标准教室且有必要的教学设施和教具，技能操作培训场所为运行正常的烟气制酸生产现场。

1.8 鉴定要求

1.8.1 适用对象

从事或准备从事本职业的人员。

1.8.2 申报条件

——初级(具备以下条件之一者)

(1) 经本职业初级正规培训达规定标准学时数，并取得结业证书。

(2) 在本职业连续见习工作1年以上。

(3) 本职业学徒期满。

——中级(具备以下条件之一者)

(1) 取得本职业初级职业资格证书后，连续从事本职业工作2年以上，经本职业中级正规培训达规定标准学时数，并取得结业证书。

(2) 取得本职业初级职业资格证书后，连续从事本职业工作3年以上。

(3) 连续从事本职业工作5年以上。

(4) 取得经劳动保障行政部门审核认定的、以中级技能为培养目标的中等以上职业学校本职业（专业）毕业证书。

——高级(具备以下条件之一者)

(1) 取得本职业中级职业资格证书后，连续从事本职业工作3年以上，经本职业高级正规培训达规定标准学时数，并取得结业证书。

(2) 取得本职业中级职业资格证书后，连续从事本职业工作4年以上。

(3) 连续从事本职业工作10年以上。

(4) 取得高级技工学校或经劳动保障行政部门审核认定的、以高级技能为培养目标的高等以上职业学校本职业（专业）毕业证书。

(5) 取得本职业中级职业资格证书的大专以上本专业或相关专业毕业生，连续从事本职业工作2年以上。

——技师(具备以下条件之一者)

(1) 取得本职业高级职业资格证书后，连续从事本职业工作4年以上，经本职业技师正规培训达规定标准学时数，并取得结业证书。

(2) 取得本职业高级职业资格证书后，连续从事本职业工作6年以上。

(3) 取得本职业高级职业资格证书的高级技工学校本职业（专业）毕业生和大专以上本专业或相关专业毕业生，连续从事本职业工作2年以上。

——高级技师(具备以下条件之一者)

(1) 取得本职业技师职业资格证书后，连续从事本职业工作3年以上，经本职业高级技师正规培训达规定标准学时数，并取得毕（结）业证书。

(2) 取得本职业技师职业资格证书后，连续从事本职业工作5年以上。

1.8.3 鉴定方式

分为理论知识考试和技能操作考核。理论知识考试采用闭卷笔试方式，技能操作考核采用现场实际操作方式或现场模拟操作方式。理论知识考试和技能操作考核均实行百分制，成绩皆达60分及以上者为合格。技师、高级技师鉴定还须进行综合评审。

1.8.4 考评人员和考生配比

理论知识考试考评人员和考生配比为1∶20，每个标准教室不少于2名考评人员；技能操作考核考评人员与考生配比为1∶10，且不少于3名考评人员；综合评审委员不少于5人。

1.8.5 鉴定时间

理论知识考试时间为100~150min，技能操作考核时间为120~240min，综合评审时间不少于20min。

1.8.6 鉴定场所设备

理论知识考试在标准教室进行，技能操作考核在生产现场或在有相关设备的教室模拟生产实际进行。

2. 基 本 要 求

2.1 职业道德

2.1.1 职业道德基本知识

2.1.2 职业守则

（1）履行岗位职责，遵守操作规程。

（2）重视安全，确保质量。

（3）爱岗敬业，忠于职守，认真负责，严于律己，吃苦耐劳，团结协作。

（4）刻苦学习，钻研业务，努力提高思想和科学文化素质。

2.2 基础知识

2.2.1 设备知识

常用硫酸制造设备的基本结构和用途。

2.2.2 工艺技术知识

（1）烟气制酸工艺流程。

（2）二氧化硫、三氧化硫、93%和98%工业硫酸、发烟硫酸的物理和化学性质。

（3）净化、干燥、转化、吸收、尾气吸收和废水处理的目的与基本原理。

（4）常用工艺控制指标的含义及内容。

（5）基本技术经济指标的含义及内容。

2.2.3 材料知识

烟气制酸常用材料特性及相关知识。

2.2.4 安全防护知识

（1）安全生产通用规程和岗位安全操作规程。

（2）硫酸灼伤的防护知识。

（3）硫酸的储运、存放安全规则。

（4）二氧化硫、三氧化硫、催化剂、硫酸蒸汽等有害物质的防护知识。

（5）安全用电知识和相关的急救知识。

（6）设备检修安全知识。

2.2.5 仪表知识

（1）常用压力、温度、流量、液位、浓度等仪表的读取知识。

（2）压力、温度、流量、液位、浓度等控制系统的操作知识。

2.2.6 其他知识

（1）93%、98%工业硫酸和发烟硫酸的质量标准。

（2）国家“三废”排放标准中关于烟气制酸的排放标准。

（3）全面质量管理相关知识。

（4）劳动法相关知识。

（5）安全生产法相关知识。

3. 工 作 要 求

本标准对初级、中级、高级、技师和高级技师的技能要求依次递进，高级别涵盖低级别的要求。

3.1 初级

职业功能	工作内容	技能要求	相关知识
一、操作准备	（一）读图	1. 能读懂带控制点的工艺流程图 2. 能读懂简单的工艺设备配置图	1. 识图常识 2. 工艺设备配置图识读方法
	（二）工艺准备	能读懂岗位操作规程和工艺控制指标	岗位操作规程
二、生产操作	（一）制酸作业	1. 能按岗位操作规程完成泵、风机等单体设备的开、停操作 2. 能按要求调节现场阀门等设施控制工艺指标 3. 能按岗位操作规程进行电除雾器的送、停电及清洗操作	1. 气体净化、冷却、烟气干燥、吸收的基本概念 2. 催化及催化剂的基本概念 3. 热交换概念 4. 阀门操作知识

续表

职业功能	工作内容	技能要求	相关知识
二、生产操作	（二）填写记录表	1. 能填写报表 2. 能进行常用计量单位的换算	1. 报表的填写方法 2. 国际单位制 3. 常用计量单位的表示法及换算方法
	（三）安全防护	1. 能对生产现场常见的安全事故采取防范及应急措施 2. 能使用现场消防器材进行灭火	1. 紧急避险知识 2. 常用消防器材选用及使用方法
	（四）废水处理作业（可选）	1. 能按岗位操作规程完成单体设备的开、停操作 2. 能按要求调节现场阀门等设施控制工艺指标	废水处理主要设备功能及结构
三、故障判断和处理	（一）判断故障	1. 能根据现场仪表显示情况判断生产数据是否正常 2. 能判断运转设备的常见故障 3. 能判断气体、液体管道泄漏等故障	1. 流体输送的概念 2. 泄漏的检查方法 3. 运转设备的常见故障
	（二）处理故障	能对管道及设备的固定螺栓松动等故障进行处理	
四、设备维护和检修	（一）设备维护	1. 能保养常用工具、器具及仪表 2. 能按要求对设备进行清扫、润滑等作业	1. 设备点检管理制度 2. 设备使用与维护规程 3. 常用工具、器具及仪表的保养知识
	（二）设备检修	能按要求拆卸、安装人孔盖板	螺栓、垫片的拆卸、安装方法及注意事项

3.2 中级

职业功能	工作内容	技能要求	相关知识
一、操作准备	（一）绘图	能绘制工艺流程方框图	工艺流程方框图绘制方法
	（二）读图	1. 能读懂简单的工艺设备结构图 2. 能读懂开工炉升、降温曲线图	1. 工艺设备图的识读方法 2. 开工炉升、降温方法及注意事项
	（三）工艺准备	能读懂化验分析单	各工序分析控制指标

续表

职业功能	工作内容	技能要求	相关知识
二、生产操作	（一）制酸作业	1. 能切换运行中的设备 2. 能进行现场产酸、串酸及排酸操作 3. 能通过仪表控制系统调节阀门控制工艺指标 4. 能进行生产方式的切换操作	1. 催化剂的性质和使用条件 2. 热交换原理 3. 调节阀使用知识 4. 水平衡和热平衡概念 5. 流体输送设备的工作原理 6. 主要设备的安全保护措施 7. 计算机使用基础知识
	（二）安全防护	1. 能判定现场是否处于安全状态 2. 能根据现场条件选择劳动防护用品	1. 安全状态的确认方法 2. 劳动防护用品的选用知识
	（三）废水处理作业（可选）	1. 能切换备用设备 2. 能通过仪表控制系统调节阀门控制工艺指标	1. 废水处理设备的工作原理 2. 设备的安全保护措施
三、故障判断和处理	（一）判断故障	1. 能根据仪表指示的工艺参数分析工况是否正常 2. 能判断设备运行是否正常	1. 各工艺参数间的内在联系 2. 振动、异音、异味、噪声等故障的判断方法
	（二）处理故障	能在停水、电、风、汽等异常情况下完成设备的安全保护操作	1. 停水、电、风、汽对系统的影响 2. 设备安全保护的注意事项
四、设备维护和检修	（一）设备维护	能按设备润滑表对设备进行润滑	润滑方法及注意事项
	（二）设备检修	能进行工艺设备检修前的安全确认工作	1. 工艺设备检修前的安全确认方法 2. 高压设备、管路概念 3. 管路泄压的方法

3.3 高级

职业功能	工作内容	技能要求	相关知识
一、操作准备	（一）绘图	能绘制带控制点工艺流程图	带控制点工艺流程图的绘制方法
	（二）读图	1. 能读懂复杂的工艺设备结构图 2. 能读懂配管图	1. 工艺设备制图知识 2. 配管图的识读方法

续表

职业功能	工作内容	技能要求	相关知识
二、生产操作	（一）制酸作业	1. 能控制工艺指标，优化操作以获得合理的经济技术指标 2. 能进行短期检修的系统开、停车操作 3. 能运行开工炉并进行转化器的升、降温操作 4. 能根据气体组分计算转化率、硫酸产量 5. 能计算流速、流量	1. 固相催化反应原理 2. 催化剂的组成及其组分的作用 3. 气速和压降间的关系 4. 钝化基本知识 5. 电除雾器一般电气知识 6. 影响净化、干燥、转化、吸收效率的主要因素 7. 转化率、硫酸产量计算方法 8. 流量、流速的概念和计算方法
	（二）安全防护	1. 能发现系统的安全隐患，并提出整改意见 2. 能分析安全事故的原因	安全事故分析方法
	（三）废水处理作业（可选）	1. 能进行系统的开、停车操作 2. 能根据原料状况调整设备运行参数	1. 系统的开、停车操作方法 2. 固液分离设备工作原理 3. 调整设备运行参数的注意事项
三、故障判断和处理	（一）判断故障	1. 能根据关联参数判断工艺参数是否正常 2. 能分析主要工艺设备故障的原因	1. 主要设备的技术性能及工作原理 2. 填料的特性及其对工艺的影响 3. 转化层的气体温升和二氧化硫浓度间的关系 4. 捕沫、除雾设备的结构、材质和对工艺的影响 5. 电除雾器的故障原因
	（二）处理故障	1. 能排除一般的工艺故障 2. 能根据故障原因提出处理措施 3. 能进行仪表故障时的应急操作	1. 各种介质中有害杂质对系统的影响 2. 设备故障的原因及处理方法
四、设备维护和检修	（一）设备维护	能根据设备的技术要求保养工艺设备	1. 工艺设备的保养方法 2. 硫酸设备的基本知识 3. 设备使用与维护规程
	（二）设备检修与验收	1. 能制订工艺管道的检修计划 2. 能进行工艺管道维修后的验收工作	1. 工艺管道的检修方法 2. 验收程序及方法

3.4 技师

职业功能	工作内容	技能要求	相关知识
一、操作准备	（一）绘图	1. 能绘制配管图 2. 能绘制简单的部件图	1. 配管图的绘制知识 2. 机械制图知识
	（二）读图	能读懂简单的电气线路图	电气线路图的识读方法
二、生产操作	（一）制酸作业	1. 能进行大修前、后的系统开、停车操作 2. 能进行气体浓度、气体流量异常波动下的应对操作 3. 能编制单个工序的检修计划 4. 能计算物料平衡 5. 能结合生产实际，对岗位技术操作规程和工艺技术参数提出改进意见	1. 制酸系统大修开、停车的操作要点 2. 影响硫酸产品质量的因素 3. 接触法制酸全过程的原理 4. 传热和传质概念 5. 可逆反应、化学平衡、化学反应速率、反应热效应等基本理论 6. 物料平衡概念和计算方法 7. 常用仪表的工作原理
	（二）数据分析	1. 能收集整理日常生产的工艺数据 2. 能运用排列图、因果图等统计方法进行简单数据分析	排列图、因果图等统计基本知识
	（三）废水处理作业（可选）	1. 能根据废水成分调整工艺控制参数 2. 能编制系统检修计划	1. 废水处理系统关键控制点 2. 废水成分对系统的影响
三、故障判断和处理	（一）判断故障	1. 能预测烟气条件发生变化后对系统的影响 2. 能分析转化率、吸收率、净化率、硫利用率等经济技术指标变化的原因	1. 稳流、湍流、过渡流等的基本概念 2. 不同原料气体制酸的工艺特点及要求
	（二）处理故障	能处理制酸系统出现的较复杂问题	较复杂问题的分析及处理方法
四、技术管理和创新	（一）质量管理	能执行各项质量标准，进行日常质量管理，实现操作过程的质量分析和控制	1. 全面质量管理基本知识 2. ISO 9000 质量管理体系 3. 质量分析和控制的方法
	（二）撰写技术总结	能撰写生产技术总结	技术总结的内容和要求
	（三）工艺改进	能根据生产实际需要，提出工艺改进方案	国内先进制酸工艺技术和设备情况

续表

职业功能	工作内容	技能要求	相关知识
五、生产管理	（一）组织检修	能根据生产情况提出检修方案，组织日常检修	1. 检修管理知识 2. 烟气制酸常用材料的选择和使用条件
	（二）生产过程管理	1. 能根据消耗情况提出原材料、备品、备件计划 2. 能进行制酸系统生产过程管理 3. 能改进生产过程管理方法	1. 原材料、备品、备件的管理知识 2. 设备结构及易损部位 3. 生产管理知识
六、培训和指导	（一）理论培训	能讲授本专业技术理论知识	培训教学的基本方法
	（二）操作指导	能指导本专业初级、中级、高级工进行实际操作	

3.5 高级技师

职业功能	工作内容	技能要求	相关知识
一、生产操作	（一）制酸作业	1. 能根据生产现场实际需要，进行制酸设备和材料选型 2. 完成大修后的设备验收及试车工作 3. 能编写新装置的试车方案并完成试车工作 4. 能进行制酸系统换热器的传热计算	1. 设备选型基本知识 2. 自动控制基本知识 3. 试车、验收方法 4. 传热计算方法
	（二）编写工艺规程	1. 能编写岗位操作规程 2. 能起草简单的工业试验方案	1. 岗位操作规程编制方法 2. 工业试验方案编制要求
二、故障判断和处理	（一）判断故障	能综合应用各种数据分析制酸设备的劣化趋势，预测设备使用寿命	1. 数据统计的一般知识 2. 化学分析一般知识 3. 系统所用仪表的使用条件和保护方法 4. 复杂问题的分析及处理方法
	（二）处理故障	1. 能采取措施，消除转化率、吸收率、净化率、硫利用率等经济技术指标下降的因素 2. 能采取措施延缓工艺设备性能下降的趋势 3. 能处理制酸系统出现的复杂问题	

续表

职业功能	工作内容	技能要求	相关知识
三、技术管理和创新	（一）技术改造	1. 能跟踪国内外最新的硫酸生产技术，分析新工艺、新设备、新材料在现有系统中技术改造的可行性，提出合理化建议 2. 能对技术改造方案提出建议	1. 资料的检索知识 2. 国内外硫酸制造技术的发展动态
	（二）撰写技术总结和论文	1. 能总结所在制酸系统的生产管理实践经验 2. 能对新装置的试车、开车情况进行总结 3. 能撰写本专业的技术论文	论文撰写方法
四、生产管理	（一）组织大修	1. 能根据生产情况提出设备大修草案 2. 能组织大修中具体项目的实施	1. 大修计划的制定方法 2. 生产管理制度的编写要求
	（二）生产过程管理	1. 能综合分析生产运行的情况，有预见性地提出工艺设备安全隐患的整改措施 2. 编写生产管理制度	
五、培训和指导	（一）理论培训	能对初级、中级、高级工和技师进行本技术理论知识培训	培训讲义的编制方法
	（二）操作指导	能指导本专业初级、中级、高级工和和技师进行实际操作	

4. 比 重 表

4.1 理论知识

项 目		初级/%	中级/%	高级/%	技师/%	高级技师/%
基本要求	职业道德	5	5	5	5	5
	基础知识	35	30	25	20	15

续表

项　目		初级/%	中级/%	高级/%	技师/%	高级技师/%
相关知识	操作准备	15	10	5	5	—
	生产操作	35	40	40	30	20
	故障判断和处理	5	10	15	25	25
	设备维护和检修	5	5	10	—	—
	技术管理和创新	—	—	—	5	15
	生产管理	—	—	—	5	10
	培训和指导	—	—	—	5	10
合　计		100	100	100	100	100

4.2　技能操作

项　目		初级/%	中级/%	高级/%	技师/%	高级技师/%
技能要求	操作准备	20	20	10	5	—
	生产操作	65	60	60	30	25
	故障判断和处理	10	10	20	40	40
	设备维护和检修	5	10	10	—	—
	技术管理和创新	—	—	—	10	15
	生产管理	—	—	—	5	10
	培训和指导	—	—	—	10	10
合　计		100	100	100	100	100

国家职业标准

氧化铝制取工

中华人民共和国劳动和社会保障部制定

说　明

根据《中华人民共和国劳动法》的有关规定，为了进一步完善国家职业标准体系，为职业教育、职业培训和职业技能鉴定提供科学、规范的依据，劳动和社会保障部组织有关专家，制定了《氧化铝制取工国家职业标准》（以下简称《标准》）。

一、本《标准》以《中华人民共和国职业分类大典》为依据，以客观反映现阶段本职业的水平和对从业人员的要求为目标，在充分考虑经济发展、科技进步和产业结构变化对本职业影响的基础上，对职业的活动范围、工作内容、技能要求和知识水平作了明确规定。

二、本《标准》的制定遵循了有关技术规程的要求，既保证了《标准》体例的规范化，又体现了以职业活动为导向、以职业技能为核心的特点，同时也使其具有根据科技发展进行调整的灵活性和实用性，符合培训、鉴定和就业工作的需要。

三、本《标准》依据有关规定将本职业分为五个等级，包括职业概况、基本要求、工作要求和比重表四个方面的内容。

四、本《标准》是在有色金属行业职业技能鉴定指导中心的具体组织下，在各有关专家和实际工作者的共同努力下完成的。参加编写的主要人员有：赵仕君、马强、侯创明、柴洪云、张忠虎、陈新选，参加审定的主要人员有：郭万里、郝向东、王奎、肖钊铝、赵东峰、赵光利、郑维亚、丁学全、丁跃华、谢承杰、陈蕾、高德芳。本《标准》由山西铝厂和中国铝业股份有限公司山西分公司负责起草，在制定过程中，得到了中国铝业公司、中国铝业股份有限公司、山东铝业公司、中国铝业股份有限公司山东分公司、中国长城铝业公司、中国铝业股份有限公司河南分公司、贵州铝厂、中国铝业股份有限公司贵州分公司、平果铝业公司、中国铝业股份有限公司广西分公司、中州铝厂、中国铝业股份有限公司中州分公司等有关单位的大力支持，在此一并致谢。

五、本《标准》业经劳动和社会保障部批准，自2004年2月6日起施行。

氧化铝制取工国家职业标准

1. 职 业 概 况

1.1　职业名称

氧化铝制取工。

1.2　职业定义

操作冶金设备，将铝土矿、石灰石、碱等原料制成氧化铝及相关产品的人员。

1.3　职业等级

本职业共设五个等级，分别为：初级（国家职业资格五级）、中级（国家职业资格四级）、高级（国家职业资格三级）、技师（国家职业资格二级）、高级技师（国家职业资格一级）。

1.4　职业环境

室内外，高温，噪声，大气粉尘，含碱。

1.5　职业能力特征

有一定的观察、判断、语言表达和计算能力；具有迅速、准确、协调地做出反应，完成既定操作的能力。

1.6　基本文化程度

初中毕业。

1.7　培训要求

1.7.1　培训期限

全日制职业学校教育，根据其培养目标和教学计划确定。晋级培训期限：初级、中级、高级均不少于 120 标准学时；技师、高级技师均不少于 100 标准学时。

1.7.2　培训教师

培训初级、中级、高级的教师应具有本职业技师及以上职业资格证书或本专业中级及以上专业技术职务任职资格；培训技师的教师应具有本职业高级技师职业资格证书或本专业高级专业技术职务任职资格；培训高级技师的教师应具有本职业高级技师职业资格 2 年以上或本专业高级专业技术职务任职资格。

1.7.3　培训场地设备

标准教室、氧化铝生产现场或模拟生产场所。

1.8 鉴定要求

1.8.1 适应对象

从事或准备从事本职业的人员。

1.8.2 申报条件

——初级(具备以下条件之一者)

(1) 经本职业初级正规培训达规定标准学时数，并取得结业证书。

(2) 在本职业连续见习1年以上。

(3) 本职业学徒期满。

——中级(具备以下条件之一者)

(1) 取得本职业初级职业资格证书后，连续从事本职业工作2年以上，经本职业中级正规培训达规定标准学时数，并取得结业证书。

(2) 取得本职业初级职业资格证书后，连续从事本职业工作3年以上。

(3) 连续从事本职业工作5年以上。

(4) 取得经劳动保障行政部门审核认定的、以中级技能为培养目标的中等以上职业学校本职业（专业）毕业证书。

——高级(具备以下条件之一者)

(1) 取得本职业中级职业资格证书后，连续从事本职业工作3年以上，经本职业高级正规培训达规定标准学时数，并取得结业证书。

(2) 取得本职业中级职业资格证书后，连续从事本职业工作4年以上。

(3) 连续从事本职业工作10年以上。

(4) 取得高级技工学校或经劳动保障行政部门审核认定的、以高级技能为培养目标的高等职业学校本职业（专业）毕业证书。

(5) 取得本职业中级职业资格证书的大专以上本专业或相关专业毕业生，连续从事本职业工作2年以上。

——技师(具备以下条件之一者)

(1) 取得本职业高级职业资格证书后，连续从事本职业工作4年以上，经本职业技师正规培训达规定标准学时数，并取得结业证书。

(2) 取得本职业高级职业资格证书后，连续从事本职业工作6年以上。

(3) 取得本职业高级职业资格证书的高级技工学校本职业（专业）毕业生和大专以上本专业或相关专业毕业生，连续从事本职业工作满2年以上。

——高级技师(具备以下条件之一者)

(1) 取得本职业技师资格证书后，连续从事本职业工作3年以上，经本职业高级技师正规培训达规定标准学时数，并取得结业证书。

(2) 取得本职业技师职业资格证书后，连续从事本职业工作5年以上。

1.8.3 鉴定方式

分为理论知识考试和技能操作考试。理论知识考试采用闭卷笔试方式，技能操作考核采用现场实际操作或模拟场所操作方式。理论知识考试和技能操作考核均实行百分制，成绩皆达60分及以上者为合格。技师、高级技师还须进行综合评审。

1.8.4 考评人员与考生配比

理论知识考试考评人员与考生配比为1∶20，每个标准教室不少于2名考评人员；技能操作考核考评员与考生配比为1∶5，且不少于3名考评员；综合评审委员不少于5人。

1.8.5 鉴定时间

理论知识考试时间为90~120min；技能操作考核时间为60~240min；综合评审时间不少于20min。

1.8.6 鉴定场所设备

理论知识考试在标准教室进行。技能操作考核在生产现场或模拟生产现场进行。生产现场或模拟生产现场必须配备与考核内容有关的工器具、设备。

2. 基 本 要 求

2.1 职业道德

2.1.1 职业道德基本知识

2.1.2 职业守则

（1）爱岗敬业，工作热情主动。

（2）认真负责，严格按照各项标准完成本职业工作。

（3）努力学习，不断提高基础理论水平和操作技能。

（4）遵纪守法，不谋私利。

（5）遵守劳动纪律。

2.2 基础知识

2.2.1 氧化铝生产工艺基础知识

（1）氧化铝和氧化铝水合物。

（2）铝土矿及其他铝矿石。

（3）氧化铝生产方法。

2.2.2 氧化铝生产设备

（1）机械设备常识。

（2）氧化铝生产设备简介。

2.2.3 电工基础知识

（1）常用电器的种类及用途。

（2）安全用电知识。

2.2.4 安全生产知识

（1）安全操作知识。

（2）劳动保护知识。

2.2.5 相关法律、法规知识

（1）劳动法的相关知识。

（2）安全生产法的相关知识。

（3）环境保护的相关知识。

2.2.6 管理知识

（1）质量管理知识。

（2）生产管理知识。

（3）技术管理知识。

3. 工 作 要 求

本标准对初级、中级、高级、技师和高级技师的技能要求依次递进，高级别涵盖低级别的要求。

3.1 初级（第二至第十四职业功能为可选模块，根据申报人情况任选其一）

职业功能	工作内容	技能要求	相关知识
一、生产准备	（一）班前会	能按要求穿戴好个人劳动保护用品	个人劳动保护用品穿戴的要求
	（二）记录填写	1. 能规范地填写各种表格、记录，并保持整洁 2. 能记录生产运行中的有关信息	1. 表格、记录填写的规范 2. 生产记录的要求
	（三）交接班	1. 能按要求整理工作现场，做到定置、整洁、卫生 2. 能交接当班生产、设备运行（备用）、流程变动等情况	1. 工作现场定置标准 2. 交接班制度
二、配矿	（一）卸车	1. 能完成卸车设备启动前的准备工作 2. 能完成卸车工序的巡回检查工作	1. 卸车设备启动前的准备内容 2. 卸车工序的巡回检查标准

续表

职业功能	工作内容	技能要求	相关知识
二、配矿	（二）碎矿	1. 能完成碎矿设备启动前的准备工作 2. 能完成碎矿工序的巡回检查工作	1. 碎矿设备启动前的准备内容 2. 碎矿工序的巡回检查标准
	（三）均化	1. 能完成均化设备启动前的准备工作 2. 能完成均化工序的巡回检查工作 3. 能完成混矿的采样工作	1. 均化设备启动前的准备内容 2. 均化工序的巡回检查标准 3. 混矿采样的方法
三、石灰烧制	（一）司炉	1. 能完成石灰炉及收尘启动前的准备工作 2. 能完成石灰烧制工序的巡回检查工作	1. 石灰炉启动前的准备内容 2. 石灰烧制工序的巡回检查标准
	（二）化灰	1. 能完成化灰设备启动前的准备工作 2. 能完成化灰工序的巡回检查工作	1. 化灰设备启动前的准备内容 2. 化灰工序的巡回检查标准
四、矿浆制备	（一）磨矿	1. 能完成磨矿设备启动前的准备工作 2. 能完成磨矿工序的巡回检查工作 3. 能处理饲料机断料、堵料故障	1. 磨矿设备启动前的准备内容 2. 磨矿工序的巡回检查标准 3. 饲料机断料、堵料故障的处理方法
	（二）矿浆调配	1. 能完成矿浆调配设备启动前的准备工作 2. 能完成矿浆调配工序的巡回检查工作 3. 能判断冒槽、泄漏故障 4. 能完成矿浆调配的取样、监测工作	1. 矿浆调配设备启动前的准备内容 2. 矿浆调配工序的巡回检查标准 3. 冒槽、泄漏故障的特征 4. 矿浆调配取样、监测的方法
五、压缩气体制备	（一）二氧化碳输送	1. 能完成二氧化碳输送设备启动前的准备工作 2. 能完成二氧化碳输送工序的巡回检查工作	1. 二氧化碳输送设备启动前的准备内容 2. 二氧化碳输送工序的巡回检查标准
	（二）空气压缩	1. 能完成空压机启动前的准备工作 2. 能完成空压机的巡回检查工作	1. 空压机启动前的准备内容 2. 空压机的巡回检查标准

续表

职业功能	工作内容	技能要求	相关知识
六、煤粉制备	（一）原煤输送	1. 能完成原煤输送设备启动前的准备工作 2. 能完成原煤输送工序的巡回检查工作	1. 原煤输送设备启动前的准备内容 2. 原煤输送工序的巡回检查标准
	（二）煤粉磨制	1. 能完成煤粉制备启动前的准备工作 2. 能完成煤粉制备工序的巡回检查工作 3. 能监测煤粉仓仓位	1. 煤粉制备启动前的准备内容 2. 煤粉制备工序的巡回检查标准 3. 煤粉仓仓位的监测方法
七、熟料烧结	（ ）熟料烧成	1. 能完成开窑前烘窑的准备工作 2. 能完成喂料泵启动前的准备工作 3. 能完成熟料窑系统的巡回检查工作	1. 开窑前烘窑的准备内容 2. 喂料泵启动前的准备内容 3. 熟料窑系统的巡回检查标准
	（二）熟料破碎	1. 能完成破碎机、输送设备和收尘器的启动、停止工作 2. 能完成破碎机、输送设备和收尘器的巡回检查工作 3. 能监测熟料仓仓位	1. 破碎机、输送设备和收尘器的启动、停止步骤 2. 破碎机、输送设备和收尘器的巡回检查标准 3. 熟料仓仓位的监测方法
八、铝土矿溶出	（一）原矿浆预脱硅	1. 能完成隔膜泵启动前的准备工作 2. 能完成空压机、离心泵、预脱硅槽搅拌启动、停止工作 3. 能完成原矿浆预脱硅工序的巡回检查工作	1. 离心泵、空压机、隔膜泵、预脱硅槽搅拌的操作规程 2. 原矿浆预脱硅工序的巡回检查标准
	（二）铝土矿溶出	1. 能完成铝土矿溶出工序启动前的准备工作 2. 能完成铝土矿溶出工序的巡回检查工作	1. 铝土矿溶出工序启动前的准备内容 2. 铝土矿溶出工序的巡回检查标准
九、熟料溶出	（一）调整液配制	1. 能完成溶出磨启动前调整液的准备工作 2. 能完成调整液配制的巡回检查工作 3. 能处理冒槽和管道泄漏故障 4. 能监测调整槽液位	1. 溶出磨启动前调整液的准备内容 2. 调整液配制的巡回检查标准 3. 冒槽和管道泄漏的处理方法 4. 调整槽液位的监测方法

续表

职业功能	工作内容	技能要求	相关知识
九、熟料溶出	（二）熟料溶出	1. 能完成溶出磨启动前的准备工作 2. 能完成熟料溶出工序的巡回检查工作 3. 能处理溶出饲料机堵料、断料故障	1. 溶出磨启动前的准备内容 2. 熟料溶出工序的巡回检查标准 3. 溶出饲料机堵料、断料的处理方法
十、液固分离	（一）沉降	1. 能完成沉降槽启动、停止前的准备工作 2. 能完成沉降槽的巡回检查工作 3. 能完成沉降槽的取样、监测工作 4. 能完成絮凝剂的添加工作 5. 能判断泄漏、冒槽故障	1. 沉降槽启动、停止前的准备内容 2. 沉降槽的巡回检查标准 3. 沉降槽取样、监测的方法 4. 絮凝剂添加方法 5. 泄漏、冒槽特征
	（二）过滤	1. 能完成过滤设备启动、停止前的准备工作 2. 能完成过滤设备的巡回检查工作 3. 能完成取样、监测工作 4. 能完成脱水剂的添加工作	1. 过滤设备启动、停止前的准备内容 2. 过滤设备的巡回检查标准 3. 取样、监测的方法 4. 脱水剂的添加方法
十一、脱硅	（一）中压脱硅	1. 能完成脱硅喂料泵启动、停止工作 2. 能完成脱硅机组启动前的检查工作 3. 能完成喂料泵和粗液槽的巡回检查工作 4. 能监测粗液槽液位 5. 能判断粗液槽冒槽、泄漏故障	1. 喂料泵启动、停止步骤 2. 脱硅机组启动前的检查内容 3. 喂料泵和粗液槽的巡回检查标准 4. 冒槽和泄漏的特征
	（二）常压脱硅	1. 能完成石灰乳泵和絮凝剂泵及硅渣泵的启动、停止工作 2. 能判断冒槽故障 3. 能监测沉降槽和泵的电动机电流 4. 能完成常压脱硅的巡回检查工作	1. 泵的启动、停止步骤 2. 电流监测方法 3. 冒槽特征 4. 常压脱硅的巡回检查标准

续表

职业功能	工作内容	技能要求	相关知识
十二、铝酸钠溶液分解	（一）碳酸化分解	1. 能完成碳分槽启动、停止前的准备工作 2. 能完成碳分分解工序的巡回检查工作 3. 能完成碳分取样、监测工作 4. 能判断泄漏、冒槽故障	1. 碳分槽启动、停止前的准备内容 2. 碳分分解的巡回检查标准 3. 碳分取样、监测的方法 4. 泄漏、冒槽特征
	（二）晶种分解	1. 能完成种分槽投用和隔离前的准备工作 2. 能完成晶种分解工序的巡回检查工作 3. 能完成晶种分解工序的取样、监测工作 4. 能判断泄漏、冒槽事故 5. 能清理溜槽结疤	1. 种分槽投用和隔离前的准备工作内容 2. 晶种分解工序的巡回检查标准 3. 晶种分解工序的取样、监测方法 4. 泄漏、冒槽特征 5. 溜槽结疤的清理方法
十三、氢氧化铝焙烧	（一）烘炉与准备	1. 能检查焙烧设备入孔门、清理门、观察孔等，关闭牢固，密封完好 2. 能完成风机、给料设备、排料设备、燃烧站及收尘器启动前的准备工作	1. 焙烧设备入孔门、清理门、观察孔等检查、关闭方法 2. 风机、给料设备，排料设备、燃烧站及收尘器启动前的准备内容
	（二）生产运行操作	1. 能完成氢氧化铝焙烧的取样、监测工作 2. 能完成焙烧炉系统的巡回检查工作 3. 能检查排料系统并确认排料结束	1. 氢氧化铝焙烧取样、监测的方法 2. 焙烧炉系统的巡回检查标准 3. 排料系统检查方法
	（三）故障判断与处理	1. 能判断断料、泄漏、冒槽故障 2. 能判断设备润滑故障	1. 断料、泄漏、冒槽的特征 2. 润滑故障特征
十四、蒸发	（一）母液蒸发	1. 能完成离心泵、真空泵、蒸发器、水冷器、闪蒸槽启动前的准备工作 2. 能完成离心泵和真空泵的启动、停止工作 3. 能完成母液蒸发的巡回检查工作	1. 离心泵、蒸发器、水冷器、闪蒸槽启动前的准备内容 2. 离心泵和真空泵的启动、停止步骤 3. 母液蒸发的巡回检查标准

续表

职业功能	工作内容	技能要求	相关知识
十四、蒸发	（二）碱液调配	1. 能完成离心泵的启动、停止工作 2. 能完成碱液调配的巡回检查工作	1. 离心泵启动、停止步骤 2. 碱液调配的巡回检查标准
十五、设备维护	维护设备	1. 能清理设备本体卫生 2. 能按标准对设备进行紧固润滑	1. 设备本体卫生清理要求 2. 设备的润滑标准

3.2 中级（第二至第十四职业功能为可选模块，根据申报人情况任选其一）

职业功能	工作内容	技能要求	相关知识
一、生产准备	（一）设备准备	1. 能对设备进行攀车 2. 能完成测量绝缘的联系工作 3. 能完成设备启动前的润滑工作 4. 能检查、紧固设备紧固件	1. 攀车方法 2. 润滑流程 3. 流程改动方法 4. 物料准备要求
	（二）流程准备	能按照生产要求改好工艺流程	
	（三）物料准备	能准备好启动所需的物料	
	（四）其他准备	1. 能与相关岗位联系，做好启动准备 2. 能准备启动所需的工器具和材料	
二、配矿	（一）卸车	1. 能完成卸车设备的启动、停止工作 2. 能完成卸车的正常操作	1. 卸车设备的启动、停止步骤 2. 卸车的操作要求
	（二）碎矿	1. 能完成破碎机的启动、停止工作 2. 能完成破碎机的破碎工作	1. 破碎机及输送设备的启动、停止步骤 2. 破碎机的操作要求
	（三）均化	1. 能完成矿石均化设备及输送设备的启动、停止工作 2. 能完成矿石均化的正常操作	1. 矿石均化设备及输送设备的启动、停止步骤 2. 矿石均化的操作要求

续表

职业功能	工作内容	技能要求	相关知识
三、石灰烧制	（一）司炉	1. 能完成石灰炉及附属设备的启动、停止工作 2. 能完成石灰炉的正常操作 3. 能判断石灰炉常见故障 4. 能调整石灰炉焦比	1. 石灰炉及附属设备的启动、停止步骤 2. 石灰炉的操作要求 3. 石灰炉常见故障的特征 4. 石灰炉焦比的调整方法
	（二）化灰	1. 能完成化灰机及附属设备的启动、停止工作 2. 能完成化灰机的正常操作	1. 化灰机及附属设备的启动、停止步骤 2. 化灰机的操作要求
四、矿浆制备	（一）磨矿	1. 能完成磨机的启动、停止工作 2. 能完成磨机的正常操作 3. 能确定磨机启动初始下料量	1. 磨机的启动、停止步骤 2. 磨机的操作要求 3. 磨机初始下料量的确定原则
	（二）矿浆调配	1. 能完成矿浆调配设备的启动、停止工作 2. 能完成矿浆调配的正常操作 3. 能判断矿浆指标是否合乎要求 4. 能判断断料、沉淀故障 5. 能完成料浆槽入料工作	1. 矿浆调配设备的启动、停止步骤 2. 矿浆调配的操作要求 3. 矿浆指标的正常范围 4. 断料、沉淀的特征 5. 料浆槽入料工作程序
五、压缩气体制备	（一）二氧化碳输送	1. 能完成二氧化碳输送设备的启动、停止工作 2. 能完成二氧化碳输送的正常操作 3. 能判断设备声音、温度、振动异常等故障 4. 能判断设备运转件磨损故障	1. 二氧化碳输送设备的启动、停止步骤 2. 二氧化碳输送的操作要求 3. 设备声音、温度、振动异常的特征 4. 设备运转件磨损的特征
	（二）空气压缩	1. 能完成空压机的启动、停止工作 2. 能完成空压机的正常操作 3. 能判断设备声音、温度、振动异常等故障 4. 能判断设备运转件磨损故障	1. 空压机的启动、停止步骤 2. 空压机的操作要求 3. 设备声音、温度、振动异常的特征 4. 设备运转件磨损的特征

续表

职业功能	工作内容	技能要求	相关知识
六、煤粉制备	（一）原煤输送	能完成原煤输送启动、停止工作	原煤输送启动、停止步骤
	（二）煤粉磨制	1. 能完成煤粉磨的启动、停止工作 2. 能调整煤粉磨出口温度 3. 能判断处理煤粉仓蓬仓故障	1. 煤粉磨的启动、停止步骤 2. 煤粉磨出口温度的调整方法 3. 煤粉仓蓬仓的特征及处理方法
七、熟料烧结	（一）熟料烧成	1. 能完成熟料窑系统的启动、停止工作 2. 能判断窑后提升机和下灰管堵塞故障 3. 能测算、调整喂料量 4. 能完成熟料窑及收尘的监测和窑尾取样工作 5. 能判断窑喂料泵进出料管不畅故障 6. 能判断窑尾扬料板、刮料器故障	1. 熟料窑系统的启动、停止步骤 2. 提升机和下灰管堵塞特征 3. 喂料量的测算调整方法 4. 取样、监测的方法 5. 喂料泵进出料管不畅故障的特征 6. 窑尾扬料板、刮料器故障特征
	（二）熟料破碎	1. 能监测破碎后熟料的粒度 2. 能分析熟料破碎后粒度超标原因，并采取有效措施 3. 能判断、处理熟料破碎机堵塞故障	1. 熟料粒度的监测方法 2. 粒度超标的处理方法 3. 熟料破碎机堵塞特征及处理方法
八、铝土矿溶出	（一）原矿浆预脱硅	1. 能完成预脱硅启动前的流程准备 2. 能完成隔膜泵的启动、停止工作 3. 能监测隔膜泵进料压力、出口压力、风压 4. 能处理脱硅槽冒槽故障	1. 预脱硅工艺流程 2. 隔膜泵的操作步骤 3. 隔膜泵进料压力、出口压力、风压的监测方法 4. 脱硅槽冒槽处理方法
	（二）铝土矿溶出	1. 能完成单台压煮器料浆和冷凝水温度的测定工作 2. 能完成料浆不凝性气体的排放工作 3. 能判断闪蒸槽过料管过料不畅及磨损故障 4. 能判断料浆管磨漏故障并采取有效措施 5. 能判断溶出冷凝水带料故障 6. 能判断隔膜泵常见故障	1. 压煮器料浆和冷凝水温度的测定方法 2. 料浆不凝性气体排放方法 3. 闪蒸槽过料管过料不畅及磨损特征 4. 料浆管磨漏的特征及处理方法 5. 冷凝水带料的特征 6. 隔膜泵常见故障的特征

续表

职业功能	工作内容	技能要求	相关知识
九、熟料溶出	（一）调整液配制	能调整溶出调整液的加入量	调整液加入量的要求
	（二）熟料溶出	1. 能完成溶出磨的启动、停止工作 2. 能完成熟料溶出的正常操作 3. 能确定磨机启动初始下料量 4. 能调整下料量和调整液的比例	1. 溶出磨的启动、停止步骤 2. 溶出操作要求 3. 初始下料量的确定原则 4. 下料量和调整液的调整方法
十、液固分离	（一）沉降	1. 能完成沉降槽的启动、停止工作 2. 能完成絮凝剂、脱水剂的配制工作 3. 能调控洗水温度、加入量 4. 能判断技术指标和技术条件波动故障 5. 能判断沉槽、断料、堵塞、沉降槽底流不畅故障 6. 能处理下料漏斗堵塞、泄漏等故障	1. 沉降槽的启动、停止步骤 2. 絮凝剂、脱水剂的配制方法 3. 洗水温度、加入量的调控方法 4. 技术指标和技术条件波动的特征 5. 沉槽、断料、堵塞、沉降槽底流不畅故障的特征 6. 下料漏斗堵塞、泄漏的处理方法
	（二）过滤	1. 能完成过滤设备的启动、停止工作 2. 能完成滤布水洗、碱洗工作 3. 能判断指标和技术条件波动故障 4. 能判断沉淀、断料、堵塞、真空跑碱等故障 5. 能处理滤布破损、压条绳掉等故障 6. 能调控过滤设备转速、真空度、料位、喷液、洗液加入量	1. 过滤设备的启动、停止步骤 2. 滤布水洗、碱洗的方法 3. 指标和技术条件波动的特征 4. 沉淀、断料、堵塞、真空跑碱的特征 5. 滤布破损、压条绳掉等的处理方法 6. 过滤设备转速、真空度、料位、喷液、洗液加入量的调控方法
十一、脱硅	（一）中压脱硅	1. 能完成蒸汽缓冲器、脱硅机组预热和操作 2. 能调整脱硅机组压力和温度 3. 能调整脱硅晶种加入量 4. 能分析浮游物和 α_k 异常的原因，并采取有效措施 5. 能判断脱硅机组常见故障	1. 蒸汽缓冲器、脱硅机组预热方法及操作步骤 2. 脱硅机组压力和温度的调整方法 3. 脱硅晶种加入量的调整方法 4. 影响浮游物、α_k 的主要因素及指标异常时的处理方法 5. 脱硅机组常见故障的特征

续表

职业功能	工作内容	技能要求	相关知识
十一、脱硅	（二）常压脱硅	1. 能完成常压脱硅的启动工作 2. 能完成过滤设备煮车及卸车工作 3. 能处理冒槽故障 4. 能完成沉降槽清液层的测定工作 5. 能判断、处理沉降槽底流不畅故障 6. 能处理沉降槽溢流异常故障	1. 常压脱硅的启动步骤 2. 叶滤机、袋滤机煮车及卸车的方法 3. 冒槽故障的处理方法 4. 沉降槽清液层的测定方法 5. 沉降槽底流不畅的特征及处理方法 6. 沉降槽溢流异常故障处理方法
十二、铝酸钠溶液分解	（一）碳酸化分解	1. 能完成单台碳分槽的投用和隔离工作 2. 能处理泄漏、冒槽故障 3. 能更换垫子、阀门等 4. 能调整液位、通气量 5. 能判断工艺参数波动 6. 能判断断料、堵塞故障	1. 单台碳分槽的投用和隔离程序 2. 泄漏、冒槽的处理方法 3. 垫子、阀门等的更换方法 4. 液位、通气量的调整方法 5. 工艺参数波动的特征 6. 断料、堵塞的特征
	（二）晶种分解	1. 能完成种分槽的投用和隔离工作 2. 能完成离心泵、真空泵和降温设备的启动、停止工作 3. 能判断工艺参数波动故障 4. 能更换垫子、阀门等 5. 能判断沉槽、断料、堵塞故障 6. 能处理泄漏、冒槽故障	1. 种分槽的投用和隔离程序 2. 离心泵、真空泵和降温设备的启动、停止步骤 3. 工艺参数波动的特征 4. 垫子、阀门等的更换方法 5. 沉槽、断料、堵塞的特征 6. 泄漏、冒槽的处理方法
十三、氢氧化铝焙烧	（一）烘炉与准备	1. 能启动螺旋给料机、皮带秤等氢氧化铝给料设备 2. 能启动氧化铝排料设备 3. 能启动燃烧站 4. 能按烘炉要求进行温度控制 5. 能启动收尘等附属设备	1. 螺旋给料机、皮带秤等氢氧化铝给料设备的启动方法 2. 氧化铝排料设备的启动方法 3. 燃烧站的启动方法 4. 烘炉要求与温度控制方法 5. 收尘等附属设备的启动方法

续表

职业功能	工作内容	技能要求	相关知识
十三、氢氧化铝焙烧	（二）生产运行操作	1. 能调整主炉、预热炉、电收尘进口温度 2. 能调整燃料用量 3. 能调整风量、负压和压差 4. 能调整氢氧化铝下料量 5. 能完成计划停炉	1. 主炉、预热炉、电收尘进口温度的调整方法 2. 燃料用量的调整方法 3. 风量、负压和压差的调整方法 4. 氢氧化铝下料量的调整方法 5. 计划停炉的步骤
	（三）故障判断与处理	1. 能处理焙烧系统漏风、漏料故障 2. 能处理氧化铝供料、排料异常故障 3. 能判断物料堵塞故障 4. 能判断、处理电收尘返料故障 5. 能判断、处理出料温度高故障 6. 能判断、处理燃料供给异常故障 7. 能处理主风机、螺旋给料机、电子皮带秤、燃烧站等设备突然停止造成的故障 8. 能判断风机振动异常故障	1. 焙烧系统漏风、漏料、排料不畅的处理方法 2. 供料、排料故障的处理方法 3. 物料堵塞的特征 4. 电收尘返料故障的特征及处理方法 5. 焙烧炉出料温度高的特征及处理方法 6. 燃料供给异常的特征及处理方法 7. 主风机、螺旋给料机、电子皮带秤、燃烧站等设备突然停止的处理方法 8. 风机振动异常的特征
十四、蒸发	（一）母液蒸发	1. 能完成母液蒸发的取样、监测工作 2. 能调整蒸发器进料量、各效液面、首效使用汽压、末效真空度 3. 能调整水冷器上水流量 4. 能调整回水去向 5. 能判断、处理蒸发器液面异常故障 6. 能处理闪蒸槽下料管堵塞、各效冷凝水管堵塞故障 7. 能处理蒸发目镜糊死、目镜破裂、冷凝水罐振动故障	1. 母液蒸发的取样、监测方法 2. 蒸发器进料量、各效液面、首效使用汽压、末效真空度、水冷器上水流量的调整方法 3. 回水去向的调整原则 4. 蒸发器液面异常的特征及处理方法 5. 闪蒸槽下料管堵塞、各效冷凝水管堵塞的处理方法 6. 蒸发目镜糊死、目镜破裂、冷凝水罐振动的处理方法
	（二）碱液调配	能计算碱液调配高浓度、低浓度碱液配比	碱液调配高浓度、低浓度碱液的配比方法

续表

职业功能	工作内容	技能要求	相关知识
十五、设备维护	（一）维护设备	1. 能完成填料、简单的密封垫、小管件更换等常规工作 2. 能按照设备点检标准对设备的运行状况进行点检 3. 能判断常见的设备故障	1. 填料、密封垫、小管件的更换方法 2. 设备点检方法 3. 设备常见故障的判断方法 4. 设备的构造、工作原理
	（二）检修设备	能完成检修前的工艺准备	检修前的工艺准备内容

3.3　高级（第一至第十三职业功能为可选模块，根据申报人情况任选其一）

职业功能	工作内容	技能要求	相关知识要求
一、配矿	（一）卸车	能处理卸车常见故障	卸车常见故障的处理方法
	（二）碎矿	1. 能处理破碎机常见故障 2. 能监测破碎后矿石粒度	1. 破碎机常见故障的处理方法 2. 破碎后矿石粒度的要求
	（三）均化	1. 能完成均化作业 2. 能调整均化指标 3. 能计算配矿铝硅比 4. 能判断均化设备的常见故障	1. 均化作业内容 2. 均化指标的调整方法 3. 配矿铝硅比的计算方法 4. 均化设备常见故障的特征
二、石灰烧制	（一）司炉	1. 能调控石灰炉生产指标 2. 能处理石灰炉常见生产故障	1. 石灰煅烧生产指标的调控方法 2. 石灰炉常见生产故障的处理方法
	（二）化灰	1. 能调控化灰机生产指标 2. 能处理化灰机常见生产故障	1. 化灰机生产指标的调控方法 2. 化灰机常见生产故障的处理方法
三、原料制备	（一）磨矿	1. 能紧固磨皮螺钉 2. 能判断、处理磨矿浓度异常故障 3. 能判断、处理磨机突然跳停故障 4. 能依据磨音和物料成分变化调整磨机下料量	1. 磨皮螺钉紧固要求 2. 磨矿浓度异常的原因及处理方法 3. 磨机突然跳停的原因及处理方法 4. 磨音、物料成分变化与下料量的关系

续表

职业功能	工作内容	技能要求	相关知识
三、原料制备	（二）矿浆调配	1. 能完成矿浆比重的测量工作 2. 能处理料浆槽冒槽故障 3. 能根据矿浆比重和灌槽结果调整干料与碱液配比 4. 能根据各槽料浆成分完成选择倒槽作业 5. 能处理料浆槽搅拌风压低或停风故障	1. 矿浆比重的测量方法 2. 冒槽的处理方法 3. 干料与碱液配备的调整方法 4. 混合倒槽选择原则 5. 料浆槽搅拌风压低或停风的特征及处理方法
四、压缩气体制备	（一）二氧化碳输送	1. 能依据用风情况组织二氧化碳压缩机启动、停止 2. 能调整系统风压	系统风压的调整方法
	（二）压缩空气制备	1. 能依据用风情况组织空压机启动、停止 2. 能调整系统风压	系统风压的调整方法
五、煤粉制备	煤粉磨制	1. 能判断、处理堵塞故障 2. 能判断、处理煤粉磨大瓦和传动齿轮箱给油中断故障 3. 能调整煤粉水分和细度	1. 堵塞特征及处理方法 2. 煤粉磨大瓦和传动齿轮箱给油中断特征及处理方法 3. 煤粉水分和细度的调整方法
六、熟料烧结	（一）熟料烧成	1. 能调整熟料窑相关参数 2. 能调整熟料窑前操作及电收尘控制盘二次电流和二次电压值 3. 能判断熟料窑喂料泵故障 4. 能分析熟料窑跑黄料故障 5. 能完成喷枪枪头和螺旋体的更换工作 6. 能挂、炼窑皮 7. 能判断、处理熟料窑泥浆圈、大蛋、窑尾喷枪堵塞故障 8. 能处理熟料过烧结故障	1. 熟料窑相关参数的调整方法 2. 熟料窑前操作及电收尘控制盘二次电流和二次电压的调整方法 3. 熟料窑喂料泵的故障特征 4. 熟料窑跑黄料特征及处理方法 5. 喷枪枪头和螺旋体更换方法 6. 窑皮挂、炼方法 7. 泥浆圈、大蛋、窑尾喷枪堵塞的特征及处理方法 8. 熟料过烧结特征及处理方法
	（二）熟料破碎	能根据熟料破碎后的粒度调整破碎机出料口尺寸	破碎机出料口尺寸的调整方法

续表

职业功能	工作内容	技能要求	相关知识
七、铝土矿溶出	（一）原矿浆预脱硅	1. 能完成脱硅槽倒槽工作 2. 能调控原矿浆温度	1. 脱硅槽倒槽方法 2. 原矿浆温度的调控方法
	（二）铝土矿溶出	1. 能完成溶出机组的启动、停止工作 2. 能完成切换压煮器相关流程 3. 能完成隔膜泵隔膜室的排气 4. 能根据压煮器搅拌电流提高满罐率 5. 能调控隔膜泵进料槽、补偿器料位和闪蒸槽压力分布、液位 6. 能调整溶出机组温度、压力、进料量、进料固含 7. 能判断机组压力突然降低故障 8. 能处理冷凝水带料故障 9. 能处理隔膜泵常见故障	1. 溶出机组的启动、停止步骤 2. 压煮器相关流程的切换方法 3. 隔膜泵进料槽和补偿器料位及闪蒸槽压力分布、液位的控制方法 4. 冷凝水带料的特征及处理方法 5. 机组压力突然降低的特征 6. 隔膜泵常见故障的特征及处理方法
八、熟料溶出	熟料溶出	1. 能判断溶出磨跳停故障 2. 能判断溶出磨筒体裂纹故障 3. 能分析熟料溶出液液固比异常变化，并采取调整措施 4. 能监测熟料溶出赤泥的细度 5. 能对溶出液氧化铝浓度和碳酸钠浓度指标异常采取调整措施 6. 能监测并调整熟料溶出温度	1. 溶出磨跳停故障的原因 2. 溶出磨筒体裂纹特征 3. 溶出液液固比正常要求值 4. 溶出赤泥细度的监测方法 5. 氧化铝浓度和碳酸钠浓度指标的调整方法 6. 熟料溶出温度的监测和调整方法
九、液固分离	（一）沉降	1. 能完成耙机的升降工作 2. 能处理指标和技术条件波动故障 3. 能处理断料、堵塞、冒槽、沉槽、跑浑故障 4. 能测定浆液液固比 5. 能调整沉降槽底流 6. 能调整絮凝剂加入量	1. 耙机的升降方法 2. 指标和技术条件波动的处理方法 3. 断料、堵塞、沉槽、冒槽、跑浑的处理方法 4. 浆液液固比的测定方法 5. 沉降槽底流的调整方法 6. 絮凝剂加入量的调整方法

续表

职业功能	工作内容	技能要求	相关知识
九、液固分离	（二）过滤	1. 能调整洗液、精液、新水、助滤剂的加入量 2. 能调整叶滤机进料量、进料压力 3. 能判断集中润滑系统供油不足故障 4. 能处理指标和技术条件波动故障 5. 能处理断料、堵塞、冒槽、沉槽、跑碱故障 6. 能处理过滤设备常见故障	1. 洗液、精液、新水、助滤剂加入量的调整方法 2. 叶滤机进料量、进料压力的调整方法 3. 集中润滑系统供油不足的特征 4. 指标和技术条件波动的处理方法 5. 断料、堵塞、沉槽、冒槽、跑碱的处理方法 6. 过滤设备常见故障的处理方法
十、脱硅	（一）中压脱硅	1. 能完成脱硅机启动、停止工作 2. 能判断机组是否超压 3. 能调整精液铝硅比 4. 能判断、处理脱硅机空罐、超压故障	1. 脱硅机的启动、停止步骤 2. 脱硅机组超压的特征 3. 脱硅时间对精液铝硅比的影响 4. 脱硅机空罐超压故障特征及处理方法
	（二）常压脱硅	1. 能测定沉降速度 2. 能处理沉降槽溢流浮游物超标事故 3. 能处理沉降槽耙机高度不合理故障 4. 能调整石灰乳、絮凝剂添加量 5. 能判断、处理过滤机的常见故障	1. 沉降速度的测定方法 2. 沉降槽溢流浮游物超标的处理方法 3. 沉降槽耙机高度标准 4. 石灰乳、絮凝剂添加量的调整方法 5. 过滤机的常见故障特征及处理方法
十一、铝酸钠溶液分解	（一）碳酸化分解	1. 能完成连续碳分倒组工作 2. 能处理工艺参数波动故障 3. 能处理断料、堵塞、意外停止故障 4. 能处理离心泵气蚀等故障	1. 连续碳分倒组步骤 2. 工艺参数波动的处理方法 3. 断料、堵塞、意外停止的处理方法 4. 离心泵气蚀的处理方法

续表

职业功能	工作内容	技能要求	相关知识
十一、铝酸钠溶液分解	（二）晶种分解	1. 能判断分解率低、产品质量差的故障 2. 能处理工艺参数波动故障 3. 能处理沉槽、翻料、断料、堵塞等异常故障 4. 能处理离心泵气蚀故障 5. 能处理旋流器运行异常故障 6. 能判断降温效果	1. 影响分解率和产品质量的因素 2. 工艺参数波动的处理方法 3. 沉槽、翻料、断料、堵塞的处理方法 4. 离心泵气蚀的处理方法 5. 旋流器运行异常故障的处理方法 6. 影响降温的因素
十二、氢氧化铝焙烧	（一）烘炉与准备	1. 能启动主风机 2. 能启动干燥段的冷却系统 3. 能完成带料烘炉 4. 能按要求恢复中断的烘炉	1. 主风机的启动方法 2. 干燥段冷却系统的控制方法 3. 带料烘炉的控制方法 4. 恢复中断的烘炉方法
	（二）生产运行操作	1. 能控制焙烧氧化铝灼减 2. 能控制出料温度、过剩空气系数、系统物料平衡 3. 能控制重油温度 4. 能调整油泵压力 5. 能确认系统排料完成 6. 能完成快速或紧急停炉 7. 能对燃烧站进行检查维护	1. 焙烧氧化铝灼减的控制方法 2. 出料温度、过剩空气系数、系统物料平衡的控制方法 3. 重油温度的控制方法 4. 油泵压力的调整方法 5. 确认系统排料完成的方法 6. 快速或紧急停炉的方法 7. 燃烧站检查维护的方法
	（三）故障判断与处理	1. 能处理物料堵塞或排料不畅故障 2. 能判断、处理重油加热能力不足故障 3. 能判断风机负荷大故障 4. 能判断、处理燃烧站的设备故障 5. 能判断焙烧炉现场仪表故障 6. 能判断、分析电收尘振打及返料故障 7. 能判断螺旋给料机负荷大故障 8. 能判断收尘效率的高低	1. 物料堵塞或排料不畅的特征及处理方法 2. 重油加热能力不足的特征及处理方法 3. 风机负荷大的特征 4. 燃烧站设备故障的特征及处理方法 5. 焙烧炉现场仪表故障的特征 6. 电收尘振打及返料故障的特征 7. 螺旋给料机负荷大的特征 8. 收尘效率低的特征

续表

职业功能	工作内容	技能要求	相关知识
十三、蒸发	母液蒸发	1. 能完成蒸发工序的启动、停止工作 2. 能完成蒸发器酸洗和加热管（板式）壳体打压工作 3. 能测算完成液的浓度 4. 能计算回水比 5. 能调整苛化用石灰乳加入量 6. 能调整蒸发器工艺参数 7. 能判断蒸发器、水冷器、预热器振动故障 8. 能判断蒸发器加热管破裂、板片破裂故障 9. 能处理真空度异常波动、合格回水槽污染故障 10. 能判断、处理降膜蒸发器布膜器堵故障 11. 能分析、处理蒸发器液室压力异常故障	1. 蒸发工序的启动、停止步骤 2. 蒸发器酸洗和加热管（板式）壳体打压的方法 3. 完成液浓度的测算方法 4. 回水比的计算方法 5. 苛化用石灰乳加入量的调整方法 6. 蒸发器工艺参数的调整方法 7. 蒸发器、水冷器、预热器振动故障的特征 8. 蒸发器加热管破裂、板片破裂的特征 9. 真空度异常波动、合格回水槽污染的处理方法 10. 降膜蒸发器布膜器堵的特征及处理方法 11. 蒸发器液室压力异常的原因及处理方法
十四、设备维护	设备检修与验收	能完成检修后的检查和验收	检修后的检查和验收方法

3.4 技师（第一至第十三职业功能为可选模块，根据申报人情况任选其一）

职业功能	工作内容	技能要求	相关知识
一、配矿	（一）碎矿	能处理破碎机常见故障	破碎机常见故障的处理方法
	（二）均化	能处理均化设备常见故障	均化设备常见故障的处理方法
二、石灰烧制	司炉	1. 能根据炉况调整石灰炉操作 2. 能处理石灰炉及附属设备常见故障	1. 石灰炉操作的调整方法 2. 石灰炉及附属设备常见故障的处理方法
三、原料制备	（一）磨矿	1. 能计算磨矿介质填充率和球级配比 2. 能判断磨机内衬掉落故障 3. 能分析、处理磨机倒料故障 4. 能判断分级设备部件磨损或断裂故障 5. 能分析磨机瓦温异常，并采取有效措施	1. 磨矿介质填充率和球级配比的计算方法 2. 磨机内衬掉落故障的特征 3. 磨机倒料原因及处理方法 4. 分级设备部件磨损或断裂的特征 5. 瓦温异常升高原因及处理方法

续表

职业功能	工作内容	技能要求	相关知识
三、矿浆制备	（二）矿浆调配	1. 能应用多种方法调控料浆指标 2. 能判断、分析油泵压力不稳等故障 3. 能修正、确定送出生料配方	1. 料浆指标的调控方法 2. 油泵压力不稳故障特征和原因 3. 送出生料配方的修正、确定方法
四、压缩气体制备	压缩空气制备	1. 能分析空压机润滑油压力降低和温度过高等故障 2. 能分析、处理压缩空气含水、含油量异常故障	1. 影响空压机润滑油压力和温度的因素 2. 压缩空气含水、含油量异常的原因及处理方法
五、煤粉制备	煤粉磨制	1. 能判断、处理煤粉磨系统异常故障 2. 能调整煤粉磨装球量及球径配比	1. 煤粉磨系统异常故障的特征及处理方法 2. 煤粉磨装球量及球径配比的调整方法
六、熟料烧结	熟料烧成	1. 能根据生料成分变化调整窑前操作条件 2. 能测定熟料窑喷煤管位置 3. 能监测熟料窑窑皮及内衬状况 4. 能判断、处理熟料窑前结圈、后结圈故障 5. 能根据生料浆成分补挂窑皮，调整烧成制度延长窑内衬使用周期 6. 能判断熟料窑常见故障 7. 能分析电收尘出口含尘量高的原因，并采取有效对策	1. 生料成分变化与窑前操作条件的对应关系 2. 熟料窑喷煤管位置的测定方法 3. 窑皮及内衬状况的监测方法 4. 熟料窑前结圈、后结圈的特征及处理方法 5. 窑皮补挂方法，生料浆成分与烧成制度的关系 6. 熟料窑常见的故障特征 7. 电收尘出口含尘量高的特征及处理方法
七、铝土矿溶出	铝土矿溶出	1. 能处理闪蒸槽过料不畅及磨损故障 2. 能判断压煮器加热管束破裂、搅拌振动故障 3. 能分析、处理闪蒸槽碳酸钠结晶故障 4. 能处理压煮器负荷大、过热、漏油、渗料故障 5. 能通过稳定机组压力、提高满罐率等措施，延长加热管束使用周期 6. 能完成脉冲缓冲器压力、料位试验工作 7. 能分析溶出液 α_k、溶出赤泥铝硅比超标故障	1. 闪蒸槽过料不畅的原因及处理方法 2. 压煮器加热管束破裂的特征 3. 闪蒸槽碳酸钠结晶特征因素和处理方法 4. 压煮器搅拌负荷大、过热、漏油、渗料的处理方法 5. 脉冲缓冲器压力、料位试验方法 6. 溶出液 α_k、溶出赤泥铝硅比超标的原因

续表

职业功能	工作内容	技能要求	相关知识
八、熟料溶出	熟料溶出	1. 能根据溶出磨磨音变化调整熟料下料量 2. 能判断溶出磨衬板掉落故障 3. 能判断溶出磨传动轴承振动超标故障 4. 能判断溶出磨大、小传动齿轮声音异常故障 5. 能判断、处理溶出磨倒料故障 6. 能分析溶出磨同步电动机故障	1. 熟料下料量的调整方法 2. 溶出磨衬板掉落的特征 3. 溶出磨传动轴承振动标准 4. 溶出磨大、小传动齿轮声音异常的特征 5. 溶出磨倒料的特征及处理方法 6. 溶出磨同步电动机故障特征
九、液固分离	（一）沉降	1. 能判断絮凝剂质量 2. 能判断混合槽冒槽故障，并提出预防措施 3. 能根据稀释矿浆颜色判断溶出效果 4. 能处理跑浑、耙机及底流泵不上料故障 5. 能完成沉降槽切换工作 6. 能平衡沉降槽物料	1. 絮凝剂质量的判断方法 2. 溶出效果的判断方法 3. 跑浑、耙机及底流泵不上料故障的处理方法 4. 沉降槽的切换程序 5. 沉降槽物料的平衡方法
	（二）过滤	1. 能处理真空度低的故障 2. 能判断、处理分配头串风故障 3. 能完成过滤工序的物料平衡	1. 真空度低的处理方法 2. 分配头串风的特征及处理方法 3. 过滤工序物料平衡的方法
十、脱硅	（一）中压脱硅	1. 能完成脱硅的配料计算 2. 能判断、处理脱硅机组压差异常故障 3. 能确定脱硅机组的清理周期 4. 能判断、处理脱硅机自蒸发器乏汽带料故障	1. 脱硅配料计算的方法 2. 脱硅机组压差异常的特征及处理方法 3. 脱硅机组清理周期的确定原则 4. 脱硅机自蒸发器乏汽带料的特征及处理方法
	（二）常压脱硅	1. 能判断、处理沉降槽弹簧压缩故障 2. 能处理轴承（瓦）发热故障 3. 能处理沉降槽突然停止故障 4. 能分析、处理常压脱硅指标异常故障	1. 沉降槽弹簧压缩特征及处理方法 2. 轴承（瓦）发热的处理方法 3. 沉降槽突然停止的处理方法 4. 常压脱硅指标异常的原因及处理方法

续表

职业功能	工作内容	技能要求	相关知识
十一、铝酸钠溶液分解	（一）碳酸化分解	1. 能调整分解梯度 2. 能判断、处理碳分槽搅拌系统设备异常故障 3. 能提高碳分分解合格率	1. 分解梯度的调整方法 2. 碳分槽搅拌系统设备异常的特征及处理方法 3. 提高碳分分解合格率的方法
	（二）晶种分解	1. 能根据质量变化情况调控分解工艺参数 2. 能判断、处理种分槽搅拌系统设备异常故障 3. 能调控旋流器分级效果	1. 分解工艺参数的调控方法 2. 种分槽搅拌系统设备异常特征 3. 旋流器分级知识
十二、氢氧化铝焙烧	（一）烘炉与准备	能完成氢氧化铝的供料	氢氧化铝的供料方法
	（二）生产运行操作	1. 能完成对焙烧破损率等物理指标的控制 2. 能控制收尘出口含尘量	1. 焙烧破损率等物理指标的控制方法 2. 收尘出口含尘量的控制方法
	（三）故障判断与处理	1. 能判断、处理燃烧站的设备故障 2. 能判断、处理冷却水、压缩风等异常波动造成的故障 3. 能判断焙烧炉内衬故障 4. 能判断除尘器阻力过大故障 5. 能分析、处理除尘器出口含尘量高故障 6. 能判断重油燃烧状况差故障	1. 燃烧站设备故障的特征及处理方法 2. 冷却水、压缩风等异常波动故障的特征及处理方法 3. 焙烧炉内衬故障的特征 4. 除尘器阻力过大的特征 5. 除尘器出口含尘量高的特征及处理方法 6. 重油燃烧状况差的特征
十三、蒸发	母液蒸发	1. 能依据蒸发器运行现状提出疏通、打压、换管建议 2. 能处理蒸发器、预热器、水冷器振动故障 3. 能处理循环母液浓度异常故障 4. 能现场诊断蒸发器故障，确定检修内容和工期 5. 能完成母液蒸发的排盐工作	1. 蒸发器、预热器、水冷器振动的处理方法 2. 循环母液浓度异常的处理方法 3. 蒸发器故障检修标准 4. 母液蒸发的排盐方法

续表

职业功能	工作内容	技能要求	相关知识
十四、培训与指导	（一）培训	1. 能对初级、中级、高级工进行理论知识培训 2. 能编写培训大纲	专业培训的基本要求
	（二）指导	能系统地指导初级、中级、高级工的实际操作技能	技能培训的基本要求
十五、技术管理	（一）质量管理	能组建 QC（质量管理）小组并开展全面质量管理工作	1. QC（质量管理）小组的组建原则 2. 全面质量管理相关知识
	（二）经验和技术总结	能总结本工序氧化铝制取的实际操作和管理经验	1. 写作知识 2. 技术和经验的总结方法

3.5 高级技师（第一至第十二职业功能为可选模块）

职业功能	工作内容	技能要求	相关知识
一、配矿	（一）碎矿	能分析处理破碎机粒度超标故障	破碎机粒度超标的原因及处理方法
	（二）均化	能判断处理均化设备故障	均化设备故障的原因及处理方法
二、石灰烧制	司炉	1. 能分析处理石灰分解率低的故障 2. 能分析处理石灰炉结瘤的故障 3. 能分析处理二氧化碳浓度低的故障	1. 石灰分解率低的原因及处理方法 2. 石灰炉结瘤的特征及处理方法 3. 二氧化碳浓度低的原因及处理方法
三、原料制备	（一）磨矿	1. 能测定物料粒度分布并绘制筛析曲线 2. 能确定主要部件大修时间、项目内容和工期	物料粒度测定和筛析曲线绘制方法
	（二）矿浆调配	能根据相关工序条件变化对配料工艺参数进行相应调整	配料工艺参数的调整根据和方法

续表

职业功能	工作内容	技能要求	相关知识
四、压缩气体制备	压缩空气制备	1. 能分析处理空压机排气量不够、排气温度过高等故障 2. 能分析处理空压机喘振故障	1. 空压机排气量不够、排气温度过高的影响因素及处理方法 2. 空压机喘振的影响因素及解决方法
五、熟料烧结	熟料烧成	1. 能监测熟料窑窑体上行、下行、弯曲 2. 能处理红窑故障 3. 能分析处理收尘效率低等故障 4. 能完成停窑后检查工作，提出窑内衬更换计划及其他检修项目	1. 窑体上行、下行、弯曲的监测方法 2. 红窑的处理方法 3. 收尘效率低的原因及处理方法 4. 停窑后窑内检查和检修标准
六、铝土矿溶出	铝土矿溶出	1. 能处理喂料泵及溶出系统的异常故障 2. 能提高溶出率 3. 能判断溶出机组的故障程度，确定检修内容和工期	1. 喂料泵及溶出系统异常故障处理方法 2. 溶出率的提高方法
七、熟料溶出	熟料溶出	1. 能调整溶出赤泥细度 2. 能确定研磨介质最佳级配和填充率 3. 能判断处理溶出设备异常故障	1. 溶出赤泥细度的调整方法 2. 研磨介质最佳级配和填充率的确定方法 3. 溶出设备异常故障的特征及处理方法
八、液固分离	（一）沉降	1. 能平衡系统液量 2. 能处理沉降系统的异常故障	1. 系统液量的平衡方法 2. 沉降系统的异常故障处理方法
	（二）过滤	1. 能分析过滤设备产能降低的原因，提出处理建议 2. 能处理过滤系统的异常故障	1. 过滤设备产能降低的因素 2. 过滤系统的异常故障的处理方法
九、脱硅	（一）中压脱硅	1. 能判断处理脱硅机组倒压等异常故障 2. 能通过提高满罐率延长脱硅机组的运行周期	1. 脱硅机组倒压等异常故障的特征及处理方法 2. 延长脱硅机组运行周期的方法
	（二）常压脱硅	能处理脱硅系统的异常故障	脱硅系统异常故障的处理方法

续表

职业功能	工作内容	技能要求	相关知识
十、铝酸钠溶液分解	（一）碳酸化分解	1. 能提高碳酸化分解质量和产量 2. 能制定合理的运行周期	1. 提高碳分质量和产量的方法 2. 影响运行周期的因素
	（二）晶种分解	1. 能处理产品粒度细化故障 2. 能提高种分产出率 3. 能平衡液量	1. 产品粒度细化故障的处理方法 2. 种分产出率的提高方法
十一、氢氧化铝焙烧	故障判断与处理	1. 能判断处理氧化铝烧结故障 2. 能分析处理灼减异常故障 3. 能分析处理焙烧热耗过高的故障	1. 氧化铝烧结故障的特征及处理方法 2. 灼减异常故障的特征及处理方法 3. 焙烧热耗过高的因素及处理方法
十二、蒸发	母液蒸发	1. 能处理蒸发器异常故障 2. 能分析蒸发效率降低的原因，并采取对应措施	1. 蒸发器异常故障的处理方法 2. 提高蒸发效率的措施
十三、培训与指导	（一）培训	能系统地传授氧化铝制取的专业知识	技能培训的要求
	（二）指导	能指导技师的实际操作技能	技师实际操作技能的指导方法
十四、技术管理	（一）技术和经验总结	1. 能系统全面地总结氧化铝制取的实际操作和管理经验 2. 能撰写技术论文	技术论文写作的有关知识
	（二）技术创新	1. 能发现工艺薄弱环节，提出改进方法 2. 能推广新技术	

4. 比 重 表

4.1 理论知识

<table>
<tr><th colspan="3">项　目</th><th>初级/%</th><th>中级/%</th><th>高级/%</th><th>技师/%</th><th>高级技师/%</th></tr>
<tr><td rowspan="2">基本要求</td><td colspan="2">职业道德</td><td>3</td><td>3</td><td>3</td><td>3</td><td>3</td></tr>
<tr><td colspan="2">基础知识</td><td>40</td><td>35</td><td>36</td><td>33</td><td>35</td></tr>
<tr><td rowspan="17">相关知识</td><td colspan="2">生产准备</td><td>6</td><td>6</td><td>—</td><td>—</td><td>—</td></tr>
<tr><td rowspan="13">运行操作（根据申报人情况任选其一）</td><td>配　矿</td><td rowspan="13">45</td><td rowspan="13">50</td><td rowspan="13">55</td><td rowspan="13">50</td><td rowspan="13">48</td></tr>
<tr><td>石灰烧制</td></tr>
<tr><td>矿浆制备</td></tr>
<tr><td>压缩气体制备</td></tr>
<tr><td>煤粉制备</td></tr>
<tr><td>熟料烧结</td></tr>
<tr><td>铝土矿溶出</td></tr>
<tr><td>熟料溶出</td></tr>
<tr><td>液固分离</td></tr>
<tr><td>脱　硅</td></tr>
<tr><td>铝酸钠溶液分解</td></tr>
<tr><td>氢氧化铝焙烧</td></tr>
<tr><td>蒸　发</td></tr>
<tr><td colspan="2">设备维护</td><td>6</td><td>6</td><td>6</td><td>—</td><td>—</td></tr>
<tr><td colspan="2">培训与指导</td><td>—</td><td>—</td><td>—</td><td>9</td><td>9</td></tr>
<tr><td colspan="2">技术管理</td><td>—</td><td>—</td><td>—</td><td>5</td><td>5</td></tr>
<tr><td colspan="3">合　计</td><td>100</td><td>100</td><td>100</td><td>100</td><td>100</td></tr>
</table>

4.2 技能操作

<table>
<tr><th colspan="3">项　目</th><th>初级/%</th><th>中级/%</th><th>高级/%</th><th>技师/%</th><th>高级技师/%</th></tr>
<tr><td rowspan="6">技能要求</td><td colspan="2">生产准备</td><td>15</td><td>20</td><td>—</td><td>—</td><td>—</td></tr>
<tr><td rowspan="5">运行操作（根据申报人情况任选其一）</td><td>配　矿</td><td rowspan="5">75</td><td rowspan="5">70</td><td rowspan="5">85</td><td rowspan="5">80</td><td rowspan="5">75</td></tr>
<tr><td>石灰烧制</td></tr>
<tr><td>矿浆制备</td></tr>
<tr><td>压缩气体制备</td></tr>
<tr><td>煤粉制备</td></tr>
</table>

续表

项　目			初级/%	中级/%	高级/%	技师/%	高级技师/%
技能要求	运行操作（根据申报人情况任选其一）	熟料烧结 铝土矿溶出 熟料溶出 液固分离 脱　硅 铝酸钠溶液分解 氢氧化铝焙烧 蒸　发	75	70	85	80	75
	设备维护		10	10	15	—	—
	培训与指导		—	—	—	12	15
	技术管理		—	—	—	8	10
合　计			100	100	100	100	100

国家职业标准

铝电解工

中华人民共和国劳动和社会保障部制定

说　明

根据《中华人民共和国劳动法》的有关规定，为了进一步完善国家职业标准体系，为职业教育、职业培训和职业技能鉴定提供科学、规范的依据，劳动和社会保障部组织有关专家，制定了《铝电解工国家职业标准》（以下简称《标准》）。

一、本《标准》以《中华人民共和国职业分类大典》为依据，以客观反映现阶段本职业的水平和对从业人员的要求为目标，在充分考虑经济发展、科技进步和产业结构变化对本职业影响的基础上，对职业的活动范围、工作内容、技能要求和知识水平作了明确规定。

二、本《标准》的制定遵循了有关技术规程的要求，既保证了《标准》体例的规范化，又体现了以职业活动为导向、以职业技能为核心的特点，同时也使其具有根据科技发展进行调整的灵活性和实用性，符合培训、鉴定和就业工作的需要。

三、本《标准》依据有关规定将本职业分为五个等级，包括职业概况、基本要求、工作要求和比重表四个方面的内容。

四、本《标准》是在有色金属行业职业技能鉴定指导中心的具体组织下，在各有关专家和实际工作者的共同努力下完成的。参加编写的主要人员有：组长吴鸿、副组长陈代金；预焙槽操炉模块由伍少萍、郭吉星、汤昌廷完成；自焙槽操炉模块由马志成完成；多功能机组作业模块由陈国良、张仟书完成；物料输送及烟气净化模块由袁军生、周俊屏、严大华完成；电解槽计算机控制模块由陈晓璠、宋健全完成；铝及铝合金熔铸模块由毕昌武、田春、胡永杰完成；阳极组装模块由何蓉、胡朝辉、唐忠荣、王光军完成；母线焊接模块由程守勇完成；筑炉施工模块由周生权、吴刚完成。参加审定的主要人员有：郭海东、龙旭、冷正旭、马志成、郑维亚、谢承杰、丁学全、丁跃华、陈蕾、高德芳。本《标准》由贵州铝厂、中国铝业股份有限公司贵州分公司负责起草，在制定过程中得到了中国铝业公司、中国铝业股份有限公司、平果铝业公司、中国铝业股份有限公司广西分公司、青海铝业有限责任公司、中国铝业股份有限公司青海分公司、山东铝业公司、中国铝业股份有限公司山东分公司、中国长城铝业公司、中国铝业股份有限公司河南分公司、兰州铝业股份有限公司等有关单位的大力支持，在此一并致谢。

五、本《标准》业经劳动和社会保障部批准，自2004年2月6日起施行。

铝电解工国家职业标准

1. 职 业 概 况

1.1 职业名称

铝电解工。

1.2 职业定义

操作电解槽及附属设备，采用融盐电解法将氧化铝冶炼成金属铝的人员。

1.3 职业等级

本职业共设五个等级，分别为：初级（国家职业资格五级）、中级（国家职业资格四级）、高级（国家职业资格三级）、技师（国家职业资格二级）、高级技师（国家职业资格一级）。

1.4 职业环境

室内、外，高温，高压，噪声，粉尘，有毒、有害气体，强磁场，电弧光。

1.5 职业能力特征

有一定的观察、判断和计算能力；动作协调，身体状况良好。

1.6 基本文化程度

初中毕业。

1.7 培训要求

1.7.1 培训期限

全日制职业学校教育，根据其培养目标和教学计划确定。晋级培训期限：初级、中级、高级均不少于180标准学时；技师、高级技师均不少于150标准学时。

1.7.2 培训教师

培训初级、中级、高级工的教师应具有本职业技师及以上职业资格证书或相关专业初级及以上技术职务任职资格；培训技师的教师应具有本职业高级技师职业资格证书或相关专业中级及以上专业技术职务任职资格；培训高级技师的教师应具有本职业高级技师职业资格证书2年以上或相关专业高级专业技术职务任职资格。

1.7.3 培训场地设备

满足教学需要的标准教室及具有铝电解配套设备的生产现场。

1.8 鉴定要求

1.8.1 适用对象

从事或准备从事本职业的人员。

1.8.2 申报条件

——初级(具备以下条件之一者)

(1) 经本职业初级正规培训达规定标准学时数，并取得结业证书。

(2) 在本职业连续见习工作1年以上。

——中级(具备以下条件之一者)

(1) 取得本职业初级职业资格证书后，连续从事本职业工作2年以上，经本职业中级正规培训达规定标准学时数，并取得结业证书。

(2) 取得本职业初级职业资格证书后，连续从事本职业工作3年以上。

(3) 连续从事本职业工作5年以上。

(4) 取得经劳动保障行政部门审核认定的、以中级技能为培养目标的中等以上职业学校本职业（专业）毕业证书。

——高级(具备以下条件之一者)

(1) 取得本职业中级职业资格证书后，连续从事本职业工作3年以上，经本职业高级正规培训达规定标准学时数，并取得结业证书。

(2) 取得本职业中级职业资格证书后，连续从事本职业工作4年以上。

(3) 取得经劳动保障行政部门审核认定的、以高级技能为培养目标的高等职业学校本职业（专业）毕业证书。

(4) 取得本职业中级职业资格证书的大专以上本专业或相关专业毕业生，连续从事本职业工作2年以上。

——技师(具备以下条件之一者)

(1) 取得本职业高级职业资格证书后，连续从事本职业工作4年以上，经本职业技师正规培训达规定标准学时数，并取得结业证书。

(2) 取得本职业高级职业资格证书后，连续从事本职业工作6年以上。

(3) 取得本职业高级职业资格证书的高级技工学校本职业（专业）毕业生，连续从事本职业工作2年以上。

(4) 取得本职业高级职业资格证书的本科以上本专业或相关专业毕业生，并从事本职业工作2年以上。

——高级技师(具备以下条件之一者)

(1) 取得本职业技师职业资格证书后，连续从事本职业工作3年以上，经本职业高级技师正规培训达规定标准学时数，并取得结业证书。

(2) 取得本职业技师职业资格证书后，连续从事本职业工作5年以上。

1.8.3 鉴定方式

分为理论知识考试和技能操作考核。理论知识考试采用闭卷笔试方式，技能操作考核采用现场实际操作方式或模拟操作的方式。理论知识考试和技能操作考核均实行百分制，成绩皆达60分以上者为合格。技师、高级技师鉴定还须进行综合评审。

1.8.4　考评人员与考生配比

理论知识考试考评人员与考生配比为1∶20，每个标准教室不少于2名考评人员；技能操作考核考评员与考生配比为1∶5，且不少于3名考评员；综合评审委员不少于5人。

1.8.5　鉴定时间

理论知识考试时间为90～120min；技能操作考核时间为60～240min；综合评审时间不少于20min。

1.8.6　鉴定场所设备

理论知识考试在标准教室进行。技能操作考核在具有铝电解配套设备的生产现场或模拟现场进行。

2. 基 本 要 求

2.1　职业道德

2.1.1　职业道德基本知识

2.1.2　职业守则

（1）爱岗敬业，遵守劳动纪律，工作热情主动。

（2）认真负责，实事求是，严格按要求进行作业，保证工作质量。

（3）努力学习，不断提高理论水平和操作技能。

（4）遵纪守法，不谋私利，不徇私情。

（5）遵守工艺技术规程，遵守设备操作、维护、检修规程和安全技术规程。

2.2　基础知识

2.2.1　铝电解基础理论知识

（1）铝的性质及用途。

（2）铝电解基本原理。

（3）铝电解生产技术经济指标。

（4）铝电解槽基本结构。

（5）铝电解计算机控制知识。

（6）铝电解物料输送与烟气净化知识。

（7）铝及铝合金熔铸知识。

（8）炭素阳极生产知识。

2.2.2　机械、电气基础知识

（1）机械、电气常识。

（2）液压、气动控制基础知识。

（3）机械传动基础知识。

（4）电力拖动基础知识。

2.2.3 安全、卫生、环保基础知识

（1）安全生产知识。

（2）职业病预防知识。

（3）环境保护知识。

2.2.4 质量管理基础知识

（1）质量管理基本概念。

（2）现场质量管理基本方法。

（3）质量管理认证体系基础知识。

2.2.5 相关法律、法规知识

（1）劳动法相关知识。

（2）安全生产法相关知识。

（3）环境保护法相关知识。

3. 工 作 要 求

本标准对初级、中级、高级、技师和高级技师的技能要求依次递进，高级别涵盖低级别的要求。

3.1 初级（第二至第十职业功能为可选模块，根据申报人情况任选其一）

职业功能	工作内容	技能要求	相关知识
一、准备工作	（一）交、接班	1. 能明确上一个班的工作情况及本班的工作任务 2. 能将本班工作情况向下一班交代清楚 3. 能正确填写原始记录	1. 交、接班的规定 2. 原始记录的填写要求
	（二）准备工具、器具	1. 能将作业前所需的工具、器具配备齐全 2. 能对工具、器具进行使用前的预处理	工具、器具的名称及用途
	（三）准备原料、物料	能准备工作所需的原料、物料	原料、物料的名称及用途
	（四）设备运行前准备	1. 能对设备进行外观检查，确认设备零部件是否完整 2. 能进行单体设备的空负荷运转	检查设备的基本方法

续表

职业功能	工作内容	技能要求	相关知识
二、预焙槽操炉	（一）通电、焙烧、启动电解槽	1. 能进行短路片的断开与连接操作 2. 能进行点动抬阳极操作 3. 能进行分流器、软连接的安装及拆除操作 4. 能进行复紧夹具操作 5. 能进行手动打壳下料	1. 电解槽通电、焙烧、启动的目的和意义 2. 铝电解原料的基本性质
	（二）更换阳极	1. 能确认换极的槽号、极号 2. 能清刷阳极导杆和水平母线的接触面 3. 能将槽控机转入阳极交换状态 4. 能将槽内的结壳块勾出，将槽内碳渣打捞干净 5. 能检查残极是否有裂纹、碎脱、化爪 6. 能进行垒墙、堵缝、收边、整形，指挥多功能机组添加极上保温料	1. 换极周期表 2. 多功能机组的指挥信号 3. 阳极交换的操作步骤及方法
	（三）抬母线	1. 能将槽控机控制置于抬母线状态 2. 能操作风动扳手拧紧或拧松夹具	槽控机信号灯识别知识
	（四）测量作业	能进行铝水平、电解质水平、电解质温度、阳极电流分布的测量	铝水平、电解质水平、电解质温度、阳极电流分布的测量方法
	（五）熄灭阳极效应	1. 能确认电解槽发生阳极效应 2. 能熄灭正常阳极效应	阳极效应的特征及熄灭方法
三、自焙槽操炉	（一）通电、焙烧、启动电解槽	1. 能进行短路片的断开与连接操作 2. 能进行点动抬阳极操作 3. 能装炉进行焙烧操作 4. 能灌电解质、铝水，启动电解槽 5. 能在启动后进行捞炭渣、加料、浇阳极操作	1. 电解槽通电、焙烧、启动的目的和意义 2. 铝电解原料的基本性质

续表

职业功能	工作内容	技能要求	相关知识
三、自焙槽操炉	（二）测量作业	能进行铝水平、电解质水平、电解质温度、阳极电流分布的测量	铝水平、电解质水平、电解质温度、阳极电流分布的测量方法
	（三）工艺操作	1. 能确认电解槽发生阳极效应 2. 能熄灭正常的阳极效应 3. 能进行电解槽加工、加糊、钉棒、出铝、母线转接、铆接铝壳操作	1. 阳极效应的特征及熄灭方法 2. 自焙槽常规操作的基本知识
四、多功能机组作业	（一）操作多功能机组	1. 能进行阳极交换、打壳、抬母线作业 2. 能向多功能机组料仓内添加物料 3. 能向电解槽内添加物料 4. 能操作单台机组进行重物吊运	1. 多功能机组的基本结构 2. 起重吊运的基本知识
	（二）吸出、移注介质	1. 能吊运吸出设备 2. 能进行铝液吸出、移注、浇灌作业 3. 能进行电解质溶液的吸出、移注、浇灌作业 4. 能进行吸出管的安装和台包清理	1. 吸出设备的结构及操作方法 2. 铝液和电解质溶液吸出量的控制要求 3. 电子秤（或液压秤）的使用方法
	（三）处理故障	能判断处理多功能机组不能启动的下列情况： 1. 操作盒（盘）上对应的功能开关未转换或转换不到位 2. 安全门未关好 3. 大车安全装置或联车机构未拴好 4. 能排除介质吸出过程中的异常情况	1. 多功能机组启动的基础知识 2. 吸出设备的工作原理
五、物料输送及烟气净化	（一）输送物料	1. 能确认供料料仓的种类和判断是否需要加料 2. 能识别物料输送系统报警信息 3. 能进行单槽加料	1. 物料输送工艺流程 2. 报警信息的含义 3. 单槽加料方法

续表

职业功能	工作内容	技能要求	相关知识
五、物料输送及烟气净化	（二）净化烟气	1. 能向烟管投料 2. 能识别烟气净化系统报警信息 3. 能向多功能机组供料	1. 烟气净化工艺流程 2. 报警信息的含义
六、电解槽计算机控制	（一）监控信息	1. 能开启与关闭计算机及常用外围设备 2. 能操作铝电解监控程序，读懂显示的实时信息与曲线信息	1. 计算机操作基础知识 2. 打印机使用知识 3. 铝电解计算机控制系统的组成及操作方法
	（二）录入数据	1. 能判断电解作业人员的数据录入申请是否合法有效 2. 能修改电解槽可变控制参数 3. 能对槽控机下发动作命令 4. 能录入化验和测量数据	
	（三）打印报表	能打印电解生产报表	
七、铝及铝合金熔铸	（一）熔炼	1. 能根据产品要求进行配料 2. 能进行进铝、精炼、扒渣、转注、温度控制操作	1. 熔炼设备的基本结构及工作原理 2. 产品质量标准 3. 配料的计算公式 4. 熔剂的分类及作用
	（二）铸造	1. 能调整铝液流量和浇铸速度 2. 能进行打渣、接收、堆垛、线杆轧制操作 3. 能根据产品的规格和公差要求进行锯切操作 4. 能进行不同类别产品的打捆、包装操作 5. 能在生产线紧急停止时采取有效措施	1. 铸造设备的基本结构及工作原理 2. 铸造工艺参数 3. 产品包装基本知识
八、阳极组装	（一）处理残极	1. 能对残极表面及钢爪附着电解质进行清理 2. 能进行残极压脱 3. 能进行残极、电解质破碎	1. 电解质清理的目的和意义 2. 破碎设备的基本结构及工作原理

续表

职业功能	工作内容	技能要求	相关知识
八、阳极组装	（二）处理导杆组架	1. 能进行铁环压脱、打磨 2. 能校直、清刷导杆 3. 能进行钢爪打磨及涂石墨	导杆清刷、钢爪打磨、涂石墨的目的、意义及方法
	（三）熔化铁水	1. 能进行化铁炉烘炉、熔化铁水、铁水的温度控制 2. 能加料、出渣、取样、出铁水	1. 铸造用铁知识 2. 化铁炉的基本结构及工作原理
	（四）浇铸铁水	1. 能输送焙烧块 2. 能进行导杆组架与焙烧块咬合 3. 能进行磷生铁浇铸	浇铸设备的结构
	（五）控制悬链系统	1. 能启动、停止悬链系统 2. 能对系统设备紧急停止进行确认、复位	悬链构造及工作原理
	（六）输送物料	1. 能启动、停止输送设备 2. 能处理斗提、传送带堵料的故障，调整下料口	输送设备的结构及工作原理
九、母线焊接	（一）读焊接零件图	1. 能识读焊接零件图，识别图样中的基本符号和标注 2. 能根据焊接零件图要求，确定焊接工艺	焊接识图基本知识
	（二）切割钢棒	1. 能操作割炬将铝电解槽阴极钢棒切断 2. 能使用割炬将钢—铝爆炸焊板的钢表面修平	气焊、气割基本知识
	（三）焊接槽沿板	1. 能调整手工电弧焊的焊接工艺参数进行电解槽槽沿板的定位焊、打底焊、填充焊和盖面焊 2. 能检查焊缝外观质量	1. 手工电弧焊工艺 2. 低碳钢的焊接工艺 3. 金属材料的基本知识 4. 常见焊接缺陷

续表

职业功能	工作内容	技能要求	相关知识
九、母线焊接	（四）焊接铝母线	1. 能装配钢—铝爆炸焊板，能操作手工电弧焊焊接钢棒与钢—铝爆炸焊板之间的钢连接板 2. 能根据焊接工艺要求选择并调整熔化极氩弧焊的焊接工艺参数 3. 能进行铝母线的焊前清理 4. 能采用熔化极氩弧焊堆焊电解槽上部机构的铝母线 5. 能采用熔化极氩弧焊焊接阳极铝导杆与组架	1. 钢—铝爆炸焊板的性能 2. 气体保护焊基本知识 3. 铝及铝合金的焊接工艺
十、筑炉施工	（一）刨炉	1. 能使用风镐刨除电解槽内衬 2. 能刨除铸造炉的炉顶、炉壁	1. 刨炉设备操作知识 2. 炉、槽内衬的结构及破损类型
	（二）砌筑电解槽内衬	1. 能识读砖形图 2. 能检查电解槽用耐火材料外观质量 3. 能进行砖的加工 4. 能拌制耐火泥浆 5. 能铺设硅酸钙板，砌筑电解槽内衬保温砖、耐火砖	1. 砖形图知识 2. 耐火材料基本知识 3. 隔热材料基本知识 4. 砌筑的基本规则
	（三）扎固电解槽	1. 能校直、砂洗、加热阴极钢棒 2. 能加热阴极炭块、阴极糊，并组装阴极炭块 3. 能安装电解槽阴极炭块组 4. 能安装立缝挡板，扎固立缝第一至第四层 5. 能扎固大面平层周围缝	1. 阴极炭块组装的原料知识 2. 阴极炭块组装设备的基本结构 3. 阴极炭块安装设备的基本结构 4. 捣固机的结构及工作原理 5. 扎固工艺
	（四）砌筑铸造炉内衬	能砌筑红砖	红砖砌筑方法
十一、设备管理	设备维护与故障处理	1. 能对设备的积尘、杂物、油垢进行清扫 2. 能发现设备故障	1. 设备维护的基本要求 2. 设备故障判断的基本方法

3.2 中级（第二至第十职业功能为可选模块，根据申报人情况任选其一）

职业功能	工作内容	技能要求	相关知识
一、准备工作	（一）交、接班	能对交、接班情况进行现场确认，并对遗留问题提出处理建议	设备的构造及性能
	（二）准备工具、器具	能判断工具、器具是否完好	
	（三）设备运行前准备	能对设备功能进行检查，判断设备是否正常	
二、预焙槽操炉	（一）通电、焙烧、启动电解槽	1. 能根据不同的焙烧方法进行装炉 2. 能处理焙烧过程中阳极异常现象	通电焙烧的启动方法及要求
	（二）更换阳极	1. 能指挥安装新阳极，设置新阳极高度 2. 能检查炉底状况和邻极情况 3. 能检查阳极交换操作质量 4. 能在换极处进行铝水平与电解质水平的测量 5. 能指挥多功能机组进行辅助扎边作业	1. 阳极工作原理 2. 工作质量检查要求 3. 起重吊运指挥手势信号知识
	（三）抬母线	1. 能确认电解槽是否需要母线提升 2. 能检查确认提升装置与阳极导杆对位情况，并指挥多功能机组下降提升框架 3. 能操作槽控机提升母线 4. 能对抬母线过程中出现的阳极效应、阳极下滑进行处理	1. 母线提升框架结构 2. 母线提升的作用
	（四）测量作业	能进行槽壳温度、阴极钢棒温度、压接压降、残极形状测定并能处理测量数据	1. 测量工具、器具的使用方法 2. 数据处理方法

续表

职业功能	工作内容	技能要求	相关知识
二、预焙槽操炉	（五）调整电压	1. 能判断槽电压是否正常，并确定其异常原因 2. 能调整换极、出铝、阳极效应熄灭后的异常电压 3. 能对异常状态造成阳极自动上升或下降采取措施	1. 槽电压的调整方法 2. 电压对直流电耗的影响 3. 槽控机的电源及开关
	（六）处理供料不畅	1. 能对电解槽缺料或不下料采取处理措施 2. 能处理卡打击头、槽内堵料情况	1. 电解槽加工要求 2. 电解槽下料机构知识
	（七）处理槽体发红	1. 能处理电解槽槽壳侧部发红情况 2. 能处理炉底钢板、阴极钢棒发红情况	电解槽内衬结构知识
三、自焙槽操炉	（一）通电、焙烧、启动电解槽	1. 能根据不同的焙烧方法进行装炉 2. 能处理焙烧过程中阳极异常现象	通电焙烧的启动方法及要求
	（二）阳极操作	能确认铆壳、加糊、钉棒、拔棒、出铝和转接的周期，使阳极工作与电解的正常生产配合协调	阳极工作原理
	（三）工艺操作	1. 能进行炉膛的检查和调整作业 2. 能对电解槽跑电解质进行处理 3. 能对短路口短路进行处理	炉膛的建立、变化知识
	（四）测量作业	能进行槽壳温度、阴极钢棒温度、压接压降、残极形状测定并能处理测量数据	1. 测量工具、器具的使用方法 2. 数据处理方法
	（五）调整电压	1. 能判断槽电压是否正常，并确定其异常原因 2. 能调整转接、出铝、阳极效应熄灭后的异常电压 3. 能对异常状态造成阳极自动上升或下降采取措施	1. 槽电压调整方法 2. 电压对直流电耗的影响 3. 槽控箱电源及开关知识

续表

职业功能	工作内容	技能要求	相关知识
三、自焙槽操炉	（六）处理供料不畅	能对电解槽缺料或不下料采取处理措施	电解槽加工要求
	（七）处理槽体发红	1. 能处理电解槽槽壳侧部发红情况 2. 能处理炉底钢板、阴极钢棒发红情况	电解槽内衬结构知识
四、多功能机组作业	（一）操作多功能机组	1. 能进行起重负荷试验 2. 能进行联车操作 3. 能吊运槽壳 4. 能吊运槽上部机构	1. 多功能机组安全装置的作用 2. 钢丝绳的种类、用途
	（二）吸出、移注介质	能对介质吸出的精度进行控制	吸出精度控制方法
	（三）处理故障	1. 能分析判断多功能机组不能启动的下列原因： （1）出铝小车主卷扬机构超上限位动作 （2）机组发生接地故障 2. 能判断、处理多功能机组联车作业中发生的下列情况： （1）联车机构不能正常连接 （2）联车后不能启动 （3）两车运行不同步 3. 能分析判断大车、主小车及出铝小车起步困难的下列原因： （1）轨道上有积尘或障碍物 （2）机械或电气故障	1. 多功能机组保护系统的作用 2. 常见故障的原因及处理方法
五、物料输送及烟气净化	（一）输送物料	1. 能向主仓输送新鲜氧化铝 2. 能向分料仓供料 3. 能向系列电解槽供料 4. 能进行氟化铝配料及输送 5. 能调整传送带输送机的输送流量	1. 罐车输送工作原理 2. 传送带机输送工作原理 3. 物料输送控制原理 4. 压力容器使用基础知识

续表

职业功能	工作内容	技能要求	相关知识
五、物料输送及烟气净化	（二）净化烟气	1. 能调整烟管投料量 2. 能进行载氟氧化铝回收和循环 3. 能启动和停止袋滤器、排烟风机、罗茨风机 4. 能判断袋滤器、排烟风机的工作状况	1. 烟气净化原理 2. 排烟风机工作原理 3. 罗茨风机工作原理 4. 袋滤器工作原理
六、电解槽计算机控制	（一）监控信息	1. 能判断上位机与下位机通讯异常 2. 能读懂电解生产报表 3. 能停、送机房动力电	1. 电解生产报表含义 2. 机房供电、UPS 知识
	（二）打印报表	能更换打印机的耗材	打印机基本结构
	（三）安装与维护软件	1. 能安装 Windows 操作系统与设备驱动程序 2. 能安装电解槽计算机监控程序 3. 能应用杀毒软件检查计算机病毒	1. Windows 操作系统安装知识 2. 杀毒软件使用知识
七、铝及铝合金熔铸	（一）熔炼	1. 能根据中间分析结果调整熔体成分 2. 能进行熔体的过滤、除气净化操作 3. 能处理进铝过程中虹吸管的堵塞故障 4. 能根据烘炉曲线进行烘炉操作	1. 铝熔体的净化方法 2. 过滤、除气装置的工作原理 3. 烘炉的基本要求
	（二）铸造	1. 能进行绝热板的制作及结晶器的安装 2. 能测量和调整浇铸温度 3. 能发现重熔锭的大小块、飞边、波纹、缩孔质量缺陷并采取措施 4. 能发现水平铸造生产铸锭冷隔、拉裂、疱瘤质量缺陷，并调整铸造速度和冷却水量 5. 能根据铸轧中间产品的分析结果，调整铸造速度和冷却水量 6. 能进行合金锭的热处理 7. 能在堆垛机手动状态下进行重熔用铝锭的堆垛	1. 绝热板的制作要求 2. 产品表面质量缺陷产生的原因 3. 铝合金热处理方法

续表

职业功能	工作内容	技能要求	相关知识
八、阳极组装	（一）处理残极	1. 能判断残极是否满足上线工艺要求 2. 能对上线软残极和硬残极进行区分 3. 能调整破碎机下料口尺寸，对压脱后残极粒度进行控制 4. 能判断破碎机工作状况，调节冷却水量	残极知识
	（二）处理导杆组架	1. 能对导杆组架的钢爪、导杆、焊接点外观质量进行判定 2. 能计算石墨液溶质、溶剂用量，配制石墨液	1. 钢爪、导杆的检查要求和方法 2. 石墨性质
	（三）熔化铁水	1. 能砌筑化铁炉 2. 能配制磷生铁浇铸料 3. 能运行冷却水系统，并调整水温、水压 4. 能清洗化铁炉加热线圈	1. 化铁炉砌筑方法 2. 化铁炉冷却水要求 3. 化铁炉加热线圈清洗方法
	（四）浇铸铁水	1. 能根据标准对焙烧块质量进行判定、分类标识 2. 能根据磷生铁分析数据和生产作业情况判断铁水流动性、脆性 3. 能进行浇铸台包的砌筑和修理	1. 耐火材料基本知识 2. 焙烧块检查标准
	（五）控制悬链系统	能使用PLC编程器，判断故障点，并能对现场设备输入、输出等信号进行强制与解除	PLC控制基本原理
	（六）除尘	能启动、停止收尘系统	布袋收尘工作原理
九、母线焊接	（一）切割铝母线	1. 能调整碳弧气刨工艺参数，能用刨钳切割铝母线 2. 能制作氧熔切割的钢管并切割铝母线	碳弧气刨工艺方法

续表

职业功能	工作内容	技能要求	相关知识
九、母线焊接	（二）焊接铝母线	1. 能在电解磁场环境中焊接钢棒与钢—铝爆炸焊板之间铝母线钢连接板 2. 能使用胎具制作软性铝母线 3. 能焊接硬性铝母线的铝连接板，能焊接软性铝母线 4. 能按设计图制作铝母线焊接胎夹具	1. 焊接电弧知识 2. 磁场对焊接电弧的影响 3. 焊接胎夹具的一般知识
	（三）校平、修补槽壳	1. 能校平铝电解槽槽壳 2. 能在电解磁场环境中焊接修补铝电解槽槽壳	变形矫正方法
	（四）焊接不锈钢件	能焊接铝电解相关设备的奥氏体不锈钢	奥氏体不锈钢焊接工艺
十、筑炉施工	（一）刨炉	能使用岩石分离器刨除电解槽阴极炭块组及铸造炉炉底内衬	岩石分离器的结构及原理
	（二）砌筑电解槽内衬	1. 能看懂施工图 2. 能砌筑电解槽侧部炭块	1. 识图知识 2. 电解槽侧部炭块的砌筑方法
	（三）扎固电解槽	1. 能检查阴极炭块组装质量 2. 能检查阴极炭块安装质量 3. 能扎固电解槽立缝，加工立缝炭帽 4. 能扎固电解槽人造伸腿	1. 阴极炭块的组装要求 2. 阴极炭块的安装要求 3. 立缝的扎固方法 4. 电解槽人造伸腿的扎固方法
	（四）砌筑铸造炉内衬	1. 能砌筑圆形墙 2. 能完成耐火浇注料、耐火捣打料砌筑 3. 能正确留设砌体膨胀缝	1. 圆形墙砌筑方法 2. 不定形耐火材料的知识 3. 膨胀缝的计算和敷设方法
十一、设备管理	设备维护与故障处理	1. 能对设备进行润滑，确认设备润滑状况 2. 能按要求对设备进行调整、紧固 3. 能处理一般的设备故障	设备润滑知识

3.3 高级（第一至第九职业功能为可选模块，根据申报人情况任选其一）

职业功能	工作内容	技能要求	相关知识
一、预焙槽操炉	（一）通电、焙烧、启动电解槽	1. 能完成启动作业 2. 能处理焙烧、启动槽偏流 3. 能进行电解槽非正常期技术参数的调整	电解槽非正常期管理方法
	（二）更换阳极	1. 能判断炉底是否破损，并对破损部位进行修补 2. 能根据换极获得的信息综合分析槽运行状况 3. 能处理阳极脱落、长包、剥层、氧化、化爪、钢爪发红情况	1. 电解槽破损的特征与维护方法 2. 铝电解两极反应和副反应知识
	（三）测量作业	1. 能进行阴极电流分布、保温料高度、槽壳变形、炉底隆起、炉膛形状的测定，并能进行测量数据处理 2. 能对通电焙烧槽（焦粒、焦粉、混合料焙烧）分流量进行测试与计算	1. 阴极电流分布、保温料高度、槽壳变形、炉底隆起、炉膛形状的测量方法 2. 分流量计算公式
	（四）处理病槽	1. 能处理针振槽 2. 能判断处理电解质含炭槽 3. 能判断处理滚铝电解槽 4. 能判断处理电解槽冷槽、热槽	1. 病槽产生原因 2. 电解质的性质 3. 电解槽的磁场及影响
	（五）处理非正常效应	1. 能判断处理非正常阳极效应 2. 能熄灭难灭效应	阳极效应机理
	（六）处理异常停电、停风	1. 能在停动力电时对电解槽进行处理 2. 能在停直流电时对电解槽进行处理 3. 能在停风时对电解槽进行处理	停电、停风对电解槽的影响

续表

职业功能	工作内容	技能要求	相关知识
一、预焙槽操炉	（七）处理漏炉	1. 能采取措施处理电解槽漏炉 2. 能判定漏炉电解槽是否需要停槽，并能进行停槽处理	漏炉原因的分析方法
	（八）控制技术条件	1. 能根据电解槽运行状况，调整生产技术条件 2. 能分析原铝质量波动的原因，并采取措施	1. 技术条件控制要求及调整方法 2. 原铝质量标准
二、自焙槽操炉	（一）通电、焙烧、启动电解槽	1. 能完成启动作业 2. 能处理焙烧、启动槽偏流 3. 能进行电解槽非正常期技术参数的调整	电解槽非正常期管理方法
	（二）阳极操作	1. 能进行阳极铸型作业 2. 能处理阳极冒顶、阳极水平断层、阳极流糊、阳极胀肚、阳极下沉、阳极倾斜、阳极棒弯曲、提升框架带箱等异常情况	1. 自焙阳极的构造及原理 2. 阳极工作原理及两极主要反应
	（三）测量作业	1. 能进行阴极电流分布、保温料高度、槽壳变形、炉底隆起、炉膛形状的测定，并能对测量数据进行处理 2. 能对阳极倾斜、锥体成长异常进行判断并采取措施 3. 能对阳极电流分布、液体糊和锥体高度进行测量和计算	1. 阴极电流分布、保温料高度、槽壳变形、炉底隆起、炉膛形状的测量方法 2. 制备阳极的工艺过程
	（四）处理病槽	1. 能判断炉底是否破损，并对破损部位进行修补 2. 能处理针振槽 3. 能判断处理电解质含炭槽 4. 能判断处理滚铝电解槽 5. 能判断处理电解槽冷槽、热槽	1. 病槽、破损槽的产生原因 2. 电解质的性质 3. 电解槽的磁场及影响

续表

职业功能	工作内容	技能要求	相关知识
二、自焙槽操炉	（五）处理非正常效应	1. 能判断处理非正常阳极效应 2. 能熄灭难灭效应	阳极效应机理
	（六）处理异常停电、停风	1. 能在停动力电时对电解槽进行处理 2. 能在停直流电时对电解槽进行处理 3. 能在停风时对电解槽进行处理	停电、停风对电解槽的影响
	（七）处理漏炉	1. 能采取措施处理电解槽漏炉 2. 能判定漏炉电解槽是否需要停槽，并能进行停槽处理	漏炉原因的分析方法
	（八）控制技术条件	1. 能根据电解槽运行状况，调整生产技术条件 2. 能分析原铝质量波动的原因，并采取措施	1. 技术条件控制要求及调整方法 2. 原铝质量标准
三、多功能机组作业	处理故障	1. 能判断多功能机组故障的类别 2. 能分析打壳无力的原因 3. 能处理液压系统油管爆裂 4. 能判断液压站不能启动的下列影响因素： （1）油箱油位偏低 （2）油温超高	多功能机组的液压传动与气动控制系统的工作原理
四、物料输送及烟气净化	（一）输送物料	1. 能调整浓相和超浓相输送的固气比、输送压力 2. 能调整超浓相输送的料柱水平 3. 能疏通溜槽、浓相管、气力提升机、斗式提升机的堵料情况 4. 能手动进行物料输送	1. 物料输送工艺参数的调整方法 2. 物料输送控制原理

续表

职业功能	工作内容	技能要求	相关知识
四、物料输送及烟气净化	（二）净化烟气	1. 能调整净化系统的压差失衡 2. 能进行净化系统非正常停电后及恢复供电后的作业 3. 能进行净化系统非正常停风后及恢复供风后的作业	1. 压差失衡的原因 2. 停电、停风对净化系统的影响
五、电解槽计算机控制	（一）监控信息	1. 能判断电解槽计算机控制系统中的下列情况： （1）通讯中断 （2）参数损坏 （3）网络中断 2. 能分析电解生产报表中控制系统异常产生错误数据的原因	现场总线基础知识
	（二）安装硬件	1. 能进行监控计算机的硬件安装 2. 能完成上位计算机与下位计算机通讯的硬件连接 3. 能完成监控计算机与语音报警系统的硬件连接	计算机的组成与结构
	（三）连接网络	1. 能制作双绞线接头 2. 能安装网卡，完成监控计算机网络配置	计算机网络基础知识
六、铝及铝合金熔铸	（一）熔炼	1. 能进行在线晶粒细化操作 2. 能进行合金配料计算，并能进行易烧损金属的添加	1. 金属结晶过程与结晶组织的知识 2. 晶粒细化方法 3. 合金配料的计算公式 4. 合金元素的加入方式
	（二）铸造	1. 能根据出铝口状况，采取处理措施 2. 能处理分配器变形，高温损坏故障 3. 能调整重熔用铝锭铸机接收部位、冷却运输机、堆垛部位相互间的同步性	1. 出铝口的堵塞原因 2. 吹氧管的制作要求

续表

职业功能	工作内容	技能要求	相关知识
七、阳极组装	（一）处理导杆组架	能对石墨液的溶质、溶剂进行选择	石墨液溶质、溶剂的选择依据
	（二）熔化铁水	1. 能对筑炉用石英砂进行配料 2. 能对化铁炉冷却用水进行软化处理 3. 能检查化铁炉内衬破损情况 4. 能在非正常停、供电时对化铁炉进行应急处理 5. 能对化铁炉系统报警采取相应措施	1. 石英砂、硼酸的知识 2. 冷却水软化原理 3. 化铁炉系统报警知识
	（三）浇铸铁水	能选择浇铸点，安排浇铸顺序	浇铸方法
	（四）控制悬链系统	1. 能进行 CPU 模块电池的安装 2. 能进行梯形图控制程序的安装 3. 能利用编程器进行程序主菜单、子菜单的调入 4. 能识别 CPU 模块指示信号	PLC 控制知识
	（五）除尘	能根据负压计的显示判断收尘效果，并进行处理	收尘效果的影响因素
八、母线焊接	（一）焊接铝母线	1. 能用预变形法防止硬性铝母线的焊接变形，能用机械矫正法矫正变形的硬性铝母线 2. 能焊接、修复电解槽铝母线 3. 能焊接铜母线	1. 焊接应力与变形知识 2. 铜及铜合金的焊接工艺
	（二）焊接异种金属	1. 能焊接铝电解相关设备的不锈钢与低碳钢、钢与铝及其合金、钢与铜的部件 2. 能用隔离层焊接法提高异种金属的焊接质量	1. 不锈钢与低碳钢的焊接工艺 2. 常见异种金属的焊接知识
	（三）焊接接头试验	1. 能用碳当量法预测母材的焊接性 2. 能进行焊接冷、热裂纹试验 3. 能对焊接接头进行无损探伤	1. 常用金属材料的焊接性 2. 常见焊接接头的冷、热裂纹试验方法 3. 焊接接头的无损探伤检验方法

续表

职业功能	工作内容	技能要求	相关知识
九、筑炉施工	（一）刨炉	能完成电解槽小修刨槽	电解槽小修要求
	（二）砌筑电解槽内衬	1. 能进行砌筑施工放线 2. 能判定砌筑质量 3. 能计算砌筑工作量和用料量	1. 施工放线知识 2. 砌筑质量标准 3. 砌筑工作量和用料量的计算方法
	（三）扎固电解槽	1. 能检查阴极糊外观质量 2. 能检查电解槽扎固施工加热温度 3. 能扎固电解槽小修部位	1. 阴极糊、阴极炭块的质量标准 2. 电解槽扎固施工加热温度的检查要求 3. 电解槽小修的扎固要求
	（四）砌筑铸造炉	1. 能制作拱胎 2. 能砌筑拱顶 3. 能砌筑拐角炉墙	1. 拱胎制作方法 2. 拱顶砌筑方法 3. 拐角炉墙砌筑方法
十、设备管理	设备维护与故障处理	1. 能发现设备一般故障隐患 2. 能判断检修质量	排除设备故障的一般方法
十一、培训与指导	传授技艺	能指导初级、中级工的实际操作	实际操作的培训方法

3.4 技师（第一至第七职业功能为可选模块，根据申报人情况任选其一）

职业功能	工作内容	技能要求	相关知识
一、铝电解操炉	（一）通电、焙烧、启动电解槽	1. 能验收大修槽 2. 能根据测量数据、焙烧情况评估焙烧效果 3. 能进行电解槽二次启动	1. 电解槽大修后验收的基本要求 2. 电解槽二次启动的方法
	（二）盘存铝量	能选择适当的方法进行生产槽的铝量盘存	铝量盘存方法
	（三）控制技术条件	1. 能根据系列生产运行状况、预测槽况的变化趋势 2. 能根据电解槽运行状况制定单槽炉别基准	1. 铝电解的技术参数 2. 炉别基准的制定要求

续表

职业功能	工作内容	技能要求	相关知识
二、多功能机组作业	处理故障	1. 能确定打壳无力的故障部位 2. 能确定阳极提升机构提升力不足的故障部位和故障原因 3. 能分析大车行走轮发生“啃轨”故障的下列原因： (1) 大车两个主动轮驱动不同步 (2) 大车驱动轮中有一台电动机空转 4. 能判断、排除液压油缸的“爬行”故障	多功能机组故障诊断系统基本知识
三、物料输送及烟气净化	(一) 输送物料	1. 能首次启动物料输送系统 2. 能根据物料特性变化调整物料输送系统的控制参数 3. 能处理物料输送系统的工艺故障	1. 物料输送系统的启动方法 2. 物料输送系统控制参数的调整方法
	(二) 净化烟气	1. 能首次启动烟气净化系统 2. 能根据工艺条件调整烟气净化系统的控制参数 3. 能处理烟气净化系统的工艺故障	1. 烟气净化系统的启动方法 2. 烟气净化系统控制参数的调整方法 3. 烟气净化工艺故障的处理方法
四、铝及铝合金熔铸	(一) 熔炼	1. 能进行高熔点和难熔金属的添加和熔化作业 2. 能测量铝熔体氢含量，并提出除氢改进措施	测量仪的结构及工作原理
	(二) 铸造	能判断分析产品内部质量缺陷的主要原因及影响因素，并能制定改进措施	金属结晶组织缺陷的知识
五、阳极组装	(一) 组装块质量控制	能分析组装块质量缺陷产生的原因，并制定改进措施	组装块质量标准
	(二) 熔化铁水	1. 能制定化铁炉内衬烧结升温曲线 2. 能判断化铁炉的泄漏原因，并进行相应处理	1. 化铁炉故障处理方法 2. 石英砂烧结的机理

续表

职业功能	工作内容	技能要求	相关知识
六、母线焊接	（一）焊接母线	1. 能设计减少焊接电弧磁偏吹的磁场屏蔽装置 2. 能设计铝母线焊接胎具和夹具 3. 能编写中、小型母线焊接项目的焊接施工方案 4. 参与中、小型项目的母线焊接施工图纸会审，能对图中的技术缺陷和施工难点提出改进建议	磁场屏蔽的基础知识
	（二）制作钢—铝爆炸焊板	1. 能计算施焊所用的炸药量 2. 能安装待焊金属材料，能填装炸药	爆炸焊基础知识
七、筑炉施工	（一）施工准备	1. 能测绘施工图 2. 根据施工图纸要求制定施工方案	1. 制图基本知识 2. 砌扎电解槽内衬的工艺要求
	（二）砌筑铸造炉	1. 能砌筑圆形炉底 2. 能根据实际施工选用耐火材料	1. 圆形炉底砌筑方法 2. 耐火材料知识
	（三）控制施工质量	1. 能对砌扎体的质量缺陷进行分析，并提出施工补救和改进措施 2. 能对电解槽破损部位进行解剖分析，并提出施工改进建议 3. 能制定施工质量检测方法	砌扎体破损原因
八、生产管理	（一）物流管理	能对物料投入、转换、产出进行计划、组织、调节	物流管理基本知识
	（二）作业组织	能在作业中合理安排和协调人员、设备、工作程序	
九、设备管理	设备维护和检修	1. 能对大修、中修质量进行跟踪检查、评判 2. 能制定设备维护和检修方案	设备大修、中修质量标准

续表

职业功能	工作内容	技能要求	相关知识
十、技术管理	（一）控制工艺技术条件	能在生产系列参数发生变化时，合理调整技术条件	1. 技术参数的相互关系 2. 质量管理数理统计基础知识
	（二）技术总结	能对生产实践经验进行总结	
	（三）技术改进与创新	胜任下列工作之一： 1. 能针对生产或设备系统中存在的薄弱环节编制改进方案，并组织实施 2. 能参与新工艺、新设备、新产品的开发设计、试验	本岗位新工艺、新技术、新设备、新产品发展方向
十一、培训与指导	（一）理论培训	能对初级、中级、高级工进行专业基础理论知识的培训	操作指导方法
	（二）指导操作	能系统地示范实际操作技巧，并能指导初级、中级、高级工的实际操作	

3.5 高级技师（第一、二项职业功能为可选模块，根据申报人情况任选其一）

职业功能	工作内容	技能要求	相关知识
一、铝电解操炉	（一）测试作业	能根据方案要求进行电平衡、能量平衡、磁场的测试	电平衡、能量平衡的方法
	（二）控制技术条件	1. 能对系列电解槽的运行趋势进行综合评判和预测 2. 能综合评判技术参数对技术经济指标的影响	1. 电解槽稳定性的影响因素 2. 数理统计基础知识
二、母线焊接	焊接母线	1. 能将热剂焊、钎焊或激光焊等焊接方法应用于铝母线焊接 2. 能编写大型母线焊接项目的施工方案 3. 参与大型项目的母线焊接施工图纸会审，能对图中的技术缺陷和施工难点提出改进建议	热剂焊、钎焊、激光焊的基础知识

续表

职业功能	工作内容	技能要求	相关知识
三、设备管理	设备事故处理	能分析设备事故原因，制定防范措施	设备事故的处理知识
四、技术管理	（一）技术交流与总结	能胜任下列工作之一： 1. 能系统地总结生产中设备的维护和检修经验 2. 能系统地总结铝电解生产的实践经验 3. 能参与铝电解行业的技术交流	铝电解技术发展动态
	（二）技术创新	能撰写技术攻关、技术开发专题项目的研究报告、总结报告	科技论文写作知识
五、培训与指导	（一）理论知识培训	1. 能合理安排教学内容，选择适当的教学方式 2. 能系统地讲授铝电解生产理论知识	技能培训方法
	（二）传授技艺	能传授处理生产中技术问题方法和技巧，并能对初级、中级、高级工和技师进行实际操作指导	

4. 比 重 表

4.1　理论知识

项　目		初级/%	中级/%	高级/%	技师/%	高级技师/%
基本要求	职业道德	5	5	5	5	5
	基础知识	30	30	30	20	15
相关知识	准备工作	10	10	5	—	—
	生产作业	50	50	50	50	50
	生产管理	—	—	—	5	5
	设备管理	5	5	5	5	5
	技术管理	—	—	—	10	15
	培训与指导	—	—	5	5	5
总　计		100	100	100	100	100

注：生产作业指“工作要求”表中可选模块部分。

4.2 技能操作

项　目		初级/%	中级/%	高级/%	技师/%	高级技师/%
技能要求	准备工作	5	5	5	—	—
	生产作业	90	90	85	75	65
	生产管理	—	—	—	5	5
	设备管理	5	5	5	5	10
	技术管理	—	—	—	10	15
	培训与指导	—	—	5	5	5
总　计		100	100	100	100	100

注：生产作业指“工作要求”表中可选模块部分。

国家职业标准

钛冶炼工

中华人民共和国劳动和社会保障部制定

说 明

根据《中华人民共和国劳动法》的有关规定，为了进一步完善国家职业标准体系，为职业教育、职业培训和职业技能鉴定提供科学、规范的依据，劳动和社会保障部组织有关专家，制定了《钛冶炼工国家职业标准》（以下简称《标准》）。

一、本《标准》以《中华人民共和国职业分类大典》为依据，以客观反映现阶段本职业的水平和对从业人员的要求为目标，在充分考虑经济发展、科技进步和产业结构变化对本职业影响的基础上，对职业的活动范围、工作内容、技能要求和知识水平作了明确规定。

二、本《标准》的制定遵循了有关技术规程的要求，既保证了《标准》体例的规范化，又体现了以职业活动为导向、以职业技能为核心的特点，同时也使其具有根据科技发展进行调整的灵活性和实用性，符合培训、鉴定和就业工作的需要。

三、本《标准》依据有关规定将本职业分为五个等级，包括职业概况、基本要求、工作要求和比重表四个方面的内容。

四、本《标准》是在有色金属行业职业技能鉴定指导中心的具体组织下，在各有关专家和实际工作者的共同努力下完成的。参加编写的主要人员有：原料制备和钛渣加工、电炉熔炼模块由令狐昌鸿、余代权、陈辉完成；液氯蒸发、氯化操作模块由时永华、朱卫平、周卫完成；精制模块由谢远江、张文忠、梁强、刘蜀怀完成；准备拆装、还原、蒸馏操作模块由刘洪贵、张履国、祝永红、王小龙完成；成品处理模块由赵以蓉、宋洁、王帮兴完成。参加审定的主要人员有：刘禹明、余家华、周天华、吴英敏、陈平、郑维亚、丁学全、谢承杰、丁跃华、陈蕾、高德芳。本《标准》由遵义钛业有限责任公司负责起草，在制定过程中，得到了抚顺铝厂等有关单位的大力支持，在此一并致谢。

五、本《标准》业经劳动和社会保障部批准，自2004年2月6日起施行。

钛冶炼工国家职业标准

1. 职 业 概 况

1.1 职业名称

钛冶炼工。

1.2 职业定义

操作钛冶炼设备，将钛原料经钛渣熔炼、氯化、精制、还原蒸馏、破碎包装等工序生产海绵钛产品的人员。

1.3 职业等级

本职业共设五个等级，分别为：初级（国家职业资格五级）、中级（国家职业资格四级）、高级（国家职业资格三级）、技师（国家职业资格二级）、高级技师（国家职业资格一级）。

1.4 职业环境

室内，高温，有时接触有害气体。

1.5 职业能力特征

有一定的观察、判断和计算能力，视力良好，四肢灵活，动作协调。

1.6 基本文化程度

高中毕业（或同等学历）。

1.7 培训要求

1.7.1 培训期限

全日制职业学校教育，根据其培养目标和教学计划确定。晋级培训期限：初级、中级、高级不少于 180 标准学时；技师、高级技师不少于 150 标准学时。

1.7.2 培训教师

培训初级、中级、高级的教师应具有本职业技师及以上职业资格证书或相关专业中级及以上专业技术职务任职资格；培训技师的教师应具有本职业高级技师职业资格证书或本专业高级专业技术职务任职资格；培训高级技师的教师应具有本职业高级技师职业资格证书 2 年以上或相关专业高级专业技术职务任职资格。

1.7.3 培训场地设备

标准教室和生产现场。

1.8 鉴定要求

1.8.1 适用对象

从事或准备从事本职业的人员。

1.8.2 申报条件

——初级(具备以下条件之一者)

(1) 经本职业初级正规培训达规定标准学时数，并取得结业证书。

(2) 在本职业连续见习工作1年以上。

(3) 本职业学徒期满。

——中级(具备以下条件之一者)

(1) 取得本职业初级职业资格证书后，连续从事本职业工作2年以上，经本职业中级正规培训达规定标准学时数，并取得结业证书。

(2) 取得本职业初级职业资格证书后，连续从事本职业工作3年以上。

(3) 连续从事本职业工作5年以上。

(4) 取得经劳动保障行政部门审核认定的、以中级技能为培养目标的中等以上职业学校本职业（专业）毕业证书。

——高级(具备以下条件之一者)

(1) 取得本职业中级职业资格证书后，连续从事本职业工作3年以上，经本职业高级正规培训达规定标准学时数，并取得结业证书。

(2) 取得本职业中级职业资格证书后，连续从事本职业工作4年以上。

(3) 连续从事本职业工作10年以上。

(4) 取得高级技工学校或经劳动保障行政部门审核认定的、以高级技能为培养目标的高等职业学校本职业（专业）毕业证书。

(5) 取得本职业中级职业资格证书的大专以上本专业或相关专业的大专毕业生，连续从事本职业工作2年以上。

——技师(具备以下条件之一者)

(1) 取得本职业高级职业资格证书后，连续从事本职业工作4年以上，经本职业技师正规培训达规定标准学时数，并取得结业证书。

(2) 取得本职业高级职业资格证书后，连续从事本职业工作6年以上。

(3) 取得本职业高级职业资格证书的高级技工学校本职业（专业）毕业生和大专以上本专业或相关专业毕业生，连续从事本职业工作2年以上。

——高级技师(具备以下条件之一者)

(1) 取得本职业技师职业资格证书后，连续从事本职业工作3年以上，经本职业高级技师正规培训达规定标准学时数，并取得结业证书。

(2) 取得本职业技师职业资格证书后，连续从事本职业工作5年以上。

1.8.3 鉴定方式

分为理论知识考试和技能操作考核。理论知识考试采用闭卷笔试方式，技能操作考核采用现场实际操作方式。理论知识考试和技能操作考核均实行百分制，成绩皆达60分及以上者为合格。技师、高级技师还须进行综合评审。

1.8.4 考评人员与考生配比

理论知识考试考评人员与考生配比为1∶20，每个标准教室不少于2名考评人员；技能操作考核考评员与考生配比为1∶10，且不少于3名考评员；综合评审委员不少于5人。

1.8.5 鉴定时间

理论知识考试时间为90～120min；技能操作考核时间为60～240min；综合评审时间不少于20min。

1.8.6 鉴定场所设备

理论知识考试在标准教室进行。技能操作考核在具备实际操作考核设施的海绵钛生产现场或相关场地进行。鉴定现场的环境条件、设备仪器、原料、辅料、工具应能满足鉴定要求，各种仪器设备必须检验合格并在有效使用期内。

2. 基 本 要 求

2.1 职业道德

2.1.1 职业道德基本知识

2.1.2 职业守则

（1）遵章守纪，精心操作。

（2）爱岗敬业，忠于职守。

（3）认真负责，确保安全。

（4）刻苦学习，不断进取。

（5）团结协作，尊师爱徒。

（6）谦虚谨慎，文明生产。

（7）勤奋踏实，诚实守信。

（8）厉行节约，降本增效。

（9）自爱自强，立志钛业。

2.2 基本知识

2.2.1 钛冶炼基本知识

（1）钛的资源和发展概况。

（2）钛及其化合物的性质、制取方法及用途。

（3）镁法炼钛的基本知识。

2.2.2 机械制图基础知识

机械制图基础知识。

2.2.3 计算机基本知识

计算机基本知识。

2.2.4 电工学基本知识

电工学基本知识。

2.2.5 安全、消防和环境保护知识

（1）起重设备指挥基本知识。

（2）消防基础知识。

（3）安全生产、工业卫生及环保的有关法律、法规。

（4）安全规程。

2.2.6 质量基础知识

（1）质量管理体系基础知识。

（2）质量分析基本知识。

（3）质量统计基本知识。

2.2.7 相关法律、法规知识

（1）劳动法的相关知识。

（2）合同法的相关知识。

3. 工 作 要 求

本标准对初级、中级、高级、技师和高级技师的技能要求依次递进，高级别涵盖低级别的要求。

3.1 初级

职业功能	工作内容	技能要求	相关知识
一、生产准备	（一）读工艺文件	1. 能读懂本岗位理化检验报告单 2. 能读懂本岗位有关工艺参数和工艺操作规程	1. 相关原料和产品的分子式和化学方程式 2. 相关岗位的操作规程
	（二）设备检查	能检查设备、仪表运行是否正常	设备、工具、仪表的运行知识
	（三）原料、产品识别	能识别本岗位涉及的原料和产品	原料和产品的质量特性

续表

职业功能	工作内容	技能要求	相关知识
二、生产操作（任选一项工作内容）	（一）原料制备和钛渣加工	1. 能完成原料的破碎操作 2. 能完成配料操作，配置合格电炉料 3. 能完成钛渣的破碎、磁选和筛分 4. 能控制破碎设备的进料量	1. 生产原料的质量要求 2. 钛渣配料生产工艺流程及设备使用知识 3. 钛渣加工工艺及设备使用知识 4. 磁选目的及除铁机理
	（二）电炉熔炼	1. 能操作捣炉设备和加料设备进行捣炉和加料操作 2. 能按要求下放电极 3. 能完成电炉配电操作 4. 能检查渣包状况并垫好渣包 5. 能完成烤炉嘴的操作 6. 能完成出炉操作 7. 能进行钛生铁铸锭操作	1. 钛渣包的结构 2. 钛渣熔炼的工艺和电气特点 3. 钛生铁铸锭知识 4. 钛渣电炉熔炼岗位操作规程
	（三）液氯蒸发	1. 能完成本岗位内液氯输送 2. 能完成液氯蒸发操作 3. 能根据氯化生产的需要输送氯气 4. 能安全处理液氯蒸发操作中的简单故障	1. 本岗位生产管线布置知识 2. 液氯蒸发岗位的操作规程 3. 液氯使用基本知识 4. 液氯的运输、装卸安全知识
	（四）氯化操作	1. 能按指定配料比配制混合料 2. 能操作加料系统设备进行加料 3. 能完成电解氯气的转进、转出操作 4. 能控制入炉氯气的浓度、流量、压力 5. 能分析电解氯气浓度 6. 能进行炉渣及收尘渣排放操作 7. 能为循环泵槽补充、更换淋洗液 8. 能进行粗四氯化钛过滤操作 9. 能完成四氯化钛计量操作 10. 能使用专用工具对系统进行清理 11. 能完成尾气处理操作	1. 氯化生产工艺 2. 氯化岗位操作规程 3. 粗四氯化钛的质量要求

续表

职业功能	工作内容	技能要求	相关知识
二、生产操作（任选一项工作内容）	（五）精制	1. 能完成粗四氯化钛输送操作（与氯化共用） 2. 能操作浮阀塔进行四氯化钛蒸馏和精馏 3. 能完成精四氯化钛输送和计量操作 4. 能操作除钒塔完成杂质分离 5. 能排放高沸点产物 6. 能完成清洗铜丝操作 7. 能对泥浆上层清液进行过滤 8. 能完成泥浆处理操作（与氯化共用） 9. 能完成管路和容器清理	1. 浮阀塔精馏操作的主要影响因素 2. 精制岗位的操作规程 3. 泥浆处理工艺
	（六）准备拆装	1. 能完成新反应器等设备的除锈、酸浸、清洗、干燥 2. 能完成钛粉的粉刷 3. 能完成新反应器的拆卸与清扫 4. 能完成反应器大盖的酸洗、水洗、干燥 5. 能清除反应器、大盖的黏附物 6. 能按规定的方位组装反应器、大盖及其附属设备 7. 能对真空系统进行简单维护和清理 8. 能完成真空系统预抽检漏操作 9. 能将液体或固体镁加入到反应器内	1. 准备岗位的操作规程 2. 水分、铁锈对反应器使用的影响及清除方法 3. 真空系统维护知识
	（七）还原、蒸馏操作	1. 能完成新反应器的升温渗钛操作 2. 能完成反应器的入炉操作 3. 能连接各种管路 4. 能完成加料、停料操作 5. 能监测和记录还原、蒸馏工艺参数 6. 能完成氯化镁的排放 7. 能进行还原转蒸馏操作 8. 能完成反应器出炉、冷却操作	1. 还原、蒸馏生产基本知识 2. 还原、蒸馏操作规程

续表

职业功能	工作内容	技能要求	相关知识
二、生产操作（任选一项工作内容）	（八）成品处理	1. 能安全取出钛坨 2. 能完成海绵钛坨的表层处理 3. 能完成海绵钛块分选操作 4. 能完成海绵钛破碎操作 5. 能准备满足要求的产品包装物 6. 能操作磁选机完成产品磁选 7. 能按要求进行成品挑选 8. 能完成产品计量、包装操作 9. 能对产品进行抽空充氩 10. 能完成产品分区存放及区域标识	1. 钛坨处理的注意事项 2. 产品标识方法 3. 风镐及氩气的使用知识 4. 海绵钛产品粒度要求 5. 海绵钛破碎岗位操作规程 6. 海绵钛包装物种类及质量要求 7. 产品的分类和包装方法 8. 海绵钛产品外观评定准则 9. 抽空充氩工艺要求
三、操作后处理	（一）填写质量记录	能填写本岗位操作所涉及的质量记录	质量记录填写知识
	（二）设备维护保养	能进行设备、仪表、工具的日常保养和简单维护	设备、仪表、工具维护保养知识

3.2　中级

职业功能	工作内容	技能要求	相关知识
一、生产准备	（一）读工艺文件	能分析相关产品理化检验报告单	相关原料和产品的质量标准
	（二）设备检查	能根据运行记录检查、判断设备运行情况	本岗位设备工作原理和检测知识
二、生产操作（任选一项工作内容）	（一）原料制备和钛渣加工	1. 能判断所提供的原料是否满足生产要求 2. 能根据电炉熔炼状况及时调整配料比 3. 能判断破碎后的钛渣是否符合粒度要求，并及时提出调整建议 4. 能判断磁选效果，调整磁选设备控制参数	1. 钛渣生产配料比的计算方法 2. 原料粒度及配料比对电炉熔炼的影响 3. 钛渣的特性 4. 钛渣加工过程对成品钛渣质量的影响

续表

职业功能	工作内容	技能要求	相关知识
二、生产操作（任选一项工作内容）	（二）电炉熔炼	1. 能确定电极下放长度 2. 能根据料面情况调整加料量 3. 能根据电压、电流的情况判断炉况，并进行调整 4. 能根据渣样的外观判断钛渣品位 5. 能处理电炉熔炼常见故障	1. 钛渣熔炼的基本原理 2. 电炉熔炼过程的影响因素 3. 炉况的调整处理知识 4. 电炉熔炼故障的种类及产生原因
	（三）液氯蒸发	1. 能调整液氯蒸发操作参数，满足氯化生产需要 2. 能对液氯用量进行计量	1. 压力容器及仪表的一般知识 2. 液氯容器的使用要求
	（四）氯化操作	1. 能计算和调整配料比 2. 能判断物料外观质量，能处置不合格原料 3. 能进行氯气分配操作 4. 能根据氯化技术参数的变化，向配料、液氯蒸发、电解等岗位提出操作建议 5. 能配制氯化尾气分析液，并能进行尾气成分分析 6. 能通过氯化尾气的分析结果，简单判断氯化炉内反应状况 7. 能完成盐酸回收操作 8. 能对混合料的质量做出初步判断 9. 能根据氯料比计算通氯量或加料量 10. 能对循环泵的上料情况进行检定 11. 能清理打料泵 12. 能对浓密机的沉降效果做一般检查 13. 能进行打料、过滤及补充料操作 14. 能处理不合格品 15. 能更换过滤器 16. 能进行尾气处理操作 17. 能判断并处理系统堵塞	1. 氯化生产主要设备的结构、工作原理和使用方法 2. 原料的物理、化学性能和质量标准 3. 不同产地原料的特性及对氯化生产的影响 4. 配料比和氯料比的计算方法 5. 氯化生产的基础理论 6. 氯化生产各工艺参数之间的关系 7. 氯化尾气成分的分析方法 8. 不合格品处理方法 9. 氯化设备的检修、维护和保养规程

续表

职业功能	工作内容	技能要求	相关知识
二、生产操作（任选一项工作内容）	（五）精制	1. 能调节各参数，使蒸馏塔、精馏塔稳定运行 2. 能处理蒸馏塔、精馏塔在生产中出现的故障 3. 能完成处理低、高沸点氯化物操作 4. 能调节各参数使除钒塔稳定运行 5. 能处理不合格品 6. 能处理除钒过程中出现的一般故障 7. 能判断过滤布是否失效 8. 能判断浓密机内泥浆层的高度（与氯化共用） 9. 能排除泥浆处理过程的一般故障（与氯化共用）	1. 除低、高沸点杂质的原理 2. 精制除钒的原理 3. 影响除钒的因素 4. 不合格品处理方法 5. 泥浆蒸发原理
	（六）准备拆装	1. 能配制反应器和大盖酸洗液，判断反应器和大盖酸洗效果 2. 能调制渗钛用钛粉 3. 能对反应器的使用情况进行检查 4. 能进行反应器正压和真空检漏 5. 能对真空系统阀门进行简单维修 6. 能完成泵的极限真空度试验 7. 能处理准备过程的一般故障	1. 酸洗基本原理 2. 反应器渗钛基本原理 3. 反应器的材质、规格和使用条件 4. 设备抽空检漏规定 5. 真空系统检修规程
	（七）还原、蒸馏操作	1. 能检查生产系统是否完好 2. 能完成还原过程中的料速、温度、压力等工艺参数控制 3. 能判断还原反应终点 4. 能完成转炉、检漏、出炉操作 5. 能控制蒸馏各阶段的温度、真空度、压差、冷却水量等参数 6. 能检查挥发物过道的畅通情况 7. 能根据还原、蒸馏过程情况变化提出调整还原、蒸馏工艺条件的建议 8. 能操作计算机调整生产参数	1. 还原过程各工艺参数之间关系 2. 蒸馏过程各工艺条件之间的关系 3. 自动控制基础知识 4. 操作计算机调整生产参数的方法

续表

职业功能	工作内容	技能要求	相关知识
二、生产操作（任选一项工作内容）	（八）成品处理	1. 能发现和处理拆卸和取出过程中的安全隐患 2. 能操作油压机切压海绵钛坨 3. 能控制海绵钛坨切压粒度 4. 能判断油压机和破碎机的运行状况 5. 能鉴别海绵钛的外观质量，并进行合理分类 6. 能进行筛下物分类处理 7. 能控制传送带运输机物料层厚度 8. 能检查产品的磁选质量 9. 能检查产品的挑选质量 10. 能检查产品包装质量 11. 能判断计量装置的准确性 12. 能判断抽空充氩系统的完好情况 13. 能检查抽空充氩是否达到规定要求	1. 拆卸、取出作业的安全注意事项 2. 油压机运行原理 3. 海绵钛外观与内在质量的关系 4. 设备使用、维护的一般知识 5. 海绵钛挑选知识 6. 海绵钛采样、检查方法 7. 海绵钛包装要求 8. 氩气保护原理
三、操作后处理	（一）填写质量记录	1. 能检查质量记录的填写情况是否完整 2. 能填写交接班记录	1. 质量记录填写规范 2. 交接班注意事项
	（二）设备维护保养	能对常用设备、仪表进行简单维修	设备维修基础知识

3.3 高级

职业功能	工作内容	技能要求	相关知识
一、生产准备	（一）工艺准备	1. 能根据化验报告分析结果，判断操作是否符合工艺要求 2. 能绘制本岗位工艺流程图	1. 本岗位生产工艺 2. 绘图常识
	（二）设备准备	1. 能绘制设备结构简图 2. 能判断设备异常情况，并提出解决办法	1. 主要设备的结构、性能、工作原理 2. 设备检修知识

续表

职业功能	工作内容	技能要求	相关知识
二、生产操作（任选一项工作内容）	（一）原料制备和钛渣加工	1. 能分析和总结不合格混合炉料产生的原因，并进行调整或处理 2. 能调整破碎设备的出料粒度分布 3. 能根据钛渣质量和氯化生产情况的变化选用适宜的筛网 4. 能准确分析钛渣质量不合格的原因，提出改进措施	1. 配料生产控制系统的组成及工作原理 2. 钛渣加工生产中主要设备的构造和工作原理 3. 钛渣的质量标准 4. 产品质量控制知识
	（二）电炉熔炼	1. 能确定电炉生产的配送电制度 2. 能判定熔炼终点 3. 能分析影响炉况的各种原因，采用合理的操作方法	1. 电炉熔炼终点的判断 2. 钛渣电炉的结构及参数
	（三）液氯蒸发	1. 能对液氯进行复核计算，能根据氯化生产要求提报氯气使用计划 2. 能计算氯气单耗，并能进行经济核算 3. 能对液氯蒸发工艺和设备提出改进建议	1. 统计基本知识 2. 液氯岗位设备的结构、工作原理和使用方法
	（四）氯化操作	1. 能根据氯化生产情况动态调节配料比 2. 能组织氯化炉与收尘器及后系统的对接操作 3. 能对氯化系统（含尾气净化）进行拆卸、清理和复位 4. 能对炉底进行装配对接 5. 能判定混合料的配料比偏差，并进行临时补料调节 6. 能根据各种仪表记录参数判断氯化炉反应状况、氯化系统状况及设备运行状况 7. 能根据尾气淋洗液的色、味等判断氯化炉反应状况及系统运行情况 8. 能发现和排除设备事故隐患 9. 能对氯化工艺或设备配置提出合理化建议 10. 能根据生产需要使用热风系统	1. 氯化生产设备故障的检修、维护、保养规程 2. 配料比与氯化生产的关系 3. 氯化炉的内部结构及使用材料 4. 氯化故障处理知识 5. 氯化废气的国家排放标准

续表

职业功能	工作内容	技能要求	相关知识
二、生产操作（任选一项工作内容）	（五）精制	1. 能解决去除低、高沸点杂质过程中出现的较复杂问题 2. 能判断铜丝是否失效 3. 能根据生产情况调节除钒剂加入量 4. 能判断产品不合格原因，并提出改进措施 5. 能调整泥浆处理工艺参数，以改进处理效果 6. 能解决泥浆处理出现的较复杂问题	1. 影响产品质量的因素及处理措施 2. 主要设备的结构、性能 3. 影响铜丝失效的因素 4. 除钒剂的加入量对产品质量的影响 5. 泥浆处理主要设备的结构和性能
	（六）准备拆装	1. 能根据新反应器表面情况调整用酸浓度 2. 能根据钛粉粒度和杂质含量提出调整配比的建议 3. 能判断反应器渗钛是否合格 4. 能组织进行反应器生产前的准备工作 5. 能判断反应器焊缝情况并提出修补建议 6. 能根据反应器、大盖的使用情况确定是否继续使用 7. 能解决反应器准备过程中的一般性故障 8. 能检修真空系统主要阀门和部件 9. 能完成真空系统的拆卸与组装 10. 能处理真空系统预抽中的故障	1. 钛粉质量标准 2. 渗钛结果判断方法 3. 反应器准备知识 4. 反应器准备故障处理方法 5. 真空系统的构成及工作原理 6. 海绵钛生产对真空系统的要求 7. 真空系统故障处理方法
	（七）还原、蒸馏操作	1. 能进行生产系统的简单检修 2. 能组织进行入炉、加镁、排放氯化镁、停料操作 3. 能根据还原状况调整相关工艺参数 4. 能确定压料的时间、压料量 5. 能组织进行过道连接、检漏、出炉冷却等操作 6. 能根据蒸馏状况调整蒸馏工艺参数 7. 能判定蒸馏终点 8. 能提出蒸馏工艺、设备的改进建议 9. 能处理还原、蒸馏过程的一般故障 10. 能使用计算机处理生产数据	1. 还原生产系统的构成、维护知识 2. 还原各工艺参数的变化对产品质量的影响 3. 还原生产设备故障处理方法 4. 蒸馏生产系统的构成、维护的知识 5. 蒸馏工艺参数的变化对产品质量的影响 6. 蒸馏生产设备故障处理方法 7. 计算机数据处理知识

续表

职业功能	工作内容	技能要求	相关知识
二、生产操作（任选一项工作内容）	（八）成品处理	1. 能制定钛坨处理方案 2. 能处理海绵钛坨拆卸、取出、剥皮过程中的质量事故 3. 能判断油压机工作状况 4. 能分析产生不合格品的原因 5. 能提出有效的工艺、设备改进建议 6. 能判别产品质量状况，制定产品挑选方案 7. 能提出改进挑选工艺的建议 8. 能提出改进产品包装的建议 9. 能检查各作业是否达到规定要求	1. 钛坨中杂质分布规律 2. 油压机基本结构 3. 产品粒度及质量要求 4. 破碎、筛分设备的工作原理 5. 海绵钛的可破碎性能 6. 生产自动化基础知识 7. 破碎过程对海绵钛产品质量的影响 8. 海绵钛质量与杂质元素的关系 9. 产品外观质量检验方法及判定准则 10. 产品包装检验知识
三、计算	（一）物料计算	能完成本岗位的简单物料平衡计算	物料平衡计算基本知识
	（二）技术经济指标计算	能够核算本岗位技术经济指标	技术经济指标计算方法
四、培训与指导	传授技艺、技能	能传授经验和技术，指导初级、中级工提高技艺	传授技艺、技能的基本方法

3.4 技师

职业功能	工作内容	技能要求	相关知识
一、生产准备	生产准备	1. 能拟订并组织实施本岗位生产系统启动方案 2. 能解决生产准备过程中遇到的技术难题	1. 生产系统的组成和启动要点 2. 生产设备的材质、性能、尺寸、使用要求及准备工作程序
二、生产操作	（一）优化操作	能根据情况调整和优化操作	钛冶炼工艺和设备优化知识
	（二）解决技术难题	能解决本岗位生产过程存在的技术难题	本岗位生产工艺特点
	（三）生产系统维护	1. 能组织进行一般生产设备的检修和安装 2. 能解决生产系统维修过程存在的技术难题	生产和辅助系统的性能及维修知识

续表

职业功能	工作内容	技能要求	相关知识
三、技术管理与创新	（一）过程分析	能运用过程控制的有关方法对过程各环节进行分析，找出其中的薄弱环节，提出改进意见并予以实施	过程控制的有关知识
	（二）制定、修订规程	能根据生产工艺变化及统计分析结论，制定、修订岗位操作规程	规程制定、修订的有关规定
四、生产过程管理	（一）编制材料计划	能根据本岗位设备、原材料的消耗指标制定设备、原材料需求计划	设备和原材料的名称、规格、用途、消耗量、生产周转需求知识
	（二）工艺技术管理	1. 能进行日常工艺技术管理 2. 能分析影响产品质量的原因并制定解决办法 3. 能制定并执行工艺操作和产品质量管理制度	工艺及产品质量管理知识
	（三）制定设备维护、检修制度	能根据生产辅助设备的使用、维护情况制定定期或不定期的设备维护、检修制度	设备维护、检修制度编制知识
五、培训与指导	（一）传授知识	能向中级、高级工传授专业知识	技能培训的基本要求
	（二）指导操作	能指导本岗位生产过程的实际操作	本岗位生产过程中的操作要点、难点和控制重点

3.5 高级技师

职业功能	工作内容	技能要求	相关知识
一、生产准备	（一）工艺准备	能绘制产品工艺流程图和设备流程图	工艺和设备流程图的绘制方法
	（二）设备准备	1. 能根据工艺条件选择相关生产设备 2. 能指导同类产品生产装置的验收和试车	1. 产品生产设备的选择方法 2. 主要设备的安装知识
	（三）安全生产	能提出产品生产的安全预防措施	安全生产知识

续表

职业功能	工作内容	技能要求	相关知识
二、生产过程管理	（一）协调工艺操作	能全面协调生产现场的各种操作，使之处于正常状态	全面质量管理相关知识
	（二）解决操作和技术难题	能解决高难度的生产操作和技术难题	海绵钛生产理论
三、技术管理与创新	（一）应用新技术、新工艺	能应用和推广国内外海绵钛生产过程中的新技术、新工艺	国内外海绵钛生产技术发展动态
	（二）技术攻关	能组织有关人员对生产工艺进行改进和技术攻关	项目管理基本知识
	（三）新产品试制	能配合技术人员制定新产品试制工艺，参与设备安装和试验	新产品试制知识
	（四）工艺和设备设计	能进行本岗位简单工艺和设备的设计	机械制图知识
	（五）技术总结和交流	能胜任下列工作之一： 1. 能系统总结本岗位生产实践经验 2. 能撰写专项工艺试验报告 3. 能撰写阶段性生产技术总结 4. 能进行本行业技术交流和技术合作	1. 技术报告和技术总结的写作知识 2. 本行业技术的发展情况
四、培训与指导	（一）培训与指导	能系统讲授生产工艺知识，并能指导实际操作	培训讲义编制方法
	（二）制定培训计划	能制定合适的职工培训计划	制定培训计划的方法

4. 比 重 表

4.1　理论知识

项　目		初级/%	中级/%	高级/%	技师/%	高级技师/%
基本要求	职业道德	5	5	5	5	5
	基础知识	15	10	10	10	10

续表

项目		初级/%	中级/%	高级/%	技师/%	高级技师/%
相关知识	生产准备	10	10	10	8	5
	生产操作	60	60	55	22	—
	操作后处理	10	15	—	—	—
	计算	—	—	10	—	—
	培训与指导	—	—	10	10	10
	技术管理与创新	—	—	—	20	40
	生产过程管理	—	—	—	25	30
总计		100	100	100	100	100

4.2 技能操作

项目		初级/%	中级/%	高级/%	技师/%	高级技师/%
技能要求	生产准备	10	10	8	5	5
	生产操作	80	75	72	20	—
	操作后处理	10	15	—	—	—
	计算	—	—	10	—	—
	培训与指导	—	—	10	15	15
	技术管理与创新	—	—	—	30	45
	生产过程管理	—	—	—	30	35
总计		100	100	100	100	100

半导体生产

相关职业技能标准

有色金属行业特有工种职业技能标准

半导体原料制备工

峨嵋半导体材料厂、所起草

说　　明

根据《中华人民共和国劳动法》的有关规定，为了进一步完善国家职业标准体系，为职业教育、职业培训和职业技能鉴定提供科学、规范的依据，中国有色金属工业协会、有色金属行业职业技能鉴定指导中心联合组织峨嵋半导体材料厂、所的有关专家，制定了《半导体原料制备工职业技能标准》（以下简称《标准》）。

一、本《标准》以《中华人民共和国职业分类大典》为依据，以客观反映现阶段本职业的水平和对从业人员的要求为目标，在充分考虑经济发展、科技进步和产业结构变化对本职业影响的基础上，对职业的活动范围、工作内容、技能要求和知识水平作了明确规定。

二、本《标准》的制定遵循了《国家职业标准制定技术规程》的要求，既保证了《标准》体例的规范化，又体现了以职业活动为导向、以职业技能为核心的特点，同时也使其具有根据科技发展进行调整的灵活性和实用性，符合培训、鉴定和就业工作的需要。

三、本《标准》依据有关规定将本职业分为三个等级，包括职业概况、基本要求、工作要求和比重表四个方面的内容。

四、本《标准》是在有色金属行业职业技能鉴定指导中心的具体组织下，在各有关专家和实际工作者的共同努力下完成的。参加编写的主要人员有：丁国江、查洪武、林淑容、易华兵、刘碧华。参加审定的主要人员有：崔树玉、过惠芬、刘秀琼、宋安宁、孙艳、杨玉安、易正义、丁学全、丁跃华、谢承杰、连仁杰、杜光宝。本《标准》由峨嵋半导体材料厂、所负责起草，在制定过程中，得到了洛阳单晶硅有限责任公司、江苏中能硅业科技发展有限公司、四川新光硅业科技有限责任公司、乐山职业技术学院、陕西天宏硅材料有限责任公司、有研半导体材料股份有限公司、洛阳中硅高科技有限公司、四川永祥多晶硅有限公司等有关单位的大力支持，在此一并致谢。

五、本《标准》业经中国有色金属工业协会批准，自 2010 年 10 月 18 日起施行。

半导体原料制备工

1. 职 业 概 况

1.1 职业名称

半导体原料制备工。

1.2 职业定义

按照操作规程，从事硅芯拉制、硅料腐蚀清洗、多晶硅后处理的人员。

1.3 职业等级

本职业共设三个等级，分别为：初级工（国家职业资格五级）、中级工（国家职业资格四级）、高级工（国家职业资格三级）。

1.4 职业环境

室内，常温，辐射（粉尘）、易燃易爆、有毒有害。

1.5 职业能力特征

具有一定的学习和理解能力，具有一定的分析和推理判断能力，具有应用计算机的能力；身体健康，手指、手臂灵活，动作准确协调；视力良好。

1.6 基本文化程度

初中毕业。

1.7 培训要求

1.7.1 培训期限

全日制职业学校教育，根据其培养目标和教学计划确定。晋级培训期限：初级工、中级工均不少于180标准学时；高级工不少于150标准学时。

1.7.2 培训教师

培训教师应具有本职业高级职业资格证书2年以上或本专业中级及以上专业技术职务任职资格。

1.7.3 培训场地设备

标准教室及具备必要工具、设备、设施的生产现场或模拟生产现场。

1.8 鉴定要求

1.8.1 适用对象

从事或准备从事本职业工种的人员。

1.8.2 申报条件

——初级工(具备以下条件之一者)

（1）经本职业初级工正规培训达规定标准学时数，并取得毕（结）业证书。

（2）在本职业连续工作 1 年以上。

（3）本职业学徒期满。

——**中级工**(具备以下条件之一者)

（1）取得本职业初级工职业资格证书后，连续从事本职业工作 2 年以上，经本职业中级工正规培训达规定标准学时数，并取得结业证书。

（2）取得本职业初级工职业资格证书后，连续从事本职业工作 3 年以上。

（3）连续从事本职业工作 5 年以上。

（4）取得经劳动保障行政部门审核认定的、以中级工技能为培养目标的中等以上职业学校本职业（专业）毕业证书。

——**高级工**(具备以下条件之一者)

（1）取得本职业中级工职业资格证书后，连续从事本职业工作 3 年以上，经本职业高级工正规培训达规定标准学时数，并取得结业证书。

（2）取得本职业中级工职业资格证书后，连续从事本职业工作 4 年以上。

（3）取得经劳动保障行政部门审核认定的、以高级工技能为培养目标的高级技工学校或高等职业学校本职业（专业）毕业证书。

（4）取得本职业中级工职业资格证书的大专以上本专业或相关专业毕业生，连续从事本职业工作 1 年以上。

1.8.3 鉴定方式

分为理论知识考试和技能操作考核。理论知识考试采用闭卷笔试方式，技能操作考核采用生产现场实际操作或模拟操作方式。理论知识考试和技能操作考核均实行百分制，成绩皆达 60 分以上者为合格。

1.8.4 考评人员和考生配比

理论知识考试考评人员与考生配比为 1∶20，每个标准教室不少于两名考评员；技能操作考核考评员与考生配比为 1∶10，且不少于 3 名考评员。

1.8.5 鉴定时间

理论知识考试时间不少于 90min；技能操作考核时间不少于 60min。

1.8.6 鉴定场所设备

理论知识考试在标准教室进行。技能操作考核在生产现场进行。

2. 基 本 要 求

2.1 职业道德

2.1.1 职业道德基本知识

2.1.2 职业守则

（1）爱国爱党，爱岗敬业。

（2）团结进取，开拓创新。

（3）文明生产，安全第一。

（4）遵纪守法，廉洁自律。

2.2 基础知识

2.2.1 化学、化工基础知识

（1）化学反应的基础知识。

（2）仪表、自动控制原理。

2.2.2 基础理论知识

（1）常见物质（空气、氮气、氢气、氩气、硝酸、盐酸、氢氟酸等）的物理和化学性质，安全使用和存放方法，净化方法等。

（2）高纯材料相关知识（如：高纯材料的概念、高纯材料表示方法及换算、高纯材料的主要制备方法、高纯材料制备过程的特点等）。

（3）高纯水基本概念、表示方法及其常见制备方法。

（4）电工基础知识（如：电流、电压、电阻的物理意义及其表示方法、换算关系等）。

（5）生产过程涉及的原料、过程产品及最终产品的分析检验方法及产品质量要求。

（6）计算机应用一般知识。

2.2.3 技能操作基础知识

（1）本工序生产过程工艺流程。

（2）本工序的作业指导书，并能按作业指导书的要求进行操作，能正常开、停车。

（3）生产过程中的异常情况，并能分析原因采取预防、纠正措施。

（4）本工序紧急情况下的应急措施。

2.2.4 设备常识

（1）机械常识。

（2）电气常识。

2.2.5 安全文明生产与环境保护知识

（1）现场文明生产要求。

（2）安全操作与劳动保护知识。

（3）环境保护知识。

（4）消防基础知识。

2.2.6 质量管理知识

（1）质量管理体系基础知识。

（2）质量管理的基本方法。

2.2.7　相关法律、法规知识

（1）《中华人民共和国劳动法》的相关知识。

（2）《中华人民共和国劳动合同法》的相关知识。

（3）《中华人民共和国安全生产法》的相关知识。

（4）《中华人民共和国产品质量法》的相关知识。

3. 工 作 要 求

本标准对初级工、中级工和高级工的技能要求依次递进，高级别涵盖低级别的要求。

3.1　初级工

职业功能	工作内容	技能要求	相关知识
一、工作准备	（一）劳保用品准备	能按规定穿戴劳保用品	1. 劳保用品的用途及穿戴要求 2. 现场管理要求 3. 原始记录填写要求 4. 交接班规定
	（二）交接班	1. 能按现场管理规定整理作业现场 2. 能填写生产原始记录	
二、生产操作（可任选一项工作内容）	（一）硅芯拉制	1. 能按安全操作规范和作业文件要求操作硅芯炉及配套设备拉制硅芯 2. 能判断硅芯质量是否符合要求	1. 安全生产操作规范 2. 岗位作业指导书 3. 岗位原料及产品质量要求 4. 本岗位存在的危险源及环境因素 5. 本工序工艺流程 6. 应急处理措施
	（二）硅料腐蚀清洗	1. 能按工艺要求正确配制腐蚀液 2. 能对多晶硅棒进行腐蚀、清洗、烘干、封装和标识 3. 能进行皮肤上溅着腐蚀液的应急处理	
	（三）多晶硅后处理	1. 能按安全操作规范和作业文件要求进行多晶硅的破碎、粒度分级和包装 2. 能避免物料流转过程中的沾污 3. 能彻底剔除石墨等异物	
三、设备维护与保养	设备维护	能按要求对设备进行清扫、润滑和紧固	设备维护规程

3.2 中级工

职业功能	工作内容	技能要求	相关知识
一、工作准备	交接班	能看懂原始记录，判断接班时的生产及设备的运行状态是否正常	本工序工艺流程中各控制点的要求
二、生产操作（可任选一项工作内容）	（一）硅芯拉制	1. 能进行线圈的拆装 2. 能判断预热环的质量	1. 岗位作业指导书 2. 腐蚀工艺原理
	（二）硅料腐蚀清洗	1. 能判断腐蚀后的硅料是否符合要求 2. 能根据硅料的沾污情况调整腐蚀液配比和腐蚀工艺	
	（三）多晶硅后处理	1. 能判断二次污染的来源，并采取控制措施 2. 能对自处理的多晶硅进行粒度、外观质量和二次污染程度进行评估	
三、设备维护与保养	（一）设备点检	能定期对关键设备进行点检	设备维护保养的相关知识
	（二）设备维护	能对本岗位关键设备进行维护保养	
四、故障判断与处理	（一）工艺故障处理	能发现并判断本工序的常见故障，并进行相应处理	常见工艺故障及处理程序
	（二）设备故障处理	能判断设备运行状况是否正常	

3.3 高级工

职业功能	工作内容	技能要求	相关知识
一、生产操作（可任选一项工作内容）	（一）硅芯拉制	1. 能设计制作热场 2. 能根据产品检测结果调整工艺参数	1. 岗位作业指导书 2. 岗位产品质量的影响因素
	（二）硅料腐蚀清洗	1. 能指导并确保尾气处理系统的正常运行，达标排放 2. 能合理优化工艺条件，降低消耗成本	1. 腐蚀作业指导书 2. 腐蚀工艺原理 3. 环境保护知识

续表

职业功能	工作内容	技能要求	相关知识
一、生产操作（可任选一项工作内容）	（三）多晶硅后处理	1. 能有效控制后处理过程中的二次污染 2. 能对后处理工艺提出改进意见并组织实施	常见的二次污染
二、设备维护与保养	（一）设备点检	能根据设备点检结果提出设备检修和更换建议	设备结构的相关知识
	（二）设备维护	能进行设备易损件的更换	
三、故障判断与处理	（一）工艺故障处理	能进行较复杂的工艺故障的处理	1. 较复杂的工艺故障及处理程序 2. 常见设备故障 3. 危化品泄漏应急预案
	（二）设备故障处理	能判断常见设备故障，并提出处理意见	
	（三）突发事故处理	能组织、协调处理岗位突发事故	
四、培训与指导	（一）理论培训	1. 能编写初级工、中级工培训计划和培训教案 2. 能对初级工、中级工进行理论培训	1. 培训计划和培训教案的编写方法 2. 教学法的有关知识
	（二）操作指导	能指导初级工、中级工进行实际操作	

4. 比 重 表

4.1 理论知识

项 目		初级工/%	中级工/%	高级工/%
基本要求	职业道德	5	5	5
	基础知识	35	30	30
相关知识	工作准备	10	10	5
	生产操作	45	45	40
	设备维护与保养	5	5	5
	故障判断与处理	—	5	10
	培训与指导	—	—	5
总 计		100	100	100

4.2 技能操作

项 目		初级工/%	中级工/%	高级工/%
技能要求	工作准备	5	5	5
	生产操作	90	85	75
	设备维护与保养	5	5	5
	故障判断与处理	—	5	10
	培训与指导	—	—	5
总 计		100	100	100

有色金属行业特有工种职业技能标准

多 晶 制 取 工

峨嵋半导体材料厂、所起草

说　明

根据《中华人民共和国劳动法》的有关规定，为了进一步完善国家职业标准体系，为职业教育、职业培训和职业技能鉴定提供科学、规范的依据，中国有色金属工业协会、有色金属行业职业技能鉴定指导中心联合组织峨嵋半导体材料厂、所的有关专家，制定了《多晶制取工职业技能鉴定标准》（以下简称《标准》）。

一、本《标准》以《中华人民共和国职业分类大典》为依据，以客观反映现阶段本职业的水平和对从业人员的要求为目标，在充分考虑经济发展、科技进步和产业结构变化对本职业影响的基础上，对职业的活动范围、工作内容、技能要求和知识水平作了明确规定。

二、本《标准》的制定遵循了《国家职业标准制定技术规程》的要求，既保证了《标准》体例的规范化，又体现了以职业活动为导向、以职业技能为核心的特点，同时也使其具有根据科技发展进行调整的灵活性和实用性，符合培训、鉴定和就业工作的需要。

三、本《标准》依据有关规定将本职业分为五个等级，包括职业概况、基本要求、工作要求和比重表四个方面的内容。

四、本《标准》是在有色金属行业职业技能鉴定指导中心的具体组织下，在各有关专家和实际工作者的共同努力下完成的。参加编写的主要人员有：丁国江、查洪武、胡乐沙、林淑容、易华兵、刘碧华。参加审定的主要人员有：崔树玉、过惠芬、刘秀琼、宋安宁、孙艳、杨玉安、易正义、丁学全、丁跃华、谢承杰、连仁杰、杜光宝。本《标准》由峨嵋半导体材料厂、所负责起草，在制定过程中，得到了洛阳单晶硅有限责任公司、江苏中能硅业科技发展有限公司、四川新光硅业科技有限责任公司、乐山职业技术学院、陕西天宏硅材料有限责任公司、有研半导体材料股份有限公司、洛阳中硅高科技有限公司、四川永祥多晶硅有限公司等有关单位的大力支持，在此一并致谢。

五、本《标准》业经中国有色金属工业协会批准，自2010年10月18日起施行。

多晶制取工

1. 职业概况

1.1 职业名称

多晶制取工。

1.2 职业定义

操作合成炉、蒸馏塔、还原炉、氢化炉、尾气回收系统等设备，以工业硅粉、氢气等为原料生产多晶硅的人员。

1.3 职业等级

本职业共设五个等级，分别为：初级工（国家职业资格五级）、中级工（国家职业资格四级）、高级工（国家职业资格三级）、技师（国家职业资格二级）、高级技师（国家职业资格一级）。

1.4 职业环境

室内，常温，噪声，易燃易爆，有毒有害。

1.5 职业能力特征

具有一定的学习和理解能力，具有一定的分析和推理判断能力；具有应用计算机的能力；身体健康，手指、手臂灵活，动作准确协调；视力良好、嗅觉灵敏。

1.6 基本文化程度

高中毕业（或同等学历）。

1.7 培训要求

1.7.1 培训期限

全日制职业学校教育，根据其培养目标和教学计划确定。晋级培训期限：初级工、中级工均不少于180标准学时；高级工不少于150标准学时；技师、高级技师均不少于100标准学时。

1.7.2 培训教师

培训初级工、中级工和高级工的教师应具有本职业技师及以上职业资格证书或本专业中级及以上专业技术职务任职资格；培训技师的教师应具有本职业高级技师职业资格证书或本专业中级及以上专业技术职务任职资格；培训高级技师的教师应具有本职业高级技师职业资格证书2年以上或相关专业高级专业技术职务任职资格。

1.7.3 培训场地设备

教培楼教室和具备必要工具、设备、设施的生产现场。

1.8 鉴定要求

1.8.1 适用对象

从事或准备从事本职业的人员。

1.8.2 申报条件

——初级工(具备以下条件之一者)

(1) 经本职业初级工正规培训达规定标准学时数，并取得毕（结）业证书。

(2) 在本职业连续工作1年以上。

(3) 本职业学徒期满。

——中级工(具备以下条件之一者)

(1) 取得本职业初级工职业资格证书后，连续从事本职业工作2年以上，经本职业中级工正规培训达规定标准学时数，并取得结业证书。

(2) 取得本职业初级工职业资格证书后，连续从事本职业工作3年以上。

(3) 连续从事本职业工作5年以上。

(4) 取得经劳动保障行政部门审核认定的、以中级工技能为培养目标的中等以上职业学校本职业（专业）毕业证书。

——高级工(具备以下条件之一者)

(1) 取得本职业中级工职业资格证书后，连续从事本职业工作3年以上，经本职业高级工正规培训达规定标准学时数，并取得结业证书。

(2) 取得本职业中级工职业资格证书后，连续从事本职业工作4年以上。

(3) 取得经劳动保障行政部门审核认定的、以高级工技能为培养目标的高级技工学校或高等职业学校本职业（专业）毕业证书。

(4) 取得本职业中级工职业资格证书的大专以上本专业或相关专业毕业生，连续从事本职业工作1年以上。

——技师(具备以下条件之一者)

(1) 取得本职业高级工职业资格证书后，连续从事本职业工作5年以上，经本职业技师正规培训达规定标准学时数，并取得结业证书。

(2) 取得本职业高级工职业资格证书后，连续从事本职业工作6年以上。

(3) 取得本职业高级工职业资格证书的高级技工学校本职业（专业）毕业生，连续从事本职业工作5年以上。

(4) 取得本职业高级工职业资格证书的大专及以上本专业或相关专业毕业生，连续从事本职业工作4年以上。

(5) 取得中级专业技术职务任职资格，在生产一线工作。

——高级技师(具备以下条件之一者)

（1）取得本职业技师职业资格证书后，连续从事本职业工作5年以上，经本职业高级技师正规培训达规定标准学时数，并取得结业证书。

（2）取得本职业技师职业资格证书后，连续从事本职业工作6年以上。

1.8.3　鉴定方式

分为理论知识考试和技能操作考核。理论知识考试采用闭卷笔试方式，技能操作考核采用生产现场实际操作或模拟操作方式。理论知识考试和技能操作考核均实行百分制，成绩皆达60分以上者为合格。技师、高级技师还须进行综合评审。

1.8.4　考评人员和考生配比

理论知识考试考评人员与考生配比为1∶20，每个标准教室不少于两名考评员；技能操作考核考评员与考生配比为1∶10，且不少于3名考评员；综合评审委员不少于5人。

1.8.5　鉴定时间

理论知识考试时间不少于120min；技能操作考核时间60～180min；综合评审时间不少于40min。

1.8.6　鉴定场所设备

理论知识考试在教培楼标准教室进行。技能操作考核在生产现场进行。综合评审在会议室进行。

2. 基本要求

2.1　职业道德

2.1.1　职业道德的基本知识

2.1.2　职业守则

（1）爱国爱党，爱岗敬业。

（2）团结进取，开拓创新。

（3）文明生产，安全第一。

（4）遵纪守法，廉洁自律。

2.2　基础知识

2.2.1　化学、化工基础知识

（1）化学基础知识（元素周期表，生产中常用的物理、化学名词的意义，常用物质的物理、化学性质等）。

（2）主要化学反应的基础知识。

（3）化工热力学基础知识。

（4）反应工程基础知识。

（5）化工原理的基础知识（精馏、吸收、脱吸、吸附、汽化、冷凝等化工单元知识)。

(6) 化工仪表、自动控制原理。

2.2.2 多晶硅制取的基础理论知识

(1) 硅及其化合物的物理、化学性质、硅的用途、金属硅的制备、硅的氯化物(三氯氢硅、四氯化硅、二氯二氢硅)的物理、化学性质。

(2) 常用气体(空气、氮气、氧气、氢气、氯气、氯化氢等)的物理和化学性质,制取净化方法,安全使用和存放方法等。

(3) 高纯材料制备的相关知识(如:高纯材料的概念、高纯材料表示方法及换算、高纯材料制备方法、过程的特点等)。

(4) 半导体物理基本知识(如:半导体材料的特性和种类、电阻率、电子导电和空穴导电概念、N、P 型半导体概念、载流子与载流子浓度等)。

(5) 高纯水基本概念、表示方法及其常见制备方法。

(6) 电工基础知识(如:电流、电压、电阻的物理意义及其表示方法、换算关系等)。

(7) 多晶硅生产过程涉及的原料、过程产品及最终产品的分析检验方法及产品质量要求。

(8) 计算机应用一般知识。

2.2.3 多晶硅制取过程的技能操作基础知识

(1) 本工序生产过程工艺流程。

(2) 本工序的作业指导书。

(3) 生产过程中的异常情况原因以及应采取的预防、纠正措施。

(4) 本工序在突然停电、停水、停气(汽)等紧急情况下的应急措施。

2.2.4 设备常识

(1) 机械常识。

(2) 电气常识。

2.2.5 安全文明生产与环境保护知识

(1) 现场文明生产要求。

(2) 安全操作与劳动保护知识。

(3) 环境保护知识。

(4) 消防基础知识。

2.2.6 质量管理知识

(1) 质量管理体系基础知识。

(2) 质量管理的基本方法。

2.2.7 相关法律、法规知识

(1)《中华人民共和国劳动法》的相关知识。

（2）《中华人民共和国劳动合同法》的相关知识。

（3）《中华人民共和国安全生产法》的相关知识。

（4）《中华人民共和国产品质量法》的相关知识。

3. 工 作 要 求

本标准对初级工、中级工、高级工、技师和高级技师的技能要求依次递进，高级别涵盖低级别的要求。

3.1 初级工

职业功能	工作内容	技能要求	相关知识
一、工作准备	（一）劳保用品准备	能按规定穿戴劳动防护用品	1. 劳动防护用品的用途及穿戴要求 2. 现场管理要求 3. 原始记录填写要求 4. 交接班规定
	（二）交接班	1. 能按现场管理规定整理作业现场 2. 能填写生产原始记录	
二、生产操作（可任选一项工作内容）	（一）氯化合成操作	1. 能按安全操作规范和作业文件要求操作合成炉及配套设备生产氯化氢和三氯氢硅 2. 能判断氢气、氯气、氯化氢和三氯氢硅的质量是否符合要求 3. 能按要求进行工艺巡检	1. 岗位安全生产操作规范 2. 岗位作业指导书 3. 岗位原料及产品质量要求 4. 本岗位存在的危险源及环境因素 5. 本工序工艺流程、巡检路线及重要控制点
	（二）精馏提纯操作	1. 能按安全操作规范和作业文件要求操作精馏塔及配套设备分离提纯三氯氢硅和四氯化硅 2. 能判断原料三氯氢硅、精制三氯氢硅和四氯化硅的质量是否符合要求 3. 能按要求进行工艺巡检	
	（三）还原操作	1. 能按安全操作规范和作业文件要求操作还原炉及配套设备生产多晶硅 2. 能判断精制三氯氢硅、回收氢和多晶硅的质量是否符合要求 3. 能按要求进行工艺巡检	

续表

职业功能	工作内容	技能要求	相关知识
二、生产操作（可任选一项工作内容）	（四）干法回收操作	1. 能按安全操作规范和作业文件要求操作系统设备对氯化合成、还原和氢化尾气进行回收 2. 能判断回收氢质量是否符合要求 3. 能按要求进行工艺巡检	1. 岗位安全生产操作规范 2. 岗位作业指导书 3. 岗位原料及产品质量要求 4. 本岗位存在的危险源及环境因素 5. 本工序工艺流程、巡检路线及重要控制点
	（五）氢化操作	1. 能按安全操作规范和作业文件要求操作氢化炉及配套设备将四氯化硅氢转化为三氯氢硅 2. 能判断原料四氯化硅质量和氢化料转化率是否符合工艺要求 3. 能按要求进行工艺巡检	
三、设备管理	（一）设备巡检	能按要求进行设备巡检	1. 设备巡检制度 2. 设备维护规程
	（二）设备维护	能按要求对设备进行清扫、润滑和紧固	

3.2 中级工

职业功能	工作内容	技能要求	相关知识
一、工作准备	（一）交接班	能看懂原始记录，判断接班时的生产及设备的运行状态是否正常	1. 本工序工艺流程中各控制点的要求 2. 上、下工序的相互关系 3. 本工序涉及物料的性质
	（二）开车准备	能确认岗位开车所需的物料走向及相关条件	
二、生产操作（可任选一项工作内容）	（一）氯化合成操作	1. 能按作业文件规定进行氯化合成系统的开车 2. 能按作业文件要求，稳定控制各项参数 3. 能按作业文件要求进行停车	1. 岗位作业指导书 2. 计算机操作基础知识
	（二）精馏提纯操作	1. 能按作业文件规定进行精馏提纯系统的开车 2. 能按作业文件要求，稳定控制各项参数 3. 能按要求进行原料的充装和输送 4. 能按作业文件要求进行停车	

续表

职业功能	工作内容	技能要求	相关知识
二、生产操作（可任选一项工作内容）	（三）还原操作	1. 能按作业文件规定进行还原系统的开车 2. 能按作业文件要求，稳定控制各项参数 3. 能按作业文件要求进行停车	1. 岗位作业指导书 2. 计算机操作基础知识
	（四）干法回收操作	1. 能按作业文件规定进行干法回收系统的开车 2. 能按作业文件要求，稳定控制各项参数 3. 能按作业文件要求进行停车	
	（五）氢化操作	1. 能按作业文件规定进行氢化系统的开车 2. 能按作业文件要求，稳定控制各项参数 3. 能按作业文件要求进行停车	
三、设备管理	（一）设备点检	能定期对关键设备进行点检	设备维护保养的相关知识
	（二）设备维护	能对本岗位关键设备进行维护保养	
四、故障判断与处理	（一）工艺故障处理	能发现和判断本工序的常见故障，并进行相应处理	常见工艺故障及处理程序
	（二）设备故障处理	能判断设备运行状况是否正常	

3.3 高级工

职业功能	工作内容	技能要求	相关知识
一、工作准备	开车准备	能联系上、下工序，确认开车状态	上、下工序的相互关系
二、生产操作（可任选一项工作内容）	（一）氯化合成操作	1. 能组织本岗位开车、停车 2. 能分析产品不合格的原因，并采取纠正、预防措施 3. 能按 ISO 14001 和 ISO 28001 管理体系要求指导生产	1. 岗位作业指导书 2. 岗位产品质量的影响因素 3. ISO 14001 和 ISO 28001 管理体系知识

续表

职业功能	工作内容	技能要求	相关知识
二、生产操作（可任选一项工作内容）	（二）精馏提纯操作	1. 能组织本岗位开车、停车 2. 能分析产品不合格的原因，并采取纠正、预防措施 3. 能按 ISO 14001 和 ISO 28001 管理体系要求指导生产	1. 岗位作业指导书 2. 岗位产品质量的影响因素 3. ISO 14001 和 ISO 28001 管理体系知识
	（三）还原操作	1. 能组织本岗位开车、停车 2. 能分析产品不合格的原因，并采取纠正、预防措施 3. 能按 ISO 14001 和 ISO 28001 管理体系要求指导生产	
	（四）干法回收操作	1. 能组织本岗位开车、停车 2. 能分析产品不合格的原因，并采取纠正、预防措施 3. 能按 ISO 14001 和 ISO 28001 管理体系要求指导生产	
	（五）氢化操作	1. 能组织本岗位开车、停车 2. 能分析产品不合格的原因，并采取纠正、预防措施 3. 能按 ISO 14001 和 ISO 28001 管理体系要求指导生产	
三、设备管理	（一）设备点检	能根据设备点检结果提出设备检修、更换建议	设备结构的相关知识
	（二）设备维护	1. 能配合进行设备易损件的更换 2. 能判断现场是否具备动火条件	

续表

职业功能	工作内容	技能要求	相关知识
四、故障判断与处理	（一）工艺故障处理	能发现并进行较复杂的工艺故障的处理	1. 较复杂的工艺故障及处理程序 2. 常见设备故障 3. 危化品泄漏应急预案、火灾应急预案
	（二）设备故障处理	能判断常见设备故障，并提出处理意见	
	（三）突发事故处理	能组织、协调处理岗位危化品泄露、着火等突发事故	
五、培训与指导	（一）理论培训	1. 能编写初级工、中级工培训计划和培训教案 2. 能对初级工、中级工进行理论培训	1. 培训计划和培训教案的编写方法 2. 教学法的相关知识
	（二）操作指导	能指导初级工、中级工进行实际操作	

3.4 技师

职业功能	工作内容	技能要求	相关知识
一、生产操作	（一）产品质量要求	能对本岗位质量成本进行分析	1. 岗位的质量成本构成的相关知识 2. 统计技术等数据分析手段 3. ISO 14001、ISO 28001 管理体系知识 4. 多晶生产主工艺的相关知识
	（二）安全与环境控制	能发现本工序存在的安全隐患，并提出合理化建议	
	（三）工艺操作	1. 能解决本工序中的技术难题 2. 能分析本工序对其他工序的影响，并提出相应对策 3. 能判断工艺操作是否合理并进行纠正 4. 能提出降本增效的合理化建议 5. 能绘制主工艺 PID 和 PDF 图	
二、设备管理	（一）设备维护	1. 能根据生产情况，编制设备检修计划 2. 能按检修方案指导本工序的检修 3. 能根据设备配置和运行中存在的问题，提出改进的合理化建议 4. 能对复杂设备进行调试	1. 设备调试方法 2. 设备检修相关知识 3. 机械制图相关知识
	（二）设备更新	能对需要更新的设备进行选型	

续表

职业功能	工作内容	技能要求	相关知识
三、故障判断与处理	（一）工艺故障处理	能分析工艺故障发生的原因，并采取纠正和预防措施	1. 工艺故障的应急处理方案 2. 设备故障的应急处理方案
	（二）设备故障处理	1. 能判断简单设备故障 2. 能在设备故障发生后及时提出应对方案	
四、技术管理与创新	（一）质量管理	1. 能根据本工序产品质量指标及工序能力确定原料质量指标 2. 能按 ISO 9000 质量管理体系要求指导生产	1. 全面质量管理知识 2. ISO 9000 质量管理体系知识 3. 作业指导书的编写方法 4. 多晶硅生产的发展动态
	（二）编写技术文件	能编写工序作业指导书并能对工艺参数进行优化设计	
	（三）技术改进	1. 能提出选用新工艺、新设备的建议 2. 能参与技改或科研项目	
五、培训与指导	（一）理论培训	1. 能编写初级工、中级工、高级工的培训计划和培训教案 2. 能对初级工、中级工和高级工进行理论培训	1. 培训计划和培训教案的编写方法 2. 教学法的相关知识
	（二）操作指导	能指导初级工、中级工和高级工进行实际操作	

3.5 高级技师

职业功能	工作内容	技能要求	相关知识
一、生产操作	（一）工艺操作	1. 能解决多晶硅生产过程中的技术难题 2. 能提出节能降耗的措施，并组织实施 3. 能进行主工艺系统物料平衡和能量平衡的计算	1. 国内外多晶硅生产动态 2. 物料平衡和能量平衡的计算方法
	（二）新产品开发	能提出新产品开发的方案	
二、设备管理	设备更新	能对更新设备提出设计条件并进行结构设计	1. 设备结构图的相关知识 2. 工艺条件的要求 3. 机械制图相关知识

续表

职业功能	工作内容	技能要求	相关知识
三、技术管理与创新	（一）质量管理	能组织进行质量攻关	1. 全面质量管理知识 2. 技改或科研项目的可行性以及完成报告的撰写方法 3. 撰写技术论文知识 4. 应急预案编写方法
	（二）技术改进	能组织技改或科研项目，并撰写技改或科研项目的可行性报告以及技术总结	
	（三）编写技术文件	1. 能撰写生产技术论文 2. 能编写危化品泄露、着火、爆炸等重大事故的应急预案	
四、培训与指导	（一）理论培训	能对初级工、中级工、高级工和技师进行本职业基础理论知识培训	1. 培训教学的基本方法 2. 培训讲义的编写方法
	（二）技能培训	能系统指导初级工、中级工、高级工和技师进行实际操作	

4. 比　重　表

4.1　理论知识

项　目		初级工/%	中级工/%	高级工/%	技师/%	高级技师/%
基本要求	职业道德	5	5	5	5	5
	基础知识	35	30	30	25	20
相关知识	工作准备	10	10	5	—	—
	生产操作	45	45	40	35	35
	设备管理	5	5	5	5	10
	故障的判断与处理	—	5	10	10	—
	技术管理与创新	—	—	—	10	20
	培训与指导	—	—	5	10	10
总　计		100	100	100	100	100

4.2 技能操作

项　目		初级工/%	中级工/%	高级工/%	技师/%	高级技师/%
技能要求	工作准备	5	5	5	—	—
	生产操作	90	85	75	55	50
	设备管理	5	5	5	10	20
	故障的判断与处理	—	5	10	15	—
	技术管理与创新	—	—	—	10	20
	培训与指导	—	—	5	10	10
总　计		100	100	100	100	100

有色金属行业特有工种职业技能标准

单晶硅制取备料工

峨嵋半导体材料厂、所
洛阳单晶硅有限责任公司 共同起草

说　明

根据《中华人民共和国劳动法》的有关规定，为了进一步完善国家职业标准体系，为职业教育、职业培训和职业技能鉴定提供科学、规范的依据，中国有色金属工业协会、有色金属行业职业技能鉴定指导中心联合组织峨嵋半导体材料厂、所和洛阳单晶硅有限责任公司的有关专家，制定了《单晶硅制取备料工职业技能鉴定标准》（以下简称《标准》）。

一、本《标准》以《中华人民共和国职业分类大典》为依据，以客观反映现阶段本职业的水平和对从业人员的要求为目标，在充分考虑经济发展、科技进步和产业结构变化对本职业影响的基础上，对职业的活动范围、工作内容、技能要求和知识水平作了明确规定。

二、本《标准》的制定遵循了《国家职业标准制定技术规程》的要求，既保证了《标准》体例的规范化，又体现了以职业活动为导向、以职业技能为核心的特点，同时也使其具有根据科技发展进行调整的灵活性和实用性，符合培训、鉴定和就业工作的需要。

三、本《标准》依据有关规定将本职业分为四个等级，包括职业概况、基本要求、工作要求和比重表四个方面的内容。

四、本《标准》是在有色金属行业职业技能鉴定指导中心的具体组织下，在各有关专家和实际工作者的共同努力下完成的。参加编写的主要人员有：邓良平、刘春喜、李恒玉、周蓉、王文、谢江帆、王文卫、史舸、赵霞。参加审定的主要人员有：崔树玉、过惠芬、刘秀琼、宋安宁、孙艳、杨玉安、易正义、丁学全、丁跃华、谢承杰、连仁杰、杜光宝。本《标准》由峨嵋半导体材料厂、所和洛阳单晶硅有限责任公司共同负责起草，在制定过程中，得到了江苏中能硅业科技发展有限公司、四川新光硅业科技有限责任公司、乐山职业技术学院、陕西天宏硅材料有限责任公司、有研半导体材料股份有限公司、洛阳中硅高科技有限公司、四川永祥多晶硅有限公司等有关单位的大力支持，在此一并致谢。

五、本《标准》业经中国有色金属工业协会批准，自2010年10月18日起施行。

单晶硅制取备料工

1. 职 业 概 况

1.1 职业名称

单晶硅制取备料工。

1.2 职业定义

负责单晶硅生产原辅材料的准备，半成品单晶硅的管理和回收硅料等的人员。

1.3 职业等级

本职业共设四个等级，分别为：初级工（国家职业资格五级）、中级工（国家职业资格四级）、高级工（国家职业资格三级）、技师（国家职业资格二级）。

1.4 职业环境

室内，常温，有毒有害。

1.5 职业能力特征

有一定的分析、推理和判断能力以及计算机操作能力，手指、手臂灵活，动作协调，视力良好，身体健康。

1.6 基本文化程度

高中毕业（或同等学历）。

1.7 培训要求

1.7.1 培训期限

全日制职业学校教育，根据其培养目标和教学计划确定。晋级培训期限：初级工、中级工均不少于180标准学时；高级工不少于150标准学时；技师不少于100标准学时。

1.7.2 培训教师

培训初级工、中级工、高级工的教师应具有本职业技师职业资格或相关专业中级及以上专业技术职务任职资格；培训技师的教师应具有相关专业高级专业技术职务任职资格。

1.7.3 培训场地设备

标准教室、具有单晶硅制取设备的生产现场或模拟生产现场。

1.8 鉴定要求

1.8.1 适用对象

从事或准备从事本职业的人员。

1.8.2 申报条件

——**初级工**(具备以下条件之一者)

(1) 经本职业初级工正规培训达规定标准学时数，并取得毕（结）业证书。

(2) 在本职业连续工作1年以上。

(3) 本职业学徒期满。

——**中级工**(具备以下条件之一者)

(1) 取得本职业初级工职业资格证书后，连续从事本职业工作2年以上，经本职业中级工正规培训达规定标准学时数，并取得结业证书。

(2) 取得本职业初级工职业资格证书后，连续从事本职业工作3年以上。

(3) 连续从事本职业工作5年以上。

(4) 取得经劳动保障行政部门审核认定的、以中级工技能为培养目标的中等以上职业学校本职业（专业）毕业证书。

——**高级工**(具备以下条件之一者)

(1) 取得本职业中级工职业资格证书后，连续从事本职业工作3年以上，经本职业高级工正规培训达规定标准学时数，并取得结业证书。

(2) 取得本职业中级工职业资格证书后，连续从事本职业工作4年以上。

(3) 取得经劳动保障行政部门审核认定的、以高级工技能为培养目标的高级技工学校或高等职业学校本职业（专业）毕业证书。

(4) 取得本职业中级工职业资格证书的大专以上本专业或相关专业毕业生，连续从事本职业工作1年以上。

——**技师**(具备以下条件之一者)

(1) 取得本职业高级工职业资格证书后，连续从事本职业工作5年以上，经本职业技师正规培训达规定标准学时数，并取得结业证书。

(2) 取得本职业高级工职业资格证书后，连续从事本职业工作6年以上。

(3) 取得本职业高级工职业资格证书的高级技工学校本职业（专业）毕业生，连续从事本职业工作5年以上。

(4) 取得本职业高级工职业资格证书的大专及以上本专业或相关专业毕业生，连续从事本职业工作4年以上。

(5) 取得中级专业技术职务任职资格，在生产一线工作。

1.8.3 鉴定方式

分为理论知识考试和技能操作考核。理论知识考试采用闭卷笔试方式，技能操作考核采用现场实际操作方式为主，辅之以其他必要方式。理论知识考试和技能操作考核均实行百分制，成绩皆达到60分及以上者为合格。技师还须进行综合评审。

1.8.4　考评人员与考生配比

理论知识考试考评人员与考生配比为 1∶20，每个标准教室不少于 2 名考评人员；技能操作考核考评人员与考生配比 1∶5，且不少于 3 名考评员；综合评审委员不少于 5 人。

1.8.5　鉴定时间

理论知识考试时间 120min；技能操作考核时间 60～180min；综合评审时间不少于 20min。

1.8.6　鉴定场所设备

理论知识考试在标准教室进行。技能操作考核在生产现场或模拟生产现场进行。综合评审在标准教室或会议室进行。

2. 基 本 要 求

2.1　职业道德

2.1.1　职业道德基本知识

2.1.2　职业守则

（1）爱国爱党，爱岗敬业。

（2）团结进取，开拓创新。

（3）文明生产，安全第一。

（4）遵纪守法，廉洁自律。

2.2　基础知识

2.2.1　基础理论知识

（1）半导体硅材料的基础知识。

（2）晶体结构的基础知识。

（3）化学腐蚀基础理论知识。

（4）检测的一般知识。

（5）电子计算机应用的一般知识。

2.2.2　单晶硅制取备料工的基础知识

（1）单晶制取备料的技术用语概念。

（2）单晶硅的主要制取方法、生产流程，多晶硅处理和原辅材料品质对生长硅单晶的影响。

（3）硅材料的主要技术指标对半导体器件质量的影响。

（4）主要原辅材料的性能及使用要求。

（5）本岗位主要设备、仪器、仪表、量具等的一般结构、性能、使用方法及维护保养知识。

（6）半导体材料导电原理。

（7）洁净环境基础知识。

（8）热处理工艺基础知识。

2.2.3 设备常识

（1）机械常识。

（2）电气常识。

2.2.4 安全文明生产与环境保护知识

（1）现场文明生产要求。

（2）安全操作与劳动保护知识。

（3）环境保护知识。

（4）消防基础知识。

2.2.5 质量管理知识

（1）质量管理体系基础知识。

（2）质量管理的基本方法。

2.2.6 相关法律、法规知识

（1）《中华人民共和国劳动法》的相关知识。

（2）《中华人民共和国劳动合同法》的相关知识。

（3）《中华人民共和国安全生产法》的相关知识。

（4）《中华人民共和国产品质量法》的相关知识。

3. 工 作 要 求

本标准对初级工、中级工、高级工和技师的技能要求依次递进，高级别涵盖低级别的要求。

3.1 初级工（第二、三职业功能模块为可选模块，根据申报者所从事的工作任选其一）

职业功能	工作内容	技能要求	相关知识
一、生产准备	（一）劳保用品穿戴	能正确穿戴本岗位规定的劳保用品，劳保用品必须干净、整洁	1. 本岗位存在的危险源及所需采取的防护措施 2. 生产环境要求及劳保用品穿戴要求
	（二）工艺文件准备	能正确识别工艺加工单，明确应承担的加工任务	1. 本岗位作业指导书 2. 备料工艺流程

续表

职业功能	工作内容	技能要求	相关知识
一、生产准备	（三）原辅材料准备	1. 能正确领取原辅材料 2. 能判断原辅材料是否满足工艺要求	原辅材料质量标准
二、直拉单晶备料	（一）多晶原料准备	1. 能进行原料破碎，料块大小符合要求 2. 能将破碎完毕的料块称量、封装、标识和送腐蚀岗位 3. 能对各种原料进行预处理，使其满足生产要求	本岗位作业指导书
	（二）化学腐蚀	1. 能对原料进行分类 2. 能正确配制腐蚀液 3. 能对硅料进行腐蚀、清洗和烘干 4. 能进行皮肤上溅着腐蚀液的应急处理	1. 腐蚀工艺原理 2. 本岗位作业指导书 3. 皮肤上溅着腐蚀液的应急处理方法
	（三）备料	1. 能对硅料表面状况进行评估，判断是否满足工艺要求 2. 能对硅料进行分类、称量、封装和标识 3. 能根据单晶制取报告单的要求进行备料和送料	直拉备料作业指导书
三、区熔单晶备料	（一）多晶硅棒准备	1. 能对多晶硅棒进行分类 2. 能将加工好的硅棒清洗后称重并记录	区熔备料作业指导书
	（二）化学腐蚀	1. 能按工艺要求正确配制腐蚀液 2. 能对加工好的硅棒进行腐蚀、冲洗 3. 能对清洗后的硅棒烘干、封装和标识 4. 能进行皮肤上溅着腐蚀液的应急处理	1. 区熔腐蚀作业指导书 2. 专用设备使用常识 3. 腐蚀工艺原理 4. 皮肤上溅着腐蚀液的应急处理方法

续表

职业功能	工作内容	技能要求	相关知识
三、区熔单晶备料	（三）硅单晶及数据管理	1. 能根据合同及多晶参数填写单晶制取报告单，将多晶棒送至各区熔炉上并记录 2. 能将拉制出的单晶收集、称重和记录 3. 能将单晶棒送检并记录检验后的数据 4. 能判断单晶检测参数是否符合合同要求 5. 能将区熔炉返料分类回收，定期转直拉	1. 区熔硅单晶备料工艺 2. 区熔备料作业指导书
四、设备管理	（一）设备保养与维护	能对本岗位的设备进行维护和保养	1. 专用设备使用规范 2. 专用设备的结构、工作原理
	（二）应急处理	能进行设备停水、停电、停气的应急处理	设备停水、停电、停气的应急处理方法

3.2 中级工（第二、三职业功能模块为可选模块，根据申报者所从事的工作任选其一）

职业功能	工作内容	技能要求	相关知识
一、生产准备	多晶原料准备	1. 能对各种回收料进行分类回收 2. 能去除回收料上的沾污部分或异物	回收料处理作业指导书
二、直拉单晶备料	（一）化学腐蚀	能进行非免洗（重备）石英坩埚的外观检查，判断是否满足工艺要求，并对其进行化学腐蚀	1. 腐蚀清洗作业指导书 2. 腐蚀工艺原理
	（二）籽晶筹备	1. 能正确选择符合加工籽晶要求的硅单晶 2. 能对加工好的籽晶进行籽晶定向、分类、腐蚀、清洗、烘干和存储	1. 晶体结构知识 2. 光图定向的原理和方法
	（三）掺杂剂筹备	1. 能根据检测数据对母合金进行分捡 2. 能按要求进行母合金的化学腐蚀、破碎和存储	掺杂剂筹备方法
	（四）备料	能正确使用计量仪器进行掺杂剂称量、包装和标识	1. 直拉备料作业指导书 2. 掺杂剂称量的注意事项

续表

职业功能	工作内容	技能要求	相关知识
三、区熔单晶备料	（一）化学腐蚀	能检查腐蚀后晶棒的表面状况是否符合生产要求	1. 腐蚀清洗作业指导书 2. 腐蚀工艺原理
	（二）籽晶筹备	1. 能正确选择符合加工籽晶要求的硅单晶 2. 能对加工好的籽晶进行籽晶定向、分类、腐蚀、清洗、烘干和存储	1. 晶体结构知识 2. 光图定向的原理和方法
	（三）中照	1. 能对送照单晶进行化学腐蚀 2. 能将腐蚀烘干的可照单晶封装，送反应堆中照掺杂 3. 能将从反应堆取回的中照硅单晶，按批号分类、封装，根据合同进度送腐蚀、热处理 4. 能对检测后的晶体进行分类处理	1. 中照原理和中照工艺 2. 腐蚀工艺原理
四、设备管理	设备维护与保养	1. 能处理简单的设备故障 2. 能对本班的设备进行维护和保养	1. 相关设备使用规范 2. 相关设备的结构、工作原理

3.3　高级工（第一、二职业功能模块为可选模块，根据申报者所从事的工作任选其一）

职业功能	工作内容	技能要求	相关知识
一、直拉单晶备料	（一）化学腐蚀	能根据腐蚀情况调整腐蚀液配比	1. 直拉腐蚀作业指导书 2. 腐蚀工艺原理
	（二）掺杂剂筹备	能根据合同要求和多晶硅原料类型进行配料，确定掺杂剂类型，计算掺杂量，填写单晶制取报告单	1. 直拉备料作业指导书 2. 掺杂剂量的计算法
	（三）单晶管理	能根据检测结果对单晶棒进行分类、数据统计和存档	1. 本岗位作业指导书 2. 单晶棒性能相关知识 3. 杂质的分凝特性
	（四）直拉样片热处理	1. 能对直拉样片进行腐蚀和清洗处理 2. 能对直拉样片进行退火和送检	1. 热处理作业指导书 2. 热处理工艺原理

续表

职业功能	工作内容	技能要求	相关知识
二、区熔单晶备料	（一）单晶管理	能根据检测结果对单晶棒进行分类、数据统计和存档	1. 本岗位作业指导书 2. 单晶棒性能相关知识 3. 杂质的分凝特性
	（二）中照	1. 能根据物测数据判断中照前原始单晶是否合格 2. 能根据合同要求，选择适当的晶体进行划照、化学腐蚀和包装	1. 中照原理和中照工艺 2. 中照划线原则
	（三）晶体热处理	1. 能做好热处理前准备 2. 能配制 P_2O_5 溶液并对晶体进行溶液涂层 3. 能按工艺要求对晶体进行热处理	1. 热处理原理、工艺 2. 区熔单晶热处理作业指导书
三、设备管理	（一）故障处理	能处理一般的设备故障	1. 相关设备的常见故障及排除方法 2. 专用设备的结构、工作原理
	（二）设备调试	能协助专业人员进行本岗位新设备的安装和调试	
四、培训与指导	（一）理论培训	1. 能编写初级工、中级工培训计划和培训教案 2. 能对初级工、中级工进行理论培训	1. 培训计划和培训教案的编写方法 2. 教学法的相关知识
	（二）操作指导	能指导初级工、中级工进行实际操作	

3.4 技师

职业功能	工作内容	技能要求	相关知识
一、单晶备料	（一）直拉单晶备料	1. 能及时跟踪掺杂结果，修正掺杂量，提高掺杂的准确性 2. 能对检测数据进行统计，分析原料损耗率、产品成品率、成晶率、电阻率命中率、少子寿命和氧碳含量等指标的变化 3. 能对直拉备料各工序技术经济指标完成情况进行分析，找出异常变化的原因，并提出改进意见	1. 直拉单晶硅备料工艺 2. 母合金掺杂的理论计算法、经验计算法 3. 掺杂量的修正方法 4. 纯元素掺杂的计算方法 5. 电子计算机应用知识

续表

职业功能	工作内容	技能要求	相关知识
一、单晶备料	（二）区熔单晶备料	1. 能对晶体数据进行统计，分析原料损耗率、产品成品率、成晶率、电阻率、断面电阻率均匀率、少子寿命和氧碳含量等指标的变化 2. 能对区熔备料工序技术经济指标完成情况进行分析，找出异常变化的原因，并提出改进意见	1. 区熔硅单晶备料工艺 2. 电子计算机应用知识
	（三）晶体中照、热处理	1. 能根据合同进度，组织进行晶体划照、腐蚀和包装 2. 能对热处理晶体少子寿命进行跟踪、监控，出现异常及时分析原因，采取措施解决问题 3. 能对中照各工序技术经济指标完成情况进行分析，能找出异常变化的原因，并提出改进意见	1. 中照划照原则 2. 热处理工艺原理 3. 中照工艺原理
二、生产管理	（一）质量管理	1. 能对本工序质量问题进行分析，找出原因，提出解决方法，撰写分析报告 2. 能组织本工序生产过程管理	1. 质量管理体系知识 2. 质量分析方法
	（二）生产过程管理	能进行本工序生产过程管理	
三、设备管理	设备维护与保养	1. 能组织上报本工序设备的备品备件、工装备件的需求计划 2. 能组织协调本班组设备大检修计划的编写上报	1. 有关设备的电气、线路知识 2. 设备、仪器安全操作规程与维护保养方法
四、技术管理	（一）工艺管理	1. 能对本岗位各工序技术经济指标完成情况进行分析，并提出合理建议 2. 能根据生产、试制中的技术经济指标，编制本工序较复杂的生产方案 3. 能绘制本工序的装备示意图	1. 单晶硅制备的有关新技术、新设备、新工艺的应用与发展趋势 2. 考察报告、技术报告、实验报告的特点和写作方法 3. 科研、技改、新产品设计开发立项申报报告及结题技术总结的特点和写作方法

续表

职业功能	工作内容	技能要求	相关知识
四、技术管理	（二）技术改进	1. 能根据本工序生产薄弱环节，提出改进措施，不断进行更新 2. 能参与本工序新产品开发、科研、技改工作，并能解决其中的技术问题，撰写技术总结 3. 能在专业人员的指导下编写本工序作业指导书，制定工艺规范	1. 单晶硅制备的有关新技术、新设备、新工艺的应用与发展趋势 2. 考察报告、技术报告、实验报告的特点和写作方法 3. 科研、技改、新产品设计开发立项申报报告及结题技术总结的特点和写作方法
五、培训与指导	（一）理论培训	1. 能编写初级工、中级工、高级工培训计划和培训教案 2. 能对初级工、中级工、高级工进行理论培训	1. 培训计划和培训教案的编写方法 2. 教学法的相关知识
	（二）操作指导	能指导初级工、中级工、高级工进行实际操作	

4. 比 重 表

4.1 理论知识

<table>
<tr><th colspan="3">项 目</th><th>初级工/%</th><th>中级工/%</th><th>高级工/%</th><th>技师/%</th></tr>
<tr><td rowspan="2">基本要求</td><td colspan="2">职业道德</td><td>5</td><td>5</td><td>5</td><td>5</td></tr>
<tr><td colspan="2">基础知识</td><td>30</td><td>30</td><td>30</td><td>20</td></tr>
<tr><td rowspan="8">相关知识</td><td colspan="2">生产准备</td><td>10</td><td>10</td><td>—</td><td>—</td></tr>
<tr><td rowspan="2">任选一项</td><td>直拉单晶备料</td><td rowspan="2">50</td><td rowspan="2">50</td><td rowspan="2">50</td><td rowspan="2">—</td></tr>
<tr><td>区熔单晶备料</td></tr>
<tr><td colspan="2">单晶备料</td><td>—</td><td>—</td><td>—</td><td>50</td></tr>
<tr><td colspan="2">设备管理</td><td>5</td><td>5</td><td>10</td><td>5</td></tr>
<tr><td colspan="2">生产管理</td><td>—</td><td>—</td><td>—</td><td>5</td></tr>
<tr><td colspan="2">技术管理</td><td>—</td><td>—</td><td>—</td><td>10</td></tr>
<tr><td colspan="2">培训与指导</td><td>—</td><td>—</td><td>5</td><td>5</td></tr>
<tr><td colspan="3">合 计</td><td>100</td><td>100</td><td>100</td><td>100</td></tr>
</table>

4.2 技能操作

<table>
<tr><th colspan="3">项　目</th><th>初级工/%</th><th>中级工/%</th><th>高级工/%</th><th>技师/%</th></tr>
<tr><td rowspan="8">技能要求</td><td colspan="2">生产准备</td><td>5</td><td>5</td><td>—</td><td>—</td></tr>
<tr><td rowspan="2">任选一项</td><td>直拉单晶备料</td><td rowspan="2">90</td><td rowspan="2">90</td><td rowspan="2">90</td><td rowspan="2">—</td></tr>
<tr><td>区熔单晶备料</td></tr>
<tr><td colspan="2">单晶备料</td><td>—</td><td>—</td><td>—</td><td>75</td></tr>
<tr><td colspan="2">设备管理</td><td>5</td><td>5</td><td>5</td><td>5</td></tr>
<tr><td colspan="2">生产管理</td><td>—</td><td>—</td><td>—</td><td>5</td></tr>
<tr><td colspan="2">技术管理</td><td>—</td><td>—</td><td>—</td><td>10</td></tr>
<tr><td colspan="2">培训与指导</td><td>—</td><td>—</td><td>5</td><td>5</td></tr>
<tr><td colspan="3">合　计</td><td>100</td><td>100</td><td>100</td><td>100</td></tr>
</table>

有色金属行业特有工种职业技能标准

单晶硅制取工

峨嵋半导体材料厂、所
洛阳单晶硅有限责任公司
共同起草

说　明

根据《中华人民共和国劳动法》的有关规定，为了进一步完善国家职业标准体系，为职业教育、职业培训和职业技能鉴定提供科学、规范的依据，中国有色金属工业协会、有色金属行业职业技能鉴定指导中心联合组织峨嵋半导体材料厂、所和洛阳单晶硅有限责任公司的有关专家，制定了《单晶硅制取工职业技能鉴定标准》（以下简称《标准》）。

一、本《标准》以《中华人民共和国职业分类大典》为依据，以客观反映现阶段本职业的水平和对从业人员的要求为目标，在充分考虑经济发展、科技进步和产业结构变化对本职业影响的基础上，对职业的活动范围、工作内容、技能要求和知识水平作了明确规定。

二、本《标准》的制定遵循了《国家职业标准制定技术规程》的要求，既保证了《标准》体例的规范化，又体现了以职业活动为导向、以职业技能为核心的特点，同时也使其具有根据科技发展进行调整的灵活性和实用性，符合培训、鉴定和就业工作的需要。

三、本《标准》依据有关规定将本职业分为五个等级，包括职业概况、基本要求、工作要求和比重表四个方面的内容。

四、本《标准》是在有色金属行业职业技能鉴定指导中心的具体组织下，在各有关专家和实际工作者的共同努力下完成的。参加编写的主要人员有：吴书晓、邓良平、周蓉、王文、谢江帆、王文卫、史舸、刘春喜、赵霞。参加审定的主要人员有：崔树玉、过惠芬、刘秀琼、宋安宁、孙艳、杨玉安、易正义、丁学全、丁跃华、谢承杰、连仁杰、杜光宝。本《标准》由峨嵋半导体材料厂、所和洛阳单晶硅有限责任公司共同负责起草，在制定过程中，得到了江苏中能硅业科技发展有限公司、四川新光硅业科技有限责任公司、乐山职业技术学院、陕西天宏硅材料有限责任公司、有研半导体材料股份有限公司、洛阳中硅高科技有限公司、四川永祥多晶硅有限公司等有关单位的大力支持，在此一并致谢。

五、本《标准》业经中国有色金属工业协会批准，自 2010 年 10 月 18 日起施行。

单晶硅制取工

1. 职 业 概 况

1.1 职业名称

单晶硅制取工。

1.2 职业定义

按照工艺操作规程，将硅料置于直拉炉或区熔炉内制成单晶硅的人员。

1.3 职业等级

本职业共设五个等级，分别为：初级工（国家职业资格五级）、中级工（国家职业资格四级）、高级工（国家职业资格三级）、技师（国家职业资格二级）、高级技师（国家职业资格一级）。

1.4 职业环境

室内，常温，辐射（磁拉和区熔），有毒有害（砷、锑等）。

1.5 职业能力特征

有一定的分析、推理和判断能力以及计算机操作能力，手指、手臂灵活，动作协调，视力良好，身体健康。

1.6 基本文化程度

高中毕业（或同等学历）。

1.7 培训要求

1.7.1 培训期限

全日制职业学校教育，根据其培养目标和教学计划确定。晋级培训期限：初级工、中级工均不少于180 标准学时；高级工不少于150 标准学时；技师、高级技师均不少于100 标准学时。

1.7.2 培训教师

培训初级工、中级工、高级工的教师应具有本职业技师及以上职业资格或相关专业中级及以上专业技术职务任职资格；培训技师的教师应具有本职业高级技师职业资格或相关专业高级专业技术职务资格；培训高级技师的教师应具有本职业高级技师职业资格证书2 年以上或相关专业高级专业技术职务任职资格。

1.7.3 培训场地设备

标准教室及具有单晶硅制取设备的生产现场或模拟现场。

1.8 鉴定要求

1.8.1 适用对象

从事或准备从事本职业的人员。

1.8.2 申报条件

——**初级工**(具备以下条件之一者)

(1) 经本职业初级工正规培训达规定标准学时数，并取得毕（结）业证书。

(2) 在本职业连续工作1年以上。

(3) 本职业学徒期满。

——**中级工**(具备以下条件之一者)

(1) 取得本职业初级工职业资格证书后，连续从事本职业工作2年以上，经本职业中级工正规培训达规定标准学时数，并取得结业证书。

(2) 取得本职业初级工职业资格证书后，连续从事本职业工作3年以上。

(3) 连续从事本职业工作5年以上。

(4) 取得经劳动保障行政部门审核认定的、以中级工技能为培养目标的中等以上职业学校本职业（专业）毕业证书。

——**高级工**(具备以下条件之一者)

(1) 取得本职业中级工职业资格证书后，连续从事本职业工作3年以上，经本职业高级工正规培训达规定标准学时数，并取得结业证书。

(2) 取得本职业中级工职业资格证书后，连续从事本职业工作4年以上。

(3) 取得经劳动保障行政部门审核认定的、以高级工技能为培养目标的高级技工学校或高等职业学校本职业（专业）毕业证书。

(4) 取得本职业中级工职业资格证书的大专以上本专业或相关专业毕业生，连续从事本职业工作1年以上。

——**技师**(具备以下条件之一者)

(1) 取得本职业高级工职业资格证书后，连续从事本职业工作5年以上，经本职业技师正规培训达规定标准学时数，并取得结业证书。

(2) 取得本职业高级工职业资格证书后，连续从事本职业工作6年以上。

(3) 取得本职业高级工职业资格证书的高级技工学校本职业（专业）毕业生，连续从事本职业工作5年以上。

(4) 取得本职业高级工职业资格证书的大专及以上本专业或相关专业毕业生，连续从事本职业工作4年以上。

(5) 取得中级专业技术职务任职资格，在生产一线工作。

——**高级技师**(具备以下条件之一者)

(1) 取得本职业技师职业资格证书后，连续从事本职业工作5年以上，经本职业高级技师正规培训达规定标准学时数，并取得结业证书。

（2）取得本职业技师职业资格证书后，连续从事本职业工作 6 年以上。

1.8.3 鉴定方式

分为理论知识考试和技能操作考核。理论知识考试采用闭卷笔试方式，技能操作考核采用现场实际操作方式为主，辅之以其他必要方式。理论知识考试和技能操作考核均实行百分制，成绩皆达到 60 分及以上者为合格。技师和高级技师还须进行综合评审。

1.8.4 考评人员与考生配比

理论知识考试考评人员与考生配比为 1∶20，每个标准教室不少于 2 名考评人员；技能操作考核考评人员与考生配比 1∶5，且不少于 3 名考评员；综合评审委员不少于 5 人。

1.8.5 鉴定时间

理论知识考试时间 120min；技能操作考核时间为一个生产周期；综合评审时间不少于 20min。

1.8.6 鉴定场所设备

理论知识考试在标准教室进行。技能操作考核在具有单晶炉的生产现场或模拟生产现场进行。

2. 基 本 要 求

2.1 职业道德

2.1.1 职业道德基本知识

2.1.2 职业守则

（1）爱国爱党，爱岗敬业。

（2）团结进取，开拓创新。

（3）文明生产，安全第一。

（4）遵纪守法，廉洁自律。

2.2 基础知识

2.2.1 基础理论知识

（1）半导体材料的基础知识。

（2）晶体学。

（3）热场的基础知识。

（4）真空的基础知识。

2.2.2 单晶硅制取工的基础知识

（1）单晶制取的技术用语概念。

（2）单晶硅的主要制取方法、生产流程及生产过程各种条件对生长完整单晶的影响。

（3）本岗位主要设备、仪器、仪表的一般结构、性能、使用方法及维护保养知识。

（4）生产过程中出现的一般故障的判断和处理。

（5）单晶拉制过程中，产品晶体缺陷的一般知识，产生的原因及消除的途径和方法。

（6）影响单晶硅质量参数的因素及改善方法。

2.2.3　设备常识

（1）机械常识。

（2）电气常识。

2.2.4　安全文明生产与环境保护知识

（1）现场文明生产要求。

（2）安全操作与劳动保护知识。

（3）消防基础知识。

（4）环境保护知识。

2.2.5　质量管理知识

（1）质量管理体系基础知识。

（2）质量管理的基本方法。

2.2.6　相关法律、法规知识

（1）《中华人民共和国劳动法》的相关知识。

（2）《中华人民共和国劳动合同法》的相关知识。

（3）《中华人民共和国安全生产法》的相关知识。

（4）《中华人民共和国产品质量法》的相关知识。

3. 工 作 要 求

本标准对初级工、中级工、高级工、技师和高级技师的技能要求依次递进，高级别涵盖低级别的要求。

3.1　初级工

职业功能	工作内容	技能要求	相关知识
一、生产准备	（一）劳保用品穿戴	能正确穿戴本岗位规定穿戴的劳保用品	1. 本岗位存在的危险源及所需采取的防护措施 2. 生产环境要求及劳保用品穿戴要求

续表

职业功能	工作内容	技能要求	相关知识
一、生产准备	（二）交接班	1. 能检查设备运行状况并查看生产原始记录，正确交接班 2. 能按规定整理作业现场 3. 能填写原始生产记录	1. 交接班的规定 2. 原始记录填写要求
	（三）开炉准备	1. 能按要求准备好原辅材料和工具 2. 能初步判断多晶硅原料、籽晶、石英坩埚、石墨热场（或线圈）、氩气和冷却水等是否满足生产要求 3. 能进行设备点检	1. 原辅材料和工具规格 2. 设备点检知识 3. 《硅多晶》标准 4. 《单晶硅生长用石英坩埚》标准 5. 《氩》标准
	（四）工艺文件准备	能正确识别工艺加工单，明确应承担的加工任务	1. 本岗位作业指导书、过程质量控制手册 2. 单晶硅制取工艺流程
二、生产作业（可任选一项工作内容）	（一）直拉单晶硅制取	1. 能按操作规程安全地进行拆炉、取晶体、清炉和装炉等操作 2. 能按操作规程进行抽真空和熔化料的操作 3. 能按工艺要求进行引晶、放肩、转肩、等直径控制、收尾和停炉冷却等操作 4. 能进行原料挂边、搭桥和硅跳的判断及处理 5. 能对原料结晶的原因进行分析及故障排除 6. 能进行回熔、提肩和取棒操作	1. 单晶设备的相关知识 2. 直拉单晶炉作业指导书、过程质量控制手册
	（二）区熔单晶硅制取	1. 能按操作规程进行安全拆炉、取晶体、清炉和装炉等操作 2. 能按操作规程进行抽真空、充氩气和熔化料等操作 3. 能按操作规程进行预热、引晶、放肩、转肩、等直径控制、收尾和停炉冷却等操作 4. 能分析判断真空度达不到工艺规定的原因 5. 能对原料出尖的原因进行分析及故障排除	1. 单晶设备的相关知识 2. 区熔单晶炉作业指导书、过程质量控制手册

续表

<table>
<tr><th>职业功能</th><th>工作内容</th><th>技能要求</th><th>相关知识</th></tr>
<tr><td rowspan="3">三、设备管理</td><td>（一）设备保养与维护</td><td>1. 能明确设备运行的基本条件
2. 能对设备进行润滑和清洁</td><td>单晶炉的一般结构、性能、工作原理及维护保养知识</td></tr>
<tr><td>（二）一般运行故障处理</td><td>能配合维修人员对设备故障进行原因分析</td><td rowspan="2">1. 单晶炉设备使用常识
2. 单晶设备的相关知识
3. 单晶炉常见故障及排除方法</td></tr>
<tr><td>（三）应急处理</td><td>1. 能进行设备停水、停电和停气的应急处理
2. 能进行坩埚漏料的应急处理
3. 能进行石墨托碗等器件故障的应急处理
4. 能进行槽路“打火”的应急处理</td></tr>
</table>

3.2 中级工

<table>
<tr><th>职业功能</th><th>工作内容</th><th>技能要求</th><th>相关知识</th></tr>
<tr><td>一、生产准备</td><td>开炉准备</td><td>1. 能判定原辅材料是否满足生产要求
2. 能判断炉况是否正常</td><td>1. 单晶炉的结构、性能和工作原理
2. 原辅材料标准</td></tr>
<tr><td rowspan="2">二、生产作业（可任选一项工作内容）</td><td>（一）直拉单晶硅制取</td><td>1. 能进行热场的拆、装和清洁工作
2. 能清除真空管道内的氧化物
3. 能确定零埚位
4. 能按操作规程进行粘渣提盖操作
5. 能分析重锤摆动的原因
6. 能分析埚升、埚转和籽晶轴升降不稳的原因</td><td>1. 单晶硅制取相关知识
2. 抽空、熔料操作工艺规程</td></tr>
<tr><td>（二）区熔单晶硅制取</td><td>1. 能进行线圈的拆、装、清洁工作
2. 能对预热环的质量状况进行判断
3. 能发现拉晶过程中出现的腰带故障
4. 能对线圈安装不当引起的打火、过流的原因进行分析并排除
5. 能分析等径过程中出现晶体扭曲的现象</td><td>1. 单晶硅制取相关知识
2. 拆炉、装炉操作规范及注意事项</td></tr>
</table>

续表

职业功能	工作内容	技能要求	相关知识
三、设备管理	（一）故障处理	能分析设备故障造成产品质量问题的原因	1. 单晶炉的一般结构、性能、工作原理及维护保养知识 2. 单晶炉设备使用常识 3. 单晶设备的相关知识 4. 单晶炉常见故障及排除方法
	（二）设备保养与维护	能对本岗位设备进行维护保养，并做好记录	1. 单晶炉的一般结构、性能、工作原理及维护保养知识 2. 单晶炉设备使用常识

3.3 高级工

职业功能	工作内容	技能要求	相关知识
一、生产作业（可任选一项工作内容）	（一）直拉单晶硅制取	1. 能识别热场装配图并进行热场装配 2. 能按工艺要求进行全新热场煅烧 3. 能对单件石墨件进行煅烧 4. 能计算并调整跟踪比，确保拉晶顺利进行 5. 能对漏气率是否合格做出判断并进行相应处理 6. 能对石墨器件的寿命损坏程度进行判断并提出更换要求	1. 直拉热场工作原理 2. 机械制图相关知识 3. 产品主要缺陷的一般知识，产生的原因及消除的途径和方法
	（二）区熔单晶硅制取	1. 能识别热场装配图并进行热场装配 2. 能计算拉压比并根据拉压比表格准确控制晶体直径 3. 能提高晶体断面电阻率均匀性、提出减少或消除晶体中主要缺陷的建议 4. 能进行出腰带的原因分析及故障排除	1. 区熔热场工作原理 2. 机械制图相关知识 3. 产品主要缺陷的一般知识，产生的原因及消除的途径和方法
二、设备管理	（一）故障处理	能对加热器打火等故障进行处理	1. 直拉单晶炉结构、性能、工作原理及维护保养知识 2. 单晶炉设备使用常识 3. 单晶炉常见故障及排除方法
	（二）设备维修	能协助本岗位新设备的安装和调试	设备的结构、工作原理

续表

职业功能	工作内容	技能要求	相关知识
三、培训与指导	（一）理论指导	1. 能编写初级工、中级工培训计划和培训教案 2. 能对初级工、中级工进行理论培训	1. 培训计划和培训教案的编写方法 2. 教学法的相关知识
	（二）操作指导	能指导初级工和中级工进行实际操作	职业培训的辅助设备

3.4　技师

职业功能	工作内容	技能要求	相关知识
一、生产作业	（一）直拉单晶硅制取	1. 能操作多种型号的设备按工艺要求进行单晶硅拉制 2. 能通过工艺改进提高晶体断面电阻率均匀性、减少或消除晶体中的主要缺陷 3. 能对晶体检测数据进行统计，分析产品成品率、成晶率、电阻率命中率、少子寿命和氧碳含量等指标的变化，能找出异常变化的原因，并提出改进意见 4. 能通过工艺调整，降低单晶硅纵向电阻率差异	1. 单晶硅制取相关知识 2. 硅单晶工艺学 3. 晶体中缺陷类型及消除方法 4. 统计的相关知识
	（二）区熔单晶硅制取	1. 能操作多种型号的设备按工艺要求进行单晶硅拉制 2. 能通过工艺改进提高晶体断面电阻率均匀性、少子寿命，减少或消除晶体中的主要缺陷 3. 能对晶体检测数据进行统计，分析产品成品率、成晶率、电阻率命中率、少子寿命、氧碳含量等指标的变化，能找出异常变化的原因，并提出改进意见 4. 能进行线圈的设计和绘制	1. 单晶硅制取相关知识 2. 硅单晶工艺学 3. 晶体中缺陷类型及消除方法 4. 统计的相关知识

续表

职业功能	工作内容	技能要求	相关知识
二、设备管理	（一）设备维护	1. 能对单晶炉及附属设施进行检修和信息反馈 2. 能判定单晶炉及附属设施的维修质量	设备维修档案管理制度
	（二）设备改进	能根据设备运行状况，提出改进建议	单晶炉的结构、工作原理
三、技术管理	（一）工艺管理	1. 能对本岗位各工序技术经济指标完成情况进行分析，并提出合理建议 2. 能解决生产、试制中的技术经济指标，编制本工序较复杂的生产方案 3. 能绘制本工序的装备示意图 4. 能对本工序质量问题进行分析，找出原因，提出解决方法，撰写分析报告	1. 硅单晶工艺学 2. 技术论文的特点和写作方法 3. 质量管理体系知识
	（二）技术改进	1. 能根据本工序生产薄弱环节，提出改进措施 2. 能参与本工序新产品开发、科研、技改工作，并能解决其中的技术问题，能撰写技术总结 3. 能在专业人员的指导下编写本工序作业指导书，制定工艺规范	1. 单晶硅制备的相关新技术、新设备、新工艺的应用与发展趋势 2. 科研、技改、新产品设计开发、立项申报报告及结题技术总结的知识
四、培训与指导	（一）理论培训	1. 能编写初级工、中级工、高级工培训计划和培训教案 2. 能对初级工、中级工和高级工进行理论培训	1. 培训计划和培训教案的编写方法 2. 教学法的相关知识
	（二）操作指导	能指导初级工、中级工和高级工进行实际操作	职业培训的辅助设备

3.5 高级技师

职业功能	工作内容	技能要求	相关知识
一、生产作业	直拉、区熔单晶制取	1. 能参与合同评审并审核生产计划 2. 能制定计划组织新设备调试和热场设计等 3. 能对直拉工序改进计划进行审核和组织实施	1. 单晶硅制取相关知识 2. 硅单晶工艺学 3. 晶体中缺陷类型及消除方法 4. 统计的相关知识
二、设备管理	（一）设备维护	1. 能协调设备的维修作业 2. 能根据设备运行状况提出大修要求 3. 能监督设备的运转情况，确保设备的运转率 4. 能确认并监督设备预检预修计划及易损件更换计划的实施	设备维修保养制度
	（二）设备改进	1. 能绘制设备零件图和工装装备图 2. 能审核设备更新改造方案，监督设备的定期维修保养，提高设备完好率和利用率	1. 设备的结构、工作原理 2. 机械制图的基础知识
三、技术管理	（一）技术改进	1. 能根据国内外单晶硅发展动向，提出本工序设备更新或改进的工艺技术要求 2. 能组织参与本工序新产品开发、科研、技改工作，并能解决其中技术难题，并撰写相应的论文和技术总结 3. 能组织实施本工段新设备、新技术、新材料、新工艺的推广工作 4. 能借助相关工具阅读有关单晶工艺技术方面的外文资料	1. 单晶硅制备的有关新技术、新设备、新工艺的应用与发展趋势 2. 科研、技改、新产品设计开发立项申报报告及结题技术总结的特点和写作方法
	（二）工艺管理	1. 能解决生产、试制中的技术难题，审核本工序生产试制方案 2. 能组织和指导本工序的质量问题分析，提出指导意见	1. 硅单晶工艺学 2. 技术论文的特点和写作方法 3. 质量管理体系知识

续表

职业功能	工作内容	技能要求	相关知识
四、培训与指导	（一）理论培训	1. 能编写初级工、中级工、高级工及技师培训计划 2. 能编写培训讲义 3. 能从理论和实际上辅导培训初级工、中级工、高级工及技师 4. 能进行新知识、新技术、新工艺的专题讲座	1. 培训计划和培训教案的编写方法 2. 教学法的相关知识
	（二）操作指导	能指导初级工、中级工、高级工和技师进行实际操作	职业培训的辅助设备

4. 比 重 表

4.1 理论知识

项　目		初级工/%	中级工/%	高级工/%	技师/%	高级技师/%
基本要求	职业道德	5	5	5	5	5
	基础知识	30	30	30	20	15
相关知识	生产准备	15	10	—	—	—
	生产作业	45	50	50	50	40
	设备管理	5	5	10	10	15
	技术管理	—	—	—	10	15
	培训与指导	—	—	5	5	10
合　计		100	100	100	100	100

4.2 技能操作

项　目		初级工/%	中级工/%	高级工/%	技师/%	高级技师/%
技能要求	生产准备	5	5	—	—	—
	生产作业	90	90	85	75	65
	设备管理	5	5	10	10	15
	技术管理	—	—	—	10	15
	培训与指导	—	—	5	5	5
合　计		100	100	100	100	100

有色金属行业特有工种职业技能标准

单晶片加工工

峨嵋半导体材料厂、所
洛阳单晶硅有限责任公司 共同起草

说　明

根据《中华人民共和国劳动法》的有关规定，为了进一步完善国家职业标准体系，为职业教育、职业培训和职业技能鉴定提供科学、规范的依据，中国有色金属工业协会、有色金属行业职业技能鉴定指导中心联合组织峨嵋半导体材料厂、所和洛阳单晶硅有限责任公司的有关专家，制定了《单晶片加工工职业技能鉴定标准》(以下简称《标准》)。

一、本《标准》以《中华人民共和国职业分类大典》为依据，以客观反映现阶段本职业的水平和对从业人员的要求为目标，在充分考虑经济发展、科技进步和产业结构变化对本职业影响的基础上，对职业的活动范围、工作内容、技能要求和知识水平作了明确规定。

二、本《标准》的制定遵循了《国家职业标准制定技术规程》的要求，既保证了《标准》体例的规范化，又体现了以职业活动为导向、以职业技能为核心的特点，同时也使其具有根据科技发展进行调整的灵活性和实用性，符合培训、鉴定和就业工作的需要。

三、本《标准》依据有关规定将本职业分为五个等级，包括职业概况、基本要求、工作要求和比重表四个方面的内容。

四、本《标准》是在有色金属行业职业技能鉴定指导中心的具体组织下，在各有关专家和实际工作者的共同努力下完成的。参加编写的主要人员有：王文、丁浩、查洪武、王文卫、刘罗杰、史舸、彭文、熊诚雷、傅明峰、李占国、周涛、程丽莎。参加审定的主要人员有：崔树玉、过惠芬、刘秀琼、宋安宁、孙艳、杨玉安、易正义、丁学全、丁跃华、谢承杰、连仁杰、杜光宝。本《标准》由峨嵋半导体材料厂、所和洛阳单晶硅有限责任公司共同负责起草，在制定过程中，得到了江苏中能硅业科技发展有限公司、四川新光硅业科技有限责任公司、乐山职业技术学院、陕西天宏硅材料有限责任公司、有研半导体材料股份有限公司、洛阳中硅高科技有限公司、四川永祥多晶硅有限公司等有关单位的大力支持，在此一并致谢。

五、本《标准》业经中国有色金属工业协会批准，自2010年10月18日起施行。

单晶片加工工

1. 职 业 概 况

1.1 职业名称

单晶片加工工。

1.2 职业定义

利用各种加工设备将单晶锭加工成晶片的人员。

1.3 职业等级

本职业共设五个等级，分别为：初级工（国家职业资格五级）、中级工（国家职业资格四级）、高级工（国家职业资格三级）、技师（国家职业资格二级）、高级技师（国家职业资格一级）。

1.4 职业环境

室内，常温，粉尘，有毒有害。

1.5 职业能力特征

有一定的分析、推理和判断能力以及计算机操作能力，手指、手臂灵活，视力良好，动作协调，身体健康。

1.6 基本文化程度

高中毕业（或同等学历）。

1.7 培训要求

1.7.1 培训期限

全日制职业学校教育，根据其培养目标和教学计划确定。晋级培训期限：初级工、中级工均不少于180标准学时；高级工不少于150标准学时；技师、高级技师均不少于100标准学时。

1.7.2 培训教师

培训初级工、中级工、高级工的教师应具有本职业技师及以上职业资格或本专业中级及以上专业技术职务任职资格；培训技师的教师应具有本职业高级技师职业资格或本专业中级及以上专业技术职务资格；培训高级技师的教师应具有本职业高级技师职业资格证书2年以上或本专业高级专业技术职务任职资格。

1.7.3 培训场地设备

标准教室及具有晶片加工设备的生产现场或模拟生产现场。

1.8 鉴定要求

1.8.1 适用对象

从事或准备从事本职业的人员。

1.8.2 申报条件

——初级工(具备以下条件之一者)

(1) 经本职业初级工正规培训达规定标准学时数，并取得毕（结）业证书。

(2) 在本职业连续工作1年以上。

(3) 本职业学徒期满。

——中级工(具备以下条件之一者)

(1) 取得本职业初级工职业资格证书后，连续从事本职业工作2年以上，经本职业中级工正规培训达规定标准学时数，并取得结业证书。

(2) 取得本职业初级工职业资格证书后，连续从事本职业工作3年以上。

(3) 连续从事本职业工作5年以上。

(4) 取得经劳动保障行政部门审核认定的、以中级工技能为培养目标的中等以上职业学校本职业（专业）毕业证书。

——高级工(具备以下条件之一者)

(1) 取得本职业中级工职业资格证书后，连续从事本职业工作3年以上，经本职业高级工正规培训达规定标准学时数，并取得结业证书。

(2) 取得本职业中级工职业资格证书后，连续从事本职业工作4年以上。

(3) 取得经劳动保障行政部门审核认定的、以高级工技能为培养目标的高级技工学校或高等职业学校本职业（专业）毕业证书。

(4) 取得本职业中级工职业资格证书的大专以上本专业或相关专业毕业生，连续从事本职业工作1年以上。

——技师(具备以下条件之一者)

(1) 取得本职业高级工职业资格证书后，连续从事本职业工作5年以上，经本职业技师正规培训达规定标准学时数，并取得结业证书。

(2) 取得本职业高级工职业资格证书后，连续从事本职业工作6年以上。

(3) 取得本职业高级工职业资格证书的高级技工学校本职业（专业）毕业生，连续从事本职业工作5年以上。

(4) 取得本职业高级工职业资格证书的大专及以上本专业或相关专业毕业生，连续从事本职业工作4年以上。

(5) 取得中级专业技术职务任职资格，在生产一线工作。

——高级技师(具备以下条件之一者)

(1) 取得本职业技师职业资格证书后，连续从事本职业工作5年以上，经本职业高级技师正规培训达规定标准学时数，并取得结业证书。

（2）取得本职业技师职业资格证书后，连续从事本职业工作 6 年以上。

1.8.3 鉴定方式

分为理论知识考试和技能操作考核。理论知识考试采用闭卷笔试方式，技能操作考核采用现场实际操作方式为主，辅之以其他必要方式。理论知识考试和技能操作考核均实行百分制，成绩皆达 60 分及以上者为合格。技师和高级技师还须进行综合评审。

1.8.4 考评人员与考生配比

理论知识考试考评人员与考生配比为 1∶20，每个标准教室不少于 2 名考评人员；技能操作考核考评人员与考生配比 1∶5，且不少于 3 名考评人员；综合评审委员不少于 5 人。

1.8.5 鉴定时间

理论知识考试时间 120min；技能操作考核时间 60～180min；综合评审时间不少于 20min。

1.8.6 鉴定场所设备

理论知识考试在标准教室进行。技能操作考核在具有单晶片加工设备的生产现场或模拟生产现场进行。综合评审在标准教室或会议室进行。

2. 基 本 要 求

2.1 职业道德

2.1.1 职业道德基本知识

2.1.2 职业守则

（1）爱国爱党，爱岗敬业。

（2）团结进取，开拓创新。

（3）文明生产，安全第一。

（4）遵纪守法，廉洁自律。

2.2 基础知识

2.2.1 基础理论知识

（1）晶体学基础知识。

（2）硅材料基础知识。

（3）半导体理论知识。

（4）化工基础知识。

2.2.2 晶片加工的基础知识

（1）加工工艺流程。

（2）加工工艺原理。

2.2.3 设备常识

（1）机械常识。

（2）电气常识。

（3）计算机知识。

2.2.4 安全文明生产与环境保护知识

（1）现场文明生产要求。

（2）安全操作与劳动保护知识。

（3）消防基础知识。

（4）环境保护知识。

2.2.5 质量管理知识

（1）质量管理体系基础知识。

（2）质量管理的基本方法。

2.2.6 相关法律、法规知识

（1）《中华人民共和国劳动法》的相关知识。

（2）《中华人民共和国劳动合同法》的相关知识。

（3）《中华人民共和国安全生产法》的相关知识。

（4）《中华人民共和国产品质量法》的相关知识。

3. 工 作 要 求

本标准对初级工、中级工、高级工、技师和高级技师的技能要求依次递进，高级别涵盖低级别的要求。

3.1 初级工

职业功能	工作内容	技能要求	相关知识
一、生产准备	（一）交接班	1. 能按规定整理作业现场 2. 能正确填写生产原始记录	1. 交接班的规定 2. 记录填写规范及要求
	（二）穿戴劳保用品	能正确穿戴劳保用品	1. 本岗位存在的危险源 2. 劳保用品穿戴要求
	（三）工艺文件准备	能正确识别工艺加工单，明确所需承担的加工任务	晶片加工工艺流程
	（四）设备准备	能检查设备是否满足生产要求	设备运行的基本参数

续表

职业功能	工作内容	技能要求	相关知识
二、生产作业（可任选一项工作内容）	（一）晶体加工	1. 能操作晶体整形加工设备，按加工单的指令，承接各种型号晶体的外形加工 2. 能正确粘接晶体 3. 能用晶棱法或定向法对晶体划线 4. 能使用游标卡尺等工具检测晶体的几何参数	1. 不同类型晶体外形加工设备的加工性能 2. 晶体外形加工设备的操作规程 3. 晶体外形加工的工艺技术要求 4. 晶体定位面与晶向型号的对应关系 5. 岗位常用工具的使用方法
	（二）晶体切割	1. 能操作切割机，按加工单的指令，承接各种型号晶体的切割 2. 能按工艺要求配制粘接剂，并能使用热粘法或冷粘法粘接晶锭 3. 能按工艺要求配制多线切割机用砂浆，并能检测砂浆密度与黏度 4. 能检测晶片的晶向 5. 能正确连接两端钢线、布置线网 6. 能使用自动修刀法修整内圆刀片 7. 能按晶向配制粘接剂，并使用热粘法或冷粘法粘接晶锭	1. 切割机的分类及其加工性能 2. 晶体切割机的操作规程 3. 切割晶片的工艺技术要求 4. 切割设备主要配件的拆卸、安装方法 5. 热粘和冷粘粘结剂的配制及使用方法 6. 砂浆的成分配比与配制方法 7. 内圆刀片自动修刀方法
	（三）晶片倒角	1. 能操作至少一种倒角设备，按加工工艺要求，对晶片进行倒角处理 2. 能根据晶片厚度和加工要求选择相应的磨轮，并能正确拆卸、安装和使用 3. 能根据晶片直径选择吸盘，并能正确拆卸、安装和使用 4. 能正确使用游标卡尺检测晶片直径 5. 能识别倒角过程中出现的参考面不直、主参考面晶向超标和崩边等缺陷 6. 能使用 X 光机测量不同型号晶体的主参考面晶向	1. 不同型号倒角机的加工性能和操作规程 2. 晶片倒角的工艺技术要求 3. 磨轮的分类、规格、尺寸 4. 不同吸盘倒角晶片的加工性能 5. 游标卡尺、显微镜的使用方法 6. 常见缺陷的检测方法

续表

职业功能	工作内容	技能要求	相关知识
二、生产作业（可任选一项工作内容）	（四）晶片研磨	1. 能操作至少一种研磨机，按加工工艺要求进行晶片研磨 2. 能使用磨盘修整技术修整磨盘 3. 能根据工艺要求配制研磨液 4. 能根据仪器、仪表的指示，检查和判断设备运转是否正常	1. 研磨机的分类及其加工性能 2. 研磨机的操作规程 3. 研磨晶片加工工艺技术要求 4. 研磨盘修整的方法 5. 研磨液的成分、配比及其配制方法 6. 仪器、仪表指示知识
	（五）晶片抛光	1. 能操作至少一种抛光机，按加工工艺要求对晶片进行抛光加工 2. 能按抛光工艺要求配制抛光液 3. 能按工艺要求配制粘片蜡 4. 能使用工具仪器分选晶片并检测晶片的厚度	1. 抛光设备的分类及特点 2. 晶片抛光工艺技术要求 3. 抛光垫、模板的粘接方法 4. 粘片与取片的方法 5. 抛光液的成分与配制方法 6. 常用化学试剂的性质与用途 7. 粘片蜡的成分与配制方法 8. 常用工具仪器的使用方法
	（六）腐蚀与清洗	1. 能操作腐蚀和清洗设备对晶片进行腐蚀和清洗 2. 能按加工工艺要求进行常规的化学腐蚀和清洗 3. 能配制常用的清洗液和腐蚀液 4. 能操作干燥设备对晶片进行干燥	1. 腐蚀或清洗设备的操作规程 2. 常用化学试剂的主要性质及用途 3. 清洗液和腐蚀液的成分及配制方法 4. 清洗液、腐蚀液的物理化学性质、用途及使用方法 5. 本岗位工具、仪器、仪表的使用方法 6. 干燥设备的操作规程
三、设备管理	设备维护	能对本工序常用设备、仪器、工具进行日常维护	1. 设备、仪器的维护保养方法 2. 有关电气及线路的常识

3.2 中级

职业功能	工作内容	技能要求	相关知识
一、生产准备	（一）工艺文件准备	能理解工艺加工单的加工指令	晶片加工工艺流程
	（二）设备准备	能检查设备运行状况	设备运行的基本参数

续表

职业功能	工作内容	技能要求	相关知识
二、生产作业（可任选一项工作内容）	（一）晶体加工	1. 能根据晶体原始几何参数，准确控制晶体几何参数 2. 能正确拆卸、安装晶体外形加工设备的主要工装 3. 能分析晶体外形质量 4. 能根据晶锭几何参数调整粘接机，准确控制粘接晶向 5. 能校对线网布置状况 6. 能加工不规则晶体	1. 整形加工设备的操作规程 2. 各工艺参数影响晶体表面质量的原因 3. 磨削加工技术的分类 4. 磨削加工的工艺原理 5. 常用工具的使用方法 6. 晶体外形尺寸要求
	（二）晶体切割	1. 能分析晶片表面质量与切割速度、刀片（线网、砂浆）等的关系，并根据实际情况适当调整切割参数，加工出合格的晶片 2. 能利用油石手动修整内圆刀片 3. 能根据碳化硅、切削液原料质量，适当调整砂浆配制比例，确保砂浆质量 4. 能正确拆卸、安装切割设备的主要工装 5. 能校对线网布置状况	1. 切割加工设备的操作规程 2. 各工艺参数对晶体表面质量的影响 3. 磨削加工技术的分类 4. 磨削加工的工艺原理 5. 晶体结构基本知识 6. 常用工具的使用方法
	（三）晶片倒角	1. 能根据磨轮使用情况和实际情况调整倒角工艺参数 2. 能使用显微镜观察晶片倒角，分析晶片倒角加工质量 3. 能分析倒角过程中出现各种缺陷的原因	1. 晶片倒角机的操作规程 2. 磨轮磨削原理 3. 显微镜的使用方法
	（四）晶片研磨	1. 能解决划道和碎皮的问题 2. 能准确控制研磨晶片厚度 3. 能根据研磨的表面缺陷分析其形成原因	1. 研磨机的操作规程 2. 研磨工艺原理 3. 研磨晶片质量与磨料、磨盘的关系 4. 晶片研磨的工艺流程 5. 研磨去层速度与磨料、压力的关系

续表

职业功能	工作内容	技能要求	相关知识
二、生产作业（可任选一项工作内容）	（五）晶片抛光	1. 能正确分析各项几何参数超标原因，并调整设备控制参数，满足技术规范要求 2. 能准确控制抛光晶片的几何参数 3. 能明确有关化学药品、油类对抛光片的影响 4. 能正确处理生产中出现的划道和碎皮情况	1. 抛光机的操作规程 2. 抛光工艺原理 3. 影响抛光速度的因素 4. 抛光液质量、压力、温度、洁净度、pH 值与抛光晶片质量的关系
	（六）腐蚀与清洗	1. 能正确分析腐蚀或清洗过程中晶片质量不稳定的因素，并按技术规范要求调整工艺参数 2. 能正确处理生产中出现的各种异常情况 3. 能准确配制清洗液或腐蚀液	1. 晶片表面沾污来源 2. 晶片化学腐蚀、清洗的工艺原理 3. 超声波、兆声工艺原理 4. 晶片化学腐蚀、清洗的作用与意义 5. 高纯材料和化学浓度的表示方法
三、设备管理	设备维护	1. 能处理简单的设备故障 2. 能协助维修人员对设备进行维修	设备操作维护规程

3.3 高级工

职业功能	工作内容	技能要求	相关知识
一、生产准备	设备准备	能组织开机前的准备工作	设备参数、机构调整方法
二、生产作业（可任选一项工作内容）	（一）晶体加工	1. 能对特殊要求的晶体进行整形加工 2. 能分析晶体表面的质量问题 3. 能提出工艺技术参数优化建议	1. 整形加工设备的工艺原理 2. 磨削加工的工艺原理 3. 磨轮（刀片、钢线等）质量对晶片（锭）表面质量的影响 4. 整形加工工艺参数对晶片（锭）表面质量的影响

续表

职业功能	工作内容	技能要求	相关知识
二、生产作业（可任选一项工作内容）	（二）晶体切割	1. 能对特殊要求的晶体进行加工 2. 能精确调整内圆刀片的同心度 3. 能正确安装和拆卸线切主辊 4. 能对线切割机的线网断线进行处理 5. 能测试与校准钢线张力 6. 能提出工艺技术参数优化建议	1. 晶体定向的基本原理和方法 2. 切割设备工艺原理 3. 内圆刀片同心度调整方法 4. 线切主辊安装和拆卸方法 5. 线切割机断线处理预案 6. 线切割机钢线张力校准方法 7. 砂浆密度与黏度的检测方法 8. X 光机的使用方法
	（三）晶片倒角	1. 能分析解决倒角过程中出现的亮点和崩边等缺陷 2. 能提出工艺技术参数优化建议	产生亮点和崩边等缺陷的原因
	（四）晶片研磨	1. 能分析研磨晶片表面质量和机械损伤等技术问题 2. 能提出工艺技术参数优化建议	1. 研磨机工艺原理 2. 磨片质量对抛光片质量的影响 3. 晶片表面质量与半导体器件质量的关系 4. 影响磨片质量的因素
	（五）晶片抛光	1. 能按有蜡、无蜡抛光工艺进行抛光 2. 能分析解决抛光片的表面质量、几何参数等技术问题 3. 能提出工艺技术参数优化建议	1. 抛光片表面质量与半导体器件质量的关系 2. 常用仪器、仪表的控制测量原理 3. 抛光晶片表面质量分析方法 4. SPC 基础知识
	（六）腐蚀与清洗	1. 能分析清洗液、腐蚀液的作用效果，提出改进建议 2. 能解决清洗、腐蚀工艺中影响质量的技术问题 3. 能提出工艺技术参数优化建议	1. 清洗、腐蚀设备操作规程 2. 晶片腐蚀、清洗过程中的物理化学原理 3. 相关化学试剂的性质 4. 腐蚀与清洗过程中表面质量的分析方法

续表

职业功能	工作内容	技能要求	相关知识
三、设备管理	设备维护	1. 能对关键设备进行维护保养 2. 能拆卸、清洗、安装设备附件 3. 能配合专业维修人员检修设备 4. 能处理一般的设备故障	1. 有关设备的电气、线路常识 2. 设备、仪器安全操作规程与维护保养方法
四、培训与指导	操作指导	能指导本岗位初级工、中级工人进行实际操作	教学指导书的编写方法

3.4 技师

职业功能	工作内容	技能要求	相关知识
一、生产作业	生产操作	1. 能操作多种型号相关晶片加工设备对晶片进行加工 2. 能发现晶片加工过程中的疑难问题，提出改进措施和解决方法 3. 能设计和改制简单的加工工具 4. 能使用排列图、折线图和 SPC 图等简单的统计方法进行初步的数据分析，并对工艺提出改进措施	1. 晶片缺陷对半导体器件质量的影响 2. 晶片加工工艺的基本理论 3. 计算机的应用知识 4. 排列图、折线图等统计方法的基础知识 5. 各工序之间的相关性
二、设备管理	（一）设备维护	1. 能对设备的精度进行检查和校准 2. 能配合维修人员对设备进行大修 3. 能绘制简单的零件草图	1. 设备操作维护规程 2. 机械制图基础知识
	（二）设备改进	能提出新设备新装置的工艺技术要求	晶片加工工艺及各工序技术参数要求
三、技术管理	（一）质量管理	能在工作中认真贯彻质量标准，并能解决生产中的质量问题	晶片（锭）质量知识
	（二）技术改进	能根据生产需要，改进主要设备和工艺	国内外新技术的应用与发展

续表

职业功能	工作内容	技能要求	相关知识
四、培训与指导	（一）操作指导	能指导本职业初级工、中级工和高级工进行实际操作	教学指导书的编写方法
	（二）理论培训	能对本职业初级工、中级工和高级工进行理论培训	培训教材的编写方法

3.5 高级技师

职业功能	工作内容	技能要求	相关知识
一、生产作业	制定加工工艺	能根据客户要求，参与制作设计晶片加工工艺	晶片加工工艺
二、设备管理	（一）设备维护	对设备维修提出预防性建议	设备操作维护规程
	（二）设备改进	能按照新生产工艺设计提出设备改造方案	晶片加工工艺及机电知识
三、技术管理	（一）工艺管理	1. 能对本岗位各工序技术经济指标完成情况进行分析，并提出合理建议 2. 能解决生产、试制中的技术经济指标，编制本工序较复杂的生产方案 3. 能绘制本工序的装备示意图 4. 能对本工序质量问题进行分析，找出原因，提出解决办法，撰写分析报告	1. 硅单晶工艺学 2. 技术论文的特点和写作方法 3. 质量管理体系知识
	（二）技术改进	1. 能根据本工序生产薄弱环节，提出改进措施，不断进行更新 2. 能参与本工序新产品开发、科研和技术改造工作，并解决其中的技术问题，撰写技术总结 3. 能在专业人员的指导下编写本工序作业指导书，制定工艺规范	1. 单晶硅制备的有关新技术、新设备、新工艺的应用与发展趋势 2. 科研、技改、新产品设计开发、立项申报报告及结题技术总结的知识
四、培训与指导	（一）操作指导	能指导本职业初级工、中级工、高级工和技师进行实际操作	教学指导书的编写方法
	（二）理论培训	能对本职业初级工、中级工、高级工和技师进行理论培训	教学计划与大纲的编制方法

4. 比 重 表

4.1 理论知识

项 目		初级工/%	中级工/%	高级工/%	技师/%	高级技师/%
基本要求	职业道德	5	5	5	5	5
	基础知识	30	30	30	20	10
相关知识	生产准备	10	10	5	—	—
	生产作业	50	50	50	50	50
	设备管理	5	5	5	5	5
	技术管理	—	—	—	15	20
	培训与指导	—	—	5	5	10
合 计		100	100	100	100	100

4.2 技能操作

项 目		初级工/%	中级工/%	高级工/%	技师/%	高级技师/%
技能要求	生产准备	5	5	5	—	—
	生产作业	90	90	85	70	40
	设备管理	5	5	5	10	10
	技术管理	—	—	—	15	35
	培训与指导	—	—	5	5	15
合 计		100	100	100	100	100

有色金属行业特有工种职业技能标准

电子用水制备工

洛阳单晶硅有限责任公司起草

说　明

根据《中华人民共和国劳动法》的有关规定，为了进一步完善国家职业标准体系，为职业教育、职业培训和职业技能鉴定提供科学、规范的依据，中国有色金属工业协会、有色金属行业职业技能鉴定指导中心联合组织洛阳单晶硅有限责任公司的有关专家，制定了《电子用水制备工职业技能鉴定标准》（以下简称《标准》）。

一、本《标准》以《中华人民共和国职业分类大典》为依据，以客观反映现阶段本职业的水平和对从业人员的要求为目标，在充分考虑经济发展、科技进步和产业结构变化对本职业影响的基础上，对职业的活动范围、工作内容、技能要求和知识水平作了明确规定。

二、本《标准》的制定遵循了《国家职业标准制定技术规程》的要求，既保证了《标准》体例的规范化，又体现了以职业活动为导向、以职业技能为核心的特点，同时也使其具有根据科技发展进行调整的灵活性和实用性，符合培训、鉴定和就业工作的需要。

三、本《标准》依据有关规定将本职业分为四个等级，包括职业概况、基本要求、工作要求和比重表四个方面的内容。

四、本《标准》是在有色金属行业职业技能鉴定指导中心的具体组织下，在各有关专家和实际工作者的共同努力下完成的。参加编写的主要人员有：舒钧、吕宏友、程丽莎。参加审定的主要人员有：崔树玉、过惠芬、刘秀琼、宋安宁、孙艳、杨玉安、易正义、丁学全、丁跃华、谢承杰、连仁杰、杜光宝。本《标准》由洛阳单晶硅有限责任公司负责起草，在制定过程中，得到了峨嵋半导体材料厂、所、江苏中能硅业科技发展有限公司、四川新光硅业科技有限责任公司、乐山职业技术学院、陕西天宏硅材料有限责任公司、有研半导体材料股份有限公司、洛阳中硅高科技有限公司、四川永祥多晶硅有限公司等有关单位的大力支持，在此一并致谢。

五、本《标准》业经中国有色金属工业协会批准，自2010年10月18日起施行。

电子用水制备工

1. 职 业 概 况

1.1　职业名称

电子用水制备工。

1.2　职业定义

使用设备制备电子工业生产用水的人员。

1.3　职业等级

本职业共设四个等级，分别为：初级工（国家职业资格五级）、中级工（国家职业资格四级）、高级工（国家职业资格三级）、技师（国家职业资格二级）。

1.4　职业环境

常温、强酸、强碱。

1.5　职业能力特征

有一定的观察、判断和计算能力，具有从事一定劳动强度工作的能力。

1.6　基本文化程度

初中毕业。

1.7　培训要求

1.7.1　培训期限

全日制职业学校教育，根据其培养目标和教学计划确定。晋级培训期限：初级工、中级工均不少于 180 标准学时；高级工不少于 150 标准学时；技师不少于 100 标准学时。

1.7.2　培训教师

培训初级工、中级工、高级工的教师，应具有本职业技师职业资格或相关专业中级及以上专业技术职务任职资格；培训技师的教师应具有高级专业技术职务任职资格。

1.7.3　培训场地设备

标准教室及具有生产电子用水设备的生产现场或模拟生产现场。

1.8　鉴定要求

1.8.1　适用对象

从事或准备从事本职业的人员。

1.8.2 申报条件

——初级工(具备以下条件之一者)

(1) 经本职业初级工正规培训达规定标准学时数，并取得毕（结）业证书。

(2) 在本职业连续工作1年以上。

(3) 本职业学徒期满。

——中级工(具备以下条件之一者)

(1) 取得本职业初级工职业资格证书后，连续从事本职业工作2年以上，经本职业中级工正规培训达规定标准学时数，并取得结业证书。

(2) 取得本职业初级工职业资格证书后，连续从事本职业工作3年以上。

(3) 连续从事本职业工作5年以上。

(4) 取得经劳动保障行政部门审核认定的、以中级工技能为培养目标的中等以上职业学校本职业（专业）毕业证书。

——高级工(具备以下条件之一者)

(1) 取得本职业中级工职业资格证书后，连续从事本职业工作3年以上，经本职业高级工正规培训达规定标准学时数，并取得结业证书。

(2) 取得本职业中级工职业资格证书后，连续从事本职业工作4年以上。

(3) 取得经劳动保障行政部门审核认定的、以高级工技能为培养目标的高级技工学校或高等职业学校本职业（专业）毕业证书。

(4) 取得本职业中级工职业资格证书的大专以上本专业或相关专业毕业生，连续从事本职业工作1年以上。

——技师(具备以下条件之一者)

(1) 取得本职业高级工职业资格证书后，连续从事本职业工作5年以上，经本职业技师正规培训达规定标准学时数，并取得结业证书。

(2) 取得本职业高级工职业资格证书后，连续从事本职业工作6年以上。

(3) 取得本职业高级工职业资格证书的高级技工学校本职业（专业）毕业生，连续从事本职业工作5年以上。

(4) 取得本职业高级工职业资格证书的大专及以上本专业或相关专业毕业生，连续从事本职业工作4年以上。

(5) 取得中级专业技术职务任职资格，在生产一线工作。

1.8.3 鉴定方式

分为理论知识考试和技能操作考核。理论知识考试采用闭卷笔试方式，技能操作考核采用生产现场实际操作方式为主，辅之以其它必要方式。理论知识考试和技能操作考核均实行百分制，成绩皆达60分以上者为合格。技师还需进行综合评审。

1.8.4　考评人员和考生配比

理论知识考试考评人员与考生配比为1∶20，每个标准教室不少于2名考评人员；技能操作考核考评人员与考生配比1∶5，且不少于3名考评人员；综合评审委员不少于5人。

1.8.5　鉴定时间

理论知识考试时间120min；技能操作考核时间60～180min；综合评审时间不少于20min。

1.8.6　鉴定场所设备

理论知识考试在标准教室进行。技能操作考核在具有生产电子用水设备的生产现场或模拟生产现场进行。综合评审在标准教室或会议室进行。

2. 基 本 要 求

2.1　职业道德

2.1.1　职业道德基本知识

2.1.2　职业守则

（1）爱国爱党，爱岗敬业。

（2）团结进取，开拓创新。

（3）文明生产，安全第一。

（4）遵纪守法，廉洁自律。

2.2　基础知识

2.2.1　电子用水基础知识

（1）电子用水各种水源及其特点。

（2）天然水的化学特征。

（3）电子用水水质要求。

（4）天然水所含杂质的特性。

（5）软化水、纯水制取方法。

2.2.2　软化水、纯水制取原理基础知识

（1）软化水、纯水制取基础知识。

（2）离子交换树脂及其性能。

（3）离子交换基本原理。

（4）离子交换树脂的使用。

（5）电渗析法除盐水处理基本原理。

（6）反渗透脱盐基本原理。

（7）机械过滤、杀菌消毒、阻垢、微滤超滤、化学清洗等基础知识和原理。

（8）电子级高纯水分析的基础知识及高纯水系统配置的基础知识。

2.2.3 设备常识

（1）机械常识。

（2）电气常识。

2.2.4 安全文明生产与环境保护知识

（1）现场文明生产要求。

（2）安全操作与劳动保护知识。

（3）消防基础知识。

（4）环境保护知识。

2.2.5 质量管理知识

（1）质量管理体系基础知识。

（2）质量管理的基本方法。

2.2.6 相关法律、法规知识

（1）《中华人民共和国劳动法》的相关知识。

（2）《中华人民共和国劳动合同法》的相关知识。

（3）《中华人民共和国安全生产法》的相关知识。

（4）《中华人民共和国产品质量法》的相关知识。

3. 工 作 要 求

本标准对初级工、中级工、高级工和技师的技能要求依次递进，高级别涵盖低级别的要求。

3.1 初级工

职业功能	工作内容	技能要求	相关知识
一、开车准备	（一）劳保用品穿戴	能正确穿戴本岗位规定穿戴的劳保用品	1. 本岗位存在的危险源及所需采取的防护措施 2. 生产环境要求及劳保用品穿戴要求 3. 交接班的规定 4. 原始记录填写要求
	（二）交接班	1. 能检查设备运行状况并查看生产原始记录，正确交接班 2. 能按规定整理作业现场 3. 能填写原始生产记录	

续表

职业功能	工作内容	技能要求	相关知识
二、系统开车	（一）开车	1. 能按安全技术操作规程进行作业 2. 能读懂各种仪表显示数据 3. 能读懂化验分析单 4. 能正确进行设备的开、停机作业 5. 能记录各种生产运行参数	1. 安全技术操作规程 2. 设备技术操作规程 3. 记录填写规范及要求 4. 强酸、强碱相关知识
	（二）产出	能按技术操作规程生产合格电子用水	
三、设备维护及保养	（一）设备维护	能按要求对设备进行清扫、润滑和紧固作业	1. 设备维护规程 2. 设备点检管理制度
	（二）设备点检	1. 能按要求进行设备点检并做好记录 2. 能判定设备运行状况是否正常	

3.2 中级工

职业功能	工作内容	技能要求	相关知识
一、开车准备	开车前准备	1. 能进行开车前的准备工作 2. 能判定设备是否处于完好状态 3. 能按要求配制各种药剂	开车准备技术要求
二、系统开车	开车	1. 能判定各种运行参数是否正常，并及时进行调整 2. 能使用计量器具进行计量 3. 能使用分析仪器分析硬度和总污染指数等指标	1. 纯水系统运行状况的判定方法 2. 产品的质量要求 3. 设备状态判定方法 4. 原料、辅料的化学成分、性质及用途 5. 水质分析技术规范
三、停车检修	（一）停车作业	1. 能按停车方案做好各项准备工作并判断是否具备停车条件 2. 能按停车方案进行停车作业 3. 能组织异常停车，并判定停车给生产造成的影响	1. 相关设备清洗更换注意事项 2. 软化水、纯水设备设施检修操作规程
	（二）检修	1. 能进行各种过滤器（超滤器、滤棒等）的清洗和更换作业 2. 能对离子交换树脂进行更换及再生作业	

续表

职业功能	工作内容	技能要求	相关知识
四、安全操作	（一）安全技术操作	1. 能判定作业现场是否处于安全状态 2. 能开展岗位安全教育 3. 能配合进行安全事故分析和事故调查	1. 安全状态判定知识 2. 环保管理规定 3. 安全管理制度
	（二）安全保护及环保	能按相关要求控制废酸、废碱和废水等污染	
五、设备维护及保养	（一）设备维护	能对本岗位关键设备进行维护保养	设备维护操作规程
	（二）设备点检	能定期对关键设备进行点检	
六、常见故障判断及处理	（一）工艺故障处理	1. 能判断过滤器、超滤器、滤棒、离子交换器和反渗透等运行是否正常，并进行相应处理 2. 能对出水电阻率、溶解氧和 TOC 等超标进行处理	1. 常见工艺故障处理程序 2. 常见设备故障处理程序
	（二）设备故障处理	能排除常见设备故障并进行处理	

3.3 高级工

职业功能	工作内容	技能要求	相关知识
一、开车准备	开车前准备	能组织制定系统开车前的准备方案并进行实施	开车前准备条件判定方法
二、系统开车	开车	1. 能协调本岗位的正常生产 2. 能根据生产情况的变化调整工艺参数 3. 能对再生剂的类型和用量进行选择 4. 能分析树脂交换能力下降的原因并进行处理 5. 能对混合床的树脂进行选择 6. 能根据运行参数，确定 RO 和 EDI 是否需要清洗，并配清洗液和进行清洗 7. 能调整 RO 的碱液投加量和 EDI 的盐液投加量	1. 计量设施使用规程 2. 原料、辅料化学成分、性质的判定方法 3. 供水系统图和供水指标

续表

职业功能	工作内容	技能要求	相关知识
三、停车检修	（一）停车作业	能按停车方案组织做好各项准备工作	1. PVC、ABC 粘接操作规程 2. 反渗透安全技术操作规程 3. 系统消毒清洗技术规程 4. PLC 基本原理图 5. 电气、仪表相关知识
	（二）检修	1. 能进行 RO 的清洗、膜元件的组装 2. 能粘接 PVC、ABC 等工程塑料	
四、安全操作	（一）安全技术操作	1. 能对本岗位进行安全检查，并根据存在的隐患提出整改意见 2. 能分析一般的安全事故，并制定预防措施	安全事故处理程序
	（二）安全保护及环保	能判断设备运行是否安全，并提出整改意见	
五、设备维护与保养	（一）设备维护	能读懂岗位设备结构图，并指导相关人员进行设备维护	设备结构图的相关知识
	（二）设备点检	能根据设备点检结果提出设备检修建议和更换计划	
六、常见故障判断及处理	（一）工艺故障	能判断处理软化器、RO、EDI、脱气膜和粗（混）床等工艺段故障	1. 工艺故障处理程序 2. 纯水制备各单元段系统图 3. 关键设备结构原理和控制要点
	（二）设备故障	能判断常见设备故障，并提出处理意见	

3.4 技师

职业功能	工作内容	技能要求	相关知识
一、系统开车	开车	1. 能结合生产实际，对岗位技术操作规程和工艺技术参数提出改进意见 2. 能简单设计制备纯水的工艺设备 3. 能运用排列图、因果图等简单的统计方法进行数据分析并提出改进措施	1. 技术操作规程编制要求 2. 排列图、因果图等统计方法的基本知识

续表

职业功能	工作内容	技能要求	相关知识
二、停车检修	（一）停车作业	能审核停车方案	停车方案编制要求
	（二）检修	1. 能组织进行主要设备的大修 2. 能组织常用制水设备的安装试车和验收	1. 设备检修知识 2. 设备安装、验收相关知识
三、安全操作	（一）安全技术操作	能组织对系统进行安全检查并根据存在的隐患提出整改意见	纯水制备相关的安全环保知识
	（二）安全环保	能根据安全生产及环保现状提出改进措施和建议	
四、生产管理	（一）质量管理	能组织分析产生不合格品的原因，并提出预防措施	1. 质量分析方法 2. 工艺技术台账填写规范 3. 技术经济指标分析
	（二）生产过程管理	1. 能进行本岗位的生产过程管理 2. 能改进生产过程管理方法	
	（三）技术管理	能对技术经济指标进行分析	
五、培训与指导	（一）理论培训	1. 能编写初级工、中级工、高级工培训计划和培训教案 2. 能对初级工、中级工和高级工进行理论培训	1. 培训计划和培训教案的编写方法 2. 教学法的相关知识
	（二）指导操作	能指导初级工、中级工和高级工进行实际操作	

4. 比 重 表

4.1 理论知识

项目		初级工/%	中级工/%	高级工/%	技师/%
基本要求	职业道德	5	5	5	5
	基础知识	35	25	20	15
相关知识	开车准备	10	10	10	—
	系统开车	45	30	25	25

续表

项　目		初级工/%	中级工/%	高级工/%	技师/%
相关知识	停车检修	—	10	10	15
	安全操作	—	10	10	10
	设备维护与保养	5	5	5	—
	常见故障判断及处理	—	5	15	—
	生产管理	—	—	—	20
	培训与指导	—	—	—	10
总　计		100	100	100	100

4.2　技能操作

项　目		初级工/%	中级工/%	高级工/%	技师/%
技能要求	开车准备	20	10	5	—
	系统开车	70	55	50	50
	停车检修	—	10	10	5
	安全操作	—	10	10	10
	设备维护与保养	10	5	5	—
	常见故障判断及处理	—	10	20	—
	生产管理	—	—	—	25
	培训与指导	—	—	—	10
总　计		100	100	100	100

有色金属加工

相关职业技能标准

有色金属行业职业技能标准

轧制原料工

西南铝业（集团）有限责任公司起草

说　　明

根据《中华人民共和国劳动法》的有关规定，为了进一步完善国家职业标准体系，为职业教育、职业培训和职业技能鉴定提供科学、规范的依据，中国有色金属工业协会委托有色金属行业职业技能鉴定指导中心组织有关专家，制定了《轧制原料工职业技能鉴定标准》（以下简称《标准》）。

一、本《标准》以客观反映现阶段本职业的水平和对从业人员的要求为目标，在充分考虑经济发展、科技进步和产业结构变化对本职业影响的基础上，对职业的活动范围、工作内容、技能要求和知识水平作了明确规定。

二、本《标准》的制定遵循了《国家职业标准制定技术规程》的要求，既保证了《标准》体例的规范化，又体现了以职业活动为导向、以职业技能为核心的特点，同时也使其具有根据科技发展进行调整的灵活性和实用性，符合培训、鉴定和就业工作的需要。

三、本《标准》依据有关规定将本职业分为四个等级，包括职业概况、基本要求、工作要求和比重表四个方面的内容。

四、本《标准》是在各有关专家和实际工作者的共同努力下完成的。参加编写的主要人员有组长李成利：组员牟大强、杨荣东、赵劲、陈无限、陈龙。参加审定的主要人员有：石明柱、陈兆义、曹秀萍、冯永琦、黄清录、刘富良、孙玮、孙东明、申智华、王俭、杨亚平、杨琨、朱俊明、蒋维湘、丁学全、谢承杰、汪洁、欧阳袖、黄英。本《标准》由西南铝业（集团）有限责任公司负责起草，在制定过程中得到了中国铝业公司、中国铝业股份有限公司、宝钛集团有限公司、东北轻合金有限责任公司、江苏常铝铝业股份有限公司、兰州铝业股份有限公司西北铝加工分公司、洛阳铜加工集团有限责任公司、云南铝业股份有限公司、中铝瑞闽铝板带有限公司等有关单位的大力支持，在此一并致谢。

五、本《标准》业经中国有色金属工业协会批准，自 2006 年 9 月 21 日起施行。

轧制原料工

1. 职 业 概 况

1.1 职业名称

轧制原料工。

1.2 职业定义

操作加热炉和原料处理设备，处理、加热轧制原料的人员。

1.3 职业等级

本职业共设四个等级，分别为：初级（国家职业资格五级）、中级（国家职业资格四级）、高级（国家职业资格三级）、技师（国家职业资格二级）。

1.4 职业环境

室内，高温，噪声，有害气体。

1.5 职业能力特征

有一定的观察、判断和计算能力，手指、手臂灵活，动作协调，视力正常，身体状况良好。

1.6 基本文化程度

初中毕业。

1.7 培训要求

1.7.1 培训期限

全日制职业学校教育，根据其培养目标和教学计划确定。晋级培训期限：初、中、高级均不少于150标准学时，技师不少于120标准学时。

1.7.2 培训教师

培训初、中、高级工的教师应应具有本职业技师及以上职业资格或相关专业中级及以上专业技术职务任职资格；培训技师的教师应具有本职业高级技师职业资格，相关专业中级专业技术职务任职资格2年以上或高级专业技术职务任职资格。

1.7.3 培训场地设备

满足教学需要的标准教室和必要的实习车间，包括加热设备、机加工设备及必要的工具、量具和相关辅助设备等。

1.8 鉴定要求

1.8.1 适用对象

从事或准备从事本职业的人员。

1.8.2　申报条件

——初级(具备以下条件之一者)

(1) 经本职业初级正规培训达规定标准学时数，并取得结业证书。

(2) 在本职业连续见习工作1年以上。

(3) 本职业学徒期满。

——中级(具备以下条件之一者)

(1) 取得本职业初级职业资格证书后，连续从事本职业工作2年以上，经本职业中级正规培训达规定标准学时数，并取得结业证书。

(2) 取得本职业初级职业资格证书后，连续从事本职业工作3年以上。

(3) 连续从事本职业工作5年以上。

(4) 取得经劳动保障行政部门审核认定的、以中级技能为培训目标的中等以上职业学校本职业（专业）毕业证书。

——高级(具备以下条件之一者)

(1) 取得本职业中级职业资格证书后，连续从事本职业工作3年以上，经本职业高级正规培训达规定标准学时数，并取得结业证书。

(2) 取得本职业中级职业资格证书后，连续从事本职业工作4年以上。

(3) 取得经劳动保障行政部门审核认定的，以高级技能为培养目标的高等职业学校本职业（专业）毕业证书。

(4) 取得本职业中级职业资格证书的大专以上本专业或相关专业毕业生，连续从事本职业工作2年以上。

——技师(具备以下条件之一者)

(1) 取得本职业高级职业资格证书后，连续从事本职业工作4年以上，经本职业技师正规培训达规定标准学时数，并取得结业证书。

(2) 取得本职业高级职业资格证书后，连续从事本职业工作6年以上。

(3) 取得本职业高级职业资格证书的高级技工学校本职业（专业）毕业生，连续从事本职业工作2年以上。

(4) 取得本职业高级职业资格证书的大专以上本专业或相关专业毕业生，从事本职业工作2年以上。

1.8.3　鉴定方式

分为理论知识考试和技能操作考核。理论知识考试采用闭卷笔试方式，技能操作考核采用现场实际操作方式，辅之以其它必要方式。理论知识考试和技能操作考核均实行百分制，成绩皆达到60分及以上者为合格。技师须进行综合评审。

1.8.4　考评人员与考生配比

理论知识考试考评人员与考生配比为1∶20，每个标准教室不少于2名考评人员；技能操作考核考评人员与考生配比1∶5，且不少于3名考评员；综合评审委员不少于5人。

1.8.5 鉴定时间

理论知识考试120min；技能操作考核时间60～180min；综合评审时间不少于20min。

1.8.6 鉴定场所设备

理论知识考试在标准教室进行；技能操作考核在包括加热设备、机加工设备及必要的工具、量具和相关辅助设备等生产现场或模拟现场进行。

2. 基本要求

2.1 职业道德

2.1.1 职业守则

（1）遵纪守法，爱岗敬业。

（2）严格执行生产作业规程、设备使用及维护规程等技术文件，具有高度的责任心。

（3）努力学习，不断提高基础理论水平和操作技能。

（4）严格遵守安全生产规程，生产中做到不伤害自己、不伤害别人、不被别人伤害，特别关注高温伤害。

（5）实事求是，如实反映、记录生产中存在的问题。

2.2 基础知识

2.2.1 基础理论知识

（1）常用有色金属合金的性质及用途。

（2）常用有色金属合金牌号、成分、性能及其表示方法。

2.2.2 机械、电气基础知识

（1）机械、电气基本常识。

（2）液压控制基本知识。

（3）机械传动基础知识。

2.2.3 加热（含均热）的基础知识

（1）加热（含均热）炉的基本构造及工作原理。

（2）加热（含均热）炉的操作和维护知识。

（3）加热（含均热）工具的使用和维护知识。

（4）加热（含均热）常见缺陷及产生的原因。

2.2.4 机械加工基础知识

（1）机械加工设备的基本构造及工作原理。

（2）机械加工基础知识。
（3）机械加工设备的操作和维护知识。
（4）机械加工工具的使用和维护知识。
（5）机械加工过程中工艺润滑知识。
（6）机械加工常见缺陷及产生的原因。

2.2.5 质量管理基础知识

（1）质量管理基本概念。
（2）现场质量管理基本方法。
（3）质量体系认证基础知识。

2.2.6 安全、卫生、环保基础知识

（1）安全生产知识。
（2）职业病预防知识。
（3）环境保护知识。

2.2.7 相关法律、法规知识

（1）《中华人民共和国劳动法》的相关知识。
（2）《中华人民共和国安全生产法》的相关知识。
（3）《中华人民共和国环境保护法》的相关知识。
（4）《中华人民共和国质量法》的相关知识。

3. 工 作 要 求

本标准对初级工、中级工、高级工和技师的技能要求依次递进，高级别涵盖低级别的要求。

3.1 初级（第一、二职业功能为可选模块，根据申请人情况任选其一）

职业功能	工作内容	技能要求	相关知识
一、坯料加热（含均热）	（一）生产准备	1. 能明确上一个班的工作情况及本班的工作任务 2. 能将本班的工作情况向下一班交代清楚 3. 能正确填写原始记录 4. 能将作业前所需的工具、器具配备齐全 5. 准备好作业卡片 6. 能识别生产所需的坯料	1. 交接班的规定 2. 原始记录的填写要求 3. 工具、器具的名称、用途及一般检查方法 4. 作业卡片填写要求 5. 合金牌号命名及分类知识

续表

职业功能	工作内容	技能要求	相关知识
一、坯料加热（含均热）	（二）生产操作	1. 能操作均热炉、加热炉等加热设备 2. 能正确指挥天车、吊车、叉车等吊运设备进行装炉、出炉 3. 能按要求堆放物料 4. 能交、接物料 5. 能使用辊道传输装置进行装炉、出炉 6. 能开启与关闭工艺控制设备 7. 能识别本工序使用的仪器、仪表 8. 能识读工艺控制设备显示的实时信息 9. 能识别报警信息和工艺设备异常情况	1. 加热设备的操作规程 2. 起重吊运指挥信号 3. 物料的堆放要求 4. 物料的交、接程序和要求 5. 工艺控制设备操作方法 6. 仪器、仪表基本知识 7. 仪器、仪表显示数据及报警信息的含义
	（三）质量控制	1. 能切取高倍试样 2. 能安装测温热电偶 3. 能看懂常见质量管理图表	1. 高倍取样要求 2. 热电偶的安装要求 3. 质量管理基本知识
	（四）设备保养与维护	1. 能对设备的积尘、杂物、油垢进行清扫 2. 能按要求对设备进行润滑 3. 能判断设备一般故障	1. 设备检查、维护要求 2. 设备润滑要求 3. 设备的基本结构
二、坯料机加工	（一）生产准备	1. 能明确上一个班的工作情况及本班的工作任务 2. 能将本班的工作情况向下一班交代清楚 3. 能正确填写原始记录 4. 能将作业前所需的工具、器具配备齐全 5. 准备好作业卡片 6. 能识别生产所需的坯料、辅料	1. 交接班的规定 2. 原始记录的填写要求 3. 工具、器具的名称、用途及一般检查方法 4. 作业卡片填写要求 5. 合金牌号命名及分类知识 6. 坯料、辅料的名称及用途
	（二）生产操作	1. 能指挥天车、吊车、叉车等设备进行坯料转运 2. 能按要求堆放物料 3. 能交、接物料 4. 能使用辊道传输装置进行坯料转运 5. 能操作碎屑输送器 6. 能标识已加工坯料 7. 能按要求将废料分类存放	1. 起重吊运指挥信号 2. 物料的堆放要求 3. 物料的交、接程序和要求 4. 碎屑输送器的操作规范 5. 坯料的标识知识 6. 废料管理规定

续表

职业功能	工作内容	技能要求	相关知识
二、坯料机加工	（三）质量控制	1. 能复验待加工坯料 2. 能测量已加工坯料的外形尺寸 3. 能判定坯料尺寸是否符合标准要求 4. 能看懂常见质量管理图表	1. 坯料的外形尺寸标准 2. 常用量具使用知识 3. 质量管理基本知识
	（四）设备保养与维护	1. 能对设备的积尘、杂物、油垢进行清扫 2. 能按要求对设备进行润滑 3. 能判断设备一般故障	1. 设备检查、维护要求 2. 设备润滑要求 3. 设备的基本结构

3.2 中级

职业功能	工作内容	技能要求	相关知识
一、坯料加热（含均热）	（一）生产准备	1. 能对交接进行现场确认，并对遗留问题提出处理意见 2. 能判断工具、器具是否完好 3. 能对设备进行检查，判断设备是否正常	1. 工具、器具的构造及性能 2. 检查设备的基本方法 3. 设备基本操作方法
	（二）生产操作	1. 能按作业卡片要求组织坯料 2. 能组织实施装、出炉作业 3. 能按作业卡片要求选定工艺制度 4. 能设定及控制本工序参数	1. 各种吊、运工具的结构、主要技术参数、性能 2. 加热（含均热）工艺规程
	（三）质量控制	1. 能录入和调用数据 2. 能判断计算机及仪器、仪表运行是否正常 3. 能识别坯料常见缺陷 4. 能绘制常用质量管理图表	1. 测温仪器的使用方法 2. 坯料常见缺陷种类
	（四）设备保养与维护	1. 能确认设备保养、润滑状况 2. 能配合设备维修人员排除设备故障	设备工作原理

续表

职业功能	工作内容	技能要求	相关知识
二、坯料机加工	（一）生产准备	1. 能对交接进行现场确认，并对遗留问题提出处理意见 2. 能判断工具、器具是否完好 3. 能对设备进行检查，判断设备是否正常	1. 工具、器具的构造及性能 2. 检查设备的基本方法 3. 设备基本操作方法
	（二）生产操作	1. 能操作一种以上机加工设备加工坯料 2. 能安装锯片、锯条及刀具之一	1. 设备的操作规程 2. 锯片、锯条及刀具安装方法 3. 合金的机加工性能
	（三）质量控制	1. 能判定坯料的常见外观缺陷 2. 能读懂坯料质量检验报告 3. 能对本岗位加工缺陷采取措施 4. 能绘制常用质量管理图表	1. 坯料的常见外观缺陷类型 2. 坯料质量检验规程 3. 坯料质量标准
	（四）设备保养与维护	1. 能确认设备保养、润滑状况 2. 能按要求对设备进行调整、紧固 3. 能配合设备维修人员排除设备故障	设备工作原理

3.3 高级

职业功能	工作内容	技能要求	相关知识
一、坯料加热（含均热）	（一）生产操作	1. 能进行烘炉作业 2. 能提出经济合理的装炉方案	1. 烘炉作业规程 2. 耐火材料基本知识 3. 生产工艺技术指标
	（二）质量控制	1. 能分析坯料外观缺陷产生原因 2. 能使用设备或工具修复坯料外观缺陷 3. 能执行质量检查计划和质量改进计划 4. 能运用质量管理图表对质量进行分析	1. 质量管理基础 2. 坯料常见缺陷产生原因及处理方法

续表

职业功能	工作内容	技能要求	相关知识
一、坯料加热（含均热）	（三）设备管理	1. 能对设备维修人员排除故障情况进行验收 2. 能看懂设备简单的零、部件图及工具图	1. 设备常见故障及处理方法 2. 机械制图基本知识
	（四）生产管理	1. 能对生产过程中的异常情况进行分析处理，并采取补救措施 2. 能掌握上下工序生产状况 3. 能对物料的投入、产出进行计划、组织和调节	1. 生产过程中的异常情况处理方法 2. 上下工序生产流程 3. 物料管理知识
	（五）培训与指导	能指导初级、中级工的实际操作	实际操作的培训方法
二、坯料机加工	（一）生产操作	1. 能磨削锯片、锯条及刀具之一 2. 能根据质量检验报告对坯料进行处理	1. 金属切削基本知识 2. 刀具磨削知识 3. 机加工缺陷的产生原因
	（二）质量控制	1. 能分析坯料外观缺陷产生原因 2. 能使用设备或工具修复坯料外观缺陷 3. 能执行质量检查计划和质量改进计划 4. 能对质量管理图表进行分析	1. 坯料外观缺陷产生原因和处理方法 2. 刀具角度对加工质量的影响 3. 切削液对加工质量的影响 4. 质量管理基础
	（三）设备管理	1. 能对设备维修人员排除故障情况进行验收 2. 能看懂设备简单的零、部件图及工具图	1. 设备常见故障及处理方法 2. 机械制图基本知识
	（四）生产管理	1. 能对生产过程中的异常情况进行分析处理，并采取补救措施 2. 能掌握上下工序生产状况 3. 能对物料的投入、产出进行计划、组织和调节	1. 生产过程中的异常情况处理方法 2. 上下工序生产流程 3. 物料管理知识
	（五）培训与指导	能指导初级、中级工的实际操作	实际操作的培训方法

3.4 技师

职业功能	工作内容	技能要求	相关知识
一、坯料加热（含均热）	（一）生产操作	能提出炉温均匀性检测方案	炉温均匀性要求和检测方案的制定方法
	（二）质量控制	1. 能制定质量改进方案 2. 能组织开展质量管理活动	质量管理知识
	（三）设备管理	1. 能对大、中修质量进行跟踪检查、评判 2. 能对设备的维修提出建议和要求	1. 设备大、中修质量标准 2. 设备的性能要求 3. 炉子结构和工作原理
	（四）生产管理	能在生产中合理安排和协调人员、设备、工作程序	生产管理基本知识
	（五）技术总结与工艺改进	1. 能对生产实践经验进行总结 2. 能制定、修改加热（含均热）工艺制度 3. 能判别正常组织和过烧组织 4. 能绘制设备一般零部件及生产工具图 5. 能看懂一般电气图	1. 技术总结的撰写方法 2. 炉料加热（含均热）的工艺制定原理和方法 3. 炉料的正常组织和过烧组织的区别 4. 机械制图基础 5. 电气图基础
	（六）培训与指导	1. 能对初、中、高级工进行业务培训 2. 能指导初、中、高级工进行实际操作	培训教学的基本方法
二、坯料机加工	（一）生产操作	能加工难度较高的合金及高精度产品	难度较高的合金性能
	（二）质量控制	1. 能制定质量改进方案 2. 能组织开展质量管理活动	质量管理知识
	（三）设备管理	1. 能对大、中修质量进行跟踪检查、评判 2. 能对设备的维修提出建议和要求	1. 设备大、中修质量标准 2. 设备的技术参数

续表

职业功能	工作内容	技能要求	相关知识
二、坯料机加工	（四）生产管理	能在生产中合理安排和协调人员、设备、工作程序	生产管理基本知识
	（五）技术总结与工艺改进	1. 能对生产实践经验进行总结 2. 能制定、调整加工参数 3. 能根据坯料加工质量，调整生产技术条件 4. 能绘制设备一般零部件及生产工具图 5. 能看懂一般电气图	1. 技术总结的撰写方法 2. 机加工设备的结构和工作原理 3. 技术条件控制要求及调整方法 4. 机械制图基础 5. 电气图基础
	（六）培训与指导	1. 能对初、中、高级工进行业务培训 2. 能指导初、中、高级工进行实际操作	培训教学的基本方法

4. 比 重 表

4.1　理论知识

项　目		初级/%	中级/%	高级/%	技师/%
基本要求	职业道德	5	5	5	5
	基础知识	30	25	25	20
相关知识	生产准备	10	10	—	—
	工艺操作	30	25	25	20
	质量控制	20	25	20	15
	设备保养与维护	5	10	—	—
	设备管理	—	—	10	10
	生产管理	—	—	10	5
	技术总结与工艺改进	—	—	—	15
	培训与指导	—	—	5	10
合　计		100	100	100	100

注：本表适用于坯料加热（含均热）、坯料机加工两个考核模块。

4.2 技能操作

项目		初级/%	中级/%	高级/%	技师/%
技能要求	生产准备	20	20	—	—
	生产操作	50	45	40	30
	质量控制	20	20	25	20
	设备保养与维护	10	15	—	—
	设备管理	—	—	15	10
	生产管理	—	—	15	15
	培训与指导	—	—	5	10
	技术总结与工艺改进	—	—	—	15
合计		100	100	100	100

注：本表适用于坯料加热（含均热）、坯料机加工两个考核模块。

有色金属行业职业技能标准

金 属 轧 制 工

西南铝业（集团）有限责任公司起草

说　明

根据《中华人民共和国劳动法》的有关规定，为了进一步完善国家职业标准体系，为职业教育、职业培训和职业技能鉴定提供科学、规范的依据，中国有色金属工业协会委托有色金属行业职业技能鉴定指导中心组织有关专家，制定了《金属轧制工职业技能鉴定标准》（以下简称《标准》）。

一、本《标准》以客观反映现阶段本职业的水平和对从业人员的要求为目标，在充分考虑经济发展、科技进步和产业结构变化对本职业影响的基础上，对职业的活动范围、工作内容、技能要求和知识水平作了明确规定。

二、本《标准》的制定遵循了《国家职业标准制定技术规程》的要求，既保证了《标准》体例的规范化，又体现了以职业活动为导向、以职业技能为核心的特点，同时也使其具有根据科技发展进行调整的灵活性和实用性，符合培训、鉴定和就业工作的需要。

三、本《标准》依据有关规定将本职业分为五个等级，包括职业概况、基本要求、工作要求和比重表四个方面的内容。

四、本《标准》是在各有关专家和实际工作者的共同努力下完成的。参加编写的主要人员有：组长明文良；组员刘煜、李翔、李伟（小）、徐明华、何锋、蒋程非、石华敏。参加审定的主要人员有：杨琨、陈兆义、冯永琦、关毅松、黄清录、刘贤能、刘富良、孙玮、孙东明、申智华、田万强、王俭、杨亚平、章建华、朱俊明、蒋维湘、郑维亚、丁学全。本《标准》由西南铝业（集团）有限责任公司负责起草，在制定过程中得到了中国铝业公司、中国铝业股份有限公司、宝钛集团有限公司、东北轻合金有限责任公司、江苏常铝铝业股份有限公司、兰州铝业股份有限公司西北铝加工分公司、洛阳铜加工集团有限责任公司、中铝瑞闽铝板带有限公司等有关单位的大力支持，在此一并致谢。

五、本《标准》业经中国有色金属工业协会批准，自 2006 年 9 月 21 日起施行。

金属轧制工

1. 职业概况

1.1 职业名称

金属轧制工。

1.2 职业定义

操作轧机及辅助设备，将金属锭、坯轧制成板、带、箔、管等金属材的人员。

1.3 本职业共设五个等级，分别为：

初级（国家职业资格五级）、中级（国家职业资格四级）、高级（国家职业资格三级）、技师（国家职业资格二级）、高级技师（国家职业资格一级）。

1.4 职业环境

室内、噪声、粉尘、辐射、高温、有害气体。

1.5 职业能力特征

有一定的观察、判断能力；动作协调，身体健康状况良好。

1.6 基本文化程度

初中毕业。

1.7 培训要求

1.7.1 培训期限

全日制职业学校教育，根据其培养目标和教学计划确定。晋级培训期限：初级、中级、高级均不少于 180 标准学时；技师、高级技师均不少于 150 标准学时。

1.7.2 培训教师

培训初级、中级、高级工的教师应具有本职业技师及以上职业资格证书或相关专业初级及以上技术职务任职资格；培训技师的教师应具有本职业高级技师资格证书或相关专业中级及以上专业技术任职资格；培训高级技师的教师应具有本职业高级技师资格证书 2 年以上或相关专业高级专业技术任职资格。

1.7.3 培训场地设备

满足教学需要的标准教室及具有轧机和相关配套设备的生产现场。

1.8 鉴定要求

1.8.1 适用对象

从事或准备从事本职业的人员。

1.8.2 申报条件

——初级(具备以下条件之一者)

(1) 经本职业初级正规培训达到规定标准学时数，并取得结业证书。

(2) 在本职业连续见习工作1年以上。

——中级(具备以下条件之一者)

(1) 取得本职业初级职业资格证书后，连续从事本职业工作2年以上，经本职业中级正规培训达到规定标准学时数，并取得结业证书。

(2) 取得本职业初级职业资格证书后，连续从事本职业工作3年以上。

(3) 连续从事本职业工作5年以上。

(4) 取得经劳动保障行政部门审核认定的、以中级技能为培养目标的中等以上职业学校本职业（专业）毕业证书。

——高级(具备以下条件之一者)

(1) 取得本职业中级职业资格证书后，连续从事本职业工作3年以上，经本职业高级正规培训达到规定标准学时数，并取得结业证书。

(2) 取得本职业中级职业资格证书后，连续从事本职业工作4年以上。

(3) 取得经劳动保障行政部门审核认定的、以高级技能为培养目标的高等以上职业学校本职业（专业）毕业证书。

(4) 取得本职业中级职业资格证书的大专以上本专业或相关专业毕业，连续从事本职业工作2年以上。

——技师(具备以下条件之一者)

(1) 取得本职业高级职业资格证书后，连续从事本职业工作4年以上，经本职业技师正规培训达到规定标准学时数，并取得结业证书。

(2) 取得本职业高级职业资格证书后，连续从事本职业工作6年以上。

(3) 取得本职业高级职业资格证书的高级技工学校本职业（专业）毕业生，连续从事本职业工作2年以上。

(4) 取得本职业高级职业资格证书的本科以上本专业或相关专业毕业生，连续从事本职业工作2年以上。

——高级技师(具备以下条件之一者)

(1) 取得本职业技师职业资格证书后，连续从事本职业工作3年以上，经本职业高级技师正规培训达到规定标准学时数，并取得结业证书。

(2) 取得本职业技师职业资格证书后，连续从事本职业工作5年以上。

1.8.3 鉴定方式

分为理论知识考试的技能操作考核。理论知识考试采用闭卷笔试方式，技能操作考核采用现场实际操作或模拟操作的方式。理论知识考试和技能考核均实行百分制，成绩皆达60分以上者为合格。技师、高级技师鉴定还须进行综合评审。

1.8.4 考评人员与考生配比

理论知识考试考评人员与考生的比例为1∶20，每个标准教室不少于2名考评人员；技能操作考核考评人员与考生配比为1∶5，且不少于3名考评员；综合评审委员不少于5人。

1.8.5 鉴定时间

理论知识考试时间为90～120min；技能操作考核时间为60～240min；综合评审时间不少于20min。

1.8.6 鉴定场所设备

理论知识考试在标准教室进行。技能操作考核在具有金属轧制、管、板、线、型等配套设备的生产现场或模拟现场进行。

2. 基 本 要 求

2.1 职业道德

2.1.1 职业道德基本知识

2.1.2 职业守则

（1）爱岗敬业，工作热情主动。

（2）认真负责，实事求是，严格按要求进行作业，保证工作质量。

（3）努力学习，不断提高轧制理论水平和实际操作技能。

（4）遵纪守法，公私分明。

（5）遵守工艺操作规程，执行工艺文件；遵守设备操作、维护、检修规程及安全技术规程。

2.2 基础知识

2.2.1 压力加工基础知识

（1）有色金属的基本物理性质、电化学性质及主要用途。

（2）常用有色金属及合金名称、牌号、成分、状态及加工性能。

（3）常用有色金属材料组织性能及热处理基础知识。

（4）轧制加工基本原理，厚度控制、板形控制基础知识。

（5）轧制生产工艺。

（6）轧机基本构造及工作原理。

（7）常用轧制参数计算方法。

（8）常见缺陷的名称、特征及分类。

2.2.2 机械、电气基础知识

（1）机械、电气常识。

（2）液压、气动控制基础知识。

（3）机械传动基础知识。

（4）电力拖动基础知识。

2.2.3 安全、防火、卫生、环保基础知识

（1）安全生产知识。

（2）消防安全知识。

（3）职业病预防知识。

（4）环境保护知识。

2.2.4 质量管理基础知识

（1）质量管理基本概念。

（2）现场质量管理基础知识。

（3）质量管理体系基础知识。

2.2.5 相关法律、法规知识

（1）《中华人民共和国劳动法》的相关知识。

（2）《中华人民共和国安全生产法》的相关知识。

（3）《中华人民共和国环境保护法》的相关知识。

3. 工作要求

本标准对初级、中级、高级、技师和高级技师的技能要求依次递进，高级别涵盖低级别的要求。

3.1 初级（第二、三、四、五、六职业功能为可选模块，根据申请人情况任选其一）

职业功能	工作内容	技能要求	相关知识
一、工作准备	（一）交接班	1. 能明确上一班工作情况及本班工作任务 2. 能将本班工作情况向下一班交代清楚 3. 能正确填写原始记录	1. 交接班规定 2. 原始记录填写要求

续表

职业功能	工作内容	技能要求	相关知识
一、工作准备	（二）生产准备	1. 能准备工作所需的原料、辅料、生产工具，确认轧制制品的牌号、规格、状态、方向 2. 能正确指挥或遥控天车进行轧制制品吊运 3. 能检查并清理轧机导路、确认导辊表面质量 4. 能进行导辊转动灵活性检查 5. 识读生产卡片，知悉生产制品的合金牌号、状态、规格及坯料外观质量状况 6. 能正确使用劳保用品及进行安全检查	1. 原料、辅料、生产工具的名称及用途 2. 宽度、厚度测量方法 3. 起重吊运指挥信号 4. 相关安全常识
二、热粗轧机操作	（一）生产操作	1. 能进行导尺（或立导辊）的打开、闭合、对中操作 2. 能进行输送辊道正反转和分段操作 3. 能进行剪切头、尾和取样操作 4. 能操作剪切机废料小车收集废料 5. 能进行合金废料分类作业 6. 能进行板坯标识	1. 导尺（或立导辊）操作规程 2. 辊道操作规程 3. 剪切机操作规程 4. 剪切机的技术参数 5. 废料分类、分级规定 6. 产品标识规定
	（二）质量控制	1. 能测量板材温度 2. 能测量板材及试样厚度	1. 温度及厚度测量工具、器具的使用方法 2. 板材温度及厚度测量方法
三、热精轧机操作	（一）生产操作	1. 能进行清刷辊的启停操作 2. 能操作夹送辊进行送料操作 3. 能操作助卷器和卷取机进行卷取操作 4. 能操作三辊弯曲机进行送料操作 5. 能进行切边操作 6. 能启停碎边运输机 7. 能操作碎边运输机收集废料 8. 能进行合金废料分类作业 9. 能进行导尺（或立导辊）的打开、闭合、对中操作 10. 能进行输送辊道正反转和分段操作 11. 能进行卸卷操作 12. 能对卷材进行打捆操作 13. 能进行卷材标识	1. 清刷辊操作规程 2. 夹送辊操作规程 3. 助卷器、卷取机操作规程 4. 三辊弯曲机操作规程 5. 切边机操作规程 6. 碎边运输机操作规程 7. 废料分类、分级规定 8. 导尺（或立导辊）操作规程 9. 辊道操作规程 10. 卸卷机操作规程 11. 卷材打捆装置的使用方法 12. 卷材标识规定

续表

职业功能	工作内容	技能要求	相关知识
三、热精轧机操作	（二）质量控制	1. 能测量板材温度 2. 能测量板材及试样厚度	1. 温度及厚度测量工具、器具的使用方法 2. 板材温度及厚度测量方法
四、冷轧机操作	（一）生产操作	1. 能操作运卷小车在开卷机、卷取机上装卸卷材、套筒 2. 能操作套筒运输装置进行套筒的装卸、运输 3. 能处理卷材头尾质量不良部分 4. 能进行套筒、卷材的对中作业 5. 能确认并操作机前装置进行穿带作业 6. 能配合主操将带材缠绕在卷取机上 7 能进行设备清理作业 8. 能进行安全、消防监护 9. 能进行废料收集和分类作业 10. 能进行卷材标识	1. 冷轧机机架的结构 2. 冷轧机操作规程 3. 废料分类、分级规定 4. 轧机安全、消防监护规定 5. 卷材标识规定
	（二）板式过滤器操作	1. 能启停板式过滤器 2. 能识别压力报警信息	板式过滤器的操作规程
	（三）CO_2 灭火系统操作	1. 能按照操作规程对 CO_2 灭火系统进行操作 2. 能在发现地下油库着火后逃生	1. 轧机安全防火基本知识 2. 轧机 CO_2 灭火系统的组成、作用 3. CO_2 灭火系统操作规程
五、箔材轧机操作	（一）生产操作	1. 能操作运卷小车在开卷机、卷取机上装卸卷材和套筒 2. 能操作套筒运输装置进行套筒的装卸、运输 3. 能处理卷材头尾质量不良部分 4. 能正确调整、操作断箔刀 5. 能进行套筒、卷材的对中作业 6. 能按照正确步骤将各种规格的箔材穿过轧辊并缠绕在卷取机上 7. 能进行设备清理作业 8. 能进行安全、消防监护 9. 能进行废料收集、合金分类作业 10. 能进行箔材标识	1. 箔材轧机机架的结构 2. 箔材轧机操作规程 3. 废料分类、分级规定 4. 轧机安全、消防监护规定 5. 箔材标识规定

续表

职业功能	工作内容	技能要求	相关知识
五、箔材轧机操作	（二）板式过滤器操作	1. 能启停板式过滤器 2. 能识别压力报警信息	板式过滤器的操作流程
	（三）CO_2 灭火系统操作	1. 能按照操作规程对 CO_2 灭火系统进行操作 2. 能在发现地下油库着火后逃生	1. 轧机安全防火基本知识 2. 轧机 CO_2 灭火系统的组成、作用 3. CO_2 灭火系统操作规程
六、轧管机操作	（一）工具装配	1. 能按制品尺寸选择轧机孔型、芯头 2. 能装卸轧管机芯头 3. 能配合装卸大型轧管孔型	1. 轧管工具及格 2. 芯头装卸方法
	（二）生产操作	1. 能空负荷启停轧管机运动部件 2. 能润滑轧制毛料、轧管孔型 3. 能进行芯杆穿料作业 4. 能进行安全、消防监护 5. 能进行废料收集、合金分类作业 6. 能进行管材标识	1. 轧管机设备作规程 2. 轧管生产工操作规程 3. 废料分类、分级规定 4. 安全、消防监护规定 5. 管材标识规定
	（三）质量控制	1. 能对坯料的表面质量进行检查 2. 能测量坯料直径和壁厚	1. 坯料表面质量要求 2. 卡尺、千分尺测量工具的使用方法

3.2 中级（第一、二、三、四、五职业功能为可选模块，根据申请人情况任选其一）

职业功能	工作内容	技能要求	相关知识要求
一、热粗轧机操作	（一）生产操作	1. 能进行主机空负荷的正反转操作 2. 能进行主机空负荷轧辊压下、提升操作 3. 能处理送料过程中的异常现象 4. 能根据头、尾质量情况调整剪切量	1. 主机操作规程 2. 头尾剪切规定

续表

职业功能	工作内容	技能要求	相关知识
一、热粗轧机操作	（二）质量控制	1. 能进行板材及试样纵、横向厚度测量和数据处理，并能计算中凸度 2. 能检查轧辊表面质量 3. 能按质量验收标准检查板材的外观、表面质量及几何尺寸	1. 板材中凸度计算方法 2. 轧辊表面质量要求 3. 质量验收标准
	（三）换辊操作	1. 能按照操作规程完成支撑辊、工作辊的换辊作业 2. 能进行轧制线调整操作	1. 换辊机构的构造 2. 撑辊、工作辊更换规程
二、热精轧机操作	（一）生产操作	1. 能进行主机空负荷的正反转操作 2. 能进行主机空负荷轧辊压下、提升操作 3. 能处理碎屑运输机卡、堵情况 4. 能根据不同的产品特点选择清刷辊压靠力 5. 能处理助卷、送料、穿带过程中的异常现象 6. 能使用测厚仪测量卷材厚度	1. 主机操作规程 2. 屑碎运输机工作原理 3. 清刷辊压靠力操作的知识 4. 送料处理知识 5. 测厚仪操作规程及防辐射常识
	（二）质量控制	1. 能进行板材及试样纵、横向厚度测量和数据处理，并能计算中凸度 2. 能按质量验收标准检查板材的外观、表面质量及几何尺寸	1. 板材中凸度计算方法 2. 质量验收标准
	（三）换辊操作	1. 能按照操作规程完成支撑辊、工作辊的换辊作业 2. 能进行轧制线调整操作	1. 换辊机构的构造 2. 支撑辊、工作辊更换规程
三、冷轧机操作	（一）生产操作	1. 能进行单体设备的空负荷运转 2. 能进行测厚仪传感器的操作、清理作业 3. 能调整切边刀位置 4. 能识别显示器上显示的各种参数 5. 能识别报警信息 6. 能分辨设备运行的异常声音 7. 能进行各种停车操作	1. 设备检查的基本方法 2. 各种相关仪器仪表的作用 3. 切边装置结构 4. 设备保护装置的作用

续表

职业功能	工作内容	技能要求	相关知识
三、冷轧机操作	（二）质量控制	能按质量验收标准检查卷坯的外观、表面质量及几何尺寸	1. 质量验收标准 2. 量具的使用方法
	（三）换辊操作	1. 能按照操作规程完成支撑辊、工作辊的换辊作业 2. 能进行轧制线调整操作	1. 换辊机构的构造 2. 支撑辊、工作辊更换规程
	（四）板式过滤器操作	1. 能按设备操作规程进行板式过滤器的操作 2. 能按工艺要求添加助滤剂	1. 板式过滤器的基本结构 2. 助滤剂的添加步骤
四、箔材轧机操作	（一）生产操作	1. 能进行单体设备的空负荷运转 2. 能进行卷径与卷重的换算 3. 能识别显示器上显示的各种参数 4. 能识别报警信息 5. 能分辨设备运行的异常声音 6. 能进行各种停车操作	1. 设备检查的基本方法 2. 卷径与卷重的换算方法 3. 设备保护装置的作用
	（二）质量控制	1. 能按质量验收标准检查卷坯的外观、表面质量及几何尺寸 2. 能查找轧制产生的擦伤、划伤、印痕原因，并能识别辊印缺陷 3. 能进行双零箔针孔数检测 4. 能测量箔材厚度	1. 质量验收标准 2. 轧制表面缺陷产生原因 3. 针孔箱使用方法 4. 量具的使用方法
	（三）换辊操作	1. 能按照操作规程完成支撑辊、工作辊的换辊作业 2. 能进行轧制线调整操作	1. 换辊机构的构造 2. 支撑辊、工作辊更换规程
	（四）板式过滤器操作	1. 能按设备操作规程进行板式过滤器的操作 2. 能按工艺要求添加助滤剂	1. 板式过滤器的基本结构 2. 助滤剂的添加步骤

续表

职业功能	工作内容	技能要求	相关知识
五、轧管机操作	（一）工具装配	1. 能按制品尺寸选择轧管机芯杆 2. 能装卸芯杆 3. 能使用工具打磨芯头、芯杆 4. 能装卸小型轧管机孔型	1. 芯头、芯杆打磨质量要求 2. 芯杆、孔型装卸方法
	（二）生产操作	1. 能操作轧管机轧制加工难度小的制品 2. 能判定轧管机的基本运转状况是否良好	设备检查的基本方法
	（三）质量控制	1. 能判断轧出制品的平均壁厚是否符合质量要求 2. 能判断轧出制品的表面质量是否符合质量要求	1. 产品质量标准 2. 平均壁厚的计算方法及质量要求
六、工艺润滑管理	（一）工艺参数确认	1. 能根据工艺要求确认工艺润滑液理化指标是否满足要求 2. 能确认工艺润滑液的温度、压力是否满足要求	1. 工艺润滑液的使用要求 2. 工艺润滑液的作用 3. 工艺规程
	（二）监控润滑液	1. 能判断工艺润滑液清洁程度 2. 能判断液位是否正常	
	（三）添加润滑液	能按工艺要求添加工艺润滑液	

3.3 高级（第一、二、三、四、五职业功能为可选模块，根据申请人情况任选其一）

职业功能	工作内容	技能要求	相关知识
一、热粗轧机操作	（一）生产操作	1. 能按照工艺规程轧制产品 2. 能根据产品温度、表面质量要求调整压下量、轧制速度等轧制工艺参数	1. 工艺规程 2. 产品质量标准 3. 弹跳基本知识

续表

职业功能	工作内容	技能要求	相关知识
一、热粗轧机操作	（二）质量控制	1. 能对轧制过程中的板型、表面质量及几何尺寸问题进行判断、处理 2. 能按工艺要求选择、验收轧辊 3. 能判断轧辊的使用状况	1. 板材缺陷产生原因及处理方法 2. 轧辊工艺质量要求
二、热精轧机操作	（一）生产操作	1. 能按照工艺规程轧制产品 2. 能进行压下、弯辊、冷却液、张力等轧制工艺参数的控制	1. 工艺规程 2. 产品质量标准 3. 弹跳基本知识
	（二）质量控制	1. 能对轧制过程中的板型、表面质量及几何尺寸问题进行判断、处理 2. 能按工艺要求选择、验收轧辊 3. 能判断轧辊的使用状况	1. 板材缺陷产生原因及处理方法 2. 轧辊工艺质量要求
三、冷轧机操作	（一）生产操作	1. 能确认轧机启动条件 2. 能完成轧机各系统启动和停止作业 3. 能设定工艺参数 4. 能使用测厚仪测量卷材厚度 5. 能进行工作辊的辊缝关闭、打开及对辊、预热作业 6. 能进行轧制速度、轧制压力、弯辊、倾斜、张力、分段冷却等轧制工艺参数的控制 7. 能调整清辊器的压靠力及吹扫装置的风量、角度 8. 能按照工艺规程完成产品轧制作业	1. 冷轧机的工作条件 2. 冷轧机各系统的作用 3. 工艺参数对轧制过程的影响 4. 工艺参数输入方法 5. 测厚仪操作规程及防辐射常识 6. 冷轧机电气控制系统、液压系统、润滑系统、气动系统、冷却系统的组成及工作原理 7. 吹扫装置的结构 8. 工艺规程
	（二）质量控制	1. 能根据在线板形、厚差、表面质量，采取处理措施 2. 能判断工作辊参数、工艺润滑液性能对产品质量、轧制过程的影响 3. 能根据质量标准判断卷材质量 4. 能按工艺要求选择、验收轧辊 5. 能判断轧辊的使用状况	1. 卷材缺陷处理方法 2. 工艺参数对产品质量的影响 3. 产品质量标准 4. 轧辊工艺质量要求

续表

职业功能	工作内容	技能要求	相关知识
四、箔材轧机操作	（一）生产操作	1. 能确认轧机启动条件 2. 能完成轧机各系统启动和停止作业 3. 能设定工艺参数 4. 能根据产品规格选择电机配置 5. 能使用测厚仪测量箔材厚度 6. 能进行工作辊的辊缝关闭、打开及对辊、预热作业 7. 能根据产品规格选择轧制模式 8. 能进行轧制速度、轧制压力、弯辊、倾斜、张力、分段冷却等轧制工艺参数的控制 9. 能调整清辊器的压力及吹扫装置的风量、角度 10. 能根据卷取情况调整压平辊压力、位置 11. 能按照工艺规程完成产品轧制作业 12. 能调整切边装置	1. 箔轧机的工作条件 2. 箔轧机各系统的作用 3. 工艺参数对轧制过程的影响 4. 工艺参数输入方法 5. 箔轧机电气控制系统、液压系统、润滑系统、气动系统、冷却系统的组成及工作原理 6. 电机切换条件及方法 7. 测厚仪操作规程及防辐射常识 8 压平辊工作原理 9. 工艺规程 10. 切边装置结构 11. 吹扫装置的结构
	（二）质量控制	1. 能根据在线板形、厚差、表面质量，采取处理措施 2. 能判断工作辊参数、轧制油性能对产品质量、轧制过程的影响 3. 能根据质量标准判断卷材质量 4. 能按工艺要求选择、验收轧辊 5. 能判断轧辊的使用状况	1. 箔材缺陷处理方法 2. 工艺参数对产品质量的影响 3. 产品质量标准 4. 轧辊工艺质量要求
五、轧管机操作	（一）生产操作	1. 能根据常规轧制制品的质量要求调整优化轧管机送料量、回转角、孔型间隙等轧制工艺参数进行轧制作业 2. 能处理生产过程中的断芯杆、芯头问题	1. 轧管机设备各机构的作用 2. 轧管机工具的调整方法 3. 轧制过程中一般故障的处理方式
	（二）质量控制	能分析制品平均壁厚超差、表面缺陷的产生原因并采取措施进行处理	制品缺陷的产生原因及处理方法

续表

职业功能	工作内容	技能要求	相关知识
六、设备管理	（一）设备点检	能按要求进行轧机点检	设备点检制度
	（二）设备维护及故障判别	1. 能判断设备维修质量 2. 能根据设备运行状况判断轧机机组故障类别、发现设备一般故障隐患	1. 轧机机组的电气控制、液压控制、气动控制系统的工作原理 2. 设备一般故障的判别方法
七、培训与指导	（一）培训	能对初、中级工进行业务培训	培训指导的基本方法
	（二）指导	能指导初、中级工进行实际操作	

3.4 技师（第一、二、三、四、五职业功能为可选模块，根据申请人情况任选其一）

职业功能	工作内容	技能要求	相关知识
一、热粗轧机操作	（一）生产操作	1. 能进行加工难度较高的合金、高精度产品的轧制操作 2. 能根据轧机弹跳值进行辊缝调整 3. 能判断制品出现异常情况的原因，并采取措施消除	1. 加工难度较高的合金变形特性 2. 轧制弹跳值的测量方法 3. 轧制参数的相互关系 4. 异常现象产生原因
	（二）生产管理	能在作业中合理安排和协调人员、设备、工作程序	生产组织管理基本知识
二、热精轧机操作	（一）生产操作	1. 能进行加工难度较高的合金、高精度产品的轧制操作 2. 能根据轧机弹跳值进行辊缝调整 3. 能判断制品出现异常情况的原因，并采取措施消除	1. 加工难度较高的合金变形特性 2. 轧制参数的相互关系 3. 异常现象产生原因
	（二）生产管理	能在作业中合理安排和协调人员、设备、工作程序	生产组织管理基本知识

续表

职业功能	工作内容	技能要求	相关知识
三、冷轧机操作	（一）生产操作	1. 能进行大加工率、中高强度合金的轧制 2. 能进行特殊规格冷轧产品的轧制 3. 能判断制品出现异常情况的原因，并采取措施消除	1. 中高强度合金的变形特性 2. 轧制参数的相互关系 3. 异常现象产生原因
	（二）生产管理	能在作业中合理安排和协调人员、设备、工作程序	生产组织管理基本知识
四、箔材轧机操作	（一）生产操作	1. 能进行大加工率、中等强度合金箔材的轧制 2. 能进行特殊规格箔轧产品的轧制 3. 能判断制品出现异常情况的原因，并采取措施消除	1. 中等强度合金箔的变形特性 2. 轧制参数的相互关系 3. 异常现象产生原因
	（二）生产管理	能在作业中合理安排和协调人员、设备、工作程序	生产组织管理基本知识
五、轧管机操作	（一）工具调整	1. 能根据轧制状况，设计特殊锥度的芯头 2. 能打磨孔型	1. 工具结构知识 2. 机构制图知识
	（二）生产操作	1. 能轧制加工难度较高的合金且壁厚较薄的制品 2. 能分析轧制过程中异常现象的产生原因	1. 加工难度较高的合金变形特性 2. 异常现象产生原因
	（三）生产管理	能在作业中合理安排和协调人员、设备、工作程序	生产组织管理基本知识
六、设备管理	（一）设备维护	能提出设备维护、检修方案的建议	设备检修质量标准
	（二）检修评价	能按检修方案判定检修质量，并提出评价意见	
七、技术管理	（一）技术改进与创新	胜任下列工作之一： 1. 能针对生产或设备系统中存在的薄弱环节编制改进方案，并组织实施 2. 能参与新工艺、新设备、新产品的开发	新工艺、新技术、新设备、新产品发展方向

续表

职业功能	工作内容	技能要求	相关知识
七、技术管理	（二）控制工艺技术条件	能在生产条件发生变化时，合理调整操作方法	生产操作与设备条件的相互关系
	（三）技术总结	能对生产实践经验进行总结	质量管理、数理统计基础知识
八、培训指导	（一）培训	能对初、中、高级工进行业务培训	培训教学的基本方法
	（二）指导	能指导初、中、高级工进行实际操作	

3.5 高级技师（第一、二、三、四职业功能为可选模块，根据申报人情况任选其一）

职业功能	工作内容	技能要求	相关知识
一、热轧机操作	（一）生产操作	1. 能进行特殊规格产品的轧制操作 2. 能验收新建、技改轧机	1. 特殊规格产品轧制的方法 2. 轧机验收要求
	（二）生产管理	能综合分析生产状况，提出提高经济指标的方案	1. 数理统计的基础知识 2. 现场管理知识
二、冷轧机操作	（一）生产操作	1. 能操作冷轧机生产高精度、高难度制品 2. 能解决轧制生产中疑难技术问题 3. 能对工艺、设备中存在的影响轧制质量、生产效率的问题提出改进建议 4. 能验收新建、技改冷轧机	1. 工艺设计知识 2. 冷轧机稳定性的影响因素 3. 冷轧机验收要求
	（二）生产管理	能综合分析生产状况，提出提高经济指标的方案	1. 数理统计的基础知识 2. 现场管理知识
三、箔材轧机操作	（一）生产操作	1. 能操作粗、中、精轧机轧制箔材产品 2. 能解决轧制生产中疑难技术问题 3. 能对工艺、设备中存在的影响轧制质量、生产效率的问题提出改进建议 4. 能验收新建、技改箔材轧机	1. 工艺设计知识 2. 箔材轧机稳定性的影响因素 3. 箔材轧机验收要求

续表

职业功能	工作内容	技能要求	相关知识
三、箔材轧机操作	（二）生产管理	能综合分析生产状况，提出提高经济指标的方案	1. 数理统计的基础知识 2. 现场管理知识
四、轧管机操作	（一）生产操作	1. 能轧制超薄壁厚、高精度、高表面质量要求的制品 2. 能解决轧制生产中疑难技术问题 3. 能对工艺、设备中存在的影响轧制质量、生产效率的问题提出改进建议 4. 能验收新建、技改轧管机	1. 工艺设计知识 2. 轧管机稳定性的影响因素 3. 轧管机验收要求
	（二）生产管理	能综合分析生产状况，提出提高经济指标的方案	1. 数理统计的基础知识 2. 现场管理知识
五、设备管理	（一）设备维护	1. 能配合编写《设备使用维护规程》 2. 能系统地总结设备使用中的操作经验	设备的整体构造及工作原理
	（二）故障处理	能分析设备故障原因，制定防范措施	设备故障的常见类型
六、技术管理	（一）技术交流与总结	1. 能系统地总结轧制生产的实践经验 2. 能参与金属轧制行业的技术交流	轧制技术发展动态
	（二）技术创新	能撰写技术攻关、技术开发专题项目的研究报告、总结报告	科技论文写作
	（三）质量管理	能编写质量管理体系文件	质量管理体系文件的基本知识
七、培训与指导	（一）理论知识培训	1. 能合理安排教学内容，选择适当的教学方式 2. 能系统地讲授金属轧制生产理论知识	技能培训方法
	（二）传授技艺	1. 能对初、中、高级和技师进行实际操作指导 2. 能传授生产中技术问题的处理方法和技巧	

4. 比 重 表

4.1 理论知识

<table>
<tr><th colspan="2">项 目</th><th>初级/%</th><th>中级/%</th><th>高级/%</th><th>技师/%</th><th>高级技师/%</th></tr>
<tr><td rowspan="2">基本要求</td><td>职业道德</td><td>5</td><td>5</td><td>5</td><td>5</td><td>5</td></tr>
<tr><td>基础知识</td><td>30</td><td>25</td><td>20</td><td>15</td><td>15</td></tr>
<tr><td rowspan="10">相关知识</td><td>工作准备</td><td>20</td><td>—</td><td>—</td><td>—</td><td>—</td></tr>
<tr><td>热粗轧机操作</td><td rowspan="5">40</td><td rowspan="5">60</td><td rowspan="5">60</td><td rowspan="5">45</td><td rowspan="5">25</td></tr>
<tr><td>热精轧机操作</td></tr>
<tr><td>冷轧机操作</td></tr>
<tr><td>箔材轧机操作</td></tr>
<tr><td>轧管机操作</td></tr>
<tr><td>工艺润滑液管理</td><td>—</td><td>10</td><td>—</td><td>—</td><td>—</td></tr>
<tr><td>设备管理</td><td>—</td><td>—</td><td>10</td><td>10</td><td>15</td></tr>
<tr><td>技术管理</td><td>—</td><td>—</td><td>—</td><td>15</td><td>25</td></tr>
<tr><td>培训与指导</td><td>—</td><td>—</td><td>5</td><td>10</td><td>15</td></tr>
<tr><td colspan="2">合 计</td><td>100</td><td>100</td><td>100</td><td>100</td><td>100</td></tr>
</table>

4.2 技能操作

<table>
<tr><th colspan="2">项 目</th><th>初级/%</th><th>中级/%</th><th>高级/%</th><th>技师/%</th><th>高级技师/%</th></tr>
<tr><td rowspan="10">技能要求</td><td>工作准备</td><td>40</td><td>—</td><td>—</td><td>—</td><td>—</td></tr>
<tr><td>热粗轧机操作</td><td rowspan="5">60</td><td rowspan="5">80</td><td rowspan="5">80</td><td rowspan="5">50</td><td rowspan="5">25</td></tr>
<tr><td>热精轧机操作</td></tr>
<tr><td>冷轧机操作</td></tr>
<tr><td>箔材轧机操作</td></tr>
<tr><td>轧管机操作</td></tr>
<tr><td>工艺润滑液管理</td><td>—</td><td>20</td><td>—</td><td>—</td><td>—</td></tr>
<tr><td>设备管理</td><td>—</td><td>—</td><td>15</td><td>15</td><td>20</td></tr>
<tr><td>技术管理</td><td>—</td><td>—</td><td>—</td><td>20</td><td>30</td></tr>
<tr><td>培训与指导</td><td>—</td><td>—</td><td>5</td><td>15</td><td>25</td></tr>
<tr><td colspan="2">合 计</td><td>100</td><td>100</td><td>100</td><td>100</td><td>100</td></tr>
</table>

有色金属行业职业技能标准

酸 洗 工

西南铝业（集团）有限责任公司起草

说　　明

根据《中华人民共和国劳动法》的有关规定，为了进一步完善国家职业标准体系，为职业教育、职业培训和职业技能鉴定提供科学、规范的依据，劳动和社会保障部组织有关专家，制定了《酸洗工职业技能鉴定标准》（以下简称《标准》）。

一、本《标准》以《中华人民共和国职业分类大典》为依据，以客观反映现阶段本职业的水平和对从业人员的要求为目标，在充分考虑经济发展、科技进步和产业结构变化对本职业影响的基础上，对职业的活动范围、工作内容、技能要求和知识水平作了明确规定。

二、本《标准》的制定遵循了有关技术规程的要求，既保证了《标准》体例的规范化，又体现了以职业活动为导向、以职业技能为核心的特点，同时也使其具有根据科技发展进行调整的灵活性和实用性，符合培训、鉴定和就业工作的需要。

三、本《标准》依据有关规定将本职业分为四个等级，包括职业概况、基本要求、工作要求和比重表四个方面的内容。

四、本《标准》是在有色金属行业职业技能鉴定指导中心的具体组织下，在各有关专家和实际工作者的共同努力下完成的。参加编写的主要人员有：组长：王正安；组员罗爱明、阙基容、李巧云、沈晓峰。参加审定的主要人员有：王俭、陈兆义、陈浩、冯永琦、刘贤能、孙玮、田万强、姚晓燕、杨亚平、余泉和、蒋维湘、丁跃华、丁学全、毛远建、陈南丽、李晓春。本《标准》由西南铝业（集团）有限责任公司负责起草，在制定过程中得到了中国铝业公司、中国铝业股份有限公司、洛阳铜加工集团有限责任公司、兰州铝业股份有限公司西北铝加工分公司、宝钛集团有限公司、东北轻合金有限责任公司、福建南平铝业有限公司等有关单位的大力支持，在此一并致谢。

五、本《标准》业经中国有色金属工业协会批准，自 2006 年 9 月 21 日起施行。

酸洗工职业

1. 职 业 概 况

1.1 职业名称

酸洗工。

1.2 职业定义

操作酸（碱）洗设备，清洗金属材表面氧化层的人员。

1.3 职业等级

本职业设四个等级，分别为：初级（国家职业资格五级）、中级（国家职业资格四级）、高级（国家职业资格三级）、技师（国家职业资格二级）。

1.4 职业环境

室内，噪声，有毒，有害，高温。

1.5 职业能力特征

有一定的观察、判断和计算能力；动作协调，身体状况良好。

1.6 基本文化程度

初中毕业。

1.7 培训要求

1.7.1 培训期限

全日制职业学校教育，根据其培养目标和教学计划确定。晋级培训期限：初级、中级不少于150标准学时；高级不少于120标准学时；技师不少于100标准学时。

1.7.2 培训教师

培训初级、中级、高级工的教师应具有本职业技师职业资格或相关专业中级及以上专业技术职务任职资格；培训技师的教师应具有相关专业中级专业技术职务任职资格2年以上或高级专业技术职务任职资格。

1.7.3 培训场地设备

满足教学需要的标准教室及具有酸（碱）洗配套设施和场所。

1.8 鉴定要求

1.8.1 适用对象

从事或准备从事本职业的人员。

1.8.2 申报条件

——初级(具备以下条件之一者)

（1）经本职业初级（五级）正规培训达规定标准学时数，并取得结业证书。

（2）在本职业连续见习工作 1 年以上。

（3）本职业学徒期满。

——**中级**(具备以下条件之一者)

（1）取得本职业初级（五级）职业资格证书后，连续从事本职业 2 年以上，经本职业中级（四级）正规培训达规定标准学时数，并取得结业证书。

（2）取得本职业初级（五级）职业资格证书后，连续从事本职业 3 年以上。

（3）连续从事本职业工作 5 年以上。

（4）取得经劳动保障行政部门审核认定的、以中级（四级）技能为培训目标的中等以上职业技术学校本职业（专业）毕业证书。

——**高级**(具备以下条件之一者)

（1）取得本职业中级（四级）职业资格证书后，连续从事本职业 3 年以上，经本职业高级（三级）正规培训达规定标准学时数，并取得结业证书。

（2）取得本职业中级（四级）职业资格证书后，连续从事本职业 5 年以上。

（3）取得经劳动保障行政部门审核认定的、以高级（三级）技能为培训目标的高等职业技术学校本职业（专业）毕业证书。

（4）取得本职业中级（四级）职业任职资格证书的大专以上本专业或相关专业毕业生，连续从事本职业工作 2 年以上。

——**技师**(具备以下条件之一者)

（1）取得本职业高级（三级）职业资格证书后，连续从事本职业 4 年以上，经本职业技师（二级）正规培训达规定标准学时数，并取得结业证书。

（2）取得本职业高级（三级）职业资格证书后，连续从事本职业 6 年以上。

（3）取得本职业高级（三级）职业资格证书的高级技工学校本职业（专业）毕业生和大专以上本专业或相关专业毕业生，连续从事本职业工作 2 年以上。

1.8.3 鉴定方式

分为理论知识考试和技能操作考核。理论知识考试采用闭卷笔试方式，技能操作考核采用现场实际操作方式和模拟考试方式。理论知识考试和技能操作考核均实行百分制，成绩皆达到 60 分及以上者为合格。技师还须进行综合评审。

1.8.4 考评人员与考生配比

理论知识考试考评人员与考生配比为 1∶20，每个标准教室不少于 2 名考评人员；技能操作考核考评人员与考生配比 1∶5，且不少于 3 名考评员；综合评审委员不少于 5 人。

1.8.5 鉴定时间

理论知识考试不少于 90min；技能操作考试时间：初级、中级不少于 60min，高级不少于 90min，技师不少于 120min；综合评审时间不少于 30min。

1.8.6　鉴定场所设备

理论知识考试在标准教室里进行；技能操作考核在具有酸（碱）洗配套设备的生产现场或模拟现场进行。

2. 基 本 要 求

2.1　职业道德

2.1.1　职业道德基本知识

2.1.2　职业守则

（1）遵纪守法，爱岗敬业。

（2）积极主动，认真负责。

（3）照章办事，实事求是。

（4）团结协作，锐意创新。

（5）努力学习，刻苦钻研。

（6）按规定着装，文明生产；保持工作环境清洁有序，具有较强的环保意识。

2.2　基础知识

2.2.1　基础理论知识

（1）有色金属合金牌号、成分、状态表示方法。

（2）常用有色金属材料及其表面处理方法。

（3）常用酸、碱洗设备及结构。

（4）酸、碱溶液基本知识及配制方法。

（5）机电常识。

（6）化学基本知识。

2.2.2　安全文明生产与环境保护知识

（1）现场文明生产要求。

（2）安全生产常识。

（3）劳动保护知识。

（4）环境保护知识。

（5）职业病预防知识。

2.2.3　质量管理知识

（1）企业的质量方针。

（2）岗位的质量要求。

（3）岗位的质量保证措施与责任。

（4）质量管理体系基础知识。

2.2.4 相关法律、法规知识

(1)《中华人民共和国劳动法》的相关知识。

(2)《中华人民共和国劳动合同法》的相关知识。

(3)《中华人民共和国安全生产法》的相关知识。

(4)《中华人民共和国环境保护法》的相关知识。

3. 工 作 要 求

本标准对初级、中级、高级、技师的技能要求依次递进，高级别涵盖低级别的要求。

3.1 初级（第一、二职业功能为可选模块，根据申报人情况任选其一）

职业功能	工作内容	技能要求	相关知识
一、卷材酸、碱洗	（一）生产准备	1. 能明确当班任务 2. 能将生产作业所需的工具、量具配备齐全 3. 能准备生产所需的卷材、辅料 4. 能识别卷材的合金牌号、规格、状态 5. 能识读工艺卡片、明确工艺流程 6. 能确认卷材与生产卡片是否一致 7. 能按规定搬运酸、碱 8. 能清除酸、碱槽液表面悬浮物 9. 能取送酸、碱液试样 10. 能明确设备所处状态 11. 能打开和关闭阀门	1. 工具、量具的名称、用途和使用方法 2. 辅料的种类和用途 3. 酸、碱洗的工艺流程 4. 酸、碱搬运方法及注意事项 5. 酸、碱槽表面悬浮物的产生原因及清理方法 6. 酸、碱、钝化液的取样规定 7. 设备的主要参数 8. 阀门的作用及位置
	（二）工艺操作	1. 能根据卷材选择吊运工具 2. 能操作设备将卷材上到开卷机上 3. 能缝合卷材头尾和穿带 4. 能识读溶液、烘干箱的温度 5. 能卸卷并捆扎卷材 6. 能标识卷材，填写生产卡片 7. 能按要求垛放卷材 8. 能清除储液罐内的污物、杂物	1. 上料的方法及注意事项 2. 缝合装置的操作方法 3. 卸料、捆扎卷材的方法及注意事项 4. 卷材的标识方法 5. 生产卡片填写的规定 6. 卷材的垛放方法 7. 储液罐内污物、杂物的产生原因及清除方法

续表

职业功能	工作内容	技能要求	相关知识
一、卷材酸、碱洗	（三）质量控制	1. 能测量卷材尺寸 2. 能识别卷材的酸、碱洗表面缺陷	1. 量具的使用方法 2. 酸、碱洗表面缺陷的分类
	（四）设备管理	能清洁设备	1. 设备维护的基本要求 2. 设备基本结构
二、非卷材酸、碱洗	（一）生产准备	1. 能明确当班任务 2. 能将生产作业所需的工具、量具配备齐全 3. 能准备生产所需的制品和辅料 4. 能操作水泵及加热、通风装置 5. 能识别制品的合金牌号、规格、状态 6. 能识读工艺卡片、明确工艺流程 7. 能确认制品与生产卡片是否一致 8. 能搬运酸、碱 9. 能清除酸、碱槽液表面悬浮物 10. 能取送酸、碱液试样 11. 能明确设备所处状态 12. 能打开和关闭阀门	1. 工具、量具的名称、用途和使用方法 2. 辅料的种类和用途 3. 水泵及加热、通风装置的基本结构和操作方法 4. 酸、碱洗的工艺流程 5. 酸、碱搬运方法及注意事项 6. 酸、碱槽表面悬浮物的产生原因及清除方法 7. 酸、碱、钝化液的取样规定 8. 设备的主要参数 9. 阀门的作用及位置
	（二）工艺操作	1. 能根据制品选择吊运工具 2. 能按规定将制品装入料筐 3. 能识读溶液、烘干箱的温度 4. 能按工艺要求更换冷、热水 5. 能按工艺要求洗料 6. 能卸料、捆扎、堆放制品 7. 能作好制品标识 8. 能填写生产卡片 9. 能烘干制品	1. 装料的方法及注意事项 2. 酸、碱洗的工艺规程 3. 卸料、捆扎的方法及注意事项 4. 制品的标识方法 5. 制品的垛放方法 6. 生产卡片填写的规定 7. 烘干装置的工作原理及操作方法
	（三）质量控制	能发现并处理制品表面油污、水渍及酸、碱痕	酸、碱洗制品表面质量要求
	（四）设备维护	能清洁设备	1. 设备维护的基本要求 2. 设备基本结构

3.2　中级（第一、二职业功能为可选模块，根据申报人情况任选其一）

职业功能	工作内容	技能要求	相关知识
一、卷材酸、碱洗	（一）生产准备	1. 能完成交接班任务 2. 能处理上一班遗留问题 3. 能根据化验结果及工艺要求配制酸、碱溶液、钝化液 4. 能进行导路清理 5. 能将设备调整到待生产状态	1. 交接班的规定 2. 设备的构造及性能 3. 溶液的配制方法及步骤 4. 酸、碱的安全防护知识 5. 设备操作规程
	（二）工艺操作	1. 能指挥吊运人员吊运物料 2. 能调整开卷机上的卷材位置 3. 能启停酸、碱洗设备 4. 能选择酸、碱洗速度 5. 能根据卷材表面的刷痕和刷洗质量调整刷子压下量 6. 能调整卷材张力大小 7. 能按工艺要求调整酸液、碱液和钝化液 8. 能清除、烘干卷材	1. 起重吊运相关知识 2. 设备技术参数及操作规程 3. 酸、碱洗工艺规程 4. 烘干装置的工作原理 5. 酸液、碱液和钝化液的排放规定 6. 酸、碱洗一般化学反应原理
	（三）质量控制	1. 能判断卷材尺寸、表面质量是否合格 2. 能处理卷材表面酸、碱洗产生的常见缺陷 3. 能计算卷材重量、长度 4. 能计算工序成品率	1. 卷材尺寸偏差工艺技术标准 2. 酸、碱洗常见缺陷的产生原因 3. 卷材重量、长度计算公式 4. 工序成品率的计算公式
	（四）设备维护	1. 能进行设备点检、润滑 2. 能发现设备一般故障	1. 设备的性能参数 2. 设备的工作原理
二、非卷材酸、碱洗	（一）生产准备	1. 能完成交接班任务 2. 能处理上一班遗留问题 3. 能确认设备完好，运行正常 4. 能确认溶液参数是否符合工艺要求 5. 能确认酸、碱液位是否符合要求 6. 能根据化验结果及工艺要求配制酸碱溶液、钝化液	1. 交、接班的规定 2. 设备的构造及性能 3. 工具、量具的名称、种类及使用方法 4. 酸、碱洗的工艺流程 5. 溶液的配制方法，步骤 6. 酸碱的安全防护知识

续表

职业功能	工作内容	技能要求	相关知识
二、非卷材酸、碱洗	（二）工艺操作	1. 能操作吊运装置或指挥吊运人员吊运物料 2. 能根据反应程度控制酸、碱洗时间 3. 能按工艺要求调整酸、碱液和钝化液 4. 能清除酸、碱洗槽液内的污物、杂物 5. 能使用砂轮、铲子等工具修伤	1. 吊运装置的操作方法 2. 酸液、碱液和钝化液的排放规定 3. 酸、碱洗槽液内污物、杂物的产生原因及清除方法 4. 酸、碱洗时间的影响因素 5. 修伤工具的种类及使用方法 6. 表面缺陷分类及清除方法
	（三）质量控制	1. 能判断制品尺寸及表面质量是否合格 2. 能分析制品酸、碱洗缺陷产生的原因	1. 产品尺寸偏差及工艺技术标准 2. 常见酸、碱洗缺陷的产生原因
	（四）设备维护	1. 能进行设备点检、润滑 2. 能发现设备一般故障	1. 设备的性能参数 2. 设备的工作原理

3.3 高级（第一、二职业功能为可选模块，根据申报人情况任选其一）

职业功能	工作内容	技能要求	相关知识
一、卷材酸、碱洗	（一）生产准备	能处理酸、碱液配制过程中的异常情况	酸、碱液配制过程中的异常情况及预防措施
	（二）工艺操作	1. 能判定生产过程中异常停车的原因并能恢复启动程序 2. 能处理溶液系统堵塞的故障 3. 能分析酸、碱液参数变化对酸、碱洗质量的影响	1. 溶液循环系统的工作原理 2. 酸、碱洗质量的影响因素
	（三）质量控制	能处理酸、碱洗产生的表面缺陷	表面缺陷产生的原因和处理方法
	（四）设备维护	1. 能处理一般故障 2. 能判断设备检修质量 3. 能进行大、中修后设备试车	1. 一般故障处理方法 2. 设备试车方法
	（五）培训指导	能指导初级、中级工的实际操作	实际操作的指导方法

续表

职业功能	工作内容	技能要求	相关知识
二、非卷材酸、碱洗	（一）生产准备	能处理酸、碱配制过程中的异常情况	酸、碱液配制过程中的异常情况及预防措施
	（二）工艺操作	1. 能进行高精度、高难度制品的酸、碱洗 2. 能处理高精度、高难度制品酸、碱洗的质量问题	影响高精度、高难度制品酸、碱洗质量的因素
	（三）质量控制	1. 能针对不同制品提出工艺优化方案 2. 能对工序产品质量进行分析	质量管理知识
	（四）设备维护	1. 能处理一般故障 2. 能判断设备检修质量	1. 一般故障处理方法 2. 设备调试方法
	（五）培训指导	能指导初级、中级工的实际操作	实际操作的指导方法

3.4 技师

职业功能	工作内容	技能要求	相关知识
一、卷材及稀有金属酸、碱洗	（一）工艺操作	1. 能进行高精度、高难度制品的酸、碱洗 2. 能处理高精度、高难度制品酸、碱洗的质量问题	影响高精度、高难度制品酸、碱洗质量的因素
	（二）质量控制	1. 能针对不同制品提出工艺优化方案 2. 能对工序质量进行分析	质量管理知识
	（三）设备维护	1. 能提出设备维护和检修建议 2. 能判断设备维修质量 3. 能验收新设备	1. 设备维护规程 2. 设备验收标准
	（四）技术总结和培训指导	1. 能对生产实践经验进行总结 2. 能提出新工艺、新产品的研究开发建议 3. 能编写培训讲义 4. 能对初级、中级、高级工进行业务培训 5. 能示范实际操作技巧，并能指导初级、中级、高级工的实际操作	1. 本职业新技术发展方向 2. 培训讲义编写方法

续表

职业功能	工作内容	技能要求	相关知识
一、卷材及稀有金属酸、碱洗	（五）生产管理	1. 能对制品投入、转换、产出进行组织、调节 2. 能在作业中协调人员、设备、工作程序	生产管理基本知识

4. 比 重 表

4.1 理论知识

项 目			初级/%	中级/%	高级/%	技师/%
基本要求		职业道德	5	5	5	5
		基础知识	35	20	10	5
相关知识	卷材酸、碱洗	生产准备	25	10	5	—
		工艺操作	20	40	35	—
		质量控制	10	20	30	—
		设备维护	5	5	10	—
		技术总结和培训指导	—	—	5	—
	非卷材酸、碱洗	生产准备	25	10	10	—
		工艺操作	20	40	35	—
		质量控制	10	20	30	—
		设备维护	5	5	10	—
		技术总结和培训指导	—	—	5	—
	卷材及稀有金属酸、碱洗	工艺操作	—	—	—	25
		质量控制	—	—	—	30
		设备维护	—	—	—	10
		生产管理	—	—	—	10
		技术总结和培训指导	—	—	—	15
合 计			100	100	100	100

4.2 技能操作

项目			初级/%	中级/%	高级/%	技师/%
技能要求	卷材酸、碱洗	生产准备	50	20	10	—
		工艺操作	30	50	45	—
		质量控制	15	25	30	—
		设备维护	5	5	10	—
		技术总结和培训指导	—	—	5	—
	非卷材酸、碱洗	生产准备	50	20	10	—
		工艺操作	30	50	45	—
		质量控制	15	25	30	—
		设备维护	5	5	10	—
		技术总结和培训指导	—	—	5	—
	卷材及稀有金属酸、碱洗	工艺操作	—	—	—	25
		质量控制	—	—	—	35
		设备维护	—	—	—	10
		生产管理	—	—	—	5
		技术总结和培训指导	—	—	—	15
合计			100	100	100	100

有色金属行业职业技能标准

金属材涂层工

西南铝业（集团）有限责任公司起草

说　明

根据《中华人民共和国劳动法》的有关规定，为了进一步完善国家职业标准体系，为职业教育、职业培训和职业技能鉴定提供科学、规范的依据，劳动和社会保障部组织有关专家，制定了《金属材涂层工职业技能鉴定标准》（以下简称《标准》）。

一、本《标准》以《中华人民共和国职业分类大典》为依据，以客观反映现阶段本职业的水平和对从业人员的要求为目标，在充分考虑经济发展、科技进步和产业结构变化对本职业影响的基础上，对职业的活动范围、工作内容、技能要求和知识水平作了明确规定。

二、本《标准》的制定遵循了有关技术规程的要求，既保证了《标准》体例的规范化，又体现了以职业活动为导向、以职业技能为核心的特点，同时也使其具有根据科技发展进行调整的灵活性和实用性，符合培训、鉴定和就业工作的需要。

三、本《标准》依据有关规定将本职业分为五个等级，包括职业概况、基本要求、工作要求和比重表四个方面的内容。

四、本《标准》是在有色金属行业职业技能鉴定指导中心的具体组织下，在各有关专家和实际工作者的共同努力下完成的。参加编写的主要人员有：组长王松；组员庞成贤、袁礼军、邓志玲、向东。参加审定的主要人员有：余泉和、李清正、李巧云、王俭、蒋维湘、谢承杰、郑维亚、欧阳袖、刘炬。本《标准》由西南铝业（集团）有限责任公司负责起草，在制定过程中得到了中国铝业公司、中国铝业股份有限公司、洛阳铜加工集团有限责任公司、宝钛集团有限公司、福建南平铝业有限公司、云南铝业股份有限公司等有关单位的大力支持，在此一并致谢。

五、本《标准》业经中国有色金属工业协会批准，自 2006 年 9 月 21 日起施行。

金属材涂层工

1. 职 业 概 况

1.1 职业名称

金属材涂层工。

1.2 职业定义

操作涂层、氧化上色等相关设备，将涂（染）料等涂覆、氧化、上色于金属材表面的人员。

1.3 职业等级

本职业共设五个等级，分别为：初级（国家职业资格五级）、中级（国家职业资格四级）、高级（国家职业资格三级）、技师（国家职业资格二级）、高级技师（国家职业资格一级）。

1.4 职业环境

室内、噪声、粉尘、有毒有害气体。

1.5 职业能力特征

有一定的观察、判断和计算能力；动作协调，身体健康，无色盲。

1.6 基本文化程度

初中毕业。

1.7 培训要求

1.7.1 培训期限

全日制职业学校教育，根据其培养目标和教学计划确定。晋级培训期限：初级、中级、高级均不少于180标准学时；技师、高级技师均不少于150标准学时。

1.7.2 培训教师

培训初、中、高级工的教师应具有本职业技师及以上职业资格或相关专业中级及以上专业技术职务任职资格；培训技师的教师应具有本职业高级技师职业资格、相关专业中级专业技术职务任职资格2年以上或高级专业技术职务任职资格；培训高级技师的教师应具有本职业高级技师职业资格2年以上、相关专业中级专业技术职务任职资格5年以上或高级专业技术职务任职资格。

1.7.3 培训场地设备

满足教学需要的标准教室及具有金属涂层、氧化上色等配套设备的生产现场或模拟生产现场。

1.8　鉴定要求

1.8.1　适用对象

从事或准备从事本职业的人员。

1.8.2　申报条件

——初级(具备以下条件之一者)

(1) 经本职业初级正规培训达到规定标准学时数，并取得结业证书。

(2) 在本职业连续见习工作 1 年以上。

——中级(具备以下条件之一者)

(1) 取得本职业初级职业资格证书后，连续从事本职业工作 2 年以上，经本职业中级正规培训达到规定标准学时数，并取得结业证书。

(2) 取得本职业初级职业资格证书后，连续从事本职业工作 3 年以上。

(3) 连续从事本职业工作 5 年以上。

(4) 取得经劳动保障行政部门审核认定的、以中级技能为培养目标的中等以上职业学校本职业（专业）毕业证书。

——高级(具备以下条件之一者)

(1) 取得本职业中级职业资格证书后，连续从事本职业工作 3 年以上，经本职业高级正规培训达到规定标准学时数，并取得结业证书。

(2) 取得本职业中级职业资格证书后，连续从事本职业工作 4 年以上。

(3) 取得经劳动保障行政部门审核认定的、以高级技能为培养目标的高等以上职业学校本职业（专业）毕业证书。

(4) 取得本职业中级职业资格证书的大专以上本专业或相关专业毕业，连续从事本职业工作 2 年以上。

——技师(具备以下条件之一者)

(1) 取得本职业高级职业资格证书后，连续从事本职业工作 4 年以上，经本职业技师正规培训达到规定标准学时数，并取得结业证书。

(2) 取得本职业高级职业资格证书后，连续从事本职业工作 6 年以上。

(3) 取得本职业高级职业资格证书的高级技工学校本职业（专业）毕业生，连续从事本职业工作 2 年以上。

(4) 取得本职业高级职业资格证书的大专以上本专业或相关专业毕业生，连续从事本职业工作 2 年以上。

——高级技师(具备以下条件之一者)

(1) 取得本职业技师职业资格证书后，连续从事本职业工作 3 年以上，经本职业高级技师正规培训达到规定标准学时数，并取得结业证书。

(2) 取得本职业技师职业资格证书后，连续从事本职业工作 5 年以上。

1.8.3 鉴定方式

分为理论知识考试和技能操作考核。理论知识考试采用闭卷笔试方式，技能操作考核采用现场实际操作或辅之以其他必要方式。理论知识考试和技能考核均实行百分制，成绩皆达60分以上者为合格。技师、高级技师鉴定还须进行综合评审。

1.8.4 考评人员与考生配比

理论知识考试考评人员与考生的比例为1∶20，每个标准教室不少于2名考评人员；技能操作考核考评人员与考生配比为1∶5，且不少于3名考评员；综合评审委员不少于5人。

1.8.5 鉴定时间

理论知识考试时间不少于90min；技能操作考核时间不少于120min；综合评审时间不少于45min。

1.8.6 鉴定场所设备

理论知识考试在标准教室进行。技能操作考核在配备必要的设备、工艺装备及分析检测仪器的操作现场或模拟现场进行。

2. 基本要求

2.1 职业道德

2.1.1 职业道德基本知识

2.1.2 职业守则

（1）爱岗敬业，工作积极主动。

（2）认真负责，实事求是，严格按要求进行作业，保证工作质量。

（3）努力学习，不断提高理论水平和操作技能。

（4）遵纪守法，公私分明。

（5）遵守工艺操作规程，执行工艺文件；遵守设备操作、维护、检修规程及安全技术规程。

2.2 基础知识

2.2.1 金属材涂层基本知识

（1）表面处理基本知识。

（2）表面处理槽的基本结构。

（3）涂料的基本知识。

（4）常用酸碱盐基本知识。

（5）常见主要废品的判断及消除措施。

2.2.2 铝及铝合金阳极氧化、着色的基本理论知识

（1）铝及铝合金性质和用途。

（2）铝及铝合金阳极氧化、着色、封孔、电泳的基本原理。
（3）铝及铝合金阳极氧化槽组配置及结构。

2.2.3 涂料涂装基本知识

（1）静电粉末、液态涂料涂装工艺知识。
（2）静电粉末、液态喷涂设备配置及结构。

2.2.4 安全、防火、卫生、环保基本知识

（1）安全生产知识。
（2）消防安全知识。
（3）职业病预防知识。
（4）环境保护知识。

2.2.5 质量管理基本知识

（1）质量管理基本概念。
（2）现场质量管理基本方法。
（3）质量管理认证体系基本知识。

2.2.6 相关法律、法规知识

（1）《中华人民共和国劳动法》的相关知识。
（2）《中华人民共和国合同法》的相关知识。
（3）《中华人民共和国清洁生产促进法》的相关知识。
（4）《中华人民共和国环境保护法》的相关知识。

3. 工 作 要 求

本标准对初级、中级、高级、技师和高级技师的技能要求依次递进，高级别涵盖低级别的要求。

3.1 初级（本职业分卷材涂层、氧化上色和喷涂三大专业模块，第二至第十二职业功能为可选模块，根据申报人员情况任选其一）

职业功能	工作内容	技能要求	相关知识
一、准备工作	（一）交、接班	1. 能明确上一个班工作情况及本班的工作任务 2. 能将本班工作情况向下一班交代清楚 3. 能填写原始记录	1. 交、接班规定 2. 原始记录的填写要求 3. 工具、器具名称用途 4. 原、辅材料名称及用途
	（二）准备工具、器具	能备齐所需工具、器具	
	（三）准备原、辅材料	1. 能准备工作所需原辅材料 2. 能判断原、辅材料是否符合要求	

续表

职业功能		工作内容	技能要求	相关知识
卷材涂层	二、开卷	（一）查找和吊运	1. 能识读生产卡片的内容 2. 能根据生产要求查找到所需要的坯料，并能指挥天车吊运	1. 吊具、钢丝绳安全使用要求 2. 起吊安全操作规程
		（二）上卷	1. 能启动、停止上卷操作 2. 能将卷材输送到指定位置	1. 牵引带质量要求 2. 牵引带使用规定
		（三）缝合	1. 能进行卷头修剪 2. 能清除料头、料尾的异物	
		（四）牵引带准备	1. 能根据产品规格选择牵引带 2. 能判断牵引带的质量	
	三、预处理	（一）配置清洗剂、转化剂	1. 能选择槽子及槽液类型 2. 能操作计量泵 3. 能控制槽液溢流量 4. 能操作搅拌器、循环泵	1. 酸、碱槽材质特点 2. 计量泵操作方法使用 3. 常用化学品安全要求 4. 搅拌器、循环泵的操作知识
		（二）温度及压力控制	1. 能开启蒸气阀加热 2. 能开启及调整喷淋阀 3. 能识读温度、压力仪表数据	预处理相关操作方法
		（三）更换辊子	1. 能判断挤干辊转动是否灵活 2. 能使用吊运工具更换挤干辊、化学涂辊	1. 吊运工具的使用方法 2. 吊运安全知识
		（四）操作化学涂层机	1. 能清洗药液盘 2. 能正常开启、关闭涂层机 3. 能设定化学涂辊转动方向	化学涂层机操作规程

续表

职业功能		工作内容	技能要求	相关知识
卷材涂层	四、涂层作业	（一）配制涂料	1. 能将涂料搅拌均匀 2. 能使用涂料黏度杯测量涂料黏度 3. 能操作涂料运送装置	1. 涂料搅拌器的操作方法 2. 涂料黏度的测量方法 3. 涂料的安全使用要求
		（二）操作涂层机	1. 能安全清洗涂辊 2. 能设定辊子转动方向 3. 能将涂料泵入涂料盘 4. 能安装涂料泵接地线 5. 能控制涂层室温度	1. 涂层机工艺操作规程 2. 涂层机安全操作规程
		（三）更换涂辊	能使用吊运工具拆卸、安装涂辊	1. 吊运注意事项 2. 涂辊装置的基本构造
	五、固化	（一）温度设定和检测	1. 能操作各类排气、循环风机 2. 能对固化炉进行点火升温和关闭操作 3. 能在计算机上录入工艺参数 4. 能选择测温纸测量带材温度	1. 固化炉操作规程 2. 带材温度的测量方法
		（二）冷却处理	1. 能操作空气冷却风机、水急冷系统对带材进行冷却 2. 能清洗水急冷箱（槽）、喷嘴	冷却系统的操作方法
		（三）废热锅炉使用	1. 能操作供、排水阀 2. 能观察锅炉水位	1. 废热锅炉的用途 2. 废热锅炉用水的要求 3. 锅炉安全知识
	六、收卷	收卷操作	1. 能根据产品要求选择套筒 2. 能启动、停止液压泵 3. 能剪切缝合头 4. 能清除套筒、卷轴上的异物 5. 能操作下料小车将卷材卸至卷座	1. 套筒规格 2. 收卷操作规程 3. 下料小车操作方法 4. 料头粘接规定

续表

职业功能		工作内容	技能要求	相关知识
氧化上色及电泳	七、氧化上色制品装卸挂	（一）氧化上色制品装挂	1. 能打磨导电接触点 2. 能按规定要求装挂制品 3. 能识别制品型号规格或标识 4. 能填写工艺随行卡	1. 制品装挂方法 2. 制品的型号规格和标识规定 3. 工艺随行卡的填写要求
		（二）氧化上色制品卸挂与包装	1. 能卸挂制品 2. 能对制品进行自检 3. 能按包装要求贴膜、叠垛、包装	1. 制品卸挂、包装方法 2. 制品的质量要求
	八、氧化上色	（一）阳极氧化工艺操作	1. 能使用各槽仪表 2. 能操作转运设备，对制品进行处理 3. 能设定各工艺槽电流或电压	1. 仪表的使用方法 2. 转运设备操作方法 3. 整流器操作方法
		（二）后处理工艺操作	1. 能对制品进行烘干、吹干、晾干操作 2. 能检查制品的干燥情况	制品干燥方法
		（三）槽液管理	1. 能按工艺指令配制、添加试剂 2. 能装卸液体试剂 3. 能用泵转移槽液 4. 能清理槽底沉渣	1. 化学品的安全使用知识 2. 试剂添加方法 3. 泵的使用方法
喷涂	九、前处理及成品包装	（一）喷涂制品装挂	1. 能打磨导电接触点 2. 能按规定要求装挂制品 3. 能识别制品型号规格或标识 4. 能填写工艺随行卡	1. 制品装挂方法 2. 制品的型号规格和标识规定 3. 工艺随行卡的填写要求
		（二）喷涂制品卸挂、包装	1. 能卸挂制品 2. 能对制品进行自检 3. 能按包装要求贴膜、叠垛、包装	1. 制品卸挂、包装方法 2. 制品的质量要求
		（三）工艺操作	1. 能使用各槽仪表 2. 能操作转运设备处理制品进、出槽	1. 仪表的使用方法 2. 转运设备操作方法 3. 前处理工艺操作规程

续表

职业功能		工作内容	技能要求	相关知识
喷涂	十、静电粉末喷涂	（一）喷涂固化操作	1. 能清洁制品表面 2. 能启动喷涂、固化及辅助设备 3. 能向粉桶加粉并操作试喷	1. 制品清洁方法 2. 加粉及喷枪操作方法
		（二）换粉操作	1. 能清洁喷枪组件 2. 能拆装和清洁回收滤芯 3. 能清理粉房和回收装置	1. 基本组件清洁方法 2. 回收装置的结构及工作原理
	十一、液态喷涂	（一）液态喷涂操作	1. 能清洁制品表面 2. 能启动喷涂及辅助设备 3. 能向漆桶加漆并操作试喷 4. 能使用涂料黏度杯测量油漆黏度	1. 制品清洁方法 2. 喷枪操作方法 3. 液态涂料黏度的测量方法
		（二）换漆操作	1. 能清洁喷枪组件和清洗齿轮泵 2. 能拆装空气喷嘴、油漆喷嘴 3. 能清理喷房	1. 静电喷枪的工作原理和结构 2. 静电喷枪的保养方法
十二、废水处理与纯水制备		（一）废水处理	1. 能配制酸、碱、絮凝剂 2. 能用 pH 试纸测量废水 pH 值	1. 中和剂和絮凝剂的配制方法 2. pH 试纸使用方法 3. 中和反应的原理
		（二）纯水制备	1. 能配制再生树脂所需的酸、碱溶液 2. 能根据电导率及 pH 值判断纯水质量 3. 能对离子交换柱进行反洗操作	1. 再生液浓度要求 2. 离子交换系统的操作方法 3. 纯水电导率、pH 值检测方法及合格指标
十三、设备维护与故障处理		（一）设备保养	能对设备的积尘、杂物、油垢进行清扫	设备维护的基本要求
		（二）设备维护	能发现设备直观显现的故障	设备故障判断的基本方法

3.2 中级（本职业分卷材涂层、氧化上色和喷涂三大专业模块，第二至第十二职业功能为可选模块，根据申报人员情况任选其一）

职业功能		工作内容	技能要求	相关知识
一、准备工作		（一）交、接班	1. 能对交、接班情况进行现场确认 2. 能对遗留问题提出处理建议	原、辅材料的标准及要求
		（二）准备工具、器具	1. 能判断工具、器具是否完好 2. 能对工具、器具进行一般的维护	
		（三）准备原、辅材料	能判断原、辅材料是否符合要求	
卷材涂层	二、开卷	（一）上卷	1. 能设定开卷张力参数 2. 能检查开卷导路	开卷工艺操作规程
		（二）缝合	1. 能判断缝合位置 2. 能进行缝合操作	
		（三）机列运行速度选择	1. 能根据制品规格选择机列运行速度 2. 能操作计算机录入工艺参数	
	三、预处理	（一）配制清洗剂、转化剂	1. 能配置清洗剂、转化剂并调整浓度 2. 能检测判断水质 3. 能判断基材表面清洗效果是否符合要求	1. 槽液的配制和调整方法 2. 水电导率检测方法及其要求 3. 基材表面清洗效果判断方法
		（二）温度及压力控制	能将槽液温度、压力控制在工艺要求范围内	预处理工艺操作规程
		（三）更换辊子	1. 能检查挤干辊、化学涂辊是否存在质量缺陷 2. 能判断挤水效果 3. 能检测挤干辊、化学涂辊硬度	挤干辊、化学涂辊质量要求
		（四）操作化学涂层机	1. 能调整辊间间隙 2. 能按要求升降化学涂头 3. 能检查喷淋杆是否堵塞	化学涂层机构造

续表

职业功能		工作内容	技能要求	相关知识
卷材涂层	四、涂层作业	（一）配制涂料	能按照工艺要求调整黏度	黏度调整作业规程
		（二）操作涂层机	1. 能设定涂层机工艺参数 2. 能选择过滤网（器）	涂层机工艺操作规程
		（三）更换涂辊	1. 能检查涂辊表面质量 2. 能选择涂辊并进行更换	涂辊的使用要求
		（四）涂层表面检测	1. 能使用湿膜测厚仪检测涂膜厚度和均匀性 2. 能检查涂层表面质量	1. 测厚仪使用方法 2. 涂层产品表面质量标准
	五、固化	（一）温度设定和检测	1. 能根据炉温检测结果判断炉温是否正常 2. 能处理固化炉报警 3. 能在线调整固化炉温度	1. 涂料固化知识 2. 固化炉安全操作方法
		（二）冷却处理	1. 能判断冷却水质是否符合要求 2. 能检查挤干效果 3. 能检查冷却效果	1. 冷却水水质要求 2. 冷却温度要求
		（三）废热锅炉控制	能控制废热锅炉水位、压力	废热锅炉安全操作规程
	六、收卷	收卷操作	1. 能根据产品规格设定卷取张力参数 2. 能剪切试样板 3. 能操作卷取机将带材卷齐、卷紧，能按规定标识存放产品	1. 收卷工艺操作规程 2. 卷取质量要求
氧化上色及电泳	七、氧化上色制品装卸挂	（一）氧化上色制品装挂	1. 能检查制品表面质量 2. 能控制制品间距、倾斜度	制品检查标准
		（二）氧化上色制品卸挂与包装	能对制品表面质量自检并进行分类存放	

续表

职业功能		工作内容	技能要求	相关知识
氧化上色及电泳	八、氧化上色	（一）阳极氧化工艺操作	1. 能操作工艺槽的温控系统 2. 能判断前处理后的制品表面是否合格 3. 能进行制品阳极氧化操作 4. 能调整槽液搅拌强度 5. 能计算每挂制品的表面积和电流	1. 槽组辅助系统的操作知识 2. 制品表面质量检查要求 3. 阳极氧化原理 4. 槽液搅拌对导电的影响 5. 表面积和电流的计算方法
		（二）后处理工艺操作	1. 能对制品上色、封孔或电泳处理 2. 能调整槽液温度 3. 能调整烘干槽的温度、风向 4. 能检测铝材的涂膜厚度	1. 槽子的基本构造 2. 膜厚检测方法
		（三）槽液管理	1. 能按要求配制试剂 2. 能判断各槽液工艺参数是否满足工艺要求 3. 能按程序进行倒槽清洗、槽液更换	1. 试剂配制方法 2. 槽液工艺参数的控制范围 3. 倒槽清洗与更换槽液方法
喷涂	九、前处理及成品包装	（一）喷涂制品装挂	1. 能检查制品表面质量 2. 能控制制品间距、倾斜度	制品检查标准
		（二）喷涂制品卸挂及包装	能对制品表面质量自检并进行分类存放	
		（三）工艺操作	1. 能操作工艺槽的温控系统 2. 能判断前处理后制品表面质量是否合格	1. 槽组辅助系统的操作知识 2. 制品表面质量检查要求
	十、静电粉末喷涂	（一）喷涂固化操作	1. 能操作手动枪补喷 2. 能设定喷涂各工艺参数 3. 能处理喷枪常见故障 4. 能设定固化炉的工艺参数 5. 能判断粉末涂料是否合格	1. 手动补喷方法 2. 喷涂设备操作方法 3. 固化炉的结构原理及操作方法 4. 粉末涂料质量标准
		（二）换粉操作	1. 能按程序进行换粉操作 2. 能拆装喷涂各系统的部件	1. 换粉的程序要求 2. 部件组装知识

续表

职业功能		工作内容	技能要求	相关知识
喷涂	十一、液态喷涂	（一）液态喷涂操作	1. 能操作手动枪补喷 2. 能设定喷漆各工艺参数 3. 能处理喷枪常见故障 4. 能设定固化炉的工艺参数	1. 手动补喷方法 2. 喷漆设备操作方法 3. 固化炉的结构原理及操作方法
		（二）换漆操作	1. 能按程序进行换漆操作 2. 能拆装喷漆各系统的部件	1. 换漆的程序要求 2. 部件组装知识
十二、废水处理与纯水制备		（一）废水处理	1. 能处理废弃的工艺槽液 2. 能控制废水中铝离子的絮凝、沉降、分离反应效果	1. 废水处理系统结构与操作方法 2. 絮凝、沉降、分离反应的相关知识
		（二）纯水制备	1. 能操作机械过滤器的正反洗 2. 能操作离子交换柱树脂的再生	1. 机械过滤器操作方法 2. 离子交换柱再生操作方法
十三、设备维护与故障处理		（一）设备维护	1. 能对设备进行点检 2. 能按要求对设备进行润滑、紧固	设备维护与使用规程
		（二）设备故障处理	能处理一般的设备故障	

3.3 高级（本职业分卷材涂层、氧化上色和喷涂三大专业模块，第二至第十二职业功能为可选模块，根据申报人员情况任选其一）

职业功能		工作内容	技能要求	相关知识
一、准备工作		操作准备	1. 能读懂工艺卡片的技术要求 2. 能判定制品工艺合理性	相关技术标准
卷材涂层	二、开卷	（一）上卷	1. 能判断坯料表面质量 2. 能将卷材进行对中	坯料表面质量要求 对中调整方法
		（二）开卷张力参数调整	能根据带材运行的变化调整开卷张力参数	开卷张力调整方法

续表

职业功能		工作内容	技能要求	相关知识
卷材涂层	三、预处理	（一）配制清洗剂、转化剂	1. 能检测清洗剂、转化剂浓度 2. 能根据清洗状况，调整清洗剂浓度	清洗剂、转化剂浓度检测方法
		（二）温度及压力控制	1. 能根据带材厚度选择清洗压力 2. 能通过温度控制槽液泡沫	1. 温度对槽液泡沫的影响 2. 压力对清洗效果的影响
		（三）操作化学涂层机	1. 能配置辊速 2. 能控制药液盘液面高度 3. 能判断化学涂层是否均匀	化学涂层检测方法
	四、涂层作业	（一）配制涂料	能根据温度的变化调整涂料黏度	涂料黏度的变化原理
		（二）操作涂层机	1. 能调整涂层机辊间间隙 2. 能选择涂覆方式 3. 能调整涂层机各辊转速	涂层表面质量控制方法
		（三）更换涂辊	1. 能判断涂辊是否符合生产要求 2. 能分析涂辊表面缺陷产生原因	涂辊的验收标准
		（四）涂层表面检测	1. 能判断涂层表面质量 2. 能分析涂层表面缺陷产生原因	涂层工序质量控制要求

续表

职业功能		工作内容	技能要求	相关知识
卷材涂层	五、固化	温度设定和检测	1. 能在线调整固化炉风门 2. 能分析炉温变化的原因 3. 能分析炉温变化对产品性能的影响	固化炉温度控制方法
	六、收卷	(一) 收卷操作	1. 能调整卷取张力参数 2. 能调整炉内带材位置 3. 能及时发现并处理卷取带材表面质量问题	1. 卷取机构的工作原理 2. 产品验收标准
		(二) 处理故障	1. 能处理对中系统的故障 2. 能判断液压站油位偏低或油温超高等故障	液压站使用维护规程
氧化上色及电泳	七、氧化上色制品装卸挂	氧化上色制品装卸挂与包装	1. 能处理制品局部不良表面 2. 能目视比色并能判断色差是否合格 3. 能判断装挂方式是否合理	1. 制品装饰面的识别方法 2. 局部不良表面的处理方法 3. 目视比色法
	八、氧化上色	(一) 阳极氧化工艺操作	1. 能根据槽液温度及膜厚要求调整处理时间 2. 能分析阳极氧化制品不合格的原因 3. 能根据电流电压关系判断生产过程是否正常	1. 温度对产品质量的影响 2. 产品缺陷的相关知识
		(二) 后处理工艺操作	1. 能在线控制产品颜色 2. 能控制封孔质量或电泳漆膜厚度	影响产品质量的因素
		(三) 槽液管理	1. 能根据制品通过量或化验结果计算试剂添加量 2. 能对倒槽的工作质量进行控制	1. 试剂添加量计算方法 2. 倒槽质量要求 3. 槽液循环系统的结构与操作

续表

职业功能		工作内容	技能要求	相关知识
喷涂	九、前处理及成品包装	（一）喷涂制品装、卸挂及包装	1. 能处理制品局部不良表面 2. 能目视比色并能判断色差是否合格 3. 能判断装挂、包装方式是否合理	1. 制品装饰面的识别方法 2. 局部不良表面的处理方法 3. 目视比色法
		（二）工艺操作	能分析制品前处理不合格的原因	表面质量影响因素
	十、静电粉末喷涂	（一）喷涂固化操作	1. 能检测损耗组件磨损情况 2. 能根据涂膜厚度制定喷涂工艺 3. 能根据炉温判断固化炉是否工作正常 4. 能判断压缩空气的质量	1. 部件磨损原因和检测方法 2. 涂膜厚度与工艺参数的关系 3. 压缩空气质量的检测方法
		（二）换粉操作	1. 能制定设备组件的清洁操作方法 2. 能验收换粉工作质量	1. 部件清洁要求 2. 验收换粉的方法
	十一、液态喷涂	（一）液态喷涂操作	1. 能根据温度的变化调整涂料黏度 2. 能检测损耗组件磨损情况 3. 能根据涂膜厚度和涂覆层数制定喷漆工艺 4. 能根据炉温判断固化炉是否工作正常 5. 能判断压缩空气的质量	1. 油漆黏度的调整方法 2. 部件磨损原因和检测方法 3. 涂膜厚度与工艺参数的关系 4. 压缩空气质量的检测方法
		（二）换漆操作	1. 能制定设备组件的清洁操作方法 2. 能验收换漆工作质量	1. 部件清洁要求 2. 验收换漆的方法
十二、废水处理与纯水制备		（一）废水处理	1. 能处理含重金属离子、氧化剂等杂质的废水 2. 能控制排放废水的pH值	废水排放标准

续表

职业功能	工作内容	技能要求	相关知识
十二、废水处理与纯水制备	（二）纯水制备	1. 能判断机械过滤器是否应清洗 2. 能判断离子交换柱是否需要更新树脂 3. 能预处理新树脂并装填交换柱 4. 能分析水质不合格的原因	1. 离子交换知识 2. 新树脂处理、装填方法
十三、设备管理	（一）设备维护	能发现设备一般故障隐患	排除设备故障的一般方法
	（二）设备故障处理	能判断维修质量	
十四、培训与指导	（一）培训	能对初、中级工进行业务培训	培训指导的基本方法
	（二）指导	能指导初、中级工进行实际操作	

3.4 技师（第一至第五职业功能为可选模块，根据申报人员情况任选其一）

职业功能		工作内容	技能要求	相关知识
卷材涂层	一、预处理	（一）预处理质量控制	1. 能处理槽液在使用中的异常情况 2. 能分析或解决涂层性能出现不合格的问题 3. 能分析化学涂层对涂层性能的影响 4. 能定性检测化学涂层干膜的均匀性	1. 预处理与涂层性能的关系 2. 化学涂层干膜定性检测方法
		（二）温度及压力控制	1. 能分析温度对清洗效果的影响 2. 能根据清洗状况调整温度	温度与清洗效果的关系
		（三）操作化学涂层机	能根据涂层性能调整化学涂层厚度	化学涂层的湿膜厚度调整方法
	二、涂层作业	（一）配制涂料	1. 能分析生产中涂料质量问题 2. 能指导涂料黏度的调整	涂料的基本性能

续表

职业功能		工作内容	技能要求	相关知识
卷材涂层	二、涂层作业	（二）操作涂层机	1. 能根据质量要求调整工艺参数 2. 能改进涂覆方式	1. 涂层技术参数 2. 各种涂覆方式
		（三）涂层表面检测	1. 能根据涂层表面缺陷调整涂层机工艺参数 2. 能制定涂层表面缺陷控制办法	表面缺陷形成原理
氧化上色及电泳	三、氧化上色	（一）工艺操作	1. 能判断产品检测结果是否合格，并根据结果调整处理工艺 2. 能分析涂膜耐蚀性、耐磨性、耐候性不合格的原因 3. 能根据膜厚制定相应的阳极氧化或电泳处理工艺	1. 产品质量的影响因素 2. 产品质量标准 3. 氧化膜、电泳漆膜厚度的控制方法
		（二）槽液管理	（下列内容任选其一） 1. 能根据工艺槽的化验结果对各工艺槽进行相应调整 2. 能对电泳槽进行通液处理	1. 工艺操作规程 2. 电泳槽通液操作规程
喷涂	四、静电粉末喷涂	（一）工艺操作	1. 能匹配设置链速与喷枪升降速度、固化工艺参数 2. 能判断喷枪工作状况 3. 能判断喷涂设备检修后的工作质量	1. 链速与喷枪升降速度、固化工艺匹配关系 2. 喷涂设备的性能知识
		（二）工艺调整	1. 能设计制作喷涂专用挂具 2. 能对不同制品制定相应的喷涂工艺	机械加工基础知识
	五、液态喷漆	（一）工艺操作	1. 能将链速与喷枪升降速度、固化工艺匹配设置 2. 能判断喷枪工作状况 3. 能判断喷涂设备检修后的工作质量 4. 能选择溶剂并指导油漆稀释工作	1. 链速与喷枪升降速度、固化工艺匹配关系 2. 喷漆设备的工作原理 3. 喷漆工艺操作规程
		（二）工艺调整	1. 能根据不同工件设计制作喷漆专用挂具 2. 能对不同制品制定相应的喷漆工艺	机械加工基础知识

续表

职业功能	工作内容	技能要求	相关知识
六、设备管理	设备维护与检修	1. 能对大修、中修质量进行跟踪、检查、评判 2. 能提出对设备的改进意见	设备大修、中修质量标准
七、技术管理	（一）技术创新	1. 能针对生产或设备系统中存在的薄弱环节提出改进方案 2. 能参与新工艺、新产品、新设备的开发设计、试验并提出建议	1. 生产、技术管理要求 2. 本专业发展动态 3. 技术总结的写作知识
	（二）技术总结	1. 能对生产实践经验进行总结 2. 能对产品质量控制水平进行总结	
八、培训与指导	（一）培训	能对初、中、高级工进行业务培训	培训教学的基本方法
	（二）指导	能指导初、中、高级工进行实际操作	

3.5 高级技师（第一至第四职业功能为可选模块，根据申报人员情况任选其一）

职业功能		工作内容	技能要求	相关知识
卷材涂层	一、涂层作业	（一）配制涂料	1. 能根据产品标准对涂料改进提出要求 2. 能分析涂料对产品质量的影响	涂料及化工相关知识
		（二）操作涂层机	1. 能优化涂层机操作方法 2. 能优化工艺，提高生产效率 3. 能完善涂覆方式	涂覆系统工作原理
氧化上色及电泳	二、氧化上色	（一）工艺操作	1. 能优化工艺处理多种牌号铝合金制品 2. 能判断因熔铸或挤压不良所产生的制品缺陷 3. 能根据产品要求，调整全部工艺槽的浓度、温度、处理时间等参数	1. 合金成分对氧化上色的影响 2. 熔铸或挤压缺陷的表现形式 3. 制定工艺的方法

续表

职业功能		工作内容	技能要求	相关知识
氧化上色及电泳	二、氧化上色	（二）槽组配置	能优化前处理槽、阳极氧化槽、后处理槽的配置方案	辅助设备与槽组配置关系
喷涂	三、静电粉末喷涂	（一）工艺操作	1. 能优化喷涂和固化工艺 2. 能分析、控制涂膜的各项性能	涂膜综合性能的影响因素及控制方法
		（二）粉末性能分析	1. 能判断不同粉末的质量差异 2. 能对粉末质量提出改进要求	粉末涂料的相关知识
	四、液态喷涂	（一）工艺操作	1. 能优化喷漆和固化工艺 2. 能分析、控制涂膜的各项性能	涂膜综合性能的影响因素及控制方法
		（二）涂料性能分析	1. 能判断不同涂料的质量差异 2. 能对涂料质量提出改进要求	涂料的相关知识
五、设备管理		设备事故处理	1. 能分析设备事故原因 2. 能制定防范措施	设备事故的处理知识
六、技术管理		（一）技术分析	1. 能进行操作过程的质量分析 2. 能综合评判工艺参数对技术经济指标的影响	统计分析方法
		（二）技术交流与总结	1. 能系统地总结金属材涂层生产实践经验 2. 能参与金属材涂层行业的技术交流	金属材涂层技术发展动态
		（三）技术创新	1. 能撰写技术攻关、技术开发专题项目的研究、总结报告 2. 能承担产品工艺攻关和产品开发、工艺开发项目	科技论文写作知识

续表

职业功能	工作内容	技能要求	相关知识
七、培训与指导	（一）培训	1. 能对初、中、高级工和技师进行业务培训 2. 能编写培训讲义	培训讲义编写方法
	（二）指导	能示范实际操作技巧，并能指导初、中、高级工和技师进行实际操作	

4. 比 重 表

4.1 理论知识

项 目			初级/%	中级/%	高级/%	技师/%	高级技师/%
基本要求	职业道德		5	5	5	5	5
	基础知识		30	30	30	15	10
相关知识	准备工作		10	10	5	—	—
	卷材涂层	▲开卷	50	50	50	—	—
		▲预处理	50	50	50	50	—
		▲涂层作业	50	50	50	50	50
		▲固化	50	50	50	—	—
		▲收卷	50	50	50	—	—
	氧化上色及电泳	▲氧化上色制品装卸挂	50	50	50	—	—
		▲氧化上色	50	50	50	50	50
	喷涂	▲前处理及成品包装	50	50	50	—	—
		▲静电粉末喷涂	50	50	50	50	50
		▲液态喷涂	50	50	50	50	50
	▲废水处理与纯水制备		50	50	50	—	—
	设备维护与故障处理		5	5	—	—	—
	设备管理		—	—	5	5	5
	技术管理		—	—	—	15	20
	培训与指导		—	—	5	10	10
总 计			100	100	100	100	100

注：表中带有“▲”的项目为可选模块，根据申报人情况任选其一。

4.2 技能操作

项目			初级/%	中级/%	高级/%	技师/%	高级技师/%
技能要求	准备工作		5	5	5	—	—
	卷材涂层	▲开卷	90	90	85	65	55
		▲预处理	90	90	85	65	55
		▲涂层作业	90	90	85	65	55
		▲固化	90	90	85	65	55
		▲收卷		90	85	65	55
	氧化上色及电泳	▲氧化上色制品装卸挂	90	90	85	65	55
		▲氧化上色	90	90	85	65	55
	喷涂	▲前处理及成品包装	90	90	85	65	55
		▲静电粉末喷涂	90	90	85	65	55
		▲液态喷涂	90	90	85	65	55
	▲废水处理与纯水制备		90	90	85	65	55
	设备维护与故障处理		5	5	—	—	—
	设备管理		—	—	5	10	15
	技术管理		—	—	—	15	20
	培训与指导		—	—	5	10	10
总计			100	100	100	100	100

注：表中带有“▲”的项目为可选模块，根据申报人情况任选其一。

有色金属行业职业技能标准

精 整 工

西南铝业（集团）有限责任公司起草

说 明

根据《中华人民共和国劳动法》的有关规定，为了进一步完善国家职业标准体系，为职业教育、职业培训和职业技能鉴定提供科学、规范的依据，劳动和社会保障部组织有关专家，制定了《精整工职业技能鉴定标准》（以下简称《标准》）。

一、本《标准》以《中华人民共和国职业分类大典》为依据，以客观反映现阶段本职业的水平和对从业人员的要求为目标，在充分考虑经济发展、科技进步和产业结构变化对本职业影响的基础上，对职业的活动范围、工作内容、技能要求和知识水平作了明确规定。

二、本《标准》的制定遵循了有关技术规程的要求，既保证了《标准》体例的规范化，又体现了以职业活动为导向、以职业技能为核心的特点，同时也使其具有根据科技发展进行调整的灵活性和实用性，符合培训、鉴定和就业工作的需要。

三、本《标准》依据有关规定将本职业分为五个等级，包括职业概况、基本要求、工作要求和比重表四个方面的内容。

四、本《标准》是在有色金属行业职业技能鉴定指导中心的具体组织下，在各有关专家和实际工作者的共同努力下完成的。参加编写的主要人员有：组长王华春；组员程秋英、王本兴、王骥涛、卢永红、邓志玲、李晓风。参加审定的主要人员有：章建华、朱俊明、陈兆义、陈浩、曹秀萍、冯永琦、关毅松、黄清录、马为民、孙玮、田万强、王俭、杨亚平、杨琨、蒋维湘、丁跃华、郑维亚、陈南丽。本《标准》由西南铝业（集团）有限责任公司负责起草，在制定过程中得到了中国铝业公司、中国铝业股份有限公司、洛阳铜加工集团有限责任公司、兰州铝业股份有限公司西北铝加工分公司、中铝瑞闽铝板带有限公司、宝钛集团有限公司、东北轻合金有限责任公司、海亮集团公司、江苏常铝铝业股份有限公司等有关单位的大力支持，在此一并致谢。

五、本《标准》业经中国有色金属工业协会批准，自 2006 年 9 月 21 日起施行。

精　整　工

1. 职 业 概 况

1.1　职业名称

精整工。

1.2　职业定义

操作精整设备或工具，进行有色金属坯、材清洗、矫直、锯、切、包装等作业的人员。

1.3　职业等级

本职业共设五个等级，分别为：初级（国家职业资格五级）、中级（国家职业资格四级）、高级（国家职业资格三级）、技师（国家职业资格二级）、高级技师（国家职业资格一级）。

1.4　职业环境

室内，噪声，粉尘，油雾。

1.5　职业能力特征

有一定的观察、判断和计算能力；动作协调，身体状况良好。

1.6　基本文化程度

初中毕业。

1.7　培训要求

1.7.1　培训期限

全日制职业学校教育，根据其培养目标和教学计划确定。晋级培训期限：初级、中级、高级均不少于 180 标准学时；技师、高级技师均不少于 150 标准学时。

1.7.2　培训教师

培训初级、中级、高级工的教师应具有本职业技师及以上职业资格证书或相关专业中级及以上技术职务任职资格；培训技师的教师应具有本职业高级技师职业资格证书或相关专业中级及以上专业技术职务任职资格；培训高级技师的教师应具有本职业高级技师职业资格证书 2 年以上或相关专业高级专业技术职务任职资格。

1.7.3　培训场地要求

满足教学需要的标准教室及具有精整配套设备的生产现场。

1.8 鉴定要求

1.8.1 适用对象

从事或准备从事本职业的人员。

1.8.2 申报条件

——初级(具备以下条件之一者)

(1) 经本职业初级正规培训达规定标准学时数，并取得结业证书。

(2) 在本职业连续见习工作 1 年以上。

——中级(具备以下条件之一者)

(1) 取得本职业初级职业资格证书后，连续从事本职业工作 2 年以上，经本职业中级正规培训达规定标准学时数，并取得结业证书。

(2) 取得本职业初级职业资格证书后，连续从事本职业工作 3 年以上。

(3) 连续从事本职业工作 5 年以上。

(4) 取得经劳动保障行政部门审核认定的，以中级技能为培养目标的中等以上职业学校本职业（专业）毕业证书。

——高级(具备以下条件之一者)

(1) 取得本职业中级职业资格证书后，连续从事本职业工作 3 年以上，经本职业高级正规培训达规定标准学时数，并取得结业证书。

(2) 取得本职业中级职业资格证书后，连续从事本职业工作 4 年以上。

(3) 取得经劳动保障行政部门审核认定的，以高级技能为培养目标的高等职业学校本职业（专业）毕业证书。

(4) 取得本职业中级职业资格证书的大专以上本专业或相关专业毕业生，连续从事本职业工作 2 年以上。

——技师(具备以下条件之一者)

(1) 取得本职业高级职业资格证书后，连续从事本职业工作 4 年以上，经本职业技师正规培训达规定标准学时数，并取得结业证书。

(2) 取得本职业高级职业资格证书后，连续从事本职业工作 6 年以上。

(3) 取得本职业高级职业资格证书的高级技工学校本职业（专业）毕业生，连续从事本职业工作 2 年以上。

(4) 取得本职业高级职业资格证书的本科以上本专业或相关专业毕业生，并从事本职业工作 2 年以上。

——高级技师(具备以下条件之一者)

(1) 取得本职业技师职业资格证书后，连续从事本职业工作 3 年以上，经本职业高级技师正规培训达规定标准学时数，并取得结业证书。

(2) 取得本职业技师职业资格证书后，连续从事本职业工作 5 年以上。

1.8.3 鉴定方式

分为理论知识考试和技能操作考核。理论知识考试采用闭卷笔试方式，技能操作考核采用现场实际操作方式或模拟操作的方式。理论知识考试和技能操作考核均实行百分制，成绩皆达60分以上者为合格。技师、高级技师还须进行综合评审。

1.8.4 考评人员与考生配比

理论知识考试考评人员与考生配比为1∶20，每个标准教室不少于2名考评人员；技能操作考核考评员与考生配比为1∶5，且不少于3名考评员；综合评审委员不少于5人。

1.8.5 鉴定时间

理论知识考试时间为90～120min；技能操作考核时间为60～240min；综合评审时间不少于20min。

1.8.6 鉴定场所设备

理论知识考试在标准教室进行。技能操作考核在具有精整配套设备的生产现场或模拟现场进行。

2. 基 本 要 求

2.1 职业道德

2.1.1 职业道德基本知识

2.1.2 职业守则

（1）爱岗敬业，遵守劳动纪律，工作热情主动。

（2）认真负责，实事求是，严格按要求进行作业，保证工作质量。

（3）努力学习，不断提高理论水平和操作技能。

（4）遵纪守法，公私分明。

（5）遵守工艺技术规程，遵守设备操作、维护、检修规程和安全技术规程。

2.2 基础知识

2.2.1 有色金属精整工基础理论知识

（1）有色金属的性质及用途。

（2）有色金属及合金的分类

（3）有色金属产品状态与特性。

2.2.2 机械、电气基础知识

（1）机械、电气常识。

（2）液压、气动系统基本知识。

（3）机械传动基本知识。

（4）电力拖动基本知识。

2.2.3　安全、卫生、环保基础知识

（1）安全生产知识。

（2）职业病预防知识。

（3）环境保护知识。

2.2.4　质量管理基础知识

（1）质量管理基本概念。

（2）现场质量管理基本方法。

（3）质量管理认证体系基础知识。

2.2.5　相关法律、法规知识

（1）《中华人民共和国劳动法》的相关知识。

（2）《中华人民共和国安全生产法》的相关知识。

（3）《中华人民共和国环境保护法》的相关知识。

（4）《中华人民共和国质量法》的相关知识。

3. 工 作 要 求

本标准对初级、中级、高级、技师和高级技师的技能要求依次递进，高级别涵盖低级别的要求。

本标准将精整工分为板带箔精整拉弯矫直、纵切、横切、分切、片材组合精整、锯切（和管棒型线精整拉伸矫直、辊式矫直、盘管、锯切）及包装共十一个独立考核模块。

3.1　初级（第一至第十一职业功能为可选模块，根据申报人情况任选其一）

职业功能		工作内容	技能要求	相关知识
板带箔精整	一、拉弯矫直	（一）生产准备	1. 能明确上一个班的工作情况及本班的工作任务 2. 能将本班工作情况向下一个班交代 3. 能填写原始记录 4. 能将作业所需的工具、器具配备齐全并进行使用前的预处理 5. 能读懂生产卡片、生产任务单，准备工作所需的原料、物料 6. 能对设备进行外观检查，确认设备零部件是否完整 7. 能清洁设备 8. 能进行单体设备的空负荷运转 9. 能使用消防器材	1. 交接班的规定 2. 原始记录的填写要求 3. 工具、器具的名称及用途 4. 原料、物料的名称及用途 5. 生产工艺流程 6. 检查设备的基本方法

续表

职业功能		工作内容	技能要求	相关知识
板带箔精整	一、拉弯矫直	（二）生产操作	1. 能操作上、卸卷小车 2. 能在开卷机、卷取机上装卸卷材、套筒 3. 能进行套筒、卷材的对中作业 4. 能操作导辊、导板、压平辊，并确认其工作位置 5. 能操作出入口端头剪对料头料尾进行剪切 6. 能操作入口装置并穿带至卷轴 7. 能进行接带操作 8. 能对产品进行常规几何尺寸检查	1. 机列设备组成 2. 单体设备操作规程 3. 量具的使用方法
		（三）工序物料管理	1. 能将产品卡片与坯料进行标记内容核对，能指挥起重设备将其吊运到相应生产机列的入口贮料台 2. 能对产品做好标识并吊运到指定区域 3. 能操作废边处理装置进行废料收集	1. 起重设备基本知识 2. 产品标记的相关知识 3. 废料分类、分级知识
	二、纵切	（一）生产准备	1. 能明确上一个班的工作情况及本班的工作任务 2. 能将本班工作情况向下一个班交代 3. 能填写原始记录 4. 能将作业所需的工具、器具配备齐全并进行使用前的预处理 5. 能读懂生产卡片、生产任务单，准备工作所需的原料、物料 6. 能对设备进行外观检查，确认设备零部件是否完整 7. 能清洁设备 8. 能进行单体设备的空负荷运转 9. 能使用消防器材	1. 交接班的规定 2. 原始记录的填写要求 3. 工具、器具的名称及用途 4. 原料、物料的名称及用途 5. 生产工艺流程 6. 检查设备的基本方法

续表

职业功能		工作内容	技能要求	相关知识
板带箔精整	二、纵切	（二）生产操作	1. 能操作上、卸卷小车 2. 能在开卷机、卷取机上装卸卷材、套筒 3. 能进行套筒、卷材的对中作业 4. 能操作导辊、导板、压平辊，并确认其工作位置 5. 能操作出入口端头剪对料头料尾进行剪切 6. 能操作入口装置并穿带至卷轴 7. 能进行接带操作 8. 能对产品进行常规几何尺寸检查	1. 机列设备组成 2. 单体设备操作规程 3. 量具的使用方法
		（三）工序物料管理	1. 能将产品卡片与坯料进行标记内容核对，能指挥起重设备将其吊运到相应生产机列的入口贮料台 2. 能对产品做好标识并吊运到指定区域 3. 能操作废边处理装置进行废料收集	1. 起重设备基本知识 2. 产品标记的相关知识 3. 废料分类、分级知识
	三、横切	（一）生产准备	1. 能明确上一个班的工作情况及本班的工作任务 2. 能将本班工作情况向下一个班交代 3. 能填写原始记录 4. 能将作业所需的工具、器具配备齐全并进行使用前的预处理 5. 能读懂生产卡片、生产任务单，准备工作所需的原料、物料 6. 能对设备进行外观检查，确认设备零部件是否完整 7. 能清洁设备 8. 能进行单体设备的空负荷运转 9. 能使用消防器材	1. 交接班的规定 2. 原始记录的填写要求 3. 工具、器具的名称及用途 4. 原料、物料的名称及用途 5. 生产工艺流程 6. 检查设备的基本方法

续表

职业功能		工作内容	技能要求	相关知识
板带箔精整	三、横切	（二）生产操作	1. 能操作上卷小车、开卷机上卷、对中、卸卷、卸套筒 2. 能操作入口端头剪刀对料头、料尾进行剪切 3. 能平行升降工作辊 4. 能操作相关设备进行穿带 5. 能启、停剪切机 6. 能在包装箱底盘上铺包装材料，产品垛完后能检斤、包装 7. 能操作垛板台辊道进出与升降 8. 能对板材的几何尺寸进行测量 9. 能测量板垛的错层与塔形 10. 能根据产品规格及技术要求选取并检查包装材料	1. 横切机列设备的组成 2. 板材的包装规程 3. 单体设备操作规程 4. 量具使用方法 5. 产品外观质量要求
		（三）工序物料管理	1. 能将产品卡片与坯料进行标记内容核对，能指挥起重设备将其吊运到相应生产机列的入口贮料台 2. 能对产品做好标识并吊运到指定区域 3. 能操作废边处理装置进行废料收集	1. 起重设备基本知识 2. 产品标记的相关知识 3. 废料分类、分级知识
	四、分切	（一）生产准备	1. 能明确上一个班的工作情况及本班的工作任务 2. 能将本班工作情况向下一个班交代 3. 能填写原始记录 4. 能将作业所需的工具、器具配备齐全并进行使用前的预处理 5. 能读懂生产卡片、生产任务单，准备工作所需的原料、物料 6. 能对设备进行外观检查，确认设备零部件是否完整 7. 能清洁设备 8. 能进行单体设备的空负荷运转 9. 能使用消防器材	1. 交接班的规定 2. 原始记录的填写要求 3. 工具、器具的名称及用途 4. 原料、物料的名称及用途 5. 生产工艺流程 6. 检查设备的基本方法

续表

职业功能		工作内容	技能要求	相关知识
板带箔精整	四、分切	（二）生产操作	1. 能开动上料装置上卷、对中 2. 能选用、安装卷取轴、管芯 3. 能启动开卷机按工艺要求进行穿带作业 4. 能进行卸卷操作	1. 相关设备基本结构 2. 开、卸卷操作规程
		（三）工序物料管理	1. 能将产品卡片与坯料进行标记内容核对，能指挥起重设备将其吊运到相应生产机列的入口贮料台 2. 能对产品做好标识并吊运到指定区域 3. 能操作废边处理装置进行废料收集	1. 起重设备基本知识 2. 产品标记的相关知识 3. 废料分类、分级知识
	五、片材组合精整	（一）生产准备	1. 能明确上一个班的工作情况及本班的工作任务 2. 能将本班工作情况向下一个班交代 3. 能填写原始记录 4. 能将作业所需的工具、器具配备齐全并进行使用前的预处理 5. 能读懂生产卡片、生产任务单，准备工作所需的原料、物料 6. 能对设备进行外观检查，确认设备零部件是否完整 7. 能清洁设备 8. 能进行单体设备的空负荷运转 9. 能使用消防器材	1. 交接班的规定 2. 原始记录的填写要求 3. 工具、器具的名称及用途 4. 原料、物料的名称及用途 5. 生产工艺流程 6. 检查设备的基本方法

续表

职业功能		工作内容	技能要求	相关知识
板带箔精整	五、片材组合精整	（二）工艺操作	1. 能确认合金牌号及成品规格 2. 能进行上片操作 3. 能启动、停止输送设备输送金属板材 4. 能操作打印机对成品板材打印 5. 能操作喷码机对成品板材进行喷注标识 6. 能将产品分合金垛齐，并标识合金牌号 7. 能清除运输皮带、剪刃、刀架及胶辊上的铝屑和杂物 8. 能使用砂纸、砂轮机等工具或设备，对金属材表面缺陷进行清理	1. 物料输送工艺流程 2. 喷码机的操作规程
		（三）工序物料管理	1. 能将产品卡片与坯料进行标记内容核对，能指挥起重设备将其吊运到相应生产机列的入口贮料台 2. 能对产品做好标识并吊运到指定区域 3. 能操作废边处理装置进行废料收集	1. 起重设备基本知识 2. 产品标记的相关知识 3. 废料分类、分级知识
	六、锯切	（一）生产准备	1. 能明确上一个班的工作情况及本班的工作任务 2. 能将本班工作情况向下一个班交代 3. 能填写原始记录 4. 能将作业所需的工具、器具配备齐全并进行使用前的预处理 5. 能读懂生产卡片、生产任务单，准备工作所需的原料、物料 6. 能对设备进行外观检查，确认设备零部件是否完整 7. 能清洁设备 8. 能进行单体设备的空负荷运转 9. 能使用消防器材	1. 交接班的规定 2. 原始记录的填写要求 3. 工具、器具的名称及用途 4. 原料、物料的名称及用途 5. 生产工艺流程 6. 检查设备的基本方法

续表

职业功能		工作内容	技能要求	相关知识
板带箔精整	六、锯切	（二）生产操作	1. 能清扫成品料垛表面锯切屑、锯削液、脏物等 2. 能对成品料垛进行测量并标识 3. 能将板材垛齐 4. 能使用真空吸盘、钢丝绳等工具对料垛进行吊运	1. 真空吸盘的工作原理 2. 测量工具、器具的使用方法 3. 起重设备基本知识
		（三）工序物料管理	1. 能将产品卡片与坯料进行标记内容核对，能指挥起重设备将其吊运到相应生产机列的入口贮料台 2. 能对产品做好标识并吊运到指定区域 3. 能操作废边处理装置进行废料收集	1. 产品标记的相关知识 2. 废料分类、分级知识
管棒型线材精整	七、拉伸矫直	（一）生产准备	1. 能明确上一个班的工作情况及本班的工作任务 2. 能将本班工作情况向下一个班交代 3. 能填写原始记录 4. 能将作业所需的工具、器具配备齐全并进行使用前的预处理 5. 能读懂生产卡片、生产任务单，准备工作所需的原料、物料 6. 能对设备进行外观检查，确认设备零部件是否完整 7. 能清洁设备 8. 能进行单体设备的空负荷运转 9. 能使用消防器材	1. 交接班的规定 2. 原始记录的填写要求 3. 工具、器具的名称及用途 4. 原料、物料的名称及用途 5. 生产工艺流程 6. 检查设备的基本方法
		（二）生产操作	1. 能进行装料、卸料操作 2. 能更换拉伸矫直工具、调整夹头位置进行矫直作业 3. 能测量制品断面尺寸 4. 能识别制品常见的表面缺陷	1. 起重基本知识 2. 设备操作规程 3. 工具更换方法 4. 矫直机基本结构 5. 量具使用方法 6. 常见表面缺陷的定义

续表

职业功能		工作内容	技能要求	相关知识
管棒型线材精整	七、拉伸矫直	（三）工序物料管理	1. 能将产品卡片与坯料进行标记内容核对，能指挥起重设备将其吊运到相应生产机列的入口贮料台 2. 能对产品做好标识并吊运到指定区域 3. 能操作废料处理装置进行废料收集	1. 产品标记的相关知识 2. 废料分类、分级知识
	八、辊式矫直	（一）生产准备	1. 能明确上一个班的工作情况及本班的工作任务 2. 能将本班工作情况向下一个班交代 3. 能填写原始记录 4. 能将作业所需的工具、器具配备齐全并进行使用前的预处理 5. 能读懂生产卡片、生产任务单，准备工作所需的原料、物料 6. 能对设备进行外观检查，确认设备零部件是否完整 7. 能清洁设备 8. 能进行单体设备的空负荷运转 9. 能使用消防器材	1. 交接班的规定 2. 原始记录的填写要求 3. 工具、器具的名称及用途 4. 原料、物料的名称及用途 5. 生产工艺流程 6. 检查设备的基本方法
		（二）生产操作	1. 能进行装料、卸料作业 2. 能在已调整好辊式矫直机上对管、棒、型材进行矫直作业 3. 能进行制品表面擦拭、除油、打毛刺等作业 4. 能测量制品断面尺寸 5. 能识别制品常见的表面缺陷	1. 起重设备基本知识 2. 设备操作规程 3. 工具更换方法 4. 矫直机基本结构 5. 量具使用方法 6. 常见表面缺陷的定义
		（三）工序物料管理	1. 能将产品卡片与坯料进行标记内容核对，能指挥起重设备将其吊运到相应生产机列的入口贮料台 2. 能对产品做好标识并吊运到指定区域 3. 能操作废料处理装置进行废料收集	1. 产品标记的相关知识 2. 废料分类、分级知识

续表

职业功能		工作内容	技能要求	相关知识
管棒型线材精整	九、盘管精整	（一）生产准备	1. 能明确上一个班的工作情况及本班的工作任务 2. 能将本班工作情况向下一个班交代 3. 能填写原始记录 4. 能将作业所需的工具、器具配备齐全并进行使用前的预处理 5. 能读懂生产卡片、生产任务单，准备工作所需的原料、物料 6. 能对设备进行外观检查，确认设备零部件是否完整 7. 能清洁设备 8. 能进行单体设备的空负荷运转 9. 能使用消防器材	1. 交接班的规定 2. 原始记录的填写要求 3. 工具、器具的名称及用途 4. 原料、物料的名称及用途 5. 生产工艺流程 6. 检查设备的基本方法
		（二）生产操作	1. 能进行装料、打包和卸料操作 2. 能在已更换好模具并调整好的设备上进行生产操作 3. 能使用量具对坯料及制品进行测量并作出判定 4. 能识别制品表面拉道和线性缺陷	1. 作业指导书及工艺操作规程 2. 相关设备的基本结构 3. 量具的使用方法 4. 产品质量标准 5. 起重设备基本知识
		（三）工序物料管理	1. 能将产品卡片与坯料进行标记内容核对，能指挥起重设备将其吊运到相应生产机列的入口贮料台 2. 能对产品做好标识并吊运到指定区域 3. 能操作废边处理装置进行废料收集	1. 产品标记的相关知识 2. 废料分类、分级知识
	十、锯切	（一）生产准备	1. 能明确上一个班的工作情况及本班的工作任务 2. 能将本班工作情况向下一个班交代 3. 能填写原始记录 4. 能将作业所需的工具、器具配备齐全并进行使用前的预处理 5. 能读懂生产卡片、生产任务单，准备工作所需的原料、物料 6. 能对设备进行外观检查，确认设备零部件是否完整 7. 能清洁设备 8. 能进行单体设备的空负荷运转 9. 能使用消防器材	1. 交接班的规定 2. 原始记录的填写要求 3. 工具、器具的名称及用途 4. 原料、物料的名称及用途 5. 生产工艺流程 6. 检查设备的基本方法

续表

职业功能		工作内容	技能要求	相关知识
管棒型线材精整	十、锯切	（二）生产操作	1. 能进行装料、卸料作业 2. 能更换锯片或锯条 3. 能操作锯床锯切管、棒、型、线材 4. 能进行制品表面擦拭、除油、打毛刺等作业 5. 能测量制品断面尺寸 6. 能识别制品常见的表面缺陷	1. 吊运基本知识 2. 设备操作规程 3. 工具更换方法 4. 锯床的基本结构 5. 量具使用方法 6. 常见表面缺陷的定义
		（三）工序物料管理	1. 能将产品卡片与坯料进行标记内容核对，能指挥起重设备将其吊运到相应生产机列的入口贮料台 2. 能对产品做好标识并吊运到指定区域 3. 能操作废料处理装置进行废料收集	1. 起重设备基本知识 2. 产品标记的相关知识 3. 废料分类、分级知识
十一、包装		（一）生产准备	1. 能明确上一个班的工作情况及本班的工作任务 2. 能将本班工作情况向下一个班交代 3. 能填写原始记录 4. 能将作业所需的工具、器具配备齐全并进行使用前的预处理 5. 能读懂生产卡片、生产任务单，准备工作所需的原料、物料 6. 能对设备进行外观检查，确认设备零部件是否完整 7. 能清洁设备 8. 能进行单体设备的空负荷运转 9. 能使用消防器材	1. 交接班的规定 2. 原始记录的填写要求 3. 工具、器具的名称及用途 4. 原料、物料的名称及用途 5. 生产工艺流程 6. 检查设备的基本方法
		（二）生产操作	1. 能根据产品要求选择包装材料 2. 能指挥起重设备进行吊运作业 3. 能使用包装设备或打包工具按规程进行包装作业 4. 能使用衡器称重 5. 能根据生产任务单填写箱牌（标签）、记录 6. 能按要求将产品交到指定地点 7. 能将产品堆垛整齐 8. 能进行理论重量计算	1. 产品包装工艺规程 2. 起重设备基本知识 3. 包装设备、工具的基本构造 4. 运输贮存基本知识
		（三）工序物料管理	1. 能将产品卡片与坯料进行标记内容核对 2. 能对产品做好标识并吊运到指定区域 3. 能进行废料收集	1. 产品标记的相关知识 2. 废料分类、分级知识

3.2 中级（第一至第十一职业功能为可选模块，根据申报人情况任选其一）

职业功能		工作内容	技能要求	相关知识
板带箔精整	一、拉弯矫直	（一）生产准备	1. 能对交、接班情况进行现场确认，并对遗留问题提出处理建议 2. 能判断工具、量具、器具是否完好 3. 能根据设备运行状况检查并判断设备是否正常	1. 量具、器具使用要求 2. 设备故障判断的基本方法
		（二）生产操作	1. 能根据工艺要求设定工艺参数并完成拉弯矫直作业 2. 能调节矫直机工作辊辊面润滑用油的喷油量 3. 能在生产过程中使用测厚仪对带材进行测厚 4. 能确认油品质量是否符合要求并进行涂油 5. 能进行带材切边操作 6. 能判定清洗剂质量是否符合要求 7. 能对带材进行清洗并判定清洗质量	1. 设备操作规程 2. 清洗系统基本构造 3. 矫直机的基本结构 4. 拉弯矫直工艺规程 5. 测厚仪工作原理与校验规程 6. 剪刃间隙、重叠量与厚度关系 7. 油品质量标准
		（三）设备管理	1. 能按要求对设备进行常规保养 2. 能处理一般的设备故障	1. 设备维护保养基本要求 2. 设备基本工作原理
	二、纵切	（一）生产准备	1. 能对交、接班情况进行现场确认，并对遗留问题提出处理建议 2. 能判断工具、量具、器具是否完好 3. 能根据设备运行状况检查并判断设备是否正常	1. 量具、器具使用要求 2. 设备故障判断的基本方法
		（二）生产操作	1. 能设定工艺参数 2. 能根据工艺要求进行切边料配刀 3. 能完成常规品种纵切作业 4. 能根据生产卡片要求选取生产方式 5. 能操作并调节喷油装置 6. 能根据活套贮料情况调节开卷机、卷取机速度	1. 设备主要技术参数 2. 纵切设备的基本结构 3. 纵切机列工艺操作规程 4. 产品工艺要求 5. 圆盘剪、隔离套、胶圈的质量要求

续表

职业功能		工作内容	技能要求	相关知识
板带箔精整	二、纵切	（三）设备管理	1. 能按要求对设备进行常规保养 2. 能处理一般的设备故障	1. 设备维护保养基本要求 2. 设备基本工作原理
	三、横切	（一）生产准备	1. 能对交、接班情况进行现场确认，并对遗留问题提出处理建议 2. 能判断工具、量具、器具是否完好 3. 能根据设备运行状况检查并判断设备是否正常	1. 量具、器具使用要求 2. 设备故障判断的基本方法
		（二）生产操作	1. 能根据带材平整度调节矫直机压下量与倾斜度 2. 能根据机列运行情况调节活套储料深度 3. 能进行清洗、烘干操作 4. 能调节垛板用底盘的位置 5. 能设定工艺参数按照工艺要求完成常规横切产品作业	1. 矫直机的结构 2. 剪刃间隙、重叠量与厚度关系 3. 活套调节方法 4. 清洗和烘干装置结构及操作方法 5. 横切机列工艺操作规程
		（三）设备管理	1. 能按要求对设备进行常规保养 2. 能处理一般的设备故障	1. 设备维护保养基本要求 2. 设备基本工作原理
	四、分切	（一）生产准备	1. 能对交、接班情况进行现场确认，并对遗留问题提出处理建议，能判断工具、器具是否完好 2. 能确认卷取管芯外观质量是否满足工艺要求 3. 能对设备功能、导路进行检查并判断是否具备生产条件	1. 量具、器具使用要求 2. 管芯验收标准
		（二）生产操作	1. 能根据工艺要求选用开卷方式 2. 能根据坯料状况调整对中 3. 能根据分切出的产品边部质量确认是否换刀 4. 能进行装配刀操作 5. 能按工艺要求进行常规产品的分切操作 6. 能选用废边收集装置	1. 开卷机工作原理 2. 切刀剪切原理及刀具质量确认 3. 箔材产品标准 4. 设备操作规程 5. 产品质量检测工具的使用方法
		（三）设备管理	1. 能按要求对设备进行常规保养 2. 能处理一般的设备故障	1. 设备维护保养基本要求 2. 设备基本工作原理

续表

职业功能		工作内容	技能要求	相关知识
板带箔精整	五、片材组合精整	（一）生产准备	1. 能对交、接班情况进行现场确认，并对遗留问题提出处理建议 2. 能判断工具、量具、器具是否完好 3. 能根据设备运行状况检查并判断设备是否正常	1. 量具、器具使用要求 2. 设备故障判断的基本方法
		（二）生产操作	1. 能使用工具对压光辊进行清辊操作 2. 能测量板材规格 3. 能对压光机检查、试车 4. 能调整压下量并压光矫直淬火板材 5. 能配合钳工更换压光辊 6. 能用机油、防腐油保护压光辊 7. 能调整双列剪的移动剪刀，并对板材定尺剪切 8. 能按标准对板材取样 9. 能判断并处理双列剪易产生的缺陷 10. 能根据来料的波浪调整工作辊和支撑辊的压下量，矫直小于1500mm宽的软合金板材 11. 能用砂布、清辊器等工具清擦工作辊 12. 能配合钳工更换工作辊和支承辊 13. 能用卷尺测量拉伸量及板材的平直度 14. 能在工作前对钳式拉伸矫直机进行检查、试车 15. 能清除拉伸钳口内的铝屑等脏物 16. 能操作钳式拉伸矫直机进行张力拉伸矫直	1. 金属轧制基础知识 2. 压光机的基本结构及工作原理 3. 压光机操作规程 4. 测量工具、器具的使用方法 5. 产品质量标准 6. 双列剪的基本结构及工作原理 7. 矫直机、矫直机的基本结构及工作原理 8. 清辊器的使用方法

续表

职业功能		工作内容	技能要求	相关知识
板带箔精整	五、片材组合精整	（三）设备管理	1. 能按要求对设备进行常规保养 2. 能处理一般的设备故障	1. 设备维护保养基本要求 2. 设备基本工作原理
	六、锯切	（一）生产准备	1. 能对交、接班情况进行现场确认，并对遗留问题提出处理建议 2. 能判断工具、量具、器具是否完好 3. 能根据设备运行状况检查并判断设备是否正常	1. 量具、器具使用要求 2. 设备故障判断的基本方法
		（二）生产操作	1. 能按比例调配锯削液 2. 能操作锯床定尺锯切板材 3. 能按标准要求对板材取样 4. 能更换锯片	1. 锯削液调配方法 2. 锯床的基本结构及操作方法 3. 锯片安装方法 4. 取样标准
		（三）设备管理	1. 能按要求对设备进行常规保养 2. 能处理一般的设备故障	1. 设备维护保养基本要求 2. 设备基本工作原理
管棒型线材精整	七、拉伸矫直	（一）生产准备	1. 能对交、接班情况进行现场确认，并对遗留问题提出处理建议 2. 能判断工具、量具、器具是否完好 3. 能根据设备运行状况检查并判断设备是否正常	1. 量具、器具使用要求 2. 设备故障判断的基本方法
		（二）生产操作	1. 能拉伸矫直管、棒及简单型材 2. 能根据制品形状选配相应的拉伸矫直工具 3. 能按要求对制品取样 4. 能对制品表面缺陷进行修理 5. 能判定制品尺寸是否符合技术标准的要求 6. 能识读产品图纸	1. 拉伸矫直方法 2. 取样相关规定 3. 技术标准要求 4. 机械制图基本知识 5. 表面缺陷的处理方法
		（三）设备管理	1. 能按要求对设备进行常规保养 2. 能处理一般的设备故障	1. 设备维护保养基本要求 2. 设备基本工作原理

续表

职业功能		工作内容	技能要求	相关知识
管棒型线材精整	八、辊式矫直	（一）生产准备	1. 能对交、接班情况进行现场确认，并对遗留问题提出处理建议 2. 能判断工具、量具、器具是否完好 3. 能根据设备运行状况检查并判断设备是否正常	1. 量具、器具使用要求 2. 设备故障判断的基本方法
		（二）生产操作	1. 能根据制品弯曲度调整辊式矫直机矫直管、棒材 2. 能根据扭拧度、弯曲度手工矫直型材 3. 能对制品进行压力矫直 4. 能操作扭拧机进行扭拧矫直 5. 能按要求对制品取样 6. 能对制品表面缺陷进行修理 7. 能判定制品尺寸是否符合技术标准的要求 8. 能识读产品图纸	1. 压力矫直机、扭拧机的基本结构 2. 辊式矫直机矫直方法 3. 手工矫直方法 4. 取样相关规定 5. 技术标准要求 6. 机械制图基本知识 7. 表面缺陷的处理方法
		（三）设备管理	1. 能按要求对设备进行常规保养 2. 能处理一般的设备故障	1. 设备维护保养基本要求 2. 设备基本工作原理
	九、盘管精整	（一）生产准备	1. 能对交、接班情况进行现场确认，并对遗留问题提出处理建议 2. 能判断工具、量具、器具是否完好 3. 能根据设备运行状况检查并判断设备是否正常	1. 量具、器具使用要求 2. 设备故障判断的基本方法
		（二）生产操作	1. 根据产品规格选择、更换、调整相应模具 2. 能根据产品规格调整卷筒盘间距、渐开曲率 3. 能对模具表面进行处理 4. 能判断喷枪工作是否正常 5. 能通过喷墨标记，提取伤点样品并识别缺陷类型 6. 能根据清洗表面质量更换清洗液及擦块 7. 能通过试切设定飞锯定尺	1. 取缺陷样品的方法 2. 产品缺陷的产生原因

续表

职业功能		工作内容	技能要求	相关知识
管棒型线材精整	九、盘管精整	（三）设备管理	1. 能按要求对设备进行常规保养 2. 能处理一般的设备故障	1. 设备维护保养基本要求 2. 设备基本工作原理
	十、锯切	（一）生产准备	1. 能对交、接班情况进行现场确认，并对遗留问题提出处理建议 2. 能判断工具、量具、器具是否完好 3. 能根据设备运行状况检查并判断设备是否正常	1. 量具、器具使用要求 2. 设备故障判断的基本方法
		（二）生产操作	1. 能按要求对制品取样 2. 能判定锯切质量 3. 能对制品表面缺陷进行修理 4. 能判定制品尺寸是否符合技术标准的要求 5. 能识读产品图纸	1. 取样相关规定 2. 技术标准要求 3. 机械制图基本知识 4. 表面缺陷的处理方法
		（三）设备管理	1. 能按要求对设备进行常规保养 2. 能处理一般的设备故障	1. 设备维护保养基本要求 2. 设备基本工作原理
十一、包装		（一）生产准备	1. 能对交、接班情况进行现场确认，并对遗留问题提出处理建议 2. 能判断工具、量具、器具是否完好 3. 能根据设备运行状况检查并判断设备是否正常	1. 量具、器具使用要求 2. 设备故障判断的基本方法
		（二）生产操作	1. 能判断包装箱和包装材料是否符合要求 2. 能判断包装工具是否完好 3. 能处理包装中的异常现象 4. 能根据包装情况调整设备参数 5. 能发现设备工具一般故障，并进行处理 6. 能根据卡片及技术条件要求确定产品包装方式 7. 能发现并处理包装过程中质量问题	1. 产品标准 2. 工具构造 3. 产品包装工艺规程 4. 包装设备的基本构造
		（三）设备管理	1. 能按要求对设备进行常规保养 2. 能处理一般的设备故障	1. 设备维护保养基本要求 2. 设备基本工作原理

3.3 高级（第一至第九职业功能为可选模块，根据申报人情况任选其一）

职业功能		工作内容	技能要求	相关知识
板带箔精整	一、拉弯矫直	（一）生产操作	1. 能根据产品质量状况调节工艺参数 2. 能进行特殊规格产品的拉弯矫直 3. 能分析本工序缺陷产生原因，并提出改进意见 4. 能确认机列导路辊面状况是否满足工艺要求	1. 拉弯矫工作原理 2. 板材表面清洁度、板形的影响因素 3. 产品质量标准及相关要求
		（二）设备管理	1. 能发现设备一般故障隐患 2. 能参与设备检修 3. 能检查评判检修质量	排除常见设备故障的方法
		（三）培训与指导	1. 能对初、中级工进行业务培训 2. 能指导初、中级工进行实际操作	培训指导的基本方法
	二、纵切	（一）工艺操作	1. 能根据工艺要求进行硬状态产品分条料配刀 2. 能进行特殊规格产品纵切作业 3. 能确认机列导路辊面状况是否满足工艺要求 4. 能即时调整工艺改善带材分切及卷取质量 5. 能判定本工序产品质量	1. 刀具尺寸精度要求 2. 产品验收标准
		（二）设备管理	1. 能发现设备一般故障隐患 2. 能参与设备检修 3. 能检查判断检修质量	排除常见设备故障的方法
		（三）培训与指导	1. 能对初、中级工进行业务培训 2. 能指导初、中级工进行实际操作	培训指导的基本方法
	三、横切	（一）生产操作	1. 能生产超常规尺寸要求产品 2. 能判定本工序产品质量 3. 能根据产品质量情况调整工艺参数 4. 能根据测量结果判定产品质量是否符合要求	1. 设备工作原理 2. 产品验收标准

续表

职业功能		工作内容	技能要求	相关知识
板带箔精整	三、横切	（二）设备管理	1. 能发现设备一般故障隐患 2. 能参与设备检修 3. 能检查判断检修质量	排除常见设备故障的方法
		（三）培训与指导	1. 能对初、中级工进行业务培训 2. 能指导初、中级工进行实际操作	培训指导的基本方法
	四、分切	（一）生产操作	1. 单张箔多条分切时能合理分配卷取位置 2. 能根据不同产品调整刀具 3. 能开动超声波焊接装置对断带进行焊接 4. 能根据分切质量调整工艺参数 5. 能根据坯料卷壁厚合理分配产品卷径 6. 能确认产品质量是否达到标准	1. 卷取位置分配方法 2. 刀具调整方法 3. 超声波焊接装置工作原理 4. 分切机列基本结构及工作原理 5. 工艺操作规程 6. 壁厚与卷径计算方法
		（二）设备管理	1. 能发现设备一般故障隐患 2. 能参与设备检修 3. 能检查判断检修质量	排除常见设备故障的一般方法
		（三）培训与指导	1. 能对初、中级工进行业务培训 2. 能指导初、中级工进行实际操作	培训指导的基本方法
	五、片材组合精整	（一）生产操作	1. 能根据来料的板型调整压光辊的压下量，对宽幅的淬火板材进行压光矫直 2. 能对压光机新换轧辊的表面质量进行检查 3. 能在压光机换辊后进行对辊操作 4. 能发现压光过程中产生的明显缺陷，并采取措施消除 5. 能计算钳式拉伸矫直的拉力 6. 能判断板材来料质量情况，并确定能否进行拉伸	1. 金属轧制基本理论 2. 表面缺陷的分类及产生原因 3. 压光辊的质量要求 4. 拉伸力的计算方法 5. 拉伸量的测量方法 6. 多辊矫直机的矫直原理 7. 辊式矫直机操作规程 8. 安全操作规程

续表

职业功能		工作内容	技能要求	相关知识
板带箔精整	五、片材组合精整	（一）生产操作	7. 能发现拉伸过程中产生的质量缺陷，并采取措施消除 8. 能测量拉伸机的实际拉伸量 9. 能在换辊后调平矫直机 10. 能根据来料的尺寸规格以及屈服强度选用相应的矫直机 11. 能发现矫直过程中产生的质量缺陷，并采取措施消除	1. 金属轧制基本理论 2. 表面缺陷的分类及产生原因 3. 压光辊的质量要求 4. 拉伸力的计算方法 5. 拉伸量的测量方法 6. 多辊矫直机的矫直原理 7. 辊式矫直机操作规程 8. 安全操作规程
		（二）设备管理	1. 能发现设备一般故障隐患 2. 能参与设备检修 3. 能检查判断检修质量	排除常见设备故障的一般方法
		（三）培训与指导	1. 能对初、中级工进行业务培训 2. 能指导初、中级工进行实际操作	培训指导的基本方法
	六、锯切	（一）生产操作	1. 能发现锯切过程中产生的尺寸偏差，并采取补救措施 2. 能在锯切异常时采取处理措施 3. 能发现锯床故障，并配合设备维护人员进行处理 4. 能对高精度板材进行定尺锯切	锯床设备的基本参数
		（二）设备管理	1. 能发现设备一般故障隐患 2. 能参与设备检修 3. 能检查判断检修质量	排除常见设备故障的一般方法
		（三）培训与指导	1. 能对初、中级工进行业务培训 2. 能指导初、中级工进行实际操作	培训指导的基本方法

续表

职业功能		工作内容	技能要求	相关知识
管棒型线材精整	七、拉伸矫直	（一）生产操作	1. 能拉伸矫直复杂异形型材 2. 能判断拉伸矫直后制品质量状况 3. 能判定并采取措施减轻或消除本工序外形尺寸超差等缺陷	1. 拉伸矫直缺陷产生原因 2. 外形尺寸缺陷的产生原因
		（二）设备管理	1. 能发现设备一般故障隐患 2. 能参与设备检修 3. 能检查判断检修质量	排除常见设备故障的一般方法
		（三）培训与指导	1. 能对初、中级工进行业务培训 2. 能指导初、中级工进行实际操作	培训指导的基本方法
	八、辊式矫直	（一）生产操作	1. 能判断矫直后制品质量状况 2. 能根据制品外形尺寸配辊并调整辊式矫直压下量矫直简单型材 3. 能对制品表面缺陷类型进行判定并选择合理的修理工具进行处理 4. 能判定并采取措施减轻或消除外形、尺寸超差等缺陷	1. 辊式矫直机、压力矫直机、扭拧机样工作原理 2. 外形尺寸缺陷的产生原因
		（二）设备管理	1. 能发现设备一般故障隐患 2. 能参与设备检修 3. 能检查判断检修质量	排除常见设备故障的一般方法
		（三）培训与指导	1. 能对初、中级工进行业务培训 2. 能指导初、中级工进行实际操作	培训指导的基本方法
	九、盘管精整	（一）生产操作	1. 能完成非常规产品的生产操作 2. 能够对探伤报点进行分析，识别本工序缺陷，并采取消除措施 3. 能判断探伤仪是否工作正常 4. 能排除喷枪一般故障	1. 常见缺陷的排除方法 2. 喷枪的工作原理

续表

职业功能		工作内容	技能要求	相关知识
管棒型线材精整	九、盘管精整	（二）设备管理	1. 能发现设备一般故障隐患 2. 能参与设备检修 3. 能检查判断检修质量	排除常见设备故障的一般方法
		（三）培训与指导	1. 能对初、中级工进行业务培训 2. 能指导初、中级工进行实际操作	培训指导的基本方法

3.4 技师（第一至第八职业功能为可选模块，根据申报人情况任选其一）

职业功能		工作内容	技能要求	相关知识
板带箔精整	一、拉弯矫直	（一）生产操作	1. 能对特殊板形的带材进行拉矫 2. 能综合分析板形、清洗缺陷产生原因并制定解决方案 3. 能确认主要生产、工艺要素是否满足生产要求	1. 拉弯矫缺陷产生原因 2. 板形控制原理 3. 要素确认标准
		（二）生产管理	1. 能对物料投入、转换、产出进行计划、组织、调节 2. 能在作业中合理安排和协调人员、设备、工作程序	物流管理基本知识
		（三）设备管理	1. 能提出设备的维护和检修方案 2. 能对大修、中修质量进行检查、评判	设备维护检修质量标准
		（四）技术管理	1. 能在生产作业时针对不同产品的工艺参数进行优化 2. 能对生产实践经验进行总结 3. 能对生产、设备系统中存在的不足提出改进方案 4. 能参与新工艺、新设备、新产品的开发、试验	1. 各工艺参数相互间的关系 2. 数理统计基础知识 3. 本岗位新技术的发展方向

续表

职业功能		工作内容	技能要求	相关知识
板带箔精整	一、拉弯矫直	（五）培训与指导	1. 能对初、中、高级工进行业务培训 2. 能指导初、中、高级工进行实际操作	培训教学的基本方法
	二、纵切	（一）生产操作	1. 能根据工艺要求进行半硬状态产品分条料配刀 2. 能判定新刀及磨削后刀片质量 3. 能综合分析影响纵切产品质量的原因，并提出改进方案 4. 能确认主要生产、工艺要素是否满足生产要求	1. 刀具质量标准 2. 纵切缺陷产生原因 3. 要素确认标准
		（二）生产管理	1. 能对物料投入、转换、产出进行计划、组织、调节 2. 能在作业中合理安排和协调人员、设备、工作程序	物流管理基本知识
		（三）设备管理	1. 能提出设备的维护和检修方案 2. 能对大修、中修质量进行检查、评判	设备维护检修质量标准
		（四）技术管理	1. 能在生产作业时针对不同产品的工艺参数进行优化 2. 能对生产实践经验进行总结 3. 能对生产、设备系统中存在的不足提出改进方案 4. 能参与新工艺、新设备、新产品的开发、试验	1. 各工艺参数相互间的关系 2. 数理统计基础知识 3. 本岗位新技术的发展方向
		（五）培训与指导	1. 能对初、中、高级工进行业务培训 2. 能指导初、中、高级工进行实际操作	培训教学的基本方法
	三、横切	（一）生产操作	1. 能矫正单边波浪、二肋波浪等复杂板形缺陷 2. 能分析影响板形质量的原因，并提出改进意见	1. 矫直机矫正板形的原理与方法 2. 产品质量缺陷的产生原因及解决办法

续表

职业功能		工作内容	技能要求	相关知识
板带箔精整	三、横切	（二）生产管理	1. 能对物料投入、转换、产出进行计划、组织、调节 2. 能在作业中合理安排和协调人员、设备、工作程序	物流管理基本知识
		（三）设备管理	1. 能提出设备的维护和检修方案 2. 能对大修、中修质量进行检查、评判	设备维护检修质量标准
		（四）技术管理	1. 能在生产作业时针对不同产品的工艺参数进行优化 2. 能对生产实践经验进行总结 3. 能对生产、设备系统中存在的不足提出改进方案 4. 能参与新工艺、新设备、新产品的开发、试验	1. 各工艺参数相互间的关系 2. 数理统计基础知识 3. 本岗位新技术的发展方向
		（五）培训与指导	1. 能对初、中、高级工进行业务培训 2. 能指导初、中、高级工进行实际操作	培训教学的基本方法
	四、分切	（一）生产操作	1. 能对分切的产品质量问题制定解决方案 2. 能解决生产作业中出现的疑难问题 3. 能根据箔厚调整焊接工艺参数	1. 箔材产品缺陷及成因 2. 超声波焊接装置基本结构及控制原理
		（二）生产管理	1. 能对物料投入、转换、产出进行计划、组织、调节 2. 能在作业中合理安排和协调人员、设备、工作程序	物流管理基本知识
		（三）设备管理	1. 能提出设备的维护和检修方案 2. 能对大修、中修质量进行检查、评判	设备维护检修质量标准

续表

职业功能		工作内容	技能要求	相关知识
板带箔精整	四、分切	（四）技术管理	1. 能在生产作业时针对不同产品的工艺参数进行优化 2. 能对生产实践经验进行总结 3. 能对生产、设备系统中存在的不足提出改进方案 4. 能参与新工艺、新设备、新产品的开发、试验	1. 各工艺参数相互间的关系 2. 数理统计基础知识 3. 本岗位新技术的发展方向
		（五）培训与指导	1. 能对初、中、高级工进行业务培训 2. 能指导初、中、高级工进行实际操作	培训教学的基本方法
	五、片材组合精整	（一）生产操作	1. 能根据合金状态及规格提出压光辊的磨削弧度 2. 能合理分配压光机的道次压下量 3. 能调整支撑辊压下量矫直硬合金宽幅板材 4. 能配合钳工装配矫直辊 5. 能对压折、印痕、波浪等质量缺陷进行分析，并采取挽救和改进措施	1. 多辊矫直机的矫直技术 2. 矫直机的基本参数 3. 质量缺陷的产生原因及改进措施
		（二）生产管理	1. 能对物料投入、转换、产出进行计划、组织、调节 2. 能在作业中合理安排和协调人员、设备、工作程序	物流管理基本知识
		（三）设备管理	1. 能提出设备的维护和检修方案 2. 能对大修、中修质量进行检查、评判	设备维护检修质量标准
		（四）技术管理	1. 能在生产作业时针对不同产品的工艺参数进行优化 2. 能对生产实践经验进行总结 3. 能对生产、设备系统中存在的不足提出改进方案 4. 能参与新工艺、新设备、新产品的开发、试验	1. 各工艺参数相互间的关系 2. 数理统计基础知识 3. 本岗位新技术的发展方向

续表

职业功能		工作内容	技能要求	相关知识
板带箔精整	五、片材组合精整	（五）培训与指导	1. 能对初、中、高级工进行业务培训 2. 能指导初、中、高级工进行实际操作	培训教学的基本方法
管棒型线材精整	六、拉伸矫直	（一）生产操作	1. 能解决圆形断面等高难度制品的矫直问题 2. 能设计拉伸机用垫块 3. 能综合分析质量问题产生的原因并提出改进意见	1. 机械制图、设计的基础知识 2. 圆形断面等高难度制品的矫直方法 3. 质量问题处理方法 4. 工具结构知识 5. 异常现象产生原因
		（二）生产管理	1. 能对物料投入、转换、产出进行计划、组织、调节 2. 能在作业中合理安排和协调人员、设备、工作程序	物流管理基本知识
		（三）设备管理	1. 能提出设备的维护和检修方案 2. 能对大修、中修质量进行检查、评判	设备维护检修质量标准
		（四）技术管理	1. 能在生产作业时针对不同产品的工艺参数进行优化 2. 能对生产实践经验进行总结 3. 能对生产、设备系统中存在的不足提出改进方案 4. 能参与新工艺、新设备、新产品的开发、试验	1. 各工艺参数相互间的关系 2. 数理统计基础知识 3. 本岗位新技术的发展方向
		（五）培训与指导	1. 能对初、中、高级工进行业务培训 2. 能指导初、中、高级工进行实际操作	培训教学的基本方法
	七、辊式矫直	（一）生产操作	1. 能根据制品外形尺寸配辊并调整压下量矫直复杂型材 2. 能设计扭拧机、压力机用垫块 3. 能综合分析质量问题产生的原因并提出改进意见	1. 机械制图、设计的基础知识 2. 质量问题处理方法 3. 工具结构知识 4. 机械制图知识 5. 异常现象产生原因

续表

职业功能		工作内容	技能要求	相关知识
管棒型线材精整	七、辊式矫直	（二）生产管理	1. 能对物料投入、转换、产出进行计划、组织、调节 2. 能在作业中合理安排和协调人员、设备、工作程序	物流管理基本知识
		（三）设备管理	1. 能提出设备的维护和检修方案 2. 能对大修、中修质量进行检查、评判	设备维护检修质量标准
		（四）技术管理	1. 能在生产作业时针对不同产品的工艺参数进行优化 2. 能对生产实践经验进行总结 3. 能对生产、设备系统中存在的不足提出改进方案 4. 能参与新工艺、新设备、新产品的开发、试验	1. 各工艺参数相互间的关系 2. 数理统计基础知识 3. 本岗位新技术的发展方向
		（五）培训与指导	1. 能对初、中、高级工进行业务培训 2. 能指导初、中、高级工进行实际操作	培训教学的基本方法
	八、盘管精整	（一）生产操作	1. 能通过对新产品进行试生产总结出相应的生产操作工艺 2. 能对产品质量进行综合分析，区分不同工序产生的缺陷 3. 能对喷墨系统及喷枪的故障进行排除	1. 相关工序产品缺陷产生的原因 2. 气动基本知识
		（二）生产管理	1. 能对物料投入、转换、产出进行计划、组织、调节 2. 能在作业中合理安排和协调人员、设备、工作程序	物流管理基本知识
		（三）设备管理	1. 能提出设备的维护和检修方案 2. 能对大修、中修质量进行检查、评判	设备维护检修质量标准

续表

职业功能		工作内容	技能要求	相关知识
管棒型线材精整	八、盘管精整	（四）技术管理	1. 能在生产作业时针对不同产品的工艺参数进行优化 2. 能对生产实践经验进行总结 3. 能对生产、设备系统中存在的不足提出改进方案 4. 能参与新工艺、新设备、新产品的开发、试验	1. 各工艺参数相互间的关系 2. 数理统计基础知识 3. 本岗位新技术的发展方向
		（五）培训与指导	1. 能对初、中、高级工进行业务培训 2. 能指导初、中、高级工进行实际操作	培训教学的基本方法

3.5 高级技师（第一至第四职业功能为可选模块，根据申报人情况任选其一）

职业功能		工作内容	技能要求	相关知识
板带箔精整	一、拉弯矫直	（一）生产操作	1. 能操作两种以上相关设备完成精整作业 2. 能生产高精度、高难度产品 3. 能解决拉弯矫生产中疑难技术问题 4. 能对设备、工艺提出改进意见，提高产品质量和生产效率	1. 工艺设计知识 2. 相关设备操作规程
		（二）设备管理	1. 能分析设备事故原因，制定防范措施 2. 能调试验收新建、技改拉矫机列	1. 设备事故的处理知识 2. 设备验收要求
		（三）技术管理	1. 能系统总结生产设备中易出现的问题及维护和检修经验 2. 能系统总结生产的实践经验 3. 能参与技术交流 4. 能撰写技术攻关、技术开发项目的总结报告	科技论文写作知识

续表

职业功能		工作内容	技能要求	相关知识
板带箔精整	一、拉弯矫直	（四）培训与指导	1. 能对初、中、高级工和技师进行业务培训 2. 能编写培训讲义 3. 能示范实际操作技巧，并能指导初、中、高级工和技师进行实际操作	培训讲义编写方法
	二、纵切	（一）生产操作	1. 能操作两种以上精整设备 2. 能生产高精度、高难度产品 3. 能检查各种规格的配刀质量 4. 能对设备、工艺提出改进意见，提高产品质量和生产效率	1. 相关设备操作规程 2. 金属材料加工性能 3. 圆盘剪剪切原理
		（二）设备管理	能分析设备事故原因，制定防范措施	设备事故的处理知识
		（三）技术管理	1. 能系统总结生产设备中易出现的问题及维护和检修经验 2. 能系统总结生产的实践经验 3. 能参与技术交流 4. 能撰写技术攻关、技术开发项目的总结报告	科技论文写作知识
		（四）培训与指导	1. 能对初、中、高级工和技师进行业务培训 2. 能编写培训讲义 3. 能示范实际操作技巧，并能指导初、中、高级工和技师进行实际操作	培训讲义编写方法
	三、分切	（一）生产操作	1. 能生产高精度、高难度产品 2. 能检查各种规格的配刀质量 3. 能对设备、工艺提出改进意见，提高产品质量和生产效率	金属材料加工性能
		（二）设备管理	能分析设备事故原因，制定防范措施	设备事故的处理知识

续表

职业功能		工作内容	技能要求	相关知识
板带箔精整	三、分切	（三）技术管理	1. 能系统总结生产设备中易出现的问题及维护和检修经验 2. 能系统总结生产的实践经验 3. 能参与技术交流 4. 能撰写技术攻关、技术开发项目的总结报告	科技论文写作知识
		（四）培训与指导	1. 能对初、中、高级工和技师进行业务培训 2. 能编写培训讲义 3. 能示范实际操作技巧，并能指导初、中、高级工和技师进行实际操作	培训讲义编写方法
管棒型线材精整	四、辊式矫直	（一）生产操作	1. 能矫直高精度、高难度制品 2. 能根据制品形状设计专用辊型 3. 能解决生产中疑难技术问题	高难度制品矫直方法
		（二）设备管理	能分析设备事故原因，制定防范措施	设备事故的处理知识
		（三）技术管理	1. 能系统总结生产设备中易出现的问题及维护和检修经验 2. 能系统总结生产的实践经验 3. 能参与技术交流 4. 能撰写技术攻关、技术开发项目的总结报告	科技论文写作知识
		（四）培训与指导	1. 能对初、中、高级工和技师进行业务培训 2. 能编写培训讲义 3. 能示范实际操作技巧，并能指导初、中、高级工和技师进行实际操作	培训讲义编写方法

4. 比 重 表

4.1 理论知识

项　目		初级/%	中级/%	高级/%	技师/%	高级技师/%
基本要求	职业道德	5	5	5	5	5
	基础知识	35	30	25	20	15
相关知识	生产准备	20	10	—	—	—
	生产操作*	35	50	55	35	35
	工序物料管理	5	—	—	—	—
	设备管理	—	5	10	10	15
	生产管理	—	—	—	10	—
	技术管理	—	—	—	15	20
	培训与指导	—	—	5	5	10
合　计		100	100	100	100	100

*生产操作指工作要求表中可选模块部分。

4.2 技能操作

项　目		初级/%	中级/%	高级/%	技师/%	高级技师/%
技能操作	生产准备	30	25	5	—	—
	生产操作*	50	90	85	75	65
	工序物料管理	20	—	—	—	—
	生产管理	—	5	5	5	—
	设备管理	—	—	—	5	10
	技术管理	—	—	—	10	15
	培训与指导	—	—	5	5	10
总　计		100	100	100	100	100

*生产操作指工作要求表中可选模块部分。

有色金属行业职业技能标准

金属材丝拉拔工

西南铝业（集团）有限责任公司起草

说　明

根据《中华人民共和国劳动法》的有关规定，为了进一步完善国家职业标准体系，为职业教育、职业培训和职业技能鉴定提供科学、规范的依据，劳动和社会保障部组织有关专家，制定了《金属材丝拉拔工职业技能鉴定标准》（以下简称《标准》）。

一、本《标准》以《中华人民共和国职业分类大典》为依据，以客观反映现阶段本职业的水平和对从业人员的要求为目标，在充分考虑经济发展、科技进步和产业结构变化对本职业影响的基础上，对职业的活动范围、工作内容、技能要求和知识水平作了明确规定。

二、本《标准》的制定遵循了有关技术规程的要求，既保证了《标准》体例的规范化，又体现了以职业活动为导向、以职业技能为核心的特点，同时也使其具有根据科技发展进行调整的灵活性和实用性，符合培训、鉴定和就业工作的需要。

三、本《标准》依据有关规定将本职业分为五个等级，包括职业概况、基本要求、工作要求和比重表四个方面的内容。

四、本《标准》是在有色金属行业职业技能鉴定指导中心的具体组织下，在各有关专家和实际工作者的共同努力下完成的。参加编写的主要人员有：组长王正安；组员沈晓峰、李巧云、朱毅。参加审定的主要人员有：石明柱、曹利、曹秀萍、居敏刚、马为民、邵友谊、吴予才、杨亚平、姚晓燕、蒋维湘、谢承杰、丁跃华、汪洁、代作春。本《标准》由西南铝业（集团）有限责任公司负责起草，在制定过程中得到了中国铝业公司、中国铝业股份有限公司、洛阳铜加工集团有限责任公司、兰州铝业股份有限公司西北铝加工分公司、宝钛集团有限公司、海亮集团有限公司、厦门虹鹭钨钼工业有限公司、云南铜业集团公司等有关单位的大力支持，在此一并致谢。

五、本《标准》业经中国有色金属工业协会批准，自 2006 年 9 月 21 日起施行。

金属材丝拉拔工

1. 职 业 概 况

1.1 职业名称

金属材丝拉拔工。

1.2 职业定义

操作拉拔设备，拔制金属管、棒、型、线、丝材的人员。

1.3 职业等级

本职业设四个等级，分别为：初级（国家职业资格五级）、中级（国家职业资格四级）、高级（国家职业资格三级）、技师（国家职业资格二级）。

1.4 职业环境

室内，常温/高温，噪声，粉尘。

1.5 职业能力特征

具有一定的观察、判断能力和计算能力，手指、手臂灵活，动作协调，视力良好，听觉正常，身体状况良好。

1.6 基本文化程度

初中毕业。

1.7 培训要求

1.7.1 培训期限

全日制职业学校教育，根据其培养目标和教学计划确定。晋级培训期限：初级、中级均不少于180标准学时；高级不少于150标准学时；技师不少于100标准学时。

1.7.2 培训教师

培训初、中、高级工的教师应具有本职业技师以上职业资格或相关专业中级及以上专业技术职务任职资格；培训技师的教师应具有相关专业中级专业技术职务任职资格2年以上或高级专业技术职务任职资格。

1.7.3 培训场地设备

满足教学需要的标准教室及具有拉拔机配套设备的生产现场或模拟生产现场。

1.8 鉴定要求

1.8.1 适用对象

从事或准备从事本职业的人员。

1.8.2 申报条件

——**初级**(具备以下条件之一者)

(1) 经本职业初级正规培训达规定标准学时数，并取得结业证书。

(2) 在本职业连续见习工作 1 年以上。

(3) 本职业学徒期满。

——**中级**(具备以下条件之一者)

(1) 取得本职业初级职业资格证书后，连续从事本职业 2 年以上，经本职业中级正规培训达规定标准学时数，并取得结业证书。

(2) 取得本职业初级职业资格证书后，连续从事本职业 3 年以上。

(3) 连续从事本职业工作 5 年以上。

(4) 取得经劳动保障行政部门审核认定的、以中级技能为培训目标的中等以上职业学校本职业（专业）毕业证书。

——**高级**(具备以下条件之一者)

(1) 取得本职业中级职业资格证书后，连续从事本职业 3 年以上，经本职业高级正规培训达规定标准学时数，并取得结业证书。

(2) 取得本职业中级职业资格证书后，连续从事本职业 4 年以上。

(3) 取得经劳动保障行政部门审核认定的、以高级技能为培训目标的高级技工学校或高等职业学校本职业（专业）毕业证书。

(4) 取得本职业中级职业任职资格证书的大专以上本专业或相关专业毕业生，连续从事本职业工作 2 年以上。

——**技师**(具备以下条件之一者)

(1) 取得本职业高级职业资格证书后，连续从事本职业 4 年以上，经本职业技师正规培训达规定标准学时数，并取得结业证书。

(2) 取得本职业高级职业资格证书后，连续从事本职业 6 年以上。

(3) 取得本职业高级职业资格证书的高级技工学校本职业（专业）毕业生和大专以上本专业或相关专业毕业生，连续从事本职业工作 2 年以上。

1.8.3 鉴定方式

分为理论知识考试和技能操作考核。理论知识考试采用闭卷笔试方式，技能操作考核采用现场实际操作方式。理论知识考试和技能操作考核均实行百分制，成绩皆达到 60 分及以上者为合格。技师和高级技师须进行综合评审。

1.8.4 考评人员与考生配比

理论知识考试考评人员与考生配比为 1∶20，每个标准教室不少于 2 名考评人员；技能操作考核考评人员与考生配比 1∶5，且不少于 3 名考评员；综合评审委员不少于5人。

1.8.5 鉴定时间

理论知识考试时间90～120min；技能操作考核时间60～180min；综合评审时间不少于20min。

1.8.6 鉴定场所设备

理论知识考试在标准教室里进行；技能操作考核在包括拉拔机和相关辅助设备及必要的工具、量具等的生产现场或模拟生产现场进行。

2. 基 本 要 求

2.1 职业道德

2.1.1 职业道德基本知识

2.1.2 职业守则

（1）遵守法律、法规和有关规定。

（2）爱岗敬业、具有高度的责任心。

（3）严格执行工作程序、工作规范、工艺文件和安全操作规程。

（4）工作认真负责，团结合作。

（5）爱护设备及工模具、量具。

（6）按规定着装，文明生产；保持工作环境清洁有序，具有较强的环保意识。

2.2 基础知识

2.2.1 基础理论知识

（1）常用有色金属及合金名称、牌号、成分、规格、状态表示方法。

（2）常用有色金属材料组织性能及热处理基本知识。

（3）常用拉拔工具、模具材料性能基本知识。

（4）拉拔设备基本构造及工作原理。

（5）常用拉拔参数计算方法。

（6）机械制图基本知识。

（7）机械、电气基本知识。

2.2.2 金属拉拔专业基础知识

（1）塑性变形基本理论知识。

（2）金属拉拔变形原理。

（3）金属拉拔方法分类及特点。

(4) 拉拔工艺及润滑知识。
(5) 金属拉拔常见缺陷及产生的原因。
(6) 拉拔工、模具的使用和维护知识。
(7) 拉拔设备的操作和维护知识。

2.2.3 安全文明生产与环境保护知识

(1) 现场文明生产要求。
(2) 安全操作与劳动保护知识。
(3) 环境保护知识。

2.2.4 质量管理知识

(1) 企业的质量方针、目标。
(2) 岗位工作质量要求。
(3) 岗位的质量保证措施与责任。

2.2.5 相关法律、法规知识

(1)《中华人民共和国劳动法》的相关知识。
(2)《中华人民共和国劳动合同法》的相关知识。
(3)《中华人民共和国安全生产法》的相关知识。

3. 工 作 要 求

本标准对初级、中级、高级、技师的技能要求依次递进，高级别涵盖低级别的要求。

3.1 初级

职业功能	工作内容	技能要求	相关知识
一、准备工作	(一) 交、接班	1. 能明确上一个班工作情况及本班的工作任务 2. 能将本班工作情况向下一班交代清楚 3. 能正确填写原始记录	1. 交、接班规定 2. 原始记录的填写要求
	(二) 工、模、量具准备	能按生产卡片领取生产所需的工、模、量具	工、模、量具名称、用途
	(三) 物料准备	能准备生产所需原料、辅料	原料、辅料名称及辅料用途

续表

职业功能	工作内容	技能要求	相关知识
一、准备工作	（四）生产准备	1. 能读生产卡片，知悉坯料、制品的牌号、规格 2. 能对设备进行外观检查，确认设备是否完好 3. 能进行本岗位设备的空负荷运转	1. 相关产品标准 2. 设备检查的基本方法
二、坯料端头加工	（一）端头加热	能按合金、品种、规格的加热制度加热坯料端头	工艺操作规程及作业指导书
	（二）端头制作	能使用制头设备制作常规形状的拉拔端头	1. 制头设备的结构 2. 坯料端头的制作方法
三、拉拔操作	（一）拉拔润滑	能根据拉拔方法对所拉制的物料进行工艺润滑操作	润滑剂的种类及作用
	（二）装、卸料	能进行上机装料、卸料作业	1. 上料、卸料机构基本构造 2. 吊运相关知识
	*（三）坯料及模具加热或冷却	能根据工艺要求进行坯料及模具加热或冷却	坯料、模具加热或冷却规程
	（四）金属拉拔	1. 能启动和停止拉拔机 2. 能装卸拉拔工、模具 3. 能进行圆形断面材料的拉拔操作 4. 能检测制品尺寸	1. 拉拔机的名称和类型 2. 拉拔机操作规程 3. 量具使用方法
四、设备保养与维护	（一）设备保养	能发现设备异常情况	设备故障判断的基本方法
	（二）设备维护	能对设备进行清扫、清洁	设备保养的基本要求

注：有*标记处，可以根据企业生产情况选择。

3.2 中级

职业功能	工作内容	技能要求	相关知识
一、准备工作	（一）交、接班	能对交、接班情况进行现场确认，并对遗留问题提出处理建议	拉拔机的基本结构
	（二）生产准备	能判断设备空负荷运转是否正常	
二、坯料端头加工	（一）端头制作工具的选择或安装	能依据制品品种、规格选择和安装端头制作模具	端头制作模具选择和安装方法
	（二）端头制作	1. 能加工不同形状的端头 2. 能依据拉拔情况修整端头	端头制作方法

续表

职业功能	工作内容	技能要求	相关知识
三、拉拔操作	（一）修伤	能对坯料表面缺陷进行修理	坯料表面缺陷修理方法
	（二）工模具选配	1. 能依据生产卡片选配工、模具 2. 能对拉拔模、芯头表面进行简单处理	1. 工、模具使用知识 2. 拉拔模、芯头规格系列
	（三）金属拉拔	1. 能根据工艺要求选择拉拔工艺参数 2. 能根据所生产的合金、品种选择润滑剂 3. 能处理拉拔过程中的拉断现象	1. 润滑剂选配知识 2. 拉拔异常情况处理方法
	（四）质量控制	1. 能发现制品内、外表面缺陷 2. 能判断制品尺寸是否合格	制品技术要求
四、设备保养与维护	（一）设备保养	1. 能对设备进行点检 2. 能按要求对设备进行润滑、紧固	设备维护与使用规程
	（二）设备维护	能处理简单的设备故障	

3.3　高级

职业功能	工作内容	技能要求	相关知识
一、拉拔操作	（一）识图	1. 能识读制品断面形状图 2. 能识读工、模具图	识图知识
	（二）金属拉拔	1. 能拉拔复杂断面的管、棒、型材或较高精度的线、丝材 2. 能根据制品的尺寸、精度进行模具、工艺参数调整 3. 能判定和处理拉拔过程中异常现象	拉拔工艺及配模知识
	（三）质量控制	能判断制品内、外表面缺陷产生的主要原因，并能采取改进措施	表面缺陷消除方法

续表

职业功能	工作内容	技能要求	相关知识
二、设备维护与故障处理	（一）设备维护	能通过空负荷试车判断维修质量	排除设备故障的一般方法
	（二）故障处理	能发现设备一般故障隐患	
三、培训与指导	（一）培训	能对初、中级工进行业务培训	培训指导的基本方法
	（二）指导	能指导初、中级工进行实际操作	

3.4 技师

职业功能	工作内容	技能要求	相关知识
一、拉拔操作	（一）金属拉拔	1. 能拉拔高精度、高难度制品 2. 能对新产品拉拔工艺和模具设计的合理性进行分析，并提出改进建议	1. 工艺设计知识 2. 拉拔配模计算方法
	（二）拉拔配模	能进行管、棒、型、线、丝材拉拔配模	
二、设备维护与故障处理	（一）设备维护	1. 能通过设备点检，发现设备故障隐患 2. 能分析设备故障发生原因，制定防范措施	1. 设备故障处理知识 2. 设备大、中修验收标准 3. 新设备技术性能要求
	（二）设备调试	1. 能进行大、中修设备的调试 2. 能进行新设备的调试操作	
三、培训与指导	（一）业务培训	1. 能编写培训讲义 2. 能对初级、中级、高级工进行相关业务知识培训	1. 技能培训的基本要求 2. 操作指导方法 3. 培训讲义的编写格式
	（二）指导操作	能传授实际生产中解决问题的方法和技巧，并能对高级工进行实际操作指导	
四、技术管理	（一）技术总结	1. 能总结拉拔生产的实践经验 2. 能撰写技术总结	1. 技术总结撰写要求 2. 统计基础知识
	（二）技术改进	1. 能针对生产或设备存在的薄弱环节提出改进建议 2. 能提出新工艺研究建议 3. 能分析影响工序成品率或合格率的因素，并提出改进措施 4. 能按质量管理体系的相关要求组织实施工艺改进	1. 本岗位新工艺、新技术、新设备的发展方向 2. 质量管理知识 3. 质量管理体系的相关要求

4. 比 重 表

4.1 理论知识

项　目		初级/%	中级/%	高级/%	技师/%
基本要求	职业道德	5	5	5	5
	基础知识	35	35	30	25
相关知识	准备工作	10	10	—	—
	坯料端头加工	5	5	—	—
	拉拔操作	40	40	45	40
	设备保养与维护	5	5	—	—
	设备维护与故障处理	—	—	10	10
	培训与指导	—	—	10	10
	技术管理	—	—	—	10
合　计		100	100	100	100

4.2 技能操作

项　目		初级/%	中级/%	高级/%	技师/%
技能要求	准备工作	20	20	—	—
	坯料端头加工	10	10	—	—
	拉拔操作	60	60	70	65
	设备保养与维护	10	10	—	—
	设备维护与故障处理	—	—	20	20
	培训与指导	—	—	10	10
	技术管理	—	—	—	5
合　计		100	100	100	100

国家职业标准

金属挤压工

中华人民共和国劳动和社会保障部制定

说　　明

根据《中华人民共和国劳动法》的有关规定，为了进一步完善国家职业标准体系，为职业教育、职业培训和职业技能鉴定提供科学、规范的依据，劳动和社会保障部委托有色金属行业职业技能鉴定指导中心组织有关专家，制定了《金属挤压工国家职业标准》（以下简称《标准》）。

一、本《标准》以《中华人民共和国职业分类大典》为依据，以客观反映现阶段本职业的水平和对从业人员的要求为目标，在充分考虑经济发展、科技进步和产业结构变化对本职业影响的基础上，对职业的活动范围、工作内容、技能要求和知识水平都作了明确规定。

二、本《标准》的制定遵循了有关技术规程的要求，既保证了《标准》体例的规范化，又体现了以职业活动为导向、以职业能力为核心的特点，同时也使其具有根据科技发展进行调整的灵活性和实用性，符合培训、鉴定和就业工作的需要。

三、本《标准》依据有关规定将本职业分为五个等级，包括职业概况、基本要求、工作要求和比重表四个方面的内容。

四、本《标准》是在各有关专家和实际工作者的共同努力下完成的。参加编写的主要人员有：组长王正安；组员：陈庆、孙熙南、杨纯梅、饶茂、李晓风、严其良。参加审定的主要人员有：李巧云、杨建军、曹利、费波、刘丽英、马为民、宋微、杨亚平、张全叶、丁学全、丁跃华、毛远建、欧阳袖、田丰、刘永澎。本《标准》由西南铝业（集团）有限责任公司、洛阳铜加工集团有限责任公司负责起草，在制定过程中得到了中国铝业公司、中国铝业股份有限公司、宝钛集团有限公司、东北轻合金有限责任公司、高新张铜股份有限公司、海亮集团有限公司、兰州铝业股份有限公司、辽宁忠旺铝型材有限公司等有关单位的大力支持，在此一并致谢。

五、本《标准》业经劳动和社会保障部批准，自 2007 年 1 月 1 日起施行。

金属挤压工国家职业标准

1. 职 业 概 况

1.1 职业名称

金属挤压工。

1.2 职业定义

操作挤压设备，将金属及合金锭坯挤制成管、棒、型、线、排材制品及修复挤压工具、模具的人员。

1.3 职业等级

本职业设五个等级，分别为：初级（国家职业资格五级）、中级（国家职业资格四级）、高级（国家职业资格三级）、技师（国家职业资格二级）、高级技师（国家职业资格一级）。

1.4 职业环境

室内，高温，噪声，粉尘，有害气体。

1.5 职业能力特征

具有较强的计算能力、观察判断能力和空间感，身体健康，视力良好，听觉正常，手指、手臂灵活，动作协调。

1.6 基本文化程度

初中毕业。

1.7 培训要求

1.7.1 培训期限

全日制职业学校教育，根据其培养目标和教学计划确定。晋级培训期限：初级、中级均不少于180标准学时；高级不少于150标准学时；技师、高级技师均不少于100标准学时。

1.7.2 培训教师

培训初级、中级、高级金属挤压工的教师应具有本职业技师以上职业资格或相关专业中级及以上专业技术职务任职资格；培训技师的教师应具有本职业高级技师职业资格、相关专业中级专业技术职务任职资格2年以上或高级专业技术职务任职资格；培训高级技师的教师应具有本职业高级技师职业资格2年以上、相关专业中级专业技术职务任职资格5年以上或高级专业技术职务任职资格。

1.7.3　培训场地设备

标准教室，具有挤压配套设备的生产现场或模拟生产现场。

1.8　鉴定要求

1.8.1　适用对象

从事或准备从事本职业的人员。

1.8.2　申报条件

——初级(具备以下条件之一者)

(1) 经本职业初级正规培训达规定标准学时数，并取得结业证书。

(2) 在本职业连续见习工作2年以上。

(3) 本职业学徒期满。

——中级(具备以下条件之一者)

(1) 取得本职业初级职业资格证书后，连续从事本职业工作3年以上，经本职业中级正规培训达规定标准学时数，并取得结业证书。

(2) 取得本职业初级职业资格证书后，连续从事本职业工作5年以上。

(3) 连续从事本职业工作7年以上。

(4) 取得经劳动保障行政部门审核认定的、以中级技能为培养目标的中等以上职业学校本职业（专业）毕业证书。

——高级(具备以下条件之一者)

(1) 取得本职业中级职业资格证书后，连续从事本职业工作4年以上，经本职业高级正规培训达规定标准学时数，并取得结业证书。

(2) 取得本职业中级职业资格证书后，连续从事本职业工作7年以上。

(3) 取得经劳动保障行政部门审核认定的、以高级技能为培养目标的高级技工学校或高等职业学校本职业（专业）毕业证书。

(4) 取得本职业中级职业资格证书的大专以上本专业或相关专业毕业生，连续从事本职业工作2年以上。

——技师(具备以下条件之一者)

(1) 取得本职业高级职业资格证书后，连续从事本职业工作5年以上，经本职业技师正规培训达规定标准学时数，并取得结业证书。

(2) 取得本职业高级职业资格证书后，连续从事本职业工作8年以上。

(3) 取得本职业高级职业资格证书的高级技工学校本职业（专业）毕业生，连续从事本职业工作2年以上。

(4) 取得本职业高级职业资格证书的大专以上本专业或相关专业毕业生，连续从事本职业工作2年以上。

——高级技师(具备以下条件之一者)

(1) 取得本职业技师职业资格证书后，连续从事本职业工作3年以上，经本

职业高级技师正规培训达规定标准学时数，并取得结业证书。

（2）取得本职业技师职业资格证书后，连续从事本职业工作5年以上。

1.8.3　鉴定方式

分为理论知识考试和技能操作考核。理论知识考试采用闭卷笔试方式，技能操作考核采用现场实际操作方式或模拟操作方式。理论知识考试和技能操作考核均实行百分制，成绩皆达60分及以上者为合格。技师和高级技师鉴定还须进行综合评审。

1.8.4　考评人员与考生配比

理论知识考试考评人员与考生配比为1∶20，每个标准教室不少于2名考评人员；技能操作考核考评人员与考生配比为1∶5，且不少于3名考评员；综合评审委员不少于5人。

1.8.5　鉴定时间

理论知识考试时间90～120min；技能操作考核时间60～180min；综合评审时间不少于20min。

1.8.6　鉴定场所设备

理论知识考试在标准教室进行。技能操作考核在具有挤压配套设备的生产现场或模拟生产现场进行。

2. 基本要求

2.1　职业道德

2.1.1　职业道德基本知识

2.1.2　职业守则

（1）遵守法律、法规和有关规定。

（2）爱岗敬业、具有高度的责任心。

（3）严格执行工作程序、工作规范、工艺文件和安全操作规程。

（4）工作认真负责，团结合作。

（5）爱护设备及工具、模具、量具。

（6）按规定着装，文明生产；保持工作环境清洁有序，具有较强的环保意识。

2.2　基础知识

2.2.1　基础理论知识

（1）常用有色金属及合金名称、牌号、成分、性能、状态表示方法。

（2）常用有色金属材料组织性能及热处理基本知识。

（3）常用挤压工具、模具材料性能基本知识。

（4）挤压设备基本构造及工作原理。

（5）常用挤压参数计算方法。
（6）机械制图基本知识。
（7）机械、电气基本知识。

2.2.2　压力加工基础知识

（1）塑性变形基本理论知识。
（2）挤压过程中金属变形特点。
（3）金属挤压工艺基本知识。
（4）金属挤压分类及特点。
（5）金属挤压常见缺陷及产生的原因。
（6）挤压设备操作和维护知识。
（7）挤压工具、模具使用和维护知识。
（8）挤压过程中工艺润滑知识。

2.2.3　安全文明生产与环境保护知识

（1）现场文明生产要求。
（2）安全操作与劳动保护知识。
（3）环境保护知识。

2.2.4　质量管理知识

（1）企业的质量方针、目标。
（2）岗位工作质量要求。
（3）岗位的质量保证措施与责任。

2.2.5　相关法律、法规知识

（1）《中华人民共和国劳动法》相关知识。
（2）《中华人民共和国劳动合同法》相关知识。
（3）《中华人民共和国安全生产法》相关知识。

3. 工 作 要 求

本标准对初级、中级、高级、技师和高级技师的技能要求依次递进，高级别涵盖低级别的要求。

3.1　初级（第一、二职业功能模块为可选模块，根据申报者所从事的工作选择）

职业功能	工作内容	技能要求	相关知识
一、金属挤压	（一）交接班	1. 能明确上一班工作情况及本班工作任务 2. 能将本班工作情况向下一班交代清楚	交接班规定

续表

职业功能	工作内容	技能要求	相关知识
一、金属挤压	（二）挤压准备	能识读生产卡片，知悉生产制品规格、合金牌号、熔次号、状态及锭坯规格	1. 挤压制品规格的表示方法 2. 锭坯规格及标识的表示方法
	（三）工具、量具准备	能准备生产所需的工具、量具	工具、量具的名称、用途
	（四）物料准备	能准备生产所需的锭坯、辅料	1. 锭坯的表面质量要求 2. 辅料的名称、用途
	（五）锭坯加热	1. 能将锭坯转运至加热炉前 2. 能将锭坯放入加热炉内	1. 锭坯转运的有关知识 2. 转运设备的操作或指挥知识 3. 锭坯加热的有关知识
	（六）工具、模具更换	能更换已准备好的挤压模具	1. 模具的作用及更换知识 2. 工具、模具加热的有关知识
	（七）制品转运	能将挤压完成的制品按规定吊运至相应的料场	物料吊运、存放规定
	（八）残料、废料转运	1. 能按不同合金牌号分别收集残料、废料 2. 能将残料、废料分运至相应的指定位置	1. 残料的处理方法 2. 废料的分级及管理规定
	（九）填写记录	能填写生产原始记录、交接班记录	原始记录填写要求
二、工具、模具处理	（一）工具、模具加热	能根据工具、模具类型选择加热参数，并进行工具、模具加热	工具、模具加热的有关知识
	（二）模具装配	1. 能进行平模的装配 2. 能根据管材、棒材、排材产品规格选配模垫、环	1. 模具装配知识 2. 工具、量具的名称、用途
	（三）模具清理	1. 能对使用后的模具进行蚀洗、清洁 2. 能按要求放置清洁后的模具	1. 模具清洗知识 2. 模具放置知识
三、设备管理	（一）设备保养	能对设备的积尘、杂物、油垢进行清扫	设备维护的基本要求
	（二）设备维护	能发现设备直观显现的故障	设备直观显现故障判断的基本常识

3.2　中级（第一、二职业功能模块为可选模块，根据申报者所从事的工作选择）

职业功能	工作内容	技能要求	相关知识
一、金属挤压	（一）交接班	能对交接班情况进行现场确认，对遗留问题提出处理建议	1. 挤压筒、挤压轴、针支承等挤压工具的装卸方法 2. 相关量具的使用方法
	（二）挤压准备	1. 能核对加热锭坯与卡片内容的一致性 2. 能装卸挤压筒、挤压轴、针支承等挤压工具 3. 能测量挤压轴、挤压针与挤压筒的同心度	
	（三）挤压参数设定	1. 能根据工艺卡片选择和设定挤压速度 2. 能按工艺要求设定挤压筒加热温度	1. 锭坯加热的质量要求 2. 挤压筒加热制度 3. 辅助设备控制系统中各阀体的作用 4. 润滑剂的配比和使用方法
	（四）锭坯加热	1. 能对不同合金锭坯进行加热 2. 能判断锭坯加热出现的异常状况	
	（五）空负荷操作	1. 能按照操作程序启动挤压机辅助设备 2. 能按工艺要求配制使用润滑剂	
	（六）有负荷操作	1. 能用送锭机构将锭坯和垫片送至挤压筒中 2. 能操作挤压机将锭坯挤制成棒材、排材、线材、圆形管材、简单断面型材 3. 能操作压余分离装置进行压余分离	1. 送锭机构、分离机构的操作程序 2. 挤压工艺操作规程 3. 挤压速度、温度对制品外形尺寸的影响
	（七）质量控制	1. 能检测挤制品的断面尺寸并判断其是否合格 2. 能计算管材偏心率，并判定是否合格	1. 技术标准的相关要求 2. 管材偏心率的计算方法
二、工具、模具处理	（一）工具、模具选配	1. 能选配各种棒材、排材、线材、管材模具 2. 能选配各种挤压针 3. 能装配组合模具 4. 能选配型材模具的模垫及挤压环	1. 挤压工具、模具配套知识 2. 修模的基本知识

续表

职业功能	工作内容	技能要求	相关知识
二、工具、模具处理	（二）工具、模具修理	1. 能对工具、模具的工作部位进行抛光处理 2. 能修理影响管材、棒材、线材、排材、简单断面型材表面质量的模具	1. 挤压工具、模具配套知识 2. 修模的基本知识
	（三）工具、模具检测	1. 能检测模具外形及模孔尺寸 2. 能通过检测制品尺寸判定模具是否合格	
三、设备管理	（一）设备保养	能按要求对使用设备进行点检、润滑	设备点检、润滑制度
	（二）设备维护	能按要求对设备进行调整	

3.3 高级（第一、二职业功能模块为可选模块，根据申报者所从事的工作选择）

职业功能	工作内容	技能要求	相关知识
一、金属挤压	（一）挤压准备	1. 能读懂工艺卡片的技术要求 2. 能判定制品工艺合理性	相关技术标准
	（二）识图	能看懂产品图纸及其技术要求	
	（三）空负荷操作	1. 能按照操作程序启动挤压机 2. 能判定挤压机的运转状况是否正常	挤压机控制系统中各阀体的作用
	（四）有负荷操作	1. 能操作挤压机，控制挤压温度、速度，挤压常规制品 2. 能预防并处理闷车现象 3. 能发现生产过程中设备异常状况，并做出处理 4. 能根据制品的尺寸超差情况进行工具、模具调整	1. 处理闷车现象的方法 2. 设备一般故障的处理程序

续表

职业功能	工作内容	技能要求	相关知识
一、金属挤压	（五）质量控制	1. 能采取措施减少制品缩尾 2. 能分析并采取措施减轻或消除制品裂纹、划沟、气泡、波浪、扭拧等缺陷 3. 能计算制品的长度或重量	1. 缩尾产生的原因和处理方法 2. 外形及表面缺陷产生的原因和处理方法 3. 制品长度或重量的计算方法
	（六）设备管理	1. 能通过空负荷试车判断检修质量 2. 能发现设备一般故障隐患 3. 能进行新设备的调试操作	1. 设备故障的常见类型 2. 新设备技术性能要求
二、工具、模具处理	（一）工具、模具选配	1. 能完成挤压筒、挤压针等大型工具的热组装 2. 能根据挤压筒尺寸选配挤压垫片	相关工具的配合要求
	（二）工具、模具修理	1. 能判定一般型材因模具造成的外形、尺寸及表面缺陷，并进行模具修理 2. 能对一般的新模具进行预处理	1. 金属流动特性 2. 一般型材外形及表面缺陷产生的原因和修模方法
三、培训指导	（一）培训	能对初级、中级工进行业务培训	培训指导的基本方法
	（二）指导	能指导初级、中级工进行实际操作	

3.4 技师（第一、二职业功能模块为可选模块，根据申报者所从事的工作选择）

职业功能	工作内容	技能要求	相关知识
一、金属挤压	（一）挤压准备	能对新产品挤压工艺参数的合理性进行分析，并提出改进建议	挤压力的简单计算方法
	（二）有负荷操作	1. 能根据生产状况，调整工艺参数提高产品质量 2. 能判断制品出现异常情况的原因，并采取措施消除 3. 能操作挤压机生产复杂的管材、型材	挤压速度、温度、变形程度对制品组织、性能的影响

续表

职业功能	工作内容	技能要求	相关知识
一、金属挤压	（三）新产品开发	1. 能对新产品试制中出现的问题进行分析并提出改进措施 2. 能试用复杂断面的新型工具、模具	新产品试制的相关要求
	（四）质量控制	1. 能计算工序成品率 2. 能分析影响成品率的原因，并提出改进措施 3. 能分析影响常规产品组织、机械性能的因素	1. 成品率计算方法 2. 影响成品率的因素 3. 产品组织、机械性能不合格的原因
	（五）设备管理	1. 通过设备点检发现设备隐患 2. 能进行大修、中修设备的调试及验收	设备大修、中修质量标准
二、工具、模具处理	（一）工具、模具的选配	能根据新产品及其锭坯规格选择相应的挤压模、挤压轴、挤压筒、垫片等挤压工具	工具、模具装配图
	（二）工具、模具修理	1. 能判断挤压工具、模具损坏的原因，并提出预防措施 2. 能对比较复杂的模具进行修理	1. 挤压工具、模具报废条件 2. 模具构造知识
	（三）工具、模具设计	1. 能设计简单的圆形棒材、圆形管材、线材挤压模具 2. 能对新产品工具、模具的设计提出建议	挤压模具设计基本知识
三、管理与培训	（一）现场管理	1. 能提出现场定置管理的方案 2. 能针对工艺卡片进行管理	生产管理基本知识
	（二）技术管理	1. 能对生产实践经验进行书面总结 2. 能针对生产或设备系统中存在的薄弱环节提出改进方案 3. 能提出新工艺、新产品的研究建议 4. 能组织贯彻质量体系标准的相关要求	1. 质量控制程序要求 2. 质量分析与控制方法 3. 质量体系的相关要求
	（三）培训指导	能对初级、中级、高级工进行业务培训与实际操作指导	培训教学的基本方法

3.5 高级技师（第一、二职业功能模块为可选模块，根据申报者所从事的工作选择）

职业功能	工作内容	技能要求	相关知识
一、金属挤压	（一）有负荷操作	1. 能操作挤压机生产高精度、高难度制品 2. 能解决挤压生产中的疑难技术问题	1. 合金中主要元素对制品组织、性能的影响 2. 工艺设计知识
	（二）新产品开发	能对新产品挤压工艺方案的合理性进行分析，提出改进建议并参与实施	
	（三）工艺改进和技术创新	1. 能对挤压工艺及参数的优化提出建议 2. 能提出新技术实施方案	
	（四）质量控制	1. 能提出改善常规产品组织性能的具体方案并实施 2. 能解决现场技术问题	
	（五）设备管理	1. 能判断设备隐性故障类型 2. 能判定新设备动作程序的合理性，并提出建议	1. 液压、电气控制原理 2. 新设备结构及控制程序
二、工具、模具处理	（一）工具、模具修理	能修理复杂制品的挤压工具、模具	型材模具设计知识
	（二）工具、模具设计	1. 能设计简单断面型材模具 2、能对复杂产品工具、模具设计提出建议	
三、管理与培训	（一）现场管理	1. 能根据生产任务合理安排工作顺序 2. 能根据生产情况进行人员安排	现场管理基本知识
	（二）技术管理	1. 能进行操作过程的质量分析 2. 能提出编写设备使用与维护规程、安全生产操作规程、工艺操作规程的建议	1. 质量管理相关知识 2. 设备使用与维护规程、安全生产操作规程、工艺操作规程的编写要求

续表

职业功能	工作内容	技能要求	相关知识
三、管理与培训	（三）技术总结	1. 能系统地总结生产实践经验并形成总结报告 2. 能撰写技术论文	技术论文撰写知识
	（四）培训指导	1. 能编写培训讲义，并能对初级、中级、高级工和技师进行业务培训 2. 能示范实际操作技巧，并能指导初级、中级、高级工和技师进行实际操作	1. 培训讲义的编写方法 2. 技能培训的方法

4. 比 重 表

4.1 理论知识

项 目		初级/%	中级/%	高级/%	技师/%	高级技师/%
基本要求	职业道德	5	5	5	5	5
	基础知识	35	30	30	25	20
相关知识	金属挤压	55（45）	60（45）	60（45）	55（45）	55（45）
	工具、模具处理	55（10）	60（15）	60（15）	55（10）	55（10）
	设备管理	5	5	—	—	—
	培训指导	—	—	5	—	—
	管理与培训	—	—	—	15	20
合 计		100	100	100	100	100

注：“金属挤压”与“工具、模具处理”模块根据申报者所从事的工作任选其一。“金属挤压”与“工具、模具处理”两模块同时选择时，按括号内的比重进行配分。

4.2 技能操作

项 目		初级/%	中级/%	高级/%	技师/%	高级技师/%
技能要求	金属挤压	90（80）	90（80）	90（80）	80（70）	75（65）
	工具、模具处理	90（10）	90（10）	90（10）	80（10）	75（10）
	设备管理	10	10	—	—	—
	培训指导	—	—	10	—	—
	管理与培训	—	—	—	20	25
合 计		100	100	100	100	100

注：“金属挤压”与“工具、模具处理”模块根据申报者所从事的工作任选其一。“金属挤压”与“工具、模具处理”两模块同时选择时，按括号内的比重进行配分。

国家职业标准

铸 轧 工

中华人民共和国劳动和社会保障部制定

说　明

根据《中华人民共和国劳动法》的有关规定，为了进一步完善国家职业标准体系，为职业教育、职业培训和职业技能鉴定提供科学、规范的依据，劳动和社会保障部委托有色金属行业职业技能鉴定指导中心组织有关专家，制定了《铸轧工国家职业标准》(以下简称《标准》)。

一、本《标准》以《中华人民共和国职业分类大典》为依据，以客观反映现阶段本职业的水平和对从业人员的要求为目标，在充分考虑经济发展、科技进步和产业结构变化对本职业影响的基础上，对职业的活动范围、工作内容、技能要求和知识水平都作了明确规定。

二、本《标准》的制定遵循了有关技术规程的要求，既保证了《标准》体例的规范化，又体现了以职业活动为导向、以职业能力为核心的特点，同时也使其具有根据科技发展进行调整的灵活性和实用性，符合培训、鉴定和就业工作的需要。

三、本《标准》依据有关规定将本职业分为五个等级，包括职业概况、基本要求、工作要求和比重表四个方面的内容。

四、本《标准》是在各有关专家和实际工作者的共同努力下完成的。参加编写的主要人员有：组长陈昌云；组员：李伟、陈无限、杜恒安、明文良、卢永红、李翔、陈进。参加审定的主要人员有：王志勇、张惠忠、高义宾、侯波、张旭、郑维亚、谢承杰、汪洁、陈南丽、田丰、刘永澎。本《标准》由西南铝业（集团）有限责任公司负责起草，在制定过程中得到了中国铝业公司、中国铝业股份有限公司、东北轻合金有限责任公司、华北铝业有限公司、洛阳铜加工集团有限责任公司、兰州铝业股份有限公司西北铝加工分公司、中铝瑞闽铝板带有限公司等有关单位的大力支持，在此一并致谢。

五、本《标准》业经劳动和社会保障部批准，自 2007 年 1 月 1 日起施行。

铸轧工国家职业标准

1. 职 业 概 况

1.1 职业名称

铸轧工。

1.2 职业定义

操作铝连续铸轧机，将铝及铝合金熔液连续铸轧成铝带、板材坯料或成品的人员。

1.3 职业等级

本职业共设五个等级，分别为：初级（国家职业资格五级）、中级（国家职业资格四级）、高级（国家职业资格三级）、技师（国家职业资格二级）、高级技师（国家职业资格一级）。

1.4 职业环境

室内，高温，噪声，粉尘，有害气体。

1.5 职业能力特征

有一定的观察、判断和计算能力，手指、手臂灵活，动作协调，视力正常，身体状况良好。

1.6 基本文化程度

初中毕业。

1.7 培训要求

1.7.1 培训期限

全日制职业学校教育，根据其培养目标和教学计划确定。晋级培训期限：初级、中级、高级工均不少于150标准学时，技师、高级技师不少于120标准学时。

1.7.2 培训教师

培训初级、中级、高级工的教师应具有本职业技师及以上职业资格或相关专业中级及以上专业技术职务任职资格；培训技师的教师应具有本职业高级技师职业资格，相关专业中级专业技术职务任职资格2年以上或高级专业技术职务任职资格；培训高级技师的教师应具有本职业高级技师职业资格2年以上，相关专业中级专业技术职务任职资格5年以上或高级专业技术职务任职资格。

1.7.3 培训场地设备

满足教学需要的教室及具有铝铸轧配套设备的生产现场。

1.8　鉴定要求

1.8.1　适用对象

从事或准备从事本职业的人员。

1.8.2　申报条件

——初级(具备以下条件之一者)

(1) 经本职业初级正规培训达规定标准学时数，并取得结业证书。

(2) 在本职业连续见习工作2年以上。

(3) 本职业学徒期满。

——中级(具备以下条件之一者)

(1) 取得本职业初级职业资格证书后，连续从事本职业工作3年以上，经本职业中级正规培训达规定标准学时数，并取得结业证书。

(2) 取得本职业初级职业资格证书后，连续从事本职业工作5年以上。

(3) 连续从事本职业工作7年以上。

(4) 取得经劳动保障行政部门审核认定的、以中级技能为培养目标的中等以上职业学校本职业（专业）毕业证书。

——高级(具备以下条件之一者)

(1) 取得本职业中级职业资格证书后，连续从事本职业工作4年以上，经本职业高级正规培训达规定标准学时数；并取得结业证书。

(2) 取得本职业中级职业资格证书后，连续从事本职业工作7年以上。

(3) 取得经劳动保障行政部门审核认定的、以高级技能为培养目标的高等职业学校本职业（专业）毕业证书。

(4) 取得本职业中级职业资格证书的大专以上本专业或相关专业毕业生，连续从事本职业工作2年以上。

——技师(具备以下条件之一者)

(1) 取得本职业高级职业资格证书后，连续从事本职业工作5年以上，经本职业技师正规培训达规定标准学时数，并取得结业证书。

(2) 取得本职业高级职业资格证书后，连续从事本职业工作8年以上。

(3) 取得本职业高级职业资格证书的高级技工学校本职业（专业）毕业生，连续从事本职业工作2年以上。

(4) 取得本职业高级职业资格证书的大专以上本专业或相关专业毕业生，从事本职业工作2年以上。

——高级技师(具备以下条件之一者)

(1) 取得本职业技师职业资格证书后，连续从事本职业工作3年以上，经本职业高级技师正规培训达规定标准学时数，并取得结业证书。

(2) 取得本职业技师职业资格证书后，连续从事本职业工作5年以上。

1.8.3 鉴定方式

分为理论知识考试和技能操作考核。理论知识考试采用闭卷笔试方式，技能操作考核采用现场实际操作方式，辅之以其他必要方式。理论知识考试和技能操作考核均实行百分制，成绩皆达60分及以上者为合格。技师、高级技师鉴定还须进行综合评审。

1.8.4 考评人员与考生配比

理论知识考试考评人员与考生配比为1∶20，每个标准教室不少于2名考评人员；技能操作考核考评人员与考生配比为1∶5，且不少于3名考评人员；综合评审人员不少于5人。

1.8.5 鉴定时间

理论知识考试时间120min；技能操作考核时间60～180min，综合评审时间不少于20min。

1.8.6 鉴定场所设备

理论知识考试在标准教室进行；技能操作考核在具有铝铸轧配套设备的生产现场进行。

2. 基 本 要 求

2.1 职业道德

2.1.1 职业守则

（1）遵纪守法，爱岗敬业。

（2）严格执行生产作业规程、设备使用及维护规程等技术文件，具有高度的责任心。

（3）努力学习，不断提高基础理论水平和操作技能。

（4）严格遵守安全生产规程，生产中做到不伤害自己、不伤害别人、不被别人伤害，特别关注高温伤害。

（5）实事求是，如实反映、记录生产中存在的问题。

2.2 基础知识

2.2.1 铝及铝合金基础理论知识

（1）铝及铝合金的性质及用途。

（2）变形铝及铝合金牌号、成分、状态及其表示方法。

（3）铝熔炼炉、保温炉的基本构造及工作原理。

（4）铸轧机组的基本构造及工作原理。

（5）铝及铝合金的熔炼知识。

（6）铝及铝合金熔体的净化及晶粒细化知识。

（7）铝及铝合金的一般轧制原理及方法。

（8）铝及铝合金的连续铸轧原理及方法。

（9）铝及铝合金铸轧带材常见缺陷及产生原因分析。

2.2.2 机械、电气基础知识

（1）机械、电气基本常识。

（2）液压控制基本知识。

（3）机械传动基础知识。

2.2.3 质量管理基础知识

（1）质量基本概念。

（2）现场质量管理基本方法。

（3）质量体系认证基础知识。

2.2.4 安全、卫生、环保基础知识

（1）安全生产知识。

（2）职业病预防知识。

（3）环境保护知识。

2.2.5 相关法律、法规知识

（1）《中华人民共和国劳动法》相关知识。

（2）《中华人民共和国安全生产法》相关知识。

（3）《中华人民共和国环境保护法》相关知识。

（4）《中华人民共和国质量法》相关知识。

3. 工 作 要 求

本标准对初级、中级、高级、技师、高级技师的技能要求依次递进，高级别涵盖低级别的要求。

3.1 初级（第一、二职业功能模块为可选模块，根据申报者所从事的工作任选其一）

职业功能	工作内容	技能要求	相关知识
一、熔炼	（一）生产准备	1. 能明确上一个班的工作情况及本班的工作任务 2. 能将本班工作情况向下一班交代清楚 3. 能识读生产卡片，知悉生产的合金牌号、状态、产品规格 4. 能填写原始记录	1. 交接班的规定 2. 铸轧带材技术标准、原辅材料技术标准 3. 生产作业规程、设备使用及维护规程、安全操作规程 4. 生产卡片和任务单说明 5. 原始记录填写要求

续表

职业功能	工作内容	技能要求	相关知识
一、熔炼	（二）熔炼准备	1. 能选用熔炼工具 2. 能判定所用熔炼工具是否合格 3. 能对不符合使用要求的熔炼工具进行处理 4. 能识别所用原辅材料 5. 能吊运固态原辅材料 6. 能吊运电解铝液 7. 能对设备进行外观检查，确认设备零部件是否完整 8. 能进行设备的空负荷操作，判定熔炼炉、保温炉能否正常运转	1. 熔炼工具的名称及用途 2. 熔炼工具的技术要求 3. 原辅材料的名称及用途 4. 电解铝液的特点 5. 安全吊运规定技术要求 6. 熔炼炉、保温炉各操作部位的名称
	（三）烘炉	1. 能准备烘炉用材料 2. 能按烘炉制度进行升温、保温操作	烘炉制度
	（四）配料、装炉	1. 能检查、判定原辅材料外观是否合格 2. 能选用相应称重设备称量所配原辅材料 3. 能根据计算结果选配原辅材料 4. 能按炉料的加料顺序进行加料 5. 能加入指定的中间合金	1. 原辅材料外在特征、外观质量要求 2. 称重设备的使用方法 3. 重熔用铝锭、铝废料及电解铝液加入方法 4. 中间合金基本知识及加入方法 5. 炉料加料顺序要求
	（五）熔炼作业	1. 能按工艺要求加入熔剂 2. 能对熔体进行搅拌操作 3. 能对熔体进行扒渣操作 4. 能进行中间合金的补料操作 5. 能对熔体进行精炼操作 6. 能对熔体进行静置处理	1. 熔炼作业规程 2. 相关金属的熔化特点 3. 熔剂的作用及使用方法 4. 铝熔体精炼、静置的目的及工艺要求 5. 精炼作业规程

续表

职业功能	工作内容	技能要求	相关知识
二、铸轧	（一）铸轧准备	1. 能识别生产中使用的辅助材料 2. 能识别、选用铸轧用各种工具	铸轧辅助材料、工器具相关知识
	（二）流槽作业	1. 能对供流系统进行烘烤 2. 能判定熔体温度、氢含量是否合格 3. 能进行化学成分的取样操作 4. 能放干流槽、除气箱、过滤箱铝液 5. 能清理供流系统的残渣	1. 烘烤供流系统的目的和方法 2. 流槽作业规程 3. 流槽化学成分取样方法
	（三）立板操作	1. 能操作在线晶粒细化装置 2. 能启动、停止除气装置 3. 能使用烘干炉烘烤铸嘴等备件 4. 能开、关冷却水阀门 5. 能进行引板操作 6. 能清理铸轧辊上的粘铝 7. 能将板头放入卷取机进行助卷操作	1. 除气装置、在线晶粒细化装置操作方法 2. 立板作业规程 3. 烘干炉的使用方法 4. 铸嘴等备件烘烤的目的和方法 5. 铸轧机基本结构
	（四）铸轧作业	1. 能测量带板宽度、厚度 2. 能读取水温、水压、前箱铝液温度 3. 能发现热带、表面裂纹、粘辊、飞边、缩边、裂边、非金属压入、机械损伤、塔形、错层、同板差超标等铸轧缺陷 4. 能进行卷材打捆操作 5. 能进行卷材吊运操作	1. 卷尺、千分尺的使用方法 2. 热带、表面裂纹、粘辊、飞边、缩边、裂边、非金属压入、机械损伤、塔形、错层、同板差超标等铸轧缺陷的名称、定义 3. 卷材打捆方法 4. 铸轧作业规程
三、设备管理	（一）设备维护	能对设备及工作场所进行清理	设备清理注意事项
	（二）故障处理	能记录并报告设备异常现象	常见设备异常现象的特征

3.2　中级（第一、二职业功能模块为可选模块，根据申报者所从事的工作任选其一）

续表

职业功能	工作内容	技能要求	相关知识
一、熔炼	（一）生产准备	1. 能对交班情况进行现场确认 2. 能对遗留问题提出处理意见 3. 能根据生产任务确认生产工艺 4. 能准备生产用技术、质量文件	1. 变形铝及铝合金分类以及常见铝合金的特性 2. 产品生产工艺选择要求
	（二）熔炼准备	1. 能对熔炼炉、保温炉加热系统进行检查，并判断是否正常 2. 能进行熔炼炉、保温炉加热系统操作 3. 能进行清炉操作	1. 加热系统启动操作方法及安全事项 2. 清炉操作的有关规定 3. 熔炼炉、保温炉的结构和功能
	（三）烘炉	能处理烘炉中出现的问题	常见烘炉问题的处理方法
	（四）配料、装炉	1. 能选择、使用 Fe、Mn 等合金元素添加剂 2. 能对原料中出现的水、油污、杂物、混料等情况进行处理 3. 能处理装炉中出现的问题	1. 配料操作规程 2. 原料常见问题及处理方法 3. 装炉常见问题及处理方法
	（五）熔炼作业	1. 能根据不同熔化阶段调整炉温 2. 能按工艺要求加入 Cu、Mg 等纯金属 3. 能测量熔体温度，并判断熔体温度是否符合工艺要求 4. 能对熔体进行取样操作 5. 能判定熔体化学成分是否符合要求 6. 能进行转炉操作 7. 能根据精炼情况调整气体流量或喷粉量 8. 能进行补充精炼操作	1. 炉温调节方法 2. 熔体取样要求及方法 3. 熔体测温要求及方法 4. Cu、Mg 等纯金属加入方法 5. 合金成分对产品性能的影响的基本知识 6. 铝合金净化原理
二、铸轧	（一）铸轧准备	1. 能判断过滤板等辅助材料外观质量是否合格 2. 能清理铸轧辊表面附着物	过滤板等辅助材料外观质量要求

续表

职业功能	工作内容	技能要求	相关知识
二、铸轧	（二）流槽作业	1. 能安装供流系统 2. 能判断过滤装置、控流装置工作状况 3. 能更换过滤板、控流装置 4. 能调控流槽铝液流量 5. 能在线更换放流口堵头 6. 能在线清理放流口氧化渣 7. 能进行流槽铝液升、降温操作 8. 能根据除气情况调节气体流量、转子速度等 9. 能在线清理除气箱、过滤箱内的氧化渣 10. 能在线处理供流系统的漏铝	1. 供流系统安装技术要求 2. 过滤板、控流装置的作用及使用、更换方法 3. 铝液过滤基本原理及常用方法
	（三）立板操作	1. 能烘烤铸轧辊 2. 能测量、调整铸轧辊初始辊缝值 3. 能将铸嘴安装在铸嘴调整机构上 4. 能操作铸轧辊辊面润滑设备 5. 能判断铝液温度是否具备立板条件 6. 能将铝液导入前箱，能调整前箱铝液温度、液面高度 7. 能启动、停止铸轧机主机、液压泵	1. 铸轧辊的烘烤目的及要求 2. 铸轧辊辊面润滑设备的结构和操作方法 3. 铸嘴的安装方法 4. 辊缝的测量及调整方法
	（四）铸轧作业	1. 能解决热带、表面裂纹、粘辊、飞边、缩边、裂边、非金属压入、机械损伤、塔形、错层、同板差超标等铸轧缺陷 2. 能识别横向条纹、纵向条纹、通条划沟、金属压入、粗大晶粒、晶粒不均、气道等铸轧缺陷 3. 能进行剪切操作 4. 能对铸轧板进行取样操作 5. 能操作铸嘴调整机构 6. 能拆卸铸嘴	1. 热带、表面裂纹、粘辊、夹杂、飞边、缩边、裂边、非金属压入、机械损伤、塔形、错层、同板差超标等铸轧缺陷产生原因及解决办法 2. 横向条纹、纵向条纹、通条划沟、金属压入、粗大晶粒、晶粒不均、气道等铸轧缺陷的名称、定义 3. 铸嘴调整机构、剪切机操作方法 4. 取样规定

续表

职业功能	工作内容	技能要求	相关知识
三、设备管理	（一）设备维护	1. 能进行设备点检并做记录 2. 能对设备指定部位进行润滑	1. 设备点检要求 2. 设备润滑知识
	（二）故障处理	能处理简单机构的一般故障	

3.3 高级（第一、二职业功能模块为可选模块，根据申报者所从事的工作任选其一）

职业功能	工作内容	技能要求	相关知识
一、熔炼	（一）生产准备	1. 能验收生产工具 2. 能更换测温热电偶	1. 生产工具的制作要求 2. 测温热电偶的更换方法
	（二）熔炼准备	1. 能对炉体进行局部修补等简单维护 2. 能判断炉内清理是否合格	1. 耐火材料的基本知识 2. 熔炼炉、保温炉常见故障维护方法
	（三）配料	能进行配料计算	配料计算方法
	（四）熔炼作业	1. 能提出并实施减少金属烧损的措施 2. 能进行熔体补料计算	1. 影响金属烧损的因素 2. 熔体补料计算方法
二、铸轧	（一）铸轧准备	1. 能进行铸嘴加工、组装 2. 能判断铸嘴、垫片、耳子外观质量是否合格	铸嘴部件质量要求及装配要求
	（二）流槽作业	1. 能修补供流系统 2. 能更换除气箱转子或喷嘴等易损部件 3. 能进行晶粒细化剂加入量计算	1. 耐火材料基础知识 2. 晶粒细化剂加入量计算方法 3. 供流系统的基本构造及常见问题的处理方法
	（三）立板操作	1. 能测量铸轧区长度 2. 能根据合金、规格确定铸轧辊辊缝值 3. 能调整铸嘴与上下轧辊间的间隙 4. 能安装耳子，调整耳子与上下轧辊间的间隙 5. 能操作铸轧机，并带出铝板 6. 能操作卷取机进行卷取、卸卷作业	1. 铸轧区测量方法 2. 辊缝值的确定方法

续表

职业功能	工作内容	技能要求	相关知识
二、铸轧	（四）铸轧作业	1. 能解决通条划沟、纵向条纹、粗大晶粒、晶粒不均、气道等铸轧缺陷 2. 能测量板形并判定是否合格 3. 能进行轧制过程中的工艺参数调整操作	1. 通条划沟、纵向条纹、粗大晶粒、晶粒不均、气道等铸轧缺陷的产生原因及解决办法。 2. 铸轧机工艺参数及调整方法
	（五）轧辊维护与管理	1. 能进行换辊操作 2. 能检查新磨铸轧辊的表面质量，并判定铸轧辊表面质量是否符合工艺要求	1. 换辊装置的操作方法 2. 铸轧辊表面质量要求
三、设备管理	（一）设备维护	能进行生产要素检查，判定是否可以开机生产	常见设备隐患特征
	（二）故障处理	能发现、报告、记录一般设备隐患	

3.4 技师(第一、二职业功能模块为可选模块,根据申报者所从事的工作任选其一)

职业功能	工作内容	技能要求	相关知识
一、熔炼	（一）熔炼炉准备	1. 能选择炉衬材料 2. 能制定烘炉制度 3. 能判定炉况是否符合熔炼要求，是否应该大、中修	烘炉制度制定原则
	（二）工具设计	能进行熔炼工具设计	熔炼工具设计技术要求
	（三）熔炼作业	1. 能调整炉内气氛 2. 能进行冲淡计算 3. 能确认烘炉是否符合要求 4. 能进行熔炼烧损测试	1. 炉内气氛调节方法 2. 冲淡计算方法 3. 烧损测试基本知识
	（四）流槽作业	1. 能安装供流系统 2. 能调控流槽铝液流量 3. 能进行流槽铝液升、降温操作	供流系统安装技术要求
	（五）立板操作	1. 能测量、调整铸轧辊初始辊缝值 2. 能将铸嘴安装在铸嘴调整机构上	1. 辊缝的测量及调整方法 2. 铸嘴的安装方法
	（六）铸轧作业	1. 能操作铸嘴调整机构 2. 能进行剪切操作	1. 铸嘴调整机构的操作方法 2. 剪切机操作方法

续表

职业功能	工作内容	技能要求	相关知识
二、铸轧	（一）工具改进	1. 能提出供流系统改进方案并实施改进作业 2. 能进行铸嘴片、耳子、分流块等外形尺寸的改进设计	机械制图基本知识
	（二）立板操作	能根据产品合金、规格确定铸轧区长度	铸轧区长度确定原则
	（三）铸轧作业	1. 能识别表面偏析、中心层偏析等铸轧缺陷 2. 能提出横向条纹等铸轧组织缺陷改进措施并组织实施 3. 能解决板形不良的问题	1. 表面偏析、中心层偏析的名称及定义 2. 板形不良、横向条纹的产生原因及解决办法
	（四）轧辊维护与管理	1. 能判断使用中的铸轧辊表面质量状况，并确认是否应更换铸轧辊 2. 能组织协调更换铸轧辊	1. 铸轧辊表面质量要求 2. 铸轧辊更换方法
三、设备管理	（一）设备维护	能对设备维护、检修方案提出建议	设备检修质量标准
	（二）检修评价	能按检修方案判定检修质量，并提出评价意见	
四、生产管理	（一）现场管理	1. 能提出定置管理的改进方案 2. 能提出生产现场物流管理优化方案并组织实施	定置管理和物流管理知识
	（二）质量管理	1. 能组织完成质量管理（QC）项目，编写质量管理（QC）成果报告 2. 能组织进行质量事故分析，制订改进措施	1. 质量管理（QC）基本知识 2. 质量手册和质量控制程序的有关知识
	（三）技术管理	1. 能根据生产变化提出工艺修改方案 2. 能针对生产或设备系统中存在的薄弱环节提出技术改进方案	技术改进实施方案的编写要求

续表

职业功能	工作内容	技能要求	相关知识
五、培训与指导	（一）培训	能对初级、中级、高级工进行业务培训	培训教学的基本方法
	（二）指导	能指导初级、中级、高级工进行实际操作	

3.5　高级技师

职业功能	工作内容	技能要求	相关知识
一、生产作业	（一）配料	能进行配料计算	配料计算方法
	（二）熔炼作业	1. 能对炉体进行局部修补 2. 能制定减少金属烧损的措施和方法 3. 能进行熔体补料计算	1. 耐火材料的基本知识 2. 熔炼炉、保温炉常见故障维护方法 3. 影响金属烧损的因素 4. 熔体补料计算方法
	（三）铸轧作业	1. 能提出工艺措施解决最终产品性能异常问题 2. 能提出表面偏析、中心层偏析等铸轧组织缺陷改进措施并组织实施 3. 能对铸嘴分流提出改进方案	1. 铸轧工艺与最终产品性能的关系 2. 表面偏析、中心层偏析的产生原因及解决办法
	（四）铸轧辊维护与管理	1. 能根据产品和铸轧辊使用状况提出轧辊磨削工艺参数 2. 能判断铸轧辊是否报废	1. 铸轧辊磨削工艺参数确定原则 2. 判断铸轧辊报废的基本方法
二、设备管理	（一）设备检修	能组织协调相关人员进行设备检修	设备检修管理知识
	（二）故障处理	能组织协调相关人员进行设备故障分析	
三、生产管理	（一）生产组织	1. 能根据设备状况提出相应生产方案 2. 能组织、指导生产运行	生产组织基本要求
	（二）质量管理	1. 能处理产品质量异议 2. 能制定质量改进方案并组织开展质量管理活动 3. 能应用常规质量管理方法分析产品质量状况 4. 能组织质量攻关	1. 产品缺陷检测方法 2. 质量管理体系标准 3. 质量攻关方案编写方法

续表

职业功能	工作内容	技能要求	相关知识
三、生产管理	（三）技术管理	1. 能完成工艺操作规程、设备使用与维护规程、安全生产操作规程相关内容的编写 2. 能完成质量事故分析、提出相应的纠正预防措施 3. 能组织工艺攻关、产品开发 4. 能进行同行业技术交流，并撰写技术报告	1. 相关规程的编写要求 2. 技术报告和论文的撰写知识
四、培训与指导	（一）培训	1. 能对初级、中级、高级工和技师进行业务培训 2. 能编写培训讲义	培训讲义编写方法
	（二）指导	能示范实际操作技巧，并能指导初级、中级、高级工和技师进行实际操作	

4. 比 重 表

4.1 理论知识

项 目		初级/%	中级/%	高级/%	技师/%	高级技师/%
基本要求	职业道德	5	5	5	5	5
	基础知识	30	30	30	20	15
相关知识	熔 炼	60	60	60	45	—
	铸 轧	60	60	60	45	—
	生产作业	—	—	—	—	45
	设备管理	5	5	5	5	5
	生产管理	—	—	—	15	20
	培训与指导	—	—	—	10	10
总 计		100	100	100	100	100

注：“熔炼”与“铸轧”模块根据申报者所从事的工作任选其一。

4.2 技能操作

项目		初级/%	中级/%	高级/%	技师/%	高级技师/%
技能要求	熔炼	95	95	95	70	—
	铸轧	95	95	95	70	—
	生产作业	—	—	—	—	60
	设备管理	5	5	5	5	10
	生产管理	—	—	—	15	20
	培训与指导	—	—	—	10	10
总计		100	100	100	100	100

注：“熔炼”与“铸轧”模块根据申报者所从事的工作任选其一。

国 家 职 业 标 准

金属热处理工

中华人民共和国劳动和社会保障部制定

金属热处理工国家职业标准

1. 职 业 概 况

1.1 职业名称

金属热处理工。

1.2 职业定义

操作金属热处理设备，对金属工件进行改变金相组织或表层化学成分与组织、消除应力以改善金属工件性能的人员。

1.3 职业等级

本职业共设五个等级，分别为：初级（国家职业资格五级）、中级（国家职业资格四级）、高级（国家职业资格三级）、技师（国家职业资格二级）、高级技师（国家职业资格一级）。

1.4 职业环境

高温、有毒、有害（粉尘、噪声、辐射）。

1.5 职业能力特征

具有一般的计算能力和空间感、形体知觉及色觉，手指、手臂灵活，动作协调。

1.6 基本文化程度

初中毕业。

1.7 培训要求

1.7.1 培训期限

全日制职业学校教育，根据其培养目标和教学计划确定。晋级培训期限：初级不少于500标准学时；中级不少于400标准学时；高级不少于300标准学时；技师不少于300标准学时；高级技师不少于200标准学时。

1.7.2 培训教师

培训初、中、高级金属热处理工的教师应具有本职业技师以上职业资格证书或本专业中级以上专业技术职务任职资格；培训技师的教师应具有本职业高级技师职业资格证书或本专业高级专业技术职务任职资格；培训高级技师的教师应具有本职业高级技师职业资格证书2年以上或本专业高级专业技术职务任职资格。

1.7.3 培训场地设备

满足教学需要的标准教室和热处理工艺装备。

1.8 鉴定要求

1.8.1 适用对象

从事或准备从事本职业的人员。

1.8.2 申报条件

——初级(具备以下条件之一者)

（1）经过职业初级正规培训达规定标准学时数，并取得毕（结）业证书。

（2）在本职业连续见习工作 2 年以上。

（3）本职业学徒期满。

——中级(具备以下条件之一者)

（1）取得本职业初级职业资格证书后，连续从事本职业工作 3 年以上，经本职业中级正规培训达规定标准学时数，并取得毕（结）业证书。

（2）取得本职业初级职业资格证书后，连续从事本职业工作 5 年以上。

（3）连续从事本职业工作 7 年以上。

（4）取得经劳动保障行政部门审核认定的、以中级技能为培养目标的中等以上职业学校本职业（专业）毕业证书。

——高级(具备以下条件之一者)

（1）取得本职业中级职业资格证书后，连续从事本职业工作 4 年以上，经本职业高级正规培训达规定标准学时数，并取得毕（结）业证书。

（2）取得本职业中级职业资格证书后，连续从事本职业工作 7 年以上。

（3）取得高级技工学校或经劳动保障行政部门审核认定的、以高级技能为培养目标的高等职业学校本职业（专业）毕业证书。

（4）取得本职业中级职业资格证书的大专以上本专业或相关专业毕业生，连续从事本职业工作 2 年以上。

——技师(具备以下条件之一者)

（1）取得本职业高级职业资格证书后，连续从事本职业工作 5 年以上，经本职业技师正规培训达规定标准学时数，并取得毕（结）业证书。

（2）取得本职业高级职业资格证书后，连续从事本职业工作 8 年以上。

（3）取得本职业高级职业资格证书的高级技工学校本职业（专业）毕业生和大专以上本专业或相关专业的毕业生，连续从事本职业工作 4 年以上。

——高级技师(具备以下条件之一者)

（1）取得本职业技师职业资格证书后，连续从事本职业工作 3 年以上，经本职业高级技师正规培训达规定标准学时数，并取得毕（结）业证书。

（2）取得本职业技师职业资格证书后，连续从事本职业工作 5 年以上。

1.8.3 鉴定方式

分为理论知识考试和技能操作考核。理论知识考试采用闭卷笔试方式，技能

操作考核采用现场实际操作方式。理论知识考试和技能操作考核均实行百分制，成绩皆达60分以上者为合格。技师、高级技师鉴定还须进行综合评审。

1.8.4 考评人员与考生配比

理论知识考试考评人员与考生配比为1∶15，每个标准教室不少于2名考评人员；技能操作考核考评员与考生配比为1∶5，且不少于3名考评员。

1.8.5 鉴定时间

理论知识考试时间不少于120min；技能操作考核时间为：初级不少于240min，中级不少于300min，高级不少于360min，技师、高级技师不少于420min；论文答辩时间不少于45min。

1.8.6 鉴定场所设备

理论知识考试在标准教室进行；技能操作考核应在工作现场，鉴定设备为相关热处理工艺装备。

2. 基 本 要 求

2.1 职业道德

2.1.1 职业道德基本知识

2.1.2 职业守则

（1）遵守法律、法规和有关规定。

（2）爱岗敬业，具有高度的责任心。

（3）严格执行工作程序、工作规范、工艺文件和安全操作规程。

（4）工作认真负责，团结合作。

（5）爱护设备及工具、夹具、量具、仪器、仪表。

（6）着装整洁，符合规定；保持工作环境清洁、有序，文明生产。

2.2 基础知识

2.2.1 基础理论知识

（1）识图知识。

（2）金属材料基础知识。

（3）常用非金属材料知识。

（4）热传递基础知识。

2.2.2 金属热处理工基础知识

（1）常用热处理设备知识（用途及基本结构）。

（2）金属的一般热处理工艺、表面改性热处理工艺。

（3）典型零件（主轴、齿轮等）的热处理工艺。

（4）热处理工艺管理知识。

（5）热处理各种淬火介质的冷却性能知识。

（6）热处理辅助设备、控温仪表知识。

（7）热处理质量检验及校正知识。

2.2.3 工装制作基础知识

（1）识图及绘图。

（2）钳工操作一般知识。

2.2.4 电工知识

（1）通用设备常用电器的种类及用途。

（2）电气传动及控制原理基础知识。

（3）安全用电知识。

2.2.5 安全文明生产与环境保护知识

（1）现场文明生产要求。

（2）安全操作与劳动保护知识。

（3）环境保护知识。

2.2.6 质量管理知识

（1）企业的质量方针。

（2）岗位的质量要求。

（3）质量保证措施与责任。

2.2.7 相关法律、法规知识

（1）劳动法相关知识。

（2）合同法相关知识。

3. 工 作 要 求

本标准对初级、中级、高级、技师、高级技师的技能要求依次递进，高级别包括低级别的要求。

3.1 初级

职业功能	工作内容	技能要求	相关知识
一、工艺准备	（一）编制热处理工艺	能读懂热处理工艺文件，准确执行工艺操作	1. 金属学基本知识 1）晶体、晶格、晶胞、晶粒的概念 2）纯金属的结晶过程及铁的同素异构现象 3）铁-渗碳体相图中各相区的相和点、线的意义 2. 热处理设备的一般知识 3. 控制仪器的一般知识 4. 工艺材料的一般知识
	（二）热处理前的准备工作	1. 能按工艺要求准确地使用工装夹具 2. 能检查待用设备及仪表运行状况 3. 能完成冷却介质的准备	1. 工件装炉的方法 2. 生产中必备的工具与工装知识 3. 修整热处理工装的相关知识 4. 专用起重设备的使用知识

续表

职业功能	工作内容	技能要求	相关知识
二、热处理操作	（一）正火、退火、淬火、回火（固溶、时效）	1. 能正确执行工件的装炉方法 2. 能正确选择正火、退火的加热、冷却规范 3. 能按工艺进行铸、锻毛坯的正火；中碳钢及中碳合金钢工件的正火；高碳钢的退火 4. 能正确执行淬火、回火装炉方法 5. 能进行单液淬火的操作 6. 能按工艺进行高温、中温、低温回火操作 7. 能进行中温盐浴炉、箱式炉、台车炉、井式回火炉的操作	1. 热处理的一般知识 1）奥氏体的形成过程及晶粒度的概念 2）等温转变曲线中各区的组织构成及奥氏体在冷却过程中能得到的组织种类 3）加热温度、时间及冷却速度对金属材料的组织转变及力学性能的影响 4）正火、退火的目的及工艺参数的选择原则 5）淬火、回火的加热方法、加热介质及加热参数的选择原则 6）常见金属材料的热处理工艺特点及其工艺方法 7）深冷处理的方法及目的 2. 常用热处理设备的名称、型号、规格、性能、结构以及使用和维护保养方法 3. 测温一般知识：热电偶、毫伏计、电子电位差计、光学高温计的使用范围及维护保养方法 4. 工艺辅助材料及耐火材料知识 5. 起重设备的使用要求 6. 常用淬火介质的冷却能力与适用范围
	（二）表面改性热处理	1. 能按工艺规程对一般工件进行感应加热淬火 2. 能按工艺参与渗碳、氮化等化学热处理工艺的操作过程	表面改性热处理的类型及其工艺方法
	（三）表面清理及防锈	1. 能对盐浴炉淬、回火的工件进行清理 2. 能对热处理后的工件表面氧化物进行表面清理和防锈处理	1. 零件热处理后各工序之间的表面清理与防锈常识 2. 清洗机、喷砂机、抛丸机的操作知识
	（四）工件校直与矫正处理	能检查简单轴类工件畸变情况，并根据工艺要求，利用机械或手动压力机进行校直、矫正处理	1. 零件热处理后产生畸变的知识 2. 畸变的矫正知识及简单方法
三、检测工作及误差分析	（一）硬度检测	能用洛氏硬度计、布氏硬度计检测工件淬、回火硬度	常用的硬度测量知识
	（二）金相检测	能读懂零件热处理后金相检测报告，判别热处理质量	与热处理正火、退火调质对应的金相组织知识

续表

职业功能	工作内容	技能要求	相关知识
三、检测工作及误差分析	（三）误差分析	能检查零件热处理后的氧化、硬度不均、裂纹等表面缺陷	退火、正火后金相组织不良的原因及补救方法
四、设备的使用、维护与保养	（一）热处理设备的使用、维护与保养	能对热处理设备进行日常维护与保养	热处理常用加热设备的合理使用与维护、保养知识
	（二）工具、夹具的使用与保养	能合理使用工具、夹具及进行日常维护与保养	热处理常用工具、夹具的合理使用与维护、保养知识
	（三）常用仪表的使用与维护、保养	能正确使用常用控温、流量、压力类的仪器、仪表	热电偶、毫伏计、电子电位差计的合理使用

3.2　中级

职业功能	工作内容	技能要求	相关知识
一、工艺准备	（一）编制热处理工艺	1. 能读懂主轴、涡轮、偏心轮、丝杠、齿轮、曲轴等中等复杂零件工作图 2. 能绘制热处理的简单夹具工装图；淬、回火料筐工装图等 3. 能用火花鉴别法分出已知的十种碳素钢、合金钢牌号 4. 能编制常用钢制工件的淬火、回火、正火、退火等常规热处理工艺 5. 能执行渗碳、氮化、碳氮共渗等化学热处理工艺 6. 能按照与本岗位相关的保护气氛设备流程进行操作	1. 热处理设备的结构及识图知识 2. 热处理零件图及相关技术要求 3. 常用零件的规定画法及代号标注方法 4. 常用钢的牌号、性能及用途 5. 正确选择材料的知识 6. 铸铁的组织特点、牌号及分类 7. 有色金属材料知识 8. 金属学基础知识 1）铁-渗碳体相图中亚共析钢、共析钢、过共析钢的加热与冷却的组织转变过程及应用知识 2）过冷奥氏体等温转变曲线和连续转变曲线的应用 3）典型的晶体结构、多晶体、位错知识 4）二元相图及杠杆定律知识 9. 常用热处理设备知识 10. 常用测温仪器知识 11. 工艺编制的步骤、内容、要领 12. 铸铁的热处理工艺知识 13. 常用有色金属热处理工艺知识

续表

职业功能	工作内容	技能要求	相关知识
二、工艺准备	（二）热处理前的准备工作	1. 能按工艺要求准确地做好工艺装备准备 2. 能完成大、中工件的工装夹具调整工作 3. 能按工艺要求设置与调节仪表、校正炉温及其他相关指标	1. 常用加热设备和辅助设备的检查、调整和故障分析 2. 常用控制仪器的检查、调整和故障分析
二、热处理操作	（一）正火、退火、淬火、回火（固溶、时效）	1. 能按工艺对高合金钢工件进行不完全退火操作 2. 能对球铁工件进行正火、退火，并严格控制球铁的金相组织与性能 3. 能对拉伸、压延后的工件进行再结晶退火 4. 能进行双液淬火、预冷淬火、局部淬火、马氏体分级及等温淬火的操作 5. 能控制淬火与回火工件在各种介质中的加热及冷却时间 6. 能进行高、中频感应加热和火焰加热淬火操作 7. 能进行铝合金固溶处理与时效处理 8. 能对工具、模具进行热处理 9. 能进行结构钢锻造余热淬火	1. 热处理基础知识 1）合金元素对热处理过程的影响 2）合金元素对等温转变曲线的影响 3）等温冷却转变和连续冷却转变曲线在生产中的运用 4）获得珠光体、马氏体、奥氏体、托氏体、索氏体、贝氏体的方法，上述金相组织的形态及性能 5）冷却方法及其对钢的金相组织及性能的影响 6）淬火钢回火的金相组织转变对钢的性能的影响 7）正火、退火的工艺方法 8）铸、锻件预先热处理对切削加工及最终热处理的影响 9）双介质淬火、延迟淬火、局部淬火、分级和等温淬火等淬火及回火的工艺方法 10）淬透性及淬硬性的概念 11）深冷处理工艺方法 12）常用钢和有色金属的热处理工艺方法 13）保护气氛热处理、真空热处理的基本知识 14）热处理常见缺陷的产生原因以及预防和补救办法 2. 常用热处理设备知识 1）常用加热设备、辅助设备的工作原理和调整方法 2）加热元件的种类和使用范围 3）筑炉材料的性能和选用知识 4）常用硬度计的原理 5）热处理仪表的相关知识 3. 常用测温仪表的原理 4. 常用淬火介质的配制和质量控制方法

续表

职业功能	工作内容	技能要求	相关知识
二、热处理操作	（二）表面改性热处理	1. 能按工艺对工件进行感应加热和火焰加热淬火操作 2. 能按工艺对工件进行渗碳、渗氮、碳氮共渗、氮碳共渗操作	1. 感应加热设备的电参数和感应器的选择方法 2. 感应加热淬火设备及工艺调整知识 3. 化学热处理的基本过程、方法及其应用知识 4. 渗碳、渗氮、碳氮共渗、氮碳共渗工艺知识
	（三）表面清理及防锈	能根据工艺要求对热处理工件进行表面防护处理	1. 零件热处理后表面清理与防护方法的应用知识 2. 发蓝、磷化的原理和应用操作知识
	（四）工件校直与矫正处理	能根据工艺对各类零件进行校直、矫平操作	1. 工件畸变的矫正原理、方法及消除其应力的方法 2. 多种畸变矫正设备的知识
三、检测工作及误差分析	（一）硬度检测	能用锉刀检测工件淬、回火硬度	硬度检测设备的原理及操作方法
	（二）金相检测	能运用金相检测报告判别零件质量状况，调整工艺参数	1. 金相试样的制备知识 2. 热处理常用金相检验标准 3. 借助金相检验判断热处理质量和调整工艺参数的知识
	（三）误差分析	1. 能分析工件淬火后产生软点、软块的原因 2. 能分析工件淬火开裂产生的主要原因	1. 淬火调质主要缺陷产生的原因及补救方法 2. 渗碳存在的主要缺陷和补救方法 3. 表面淬火缺陷分析及预防方法
四、设备的使用、维护与保养	（一）热处理设备的使用、维护与保养	能判断常用设备运行是否正常，并能发现及排除故障	热处理设备的原理、结构、使用和维护保养方法及故障分析与排除方法
	（二）工具、夹具的使用与保养	能修复常用工具、夹具	热处理常用工具、夹具的合理使用与维护保养方法及修理知识

续表

职业功能	工作内容	技能要求	相关知识
四、设备的使用、维护与保养	（三）常用仪表的使用与维护、保养	1. 能正确使用红外仪、露点仪、碳控仪等各类控制仪表 2. 能判别碳控、温控、流量、压力仪表及各类功能仪器、仪表的状态，并能排除故障	常用测温与功能仪器、仪表的合理使用及维护保养知识

3.3 高级

职业功能	工作内容	技能要求	相关知识
一、工艺准备	（一）编制热处理工艺	1. 能读懂多头蜗杆、箱体、曲轴等复杂畸形零件工作图 2. 能绘制热处理淬回火夹具、感应圈等简单的工装图 3. 能用火花鉴别法分辨出钢制工件的常用材料牌号 4. 能编制高碳钢、高合金钢工件的淬火、回火、退火工艺 5. 能编制渗碳、渗氮、碳氮共渗工艺和感应加热淬火工艺 6. 能掌握真空热处理、离子注入、气相沉积等热处理工艺流程 7. 能管理吸热式和放热式可控气氛、氮基气氛制备的主要流程	1. 零件的测绘与绘图知识 2. 合金元素对钢的热处理组织性能的影响 3. 材料内部缺陷可能对热处理质量产生的影响 4. 钢的熔炼—浇铸—成材工艺过程常识 5. 有色金属的性能、牌号、用途及工艺特点知识 6. 化学分析知识 7. 金属学相关知识 1）常见合金的金相结构及特性 2）晶体缺陷与材料性能之间的关系 3）金属塑性变形及再结晶的知识 8. 热处理相关知识 1）钢的组织转变机理 2）热处理变形与开裂及预防措施 3）特殊钢的热处理工艺 9. 热处理设备相关知识 1）相关热处理设备知识 2）新工艺、新设备有关知识
	（二）热处理前的准备工作	1. 能完成大件、细长轴及薄壁件的装夹工作 2. 能根据零件特殊要求制作工装 3. 能配制常用的淬火介质	1. 热处理设备的工艺参数调试知识 2. 特殊形状工件热处理的工装设计、制作方法 3. 相关热处理设备的故障分析与排除方法

续表

职业功能	工作内容	技能要求	相关知识
二、热处理操作	（一）正火、退火、淬火、回火（固溶、时效）	能进行以下较复杂工件的淬、回火等操作： 1. 40Cr 钢制活塞淬火、回火，硬度达 HRC40 ~ HRC45、径向跳动≤0.1mm 2. 45 号钢制 F11250 万能分度头主轴淬火、回火，硬度达 HRC45 ~ HRC50，法兰端和中间端硬度≤HRC30 3. 9Mo2V 螺纹磨床丝杠表面淬火、回火，硬度达 HRC54 ~ HRC58，硬化层深度为 6mm 4. ϕ100mm × 1500mm 的 W18Cr4V 拉刀热处理，并达到工艺要求 5. 各类工模具的热处理 6. 结构钢锻造余热淬火 7. 45 号钢曲轴轴颈中频淬火、回火，硬度达 HRC53 ~ HRC58，淬硬层深度达 3 ~ 5mm 8. CrWMn 滚丝模真空热处理，淬、回火硬度达 HRC58 ~ HRC62	1. 热处理相关知识 1）奥氏体形机理及影响奥氏体晶粒度的因素 2）珠光体形成机理及应用知识 3）贝氏体形成机理及应用知识 4）马氏体形成机理及应用知识 5）淬火钢回火组织的转变、性能变化及产生回火脆性的原因与预防方法 6）时效原理 7）热应力、组织应力的分布规律，减少畸变及防止裂纹的方法 8）机床导轨、主轴、丝杠、齿轮、大型铸锻件、轴类工件、刃具、模具、凸轮、曲轴、钻凿机具及铝、铜合金件等复杂或要求较高工件的热处理方法 9）特别合金零件热处理知识 10）预防和补救热处理不良品的方法 2. 热处理设备相关知识 1）各种热处理设备的调试、检修、验收、故障分析及排除方法 2）新型热处理设备知识 3. 测温仪表应用知识 4. 控制冷却质量的淬火介质知识
	（二）表面改性热处理	1. 能按工艺要求进行 38CrMoAlA 钢制 ϕ120mm × 1780mm 镗杆氮化处理 2. 能进行 20CrMnTi 变速箱齿轮渗碳处理，渗碳层深 0.8 ~ 1.3mm，含碳为 0.8% ~ 1.05%，齿面硬度 HRC58 ~ HRC62 3. 能进行各类改性热处理操作	1. 表面改性热处理缺陷及预防措施 2. 制定感应加热表面淬火工艺的相关知识 3. 离子氮化知识及其他化学热处理知识
	（三）工件校直与矫正处理	1. 能分析、判断工件变形的原因 2. 在淬火前能正确采用预热、淬火使用的夹具，以预防工件变形	1. 预防工件畸变的方法 2. 复杂零件畸变规律与矫正方法 3. 热应力和组织应力的分布规律及减少畸变的方法

续表

职业功能	工作内容	技能要求	相关知识
三、检测工作及误差分析	（一）硬度检测	能使用维氏硬度计检测渗碳、氮化层面的硬度和薄板工件硬度	维氏硬度计的检测方法
	（二）金相检测	能运用金相检测报告，判别零件质量状况，调整工艺参数，并针对组织缺陷提出改进措施	1. 借助金相检验报告判断材料及热处理质量的方法 2. 金属材料常规检验方法
	（三）误差分析	能分析工件淬火产生各种常见缺陷的原因并提出预防和补救办法	1. 渗碳、氮化、碳氮共渗、氮碳共渗主要缺陷的原因分析及预防知识 2. 有色金属、特殊钢热处理缺陷分析及预防知识
四、设备的使用、维护与保养	（一）热处理设备的使用、维护与保养	能对常用设备进行调试、验收	热处理设备的调试与验收方法
	（二）工夹具的使用与保养	能设计制作简易的热处理夹具	简易的热处理夹具设计知识及方法

3.4 技师

职业功能	工作内容	技能要求	相关知识
一、工艺准备	（一）编制热处理工艺	1. 能根据实物测绘零件图 2. 能绘制一般工装夹具图 3. 能看懂基本的钢铁热处理状态金相图谱 4. 能编制机床导轨镗排、大型铸钢件、模具、曲轴等结构复杂的工件和技术要求高的工件的热处理工艺 5. 能编制微机控制的可控气氛化学热处理等工艺 6. 能编制铝合金、铜合金的热处理工艺 7. 能根据零件的材料、结构与性能要求进行工艺试验	1. 常用热处理设备原理图及装配图的知识 2. 新材料的发展与应用知识 3. 金属材料验收标准 4. 各种理化检测仪器的功能、用途及使用方法 5. 锻造余热淬火、形变热处理、非调质钢等热处理知识 6. 国内相关新材料、新工艺的应用知识 7. 零件从选材到成品冷热加工衔接的知识
	（二）热处理前的准备工作	能设计热处理常用夹具	热处理常用夹具的设计知识

续表

职业功能	工作内容	技能要求	相关知识
二、热处理操作	（一）正火、退火、淬火、回火（固溶、时效）	能进行以下复杂工件的淬火、回火、时效处理等操作： 1. 40MnB 钢制半轴感应加热淬火、回火，表面硬度达 HRC52～HRC58，硬化层深度 5～7mm，花键端不少于 4mm，心部硬度为 HRC187～241HBS 2. W18Cr4V 圆拉刀热处理，硬度 HRC63～HRC66，尾部 HRC40～HRC50，径向跳动≤0.1mm 3. 能对各种牌号的铝合金工件进行淬火、时效处理 4. 能承担产品开发中的零件试制攻关热处理	复杂工件的淬火、回火、时效处理的知识和方法
	（二）表面改性热处理	1. 能进行 QT600-3 材料的拉伸模离子氮化处理、氮化处理，氮化硬度≥HV500，渗层深度为 0.25～0.35mm 2. 能进行 20CrMnTi 钢制圆锥齿轮渗碳淬火热处理操作：渗碳层深度为 1.0～1.4mm，齿面硬度 HRC58～HRC64，心部硬度 HRC33～HRC48，金相组织碳化物 1～4级；马氏体及残留奥氏体 1～4 级，热处理后内孔圆度≤0.03mm，底面平面度≤0.08mm	激光热处理 PVD、CVD 等表面改性热处理的相关知识
三、检测工作及误差分析	误差分析	1. 能分析工件材料缺陷对热处理的影响 2. 能对常用钢材工件热处理变形倾向进行预防	1. 工件材料缺陷对热处理质量影响的知识 2. 预防常用钢材工件热处理变形倾向的知识和方法
四、设备的使用、维护与保养	热处理设备的使用、维护与保养	能对相关设备进行维护、保养，并能验收新型设备	1. 相关设备的维护、保养方法 2. 验收相关新型设备的技术要求
五、培训与指导	（一）指导操作	能指导初、中、高级工人进行实际操作	培训教学基本方法
	（二）理论培训	能讲授本专业技术理论知识	

续表

职业功能	工作内容	技能要求	相关知识
六、管理	（一）质量管理	1. 能在本职工作中认真贯彻各项质量标准 2. 能应用全面质量管理知识，实现操作过程的质量分析与控制	1. 相关质量标准 2. 质量分析与控制方法
	（二）生产管理	1. 能组织有关人员协同作业 2. 能协助部门领导进行生产计划、调度及人员的管理	生产管理基本知识

3.5 高级技师

职业功能	工作内容	技能要求	相关知识
一、工艺准备	（一）编制热处理工艺	1. 能绘制较复杂的工艺工装图 2. 能独立设计简单非标设备图 3. 能全面掌握金属工件的热处理与技术 4. 能编制复杂工件的热处理工艺 5. 能开展工艺试验，并对热处理工艺及工装进行优化改进以及解决热处理工艺技术中的难点	1. 机械零件制图知识 2. 较复杂工装图的绘制 3. 热处理部分设备及公用动力源（水、电、风、气）布置知识 4. 国外相关专业新技术、新工艺、新设备、新材料的应用知识
	（二）热处理前的准备工作	能设计较复杂的热处理工装夹具	较复杂热处理工装夹具的设计知识
二、热处理操作	正火、退火、淬火、回火（固溶、时效）	1. 能进行以下各种特殊要求的工件热处理操作：大型轧辊表面淬火处理，各种锻模的淬、回火处理 2. 能承担产品开发中零件的热处理工艺审核并进行试制攻关	各种特殊要求的工件热处理知识和操作方法
三、检测工作及误差分析	误差分析	1. 能应用热应力和组织应力引起变形的规律，对热处理工件产生畸变进行分析，并提出排除方法 2. 能制定正确的排除热处理工件缺陷的补救措施	1. 热应力和组织应力引起热处理变形的知识及排除方法 2. 热处理工件缺陷的补救知识和补救方法

续表

职业功能	工作内容	技能要求	相关知识
四、设备的使用、维护与保养	热处理设备的使用、维护与保养	能进行多用炉、真空炉、微机控制可控气氛加热炉的调试、验收及排除故障	热处理多用炉、真空炉、微机控制气氛加热炉的调试、验收及排除故障的方法
五、培训与指导	（一）指导操作	能指导初、中、高级工人和技师进行实际操作	培训讲义的编制方法
	（二）理论培训	能对本专业初、中、高级技术工人进行技术理论培训	

4. 比 重 表

4.1 理论知识

项　目		初级/%	中级/%	高级/%	技师/%	高级技师/%
基本要求	职业道德	5	5	5	5	5
	基础知识	25	20	15	10	10
相关知识	工艺准备	10	10	10	25	25
	热处理操作	35	35	33	15	10
	检测工作及误差分析	5	10	15	25	30
	设备的使用、维护与保养	20	20	12	5	5
	培训与指导	—	—	10	10	10
	管　理	—	—	—	5	5
合　计		100	100	100	100	100

注：高级技师“管理”模块内容按技师标准考核。

4.2 技能操作

项　目		初级/%	中级/%	高级/%	技师/%	高级技师/%
技能要求	工艺准备	10	10	10	10	10
	热处理操作	70	60	60	50	50
	检测工作及误差分析	10	20	20	25	25
	设备的使用、维护与保养	10	10	10	5	5
	培训与指导	—	—	—	5	5
	管　理	—	—	—	5	5
合　计		100	100	100	100	100

注：高级技师“管理”模块内容按技师标准考核。

铝电解用炭素生产

相关职业技能标准

有色金属行业特有工种职业技能标准

炭素煅烧工

中国铝业股份有限公司青海分公司起草

说　　明

根据《中华人民共和国劳动法》的有关规定，为了进一步完善国家职业标准体系，为职业教育、职业培训和职业技能鉴定提供科学、规范的依据，有色金属行业职业技能鉴定指导中心组织中国铝业股份有限公司青海分公司等单位有关专家，制定了《铝电解用炭素—炭素煅烧工职业技能标准》(以下简称《标准》)。

一、本《标准》以《中华人民共和国职业分类大典》为依据，以客观反映现阶段本职业的水平和对从业人员的要求为目标，在充分考虑经济发展、科技进步和产业结构变化对本职业影响的基础上，对职业的活动范围、工作内容、技能要求和知识水平作了明确规定。

二、本《标准》的制定遵循了《国家职业标准制定技术规程》的要求，既保证了《标准》体例的规范化，又体现了以职业活动为导向、以职业技能为核心的特点，同时也使其具有根据科技发展进行调整的灵活性和实用性，符合培训、鉴定和就业工作的需要。

三、本《标准》依据有关规定将本职业分为五个等级，包括职业概况、基本要求、工作要求和比重表四个方面的内容。

四、本《标准》是在有色金属行业职业技能鉴定指导中心的具体组织下，在各有关专家和实际工作者的共同努力下完成的。参加编写的主要人员有：赵永金、龚思如、王桂琴、李淇林、刘贵刚。参加审定的主要人员有：杨从国、陈杰、张俊松、孙传杰、丁学全、连仁杰、谢承杰、陈南丽。本《标准》由中国铝业股份有限公司青海分公司负责起草，在制定过程中，得到了中国铝业公司、中国铝业股份有限公司、山西华泽铝电有限公司、四川启明星有限责任公司、河南神火炭素制品有限公司、中国铝业股份有限公司连城分公司、包头铝业（集团）有限责任公司、中国铝业股份有限公司兰州分公司等有关单位的大力支持，在此一并致谢。

五、本《标准》业经有色金属工业协会批准，自 2010 年 4 月 19 日起施行。

炭素煅烧工

1. 职业概况

1.1 职业名称

炭素煅烧工。

1.2 职业定义

操作回转窑及其附属设备，将碳质原料进行高温热处理使其理化性质发生变化得到煅后产品的人员。

1.3 职业等级

本职业设五个等级，分别为初级工（国家职业资格五级）、中级工（国家职业资格四级）、高级工（国家职业资格三级）、技师（国家职业资格二级）、高级技师（国家职业资格一级）。

1.4 职业环境

室内、外，高温，噪声，粉尘，有害气体。

1.5 职业能力特征

有一定的观察、判断和计算能力；动作协调，身体状况良好。

1.6 基本文化程度

初中毕业。

1.7 培训要求

1.7.1 培训期限

全日制职业学校教育，根据其培养目标和教学计划确定。晋级培训期限：初级工、中级工均不少于120标准学时；高级工不少于100标准学时；技师、高级技师均不少于80标准学时。

1.7.2 培训教师

培训初、中、高级工的教师应具有本职业技师及以上职业资格或相关专业中级及以上专业技术职务任职资格；培训技师的教师应具有本职业高级技师职业资格或相关专业中级专业技术职务任职资格2年以上或高级专业技术职务任职资格；培训高级技师的教师应具有本职业高级技师职业资格2年以上或高级专业技术职务任职资格。

1.7.3 培训场地设备

标准教室、具有煅烧配套设备的生产现场或模拟生产现场。

1.8　鉴定要求

1.8.1　适用对象

从事或准备从事本职业工作的人员。

1.8.2　申报条件

——**初级工**(具备以下条件之一者)

(1) 经本职业初级正规培训达规定标准学时数，并取得结业证书。

(2) 在本职业连续见习工作 1 年以上。

(3) 本职业学徒期满。

——**中级工**(具备以下条件之一者)

(1) 取得本职业初级工职业资格证书后，连续从事本职业工作 2 年以上，经本职业中级工正规培训达规定标准学时数，并取得结业证书。

(2) 取得本职业初级工职业资格证书后，连续从事本职业工作 3 年以上。

(3) 连续从事本职业工作 5 年以上。

(4) 取得经劳动保障行政部门审核认定的、以中级工技能为培养目标的中等以上职业学校本职业（专业）毕业证书。

——**高级工**(具备以下条件之一者)

(1) 取得本职业中级工职业资格证书后，连续从事本职业工作 3 年以上，经本职业高级工正规培训达规定标准学时数，并取得结业证书。

(2) 取得本职业中级工职业资格证书后，连续从事本职业工作 4 年以上。

(3) 取得经劳动保障行政部门审核认定的、以高级工技能为培养目标的高级技工学校或高等职业学校本职业（专业）毕业证书。

(4) 取得本职业中级工职业资格证书的大专以上本专业或相关专业毕业生，连续从事本职业工作 2 年以上。

——**技师**(具备以下条件之一者)

(1) 取得本职业高级工职业资格证书后，连续从事本职业工作 3 年以上，经本职业技师正规培训达规定标准学时数，并取得结业证书。

(2) 取得本职业高级工职业资格证书后，连续从事本职业工作 5 年以上。

(3) 取得本职业高级工职业资格证书的高级技工学校本职业（专业）毕业生，连续从事本职业工作 2 年以上。

(4) 取得本职业高级职业资格证书的大专以上本专业或相关专业毕业生，连续从事本职业工作 2 年以上。

——**高级技师**(具备以下条件之一者)

(1) 取得本职业技师职业资格证书后，连续从事本职业工作 3 年以上，经本职业高级技师正规培训达规定标准学时数，并取得结业证书。

（2）取得本职业技师职业资格证书后，连续从事本职业工作 5 年以上。

1.8.3 鉴定方式

分为理论知识考试和技能操作考核。理论知识考试采用闭卷笔试方式，技能操作考核采用现场实际操作方式为主，辅之以其他必要方式。理论知识考试和技能操作考核均实行百分制，成绩皆达到 60 分及以上者为合格。技师和高级技师还须进行综合评审。

1.8.4 考评人员与考生配比

理论知识考试考评人员与考生配比为 1∶20，每个标准教室不少于 2 名考评人员；技能操作考核考评人员与考生配比 1∶5，且不少于 3 名考评员；综合评审委员不少于 5 人。

1.8.5 鉴定时间

理论知识考试时间 120min；技能操作考核时间 60～180min；综合评审时间不少于 20min。

1.8.6 鉴定场所设备

理论知识考试在标准教室进行。技能操作考核在具有煅烧配套设备的生产现场或模拟生产现场进行。

2. 基本要求

2.1 职业道德

2.1.1 职业道德基本知识

2.1.2 职业守则

（1）遵守法律、法规和有关规定。

（2）爱岗敬业、具有高度的责任心。

（3）严格执行工艺标准和安全操作规程。

（4）工作认真负责，团结合作。

（5）爱护设备。

（6）保持工作环境清洁有序，文明生产。

2.2 基础知识

2.2.1 基础理论知识

（1）炭素材料的性质及用途。

（2）炭素煅烧的基本原理。

（3）炭素煅烧的目的。

（4）炭素煅烧工艺参数及技术经济指标。

（5）炭素煅烧设备回转窑的基本结构及设备性能。

2.2.2　煅烧工艺流程的基础知识

（1）煅烧桥式抓斗天车及加料基本知识。

（2）煅烧调温基本知识。

（3）煅烧排料基本知识。

（4）回转窑自动化控制基本知识。

2.2.3　安全文明生产与环境保护知识

（1）现场文明生产要求。

（2）安全操作与劳动保护知识。

（3）环境保护知识。

2.2.4　质量管理知识

（1）质量管理的基本概念。

（2）岗位的质量保证措施与责任。

（3）ISO 9001：2000 质量管理体系基础知识。

2.2.5　相关法律、法规知识

（1）《中华人民共和国劳动法》的相关知识。

（2）《中华人民共和国合同法》的相关知识。

（3）《中华人民共和国安全生产法》的相关知识。

（4）《中华人民共和国质量法》的相关知识。

3. 工 作 要 求

本标准对初级工、中级工、高级工、技师和高级技师的技能要求依次递进，高级别涵盖低级别的要求。

3.1　初级工

职业功能	工作内容	技能要求	相关知识
一、工作准备	（一）交接班	1. 能掌握上一班次的工作情况及本班次的工作任务 2. 能将本班次情况向下一班次交接 3. 能填写生产原始记录	1. 交接班的规定 2. 原始记录填写要求
	（二）开车准备	1. 能熟知本岗位所需要的材料和工器具 2. 能对所使用的工器具进行使用前的预处理	相关材料、工器具的性质及用途

续表

职业功能	工作内容	技能要求	相关知识
二、生产操作	（一）原料库上料作业	1. 能清理原料库石油焦中的杂物（编织袋、木棍、可见铁器等） 2. 能将格筛上大于200mm×200mm的物料进行人工破碎 3. 能清理原料皮带输送机上方除铁器所吸附的铁质物 4. 能清理给料机内的杂物 5. 能判定皮带输送机、斗式提升机、破碎机是否处于完好状态	1. 上线原料的要求 2. 大锤的使用方法 3. 清理除铁器的方法 4. 给料机清理方法 5. 皮带输送机、斗式提升机、破碎机的基本知识
	（二）煅前加料作业	1. 能检查加料管给水和备用水箱水位、沉降室水冷梁给水和备用水箱水位，并使其处于正常水位 2. 能使加料管排气阀门正常 3. 能启动皮带输送机 4. 能清理圆盘给料机内的杂物 5. 能清理加料皮带上方除铁器上的废铁	1. 各部冷却水的使用 2. 圆盘给料机的性能 3. 皮带输送机的基本知识 4. 清理除铁器的方法
	（三）煅烧作业	1. 能操作圆盘给料机给料 2. 能检查加料管是否畅通 3. 能确认窑尾密封圈（气封环）完好并加注润滑油脂 4. 能检查回转窑辊圈、挡头板、垫板是否正常，有无开焊 5. 能从上微机查看各种设备是否运转	1. 圆盘给料机的性能 2. 回转窑密封知识 3. 上微机控制换面转换的有关知识

续表

职业功能	工作内容	技能要求	相关知识
二、生产操作	（四）冷却窑作业	1. 能正常启、停冷却窑 2. 能确认冷却窑的吊紧装置完好与否 3. 能确认冷却窑头下料管是否有红料漏出，并将其进行密封 4. 能用手动阀、自动阀正常开启冷却水 5. 能确认冷却窑冷却水是否畅通 6. 能清理冷却窑积灰斗内的积料 7. 能清理冷却水槽和排水管路的污垢 8. 能清理冷却窑排渣孔内的杂物 9. 能调整冷却窑直冷水量和间冷水量流量 10. 能掌握冷却窑的排料温度	1. 冷却窑的设备性能 2. 冷却窑冷却水管线有关知识 3. 皮带输送机的有关知识 4. 排料温度有关知识
	（五）排料作业	1. 能启、停地坑皮带输送机 2. 能更换皮带输送机皮带伢子 3. 能正确使用冷却窑窑尾插板 4. 能清理冷却窑窑尾下料管内的杂物 5. 能掌握煅后料仓的料位状况	1. 掌握皮带输送机的有关性能 2. 掌握煅后仓料位盘查的方法
	（六）除尘作业	1. 能开启净化风机 2. 能清理净化风机烟囱排渣孔的杂物 3. 能开启旋风螺旋 4. 能使旋风除尘排灰	1. 了解净化风机性能 2. 掌握旋风除尘的有关知识
三、设备管理	（一）设备日常点检	能进行设备点检并做记录	1. 设备维护规程 2. 设备点检制度
	（二）设备维护	能对设备进行清扫、润滑、紧固	

3.2 中级工

职业功能	工作内容	技能要求	相关知识
一、工作准备	（一）工作交接	1. 能识别原始记录中的错误记录 2. 能根据原始记录判断作业过程是否正常	工艺流程中各控制点的要求
	（二）开车准备	能联系上下工序，确认开车状态	上下工序的相互关系
二、生产操作	（一）原料库上料作业	1. 能掌握原料库的仓位和所储存料的产地 2. 能掌握所上线石油焦的数量 3. 能了解各部位润滑点所加润滑油脂的型号和加油量 4. 能更换给料机及输送机、斗提机等三角皮带，并熟悉皮带型号 5. 能更换各部皮带输送机下料口处的皮带伢子 6. 能对斗提机进行手动盘车并紧固斗提与斗子连接紧固螺栓 7. 能测量煅前仓空位 8. 能对除尘器进行清灰，更换破损除尘布袋 9. 能对皮带托辊、挡辊进行润滑和更换 10. 能通过斗提被动轮处的可调丝杠来控制斗提机的偏摆现象 11. 能通过皮带输送机被动轮处的拉紧装置来控制皮带跑偏现象	1. 原料产地的有关知识 2. 皮带输送机、斗式提升机等使用性能 3. 设备润滑有关知识 4. 皮带输送机、斗式提升机的调整方法

续表

职业功能	工作内容	技能要求	相关知识
二、生产操作	（二）煅前加料	1. 能打开煅前仓下料口插板 2. 能确认圆盘给料机电机运转是否正常 3. 能确认给料机传动系统油位是否正常，并按规定加注润滑油脂 4. 能调整加料皮带的拉紧装置 5. 能为皮带滚筒和轴承座加油，并掌握加注油脂的型号和油位 6. 能清理加料管内杂物和下料口堵料 7. 能开启引风机，并确认电动机运转正常	1. 圆盘给料机、加料皮带和引风机的使用性能 2. 设备润滑的有关知识 3. 皮带调整方法
	（三）煅烧	1. 能确认回转窑拖轮是否发热、缺油，并能处理此现象 2. 能确认大窑电动机和冷却窑运转状况是否正常 3. 能确认大窑减速机油位和电动机传动轴承咬合是否正常 4. 能确认回转窑弹簧板与窑体连接处是否开焊、弹簧板与大齿圈连接处是否脱销 5. 能确认减速机传动轴、齿圈与大齿圈咬合是否正常 6. 能确认窑尾加强环和端板是否完好 7. 能清理回转窑泄漏油污和设备卫生 8. 能组织人员取出回转窑脱落的窑衬	1. 回转窑传动装置有关知识 2. 回转窑润滑有关知识 3. 清理脱落窑衬的方法

续表

职业功能	工作内容	技能要求	相关知识
二、生产操作	（四）冷却窑	1. 能处理窑头下料管的浇注料和其它杂物 2. 能打开冷却窑窑头进行作业 3. 能确认冷却窑窑头轨道和钢丝绳是否可靠好用 4. 能对冷却窑拖轮、挡轮进行润滑，并能判断是否正常 5. 能判断冷却窑窑体上下蹿动是否灵活 6. 能确认冷却窑电动机供电和自控是否正常 7. 能识别冷却窑电动机和减速机连接状况是否正常 8. 能确认冷却窑内垫板和凉料板是否松动、脱落 9. 能根据冷却窑的排料温度控制冷却水供给量的大小	1. 冷却窑的设备性能 2. 冷却窑运行状况的有关知识 3. 冷却窑传动装置的有关知识 4. 排料温度调整的有关知识
	（五）排料	1. 能调整煅后输送皮带的跑偏现象 2. 能根据煅后仓位调整排料可逆皮带	1. 掌握皮带输送机使用状况 2. 煅后仓料位平衡有关知识
	（六）除尘	1. 能确认净化风机百叶窗调节器是否正常 2. 能对净化风机轴承加注润滑油脂 3. 能确认冷却窑旁通烟道闸板能否正常打开 4. 能确认布袋除尘室布袋是否完好，并能更换破损布袋 5. 能开启排灰螺旋并为之加注润滑油脂 6. 能开启反吹风、并能确认链条是否运转正常 7. 能开启除尘器排灰阀	1. 旋风除尘和布袋除尘的有关知识 2. 净化风机运转有关知识
三、设备管理	（一）设备日常点检	能定期对关键设备进行点检	设备润滑图表的有关知识
	（二）设备维护	能对岗位关键设备进行维护保养 能根据设备润滑图表对设备进行润滑	

续表

职业功能	工作内容	技能要求	相关知识
四、故障判断与处理	（一）工艺故障处理	能发现并判断本工序的常见故障，并进行相应处理	常见工艺故障及处理程序
	（二）设备故障处理	能判断设备运行状况是否正常	

3.3 高级工

职业功能	工作内容	技能要求	相关知识
一、生产操作	（一）原料库上料	1. 能使用原料库抓斗天车抓石油焦上线 2. 能按照配料方案搭配上线石油焦 3. 能检查原料库抓斗天车行程开关、缓冲器、信号灯具、开关按钮、限位器等设施是否完好 4. 能检查抓斗天车桥梁结构有无下陷变形，各部件有无开焊，连接螺栓有无松动 5. 能确认减速机轴承等润滑部位油量是否充足，油质是否符合要求	1. 抓斗天车的设备性能 2. 抓斗天车的操作规程 3. 石油焦配料有关知识
	（二）煅前加料	1. 能转换给料机自动控制和手动控制 2. 能确认旁通烟道闸板是否完好，并能确保自动和手动转换正常 3. 能确认燃烧室配风执行器完好，并能自动和手动开关 4. 能识别燃烧室内耐火砖有无脱落 5. 能自动和手动调整引风机百叶窗，并确认执行器状况是否正常 6. 能对引风机百叶窗清灰	1. 加料部位各设备的自动控制和手动控制有关知识 2. 燃烧室有关知识

续表

职业功能	工作内容	技能要求	相关知识
一、生产操作	（三）煅烧	1. 能调整回转窑内温度 2. 能确认回转窑内工艺条件是否符合标准，并保证煅后焦质量合格 3. 能从观察孔观察回转窑内工艺状况是否正常 4. 能用光学高温测温计测量回转窑内温度 5. 能正确使用上位机控制整个回转窑煅烧工艺 6. 能使用回转窑二、三次助燃风，并能确认滑线是否完好，能开启变频器 7. 能确认回转窑拖轮和挡轮处于完好状态 8. 能确认窑头密封圈及链条是否正常，并加润滑油脂 9. 能确认窑头、重锤和钢丝绳完好	1. 煅烧工艺原理有关知识 2. 上位机操作的有关知识 3. 煅烧生产的有关知识
	（四）冷却窑	1. 能调整小窑减速机与小齿圈及小齿轮与大齿圈咬合情况 2. 能处理冷却窑的有关不正常问题 3. 能处理湿料、红料现象	1. 处理冷却窑故障的有关知识 2. 煅后焦质量的有关知识
二、设备管理	（一）设备点检	能根据设备点检结果提出设备检修、更换建议	设备结构图的有关知识
	（二）设备维护	能进行设备易损件的更换	
三、故障判断与处理	（一）工艺故障处理	能进行较复杂工艺故障的处理	1. 较复杂工艺故障及处理程序 2. 常见设备故障
	（二）设备故障处理	能判断常见设备故障，并提出处理建议	

3.4 技师

职业功能	工作内容	技能要求	相关知识
一、生产操作	（一）原料库上料	1. 能检查原料库天车配电保护装置 2. 能检查抓斗天车大小车电动机接线是否完好 3. 能检查原料库抓斗天车吊具、大小车行走车轮磨损情况 4. 能检查抓斗天车各制动器抱闸线圈、抱闸轮等有无磨损 5. 能掌握原料的各项指标，并根据指标制定出配料方案	1. 抓斗天车的关键部位使用性能 2. 石油焦的质量指标 3. 安全生产特点
	（二）煅烧	1. 能调整回转窑窑体上下蹿动的情况 2. 能正确调整燃料和助燃风的配比 3. 能控制煅烧带的“位置、长度、温度”三个重要的工艺条件 4. 能处理燃烧机操作面板上的基本故障 5. 能处理天然气灭火报警、天然气泄漏报警现象 6. 能指导高级工将恶化的工艺调整平稳	1. 煅烧工艺 2. 上位机操作的有关知识 3. 燃料及燃烧机的有关知识
二、设备管理	回转窑修护	1. 能配合回转窑的大、中、小修作业 2. 能监督回转窑大、中、小修中内衬砌筑、钩钉焊接等施工质量	回转窑大、中、小修有关知识
三、故障判断与处理	（一）工艺故障处理	能分析工艺故障发生的原因，并采取纠正和预防措施	操作指导方法
	（二）设备故障处理	1. 能决定处理设备故障的方法 2. 能在设备故障发生后提出生产运行上的应对方案	
四、技术管理	（一）技术创新	能参与新工艺、新设备、新技术的开发	新工艺、新设备、新技术的发展动向
	（二）技术总结	能根据生产实践经验撰写生产技术总结	技术总结撰写方法

续表

职业功能	工作内容	技能要求	相关知识
五、培训指导	（一）指导操作	能示范实际操作技巧，并能指导初级工、中级工、高级工的实际操作	培训教学的基本方法
	（二）理论培训	能对初级工、中级工、高级工进行专业基础理论知识的培训	

3.5 高级技师

职业功能	工作内容	技能要求	相关知识
一、生产操作	工艺操作	1. 能指出生产工艺中存在的不足之处，并进行纠正 2. 能为提高质量提出相应的合理化建议 3. 能为提高技术经济指标提出合理化建议 4. 能处理停电、停水，引风机等的突发性事故 5. 能处理上位机无法操作的基本故障 6. 能指导他人实施点火、烘窑、升温等工作	1. 炭素知识 2. 影响煅烧技术经济指标的各种因素及其相互间的关系 3. 煅烧回转窑点火有关知识 4. 技术革新
二、设备管理	设备维护	1. 能根据生产需要对设备进行调试 2. 能根据设备配置和运行中存在的问题，提出设备整改的合理化建议	1. 设备的调试方法 2. 设备检修的有关知识
三、故障判断与处理	（一）工艺故障处理	能制定工艺故障预防措施和应急预案	煅烧重大事故应急预案
	（二）设备故障处理	能制定出设备故障的处理方案和应急预案	
四、技术管理	（一）质量管理	1. 能参与QC小组活动 2. 能按质量管理体系要求指导生产 3. 能进行质量统计的基本计算	1. 全面质量管理知识 2. 质量管理体系运行要求 3. 质量统计知识
	（二）编写技术文件	能撰写技术攻关、技术革新的专题项目报告	科技论文写作知识
	（三）技术改进	1. 能提出选用新工艺、新设备的建议 2. 能提出技术革新的合理化建议	炭素煅烧的发展动态

续表

职业功能	工作内容	技能要求	相关知识
五、培训指导	（一）指导操作	能指导初级工、中级工、高级工和技师进行实际操作	培训教学的基本方法
	（二）理论培训	能进行职业基础理论知识培训	

4. 比 重 表

4.1 理论知识

项 目		初级/%	中级/%	高级/%	技师/%	高级技师/%
基本要求	职业道德	5	5	5	5	5
	基础知识	30	30	30	20	15
相关知识	工作准备	5	5	—	—	—
	生产操作	50	50	45	40	30
	设备管理	10	10	15	15	15
	故障判断处理	—	—	5	5	10
	技术管理	—	—	—	10	15
	培训指导	—	—	—	5	10
合 计		100	100	100	100	100

4.2 技能操作

项 目		初级/%	中级/%	高级/%	技师/%	高级技师/%
技能要求	工作准备	5	5	—	—	—
	生产操作	85	85	85	65	50
	设备管理	10	10	10	15	15
	故障判断与处理	—	—	5	5	10
	技术管理	—	—	—	10	15
	培训指导	—	—	—	5	10
合 计		100	100	100	100	100

有色金属行业特有工种职业技能标准

炭 素 成 型 工

中国铝业股份有限公司青海分公司起草

说　明

根据《中华人民共和国劳动法》的有关规定，为了进一步完善国家职业标准体系，为职业教育、职业培训和职业技能鉴定提供科学、规范的依据，有色金属行业职业技能鉴定指导中心组织中国铝业股份有限公司青海分公司等单位有关专家，制定了《铝电解用炭素—炭素成型工职业技能标准》(以下简称《标准》)。

一、本《标准》以《中华人民共和国职业分类大典》为依据，以客观反映现阶段本职业的水平和对从业人员的要求为目标，在充分考虑经济发展、科技进步和产业结构变化对本职业影响的基础上，对职业的活动范围、工作内容、技能要求和知识水平作了明确规定。

二、本《标准》的制定遵循了《国家职业标准制定技术规程》的要求，既保证了《标准》体例的规范化，又体现了以职业活动为导向、以职业技能为核心的特点，同时也使其具有根据科技发展进行调整的灵活性和实用性，符合培训、鉴定和就业工作的需要。

三、本《标准》依据有关规定将本职业分为五个等级，涵盖职业概况、基本要求、工作要求和比重表等四个方面的内容。

四、本《标准》是在有色金属行业职业技能鉴定指导中心的具体组织下，在各有关专家和实际工作者的共同努力下完成的。参加编写的主要人员有：赵永金、龚思如、张怀武、徐良、程文福。参加审定的主要人员有：陈杰、肖利峰、丁邦平、刘京领、丁学全、谢承杰、连仁杰、陈南丽。本《标准》由中国铝业股份有限公司青海分公司负责起草，在制定过程中，得到了中国铝业公司、中国铝业股份有限公司、山西华泽铝电有限公司、四川启明星有限责任公司、河南神火碳素制品有限公司、中国铝业股份有限公司连城分公司、包头铝业（集团）有限责任公司、中国铝业股份有限公司兰州分公司等有关单位的大力支持，在此一并致谢。

五、本《标准》业经有色金属工业协会批准，自 2010 年 4 月 19 日起施行。

炭素成型工

1. 职业概况

1.1 职业名称

炭素成型工。

1.2 职业定义

操作破碎、粉碎、筛分、配料、混捏、成型等设备，将炭素原料挤压成炭素生制品的人员。

1.3 职业等级

本职业设五个等级，分别为：初级工（国家职业资格五级）、中级工（国家职业资格四级）、高级工（国家职业资格三级）、技师（国家职业资格二级）、高级技师（国家职业资格一级）。

1.4 职业环境

室内，高温，噪声，粉尘，有害气体。

1.5 职业能力特征

有一定观察、判断和计算能力，动作协调性较好，具有从事一定劳动强度工作的能力。

1.6 基本文化程度

初中毕业。

1.7 培训要求

1.7.1 培训期限

全日制职业学校教育，根据其培养目标和教学计划确定。晋级培训期限：初级工、中级工均不少于120标准学时；高级工不少于100标准学时；技师、高级技师均不少于80标准学时。

1.7.2 培训教师

培训初、中、高级工的教师应具有本职业技师及以上职业资格或相关专业中级及以上专业技术职务任职资格；培训技师的教师应具有本职业高级技师职业资格或相关专业中级专业技术职务任职资格2年以上或相关专业高级专业技术职务任职资格；培训高级技师的教师应具有本职业高级技师职业资格2年以上或相关专业高级专业技术职务任职资格。

1.7.3 培训场地设备

标准教室、具有成型配套设备的生产现场或模拟生产现场。

1.8 鉴定要求

1.8.1 适用对象

从事或准备从事本职业工作的人员。

1.8.2 申报条件

——**初级工**(具备以下条件之一者)

(1) 经本职业初级工正规培训达规定标准学时数，并取得结业证书。

(2) 在本职业连续见习工作1年以上。

(3) 本职业学徒期满。

——**中级工**(具备以下条件之一者)

(1) 取得本职业初级工职业资格证书后，连续从事本职业工作2年以上，经本职业中级工正规培训达规定标准学时数，并取得结业证书。

(2) 取得本职业初级工职业资格证书后，连续从事本职业工作3年以上。

(3) 连续从事本职业工作5年以上。

(4) 取得经劳动保障行政部门审核认定的、以中级工技能为培养目标的中等以上职业学校本职业（专业）毕业证书。

——**高级工**(具备以下条件之一者)

(1) 取得本职业中级工职业资格证书后，连续从事本职业工作3年以上，经本职业高级工正规培训达规定标准学时数，并取得结业证书。

(2) 取得本职业中级工职业资格证书后，连续从事本职业工作4年以上。

(3) 取得经劳动保障行政部门审核认定的、以高级工技能为培养目标的高级技工学校或高等职业学校本职业（专业）毕业证书。

(4) 取得本职业中级工职业资格证书的大专以上本专业或相关专业毕业生，连续从事本职业工作2年以上。

——**技师**(具备以下条件之一者)

(1) 取得本职业高级工职业资格证书后，连续从事本职业工作3年以上，经本职业技师正规培训达规定标准学时数，并取得结业证书。

(2) 取得本职业高级工职业资格证书后，连续从事本职业工作5年以上。

(3) 取得本职业高级工职业资格证书的高级技工学校本职业（专业）毕业生，连续从事本职业工作2年以上。

(4) 取得本职业高级工职业资格证书的大专以上本专业或相关专业毕业生，连续从事本职业工作2年以上。

——**高级技师**(具备以下条件之一者)

(1) 取得本职业技师职业资格证书后，连续从事本职业工作3年以上，经本

职业高级技师正规培训达规定标准学时数，并取得结业证书。

（2）取得本职业技师职业资格证书后，连续从事本职业工作 5 年以上。

1.8.3 鉴定方式

分为理论知识考试和技能操作考核。理论知识考试采用闭卷笔试方式，技能操作考核采用现场实际操作方式，结合其他必要方式。理论知识考试和技能操作考核均实行百分制，成绩皆达到 60 分及以上者为合格。技师和高级技师还须进行综合评审。

1.8.4 考评人员与考生配比

理论知识考试考评人员与考生配比为 1∶20，每个标准教室不少于 2 名考评人员；技能操作考核考评人员与考生配比 1∶5，且不少于 3 名考评人员；综合评审委员不少于 5 人。

1.8.5 鉴定时间

理论知识考试时间 120min；技能操作考核时间 60～180min；综合评审时间不少于 20min。

1.8.6 鉴定场所设备

理论知识考试在标准教室进行。技能操作考核在具有成型配套设备的生产现场或模拟生产现场进行。

2. 基 本 要 求

2.1 职业道德

2.1.1 职业道德基本知识

2.1.2 职业守则

（1）遵守法律、法规和有关规定。

（2）爱岗敬业、具有高度的责任心。

（3）严格执行工艺标准和安全操作规程。

（4）工作认真负责，团结合作。

（5）爱护设备。

（6）保持工作环境清洁有序，文明生产。

2.2 基础知识

2.2.1 基础理论知识

（1）炭素生产用原料的物理化学性质。

（2）预焙阳极的性质及用途。

（3）成型工序各系统的工艺流程。

（4）成型生产工艺技术指标。

2.2.2 机械、电器基础知识

（1）机械、电器基本常识。

（2）液压、气动的基础知识。

2.2.3 安全文明生产与环境保护知识

（1）现场文明生产要求。

（2）安全操作与劳动保护知识。

（3）环境保护知识。

2.2.4 质量管理基础知识

（1）质量管理的基本概念。

（2）产品质量要求及现场质量管理的基本方法。

（3）ISO 9000 族质量管理体系基础知识。

2.2.5 相关法律、法规知识

（1）《中华人民共和国劳动法》的相关知识。

（2）《中华人民共和国合同法》的相关知识。

（3）《中华人民共和国环境保护法》的相关知识。

（4）《中华人民共和国质量法》的相关知识。

3. 工 作 要 求

本标准对初级工、中级工、高级工、技师和高级技师的技能要求依次递进，高级别涵盖低级别的要求。

3.1 初级工（第二至四职业功能模块为可选模块，根据申报人情况任选其一）

职业功能	工作内容	技能要求	相关知识
一、生产准备	（一）交接班	1. 能明确上个班次的工作情况及本班次的工作任务内容 2. 能够将本班次的工作情况向下一班次交代清楚 3. 能正确填写交接班记录	1. 交接班的相关规章制度 2. 原始记录的填写要求
	（二）工器具准备	1. 能将作业前所需的工器具准备齐全 2. 能对工器具进行作业前的检查确认	工器具的名称及用途

续表

职业功能	工作内容	技能要求	相关知识
二、热煤沥青作业	（一）锅炉操作	1. 能对设备进行运行前的外观确认 2. 在他人指导下能完成锅炉及油泵的启停操作 3. 能识别锅炉系统运行过程中的报警信息	1. 检查设备的基本方法 2. 锅炉及相关配套设备的操作规程 3. 设备报警信息的含义
	（二）温度调节	1. 能熟知各部位阀门的功能 2. 在他人指导下能通过阀门、流量的调节进行温度的调整	1. 热煤系统的工艺配置特点 2. 系统的工艺流程
	（三）沥青原料的准备	1. 能判断供料仓是否需要加料 2. 能进行系统加料	熔化系统设备产能及料仓储备能力
	（四）沥青熔化	1. 能完成熔化过程中的启停机操作 2. 能按要求控制熔化工艺参数 3. 能识别熔化过程中的系统报警信息	1. 系统的工艺流程、操作规程及工艺要求 2. 设备报警信息的含义
	（五）计算机操作	1. 能在各功能界面之间转换 2. 能在他人指导下在计算机上进行启停操作	1. 计算机操作的基础知识 2. 计算机操作界面及按钮的作用
三、中碎筛分磨粉作业	（一）开机准备	1. 能完成作业前设备情况的检查确认 2. 能根据供料仓仓位情况确定是否加料 3. 能对物料走向情况进行确认	1. 系统的工艺流程 2. 系统设备的操作规程
	（二）物料破碎	1. 能按程序启停系统设备 2. 能向系统合理给料进行破碎 3. 能识别中碎系统的报警信息	1. 中碎系统设备启停顺序 2. 系统设备的性能结构及工作原理 3. 系统报警信息的含义
	（三）磨粉作业	1. 能按程序启停系统设备 2. 能向系统合理给料进行磨粉 3. 能通过参数调整控制粉料的纯度	1. 磨粉系统设备启停顺序 2. 纯度控制的工艺要求及控制方法

续表

职业功能	工作内容	技能要求	相关知识
三、中碎筛分磨粉作业	（四）物料纯度的检验	1. 能正确使用筛分析检验设备 2. 能通过筛分析结果检验物料纯度	1. 筛分析操作规程及使用方法 2. 筛分析检验方法及物料纯度要求
	（五）微机操作	1. 能在计算机上进行启停操作 2. 能完成设备集中与远程的控制操作	1. 计算机操作的基础知识 2. 计算机操作界面及按钮的作用
四、配料混捏成型作业	（一）开机准备	1. 能完成开机前系统设备情况的检查确认 2. 能判断设备状况是否满足启动要求 3. 能判断物料储备是否满足生产要求	1. 成型系统的工艺流程 2. 成型生产工艺条件要求 3. 关键设备性能及工作原理
	（二）配料操作	1. 能在计算机上下达系统启停指令 2. 能识别配料系统运行中出现的报警信息	1. 配料系统工艺流程 2. 系统报警信息的含义
	（三）工艺参数控制	1. 在他人指导下能对工艺参数进行调整 2. 能通过对糊料的观察基本确定物料配比是否合理	1. 成型工艺理论基础知识 2. 成型系统关键工艺点的控制方法
	（四）成型操作	1. 能完成成型机的手动与自动间的转换作业 2. 能进行手动和自动两种方式的设备启停操作	1. 成型机的设备操作规程 2. 成型机操作方法
	（五）阳极输送	1. 能进行阳极脱模后的编组作业 2. 能进行手动和自动方式对阳极编组 3. 能对阳极编组数量出现错误进行简单处理	1. 生阳极输送系统的设备操作流程及操作规程 2. 阳极编组要求及简单故障的处理方法
	（六）微机操作	1. 能在计算机上进行启停操作 2. 能完成设备集中与远程的控制操作	1. 计算机操作的基础知识 2. 计算机操作界面及按钮的作用
五、设备管理	设备维护及保养	1. 能进行设备点检并做记录 2. 能对设备进行清扫、润滑、紧固	1. 设备点检制度 2. 设备维护要求

3.2 中级工（第二至四职业功能模块为可选模块，根据申报人情况任选其一）

职业功能	工作内容	技能要求	相关知识
一、生产准备	（一）交接班	1. 能根据原始记录判断作业过程是否正常 2. 能对交接班的情况进行现场确认，并对遗留问题提出处理建议	1. 生产工艺过程控制的要求 2. 关键设备的性能构造及工作原理
	（二）工器具准备	能判断工器具是否完好	
二、热煤沥青作业	（一）锅炉操作	1. 能对设备进行运行前的检查，判断设备是否正常及点火前的安全防范准备 2. 能按要求完成锅炉点火、灭火操作及灭火后的安全防范处理 3. 能根据锅炉系统运行过程中的报警信息进行处理	1. 检查设备的基本方法 2. 锅炉的启停方法及安全管理措施 3. 设备报警信息的含义及处理办法
	（二）温度调节	1. 能熟知各部位阀门的功能及调整方法 2. 能严格按曲线进行升温（脱水） 3. 能通过阀门、流量的调节控制温度	1. 热煤系统的工艺配置 2. 系统的工艺流程及工艺控制要求
	（三）沥青熔化	1. 能根据原料状况判断原料质量 2. 能处理熔化过程中的工艺参数波动现象 3. 能根据熔化过程中的系统报警信息进行处理	1. 原料的性质及生产工艺对原料的要求 2. 报警信息的含义及处理办法
	（四）处理供料不畅	1. 能对熔化器缺料或不下料进行处理 2. 能处理破碎机和斗提堵料情况	熔化系统下料设备结构知识
	（五）计算机操作	1. 能读懂生产报表及显示的实时信息与曲线信息 2. 能修改可变控制参数	1. 生产报表的含义及监控信息的具体内容 2. 热煤系统计算机控制系统的组成及操作方法
三、中碎筛分磨粉作业	（一）运行准备	能对系统设备功能进行检查，并判断设备是否正常	系统设备的性能构造及工作原理
	（二）物料破碎	1. 能根据原料质量情况进行搭配使用 2. 能给下一个工艺环节提供合格物料 3. 能根据中碎系统的报警信息及时处理	1. 原料的性质及对原料的技术要求 2. 系统设备的性能结构及工作原理 3. 系统报警信息的含义及处理方法

续表

职业功能	工作内容	技能要求	相关知识
三、中碎筛分磨粉作业	（三）磨粉作业	1. 能根据筛分析结果判断工艺参数是否合理 2. 能通过设备运行参数判断球磨机运行是否正常 3. 能根据系统报警做出判断和处理	1. 磨粉系统工艺控制点的要求 2. 设备性能构造及工作原理 3. 系统报警含义及处理办法
	（四）物料纯度的检验	能根据筛分析结果进行物料质量的分析与判断	生产工艺对物料的质量要求
	（五）微机操作	1. 能读懂生产报表及显示的实时信息与曲线信息 2. 能修改可调参数	1. 生产报表的含义及监控信息的具体内容 2. 磨粉系统计算机控制的组成及操作方法
四、配料混捏成型作业	（一）开机准备	1. 能对系统关键设备进行空负荷试车，判断设备是否正常 2. 在设备状况不满足启动要求的情况下能提出处理建议	1. 设备构造、工作原理 2. 系统启动对温度、物料等技术要求
	（二）配料操作	1. 能根据上下工序的联系组织生产 2. 能对系统设备进行联动操作和单体操作 3. 能根据配料系统运行中出现的报警信息进行处理	1. 配料系统启动生产的技术要求 2. 设备操作规程 3. 系统报警信息的含义及处理方法
	（三）工艺参数控制	1. 能对系统运行中出现的温度、堵料等异常现象进行处理 2. 能通过阳极外观判断工艺过程是否合理 3. 能根据物料筛分析数据计算验证工作配方是否合理	1. 生产工艺技术要求及影响配料正常运行的因素 2. 工作配方的计算方法
	（四）成型操作	1. 能识别成型机报警信息并进行复位处理 2. 能处理重锤、模具、小车运行中出现的简单限位开关故障	1. 成型机报警信息的含义及复位方法 2. 成型机一般限位故障的处理方法
	（五）阳极输送	能对生阳极进行外观检查并判断其合格与否	生阳极检查方法及判定标准
	（六）微机操作	1. 能读懂生产报表及显示的实时信息与曲线信息 2. 能操作生产监控程序 3. 能准确修改可调参数	1. 生产报表的含义及监控信息的具体内容 2. 该系统计算机控制的组成及操作方法

续表

职业功能	工作内容	技能要求	相关知识
五、设备管理	设备维护及故障处理	1. 能对设备进行润滑，确认设备的润滑状况 2. 能按要求对设备进行调整、紧固 3. 能处理一般的设备故障	1. 设备润滑知识 2. 一般故障的处理方法

3.3 高级工（第一至三职业功能模块为可选模块，根据申报者人情况任选其一）

职业功能	工作内容	技能要求	相关知识
一、热煤沥青作业	（一）锅炉操作	1. 能完成系统注油或排油作业 2. 能完成启动作业并准确判断系统是否缺油并进行补油作业 3. 能判断系统工作压力是否正常	1. 系统操作技术规程 2. 锅炉的启停方法及安全管理措施 3. 设备性能参数
	（二）温度调节	1. 能根据生产需要精确调整温度参数 2. 能判断生产过程中温度参数出现异常的原因	系统的工艺流程及工艺控制要求
	（三）沥青熔化	1. 能根据原料质量合理调整熔化产量并调整工艺控制温度 2. 能对熔化过程中异常停电进行处理	1. 原料的性质及生产工艺对原料的要求 2. 停电应急处理方法
	（四）计算机操作	1. 能调用生产报表及显示的实时信息与曲线信息 2. 能根据显示的工艺信息，分析系统运行情况	1. 生产报表的含义及监控信息的具体内容 2. 热煤系统计算机控制系统的组成及操作方法
二、中碎筛分磨粉作业	（一）物料破碎	1. 能根据生产需要合理组织中碎系统的生产 2. 能准确控制各种物料的纯度及使用比例 3. 能进行除尘系统正常停电、停风后及恢复供电、供风后的作业	1. 生产工艺对物料的质量及使用比例控制要求 2. 停电、停风对除尘系统的影响
	（二）磨粉作业	1. 能根据筛分析结果调整系统参数 2. 能判断球磨机是否堵料并进行处理	1. 磨粉系统工艺控制要求 2. 一般故障的处理方法
	（三）微机操作	1. 能调用生产报表及显示的实时信息与曲线信息 2. 能根据电脑显示的信息，分析系统运行情况	1. 生产报表的含义及监控信息的具体内容 2. 磨粉系统计算机控制的组成及操作方法

续表

职业功能	工作内容	技能要求	相关知识
三、配料混捏成型作业	（一）配料操作	1. 能完成启动前（停车后）的系统加料（系统排空）作业 2. 能根据启动条件确定初始工艺条件	1. 配料系统启动生产的技术要求 2. 设备操作规程
	（二）工艺参数控制	1. 能通过阳极外观情况判断工作配方及工艺条件是否合理并做出准确的调整 2. 能根据工作配方计算混合料中各种物料的使用比例	1. 生产工艺技术要求及影响配料正常运行的因素 2. 工作配方的计算方法
	（三）成型操作	1. 能根据报警信息判断故障部位及原因并进行处理 2. 能处理重锤、模具、小车运行中出现的简单的液压故障	1. 成型机报警信息的含义及处理方法 2. 成型机一般液压故障的处理方法
	（四）阳极输送	能根据阳极废品形式判断其原因并提出改进建议	1. 生阳极检查方法及判定标准 2. 影响阳极质量的因素
	（五）微机操作	1. 能调用生产报表及显示的实时信息与曲线信息 2. 能操作生产监控程序并对生产情况进行分析 3. 能应用杀毒软件检查计算机病毒	1. 生产报表的含义及监控信息的具体内容 2. 该系统计算机控制的组成及操作方法 3. 计算机简单维护及理论知识
四、设备管理	设备维护及故障处理	1. 能发现设备一般故障隐患 2. 能判断设备检修质量	一般故障的处理方法

3.4 技师（第一至三职业功能模块为可选模块，根据申报人情况任选其一）

职业功能	工作内容	技能要求	相关知识
一、热煤沥青作业	（一）锅炉操作	1. 能完成设备检修计划的制定 2. 能完成设备检修工作的验收及检修质量评估 3. 能调整系统工作压力	1. 设备性能构造 2. 设备工作要求
	（二）技术条件控制	1. 能根据外部环境变化控制系统所需热量的上下限温度 2. 能根据运行周期及生产情况，预测系统设备运行状况	1. 系统设备对工艺的控制要求 2. 设备构造

续表

职业功能	工作内容	技能要求	相关知识
一、热煤沥青作业	（三）测量作业	能根据生产情况准确控制液体沥青存储量	生产物料配比
	（四）计算机操作	能判断上位机数据通讯异常	1. 上位机数据通讯原理知识 2. 计算机操作系统及驱动安装知识
二、中碎筛分磨粉作业	（一）物料破碎	1. 能完成设备检修计划的制定 2. 能处理物料输送系统的工艺故障 3. 能完成设备检修工作的验收及检修质量评估 4. 能根据除尘设备的运行情况判断除尘效果，并进行调整	1. 设备性能构造 2. 设备工作要求
	（二）磨粉作业	1. 能根据磨粉设备运行状况判断设备内部配件的完好情况 2. 能根据粉料质量、产量情况调整钢球用量	1. 磨粉系统设备工作原理 2. 钢球使用周期及比例
	（三）微机操作	1. 能判断上位机数据通讯异常 2. 能安装计算机操作系统与设备驱动程序	1. 上位机数据通讯原理知识 2. 计算机操作系统及驱动安装知识
三、配料混捏成型作业	（一）工艺条件控制	1. 能通过糊料的混捏质量调整工艺条件并能判断铰刀磨损情况 2. 能根据实际生产情况对工艺优化提出改进建议	炭素生产工艺
	（二）成型操作	1. 能根据阳极尺寸偏差判断模具使用状况及模具中糊料分布情况 2. 能判断液压单元故障原因	1. 成型机工作原理 2. 成型机液压工作原理
	（三）悬链输送	能处理悬链输送过程中卡车、不发车等故障	悬链故障处理
	（四）微机操作	1. 能判断上位机数据通讯异常 2. 能安装计算机操作系统与设备驱动程序	1. 上位机数据通讯原理知识 2. 计算机操作系统及驱动安装知识

续表

职业功能	工作内容	技能要求	相关知识
四、生产管理	物流管理及生产组织	1. 能对物料的投入、产出进行计划、组织、调节 2. 能在生产中合理安排、协调生产与检修工作	物流管理基础知识及生产管理知识
五、设备管理	设备维护与检修	1. 能对中、小修质量进行跟踪检查和评判 2. 能制定设备维护和检修方案	设备中、小修质量标准
六、技术管理	（一）控制工艺技术条件	能在生产过程、原料发生变化时合理调整技术条件	1. 技术参数的相互关系 2. 质量管理基础知识
	（二）技术总结	能对本工序生产实际经验进行总结	
	（三）技术改进与创新	1. 能针对生产或设备系统中存在的薄弱环节提出改进建议 2. 能参与新工艺、新技术的开发和试验	新工艺、新设备、新技术的发展方向

3.5 高级技师（第一至二职业功能模块为可选模块，根据申报人情况任选其一）

职业功能	工作内容	技能要求	相关知识
一、热煤沥青作业	（一）测试	能根据生产情况进行物料平衡、能耗测试计算	物料平衡测试方法
	（二）技术条件控制	1. 能对系统运行的趋势进行综合评判和预测 2. 能综合评判技术参数对技术经济指标的影响	1. 系统运行稳定性的影响因素 2. 统计基础知识
二、配料混捏成型作业	（一）测试作业	能根据生产情况进行物料平衡、能耗测试计算	物料平衡测试方法
	（二）技术条件控制	1. 能对系统运行的趋势进行综合评判和预测 2. 能综合评判技术参数对技术经济指标的影响	1. 系统运行稳定性的影响因素 2. 统计基础知识
	（三）项目管理	1. 能编写中、小修及技改项目的施工方案 2. 参与大型项目的施工图纸会审，能对图中的技术缺陷和施工难点提出改进建议 3. 能对大修及技改项目的实施效果进行验收	1. 系统工艺的新技术 2. 项目验收要求

续表

职业功能	工作内容	技能要求	相关知识
三、设备管理	设备事故处理	能分析设备事故原因，制定防范措施	设备事故的处理知识
四、技术管理	（一）技术交流与总结	1. 能系统总结生产中设备的维护和检修经验 2. 能系统总结炭素生产的实践经验 3. 能参与炭素行业的技术交流	炭素技术发展新动态
	（二）技术创新	能撰写技术攻关、技术开发项目的研究报告、总结报告	科技论文写作知识
五、培训指导	（一）理论知识培训	1. 能合理安排教学内容，选择合理的培训方法 2. 能系统讲授炭素生产理论知识	技能培训方法
	（二）传授技艺	能传授处理生产中技术问题的方法和技巧，并能对初级工、中级工、高级工和技师进行实际操作指导	

4. 比 重 表

4.1 理论知识

项　目		初级工/%	中级工/%	高级工/%	技师/%	高级技师/%
基本要求	职业道德	5	5	5	5	5
	基础知识	30	30	30	20	15
相关知识	生产准备	10	10	—	—	—
	生产作业	50	50	50	45	40
	生产管理	—	—	—	5	10
	设备管理	5	5	10	10	10
	技术管理	—	—	—	10	15
	培训指导	—	—	5	5	5
合　计		100	100	100	100	100

注：生产作业指“工作要求”表中可选模块部分。

4.2 技能操作

项　目		初级工/%	中级工/%	高级工/%	技师/%	高级技师/%
技能要求	生产准备	5	5	—	—	—
	生产作业	90	90	85	70	55
	生产管理	—	—	—	5	10
	设备管理	5	5	10	10	10
	技术管理	—	—	—	10	15
	培训指导	—	—	5	5	10
合　计		100	100	100	100	100

注：生产作业指“工作要求”表中可选模块部分。

有色金属行业特有工种职业技能标准

炭素焙烧工

中国铝业股份有限公司青海分公司起草

说　　明

根据《中华人民共和国劳动法》的有关规定，为了进一步完善国家职业标准体系，为职业教育、职业培训和职业技能鉴定提供科学、规范的依据，有色金属行业职业技能鉴定指导中心组织中国铝业股份有限公司青海分公司等单位有关专家，制定了《铝电解用炭素—炭素焙烧工职业技能标准》(以下简称《标准》)。

一、本《标准》以《中华人民共和国职业分类大典》为依据，以客观反映现阶段本职业的水平和对从业人员的要求为目标，在充分考虑经济发展、科技进步和产业结构变化对本职业影响的基础上，对职业的活动范围、工作内容、技能要求和知识水平作了明确规定。

二、本《标准》的制定遵循了《国家职业标准制定技术规程》的要求，既保证了《标准》体例的规范化，又体现了以职业活动为导向、以职业技能为核心的特点，同时也使其具有根据科技发展进行调整的灵活性和实用性，符合培训、鉴定和就业工作的需要。

三、本《标准》依据有关规定将本职业分为五个等级，涵盖职业概况、基本要求、工作要求和比重表等四个方面的内容。

四、本《标准》是在有色金属行业职业技能鉴定指导中心的具体组织下，在各有关专家和实际工作者的共同努力下完成的。参加编写的主要人员有：赵永金、龚思如、唐阳生、刘利宏、杨怀蓉。参加审定的主要人员有：肖利峰、杨从国、车金平、刘京领、丁学全、丁跃华、连仁杰、陈南丽。本《标准》由中国铝业股份有限公司青海分公司负责起草，在制定过程中，得到了中国铝业公司、中国铝业股份有限公司、山西华泽铝电有限公司、四川启明星有限责任公司、河南神火炭素制品有限公司、中国铝业股份有限公司连城分公司、包头铝业（集团）有限责任公司、中国铝业股份有限公司兰州分公司等有关单位的大力支持，在此一并致谢。

五、本《标准》业经有色金属工业协会批准，自 2010 年 4 月 19 日起施行。

炭素焙烧工

1. 职业概况

1.1 职业名称

炭素焙烧工。

1.2 职业定义

操作焙烧炉、倒焰窑、隧道窑等设备，对炭素压型生制品进行焙烧的人员。

1.3 职业等级

本职业设五个等级，分别为：初级工（国家职业资格五级）、中级工（国家职业资格四级）、高级工（国家职业资格三级）、技师（国家职业资格二级）、高级技师（国家职业资格一级）。

1.4 职业环境

室内，高温，噪声，粉尘，有害气体。

1.5 职业能力特征

有一定的学习、分析、观察和组织能力；动作协调、身体状况良好。

1.6 基本文化程度

初中毕业。

1.7 培训要求

1.7.1 培训期限

全日制职业学校教育，根据其培养目标和教学计划确定。晋级培训期限：初级工、中级工均不少于120标准学时；高级工不少于100标准学时；技师、高级技师均不少于80标准学时。

1.7.2 培训教师

培训初、中、高级工的教师应具有本职业技师及以上职业资格或相关专业中级及以上专业技术职务任职资格；培训技师的教师应具有本职业高级技师职业资格或相关专业中级专业技术职务任职资格2年以上或高级专业技术职务任职资格；培训高级技师的教师应具有本职业高级技师职业资格2年以上或相关专业高级专业技术职务任职资格。

1.7.3 培训场地设备

标准教室、具有焙烧配套设备的生产现场或模拟生产现场。

1.8 鉴定要求

1.8.1 适用对象

从事或准备从事本职业的人员。

1.8.2 申报条件

——初级工(具备以下条件之一者)

（1）经本职业初级工正规培训达规定标准学时数，并取得结业证书。

（2）在本职业连续见习工作1年以上。

（3）本职业学徒期满。

——中级工(具备以下条件之一者)

（1）取得本职业初级工职业资格证书后，连续从事本职业工作2年以上，经本职业中级工正规培训达规定标准学时数，并取得结业证书。

（2）取得本职业初级工职业资格证书后，连续从事本职业工作3年以上。

（3）连续从事本职业工作5年以上。

（4）取得经劳动保障行政部门审核认定的、以中级工技能为培养目标的中等以上职业学校本职业（专业）毕业证书。

——高级工(具备以下条件之一者)

（1）取得本职业中级工职业资格证书后，连续从事本职业工作3年以上，经本职业高级工正规培训达规定标准学时数，并取得结业证书。

（2）取得本职业中级工职业资格证书后，连续从事本职业工作4年以上。

（3）取得经劳动保障行政部门审核认定的、以高级工技能为培养目标的高级技工学校或高等职业学校本职业（专业）毕业证书。

（4）取得本职业中级工职业资格证书的大专以上本专业或相关专业毕业生，连续从事本职业工作2年以上。

——技师(具备以下条件之一者)

（1）取得本职业高级工职业资格证书后，连续从事本职业工作3年以上，经本职业技师正规培训达规定标准学时数，并取得结业证书。

（2）取得本职业高级工职业资格证书后，连续从事本职业工作5年以上。

（3）取得本职业高级工职业资格证书的高级技工学校本职业（专业）毕业生，连续从事本职业工作2年以上。

（4）取得本职业高级工职业资格证书的大专以上本专业或相关专业毕业生，连续从事本职业工作2年以上。

——高级技师(具备以下条件之一者)

（1）取得本职业技师职业资格证书后，连续从事本职业工作3年以上，经本职业高级技师正规培训达规定标准学时数，并取得结业证书。

（2）取得本职业技师职业资格证书后，连续从事本职业工作5年以上。

1.8.3 鉴定方式

分为理论知识考试和技能操作考核。理论知识考试采用闭卷笔试方式，技能操作考核采用现场实际操作方式为主，辅之以其他必要方式。理论知识考试和技能操作考核均实行百分制，成绩皆达到60分及以上者为合格。技师和高级技师还须进行综合评审。

1.8.4 考评人员与考生配比

理论知识考试考评人员与考生配比为1∶20，每个标准教室不少于2名考评人员；技能操作考核考评人员与考生配比1∶5，且不少于3名考评员；综合评审委员不少于5人。

1.8.5 鉴定时间

理论知识考试时间120min；技能操作考核时间60～180min；综合评审时间不少于20min。

1.8.6 鉴定场所设备

理论知识考试在标准教室进行。技能操作考核在具有焙烧配套设备的生产现场或模拟生产现场进行。

2. 基 本 要 求

2.1 职业道德

2.1.1 职业道德基本知识

2.1.2 职业守则

（1）遵守法律、法规和有关规定。

（2）爱岗敬业、具有高度的责任心。

（3）严格执行工艺标准和安全操作规程。

（4）工作认真负责，团结合作。

（5）爱护设备。

（6）保持工作环境清洁有序，文明生产。

2.2 基础知识

2.2.1 基础理论知识

（1）炭素材料的性质及用途。

（2）炭素生产的基本原理。

（3）炭素的工艺流程。

（4）炭素生产技术经济指标。

2.2.2 焙烧加工的基础知识

（1）燃气自动控制的基本原理。

(2) 焙烧起重设备的结构性能及工作原理。

(3) 焙烧烟气净化的基本原理。

(4) 炭阳极质量检查标准。

(5) 焙烧炉基本结构。

(6) 耐火材料的性质与用途。

2.2.3 安全文明生产与环境保护知识

(1) 现场文明生产要求。

(2) 安全操作与劳动保护知识。

(3) 环境保护知识。

2.2.4 质量管理知识

(1) 企业的质量方针。

(2) 岗位的质量要求。

(3) 岗位的质量保证措施与质量责任制度。

2.2.5 相关法律、法规知识

(1)《中华人民共和国劳动法》的相关知识。

(2)《中华人民共和国合同法》的相关知识。

(3)《中华人民共和国环境保护法》的相关知识。

(4)《中华人民共和国质量法》的相关知识。

3. 工 作 要 求

本标准对初级工、中级工、高级工、技师和高级技师的技能要求依次递进，高级别涵盖低级别的要求。

3.1 初级工（第二至第六职业功能模块为可选模块，根据申报人情况任选其一）

职业功能	工作内容	技能要求	相关知识
一、生产准备	（一）班前准备	能够按要求穿戴好个人劳动保护用品	个人劳动保护用品穿戴要求
	（二）交接班	1. 能明确上个班次工作情况及本班次工作任务 2. 能将本班工作情况向下个班次交代清楚 3. 能正确填写原始记录	1. 交、接班制度 2. 原始记录填写要求
	（三）准备工器具	1. 能将作业前所需的工具、器具配备齐全 2. 能对工器具进行使用前的预处理	工器具的名称及用途
	（四）原料、物料准备	能准备工作所需的原料、物料	所需原料、物料的名称及用途

续表

职业功能	工作内容	技能要求	相关知识
一、生产准备	（五）设备运行前的检查	1. 能对设备进行外观检查，确认设备零部件是否完整 2. 能进行单体设备的空负荷运转	检查设备的基本方法
二、多功能机组作业	（一）生、熟阳极的运输	1. 能进行单体输送机的操作 2. 能进行阳极偏斜校正 3. 能确定生产工位的区域 4. 能清理炭块阳极表面物料 5. 能进行输送机清扫操作	1. 输送机编号 2. 焙烧炉编号 3. 输送机操作规程
	（二）装炉、出炉、吊运	1. 能确认装、出炉炉号 2. 能进行阳极夹运作业 3. 能进行吸料、铺料作业 4. 能进行粉尘排放作业 5. 能进行简单的物品吊运作业 6. 能配合他人进行调温系统移炉作业 7. 能进行天车清扫作业	1. 多功能天车的操作规程 2. 起重基本知识 3. 安全生产基本常识
	（三）故障处理	1. 能判断并处理多功能天车不能启动的下列情况： ①操作台（盘）上对应的功能开关或控制器未转换或不到位 ②安全门未关好 ③大、小车安全装置或联车机构未拴好 2. 能配合他人排除吸、卸料管卡位的异常情况 3. 能配合他人调整阳极夹具松紧情况	1. 多功能天车启动的基础知识 2. 多功能天车的工作原理
三、焙烧系统作业	（一）移炉作业	1. 能协作关闭燃烧架、排烟架电源 2. 能协作开闭天然气 3. 能协作密封排烟架 4. 能协作拔插热电偶 5. 能协作开停鼓风机 6. 能协作吊移设备到下一个工位 7. 能协作拔插数据通讯插头	1. 调温设备的基本操作知识 2. 移炉作业程序 3. 调温设备的数据连接知识

续表

职业功能	工作内容	技能要求	相关知识
三、焙烧系统作业	（二）调温作业	1. 能进行排烟架负压的调整 2. 能进行鼓风机零压的调整 3. 能进行燃烧架燃料的调整 4. 能进行各种数据的记录 5. 能进行测温热电偶的更换 6. 能进行火道燃烧状况的初步观察与判断 7. 能进行调温计算机自动远程控制系统的简单操作 8. 能识别调温系统的简单报警信息	1. 调温工的安全操作规程 2. 原始记录的填写要求 3. 调温设备的基本性能和工作原理 4. 报警信息的含义 5. 计算机操作基础知识
	（三）故障处理	1. 能进行负压报警、燃气报警、零压报警的初级处理 2. 能配合他人进行烟斗、烟道着火的紧急处理 3. 能配合他人进行停电、停负压的紧急处理	1. 报警信息的基础知识 2. 烟斗、烟道着火的应急预案 3. 停电、停负压的应急预案
四、焙烧炉维护	焙烧炉维护	1. 能进行焙烧炉料箱的初级密封 2. 能进行焙烧炉火道盖更换修复 3. 能进行焙烧炉烟道盖的更换修复 4. 能配合他人小修焙烧炉火道墙	1. 耐火材料的基本知识 2. 焙烧炉的编号
五、烟气净化	（一）烟气监控	1. 能开启和关闭净化设备 2. 能识别烟气净化系统报警信息 3. 能操作监控程序，读懂显示内容	1. 净化设备操作方法 2. 净化工艺流程
	（二）氧化铝运输	1. 能向料仓输料 2. 能进行打料管的安装	物料运输基础知识
	（三）布袋检查	1. 能检查布袋 2. 能更换布袋	烟气净化工艺流程
六、阳极检查	（一）比电阻分析	1. 电阻率分析样取样 2. 试样制备 3. 电阻率分析仪操作 4. 分析数据统计、整理	1. 电阻率分析仪操作 2. 分析数据统计、整理 3. 粉末电阻率测定操作标准 4. 会查电阻率测试结果对照表

续表

职业功能	工作内容	技能要求	相关知识
六、阳极检查	（二）生、熟块外观检查	1. 能分清生、熟块 2. 能判断块外观的好坏 3. 能正确使用卷尺等相关测量工具	生、熟块检查技术标准
	（三）阳极熟块的取样、送样	能熟练操作取样机	1. 炭块库安全常规知识 2. 取样机性能及操作方法

3.2 中级工（第二至第六职业功能为可选模块，根据申报人情况任选其一）

职业功能	工作内容	技能要求	相关知识
一、生产准备	（一）交接班	能对交接班情况进行现场确认，并对遗留问题提出处理建议	交接班制度
	（二）工器具准备	能判断工器具是否完好	工器具的性能
	（三）设备运行前的检查	能对设备功能进行检查，判断设备是否正常	设备的构造及性能
二、多功能机组作业	（一）炭块的运输作业	1. 能进行阳极的运输及编解组作业 2. 能进行上下线阳极的质量预检	1. 链式输送机操作规程 2. 本工序半成品质量预检方法
	（二）操作多功能天车	1. 能进行起重负荷试验 2. 能进行联车操作 3. 能进行装炉出炉作业 4. 能进行铺料作业 5. 能进行燃烧设备的吊运作业	1. 多功能天车安全装置的作用 2. 钢丝绳的种类和用途
	（三）故障处理	1. 能分析并判断多功能天车送不上电的下列原因： （1）能判断机组各部位限位是否正常动作 （2）机组发生接地故障 2. 能判断、处理多功能天车作业中发生的下列情况： （1）送电后各部位不能正常启动运转 （2）大、小两车各电机运行不同步 3. 能分析判断大、小车起步困难的下列原因： （1）轨道上有积尘或障碍物 （2）机械或电气故障	1. 多功能天车保护系统的作用 2. 焙烧起重设备的结构性能及工作原理

续表

职业功能	工作内容	技能要求	相关知识
三、焙烧系统作业	（一）移炉作业	1. 能开、闭燃烧架、排烟架、冷却风机电源 2. 能开、闭燃料控制阀门 3. 能对排烟架及相关炉室进行密封 4. 能安装测温热电偶 5. 能指挥天车进行移炉作业 6. 能进行数据通信连接	1. 调温设备的基本操作知识 2. 移炉作业程序 3. 调温设备的数据连接知识
	（二）调温作业	1. 能根据火道温度进行负压调整 2. 能根据燃料燃烧状况进行二次风量的调整 3. 能进行燃烧架燃料减压阀压力的调整 4. 能进行火道燃烧状况的观察与判断 5. 能进行远程控制、自动控制和手动控制的转换操作 6. 能识别调温系统的各类报警信息	1. 工艺标准相关知识 2. 上位机、下位机操作手册 3. 计算机基础知识 4. 各类报警信息的含义
	（三）故障处理	1. 能进行负压报警、燃料报警、零压报警的处理 2. 能进行烟斗、烟道着火的紧急处理 3. 能进行停电、停负压的紧急处理 4. 能进行升温异常的处理	1. 各类报警信号的处理方法 2. 焙烧系统各类应急预案
四、焙烧炉维护	焙烧炉的维护和点检	1. 能对焙烧炉设备进行日常点检 2. 能对焙烧炉料箱及火道墙进行密封 3. 能配合砌筑焙烧炉火道墙 4. 能正确使用耐火材料	1. 设备点检常识 2. 焙烧炉火道墙基本结构 3. 耐火材料的性能
五、烟气净化	（一）烟气监控	1. 能调整负压大小 2. 能进行氧化铝循环控制 3. 能启动和停止主排风机、空压机、罗茨风机	1. 烟气净化原理 2. 主排风机工作原理 3. 空压机工作原理

续表

职业功能	工作内容	技能要求	相关知识
五、烟气净化	（二）氧化铝运输	1. 能向料仓输送新鲜氧化铝和回收氧化铝 2. 能控制氧化铝输送量	1. 罐车输送工作原理 2. 物料输送控制原理 3. 压力容器基础知识
	（三）布袋检查	1. 能打开和关闭布袋室出、入口阀门 2. 能检查和更换布袋	1. 布袋工作原理 2. 布袋使用方法
六、阳极检查	（一）试样制备	1. 能根据不同的地点进行合理取样 2. 能根据要求进行试样制备	取样的方法及要求
	（二）比电阻分析	1. 能校正电阻率分析仪 2. 能进行粉末比电阻测试 3. 能将分析数据统计、整理	1. 电阻率分析仪测试原理 2. 仪表的性能及用途 3. 仪表数据读取及数据处理方法
	（三）生、熟阳极外观检查	1. 能对生、熟阳极块的外观状况做出准确的判断 2. 能将生、熟阳极块的外观信息反馈给相关部门	生、熟阳极检查技术标准
	（四）阳极熟块的取样、送样	1. 能熟练的取样 2. 能按顺序接线送电	1. 取样块的标准 2. 一般电工常识

3.3 高级工（第一至第五职业功能为可选模块，根据申报人情况任选其一）

职业功能	工作内容	技能要求	相关知识
一、多功能机组作业	（一）生、熟阳极的运输	1. 能进行阳极的运输作业 2. 能判断处理输送机上阳极跑偏情况调整 3. 能判断输送机异常情况类别	1. 输送机的操作规程 2. 输送机的性能结构 3. 输送机产生异常的原因
	（二）多功能天车装炉、出炉、吊运	1. 能完成多功能天车的所有作业 2. 能判断多功能天车的异常情况类别 3. 能进行多功能天车制动器失灵的紧急情况处理	1. 多功能天车的操作规程 2. 多功能天车的性能结构及工作原理 3. 多功能天车的应急预案

续表

职业功能	工作内容	技能要求	相关知识
一、多功能机组作业	（三）故障处理	1. 能判断多功能天车故障的类别 2. 能分析阳极夹具不夹的原因 3. 能处理气动系统风管破裂 4. 能处理吸、卸料管钢丝绳断丝后的更换 5. 能分析空压机不上压的原因	1. 多功能天车气动系统的工作原理 2. 钢丝绳的基本知识
二、焙烧系统作业	（一）调温作业	1. 能判断焙烧调温计算机控制系统中的下列情况： （1）通讯中断 （2）参数损坏 （3）网络中断 2. 能分析焙烧调温控制系统异常产生错误数据的原因 3. 能处理燃料报警情况 4. 能处理停电、停负压焙烧系统的紧急情况与正常恢复后的作业 5. 能处理排烟架、烟道着火的紧急情况与正常恢复后的作业 6. 能完成焙烧系统上位机与下位计算机通讯中断后的操作	1. 焙烧系统现场总线基础知识 2. 上位机与下位计算机的组成与结构 3. 停电、停负压应急预案 4. 烟斗、烟道着火应急预案 5. 燃料报警系统的工作原理
	（二）故障处理	1. 能分析并处理焙烧系统排烟架异常情况 2. 能分析并处理焙烧系统上位机的异常情况 3. 能判断焙烧系统冷却风机的故障 4. 能装载下位计算机的调温曲线与负压曲线	1. 焙烧系统设备的基本结构与工作原理 2. 下位计算机数据调整的应用知识
三、焙烧炉维护	焙烧炉的维修	1. 能进行焙烧炉的维护 2. 能配合焙烧炉的检修	1. 焙烧炉的结构 2. 耐火材料的知识 3. 耐火砖的型号 4. 焙烧炉的尺寸
四、烟气净化	（一）烟气监控	1. 能疏通溜槽、气力提升机堵料 2. 能调节循环料、返回料速度 3. 能进行净化系统非正常停机后及恢复供电后的作业	1. 压差失衡的原因 2. 停电、停风对系统的影响

续表

职业功能	工作内容	技能要求	相关知识
四、烟气净化	（二）氧化铝运输	1. 能调节输送压力 2. 能判定料位高度 3. 能疏通堵料	1. 氧化铝装卸原理 2. 物料输送工艺调整方案
	（三）布袋检查	1. 能处理布袋通气不良 2. 能处理袋室漏料	漏料原因分析方法
五、阳极检查	（一）比电阻分析	1. 能及时、准确的制备出分析试样 2. 能标注测微筒上的标高 3. 能计算各种范围内的电阻率数据	1. 测微筒标注原理 2. 熟知粉末电阻率的计算公式
	（二）生、熟阳极块外观检查	1. 能根据经验对一些难查生、熟阳极块作出质量判断 2. 可以初步评估炭块质量的好坏	熟悉铝电解用预焙阳极技术标准
	（三）阳极熟块取样、送样	1. 能使用砂轮机磨刀头 2. 能配合焊工焊刀头	1. 熟悉砂轮机的操作标准 2. 熟悉简单的焊接技术

3.4 技师（第一至第五职业功能为可选模块，根据申报人情况任选其一）

职业功能	工作内容	技能要求	相关知识
一、焙烧炉操作	（一）焙烧炉点火启动	1. 能制定焙烧炉烘炉曲线 2. 能进行焙烧炉系统配置 3. 能进行焙烧炉启动运行期间的数据测量，并进行焙烧启动效果评估	焙烧基本原理
	（二）工艺技术条件控制	1. 能熟练地在上、下位机上进行曲线的设置和更改 2. 能根据系统运行状况及时调整工艺参数	1. 焙烧上位机操作手册 2. 焙烧升温制度 3. 焙烧工艺标准相关知识
	（三）故障处理	1. 能准确判断系统“远程故障”、“二级系统故障”并能及时排除 2. 能制定焙烧应急预案，如：烟道着火、停电、停负压、停燃料的应急处理并组织实施和处理	1. 焙烧自动控制系统操作手册 2. 焙烧系统应急预案 3. 故障处理方法

续表

职业功能	工作内容	技能要求	相关知识
二、多功能机组作业	（一）故障处理	1. 能确定多功能天车吸料能力下降的原因 2. 能确定多功能天车阳极提升机构的故障部位和故障原因 3. 能分析大小车行走轮发生“啃轨”故障的下列原因： （1）两个主动轮驱动不同步 （2）驱动轮中有一台电动机空转 4. 能判断各传动部位的抱闸松紧是否合适，并能够进行调整和抱闸皮更换	1. 多功能天车的操作规程 2. 多功能天车的性能结构及工作原理 3. 多功能天车的应急预案
	（二）链式输送机处理故障	1. 能够确定链式输送机跑偏故障原因 2. 能够确定传动链条频繁断裂的原因 3. 能够准确判断链式输送机磨损程度并能制定中修计划	链式输送机操作和故障诊断基本知识
三、物料输送及烟气净化	（一）输送物料	1. 能首次启动氧化铝运输系统 2. 能处理运输过程出现的异常情况 3. 能正确收尘	1. 氧化铝装卸系统方法 2. 物料输送控制参数调整方案
	（二）净化烟气	1. 能首次启动烟气净化系统 2. 能根据负压需求调整烟气工艺参数 3. 能处理净化系统工艺故障	1. 烟气净化系统的启动方法 2. 烟气净化系统控制参数的调整方法
	（三）布袋检查	1. 能起吊运输布袋 2. 能储存保养布袋 3. 能回收布袋，防止污染环境	1. 漏料原因分析方法 2. 布袋保养方法
四、焙烧炉维护	（一）施工准备	1. 能读懂焙烧炉火道墙施工图纸 2. 能根据施工方案组织施工	1. 制图基本知识 2. 火道墙砌筑的工艺要求
	（二）砌筑火道墙	1. 能砌筑单一火道墙 2. 能掌握不同型号耐火材料的用途	1. 火道墙砌筑方法 2. 耐火材料相关知识

续表

职业功能	工作内容	技能要求	相关知识
五、阳极检查	（一）电阻率分析	1. 能拆装电阻率测试仪 2. 能根据阳极熟块的颜色评估出焙烧的程度	1. 电器知识 2. 进厂原料的质量标准 3. 煅烧相关知识
	（二）生、熟阳极块外观检查	1. 能根据生、熟块的外观判断出沥青用量情况 2. 能根据炭块的外观及敲打的声音评估出炭块质量的好坏	1. 阳极质量检查标准 2. 成型、焙烧生产工艺相关知识
六、生产管理	（一）物流管理	能对物料投入、转换、产出进行计划、组织、调节	物流管理基本知识
	（二）作业组织	能在正常作业中合理安排和协调人员、设备、物料、作业程序	
七、设备管理	设备维护和点检	1. 能对设备大修、中修质量进行跟踪检查、评判 2. 能制定设备维护和点检方案	设备大修、中修质量标准 设备点检知识
八、技术管理	（一）调整工艺参数	能在工艺技术条件发生改变时，调整工艺参数，保持正常的工艺技术条件	1. 各种技术参数的相互关系 2. 数理统计基础知识
	（二）技术总结	能对生产实际经验进行总结	
	（三）技术改进与创新	1. 能针对生产、设备、质量系统中的薄弱环节制定改进方案 2. 能参与新工艺、新设备、新产品的开发、设计与试验	新工艺、新技术、新设备、新产品发展方向与前景
九、培训指导	（一）培训	能对初级工、中级工、高级工进行专业基础理论知识的培训	实际操作技能培训方法
	（二）作业指导	能指导初级工、中级工、高级工的实际操作	

3.5 高级技师（第一至第五职业功能为可选模块，根据申报人情况任选其一）

职业功能	工作内容	技能要求	相关知识
一、焙烧炉操作	（一）测试作业	能根据方案要求进行焙烧过程中的热平衡、能量平衡和烟气成分的测试	热平衡计算方法
	（二）技术条件控制	1. 能对焙烧系统的运行效果进行综合评判和预测 2. 能综合评判工艺参数质量指标、能耗指标等的影响	数理统计基础知识
二、多功能机组作业	故障处理	1. 能准确判断吸卸料不动作的故障部位 2. 能确定阳极夹具不动作的故障部位和故障原因 3. 能准确分析大车行走轮发生“啃轨”的故障原因 4. 能准确判断并排除空压机的相关故障	1. 多功能天车的操作规程 2. 多功能天车的特性结构及工作原理 3. 多功能天车的应急预案
三、物料输送及烟气净化	（一）烟气监控	1. 能启动和停止烟气净化系统 2. 能根据负压变化调整净化工艺参数 3. 能处理净化系统工艺故障 4. 能制定净化系统应急预案	1. 烟气净化系统操作规程 2. 环境保护知识及相关法律法规
	（二）氧化铝输送	1. 能完成氧化铝输送任务 2. 能正确处理氧化铝输送过程出现的异常情况	1. 氧化铝装卸操作规程 2. 物料输送控制规章制度
	（三）布袋检查	1. 能成功起吊运输布袋 2. 能正确保养布袋 3. 能正确处理布袋故障	1. 布袋保养方法 2. 布袋工作原理
四、焙烧炉维护	（一）施工准备	1. 能绘制焙烧炉火道墙施工图纸 2. 能根据施工图纸制定施工方案	1. 机械制图知识 2. 砌筑火道墙的工艺要求
	（二）火道墙砌筑	1. 能砌筑火道墙 2. 能根据实际施工要求选用耐火材料	1. 火道墙砌筑方法 2. 耐火材料知识

职业功能	工作内容	技能要求	相关知识
四、焙烧炉维护	（三）施工质量控制	1. 能对砌体的质量缺陷进行分析，并提出施工补救和改进措施 2. 能对火道墙破损部位进行分析，并提出改进建议 3. 能制定施工质量检测方法	
五、阳极检查	（一）生、熟阳极块外观质量判断	能判断生、熟阳极的外观质量	1. 电器知识 2. 进厂原料的理化指标 3. 煅烧工艺参数及煅后焦的理化指标 4. 炭素工艺相关知识 5. 生、熟阳极质量检查标准及理化指标
	（二）生、熟阳极块理化性能分析	能根据生熟阳极块理化性能化验结果分析本单位阳极质量状况，并提出相应的改进措施	
六、设备管理	（一）设备点检、维护与保养	能对设备关键部位进行点检、维护与保养	1. 设备管理相关知识 2. 设备事故的处理知识
	（二）设备事故处理	能分析设备事故原因，并制定防范措施	
七、技术管理	（一）技术交流与总结	1. 能组织开展岗位技术交流活动 2. 能系统总结本岗位的实际操作经验 3. 能参与同行业的技术交流	炭阳极技术的最新发展动态
	（二）技术创新	能撰写专业论文、撰写技术攻关、技术革新等专题项目的研究报告、总结报告	科技论文写作相关知识
八、培训与指导	（一）理论知识培训	1. 能根据岗位特点合理安排培训内容，选择适当的培训方式 2. 能系统地讲授焙烧生产工艺的相关知识	职业技能培训方法
	（二）传授操作技艺	能传授解决实际工作中技术问题的方法和技巧，并能对初级工、中级工、高级工以及技师进行实际操作指导	

4. 比 重 表

4.1 理论知识

项　目		初级/%	中级/%	高级/%	技师/%	高级技师/%
基本要求	职业道德	5	5	5	5	5
	基础知识	30	30	30	20	15
相关知识	准备工作	10	10	5	—	—
	生产作业	50	50	50	50	50
	生产管理	—	—	—	5	5
	设备管理	5	5	5	5	5
	技术管理	—	—	—	10	15
	培训指导	—	—	5	5	5
合　计		100	100	100	100	100

注：生产作业指“工作要求”表中可选模块部分。

4.2 技能操作

项　目		初级/%	中级/%	高级/%	技师/%	高级技师/%
技能要求	生产准备	5	5	—	—	—
	生产作业	90	90	90	70	60
	生产管理	—	—	—	5	5
	设备管理	5	5	5	5	10
	技术管理	—	—	—	10	15
	培训指导	—	—	5	10	10
合　计		100	100	100	100	100

注：生产作业指“工作要求”表中可选模块部分。

硬质合金生产

相关职业技能标准

国 家 职 业 标 准

硬质合金混合料制备工

中华人民共和国劳动和社会保障部制定

说　　明

根据《中华人民共和国劳动法》的有关规定，为了进一步完善国家职业标准体系，为职业教育、职业培训和职业技能鉴定提供科学、规范的依据，劳动和社会保障部组织有关专家，制定了《硬质合金混合料制备工国家职业标准》（以下简称《标准》）。

一、本《标准》以《中华人民共和国职业分类大典》为依据，以客观反映现阶段本职业的水平和对从业人员的要求为目标，在充分考虑经济发展、科技进步和产业结构变化对本职业影响的基础上，对职业的活动范围、工作内容、技能要求和知识水平作了明确规定。

二、本《标准》的制定遵循了有关技术规程的要求，既保证了《标准》体例的规范化，又体现了以职业活动为导向、以职业技能为核心的特点，同时也使其具有根据科技发展进行调整的灵活性和实用性，符合培训、鉴定和就业工作的需要。

三、本《标准》依据有关规定将本职业分为五个等级，包括职业概况、基本要求、工作要求和比重表四个方面的内容。

四、本《标准》是在有色金属行业职业技能鉴定指导中心的具体组织下，在各有关专家和实际工作者的共同努力下完成的。参加编写的主要人员有：彭文、文知径、黄春湘，参加审定的主要人员有：文映湘、胡茂中、张忠健、高荣根、唐志刚、周明智、郑维亚、谢承杰、丁学全、丁跃华、陈蕾、高德芳。本《标准》由株洲硬质合金集团有限公司负责起草，在制定过程中，得到了自贡硬质合金有限公司等有关单位的大力支持，在此一并致谢。

五、本《标准》业经劳动和社会保障部批准，自 2004 年 2 月 6 日起施行。

硬质合金混合料制备工
国家职业标准

1. 职 业 概 况

1.1 职业名称

硬质合金混合料制备工。

1.2 职业定义

操作球磨、过筛、干燥、制粒等设备，用难熔金属碳化物、钴、镍及其他金属粉末制取硬质合金牌号混合料的人员。

1.3 职业等级

本职业共设五个等级，分别为：初级（国家职业资格五级）、中级（国家职业资格四级）、高级（国家职业资格三级）、技师（国家职业资格二级）、高级技师（国家职业资格一级）。混合料鉴定不设初级。

1.4 职业环境

室内，常温，轻度粉尘，轻度噪声。

1.5 职业能力特征

有一定分析、判断和计算能力，具有较好的体力和动作协调能力。

1.6 基本文化程度

初中毕业。

1.7 培训要求

1.7.1 培训期限

全日制职业学校教育，根据其培养目标和教学计划确定。晋级培训期限：初级、中级、高级均不少于 180 标准学时；技师、高级技师均不少于 300 标准学时。

1.7.2 培训教师

培训初级、中级、高级的教师应具有本职业技师及以上职业资格证书或本专业中级及以上专业技术职务任职资格；培训技师的教师应具有本职业高级技师职业资格证书或本专业高级专业技术职务任职资格；培训高级技师的教师应具有本职业高级技师职业资格证书 2 年以上或本专业高级专业技术职务任职资格。

1.7.3 培训场地设备

标准教室及具备相关生产设备进行现场培训的场所。

1.8　鉴定要求

1.8.1　适用对象

从事或准备从事本职业的人员。

1.8.2　申报条件

——**初级**(具备以下条件之一者)

(1) 经本职业初级正规培训达规定标准学时数，并取得结业证书。

(2) 在本职业连续见习工作2年以上。

(3) 本职业学徒期满。

——**中级**(具备以下条件之一者)

(1) 取得本职业初级职业资格证书后，连续从事本职业工作3年以上，经本职业中级正规培训达规定标准学时数，并取得结业证书。

(2) 取得本职业初级职业资格证书后，连续从事本职业工作5年以上。

(3) 连续从事本职业工作7年以上。

(4) 取得经劳动保障行政部门审核认定的、以中级技能为培养目标的中等以上职业学校本职业（专业）毕业证书。

——**高级**(具备以下条件之一者)

(1) 取得本职业中级职业资格证书后，连续从事本职业工作4年以上，经本职业高级正规培训达规定标准学时数，并取得结业证书。

(2) 取得本职业中级职业资格证书后，连续从事本职业工作7年以上。

(3) 取得高级技工学校或经劳动保障行政部门审核认定的、以高级技能为培养目标的高等职业学校本职业（专业）毕业证书。

(4) 取得本职业中级职业资格证书的大专以上本专业或相关专业毕业生，连续从事本职业工作2年以上。

——**技师**(具备以下条件之一者)

(1) 取得本职业高级职业资格证书后，连续从事本职业工作5年以上，经本职业技师正规培训达规定标准学时数，并取得结业证书。

(2) 取得本职业高级职业资格证书后，连续从事本职业工作8年以上。

(3) 取得本职业高级职业资格证书的高级技工学校本职业（专业）毕业生，连续从事本职业工作2年以上。

——**高级技师**(具备以下条件之一者)

(1) 取得本职业技师职业资格证书后，连续从事本职业工作3年以上，经本职业高级技师正规培训达规定标准学时数，并取得结业证书。

(2) 取得本职业技师职业资格证书后，连续从事本职业工作5年以上。

1.8.3　鉴定方式

分为理论知识考试和技能操作考核。理论知识考试采用闭卷笔试方式，技能

操作考核采用现场实际操作方式。理论知识考试和技能操作考核均实行百分制，成绩皆达60分及以上者为合格。技师、高级技师还须进行综合评审。

1.8.4　考评人员与考生配比

理论知识考试考评人员与考生配比为1∶20，每个标准教室不少于2名考评人员；技能操作考核考评员与考生配比为1∶2，且不少于3名考评员；综合评审委员不少于5人。

1.8.5　鉴定时间

理论知识考试时间为90～120min；技能操作考核时间为不少于30min，特殊情况视具体情况而定；综合评审时间不少于30min。

1.8.6　鉴定场所设备

理论知识考试在标准教室进行；技能操作考核在具备必要机器设备的场所进行。

2. 基本要求

2.1　职业道德

2.1.1　职业道德基本知识

2.1.2　职业守则

（1）爱岗敬业，工作主动。

（2）努力学习，不断提高基础理论水平和操作技能。

（3）遵守操作规程，安全生产。

（4）遵纪守法，遵守劳动纪律。

（5）谦虚谨慎，依据标准文明生产。

2.2　基础知识

2.2.1　混合料制备基础知识

（1）硬质合金的定义、性能及分类。

（2）难熔金属及其化合物的物理性质、化学性质。

（3）成型剂的种类与性能。

（4）硬质合金生产工艺流程。

2.2.2　机电设备常识

（1）机械制图的识图常识。

（2）常用设备及其零部件的名称及特点。

（3）安全用电知识。

2.2.3　热工仪表基础知识

常用测温、测压仪表的名称及特点。

2.2.4　安全、消防和环境保护知识

（1）现场文明生产要求。

（2）消防和防爆知识。

（3）岗位环境保护的基本要求。

（4）安全操作与劳动保护知识。

2.2.5　质量管理基础知识

（1）岗位的质量要求。

（1）岗位的质量保证措施。

（3）岗位的定置管理图。

2.2.6　相关法律、法规知识

（1）劳动法的相关知识。

（2）合同法的相关知识。

3. 工 作 要 求

本标准对初级、中级、高级、技师和高级技师的技能要求依次递进，高级别涵盖低级别的要求。

3.1　初级

职业功能	工作内容	技能要求	相关知识
一、操作准备	（一）上岗准备	1. 能查验交接班记录，签字接班 2. 能读懂工艺指令卡 3. 能备好本岗位常用的工具和计量器具	1. 交接班的有关规定 2. 工艺指令要求 3. 常用工具和计量器具的用途
	（二）准备原料、辅料	1. 能备好原料 2. 能备好成型剂、研磨棒、酒精、筛网或氮气等辅料	1. 原料、辅料的特性与分类及质量要求 2. 各牌号合金的表示方法
	（三）检查设备	1. 能检查磅秤是否对零 2. 能检查吊车是否正常 3. 能检查仪表、设备是否正常	1. 本岗位的安全操作规程 2. 设备操作规程 3. 仪表识别与检测知识
二、操作（任选一项工作内容）	（一）粉末态混合料制备	1. 能操作吊车转移物料 2. 能按指令卡配料 3. 能完成湿磨机装料、卸料 4. 能使用干燥、过筛设备制取符合要求的混合料	1. 吊车的规格、基本结构、性能及使用方法 2. 粉末态混合料制备的操作规程

续表

职业功能	工作内容	技能要求	相关知识
二、操作（任选一项工作内容）	（二）掺胶（蜡）	1. 能将粉末态混合料掺胶（蜡）、干燥、制粒 2. 能检查、判定物料的干湿度	掺胶（蜡）的操作方法
	（三）喷雾干燥	1. 能使用吊车、叉车转移物料及工装用具 2. 能操作电子秤、打印机，配制简单牌号的混合料 3. 能完成湿磨机装料、卸料 4. 能记录喷雾干燥过程的参数	1. 吊车、叉车的规格、基本结构 2. 喷雾干燥的操作规程
	（四）复式碳化物制备	1. 能将所需的原料按比例称量、配制 2. 能操作振动干磨机将原料混合均匀 3. 能完成压舟、高温碳（氮）化、球磨、破碎等操作，制备复式碳化物	1. 原料与配料的比例要求 2. 振动干磨机的操作规程 3. 复式碳化物制备的操作标准
	（五）铁粉还原	1. 能将所需的原料按比例称量、配制 2. 能完成装舟、还原、破碎、过筛等过程制取铁粉	1. 氧化铁还原成铁粉的操作规程 2. 铁磷磁选、焙烧成氧化铁的工艺方法
三、操作后处理	（一）筛上物的存放	能分类存放筛上物等尾料	筛上物存放的工艺要求
	（二）清理设备	能清洗设备并将其复位	设备清洗的相关知识
	（三）填写记录	1. 能填写原始记录和生产转移卡片 2. 能填写交接班记录	原始记录的填写规范及要求
四、设备维护与保养	（一）设备、仪表的保养	能保养本岗位的常用设备和仪表	常用设备、仪表的维护保养知识
	（二）设备故障处理	能发现主要设备的“跑”“冒”“滴”“漏”现象	1. 一般设备的维护保养知识 2. 安全生产要求 3. 设备运行要求

3.2 中级

职业功能	工作内容	技能要求	相关知识
一、操作准备	（一）准备原料、辅料	1. 能按工艺要求选择原料、辅料 2. 能按工艺要求存放原料、辅料	1. 原料、辅料的工艺性质 2. 原料、辅料的保存方法
	（二）检查设备	1. 能检查设备运行状态 2. 能发现设备及仪表的常见故障	1. 本岗位设备的基本原理 2. 设备点检制度
二、操作（任选一项工作内容）	（一）粉末态混合料制备	1. 能进行配料计算 2. 能制备细颗粒混合料	1. 配料计算的基础知识 2. 细颗粒混合料的性能特点
	（二）掺胶（蜡）	1. 能配置不同浓度的成型剂溶液 2. 能控制掺胶（蜡）料的干湿度、粒度	1. 成型剂的质量要求 2. 成型剂浓度、干燥温度、擦筛速度、掺胶（蜡）料粒度之间的关系
	（三）喷雾干燥	1. 能配制湿磨介质 2. 能组装喷嘴，能调整料浆的黏度，制备符合要求的喷雾料	1. 湿磨介质与湿磨效率的关系 2. 干燥过程中喷嘴组合、雾化压力、干燥湿度、料浆黏度对混合料物理性能、力学性能的影响关系
	（四）混合料鉴定	1. 能取样、制样、送检 2. 能填写原始数据台账 3. 能计算压制单重、尺寸 4. 能判断合金的粗视断口	1. 混合料鉴定的操作规程 2. 合金牌号的主要化学成分、物理性能、力学性能 3. 合金的粗视断口知识
	（五）复式碳化物制备	1. 能根据工艺要求，用不同的方式装舟 2. 能测定炉温，按工艺要求调整炉温 3. 能判断炉料有无质量缺陷	1. 装舟方法对炉料的影响 2. 光学高温计的使用知识 3. 质量缺陷的判别方法
	（六）铁粉还原	1. 能选择不同的还原剂 2. 能检查炉料质量	1. 铁粉还原剂的知识 2. 炉料的质量要求
三、操作后处理	（一）筛上物的存放	能将筛上物正确转移	物料管理的有关规定
	（二）质量检查	能判断混合料的质量	混合料质量问题的分析知识
四、设备维护与保养	（一）设备维护	1. 能识读本岗位设备结构图和工作原理图 2. 能进行设备维护	本岗位设备维护的相关知识
	（二）设备故障处理	1. 能判断本岗位设备运转中的异常现象 2. 能排除所用设备的简单故障	1. 设备常见故障的产生原因 2. 简单故障的排除方法

3.3 高级

职业功能	工作内容	技能要求	相关知识
一、操作准备	（一）准备原料、辅料	能鉴别原料、辅料是否存在质量问题	原料、辅料的质量标准
	（二）检查设备	能查出本岗位设备的安全隐患，并提出整改意见	安全操作规程的相关知识
二、操作（任选一项工作内容）	（一）粉末态混合料制备	1. 能进行改配料的配料计算 2. 能用同一套设备制备出粗、中、细三种不同粒度的粉末态混合料	1. 改配料的配料计算知识 2. 粗、中、细不同粒度粉末态混合料的性能与特点
	（二）掺胶（蜡）	1. 能生产出含不同成型剂的掺胶（蜡）料 2. 能用同一套设备制备出粗、中、细三种不同粒度的掺胶（蜡）料	1. 各类成型剂掺胶（蜡）料的质量特性 2. 防止脏化、混料的方法
	（三）喷雾干燥	1. 能根据料浆的黏度适当调整干燥工艺参数 2. 能校核黏度计	混合料的质量性能指标
	（四）混合料鉴定	1. 能根据鉴定结果对混合料质量进行判定 2. 能统计分析混合料的质量状况	1. 混合料的质量性能指标 2. 统计分析的方法
	（五）复式碳化物制备	1. 能对多元复式碳化物进行配料 2. 能分析本岗位产生质量波动的原因	复式碳化物的质量性能指标
	（六）铁粉还原	1. 能计算配碳量 2. 能解决铁粉纯度不高等质量缺陷	1. 氧化铁还原机理 2. 铁粉的质量性能指标
三、操作后处理	（一）不合格料的处理	能处理返回料及不合格混合料	返回料及不合格混合料的处理方法
	（二）质量管理	能运用图、表发现一般性的质量问题	质量管理的常用工具
四、设备维护与保养	（一）设备维护	1. 能读懂新购设备的使用说明书，做好设备的维护与保养 2. 能对本岗位常见设备问题提出改进建议	1. 设备易出故障的部位和检修重点 2. 合理化建议的书写方法
	（二）设备故障排除	1. 能更换设备的易损件 2. 能处理设备的常见故障 3. 能对突发的安全事故果断采取适当措施	1. 配件更换方法 2. 设备常见故障的处理方法 3. 意外事故的处理方法和急救知识
五、培训与指导	传授技艺	能向初级、中级工传授操作技巧	讲解与示范的基本技巧与方法

3.4　技师

职业功能	工作内容	技能要求	相关知识
一、操作准备	（一）准备原料、辅料	1. 能判断原料、辅料的质量对产品质量的影响，并采取有效的处理措施 2. 能对原料、辅料的技术要求提出建议	1. 原料、辅料影响产品质量的因素 2. 原料、辅料的质量信息
	（二）检查设备	1. 能判断设备满足工艺要求的程度，并提出改进措施 2. 能判断设备的使用情况和工作状态	1. 设备的工艺特性 2. 设备关键部件的结构特性
二、操作	（一）多工序生产操作	1. 能使用各类设备完成多工序的操作 2. 能根据产品的要求对生产工艺制度提出修改建议 3. 能处理日常生产过程中的各种异常情况	硬质合金生产的质量控制知识
	（二）解决工艺难题	1. 能处理混合料制备过程中碳量、粒度控制等工艺难题 2. 能进行新工艺的试验	本行业新技术信息
三、操作后处理	（一）质量检查与分析	1. 能检查混合料的质量 2. 能判断不合格混合料产生的原因	1. 混合料的质量检查知识 2. 影响混合料质量的原因
	（二）质量总结	1. 能对生产中的金属实回收率、合格率等进行计算 2. 能撰写质量总结与工艺试验报告	1. 物料平衡计算知识 2. 总结与报告的撰写方法
四、设备维护与保养	（一）设备调试	1. 能验收经技术改造的设备 2. 能调试新设备，并验证其技术参数	设备调试、验收标准
	（二）设备检修、维护	1. 能提出主要设备的检修要求 2. 能分析设备产生重大故障的原因，并提出处理意见	1. 设备的检修知识 2. 重大设备故障产生的原因
五、培训与指导	传授技艺	1. 能培训初级、中级、高级工 2. 能传授操作经验与技巧	1. 技能培训的基本要求 2. 操作过程中的重点、难点

职业功能	工作内容	技能要求	相关知识
六、技术管理与创新	（一）编写技术文件	能编写一般设备的操作规程	操作规程的编写方法
	（二）现场质量控制	1. 能分析判断影响产品质量的原因，并采取有效的预防措施 2. 能组织实施质量管理措施	质量管理知识
	（三）技术改进	1. 能组织新产品的投产 2. 能根据技术改造目标提出技术改造实施建议 3. 能撰写技术总结	1. 新产品的工艺操作技术 2. 技术改造的可行性报告 3. 技术总结的撰写方法
	（四）设备管理	能制定并实施设备管理措施	设备管理对产品质量的影响

3.5 高级技师

职业功能	工作内容	技能要求	相关知识
一、操作	（一）解决生产技术难题	1. 能处理各类疑难操作问题 2. 能优化不合格料的再生方式与操作方法	1. 混合料制备的新技术、新工艺 2. 不合格料的再生方式与操作方法
	（二）工艺研究	1. 能根据新产品投产的要求，编制混合料制备的工艺指令 2. 能配合新材料、新产品的开发进行新工艺的研究	国内外先进技术的发展动态
二、设备维护与保养	（一）安装、调试设备	能组织新设备的安装与调试	设备的安装与调试知识
	（二）检修、维护设备	1. 能提出常用设备的检修方案 2. 能提出关键设备的大修建议	1. 编写检修方案的有关知识 2. 设备大修的有关知识
三、培训与指导	（一）课堂培训	能系统讲授生产过程的基本知识	技能培训方法
	（二）现场指导	能结合实际讲授工艺流程和设备的工作原理、结构、操作要领	
四、技术管理与创新	（一）技术改进	1. 能提出产品质量的改进方案并组织实施 2. 能组织技术改进方案的实施	技术改造的有关知识

续表

职业功能	工作内容	技能要求	相关知识
四、技术管理与创新	（二）生产管理	1. 能组织实施节能降耗措施 2. 能应用统计技术对生产状况进行分析	质量分析与统计
	（三）标准制定	能制定本岗位操作标准和工艺规程	制定标准的相关知识
	（四）技术交流与探讨	1. 能总结操作技术经验，撰写技术论文 2. 能总结生产设备维护与检修的经验和规律，拟制设备改进报告	1. 技术论文、设备改进报告的撰写方法 2. 国内外混合料制备技术发展动态

4. 比 重 表

4.1　理论知识

项　目		初级/%	中级/%	高级/%	技师/%	高级技师/%
基本要求	职业道德	5	5	5	2	2
	基础知识	30	25	20	10	10
相关知识	操作准备	20	15	15	5	—
	操　作	35	35	35	20	20
	操作后处理	5	10	10	8	8
	设备维护与保养	5	10	10	10	10
	培训与指导	—	—	5	15	15
	技术管理与创新	—	—	—	30	35
总　计		100	100	100	100	100

注：高级技师“操作后处理”模块内容按技师标准考核。

4.2　技能操作

项　目		初级/%	中级/%	高级/%	技师/%	高级技师/%
技能要求	操作准备	25	20	15	5	—
	操　作	50	50	45	30	30
	操作后处理	10	15	20	5	5
	设备维护与保养	15	15	15	15	15
	培训与指导	—	—	5	15	15
	技术管理与创新	—	—	—	30	35
总　计		100	100	100	100	100

注：高级技师“操作后处理”模块内容按技师标准考核。

国家职业标准

硬质合金成型工

中华人民共和国劳动和社会保障部制定

说　　明

根据《中华人民共和国劳动法》的有关规定，为了进一步完善国家职业标准体系，为职业教育、职业培训和职业技能鉴定提供科学、规范的依据，劳动和社会保障部组织有关专家，制定了《硬质合金成型工国家职业标准》（以下简称《标准》）。

一、本《标准》以《中华人民共和国职业分类大典》为依据，以客观反映现阶段本职业的水平和对从业人员的要求为目标，在充分考虑经济发展、科技进步和产业结构变化对本职业影响的基础上，对职业的活动范围、工作内容、技能要求和知识水平作了明确规定。

二、本《标准》的制定遵循了有关技术规程的要求，既保证了《标准》体例的规范化，又体现了以职业活动为导向、以职业技能为核心的特点，同时也使其具有根据科技发展进行调整的灵活性和实用性，符合培训、鉴定和就业工作的需要。

三、本《标准》依据有关规定将本职业分为五个等级，包括职业概况、基本要求、工作要求和比重表四个方面的内容。

四、本《标准》是在有色金属行业职业技能指导中心的具体组织下，在各有关专家和实际工作者的共同努力下完成的。参加编写的主要人员有：唐培、邓涛、袁红梅，参加审定的主要人员有：文映湘、胡茂中、张忠健、唐志刚、彭铁超、周明智、郑维亚、丁跃华、谢承杰、丁学全、陈蕾、高德芳。本《标准》由株洲硬质合金集团有限公司负责起草，在制定过程中，得到了自贡硬质合金有限公司等有关单位的大力支持，在此一并致谢。

五、本《标准》业经劳动和社会保障部批准，自 2004 年 2 月 6 日起施行。

硬质合金成型工
国家职业标准

1. 职 业 概 况

1.1 职业名称

硬质合金成型工。

1.2 职业定义

操作压力机及其他设备，将混合料制成硬质合金成型毛坯的人员。

1.3 职业等级

本职业共设五个等级，分别为：初级（国家职业资格五级）、中级（国家职业资格四级）、高级（国家职业资格三级）、技师（国家职业资格二级）、高级技师（国家职业资格一级）。压模试压工不设初级。

1.4 职业环境

室内，常温，轻度粉尘。

1.5 职业能力特征

有一定观察、分析、判断及计算能力；具有较强的机械设备操作能力。

1.6 基本文化程度

初中毕业。

1.7 培训要求

1.7.1 培训期限

全日制职业学校教育，根据其培训目标和教学计划确定。晋级培训期限：初级、中级、高级均不少于 180 标准学时；技师、高级技师均不少于 300 标准学时。

1.7.2 培训教师

培训初级、中级、高级的教师应具有本职业技师及以上职业资格证书或本专业中级及以上专业技术职务任职资格；培训技师的教师应具有本职业高级技师职业资格证书或本专业高级专业技术职务任职资格；培训高级技师的教师应具有本职业高级技师职业资格证书 2 年以上或本专业高级专业技术职务任职资格。

1.7.3 培训场地设备

标准教室及具备压力机、等静压机、热压机等相关生产设备的现场培训场所。

1.8　鉴定要求

1.8.1　适用对象

从事或准备从事本职业的人员。

1.8.2　申报条件

——初级(具备以下条件之一者)

(1) 经本职业初级正规培训达规定标准学时数，并取得结业证书。

(2) 在本职业连续见习工作2年以上。

(3) 本职业学徒期满。

——中级(具备以下条件之一者)

(1) 取得本职业初级职业资格证书后，连续从事本职业工作3年以上，经本职业中级正规培训达规定标准学时数，并取得结业证书。

(2) 取得本职业初级职业资格证书后，连续从事本职业工作5年以上。

(3) 连续从事本职业工作7年以上。

(4) 取得经劳动保障行政部门审核认定的、以中级技能为培养目标的中等以上职业学校本职业（专业）毕业证书。

——高级(具备以下条件之一者)

(1) 取得本职业中级职业资格证书后，连续从事本职业工作4年以上，经本职业高级正规培训达规定标准学时数，并取得结业证书。

(2) 取得本职业中级职业资格证书后，连续从事本职业工作7年以上。

(3) 取得高级技工学校或经劳动保障行政部门审核认定的、以高级技能为培养目标的高等职业学校本职业（专业）毕业证书。

(4) 取得本职业中级职业资格证书的大专以上本专业或相关专业毕业生，连续从事本职业工作2年以上。

——技师(具备以下条件之一者)

(1) 取得本职业高级职业资格证书后，连续从事本职业工作5年以上，经本职业技师正规培训达规定标准学时数，并取得结业证书。

(2) 取得本职业高级职业资格证书后，连续从事本职业工作8年以上。

(3) 取得本职业高级职业资格证书的高级技工学校本职业（专业）毕业生，连续从事本职业工作2年以上。

——高级技师(具备以下条件之一者)

(1) 取得本职业技师职业资格证书后，连续从事本职业工作3年以上，经本职业高级技师正规培训达规定标准学时数，并取得结业证书。

(2) 取得本职业技师职业资格证书后，连续从事本职业工作5年以上。

1.8.3　鉴定方式

分为理论知识考试和技能操作考核。理论知识考试采用闭卷笔试方式，技能

操作考核采用现场实际操作方式。理论知识考试和技能操作考核均实行百分制，成绩皆达60分及以上者为合格。技师、高级技师还须进行综合评审。

1.8.4 考评人员与考生配比

理论知识考试考评人员与考生配比为1∶20，每个标准教室不少于2名考评人员；技能操作考核考评员与考生配比为1∶2，且不少于3名考评员；综合评审委员不少于5人。

1.8.5 鉴定时间

理论知识考试时间为90~120min；技能操作考核时间为不少于30min，特殊情况视具体实际情况而定；综合评审时间不少于30min。

1.8.6 鉴定场所设备

理论知识考试在标准教室进行。技能操作考核在具备必要机器设备的场所进行。

2. 基 本 要 求

2.1 职业道德

2.1.1 职业道德基本知识

2.1.2 职业守则

（1）爱岗敬业，工作主动。

（2）努力学习，不断提高基础理论水平和操作技能。

（3）遵守操作规程，安全生产。

（4）遵纪守法，遵守劳动纪律。

（5）谦虚谨慎，依据标准文明生产。

2.2 基础知识

2.2.1 硬质合金基础知识

（1）成型剂的基础知识。

（2）压制工艺的基础知识。

（3）增塑性毛坯加工的基础知识。

（4）挤压成型的基础知识。

（5）冷等静压压制的基础知识。

（6）热压的基础知识。

2.2.2 机电设备常识

（1）机械制图的识图常识。

（2）常用设备及其零部件的名称。

（3）安全用电知识。

2.2.3 仪表知识

传感器、压力表等仪表的识别与作用。

2.2.4 质量管理知识

（1）岗位的质量要求。

（2）岗位的质量保证措施与责任。

（3）岗位的定置管理图。

2.2.5 安全、消防与环境保护知识

（1）现场文明生产要求。

（2）消防和防爆知识。

（3）安全操作与劳动保护知识。

（4）环境保护基础知识。

2.2.6 相关法律、法规知识

（1）劳动法的相关知识。

（2）合同法的相关知识。

3. 工 作 要 求

本标准对初级、中级、高级、技师和高级技师的技能要求依次递进，高级别涵盖低级别的要求。

3.1 初级

职业功能	工作内容	技能要求	相关知识
一、操作准备	（一）上岗准备	1. 能查验交接班记录，签字接班 2. 能读懂工艺指令卡 3. 能备好本岗位常用的工具和计量器具	1. 交接班的有关规定 2. 工艺指令要求 3. 常用工具和计量器具的用途
	（二）准备原料、辅料	1. 能备好料盘、舟皿等辅料 2. 能备好混合料	1. 原料、辅料的特性与分类及质量要求 2. 各牌号合金的表示方法
	（三）设备检查	1. 能检查本岗位设备运转是否正常 2. 能检查本岗位仪表是否正常 3. 能检查吊车、叉车及其他辅助设备是否正常	1. 安全操作规程 2. 设备运转知识 3. 仪表的识别知识 4. 吊车、叉车等辅助设备的使用知识
二、操作（任选一项工作内容）	（一）成型剂制备	1. 能对成型剂原料进行切割、破碎、溶解 2. 能过滤成型剂溶液	1. 切割工具或设备的使用知识 2. 过滤的基本方法

续表

职业功能	工作内容	技能要求	相关知识
二、操作（任选一项工作内容）	（二）压制	1. 能按工艺要求选择相应的模具 2. 能装模、压制、卸模 3. 能按工艺要求摆放产品 4. 能对产品进行自检	1. 标准产品型号的表示方法 2. 模具管理的知识 3. 压制的操作规程
	（三）热压	1. 能选择相应的模具 2. 能装填物料及装模、卸模 3. 能按工艺要求控制压制温度和压力	1. 热压的操作规程 2. 石墨模具的知识
	（四）挤压	1. 能混料、装填物料并进行预压 2. 能记录挤压过程的工艺参数	挤压的操作规程
	（五）冷等静压	1. 能按工艺要求将物料装入软模 2. 能将装有产品的吊篮吊入高压容器 3. 能记录压制压力及保压时间 4. 能将产品从软模中清理出来	1. 物料的装填方法 2. 冷等静压的操作规程 3. 软模的知识 4. 吊车的使用方法
	（六）增塑性毛坯与异形制品加工	1. 能进行渗蜡操作 2. 能使用车床、磨床、铣床等加工设备对简单制品进行加工	1. 浸蜡知识 2. 增塑性毛坯与异形制品加工的操作规程
三、操作后处理	（一）残料、废品的分类、存放	能按工艺要求分类、存放残料、废品	残料、废品分类和存放的规定和方法
	（二）清理现场	1. 能清理设备、工具及计量器具 2. 能搞好现场卫生	现场管理要求
	（三）填写记录	3. 能填写原始记录和生产转移卡片 4. 能填写交班记录	原始记录的填写规范及要求
四、设备维护保养	（一）设备、仪表保养	能保养本岗位的常用设备和仪表	1. 一般设备的维护保养知识 2. 安全生产要求 3. 设备运行要求
	（二）设备故障处理	能发现本岗位设备的“跑”“冒”“滴”“漏”现象	

3.2　中级（职业功能“操作”中的各项工作内容为可选模块）

职业功能	工作内容	技能要求	相关知识
一、操作准备	（一）准备原料、辅料	1. 能按工艺要求选择原料、辅料 2. 能按工艺要求存放原料、辅料	1. 原料、辅料的工艺性质 2. 原料、辅料的保存方法
	（二）设备检查	1. 能检查设备运行状态 2. 能发现设备及仪表的常见故障	1. 本岗位设备的基本原理 2. 设备点检制度
二、操作（任选一项工作内容）	（一）成型剂制备	能进行成型剂的配制计算	成型剂配制计算的基本方法
	（二）压制	1. 能装卸带模架自压机的模具 2. 能判断和分析各类成型废品产生的原因 3. 能压制带后角、带沉孔的产品	1. 全自动双向压机的操作规程 2. 影响压坯质量的因素
	（三）压模试压	1. 能验收新模具 2. 能提出简单产品的压制参数 3. 能建立模具台账	1. 试压操作规程 2. 压模的验收要求
	（四）热压	1. 能进行装料计算 2. 能脱模、清理	1. 装料计算方法 2. 脱模操作要求
	（五）挤压	1. 能独立完成挤压全过程的操作 2. 能及时发现常见缺陷	1. 挤压参数的调整方法 2. 常见缺陷的类型
	（六）冷等静压	1. 能按工艺指令要求选择相应的软模 2. 能进行试压	1. 软模的质量要求 2. 试压的基本方法
	（七）增塑性毛坯与异形制品加工	1. 能使用两种类型加工设备完成产品的加工 2. 能加工出带孔的压坯制品	1. 加工设备的使用知识 2. 孔加工工具的知识
三、操作后处理	（一）返回料分类存放	能分类转移返回料	返回料分类存放的方法
	（二）质量检查	能判断压坯的质量	压坯质量问题的分析知识
四、设备维护保养	（一）设备维护	能识读本岗位设备结构图和工作原理图	本岗位设备检修标准
	（二）设备故障处理	1. 能判断本岗位设备运转中的异常现象 2. 能排除所用设备的简单故障	1. 压制设备常见故障的产生原因 2. 简单故障的排除办法

3.3 高级

职业功能	工作内容	技能要求	相关知识
一、操作准备	（一）准备原料、辅料	能鉴别原料、辅料是否存在质量问题	原料、辅料的质量标准
	（二）设备检查	能查出本岗位设备的安全隐患，并提出整改意见	安全操作规程
二、操作（任选一项工作内容）	（一）成型剂制备	1. 能配制复合成型剂 2. 能对成分不合格的成型剂进行改配	复合成型剂的配制方法
	（二）压制	1. 能用两种以上的成型设备压制产品 2. 能压制出带球面、带台阶的压坯	1. 各类压机的性能特点和应用范围 2. 压坯的计算知识
	（三）压模试压	1. 能完成异形产品的试压，确定压制参数 2. 能对模具的设计提出意见	1. 异形产品的成型方法 2. 模具设计的基础知识
	（四）热压	1. 能生产出成型难度大的产品 2. 能对模具的设计提出意见	1. 难压产品的生产方法 2. 模具设计的基础知识
	（五）挤压	1. 能挤压出成型难度大的产品 2. 能对模具的设计提出意见	1. 难压产品的生产方法 2. 挤压成型剂的有关知识 3. 模具设计的基础知识
	（六）冷等静压	1. 能配制本岗位使用的压力传递介质 2. 能制作棒、管等型材制品	1. 压力传递介质的配制知识 2. 软模使用性能的知识
	（七）增塑性毛坯与异形制品加工	1. 能完成带台阶、带孔等难度较大产品的加工 2. 能操作各类加工设备成型异形产品	1. 夹具及其他辅助工具的知识 2. 各类加工设备的性能及操作方法
三、操作后处理	（一）不合格品的返修	能对可返修的不合格品进行处理	不合格品的返修方法
	（二）质量管理	能运用图、表发现一般质量问题	质量管理的常用工具
四、设备维护保养	（一）设备维护	1. 能读懂新购设备的使用说明书，做好设备维护与保养 2. 能对本岗位常见设备问题提出改进建议	1. 设备易出故障的部位和检修重点 2. 合理化建议的书写方法

续表

职业功能	工作内容	技能要求	相关知识
四、设备维护保养	（二）设备故障排除	1. 能更换设备的易损件 2. 能处理设备的常见故障 3. 能对突发的安全事故果断采取适当措施	1. 配件更换方法 2. 设备常见故障的处理方法 3. 意外事故的处理方法和急救知识
五、培训与指导	传授技艺	能向初、中级工传授操作技巧	讲解与示范的基本技巧与方法

3.4 技师

职业功能	工作内容	技能要求	相关知识
一、操作准备	（一）准备原料、辅料	1. 能判断原料、辅料的质量对产品质量的影响，并采取有效的处理措施 2. 能对原料、辅料的技术要求提出建议	1. 原料、辅料影响产品质量的因素 2. 原料、辅料的质量信息
	（二）设备检查	1. 能判断设备满足工艺要求的程度，并提出改进措施 2. 能判断设备的使用情况和工作状态	1. 设备的工艺特性 2. 设备关键部件的结构特性
二、操作	（一）产品生产	1. 能操作本岗位各类设备进行产品的生产 2. 能解决本岗位成型过程中的技术难题	1. 产品成型过程质量控制知识 2. 硬质合金成型工艺知识 3. 本行业新技术发展知识
	（二）新工艺开发	1. 能配合新产品开发，完成有关成型工艺的试验 2. 能进行精密成型的压制参数的计算	
三、操作后处理	（一）数据处理	能对生产中的各项指标（金属回收率、产品合格率等）进行计算	物料平衡计算知识
	（二）质量总结	能撰写质量总结与工艺试验报告	总结与报告的撰写方法
四、设备维护与保养	（一）设备调试	1. 能验收经技术改造的设备 2. 能调试新设备，并验证其技术参数	设备调试、验收标准
	（二）设备检修、维护	1. 能提出主要设备的检修要求 2. 能分析设备产生重大故障的原因，并提出处理意见	1. 设备的检修知识 2. 重大设备故障产生的原因

续表

职业功能	工作内容	技能要求	相关知识
五、培训与指导	传授技艺	1. 能培训初级、中级、高级工 2. 能传授操作经验与技巧	1. 技能培训的基本要求 2. 操作过程中的重点、难点
六、技术管理与创新	（一）编写技术文件	能编写一般设备的操作规程	操作规程的编写方法
	（二）现场质量控制	1. 能分析、判断影响产品质量的原因，并采取有效的预防措施 2. 能组织实施质量管理措施	质量管理知识
	（三）技术改进	1. 能组织新产品的投产 2. 能根据技术改造目标提出技术改造实施建议 3. 能撰写技术总结	1. 新产品的工艺操作技术 2. 技术改造的可行性报告 3. 技术总结的书写方法
	（四）设备管理	能制定并实施设备管理措施	设备管理对产品质量的影响

3.5 高级技师

职业功能	工作内容	技能要求	相关知识
一、操作	（一）解决成型技术难题	能综合运用多种成型技术生产异形新产品	成型新技术、新工艺、新设备
	（二）工艺研究	能配合新材料、新产品的开发进行新工艺的研究	国内外成型技术的发展动态
二、设备维护与保养	（一）设备安装、调试	能组织新设备的安装与调试	设备的安装与调试知识
	（二）设备检修、维护	1. 能提出常用设备的检修方案 2. 能提出关键设备的大修建议	1. 编写检修方案的知识 2. 设备大修的知识
三、培训与指导	（一）课堂培训	能系统讲授生产过程的基本知识	技能培训方法
	（二）现场指导	能结合实际讲授工艺流程和设备的工作原理、结构、操作要领	
四、技术管理与创新	（一）技术改进	1. 能提出产品质量的改进方案，并组织实施 2. 能组织技术改进方案的实施	技术改造的知识

续表

职业功能	工作内容	技能要求	相关知识
四、技术管理与创新	（二）生产管理	1. 能组织实施节能降耗措施 2. 能应用统计技术对生产状况进行分析	质量分析与统计知识
	（三）标准制定	能制定本岗位操作标准和工艺规程	制定标准的相关知识
	（四）技术探讨和经验总结	1. 能总结硬质合金成型的实践经验 2. 能撰写硬质合金成型阶段的项目报告	1. 技术报告和技术总结写作的相关知识 2. 硬质合金成型现状和发展趋势

4. 比 重 表

4.1 理论知识

项　目		初级/%	中级/%	高级/%	技师/%	高级技师/%
基本要求	职业道德	5	5	5	2	2
	基础知识	30	25	20	10	10
相关知识	操作准备	20	15	15	5	—
	操　作	35	35	35	20	20
	操作后处理	5	10	10	8	8
	设备维护与保养	5	10	10	10	10
	培训与指导	—	—	5	15	15
	技术管理与创新	—	—	—	30	35
总　计		100	100	100	100	100

注：高级技师“操作后处理”模块内容按技师标准考核。

4.2 技能操作

项　目		初级/%	中级/%	高级/%	技师/%	高级技师/%
技能要求	操作准备	25	20	15	5	—
	操　作	50	50	45	30	30
	操作后处理	10	15	20	5	5
	设备维护与保养	15	15	15	15	15
	培训与指导	—	—	5	15	15
	技术管理与创新	—	—	—	30	35
总　计		100	100	100	100	100

注：高级技师“操作后处理”模块内容按技师标准考核。

国家职业标准

硬质合金烧结工

中华人民共和国劳动和社会保障部制定

说　　明

根据《中华人民共和国劳动法》的有关规定，为了进一步完善国家职业标准体系，为职业教育、职业培训和职业技能鉴定提供科学、规范的依据，劳动和社会保障部组织有关专家，制定了《硬质合金烧结工国家职业标准》（以下简称《标准》）。

一、本《标准》以《中华人民共和国职业分类大典》为依据，以客观反映现阶段本职业的水平和对从业人员的要求为目标，在充分考虑经济发展、科技进步和产业结构变化对本职业影响的基础上，对职业的活动范围、工作内容、技能要求和知识水平作了明确规定。

二、本《标准》的制定遵循了有关技术规程的要求，既保证了《标准》体例的规范化，又体现了以职业活动为导向、以职业技能为核心的特点，同时也使其具有根据科技发展进行调整的灵活性和实用性，符合培训、鉴定和就业工作的需要。

三、本《标准》依据有关规定将本职业分为五个等级，包括职业概况、基本要求、工作要求和比重表四个方面的内容。

四、本《标准》是在有色金属行业职业技能鉴定指导中心的具体组织下，在各有关专家和实际工作者的共同努力下完成的。参加编写的主要人员有：刘向中、郝建国、易晓明，参加审定的主要人员有：文映湘、胡茂中、孙从学、唐志刚、周明智、郑维亚、丁学全、丁跃华、谢承杰、陈蕾、高德芳。本《标准》由株洲硬质合金集团有限公司负责起草，在制定过程中，得到了自贡硬质合金有限公司等有关单位的大力支持，在此一并致谢。

五、本《标准》业经劳动和社会保障部批准，自 2004 年 2 月 6 日起施行。

硬质合金烧结工
国家职业标准

1. 职 业 概 况

1.1 职业名称

硬质合金烧结工。

1.2 职业定义

操作烧结炉及其辅助设备，使硬质合金成型毛坯合金化、致密化的人员。

1.3 职业等级

本职业共设五个等级，分别为：初级（国家职业资格五级）、中级（国家职业资格四级）、高级（国家职业资格三级）、技师（国家职业资格二级）、高级技师（国家职业资格一级）。烧结毛坯加工工不设高级及以上等级。

1.4 职业环境

室内，常温，局部噪声，轻度粉尘。

1.5 职业能力特征

有一定的分析、判断、计算和辨别颜色的能力，具有较好的体力和动作协调能力。

1.6 基本文化程度

初中毕业。

1.7 培训要求

1.7.1 培训期限

全日制职业学校教育，根据其培养目标和教学计划确定。晋级培训期限：初级、中级、高级均不少于 180 标准学时；技师、高级技师均不少于 240 标准学时。

1.7.2 培训教师

培训初级、中级、高级的教师应具有本职业技师及以上职业资格证书或相关专业中级及以上专业技术职务任职资格；培训技师的教师应具有本职业高级技师职业资格证书或相关专业高级专业技术职务任职资格；培训高级技师的教师应具有本职业高级技师职业资格证书 2 年以上或本专业高级专业技术职务任职资格。

1.7.3 培训场地

标准教室及具备相关设备的培训场所。

1.8　鉴定要求

1.8.1　适用对象

从事或准备从事本职业的人员。

1.8.2　申报条件

——初级(具备以下条件之一者)

（1）经本职业初级正规培训达规定标准学时数，并取得结业证书。

（2）在本职业连续见习工作 2 年以上。

（3）本职业学徒期满。

——中级(具备以下条件之一者)

（1）取得本职业初级职业资格证书后，连续从事本职业工作 3 年以上，经本职业中级正规培训达规定标准学时数，并取得结业证书。

（2）取得本职业初级职业资格证书后，连续从事本职业工作 5 年以上。

（3）连续从事本职业工作 7 年以上。

（4）取得经劳动保障行政部门审核认定的、以中级技能为培养目标的中等以上职业学校本职业（专业）毕业证书。

——高级(具备以下条件之一者)

（1）取得本职业中级职业资格证书后，连续从事本职业工作 4 年以上，经本职业高级正规培训达规定标准学时数，并取得结业证书。

（2）取得本职业中级职业资格证书后，连续从事本职业工作 7 年以上。

（3）取得高级技工学校或经劳动保障行政部门审核认定的、以高级技能为培养目标的高等职业学校本职业（专业）毕业证书。

（4）取得本职业中级职业资格证书的大专以上本专业或相关专业毕业生，连续从事本职业工作 2 年以上。

——技师(具备以下条件之一者)

（1）取得本职业高级职业资格证书后，连续从事本职业工作 5 年以上，经本职业技师正规培训达规定标准学时数，并取得结业证书。

（2）取得本职业高级职业资格证书后，连续从事本职业工作 8 年以上。

（3）取得本职业高级职业资格证书的高级技工学校本职业（专业）毕业生，连续从事本职业工作 2 年以上。

——高级技师(具备以下条件之一者)

（1）取得本职业技师职业资格证书后，连续从事本职业工作 3 年以上，经本职业高级技师正规培训达规定标准学时数，并取得结业证书。

（2）取得本职业技师职业资格证书后，连续从事本职业工作 5 年以上。

1.8.3　鉴定方式

分为理论知识考试和技能操作考核。理论知识考试采用闭卷笔试方式，技能操作考核采用现场实际操作方式。理论知识考试和技能操作考核均实行百分制,成绩皆达 60 分及以上者为合格。技师、高级技师还须进行综合评审。

1.8.4 考评人员与考生配比

理论知识考试考评人员与考生配比为1∶20,每个标准教室不少于2名考评人员;技能操作考核考评员与考生配比为1∶2,且不少于3名考评员;综合评审委员不少于5人。

1.8.5 鉴定时间

理论知识考试时间为90~120min;技能操作考核时间均不少于30min,特殊情况视具体实际情况而定;综合评审时间均不少于30min。

1.8.6 鉴定场所设备

理论知识考试在标准教室进行。技能操作考核在具备必要机器设备的场所进行。

2. 基本要求

2.1 职业道德

2.1.1 职业道德基本知识

2.1.2 职业守则

(1) 爱岗敬业,工作主动。

(2) 努力学习,不断提高基础理论水平和操作技能。

(3) 遵守操作规程,安全生产。

(4) 遵纪守法,遵守劳动纪律。

(5) 谦虚谨慎,依据标准文明生产。

2.2 基础知识

2.2.1 烧结基本知识

(1) 硬质合金的定义、性能及分类。

(2) 难熔金属及其化合物的物理性质、化学性质。

(3) 硬质合金及钨钼产品烧结的基本原理。

(4) 热等静压成型的特点及应用范围。

(5) 硬质合金生产工艺流程。

2.2.2 机电设备常识

(1) 机械制图的识图常识。

(2) 常用设备及其零部件的名称及特点。

(3) 安全用电知识。

2.2.3　热工仪表基础知识

常用测温、测压仪表的名称及特点。

2.2.4　安全、消防和环境保护知识

（1）现场文明生产要求。

（2）消防和防爆知识。

（3）安全用氢知识。

（4）岗位环境保护的基本要求。

（5）安全操作与劳动保护知识。

2.2.5　质量管理基础知识

（1）岗位的质量要求。

（2）岗位的质量保证措施。

（3）岗位的定置管理图。

2.2.6　相关法律、法规知识

（1）劳动法的相关知识。

（2）合同法的相关知识。

3. 工 作 要 求

本标准对初级、中级、高级、技师和高级技师的技能要求依次递进，高级别涵盖低级别的要求。

3.1　初级（职业功能“操作”中的各项工作内容为可选模块）

职业功能	工作内容	技能要求	相关知识
一、操作准备	（一）上岗准备	1. 能查验交接班记录，签字接班 2. 能读懂工艺指令卡 3. 能备好本岗位常用的工具和计量器具	1. 交接班的有关规定 2. 工艺指令要求 3. 常用工具和计量器具的用途
	（二）准备原料、辅料	1. 能备好舟皿、填料或涂料等辅料 2. 能备好本岗位的材料或成型毛坯	1. 原料、辅料的特性与分类及质量要求 2. 各牌号合金的表示方法
	（三）设备检查	1. 能检查本岗位设备运转是否正常 2. 能检查本岗位仪表是否正常 3. 能检查吊车、叉车及其他辅助设备是否正常	1. 安全操作规程 2. 设备运转知识 3. 仪表的识别知识 4. 吊车、叉车等辅助设备的使用知识

续表

职业功能	工作内容	技能要求	相关知识
二、操作	（一）热等静压压制	1. 能装舟入炉 2. 能观察并记录设备运行状况	1. 热等静压的基本原理 2. 设备系统工作模拟图知识
	（二）干燥、脱胶（蜡）	1. 能装舟入炉 2. 能按烧结制度摆放产品舟 3. 能操作干燥或脱胶（蜡）设备，完成成型毛坯的脱胶（蜡）或干燥	1. 产品舟摆放要求 2. 成型毛坯干燥、脱胶（蜡）的操作要求
	（三）硬质合金烧结	1. 能进行常规型号成型毛坯的装舟入炉 2. 能识别和挑出成型毛坯的废品 3. 能按工艺要求测量及调整温度 4. 能按工艺要求完成成型毛坯开炉、停炉与卸料操作	1. 硬质合金烧结工艺 2. 装舟入炉的操作要求与方法 3. 成型毛坯常见废品的识别方法 4. 烧结设备的操作规程 5. 测量及调整温度的方法 6. 测温仪表的使用知识
	（四）钨钼制品烧结	1. 能操作本岗位烧结设备烧结钨钼制品 2. 能进行标准的钨钼制品的装炉或夹料及夹头调整 3. 能按工艺要求测量及调整温度	1. 钨钼制品烧结设备的操作规程 2. 钨钼制品烧结工艺 3. 测量及调整温度的方法
	（五）烧结毛坯加工	1. 能操作喷砂设备对烧结毛坯表面进行喷砂 2. 能选用合格砂轮 3. 能安装、修正砂轮 4. 能按工艺要求进行烧结毛坯的修整加工	1. 喷砂操作方法 2. 各类喷砂介质的特性 3. 砂轮识别方法 4. 砂轮的安装、修正方法 5. 砂轮机的操作要求
	（六）合金探伤	1. 能调整合金探伤仪 2. 能识别与判断裂纹、分层、孔洞等常见缺陷的波形特征	1. 合金探伤仪的操作规程及调整方法 2. 合金探伤仪及探头的性能与检测范围 3. 常规产品的探伤方法 4. 常见缺陷的波形特征
三、操作后处理	（一）转移产品	1. 能将生产的产品按定置管理要求转移 2. 能清理生产现场在制品并归类	1. 定置管理知识 2. 产品的分类方法
	（二）清理现场	1. 能清理设备、工具及计量器具 2. 能搞好现场卫生	现场管理要求

续表

职业功能	工作内容	技能要求	相关知识
三、操作后处理	（三）填写记录	1. 能填写原始记录和生产转移卡片 2. 能填写交班记录	原始记录的填写规范及要求
四、设备维护与保养	（一）设备、仪表保养	能保养本岗位的常用设备和仪表	1. 一般设备的维护保养知识 2. 安全生产要求 3. 设备运行要求
	（二）设备故障处理	能发现本岗位设备的“跑”“冒”“滴”“漏”现象	

3.2 中级（职业功能“操作”中的各项工作内容为可选模块）

职业功能	工作内容	技能要求	相关知识
一、操作准备	（一）准备原料、辅料	1. 能根据产品的工艺要求选择原料、辅料 2. 能按工艺要求存放原料、辅料	1. 原料、辅料的工艺性质 2. 原料、辅料的保存方法
	（二）设备检查	1. 能检查设备运行状态 2. 能发现设备及仪表的常见故障	1. 本岗位设备的基本原理 2. 设备点检制度
二、操作	（一）热等静压压制	1. 能按产品要求选择常规产品的装舟方式 2. 能按工艺要求调整热等静压压机的温度、压力与升、降压速度	1. 热等静压压制常规产品的装舟方式 2. 热等静压系统常用设备的操作要求
	（二）干燥、脱胶（蜡）	1. 能操作干燥、脱胶（蜡）的各类设备，完成成型毛坯的干燥、脱胶（蜡） 2. 能根据产品特征选择合理的干燥、脱胶（蜡）工艺曲线 3. 能调整干燥、脱胶（蜡）的温度与时间	1. 成型毛坯干燥、脱胶（蜡）的工艺技术标准 2. 干燥、脱胶（蜡）温度与时间的调整方法
	（三）硬质合金烧结	1. 能按工艺要求配制填料 2. 能操作烧结炉及其辅助设备烧结合金产品 3. 能调整烧结炉的炉温和冷却水流量	1. 填料的计算与配制方法 2. 烧结炉及其辅助设备的结构与性能 3. 硬质合金的烧结机理 4. 炉温和冷却水流量的控制与检测方法
	（四）钨钼制品烧结	1. 能按工艺要求配制填料 2. 能操作烧结炉及其辅助设备烧结钨钼制品 3. 能调整烧结炉的炉温、氢气流量和冷却水流量	1. 填料的计算与配制方法 2. 钨钼烧结炉及其辅助设备的结构与性能 3. 钨钼制品的烧结机理 4. 炉温、氢气流量和冷却水流量的调整方法

续表

职业功能	工作内容	技能要求	相关知识
二、操作	（五）烧结毛坯加工	1. 能根据不同牌号合金特性的要求选用加工砂轮 2. 能加工表面质量要求较高、形状复杂、尺寸精度要求较高的毛坯 3. 能对加工产品进行喷砂处理，达到表面质量要求	1. 砂轮的特性及应用知识 2. 烧结毛坯加工工艺知识 3. 合金喷砂加工方法
	（六）合金探伤	1. 能根据待测产品特点选用探头及探伤方式 2. 能选择对比标准块及耦合剂 3. 能判断裂纹、分层、孔洞等缺陷的位置与程度	1. 探头及探伤方式的选择原则 2. 对比标准块及耦合剂的选择原则
三、操作后处理	（一）质量检查	1. 能区分混杂在一起的产品型号 2. 能从产品外观判定由烧结引起的氧化、欠烧、过烧、脱碳、渗碳等不合格品	1. 产品型号的表示方法 2. 不合格品的判别方法
	（二）不合格品的处理	1. 能区分返修品、返烧品与不合格品 2. 能按要求标识与存放返修品、返烧品与不合格品	1. 返修品、返烧品的判别依据 2. 返修品、返烧品与不合格品的标识方法
四、设备维护与保养	（一）设备维护	1. 能识读本岗位设备结构图和工作原理图 2. 能进行筑炉等简单的设备维护	本岗位设备维护的相关知识
	（二）设备故障处理	1. 能判断本岗位设备运转中的异常现象 2. 能排除所用设备的简单故障	1. 烧结设备的常见故障产生原因 2. 简单故障的排除办法

3.3 高级（职业功能“操作”中的各项工作内容为可选模块）

职业功能	工作内容	技能要求	相关知识
一、操作准备	（一）准备原料、辅料	能监别原料、辅料是否存在质量问题	原料、辅料的质量标准
	（二）设备检查	能查出本岗位设备的安全隐患，并提出整改意见	安全操作规程

续表

职业功能	工作内容	技能要求	相关知识
二、操作	（一）热等静压压制	1. 能进行起始压力和起始温度的计算 2. 能操作热等静压压制机及其辅助设备生产非常规产品	1. 热等静压压机及其辅助设备的结构、性能与工作原理 2. 压力和温度的计算方法
	（二）干燥、脱胶（蜡）	1. 能完成添加不同成型剂的成型毛坯的干燥、脱胶（蜡） 2. 能根据产品特征与设备状况，对成型毛坯干燥工艺和脱蜡工艺参数提出调整建议	1. 添加不同成型剂的成型毛坯干燥、脱胶（蜡）的方法 2. 确定成型毛坯干燥工艺和脱胶（蜡）工艺参数的原则与依据
	（三）硬质合金烧结	1. 能操作两种以上烧结设备烧结硬质合金产品 2. 能进行高难度和有特殊要求的异形非标准产品的装舟与烧结 3. 能测定和绘制烧结炉的温度分布曲线 4. 能试烧结新产品和试验产品	1. 硬质合金烧结设备的特点及工作原理 2. 异形非标准制品的装舟方法与技巧 3. 温度曲线的测定和绘制方法 4. 烧结过程中的质量控制知识
	（四）钨钼制品烧结	1. 能操作两种以上烧结设备烧结钨钼制品 2. 能进行易变形产品和外形尺寸、弯曲度要求高的制品的装舟与烧结 3. 能测定和绘制升温曲线 4. 能试烧结新产品和试验产品	1. 钨钼制品烧结设备的特点及工作原理 2. 易变形产品的装舟方法与技巧 3. 升温曲线的测定和绘制方法 4. 钨钼制品烧结过程中的质量控制知识
	（五）合金探伤	1. 能操作两种以上探伤仪进行合金探伤 2. 能标识检测对比标样块	1. 常用探伤仪的结构、特点与工作原理 2. 对比标样块的标识方法
三、操作后处理	（一）返工料处理	1. 能处理返修品 2. 能处理返烧品，如欠烧、渗碳、脱碳、变形产品的返烧处理	不合格品的处理方法
	（二）质量分析	能运用图、表发现一般质量问题	质量管理的常用工具

续表

职业功能	工作内容	技能要求	相关知识
四、设备维护与保养	（一）设备维护	1. 能读懂新购设备的使用说明书，做好设备维护与保养 2. 能对本岗位常见设备问题提出改进建议	1. 设备易出故障的部位和检修重点 2. 合理化建议的书写方法
	（二）设备故障排除	1. 能更换设备的易损件 2. 能处理设备的常见故障 3. 能对突发的安全事故果断采取适当措施	1. 配件的更换方法 2. 设备常见故障的处理方法 3. 意外事故的处理方法和急救知识
五、培训与指导	传授技艺	能向初级、中级工传授操作技巧	讲解与示范的基本技巧与方法

3.4 技师

职业功能	工作内容	技能要求	相关知识
一、操作准备	（一）准备原料、辅料	1. 能判断原料、辅料的质量对产品质量的影响，并采取有效的处理措施 2. 能对原料、辅料的技术要求提出建议	1. 原料、辅料影响产品质量的因素 2. 原料、辅料的质量信息
	（二）设备检查	1. 能判断设备满足工艺要求的程度，并提出改进措施 2. 能判断设备的使用情况和工作状态	1. 设备的工艺特性 2. 设备关键部件的结构特性
二、操作	（一）烧结与加工检查	1. 能根据产品的要求对生产工艺制度提出修改建议 2. 能处理日常生产过程中的各种异常情况	烧结与加工过程的质量控制知识
	（二）解决工艺难题	1. 能处理产品在烧结过程中的弯曲、变形等工艺难题 2. 能进行新工艺的试验	本行业新技术信息
三、操作后处理	（一）质量检查与分析	1. 能借助检测手段，检查产品质量 2. 能判断不合格品产生的原因	1. 产品组织结构知识 2. 影响产品质量的因素
	（二）质量总结	1. 能对生产中的各项指标（金属实回收率、合格率等）进行计算 2. 能撰写质量总结与工艺试验报告	1. 物料平衡计算知识 2. 总结与报告的撰写方法

续表

职业功能	工作内容	技能要求	相关知识
四、设备维护与保养	（一）设备调试	1. 能验收经技术改造的设备 2. 能调试新设备，并验证其技术参数	设备调试、验收标准
	（二）设备检修、维护	1. 能提出主要设备的检修要求 2. 能分析设备产生重大故障的原因，并提出处理意见	1. 设备的检修知识 2. 重大设备故障产生的原因
五、培训与指导	传授技艺	1. 能培训初级、中级、高级工 2. 能传授操作经验与技巧	1. 技能培训的基本要求 2. 操作过程中的重点、难点
六、技术管理与创新	（一）编写技术文件	能编写一般设备的操作规程	操作规程的编写方法
	（二）现场质量控制	1. 能分析判断影响产品质量的原因，并采取有效的预防措施 2. 能组织实施质量管理措施	质量管理知识
	（三）技术改进	1. 能组织新产品的投产 2. 能根据技术改造目标提出技术改造实施建议 3. 能撰写技术总结	1. 新产品的工艺操作技术 2. 技术改造的可行性报告 3. 技术总结的书写方法
	（四）设备管理	能制定并实施设备管理措施	设备管理对产品质量的影响

3.5　高级技师

职业功能	工作内容	技能要求	相关知识
一、操作	（一）解决生产技术难题	1. 能操作各类设备进行烧结与加工检查 2. 能处理各类疑难操作问题 3. 能根据设备的特点对生产过程和工艺进行优化	烧结新工艺、新技术
	（二）工艺研究	1. 能制定特大和复杂形状产品的脱胶、烧结工艺指令 2. 能配合新材料、新产品的开发进行新工艺的研究	1. 硬质合金烧结的质量控制 2. 钨钼制品烧结的质量控制

续表

职业功能	工作内容	技能要求	相关知识
二、设备维护与保养	（一）设备安装、调试	能组织新设备的安装与调试	设备的安装与调试知识
	（二）设备检修、维护	1. 能提出常用设备的检修方案 2. 能提出关键设备的大修建议	1. 编写检修方案的知识 2. 设备大修的知识
三、培训与指导	（一）课堂培训	能系统讲授生产过程的基本知识	技能培训方法
	（二）现场指导	能结合实际讲授工艺流程和设备的工作原理、结构、操作要领	
四、技术管理与创新	（一）技术改进	1. 能提出产品质量的改进方案并组织实施 2. 能组织技术改进方案的实施	技术改造的知识
	（二）生产管理	1. 能组织实施节能降耗措施 2. 能应用统计技术对生产状况进行分析	质量分析与统计知识密集
	（三）标准制定	能制定本岗位操作标准和工艺规程	制定标准的知识
	（四）技术交流与探讨	1. 能总结操作技术经验，撰写技术论文 2. 能总结生产设备维护与检修的经验和规律，拟制设备改进报告	1. 技术论文、设备改进报告的撰写方法 2. 国内外硬质合金和钨钼制品烧结技术发展动态

4. 比重表

4.1 理论知识

项目		初级/%	中级/%	高级/%	技师/%	高级技师/%
基本要求	职业道德	5	5	5	2	2
	基础知识	30	25	20	10	10
相关知识	操作准备	20	15	15	5	—
	操　作	35	35	35	20	20
	操作后处理	5	10	10	8	8
	设备维护与保养	5	10	10	10	10
	培训与指导	—	—	5	15	15
	技术管理与创新	—	—	—	30	35
总　计		100	100	100	100	100

注：高级技师“操作后处理”模块内容按技师标准考核。

4.2　技能操作

项　目		初级/%	中级/%	高级/%	技师/%	高级技师/%
技能要求	操作准备	25	20	15	5	—
	操　作	50	50	45	30	30
	操作后处理	10	15	20	5	5
	设备维护与保养	15	15	15	15	15
	培训与指导	—	—	5	15	15
	技术管理与创新	—	—	—	30	35
总　计		100	100	100	100	100

注：高级技师“操作后处理”模块内容按技师标准考核。

国家职业标准

硬质合金精加工工

中华人民共和国劳动和社会保障部制定

说　　明

根据《中华人民共和国劳动法》的有关规定，为了进一步完善国家职业标准体系，为职业教育、职业培训和职业技能鉴定提供科学、规范的依据，劳动和社会保障部组织有关专家，制定了《硬质合金精加工工国家职业标准》（以下简称《标准》）。

一、本《标准》以《中华人民共和国职业分类大典》为依据，以客观反映现阶段本职业的水平和对从业人员的要求为目标，在充分考虑经济发展、科技进步和产业结构变化对本职业影响的基础上，对职业的活动范围、工作内容、技能要求和知识水平作了明确规定。

二、本《标准》的制定遵循了有关技术规程的要求，既保证了《标准》体例的规范化，又体现了以职业活动为导向、以职业技能为核心的特点，同时也使其具有根据科技发展进行调整的灵活性和实用性，符合培训、鉴定和就业工作的需要。

三、本《标准》依据有关规定将本职业分为五个等级，包括职业概况、基本要求、工作要求和比重表四个方面的内容。

四、本《标准》是在有色金属行业职业技能鉴定指导中心的具体组织下，在各有关专家和实际工作者的共同努力下完成的。参加编写的主要人员有：阳立庚、李智洪、谢宏，参加审定的主要人员有：文映湘、唐志刚、胡茂中、孙从学、周明智、郑维亚、谢承杰、丁跃华、丁学全、陈蕾、高德芳。本《标准》由株洲硬质合金集团有限公司负责起草，在制定过程中，得到了自贡硬质合金有限公司等有关单位的大力支持，在此一并致谢。

五、本《标准》业经劳动和社会保障部批准，自 2004 年 2 月 6 日起施行。

硬质合金精加工工
国家职业标准

1. 职 业 概 况

1.1 职业名称

硬质合金精加工工。

1.2 职业定义

操作专用机床、涂层炉及其辅助设备，对硬质合金进行精加工或表面处理的人员。

1.3 职业等级

本职业共设五个等级，分别为：初级（国家职业资格五级）、中级（国家职业资格四级）、高级（国家职业资格三级）、技师（国家职业资格二级）、高级技师（国家职业资格一级）。包装不设高级及以上等级。

1.4 职业环境

室内，常温。

1.5 职业能力特征

有一定的观察、分析、判断和计算能力，具有较强的动作协调能力。

1.6 基本文化程度

初中毕业。

1.7 培训要求

1.7.1 培训期限

全日制职业学校教育，根据其培养目标和教学计划确定。晋级培训期限：初级、中级、高级均不少于 180 标准学时；技师、高级技师均不少于 240 标准学时。

1.7.2 培训教师

培训初级、中级、高级的教师应具有本职业技师及以上职业资格证书或本专业中级及以上专业技术职务任职资格；培训技师的教师应具有本职业高级技师职业资格证书或本专业高级专业技术职务任职资格；培训高级技师的教师应具有本职业高级技师职业资格证书 2 年以上或本专业高级专业技术职务任职资格。

1.7.3 培训场地设备

标准教室及具备相关生产设备的现场培训场所。

1.8　鉴定要求

1.8.1　适用对象

从事或准备从事本职业的人员。

1.8.2　申报条件

——初级(具备以下条件之一者)

（1）经本职业初级正规培训达规定标准学时数，并取得结业证书。

（2）在本职业连续见习工作 2 年以上。

（3）本职业学徒期满。

——中级(具备以下条件之一者)

（1）取得本职业初级职业资格证书后，连续从事本职业工作 3 年以上，经本职业中级正规培训达规定标准学时数，并取得结业证书。

（2）取得本职业初级职业资格证书后，连续从事本职业工作 5 年以上。

（3）连续从事本职业工作 7 年以上。

（4）取得经劳动保障行政部门审核认定的、以中级技能为培养目标的中等以上职业学校本职业（专业）毕业证书。

——高级(具备以下条件之一者)

（1）取得本职业中级职业资格证书后，连续从事本职业工作 4 年以上，经本职业高级正规培训达规定标准学时数，并取得结业证书。

（2）取得本职业中级职业资格证书后，连续从事本职业工作 7 年以上。

（3）取得高级技工学校或经劳动保障行政部门审核认定的、以高级技能为培养目标的高等职业学校本职业（专业）毕业证书。

（4）取得本职业中级职业资格证书的大专以上本专业或相关专业毕业生，连续从事本职业工作 2 年以上。

——技师(具备以下条件之一者)

（1）取得本职业高级职业资格证书后，连续从事本职业工作 5 年以上，经本职业技师正规培训达规定标准学时数，并取得结业证书。

（2）取得本职业高级职业资格证书后，连续从事本职业工作 8 年以上。

（3）取得本职业高级职业资格证书的高级技工学校本职业（专业）毕业生，连续从事本职业工作 2 年以上。

——高级技师(具备以下条件之一者)

（1）取得本职业技师职业资格证书后，连续从事本职业工作 3 年以上，经本职业高级技师正规培训达规定标准学时数，并取得结业证书。

（2）取得本职业技师职业资格证书后，连续从事本职业工作 5 年以上。

1.8.3　鉴定方式

分为理论知识考试和技能操作考核。理论知识考试采用闭卷笔试方式；技能操作考核采用现场实际操作方式。理论知识考试和技能操作考核均实行百分制，成绩皆达60分及以上者为合格。技师、高级技师还须进行综合评审。

1.8.4 考评人员与考生配比

理论知识考试考评人员与考生配比为1∶20，每个标准教室不少于2名考评人员；技能操作考核考评员与考生配比为1∶2，且不少于3名考评员；综合评审委员不少于5人。

1.8.5 鉴定时间

理论知识考试时间为90～120min；技能操作考核时间不少于30min，特殊情况根据具体情况而定；综合评审时间不少于30min。

1.8.6 鉴定场所设备

理论知识考试在标准教室进行。技能操作考核在具备必要机器设备的场所进行。

2. 基本要求

2.1 职业道德

2.1.1 职业道德基本知识

2.1.2 职业守则

（1）爱岗敬业，工作主动。

（2）认真负责，按标准操作。

（3）努力学习，不断提高基础理论水平和操作技能。

（4）遵纪守法，遵守劳动纪律。

（5）遵守操作规程，注意安全。

2.2 基础知识

2.2.1 机械基础知识

（1）识图基本知识。

（2）公差与配合基本知识。

（3）液压传动基本知识。

（4）机械传动基本知识。

2.2.2 硬质合金基础知识

（1）硬质合金的定义、性能及分类。

（2）硬质合金及其精加工工艺流程。

2.2.3 电工、仪表知识

（1）传感器、压力表等仪表的识别与作用。

（2）安全用电知识。

2.2.4 质量管理知识

（1）岗位的质量要求。

（2）岗位的质量保证措施。

2.2.5 安全文明生产与环境保护知识

（1）现场文明生产要求。

（2）安全操作与劳动保护知识。

（3）环境保护知识。

2.2.6 相关法律、法规知识

（1）劳动法的相关知识。

（2）合同法的相关知识。

3. 工 作 要 求

本标准对初级、中级、高级、技师和高级技师的技能要求依次递进，高级别涵盖低级别的要求。

3.1 初级

职业功能	工作内容	技能要求	相关知识
一、操作准备	（一）上岗准备	1. 能交接产品 2. 能读懂本岗位工艺指令卡 3. 能备好本岗位常用的工具和计量器具	1. 产品交接班的有关规定 2. 工艺指令要求 3. 常用工具和计量器具的用途
	（二）准备原料、辅料	1. 能备好各种辅料 2. 能备好本岗位的材料	1. 原料、辅料的特性与分类 2. 各牌号合金的表示方法
	（三）设备检查	1. 能检查本岗位设备运转是否正常 2. 能检查本岗位仪表是否正常 3. 能对本岗位设备进行润滑 4. 能检查吊车、叉车及其他辅助设备是否正常	1. 本岗位的安全操作规程 2. 设备维护与保养基本知识 3. 计量仪表的使用知识 4. 吊车、叉车等辅助设备的使用知识
二、操作（任选一项工作内容）	（一）深度加工	1. 能使用通用夹具或组合夹具装夹产品 2. 能合理选用加工工艺参数，操作一种以上机械加工设备进行产品加工 3. 能选用、修整普通砂轮 4. 能根据工艺指令卡，对一般的轴、套、板状产品进行加工并达到以下要求： （1）表面粗糙度为 $R_a0.8\mu m$ （2）公差等级 IT6	1. 夹具的种类、结构与使用方法 2. 切削液、冷却液的种类与用途 3. 刀具、砂轮的种类与用途 4. 机械加工工艺知识 5. 本岗位操作规程

续表

职业功能	工作内容	技能要求	相关知识
二、操作（任选一项工作内容）	（二）刀片刃磨钝化	1. 能使用通用夹具或组合夹具装夹产品 2. 能按工艺要求操作磨削设备或钝化机械加工M级刀片 3. 能配制清洗液并清洗刀片	1. 夹具的种类、结构与使用方法 2. 冷却液、清洗液的种类与用途 3. 本岗位设备操作规程 4. 刀片的外观尺寸标准 5. 刀片刃磨钝化知识
	（三）涂层	1. 能按指令装舟入炉 2. 能操作本岗位涂层炉进行产品涂层	1. 装舟知识 2. 涂层操作规程
	（四）包装	1. 能根据工艺要求使用各种包装材料，操作包装设备进行产品包装 2. 能将产品识别参数标识在标签上	1. 产品牌号、型号、规格、批号的表示方法 2. 包装材料的类别、特性与使用范围 3. 包装操作规程
三、操作后处理	（一）转移产品	能将产品按工艺要求转移和存放	现场管理知识
	（二）质量检查	能识别和处理一般不合格品	产品质量标准
	（三）清理现场	1. 能清理设备、工具及计量器具 2. 能按要求排放和处理废液、废气、废渣	“三废”处理知识
	（四）填写记录	1. 能填写原始记录和生产转移卡片 2. 能填写交班记录	原始记录的填写规范及要求
四、设备维护与保养	（一）设备、仪表的保养	能保养本岗位常用设备和仪表	1. 一般设备的维护保养知识 2. 安全生产要求 3. 设备运行要求
	（二）设备故障处理	能发现本岗位设备的“跑”“冒”“滴”“漏”现象	

3.2 中级

职业功能	工作内容	技能要求	相关知识
一、操作准备	（一）准备原料、辅料	1. 能根据产品的工艺要求选择原料、辅料 2. 能按工艺要求存放原料、辅料	1. 原料、辅料的质量标准 2. 原料、辅料的保存方法
	（二）设备检查	1. 能检查设备运行状态和工器具是否合格 2. 能发现设备及仪表的常见故障	1. 本岗位设备的基本原理 2. 设备点检制度

续表

职业功能	工作内容	技能要求	相关知识
二、操作（任选一项工作内容）	（一）深度加工	1. 能进行形状复杂产品的装夹，合理选用加工参数 2. 能根据工艺指令加工薄壁、细长、锥面、圆弧面的零件 3. 能加工轴、套类零件并达到以下要求： （1）表面粗糙度为 R_a 0.4μm （2）公差等级为 IT5 （3）形位公差等级为 4 级	1. 机床夹具定位原理 2. 数显、数控加工知识 3. 刀具和成形砂轮的修整方法 4. 制图基本知识
	（二）刀片刃磨钝化	1. 能装夹形状复杂产品并校正 2. 能按工艺要求操作磨削设备或钝化机械加工 G 级刀片、开槽刀片 3. 能判断清洗质量	1. 机床夹具定位原理 2. 数显、数控加工知识 3. 制图基本知识 4. 表面洁净度的检查方法
	（三）涂层	1. 能按工艺指令及时调整工艺参数进行涂层 2. 能检查工艺气体的容量	1. 本岗位的工艺标准 2. 涂层气体的种类与特性 3. 涂层气氛对涂层质量的影响
	（四）包装	1. 能针对不同产品提出合理包装方法 2. 能用先进方法对产品进行包装和标识	1. 本岗位的工艺标准 2. 先进的包装方法
三、操作后处理	（一）质量检查	能借助检测手段检查相应产品的外观、尺寸精度	常用检测工具或仪器的使用知识
	（二）质量分析	能分析设备、工具、磨具满足产品质量的程度，并提出处理和改进意见	影响精加工产品质量的因素
四、设备维护与保养	（一）设备维护	1. 能识读本岗位设备结构图和工作原理图 2. 能进行设备的一般维护	本岗位设备维护知识
	（二）设备故障处理	1. 能判断本岗位设备运转中的异常现象 2. 能排除本岗位设备、仪表的简单故障 3. 能对突发的安全事故果断采取适当措施	1. 精加工设备常见故障产生原因 2. 简单故障的排除办法 3. 意外事故的处理方法和急救知识

3.3 高级

职业功能	工作内容	技能要求	相关知识
一、操作准备	（一）准备原料、辅料	能鉴别原料、辅料是否存在质量问题	原料、辅料影响产品质量的因素
	（二）设备检查	1. 能按工艺要求校准高精度计量器具 2. 能查出本岗位设备的安全隐患，并提出整改意见	1. 计量器具的校准知识 2. 标准块的有关知识
二、操作（任选一项工作内容）	（一）深度加工	1. 能设计和改进专用夹具 2. 能修整复杂形状的刀具、砂轮 3. 能加工偏心套、深孔以及带球面、椭圆面等复杂成形面的零件 4. 能加工轴、套类产品并达到以下要求： （1）表面粗糙度为 R_a 0.2μm （2）公差等级为IT4 （3）形位公差等级为3级	1. 机械夹具设计知识 2. 高精度复杂样板、刀具、砂轮的修整工艺 3. 数控编程方法 4. 偏心套、深孔、球面、椭圆面等的加工方法
	（二）刀片刃磨钝化	1. 能设计和改进专用夹具 2. 能修整复杂形状的刀具、砂轮 3. 能按工艺要求操作磨削设备或钝化机械加工C级刀片 4. 能操作数控设备加工出A级刀片 5. 对刀片复杂成形面进行刃磨钝化	1. 机械夹具设计知识 2. 高精度复杂样板、刀具、砂轮的修整工艺 3. 数控编程方法 4. 复杂成形面的加工方法
	（三）涂层	1. 能处理突发事件 2. 能更换气瓶，调节减压阀，使涂层工艺气体保持正常 3. 能进行表压、气体流量与压力之间的换算 4. 能对复杂产品进行涂层 5. 能根据产品在炉内的位置与表面状况判断产品质量	1. 复杂产品涂层的特点和方法 2. 涂层工艺参数对产品质量的影响 3. 影响涂层结合强度和均匀性的因素
三、操作后处理	（一）不合格品处理	能处理返修品	不合格品的处理方法
	（二）质量分析	1. 能运用图、表发现质量问题 2. 能判断重大加工质量问题产生的原因，并提出处理方案	1. 质量管理的常用工具 2. 硬质合金产品各种加工质量的特征和产生原因

职业功能	工作内容	技能要求	相关知识
四、设备维护与保养	（一）设备维护	1. 能读懂新购设备的使用说明书，做好设备维护与保养 2. 能检测本岗位设备的机械精度 3. 能对本岗位常见设备问题提出改进建议	1. 设备易出故障的部位和检修重点 2. 合理化建议的书写方法
	（二）设备故障排除	1. 能更换设备的易损件 2. 能处理设备及仪表的常见故障 3. 能在紧急状态下果断处理设备事故	1. 配件的更换方法 2. 设备常见故障的处理方法 3. 事故处理方法
五、培训与指导	传授技艺	能向初级、中级工传授操作技巧	传授技艺、技巧的基本方法

3.4 技师

职业功能	工作内容	技能要求	相关知识
一、操作准备	（一）准备原料、辅料	1. 能判断原料、辅料的质量对产品质量的影响，并采取有效的处理措施 2. 能对原料、辅料的技术要求提出建议	1. 原料、辅料影响产品质量的因素 2. 原料、辅料的质量信息
	（二）设备检查	1. 能判断设备满足工艺要求的程度，并提出改进措施 2. 能判断设备的使用情况和工作状态	1. 设备的工艺特性 2. 设备关键部件的结构特性
二、操作	（一）编制工艺和多工序操作	1. 能编制复杂非标产品的精加工工艺并进行精加工 2. 能进行两类以上设备的操作	工艺编制方法
	（二）解决技术难题	1. 能处理产品在加工过程中的操作难题 2. 能加工特大、特长、复杂形状的高精度产品	本行业新技术发展知识
三、操作后处理	（一）数据处理	能对生产中的各项指标（回收率、产品合格率等）进行计算	物料平衡计算知识
	（二）误差分析	能根据检测结果分析产生误差的原因，并提出改进措施	误差分析方法

续表

职业功能	工作内容	技能要求	相关知识
四、设备维护与保养	（一）设备安装、调试	1. 能验收经技术改进的设备 2. 能安装与调试新设备，并验证其技术参数	1. 各种设备的电气和仪表控制知识 2. 设备修复调试、验收标准
	（二）设备检修、维护	1. 能提出常用设备的检修建议 2. 能排除设备疑难故障	1. 常用设备的检修知识 2. 设备故障的处理方法
五、培训与指导	传授技艺	1. 能培训初级、中级、高级工 2. 能传授操作经验与技巧	1. 技能培训的基本要求 2. 操作过程中的重点、难点
六、技术管理与创新	（ ）编写技术文件	1. 能编写本岗位设备的操作规程 2. 能撰写本职工作技术总结	操作规程的编写方法
	（二）现场质量控制	1. 能准确分析、判断影响生产质量的原因，并有效预防 2. 能结合本岗位实际情况制定质量管理制度，并组织实施	1. 质量分析统计方法 2. 质量管理知识
	（三）技术改进	1. 能组织新产品的大批量生产 2. 能根据技术改造方案提出实施建议	1. 新产品的工艺操作技术 2. 技术改造方案实施的相关知识
	（四）设备管理	1. 能制定并实施本岗位设备管理措施 2. 能根据生产计划及设备状况提出设备所需备品、备件的采购建议	1. 设备管理对产品质量的影响 2. 各种备品、备件的规格、等级及用途

3.5 高级技师

职业功能	工作内容	技能要求	相关知识
一、操作	（一）解决生产技术难题	1. 能处理各类技术难题，加工出“以产顶进”的产品或填补国内外空白 2. 能根据设备的特点对生产过程和工艺进行优化	精加工工艺的技术
	（二）引进、推广新技术	能推广当今国内外硬质合金精加工的先进技术和方法	国内外先进技术的发展动态

续表

职业功能	工作内容	技能要求	相关知识
二、设备维护与保养	（一）安装、调试新设备	能组织新设备的安装与调试	设备的安装与调试技巧
	（二）检修、维护设备	1. 能提出常用设备的检修方案 2. 能提出关键设备的大修建议	1. 编写检修方案的有关知识 2. 设备大修的有关知识
三、培训与指导	（一）课堂培训	能系统讲授生产过程的基本知识	技能培训方法
	（二）现场指导	能结合实际讲授生产工艺流程、设备结构与工作原理以及操作要领及难点	
四、技术管理与创新	（一）技术改进	1. 能提出产品质量的改造方案并组织实施 2. 能组织技术改造方案的实施	1. 质量管理基本知识 2. 技术改造的有关知识
	（二）生产管理	1. 能组织实施节能降耗措施 2. 能应用统计技术对生产状况进行分析 3. 能进行一般生产性经济活动分析	经济活动分析方法
	（三）标准制定	能制定操作标准和工艺技术规程	制定标准的相关要求
	（四）技术交流与探讨	1. 能总结操作经验，撰写技术论文 2. 能总结生产设备维护与检修的经验和规律，拟制设备改进报告 3. 能进行技术交流活动	1. 技术论文写作的有关知识 2. 设备改进报告的撰写方法 3. 技术交流知识

4. 比 重 表

4.1 理论知识

项 目		初级/%	中级/%	高级/%	技师/%	高级技师/%
基本要求	职业道德	5	5	5	2	2
	基础知识	30	25	20	10	10
相关知识	操作准备	20	15	15	5	—
	操 作	35	35	35	20	20
	操作后处理	5	10	10	8	8
	设备维护与保养	5	10	10	10	10
	培训与指导	—	—	5	15	15
	技术管理与创新	—	—	—	30	35
总 计		100	100	100	100	100

注：高级技师“操作后处理”模块内容按技师标准考核。

4.2 技能操作

项 目		初级/%	中级/%	高级/%	技师/%	高级技师/%
技能要求	操作准备	25	20	15	5	—
	操 作	50	50	45	30	30
	操作后处理	10	15	20	5	5
	设备维护与保养	15	15	15	15	15
	培训与指导	—	—	5	15	15
	技术管理与创新	—	—	—	30	35
总 计		100	100	100	100	100

注：高级技师“操作后处理”模块内容按技师标准考核。

有色金属行业生产

相关职业技能标准

国家职业标准

化学检验工

中华人民共和国劳动和社会保障部制定

说　　明

根据《中华人民共和国劳动法》的有关规定，为了进一步完善国家职业标准体系，为职业教育培训提供科学、规范的依据，劳动和社会保障部委托国家质量技术监督局组织有关专家，制定了《化学检验工国家职业标准》（以下简称《标准》）。

一、本《标准》以《中华人民共和国职业分类大典》为依据，以客观反映现阶段本职业的水平和对从业人员的要求为目标，在充分考虑经济发展、科技进步和产业结构变化对本职业影响的基础上，对本职业的活动范围、工作内容、技能要求和知识水平作了明确规定。

二、本《标准》的制定遵循了有关技术规程的要求，既保证了《标准》体例的规范化，又体现了以职业活动为导向、以职业技能为核心的特点，同时也使其具有根据科技发展进行调整的灵活性和实用性，符合培训、鉴定和就业工作的需要。

三、本《标准》依据有关规定将本职业分为五个等级，包括职业概况、基本要求、工作要求和比重表四个方面的内容。

四、本《标准》是在各有关专家和实际工作者的共同努力下完成的。参加编写的主要人员有：葛庆平、杨长军、江炳午、任郑潮；参加审定的主要人员有：杜小平、张世广、毛华藻、屈凌波、李全运、张斌、宋建、袁芳、刘永澎。本《标准》在制定过程中，得到国家质量技术监督局职业技能鉴定指导中心、河南省产品质量监督检验所、郑州大学等单位的大力支持，在此一并致谢。

五、本《标准》业经劳动和社会保障部批准，自 2002 年 2 月 11 日起施行。

化学检验工国家职业标准

1. 职 业 概 况

1.1 职业名称

化学检验工。

1.2 职业定义

以抽样检查的方式，使用化学分析仪器和理化仪器等设备，对试剂溶剂、日用化工品、化学肥料、化学农药、涂料染料颜料、煤炭焦化、水泥和气体等化工产品的成品、半成品、原材料及中间过程进行检验、检测、化验、监测和分析的人员。

1.3 职业等级

本职业共设五个等级，分别为：初级（国家职业资格五级）、中级（国家职业资格四级）、高级（国家职业资格三级）、技师（国家职业资格二级）、高级技师（国家职业资格一级）。

1.4 职业环境

室内，常温。

1.5 职业能力特征

有一定的观察、判断和计算能力，具有较强的颜色分辨能力。

1.6 基本文化程度

高中毕业（或同等学历）。

1.7 培训要求

1.7.1 培训期限

全日制职业学校教育，根据其培养目标和教学计划确定。晋级培训期限：初级、中级、高级不少于180标准学时；技师、高级技师不少于150标准学时。

1.7.2 培训教师

培训初、中、高级化学检验工的教师应具有本职业技师以上职业资格证书或本专业中级以上专业技术职务任职资格；培训技师的教师应具有本职业高级技师职业资格证书或本专业高级专业技术职务任职资格；培训高级技师的教师应具有本职业高级技师职业资格证书2年以上或本专业高级专业技术职务任职资格。

1.7.3 培训场地设备

标准教室及具备必要检验仪器设备的试验室。

1.8 鉴定要求

1.8.1 适用对象

从事或准备从事本职业的人员。

1.8.2 申报条件

——初级(具备以下条件之一者)

(1) 经本职业初级正规培训达规定标准学时数，并取得毕（结）业证书。

(2) 在本职业连续见习工作2年以上。

——中级(具备以下条件之一者)

(1) 取得本职业初级职业资格证书后，连续从事本职业工作3年以上，经本职业中级正规培训达规定标准学时数，并取得毕（结）业证书。

(2) 取得本职业初级职业资格证书后，连续从事本职业工作4年以上。

(3) 连续从事本职业工作5年以上。

(4) 取得经劳动保障行政部门审核认定的、以中级技能为培养目标的中等以上职业学校本职业（专业）毕业证书。

——高级(具备以下条件之一者)

(1) 取得本职业中级职业资格证书后，连续从事本职业工作3年以上，经本职业高级正规培训达规定标准学时数，并取得毕（结）业证书。

(2) 取得本职业中级职业资格证书后，连续从事本职业工作5年以上。

(3) 取得经劳动保障行政部门审核认定的、以高级技能为培养目标的高等职业学校本职业（专业）毕业证书。

(4) 取得本职业中级职业资格证书的大专本专业或相关专业毕业生，连续从事本职业工作2年以上。

——技师(具备以下条件之一者)。

(1) 取得本职业高级职业资格证书后，连续从事本职业工作5年以上，经本职业技师正规培训达规定标准学时数，并取得毕（结）业证书。

(2) 取得本职业高级职业资格证书后，连续从事本职业工作6年以上。

(3) 取得本职业高级职业资格证书的高级技工学校本职业（专业）毕业生，连续从事本职业工作2年以上。

(4) 取得本职业高级职业资格证书的大学本科本专业或相关专业毕业生，并从事本职业工作1年以上。

——高级技师(具备以下条件之一者)

(1) 取得本职业技师职业资格证书后，连续从事本职业工作3年以上，经本职业高级技师正规培训达规定标准学时数，并取得毕（结）业证书。

(2) 取得本职业技师职业资格证书后，连续从事本职业工作5年以上。

1.8.3 鉴定方式

分为理论知识考试和技能操作考核。理论知识考试采用闭卷笔试方式，技能操作考核采用现场实际操作方式。理论知识考试和技能操作考核均实行百分制，成绩皆达60分以上者为合格。技师、高级技师鉴定还须进行综合评审。

1.8.4 考评人员与考生配比

理论知识考试考评人员与考生配比为1∶20，每个标准教室不少于2名考评人员；技能操作考核考评员与考生配比为1∶10，且不少于3名考评员。

1.8.5 鉴定时间

理论知识考试时间为90～120min；技能操作考核时间为90～240min。

1.8.6 鉴定场所设备

理论知识考试在标准教室进行；技能操作考核在具备必要检测仪器设备的实验室进行。实验室的环境条件、仪器设备、试剂、标准物质、工具及待测样品应能满足鉴定项目需求，各种计量器具必须计量检定合格，且在检定有效期内。

2. 基本要求

2.1 职业道德

2.1.1 职业道德基本知识

2.1.2 职业守则

（1）爱岗敬业，工作热情主动。

（2）认真负责，实事求是，坚持原则，一丝不苟地依据标准进行检验和判定。

（3）努力学习，不断提高基础理论水平和操作技能。

（4）遵纪守法，不谋私利，不徇私情。

（5）遵守劳动纪律。

（6）遵守操作规程，注意安全。

2.2 基础知识

2.2.1 标准化计量质量基础知识

2.2.2 化学基础知识（包括安全与卫生知识）

2.2.3 分析化学知识

2.2.4 电工基础知识

2.2.5 计算机操作知识

2.2.6 相关法律、法规知识

3. 工作要求

本标准对初级、中级、高级、技师和高级技师的技能要求依次递进，高级别

包括低级别的要求。

表中大写英文字母表示各检验类别：A——试剂溶剂检验；B——日用化工检验；C——化学肥料检验；D——化学农药检验；E——涂料染料颜料检验；F——煤炭焦化检验；G——水泥检验。按各检验类别分别进行培训、考核。

3.1 初级

职业功能	工作内容	技能要求	相关知识
一、样品交接	（一）礼仪	能主动、热情、认真地进行样品交接	1. 常用礼貌语言 2. 实验室样品交接的有关规定
	（二）填写检验登记表	能详尽填写样品登记表的有关信息（产品的基本状况、送检单位、检验的要求等），并由双方签字	
	（三）查验样品	能认真检查样品状况，验证密封方式，做好记录，加贴样品标识	
	（四）保存样品	能在规定的样品贮存条件下贮存样品	
二、检验准备	（一）了解检验方案	1. 能读懂简单的化学分析和物理性能检测方法标准和操作规范 2. 能读懂简单的检验装置示意图	1. 化工产品的定义和特点 2. 简单的化学分析和物理性能检测的原理 3. 简单的分析操作程序 4. 检验结果的计算方法 5. 各检验类别的相关基本知识 A. 试剂的分类、包装及贮存要求，溶剂的用途 B. 常见日用化工产品的定义和分类 C. 化学肥料的定义、特点及分类 D. 化学农药的分类、剂型及贮存要求 E. 涂料的定义和组成，涂料的分类、命名和型号 F. 煤炭的分类和分级 G. 水泥的定义和分类

续表

职业功能	工作内容	技能要求	相关知识
二、检验准备	（二）准备玻璃仪器等用品	1. 能正确识别、选用玻璃仪器和其他用品 2. 能正确选择洗涤液，按规定的操作程序进行常用玻璃仪器的洗涤和干燥 3. 能进行简单的玻璃棒、管的截断和弯曲等基本操作 4. 能进行橡皮塞的配备钻孔，按示意图安装简单的检验装置，并能检查装置的气密性 5. 能正确选用玻璃量器（包括基本玻璃量器，如滴定管、移液管、容量瓶和特种玻璃量器，如水分测定器），并能检查其密合性（试漏），能正确给酸式滴定管涂油，赶出碱式滴定管中的气泡	1. 常用玻璃仪器和其他用品的名称和用途 2. 玻璃仪器的洗涤常识 3. 玻璃工操作知识 4. 橡皮塞、橡胶管和乳胶管的规格和选用知识；打孔器的使用方法；检验装置气密性的检查方法 5. 常用玻璃量器的名称、规格和用途；玻璃量器密合性的检查方法
	（三）准备实验用水、溶液	1. 能正确使用一般化学分析实验用水 2. 能正确识别和选用检验所需常用的试剂 3. 能按标准或规范配制制剂、制品、试液（一般溶液）、缓冲溶液、指示剂及指示液；能准确稀释标准溶液	1. 实验室用水使用知识 2. 化学试剂的分类和包装方法 3. 常用溶液浓度表示方法；配制溶液注意事项
	（四）准备仪器设备	1. 能正确使用天平（包括分析天平和托盘天平）、pH 计（附磁力搅拌器）、标准筛、秒表、温度计等计量器具 2. 能正确使用电炉、干燥箱、马弗炉（高温炉）、水浴、离心机、真空泵、电动振荡器等检验辅助设备 3. 能正确使用与本检验类别相关的一般专用检验仪器设备 A. 韦氏天平 B. 超静工作台、均质器、培养箱、高压灭菌器、显微镜、电冰箱 E. 刮板细度计、涂 1 和涂 4 黏度计、黑白格玻璃板、干燥试验器 F. 密度计组、快速灰分测定仪 G. 水泥稠度及凝结时间测定仪、雷氏夹测定仪、沸煮箱、水泥净浆搅拌机	1. 天平、pH 计等计量器具的结构、计量性能和使用规则 2. 化验室辅助设备的名称、规格、性能、操作方法、使用注意事项 3. 专用检验仪器设备的名称、规格、性能、操作方法、使用注意事项

续表

职业功能	工作内容	技能要求	相关知识
三、采样	（一）明确采样方案	采样前，能明确采样方案中的各项规定，包括批量的大小、采样单元、样品数、样品量、采样部位、采样工具、采样操作方法和采样的安全措施等	1. 采样的重要意义和基本原则 2. 固体产品、液体产品、气体产品的采样方法 3. 对化工产品样品保存的一般要求 4. 固体样品的制样方法
	（二）准备采样	能检查抽样工具和容器是否符合要求，准备好样品标签和采样记录表格	
	（三）实施采样	能在规定的部位按采样操作方法进行采样，填好样品标签和采样记录	
	（四）保存样品	能使用规定的容器在一定环境条件下保存样品至规定日期	
	（五）制备固体样品	能正确制备组成不均匀的固体样品，包括粉碎、混合、缩分	
四、检测与测定	（一）化学分析	1. 能正确进行试样的汽化分析操作，包括称量、加热干燥至恒量 2. 能正确进行试样的沉淀分析操作，包括称量和溶解、沉淀、过滤、洗涤、烘干和灼烧等 3. 能正确进行滴定分析的基本操作。能使用酸式滴定管和碱式滴定管进行连滴、一滴、半滴操作；能对不同类型的滴定管和装有不同颜色溶液的滴定管正确读数 4. 能识别标准滴定溶液和其有效期；能正确进行标准溶液体积的温度校正 5. 能正确使用酸碱指示剂和金属指示剂，准确判断滴定终点，进行酸碱滴定和络合（配位）滴定分析 6. 针对各检验类别的技能要求	1. 称量分析挥发法的操作规程 2. 称量分析沉淀法的操作规程 3. 滴定分析的操作规程 4. 使用标准溶液的一般要求 5. 酸碱滴定和络合（配位）滴定的知识 6. 相关国家标准中各检验项目的相应要求

续表

职业功能	工作内容	技能要求	相关知识
四、检测与测定	(一)化学分析	A. 能测定试剂的酸度、碱度、灼烧残渣；能用酸碱滴定法、络合滴定法、称量分析法测定试剂的主含量；能测定稀释剂、防潮剂的酸价 B. 能测定合成洗涤剂中总活性物的含量；能测定肥皂中的乙醇不溶物、游离苛性碱含量 C. 能测定化肥中氨态氮、有效五氧化二磷的含量；能用干燥法测定化肥中的水分 D. 能测定农药的酸度，能用蒸馏法测定农药中的水分 E. 能测定涂料的水分、涂料固体、挥发物和不挥发物、水性涂料中重金属的含量；能测定染料的水分、不溶物、水溶性染料的溶解度；能测定颜料的水溶物、耐水性、耐酸性、耐溶剂性 F. 能测定煤炭和焦炭的水分、灰分、挥发分、固定碳，能用艾氏法测定煤中全硫；能测定煤焦油中的水分、灰分和粗苯中的水分 G. 能测定水泥的烧失量、不溶物、纯二氧化硅、硫酸盐-三氧化硫、氧化镁含量	1. 称量分析挥发法的操作规程 2. 称量分析沉淀法的操作规程 3. 滴定分析的操作规程 4. 使用标准溶液的一般要求 5. 酸碱滴定和络合（配位）滴定的知识 6. 相关国家标准中各检验项目的相应要求
	(二)仪器分析	1. 能用正确的方法溶解固体样品，稀释液体样品或吸收气体样品，制备 pH 测定液 2. 能用 pH 计测定各种化工产品水溶液的 pH 值	pH 计的操作方法
	(三)检测物理参数和性能	能检测相应类别化工产品的物理参数和性能 A. 能检测化学试剂的密度、沸点、熔点、水不溶物、蒸发残渣、结晶点(或凝固点) B. 能检测化妆品的耐热、耐寒性能；能进行肥皂、化妆品的感官指标检验	相关国家标准中各检验项目的相应要求

续表

职业功能	工作内容	技能要求	相关知识
四、检测与测定	（三）检测物理参数和性能	C. 能检测化肥的粒度（或细度） D. 能检测农药的细度、润湿性 E. 能检测涂料的细度、黏度、遮盖力、干燥时间；能检测染料的细度；能检测颜料的颜色、遮盖力、筛余物、吸油量 F. 能检测粗苯和煤焦油的密度 G. 能检测水泥的细度、标准稠度用水量、凝结时间、安定性	相关国家标准中各检验项目的相应要求
	（四）微生物学检验	从事B类检验的人员能测定化妆品中微生物指标的菌落总数	微生物检验学的有关内容
	（五）记录原始数据	能正确记录检验原始数据，填写试验记录表格	原始记录的填写要求
五、测后工作	（一）清洗分析用器皿	能针对盛装不同种类残渣残液的器皿采用适宜的清洗方法；能正确存放玻璃仪器和其他器皿	玻璃仪器的洗涤知识
	（二）进行数据处理	1. 能根据检验结果有效数字位数的要求，正确进行数据的修约和运算 2. 能根据标准要求，采用全数值比较法或修约值比较法判定极限数值附近的检验结果是否符合标准要求	1. 有效数字及数字修约规则 2. 极限数值表示方法及判定方法
六、养护设备	（一）保养维护仪器设备	能正确保养、维护所用仪器设备	一般仪器设备的维护、保养知识
	（二）发现仪器设备故障	能及时发现所用仪器设备出现的一般故障	简单仪器设备的结构及常见故障现象
七、安全实验	（一）实验室安全	能执行实验室各项安全守则，正确使用消防器材，安全使用各种电器	化学实验室的安全知识
	（二）实验人员安全防护	能正确使用通风柜，不乱排放废液、废渣；能正确使用防护用品	化学实验人员的安全防护知识

3.2 中级

职业功能	工作内容	技能要求	相关知识
一、样品交接	检验项目介绍	1. 能提出样品检验的合理化建议 2. 能解答样品交接中提出的一般问题	1. 检验产品和项目的计量认证和审查认可（或验收）的一般知识 2. 各检验专业一般知识
二、检验准备	（一）明确检验方案	1. 能读懂较复杂的化学分析和物理性能检测的方法、标准和操作规范 2. 能读懂较复杂的检（试）验装置示意图	1. 化学分析和物理性能检测的原理 2. 分析操作的一般程序 3. 测定结果的计算方法和依据
	（二）准备实验用水、溶液	1. 能正确选择化学分析、仪器分析及标准溶液配制所需实验用水的规格；能正确贮存实验用水 2. 能根据不同分析检验需要选用各种试剂和标准物质 3. 能按标准和规范配制各种化学分析用溶液；能正确配制和标定标准滴定溶液；能正确配制标准杂质溶液、标准比对溶液（包括标准比色溶液、标准比浊溶液）；能准确配置 pH 标准缓冲液	1. 实验室用水规格及贮存方法 2. 各类化学试剂的特点及用途；常用标准物质的特点及用途 3. 标准滴定溶液的制备方法；标准杂质溶液、标准比对溶液的制备方法
	（三）检验实验用水	能按标准或规范要求检验实验用水的质量，包括电导率、pH 范围、可氧化物、吸光度、蒸发残渣等	实验室用水规格及检验方法
	（四）准备仪器设备	1. 能按有关规程对玻璃量器进行容量校正 2. 能根据检验需要正确选用紫外-可见分光光度计；能按有关规程检验分光光度计的性能，包括波长准确度、光电流稳定度、透射比正确度、杂散光、吸收池配套性等 3. 能正确选用常见专用仪器设备 A. 阿贝折光仪、旋光仪、卡尔·费休水分测定仪、闭口杯闪点测定仪、沸程测定仪	1. 玻璃量器的校正方法 2. 分光光度计的检验方法 3. 各检验类别常见专用仪器的工作原理、结构和用途

续表

职业功能	工作内容	技能要求	相关知识
二、检验准备	（四）准备仪器设备	B. 冷原子吸收测汞仪、白度测定仪 C. 颗粒强度测定仪 D. 卡尔·费休水分测定仪 E. 白度测定仪、附着力测定仪、光泽计、摆杆式硬度计、冲击试验器、柔韧性测定器 F. 转鼓、库仑测硫仪、恩氏黏度计 G. 抗折（压）试验机、恒温恒湿标准养护箱、水泥胶砂搅拌机、胶砂水泥振动台、手动脱膜器	1. 玻璃量器的校正方法 2. 分光光度计的检验方法 3. 各检验类别常见专用仪器的工作原理、结构和用途
三、采样	（一）制定采样方案	能按照产品标准和采样要求制定合理的采样方案，对采样的方法进行可行性实验	化工产品采样知识
	（二）实施采样	能对一些采样难度较大的产品（不均匀物料、易挥发物质、危险品等）进行采样	
四、检测与测定	（一）分离富集、分解试样	能按标准或规程要求，用液-液萃取、薄层（或柱）层析、减压浓缩等方法分离富集样品中的待测组分，或用规定的方法（如溶解、熔融、灰化、消化等）分解试样	化学检验中的分离和富集、分解试样知识
	（二）化学分析	能用沉淀滴定法、氧化还原滴定法、目视比色（或比浊）法、薄层色谱法测定化工产品的组分 A. 能测定化学试剂中的硫酸盐、磷酸盐、氯化物以及澄清度、重金属、色度 B. 能测定肥皂中的干皂含量和氯化物、洗涤剂中的4A沸石含量 C. 能测定化肥中的氮、磷、钾含量 D. 能测定农药的有效成分（用化学分析法或薄层色谱法，如氧乐果）	1. 沉淀滴定、氧化还原滴定、目视比色、薄层色谱分析的方法 2. 相关国家标准中各检验项目的相应要求

续表

职业功能	工作内容	技能要求	相关知识
四、检测与测定	（二）化学分析	E. 能测定“环境标志产品”水性涂料的游离甲醛、重金属含量 F. 能测定煤焦油中的甲苯不溶物 G. 能测定水泥中的三氧化二铁、三氧化二铝、氧化钙	1. 沉淀滴定、氧化还原滴定、目视比色、薄层色谱分析的方法 2. 相关国家标准中各检验项目的相应要求
	（三）仪器分析	能用电位滴定法、分光光度法等仪器分析法测定化工产品的组分 A. 能用卡尔·费休法测定化学试剂中的水分 B. 能用冷原子吸收法测定化妆品中的汞；能用分光光度法测定化妆品中的砷和洗涤剂中的各种磷酸盐 C. 能用电位滴定法测定过磷酸钙中的游离酸；能用卡尔·费休法测定化肥的水分；能用分光光度法测定尿素中的缩二脲含量 D. 能用电位滴定法和紫外可见分光光度法测定农药的有效成分；能用卡尔·费休法测定农药中的水分 F. 能用库仑滴定法测定煤炭中的硫含量；能用分光光度法测定硫酸铵中的铁含量 G. 能用分光光度法测定可溶性二氧化硅含量	1. 电位滴定法、分光光度法有关知识 2. 相关国家标准中各检验项目的相应要求
	（四）检测物理参数和性能	能检测化工产品的物理参数和性能 A. 能测定化学试剂的折射率、比旋光度；能测定溶剂的闪点和沸程 B. 能测定洗涤剂的去污力 C. 能测定化肥的颗粒平均抗压强度 D. 能测定农药乳油的稳定性 E. 能测定涂料的闪点和涂膜的光泽、硬度、附着力、柔韧性、耐冲击性、耐热性；能测定染料的色光和强度；能用仪器法测定白度 F. 能测定焦炭的机械强度和焦化产品的馏程、黏度 G. 能用抗折（压）强度实验机测定水泥的胶砂强度	相关国家标准中各检验项目的相应要求

续表

职业功能	工作内容	技能要求	相关知识
四、检测与测定	（五）微生物学检验	从事 B 类检验的人员能测定化妆品中的粪大肠菌、金黄色葡萄球菌、绿脓杆菌等微生物指标	微生物学及检验方法
	（六）进行对照试验	1. 能将标准试样（或管理试样、人工合成试样）与被测试样进行对照试验 2. 能按其他标准分析方法（如仲裁法）与所用检验方法做对照试验	消除系统误差的方法
五、测后工作	（一）进行数据处理	1. 能由对照试验结果计算出校正系数，并据此校正测定结果，消除系统误差 2. 能正确处理检验结果中出现的可疑值。当查不出可疑值出现的原因时，能采用 Q 值检验法和格鲁布斯法判断可疑数值的取舍	实验结果的数据处理知识
	（二）校核原始记录	能校核其他检验人员的检验原始记录，验证其检验方法是否正确，数据运算是否正确	对原始记录的要求
	（三）填写检验报告	能正确填写检验报告，做到内容完整、表述准确、字迹（或打印）清晰、判定无误	对检验报告的要求
	（四）分析检验误差的产生原因	能分析一般检验误差产生的原因	检验误差产生的一般原因
六、修验仪器设备	排除仪器设备故障	能够排除所用仪器设备的简单故障	常用仪器设备的工作原理、结构和常见故障及其排除方法
七、安全实验	安全事故的处理	能对突发的安全事故果断采取适当措施，进行人员急救和事故处理	意外事故的处理方法和急救知识

3.3 高级

职业功能	工作内容	技能要求	相关知识
一、样品交接	接待咨询	1. 能全面了解送检产品质量方面的有关问题 2. 能正确回答样品交接中出现的疑难问题	相应化工产品的性能和检测
二、检验准备	（一）准备实验用水、溶液	1. 能制备仪器分析用的标准溶液和其他制剂试液 2. 从事 D 类检验的人员应能制备符合液相色谱分析要求的一级实验用水和相应的试液	标准溶液的制备方法
	（二）准备仪器设备	1. 能按照标准要求制备气相色谱分析用的填充柱（包括柱管和载体的预处理、载体的涂渍、色谱柱的装填和老化等），并能选用适当的毛细管柱；或能选用符合原子吸收分光光度法分析要求的空心阴极灯，并能正确评价阴极灯的优劣，包括发光强度、发光稳定性、测定灵敏度与线性、灯的使用寿命等指标 2. 从事 D 类检验的人员应能按标准要求选用高压液相色谱分析柱	1. 色谱柱的制备方法 2. 原子吸收分光光度仪的原理、结构、使用说明和注意事项
	（三）操作计算机	能熟练操作与分析仪器配套使用的计算机	计算机操作应用的一般知识
	（四）设计检验记录表格	能根据不同类型检验项目的需要设计相应的原始记录表格	不同类型检验项目原始记录的设计要求
三、检测与测定	（一）仪器分析	1. 能按操作规程操作气相色谱仪（包括其配套设备，如高压气体钢瓶、减压阀、气路管线、净化器、色谱数据工作站或数据处理机等），能根据不同的检验项目选择适当的色谱分析条件，合理地调整色谱参数；或能按操作规程操作原子吸收光谱仪［包括其配套设备，如乙炔钢瓶（或乙炔稳压发生器）、压缩空气钢瓶（或空气压缩机），或其他燃气和助燃气、减压阀、气路管线、计算机及配套系统软件或数据处理机］，能根据不同的检验项目选择适当的仪器分析条件，合理地调整仪器参数	1. 色谱分析的分离原理及分类，气相色谱基本术语，气相色谱仪的结构、操作方法，气相色谱定性和定量方法；或原子吸收分光光度仪的结构、原子吸收定量分析技术、最佳仪器条件的选择、干扰因素的消除方法等知识 2. 相关国家标准中各检验项目的相应要求

续表

职业功能	工作内容	技能要求	相关知识
三、检测与测定	(一) 仪器分析	2. 能用色谱法或原子吸收分光光度法分析相应类别化工产品的有关项目 A. 测定有机化学试剂的主含量，如苯胺 B. 测定化妆品中的铅含量 C. 测定微量元素叶面肥中的锌、锰、铁、铜等元素含量 D. 用气相色谱法和高压液相色谱法测定农药的有效成分（如氧乐果、辛硫磷），检测农药的悬浮性和热贮稳定性等 E. 测定涂料中的有害成分，如聚氨酯涂料中的游离TDI单体等 F. 测定精制焦化产品的组分，如邻甲酚的组分 G. 测定水泥中的氧化钠、氧化钾、氧化镁的含量	1. 色谱分析的分离原理及分类，气相色谱基本术语，气相色谱仪的结构、操作方法，气相色谱定性和定量方法；或原子吸收分光光度仪的结构、原子吸收定量分析技术、最佳仪器条件的选择、干扰因素的消除方法等知识 2. 相关国家标准中各检验项目的相应要求
	(二) 监测“三废”排放	能按标准要求测定本单位产生的“三废”中的主要环境监测项目	1. 与检验产品相关的环境污染物的种类及主要来源 2. 废水废气的主要监测项目 3. 环境控制标准和环境监测的主要分析方法
	(三) 解决检验技术问题	能解决检验过程中遇到的一般技术问题，并能验证其方法的合理性	化学检验相关技术
四、测后工作	(一) 审定检验报告	能对其他检验人员制作的检验报告按管理规定进行审核，内容包括 1. 填写内容是否与原始记录相符 2. 检验依据是否适用 3. 环境条件是否满足要求 4. 结论的判定是否正确	对检验报告的要求
	(二) 分析产生不合格品的原因	能协助企业生产技术管理部门分析产生不合格品（批）的一般原因	A. 试剂的工业分离提纯知识 B. 常见日用化学产品的简单工艺和常用原料的一般知识 C. 常见化肥产品的简单生产工艺 D. 农药加工所需助剂的一般知识 E. 涂料生产的一般工艺 F. 焦化工业的一般生产工艺 G. 硅酸盐水泥的生产过程

续表

职业功能	工作内容	技能要求	相关知识
五、修验仪器设备	（一）安装调试验收仪器设备	能读懂新购置的一般仪器设备的说明书，能按规程进行安装、调试，并能验证其技术参数是否达到规定要求	一般仪器设备的工作原理及结构组成
	（二）排除仪器设备故障	1. 能独立设计简单的检修仪器设备的程序框图 2. 能按程序框图检查出常用仪器设备的故障，并能排除常见故障 3. 能正确更换仪器设备的易耗件	分析仪器的故障检修方法
六、技术管理与创新	（一）编写仪器操作规程	能制定一般检验仪器设备的操作规程	一般检验仪器设备的使用方法及注意事项
	（二）编写检验操作规范	能编写相关产品和原材料的检验操作规范	相关产品和原材料的检验方法和标准
	（三）改进检验装置	能根据检验方法的需要改进试验装置，提高检验效率和检验结果的准确度	各种试验装置的结构及各部件的作用
七、培训与指导	传授技艺	1. 能向初、中级化学检验工传授与其工作内容相关的专业知识 2. 能较系统地示范化工产品的化学分析、仪器分析、物理参数和物理性能检测等实际操作的技术、技巧	传授技艺、技能的基本方法

3.4 技师

职业功能	工作内容	技能要求	相关知识
一、检测与测定	（一）解决检验技术难题	能解决化学检验中遇到的技术难题	1. 相应类别的检验项目 2. 化学检验技术
	（二）开展新检验项目	能根据本单位发展需要，开展新产品、新项目的检验	
二、修验仪器设备	（一）安装、调试、验收仪器设备	能将新购置的、较复杂的仪器设备按说明书的要求进行安装、调试，并能验证其技术参数是否达到规定标准	常用仪器设备的工作原理及结构组成

续表

职业功能	工作内容	技能要求	相关知识
二、修验仪器设备	（二）排除仪器设备故障	1. 能独立设计较复杂的检修仪器设备的程序框图 2. 能按程序框图检查出较复杂仪器设备产生故障的原因，并能排除其一般故障	较复杂的分析仪器的故障检修方法
三、技术管理与创新	（一）组合检验装置	能根据检验方法的需要，组合检验新项目所需的装置	各种化学实验室的电器设备、玻璃仪器及其他器皿和用品的用途
	（二）编写检验操作规范	能编写非标准检验方法（如生产过程控制检验）的操作规范	1. 各种产品的生产工艺 2. 化学检验操作规范的编写规定
四、培训与指导	传授技艺	1. 能向初、中、高级化学检验工传授与其工作内容相关的专业知识（包括安全环保）和常用的数据处理知识 2. 能较系统地指导相关化工产品的化学分析、仪器分析、物理参数和物理性能检测等实际操作	1. 技能培训的基本要求 2. 化学检验中化学分析、仪器分析的重点、难点和操作技能的要点
五、实验室管理	（一）制定购置计划	1. 能根据检验需要和单位的条件制定仪器设备购置的近期计划和长远规划 2. 能根据各个检验项目对化学试剂、标准物质的要求及检验批次的多少，估计其使用量，制定其购置计划	1. 各种仪器设备的用途、价格 2. 各种化学试剂和标准物质的规格、等级及用途
	（二）检验质量管理	1. 能准确分析影响检验质量的原因，并制定有效的解决办法 2. 能制定并执行检验质量管理制度	检验质量管理基础知识
	（三）仪器及试剂管理	1. 能定期安排实验室仪器的周期检定 2. 能针对实验室的仪器设备、化学试剂和标准物质的具体情况，制定并实施管理措施	计量检定有关知识
	*（四）计量认证和审查认可（验收）	能根据实验室计量认证和审查认可（验收）的要求，编写管理手册中与相应类别检验有关的规章制度	计量认证、审查认可（验收）有关知识

续表

职业功能	工作内容	技能要求	相关知识
五、实验室管理	*（五）实验室认可	能根据实验室认可的要求，编制相应类别检验的操作指导书或检验细则	实验室认可的有关知识
	*（六）参与企业的质量管理	能根据质量管理和质量认证的要求，编制相关的程序文件和作业指导书	GB/T 19000—ISO 9000 标准知识
	*（七）参与企业的环境管理	能根据企业的环境管理体系要素的相关要求，编制与相应类别检验相关的操作指导书和规程	GB/T 24000—ISO 14000 标准知识

注：前带有*号的“工作内容”为选择项，申报人员可以从（四）至（七）的四项工作内容中任选两项。

3.5 高级技师

职业功能	工作内容	技能要求	相关知识
一、检测与测定	（一）解决检验技术难题	能处理并解决较高难度的检验技术问题	国内外化学检验技术发展动态
	（二）引进检验新技术	能将当今国内外化学检验的新技术、新方法引进检验工作中，并取得应用成效	
二、技术管理与创新	（一）检索标准文献	能根据标准目录和标准化期刊检索标准文献，获得最新标准信息	标准化基础知识
	（二）数理统计的应用	能运用数理统计方法判断标准曲线的线性关系和检测结果的精密度	数理统计的应用知识
三、培训与指导	专业培训	1. 能系统讲授化工产品检验的基本知识，并能指导学员的实际操作 2. 能制定化学检验培训班教学计划 3. 能合理安排教学内容，选择适当的教学方式	技能培训的方法
四、实验室规划设计	（一）确定规划方案	能根据本单位的需要，规划实验室的规模和功能，并做到留有发展空间	实验室规划一般要求

续表

职业功能	工作内容	技能要求	相关知识
四、实验室规划设计	（二）实验室设计	能提出各类实验用房（化学分析室、精密仪器室、钢瓶室、贮藏室和办公室等）合理布局的设计要求	实验室布局要求
	（三）实验室配套设施设计	能做到实验室的电源、水源、燃气源（可无）设计安全合理；实验室的照明、通风、排水、排气、实验台设计符合检验要求；钢瓶室、贮藏室设施设计符合贮存要求	实验室设施要求
五、技术交流	参与技术交流与合作	能胜任下列工作之一 1. 能参与本地区化学检验技术人员的培训、技术交流、实验室间对比检验的工作 2. 能协助地方产品质量监督部门制定有关产品的监督检查检验细则，编写监督检查的质量分析报告；能组织召开有关产品的质量分析会议	本地区各化工生产企业的检验能力、实验室和检验人员的状况
六、制定标准	参与技术发展规划和标准制定	能胜任下列工作之一 1. 能根据国内外化学检验技术发展动态，适时提出行业发展规划的建议 2. 能参与国家标准、行业标准的制定和修订，能提出可得到各方代表广泛认可的建议或新条款 3. 能主持完成企业标准的制定工作	1. 国内外化学检验技术发展动态 2. 制定标准的相关要求
七、技术总结	技术探讨和经验总结	能完成下列工作之一 1. 能系统全面地总结化学检验的实践经验 2. 能正确总结检验仪器、设备的维护和检修经验与规律 3. 能撰写化学检验专题项目的研究报告 4. 能撰写检验技术诀窍的总结报告	1. 技术报告和技术总结写作的有关知识 2. 化学检验现状和发展趋势

4. 比 重 表

4.1 理论知识

项 目		初级/%	中级/%	高级/%	技师/%	高级技师/%
基本要求	职业道德	5	5	3	2	2
	基础知识	40	35	22	23	23
相关知识	样品交接	5	2	2	—	—
	检验准备	14	17	13	—	—
	采 样	10	7	—	—	—
	检测与测定	13	22	25	20	20
	测后工作	3	5	5	—	—
	安全实验	5	5	—	—	—
	养护设备	5	—	—	—	—
	修验仪器设备	—	2	10	10	—
	技术管理与创新	—	—	15	15	10
	培训与指导	—	—	5	5	10
	实验室管理	—	—	—	25	—
	实验室规划设计	—	—	—	—	15
	技术交流	—	—	—	—	5
	制定标准	—	—	—	—	5
	技术总结	—	—	—	—	10
合 计		100	100	100	100	100

4.2 技能操作

项 目		初级/%	中级/%	高级/%	技师/%	高级技师/%
技能要求	样品交接	8	5	5	—	—
	检验准备	20	18	10	—	—
	采 样	15	10	—	—	—
	检测与测定	30	42	45	35	30
	测后工作	7	9	8	—	—
	安全实验	10	10	—	—	—
	养护设备	10	—	—	—	—
	修验仪器设备	—	6	12	15	—

续表

项　目		初级/%	中级/%	高级/%	技师/%	高级技师/%
技能要求	技术管理与创新	—	—	15	15	15
	培训与指导	—	—	5	10	15
	实验室管理	—	—	—	25	—
	实验室规划设计	—	—	—	—	10
	技术交流	—	—	—	—	10
	制定标准	—	—	—	—	10
	技术总结	—	—	—	—	10
合　计		100	100	100	100	100

国家职业标准

压缩机工

中华人民共和国劳动和社会保障部制定

压缩机工国家职业标准

1. 职 业 概 况

1.1 职业名称

压缩机工。

1.2 职业定义

操作气体压缩机及辅助设备，将气体物料加压至生产工艺要求指标，送往下一道生产工序或气体储罐的人员。

1.3 职业等级

本职业共设五个等级，分别为：初级（国家职业资格五级）、中级（国家职业资格四级）、高级（国家职业资格三级）、技师（国家职业资格二级）、高级技师（国家职业资格一级）。

1.4 职业环境

室内、室外、常温，工作场所会有蒸汽、润滑油，易燃、易爆、有毒有害气体及噪声（压缩不同气体环境有所不同）。

1.5 职业能力特征

具有一定的学习、理解、分析判断和表达能力；四肢灵活，动作协调；嗅觉、听觉、视觉及形体知觉正常。

1.6 基本文化程度

初中毕业。

1.7 培训要求

1.7.1 培训期限

全日制职业学校教育，根据其培养目标和教学计划确定。晋级培训期限：初级不少于360 标准学时；中级不少于 300 标准学时；高级不少于 240 标准学时；技师不少于 200 标准学时；高级技师不少于 200 标准学时。

1.7.2 培训教师

培训初级、中级的教师应具有本职业高级及以上职业资格证书；培训高级的教师应具有本职业技师职业资格证书或本专业中级及以上专业技术职务任职资格；培训技师的教师应具有本职业高级技师职业资格证书或本专业高级专业技术职务任职资格；培训高级技师的教师应具有本职业高级技师职业资格证书 2 年以上或本专业高级专业技术职务任职资格 2 年以上。

1.7.3 培训场地设备

理论知识培训场所应为可容纳 20 名以上学员的标准教室。实际操作培训场所应为具有本职业必备设备的场所。

1.8 鉴定要求

1.8.1 适用对象

从事或准备从事本职业的人员。

1.8.2 申报条件

——初级(具备以下条件之一者)

（1）经本职业初级正规培训达到规定标准学时数，并取得结业证书。

（2）在本职业连续见习工作 2 年以上。

（3）本职业学徒期满。

——中级(具备以下条件之一者)

（1）取得本职业或相关职业初级职业资格证书后，连续从事本职业工作 2 年以上，经本职业中级正规培训达规定标准学时数，并取得结业证书。

（2）取得本职业初级职业资格证书后，连续从事本职业工作 4 年以上。

（3）取得与本职业相关职业中级职业资格证书后，连续从事本职业工作 2 年以上。

（4）连续从事本职业工作 6 年以上。

（5）取得经劳动保障行政部门审核认定的、以中级技能为培养目标的中等以上职业学校本职业（专业）毕业证书。

——高级(具有以下条件之一者)

（1）取得本职业中级职业资格证书后，连续从事本职业工作 3 年以上，经本职业高级正规培训达规定标准学时数，并取得结业证书。

（2）取得本职业中级职业资格证书后，连续从事本职业工作 5 年以上。

（3）取得高级技工学校或经劳动保障行政部门审核认定的、以高级技能为培养目标的高等职业学校本职业（专业）毕业证书。

（4）大专及以上本专业或相关专业毕业生，连续从事本职业工作 2 年以上。

——技师(具备以下条件之一者)

（1）取得本职业高级职业资格证书后，连续从事本职业工作 3 年以上，经本职业技师正规培训达到规定标准学时数，并取得结业证书。

（2）取得本职业高级职业资格证书后，连续从事本职业工作 5 年以上。

（3）高级技工学校或经劳动保障行政部门审核认定的、以高级技能为培养目标的高等职业学校本职业（专业）毕业生，取得本职业高级职业资格证书后，连续从事本职业工作 2 年以上。

（4）大专及以上本专业或相关专业毕业生，取得本职业高级职业资格证书后，连续从事本职业工作 2 年以上。

——高级技师（具备以下条件之一者）

（1）取得本职业技师职业资格证书后，连续从事本职业工作 3 年以上，经本职业高级技师正规培训达规定标准学时数，并取得结业证书。

（2）取得本职业技师职业资格证书后，连续从事本职业工作 5 年以上。

1.8.3　鉴定方式

分为理论知识考试和技能操作考核。理论知识考试采用闭卷笔试方式，技能操作考核采用现场实际操作方式。理论知识考试和技能操作考核均实行百分制，成绩皆达到 60 分及以上者为合格。技师、高级技师还须进行综合评审。

1.8.4　考评人员与考生配比

理论知识考试考评人员与考生配比为 1∶20，每个标准教室不少于 2 名考评人员；技能操作考核考评员与考生配比为 1∶5，且不少于 3 名考评员；综合评审委员会成员不少于 5 人。

1.8.5　鉴定时间

理论知识考试时间不少于 90min；技能操作考核时间不少于 60min；综合评审时间不少于 30min。

1.8.6　鉴定场所设备

理论知识考试在标准教室进行。技能操作考核在标准教室、生产装置现场或计算机模拟仿真系统上进行。

2. 基 本 要 求

2.1　职业道德

2.1.1　职业道德基本知识

2.1.2　职业守则

（1）爱岗敬业，忠于职守。

（2）按章操作，确保安全。

（3）认真负责，诚实守信。

（4）遵规守纪，着装规范。

（5）团结协作，相互尊重。

（6）节约成本，降耗增效。

（7）保护环境，文明生产。

（8）不断学习，努力创新。

2.2　基础知识

2.2.1　理论知识

（1）基本概念：

流量、流速、密度、黏度、比容、湿度、比热容、绝压、表压、压比、温度、真实、真空度、饱和蒸汽、过热蒸汽、焓、熵、理想气体、实际气体、动能、内能、机械能、热力学第一定律、热力学第二定律、段、缸、列数、容积系数、余隙容积、转速、功和热、功率、效率、能量头、喘振、防喘裕度、临界转速、等温压缩、绝热压缩、多变压缩、压缩系数、绝热指数、多变指数等。

（2）传热知识：

1）传热的三种基本方式。

2）传热系数、传热的平均温差、传热面积、给热系数、传热速率等概念。

3）传热基本方程式及其应用。

4）工业换热方式。

（3）流体力学知识：

1）流体的基本性质。

2）流体静力学基本方程式及其应用。

3）流体流动的基本规律及其有关问题。

4）管道内流体流动的阻力。

5）液体输送基础知识。

（4）气体压缩机：

1）气体压缩机的基本知识。

2）气体压缩机工作原理。

3）气体压缩机的基本结构。

4）气体压缩机的运行、维护与管理知识。

5）气体压缩机的发展趋势。

2.2.2 常用设备知识

（1）常见阀门、法兰、管道及垫片的种类、规格、适用范围。

（2）各加热器、换热器、油槽、分离器等静设备的分类及其工作原理。

（3）液体输送机械、盘车装置、变速齿轮箱等辅助动设备的结构，使用、维护、保养知识。

（4）常见气体压缩机的原动机工作原理、使用说明及注意事项。

2.2.3 电工、电器、仪表知识

（1）电工基本概念。

（2）直流电与交流电知识。

（3）安全用电知识。

（4）仪表的基本概念。

（5）常用温度、压力、液位、流量（计）、湿度（计）知识。

（6）误差知识。

（7）本岗位所使用的流量计、湿度计、仪表、电器、计算机的性能、规格、使用和维护知识。

2.2.4 计量知识

（1）计量与计量单位。

（2）计量国际单位制。

（3）法定计量单位基本换算。

2.2.5 消防、安全及环境保护知识

（1）物料危险性及特点。

（2）灭火的基本原理及方法。

（3）常用灭火设备及器具的性能和使用方法。

（4）防火、防爆、防腐蚀、防静电、防中毒知识。

（5）安全技术规程。

（6）环保基础知识，废水、废气、废渣的性质、处理方法和排放标准。

（7）压力容器的操作安全知识。

（8）高温高压、有毒有害、易燃易爆气体和冷冻剂等特殊介质的特性及安全知识。

（9）现场急救知识。

2.2.6 相关法律、法规知识

（1）劳动法相关知识。

（2）安全生产法及化工安全生产法规相关知识。

（3）化学危险品管理条例相关知识。

（4）职业病防治法及化工职业卫生法规相关知识。

3. 工 作 要 求

本标准对初级、中级、高级、技师和高级技师的技能要求依次递进，高级别涵盖低级别的要求。

3.1 初级

职业功能	工作内容	技能要求	相关知识
一、工艺准备	（一）工艺文件准备	1. 能绘制压缩机装置油系统及被压缩介质的工艺流程示意图 2. 能识读本岗位设备示意简图 3. 能识读机组升速曲线图以及本岗位带控制点工艺流程图 4. 能识记本岗位工艺参数和工艺操作规程	1. 绘图知识及方法 2. 本岗位设备的图形代号知识 3. 工艺流程图中各种符号的含义 4. 气体压缩机工艺技术规程和操作法

续表

职业功能	工作内容	技能要求	相关知识
一、工艺准备	（二）启动前准备	1. 能投入运行本机组所需的冷却水、加热蒸汽及疏水阀 2. 能根据需要使用本机组所需的氮气 3. 能建立本机组的润滑油系统（包括润滑油高位油槽液位的建立） 4. 能投入运行压缩机各分离器液位控制 5. 能排放机组所有导淋 6. 能投入运行各类监控仪表 7. 能使用本岗位各安全、防护设施	1. 本机组所需冷却水、加热蒸汽的投入运行方法 2. 本机组氮气的用途及其使用方法 3. 建立润滑油系统的步骤及其注意事项 4. 分离器液位控制入行方法 5. 机组所有导淋的位置及其排放要求 6. 仪表投入运行常识 7. 安全、防护设施的使用方法及注意事项
二、压缩机组的操作	（一）开车操作	1. 能按规定开、停泵，投入运行换热器、油过滤器等设备 2. 能操作本机组控制系统 3. 能启动机组运行 4. 能根据机组开车程序进行升速操作	1. 泵、过滤器、换热器等设备的结构、铭牌说明及投入运行方法 2. 压缩操作控制盘上所有按键的作用及其使用方法 3. 压缩机组启动条件和程序 4. 机组升速曲线及操作注意事项
	（二）运行操作	1. 能按规定巡回检查，填写岗位检查记录 2. 能确认控制室外各压力、温度、液位等就地仪表的测量值以及现场阀门的实际阀位 3. 能操作本岗位所有的控制阀、截止阀、电磁阀、电动阀等阀门 4. 能判断单向阀的方向 5. 能识读振动、位移、轴温及机组转速	1. 巡回检查路线、内容 2. 机组各监测点及各阀门的现场位置 3. 控制阀、电磁阀、电动阀的工作原理及使用方法 4. 单向阀的工作原理 5. 机组振动、位移、轴温、转速测量的工作原理
	（三）停车操作	1. 能进行压缩机的正常停车操作 2. 能进行机组停运后其辅助设备的停运操作 3. 能进行压缩机主机及其辅助设备的卸压、置换、降温等操作	1. 机组正常停车程序 2. 各辅助设备停运的条件及方法 3. 机内卸压、置换、降温等的操作方法及注意事项

续表

职业功能	工作内容	技能要求	相关知识
二、压缩机组的操作	（四）工艺计算	1. 能进行压力、温度、流量等常用单位的换算 2. 能计算压缩机的吸气与排气量 3. 能进行气体的分子量、摩尔数、摩尔体积以及混合气体的平均分子量、平均比热容的计算	1. 单位换算知识 2. 吸排气计算方法 3. 有关气体各参数的计算方法
三、事故判断与处理	（一）事故判断	1. 能判断压缩装置所有电机、泵的运转是否正常 2. 能判断运行设备温度、压力、液位、流量、转速、振动、轴位移等异常现象 3. 能判断现场机、泵、阀门、法兰泄漏事故	1. 泵、电机的说明及常见事故 2. 主要设备运行控制参数指标 3. 常见事故的判断知识
	（二）事故处理	1. 能打火警、急救电话，及时汇报生产中出现的各种异常现象及事故 2. 能处理压缩机所有运行泵及电机的异常情况 3. 能处理油温、油压、油位异常情况 4. 能按要求处理设备超温、超压、液压过高等异常现象 5. 能处理烫伤等轻微事故	1. 安全生产知识 2. 泵及电机常见故障处理方法 3. 油温、油压、油位的工艺指标 4. 异常现象的处理原则 5. 本岗位有毒有害及高温高压介质的特性、危害等知识
四、设备维护与保养	（一）设备维护	1. 能完成压缩机装置防冻、防凝工作 2. 能使用扳手、管钳等常用工具对设备进行简单维护 3. 能就地更换压力表、温度表 4. 能进行机泵的备用工作	1. 防冻、防凝管理制度 2. 常用工具的型号、规格和用途 3. 压力表、温度表的型号规格、适用范围以及更换方法和要求 4. 机泵的备用条件
	（二）设备保养	1. 能完成本岗位所有阀门的保养工作 2. 在机组维修中，能参加换热器、分离器、油冷器、过滤器的清洗工作 3. 能添加、更换机、泵的润滑油	1. 阀门的维护保养知识 2. 设备清洗方法及注意事项 3. 设备润滑管理制度

3.2 中级

职业功能	工作内容	技能要求	相关知识
一、工艺准备	（一）工艺文件准备	1. 能绘制工艺气及油系统带控制点工艺流程图 2. 能绘制机组升速曲线图 3. 能识读本岗位设备结构简图及设备布置图 4. 能识读机组原动机控制原理图	1. 化工过程控制及仪表的相关知识 2. 机组升速曲线知识 3. 设备结构简图知识 4. 原动机控制原理图中的各种符号的含义
	（二）启动前准备	1. 能进行润滑油泵及本岗位其他泵自启动试验 2. 能配合仪表工完成各报警、联锁调试工作以及各控制阀阀位的调试确认 3. 能进行压缩机原动机部分的开车准备工作 4. 能进行本岗位所有泵的电机单试和联动试泵工作 5. 能进行机、泵的盘车工作 6. 能建立和投入运行机组所需的各种密封系统 7. 能按工艺要求检查确认各盲板的抽、插情况	1. 泵自启动条件及试验方法 2. 各报警、联锁以及控制阀阀位调试的方法以及应达到的要求 3. 原动机部分的工作原理及其开车准备步骤 4. 泵的结构、转向、性能及其试泵步骤 5. 机、泵盘车方法注意事项 6. 密封油、密封水、密封蒸汽、密封气体等密封系统的建立和投运方法 7. 各盲板设置的目的及其抽、插的具体要求
二、压缩机组的操作	（一）开车操作	1. 能进行机组启动后的紧急停车按钮危急保安器，压力、温度联锁等安全保护系统的动作试验 2. 能调整开车过程中压缩机组的油温、油压、油位等油系统的各项技术参数 3. 能操作本压缩机组装置的所有电动机	1. 机组的安全保护系统及其试验方法 2. 压缩机油系统的各项指标要求 3. 电动机的构造、工作原理及使用说明
	（二）运行操作	1. 能切换机组各备用泵 2. 能根据生产要求，调节压缩机的运行状况 3. 能进行油过滤器、油冷器等设备的切换工作	1. 备用泵切换的方法及其注意事项 2. 气体压缩机的调节方法及其注意事项 3. 油过滤器、油冷器等设备的切换步骤及注意事项
	（三）停车操作	1. 能根据工艺不同的停车要求确定机组停车的处理程度 2. 能根据国家环境保护法和本压缩装置污染物的种类、数量、性质、排放标准和防治方法，做到达标排放 3. 能进行机组停车后本岗位所有阀门的开、关位置的确认	1. 机组停车处理程度与具体停车原因的关系 2. 三废处理知识 3. 机组停车后各阀门的应开、关位置

续表

职业功能	工作内容	技能要求	相关知识
二、压缩机组的操作	（四）工艺计算	1. 能进行本岗位有关的物料和热量衡算 2. 能进行本压缩机吸气、排气过程的温度、压力、流量的计算 3. 能进行柏努利方程、雷诺数以及流体流动阻力的有关计算	1. 质量守恒与热量守恒定律 2. 理想气体与真实气体的压缩过程及其计算方法 3. 柏努利方程式以及流体流动阻力的计算知识
三、事故判断与处理	（一）事故判断	1. 能判断各运行参数波动和改变的原因 2. 能判断机组联锁跳车的原因 3. 能判断压缩机打气量不足、油耗过大、汽缸温度过高、机组有异音等故障 4. 能判断润滑油变质故障	1. 各参数工艺设计指标 2. 机组联锁逻辑知识 3. 机组常见故障知识 4. 润滑油各指标要求值
	（二）事故处理	1. 能处理各运行参数的波动及变化 2. 能进行机组联锁跳车原因的查找和分析 3. 能参与处理机组的打气量不足、油耗过大、汽缸温度过高、机组有异音等故障 4. 能处理润滑油变质故障	1. 机组运行参数的调整方法及其注意事项 2. 机组跳车现象与记录知识 3. 机组常见故障的原因及处理方法 4. 润滑油变质原因及处理方法
四、设备维护与保养	（一）设备维护	1. 能对本压缩装置进行日常维护 2. 能完成设备检修时的监护工作 3. 能完成设备检修前的置换、冷却、卸压等工作	1. 日常维护内容 2. 检修监护人员的要求 3. 设备的置换、冷却、卸压知识
	（二）设备保养	1. 能确认设备检修的隔离和动火条件，安全交出检修设备 2. 若压缩机组段间或出口存在干燥器，操作人员能更换干燥剂 3. 能对停运机组进行各种保护（如充氮保护、防腐保护等） 4. 能按照规定进行备用设备的盘车、保洁等保养工作	1. 动火常识，注意事项 2. 干燥剂更换方案 3. 压缩机及其附属设备维护保养知识 4. 盘车的其本知识

3.3 高级

职业功能	工作内容	技能要求	相关知识
一、工艺准备	（一）工艺文件准备	1. 能绘制原动机控制原理图 2. 能绘制本岗位所有不同压力等级的蒸汽流程示意图 3. 能识读机组特性曲线图及仪表联锁逻辑图	1. 本机组控制原理图中各符号的画法 2. 本岗位蒸汽品种及其用途 3. 机组特性曲线和联锁逻辑知识
	（二）启动前准备	1. 能协调和处理好压缩机各项开车准备工作的先后次序 2. 能确认联锁系统是否处于投入运行状态 3. 能建立润滑油以外的各种油系统（如动力油系统、密封油系统等） 4. 能进行压缩机内的置换工作并引入被压缩介质 5. 能配合仪表对压缩机一些重要阀门进行动作试验（如调速阀、抽气控制阀、抽气速关阀、紧急事故切断阀、防喘振阀、进出口阀、旁路阀等） 6. 能进行开车前机组所有阀门的应开、关情况确认	1. 机组启动前各准备工作的相互关系 2. 机组联锁条件及投运方法 3. 各油系统的工艺流程及其建立步骤 4. 置换的步骤和置换应达到的要求 5. 阀门的作用及其工作原理 6. 本机组启动前阀门应开、关位置的要求
二、压缩机组的操作	（一）开车操作	1. 能参与同类型压缩机的开车操作 2. 能进行开车过程中汽轮机的热态启动、抽气、过临界转速等特殊操作 3. 能根据开车程序，调整防喘振阀或旁路阀的开度	1. 压缩机开车操作一般知识 2. 机组的一些特殊操作步骤及要求 3. 防喘振法或旁路阀的调整方法及注意事项
	（二）运行操作	1. 能采用看、听、摸、嗅等方法，检查机组的运转情况 2. 能对机组运行参数进行调整，以保证机组的平稳、安全运行 3. 能收集与比较运行数据，并根据机组运行数据的变化，分析目前机组的运行状况 4. 能根据不同的要求，使用各种润滑油	1. 运转设备的检查方法 2. 工艺操作控制指标以及机组运行参数的调整方法 3. 机组运行状况的比较与分析知识 4. 各种润滑油的牌号、特性和使用知识

续表

职业功能	工作内容	技能要求	相关知识
二、压缩机组的操作	（三）停车操作	1. 能切断本岗位所需的公用工程介质、工艺气、蒸汽及电源 2. 能进行压缩机及其辅助设备的长期停车、短期停车操作 3. 能进行机组停电、停冷却水、停工艺气等情况下的紧急处理	1. 本岗位所需介质的切除条件 2. 长期停车、短期停车应做的工作 3. 停电、停冷却水、停工艺气等紧急事故处理原则
	（四）工艺计算	1. 能进行气体压缩机压缩功及实际功耗的计算 2. 能对压缩机机组有关传热量、传热面积、平均温差、蒸汽耗量的计算 3. 能进行机组防喘振流量的计算	1. 实际功耗的计算方法 2. 传热知识 3. 防喘振的计算方法
三、事故判断与处理	（一）事故判断	1. 能判断停水、停电、停工艺气、停仪表空气等突发事故 2. 能判断油压降低、油温升高、油压波动剧烈、密封油系统不稳定等油系统异常现象 3. 能判断透平式压缩机发生了喘振事故 4. 能判断防喘振调节器、油位、油压调节器等仪表工作不正常、不稳定现象	1. 各突发事故的相应现象 2. 机组油系统常见故障 3. 透平式压缩机喘振的现象 4. 压缩机常见仪表故障知识
	（二）事故处理	1. 能处理机组停水、停电、停工艺气、停仪表空气等各种突发事故 2. 能处理油系统油压降低、油温升高、油压波动剧烈、密封油系统不稳定等油系统异常现象 3. 能防止和消除透平压缩机喘振事故 4. 能配合仪表人员消除压缩机各仪表工作不正常、不稳定现象	1. 机组突发事故的处理预案 2. 油系统不正常现象产生的原因 3. 透平式压缩机发生喘振的原因分析 4. 常见仪表故障的处理方法
四、设备维护与保养	（一）设备维护	1. 能根据压缩机装置的运行情况，提出维护措施 2. 能执行本装置的设备维护保养制度，并提出改进意见 3. 能根据机组运行情况参与状态检测	1. 压缩机及其辅助设备的维护保养知识 2. 机组运行状态检测知识

续表

职业功能	工作内容	技能要求	相关知识
四、设备维护与保养	（二）设备保养	1. 能执行压缩设备的润滑制度 2. 能配合检修人员做好机组检修工作 3. 能根据机组不同的停车时间采取相应的防腐蚀、润滑等保养措施	1. 设备的润滑制度 2. 机组检修时操作人员应做的工作 3. 装置长期停车和短期停车时设备的保养知识

3.4 技师

职业功能	工作内容	技能要求	相关知识
一、工艺准备	（一）工艺文件准备	1. 能编制压缩机机组的正常开车、停车方案 2. 能绘制设备结构简图及技术改造简图 3. 能参与制定机组及其附属设备的维护保养制度 4. 能识读一般零件图 5. 能识读压缩机的装配图及配管图	1. 正常开车、停车步骤及其注意事项 2. 技改项目的编写知识 3. 机组及其附属设备的维护保养知识 4. 一般零件图知识 5. 压缩机装配图知识
	（二）启动前准备	1. 能组织进行开车的各项准备工作 2. 能进行机组控制系统的检查与调速系统的调试 3. 能进行机组启动前各种条件的再次确认 4. 能投入运行油系统所有蓄能器 5. 能组织压缩机组原动机的单体试车工作	1. 机组启动前的各项准备工作及应达到的要求 2. 调速系统调试工作及其要求 3. 机组启动条件 4. 蓄能器投运方法及要求 5. 原动机单体试车步骤及要求
二、压缩机组的操作	（一）开车操作	1. 能参与开车的各项组织工作 2. 能进行机组在停电、停气、停水等各种突发事故后的开车工作	1. 开车步骤及开车过程的组织协调工作 2. 各突发事故停车后机组开车应注意事项
	（二）运行操作	1. 能对机组的操作进行优化 2. 能组织协调在正常操作过程中本机组与其他工序的平衡工作 3. 能进行设备修理项目以及技改项目后的投运工作	1. 机组最佳的运行工况 2. 其他工序的变化对本机组的影响 3. 修理项目、技改项目应达到的要求

续表

职业功能	工作内容	技能要求	相关知识
二、压缩机组的操作	（三）停车操作	1. 能组织压缩机组在各种情况下的停车操作 2. 能杜绝在停车过程中的超温、超压、喘振等异常现象 3. 能提出机组停车后，系统各盲板的抽、插要求	1. 本机组停车过程中的协调工作 2. 运转设备的停机知识 3. 盲板抽、插常识
	（四）工艺计算	1. 能对机组运行数据进行统计和整理 2. 能计算压缩机的能耗	1. 统计基础知识 2. 机组能耗的计算方法
三、事故判断与处理	（一）事故判断	1. 能判断机组真空下降的原因 2. 能判断压缩机段间过滤器、换热器等设备堵塞，干燥剂失效以及干燥剂再生程序故障 3. 能判断密封油进缸事故 4. 能分析原动机超负荷运行的原因	1. 真空系统的工艺流程知识 2. 段间过滤器、换热器等设备堵塞，干燥剂失效以及干燥剂再生程序故障的现象 3. 密封油进缸的现象 4. 原动机超负荷运行的现象
	（二）事故处理	1. 能针对机组真空下降的原因，提出处理意见 2. 能提出压缩机段间过滤器、换热器等设备堵塞，干燥剂失效以及干燥剂再生程序故障的处理办法 3. 能处理密封油进缸事故 4. 能提出原动机超负荷运行的处理意见 5. 能组织演练事故应急处理预案	1. 真空系统常见故障的原因分析 2. 设备交付检修时工艺应具备的条件 3. 压缩机密封油进缸的原因及其处理原则 4. 原动机超负荷的原因分析 5. 事故应急处理预案
四、设备维护与保养	（一）设备维护	1. 能组织各类人员检查压缩机装置的完好程度 2. 能提出本压缩机组装置设备的大修项目与设备的改进意见，并编制设备检修项目计划 3. 能应用各种测量工具、仪器、仪表和检查技术测定机组的技术性能，检查设备的运转情况	1. 压缩机装置的完好标准 2. 设备技术管理的内容、规定 3. 各种测量工具、仪器的使用方法

续表

职业功能	工作内容	技能要求	相关知识
四、设备维护与保养	（二）设备保养	1. 能参与设备检修的各项工作 2. 能参与本装置设备、管道的防腐蚀、保温、保冷等项目施工后的竣工验收工作 3. 能根据压缩机组实际情况提出必要的备品、备件计划	1. 工艺人员在设备检修中的作用 2. 设备、管道的防腐蚀、保温、保冷等项目竣工验收要求 3. 备品、备件常识
五、管理	（一）质量管理	能组织质量管理小组开展质量攻关活动	质量管理知识
	（二）生产管理	1. 能指导班组进行经济活动分析 2. 能应用统计技术对生产工况进行分析 3. 能参与装置的性能负荷测试工作	1. 工艺技术管理知识（规定） 2. 统计基础知识 3. 装置性能负荷测试要求
六、培训与指导	（一）理论培训	1. 能撰写生产技术总结 2. 能编写常见事故处理预案 3. 能对初级、中级、高级操作人员进行理论培训	1. 技术总结撰写知识 2. 事故预案编写知识 3. 现场操作知识及注意事项
	（二）技能操作指导	1. 能传授特有的、关键的操作技能和经验 2. 能对初级、中级、高级操作人员进行现场培训指导	

3.5 高级技师

职业功能	工作内容	技能要求	相关知识
一、工艺准备	（一）工艺文件准备	1. 能编制压缩机组检修后以及原始试车、开车方案 2. 能编制机组优化操作方案 3. 能参与编制压缩机设备完好标准 4. 能参与审定压缩机技术改造方案 5. 能编制停电、停冷却水、停仪表空气等各类突发事故的处理预案	1. 各种情况下机组的试车、开车要求 2. 本机组操作优化目标及调优原因分析 3. 完好标准的内容及要求 4. 工艺设计规范 5. 各类突发事故状况下的停车要求
	（二）启动前准备	1. 能协调好本机组与其他工序启动前准备工作中的相互关系 2. 能确认压缩机启动前必备的外部条件	1. 压缩机组与其他各工序的相互关系 2. 压缩机启动前必备的外部条件

续表

职业功能	工作内容	技能要求	相关知识
二、压缩机组的操作	（一）开车操作	1. 能组织同类新装置的试车、开车操作 2. 能指导本压缩机组抢修、大修后以及原始试车、开车操作 3. 能组织本机组新增设备、技改项目后的试车工作 4. 能根据本机组实际情况提出运行指标的修改意见	1. 同类压缩机组的工艺、仪表控制技术及同类装置新技术的发展趋势 2. 本压缩机组抢修、大修后的开车及原始开车等情况下的各种要求 3. 技改项目、新增设备的目的和试车方案 4. 机组运行指标的修改根据
	（二）运行操作	1. 能分析压缩机装置各类设备的使用情况并提出操作改进意见 2. 能操作目前国内外先进的压缩机控制系统	1. 各设备使用情况的记录知识 2. 目前国内外先进的机组控制系统知识
	（三）停车操作	能组织同类压缩机及其辅助设备的停车操作	压缩机及其辅助设备停车的一般规律
	（四）工艺计算	1. 能对压缩机压缩过程进行全面技术分析，并进行经济核算和经济活动分析 2. 提出最佳的操作	压缩机装置设计指标以及实际运行状况的计算分析知识
三、事故判断与处理	（一）事故判断	1. 能分析和判断本机组性能达不到要求、机组能耗偏大、压缩机建不起密封油系统、机组转速波动、控制系统无原因跳车等疑难问题的原因 2. 能组织专业人员进行事故的调查、分析，查找事故的原因 3. 能判断国内外同类机组出现的故障	1. 疑难问题的分析方法 2. 事故分析方法 3. 国内外同类机组的工艺、仪表控制知识
	（二）事故处理	1. 能提出对机组性能达不到要求、机组能耗偏大、压缩机建不起密封油系统、转速波动较大、控制系统无原因跳车等疑难问题的处理方法 2. 能根据事故分析，总结经验教训，研究修复方案，提出防治措施，防止再次发生同类事故 3. 能对国内外同类机组的事故进行分析、总结	1. 机组疑难问题产生的原因分析 2. 事故管理要求 3. 国内外同类装置事故汇编

续表

职业功能	工作内容	技能要求	相关知识
四、管理	（一）质量管理	1. 能编写提高产品质量的方案并组织实施 2. 能按质量管理体系要求指导工作	1. 影响产品质量的因素 2. 质量管理体系相关知识
	（二）生产管理	1. 能组织实施本装置的技术改进措施项目 2. 能进行装置经济活动分析	1. 项目技改措施实施相关知识 2. 装置技术经济指标知识
	（三）技术改进	1. 能编写工艺、设备的改进方案 2. 能参与重大技术改造方案的审定	1. 工艺、设备改进方案的编写要求 2. 技术改造方案的编写要求
五、培训与指导	（一）理论培训	1. 能撰写技术论文 2. 能编写培训大纲	1. 技术论文撰写知识 2. 培训教案、教学大纲的编写知识 3. 本职业的理论及实践操作知识
	（二）技能操作指导	1. 能对技师进行现场指导 2. 能系统讲授本职业的主要知识	

4. 比 重 表

4.1 理论知识

项 目			初级/%	中级/%	高级/%	技师/%	高级技师/%
基本要求		职业道德	5	5	5	5	5
		基础知识	30	25	20	15	12
相关知识	工艺准备	工艺文件准备	3	3	3	6	8
		启动前准备	8	8	7	4	2
	压缩机组的操作	开车操作	6	8	12	6	4
		运行操作	12	15	14	8	6
		停车操作	7	8	5	4	3
		工艺计算	4	4	4	7	8
	事故判断与处理	事故判断	4	6	10	12	15
		事故处理	8	8	12	10	12

续表

项　目			初级/%	中级/%	高级/%	技师/%	高级技师/%
相关知识	设备维护与保养	设备维护	6	5	4	3	—
		设备保养	7	5	4	3	—
	管　理	质量管理	—	—	—	3	4
		生产管理	—	—	—	2	4
		技术改进	—	—	—	5	7
	培训与指导	理论培训	—	—	—	3	5
		技能操作指导	—	—	—	4	5
合　计			100	100	100	100	100

4.2　技能操作

项　目			初级/%	中级/%	高级/%	技师/%	高级技师/%
技能要求	工艺准备	工艺文件准备	3	3	3	4	7
		启动前准备	4	4	5	3	3
	压缩机组操作	开车操作	8	10	12	8	6
		运行操作	30	25	16	8	4
		停车操作	9	8	7	6	5
		工艺计算	3	3	4	5	8
	事故判断与处理	事故判断	10	11	13	15	18
		事故处理	15	18	20	15	13
	设备维护与保养	设备维护	12	12	15	10	—
		设备保养	6	6	5	5	—
	管　理	质量管理	—	—	—	4	7
		生产管理	—	—	—	3	6
		技术改进	—	—	—	5	9
	培训与指导	理论培训	—	—	—	4	7
		技能操作指导	—	—	—	5	7
合　计			100	100	100	100	100

附　录

附录 1

有色金属行业职业技能鉴定指导中心简介

有色金属行业职业技能鉴定指导中心（以下简称“有色鉴定中心”）经原劳动和社会保障部批准成立，负责组织实施有色金属行业特有工种初级工、中级工、高级工职业技能鉴定和技师、高级技师考评，制定有色金属行业职业技能鉴定站建站条件，审查建立职业技能鉴定站的资格条件，参与开发职业技能标准、教材、题库，组织考评人员和质量督导员培训，开展职业技能竞赛活动等。

有色鉴定中心自成立以来，本着服务劳动者、服务用人单位的工作理念，坚持“社会效益第一”的原则，以规范发展为路径，严把质量关，努力调动有色金属行业广大技能劳动者学习技术、钻研技能的热情，积极推动有色金属行业职业技能鉴定工作的健康发展，为有色金属行业技能人才队伍建设做出了应有的贡献。

十余年来，有色鉴定中心按照国家的有关规定，制定了一系列职业技能鉴定工作指导性文件，先后在有色金属行业 66 家会员单位建立了鉴定站；办理各等级的国家职业资格证书 14 万余本；组织行业专家开发了 40 部职业技能标准、13 套鉴定培训教材，启动了若干个题库的开发工作；参与了《中华人民共和国职业分类大典》的修订工作；建立了从国家级、行业级、中央企业级到集团公司级、职业院校学生级等全方面、多层次、立体化的竞赛体系，在有色金属行业内营造了学技术、比技能的良好氛围；协助中国有色金属工业协会在全行业内每两年开展一届全国有色金属行业技能大奖获得者和技术能手评选表彰活动等。

“国家兴盛，人才为本”，有色鉴定中心将在中国有色金属工业协会的指导下，各企事业单位的大力支持下，一如既往地致力于为有色金属行业造就一支门类齐全、数量充足的技能人才队伍，为建设有色金属工业强国贡献力量。

联系方式

地　址：北京市海淀区首体南路 9 号主语国际商务中心 7 号楼 402 室

邮　编：100048

电　话：010-68790289　62254235

传　真：010-68790585

E-mail：cntrc@263. net

网　址：www. ysrencai. com

附录2

中华人民共和国劳动和社会保障部

劳社部函［2001］192号

关于同意成立有色金属行业职业技能鉴定指导中心和印发《有色金属行业特有工种职业技能鉴定实施办法（试行）》的函

中国有色金属工业协会：

你协会《关于成立有色金属行业职业技能鉴定指导中心的请示》（中色协人字［2001］171号）收悉。根据《关于颁发〈职业技能鉴定规定〉的通知》（劳部发［1993］134号）规定，经研究，同意成立有色金属行业职业技能鉴定指导中心（以下简称“中心”）和印发《有色金属行业特有工种职业技能鉴定实施办法（试行）》。“中心”的职责如下：

一、组织实施有色金属行业特有工种职业技能鉴定工作。

二、负责制定有色金属行业特有工种职业技能鉴定站建站条件和资格审查工作。

三、组织制定有色金属行业特有工种职业技能标准、鉴定规范，组织编写培训大纲和教材，并组建相应的试题库。

四、制定有色金属行业特有工种职业技能鉴定考评员的资格要求，并负责组织资格培训和考核。

五、指导有色金属行业特有工种职业技能鉴定站开展工作。

六、组织实施和直接管理高级技师资格考评工作。

七、开展职业技能鉴定及有关问题的研究与咨询服务。

八、参与推动有色金属行业职业技能竞赛活动。

请你们按照有关规定解决“中心”的人员编制等问题，做好各项基础工作，组织有色金属行业特有工种职业技能鉴定试点，并在工作中加强与劳动保障部门的联系，接受劳动保障部门的监督检查。

劳动和社会保障部
二〇〇一年十二月五日

主题词：劳动 技能鉴定 机构 函

抄送：各省、自治区、直辖市劳动和社会保障厅（局）

附录3

中国有色金属工业协会文件

中色协人字［2002］006号

关于成立"有色金属行业职业技能鉴定指导中心"的通知

各会员单位:

根据劳动和社会保障部《关于同意成立有色金属行业职业技能鉴定指导中心和印发<有色金属行业特有工种职业技能鉴定实施办法（试行）>的函》（劳社部函［2001］192号）精神，"有色金属行业职业技能鉴定指导中心"正式批准成立（"中心"的主要职责详见附件）。

为了体现精简和高效的原则，有色金属行业职业技能鉴定指导中心与有色金属工业人才中心合署办公。管理上实行主任负责制，"中心"下设办公室。机构设置和人员安排如下:

丁学全兼"中心"主任;

丁跃华兼"中心"副主任;

谢承杰任"中心"副主任兼"中心"办公室主任。

特此通知。

附件：劳动和社会保障部《关于同意成立有色金属行业职业技能鉴定指导中心和印发〈有色金属行业特有工种职业技能鉴定实施办法（试行)〉的函》

中国有色金属工业协会
二〇〇二年一月十六日

抄报：国家经贸委、劳动和社会保障部